我活在人间

陈漱渝的八十年

陈漱渝 著

北方文艺出版社

图书在版编目（CIP）数据

我活在人间：陈漱渝的八十年 / 陈漱渝著 . -- 哈尔滨：北方文艺出版社，2019.9
　ISBN 978-7-5317-4547-1

Ⅰ . ①我… Ⅱ . ①陈… Ⅲ . ①陈漱渝 – 生平事迹 Ⅳ . ① K825.6

中国版本图书馆 CIP 数据核字（2019）第 097213 号

我活在人间：陈漱渝的八十年
Wo Huo zai Renjian Chen Shuyu de Bashinian

作　者 / 陈漱渝	封面题字 / 鲁　迅
责任编辑 / 王　爽　王丽华	封面设计 / 锦色书装

出版发行 / 北方文艺出版社	邮　编 / 150080
发行电话 /（0451）85951921 85951915	经　销 / 新华书店
地　址 / 哈尔滨市南岗区林兴街3号	网　址 / www.bfwy.com
印　刷 / 北京洲际印刷有限责任公司	开　本 / 710mm×1000mm　1/16
字　数 / 430千	印　张 / 31
版　次 / 2019年9月第1版	印　次 / 2019年9月第1次印刷
书　号 / ISBN 978-7-5317-4547-1	定　价 / 78.00元

目 录

第一章　家世与童年（1941—1945）

第一节　在日本飞机的轰炸声中，我呱呱坠地　003

第二节　钟灵毓秀凤凰城　005

第三节　外公王时泽与辛亥革命　010

第四节　命途多舛的母亲　018

第二章　求学生涯（1945—1962）

第一节　从三一小学到会春一小　031

第二节　雅礼中学的"丑小鸭"　035

第三节　南开回忆三章　042

第三章　粉笔春秋14载（1962—1976）

第一节　走出寒夜，当了中学老师　057

第二节　王震夫人王季青　062

第三节　梦魇般的"文革"岁月　066

第四节　《南开大学学报》　072

第四章　吃了32年"鲁迅饭"（1976—2008）

　　第一节　我被调到了鲁迅研究室　079

　　第二节　鲁迅研究室老主任李何林　082

　　第三节　鲁迅研究室的顾问们　088

　　第四节　钱谷融先生的真性情　100

　　第五节　犹恋风流纸墨香　110

　　第六节　我所了解的《鲁迅研究资料》　120

　　第七节　我与《鲁迅研究月刊》　123

　　第八节　我的短文上了《新闻联播》　135

　　第九节　我编的书进了吉尼斯世界纪录　140

　　第十节　一个艰苦浩大的文化工程　142

　　第十一节　怀胎30多年的《鲁迅大辞典》　170

　　第十二节　风波迭起的中国鲁迅研究会　176

　　第十三节　"予岂好辩哉？"　186

第五章　作协花絮

　　第一节　我参加作协的三位介绍人　211

　　第二节　从贝尔格莱德到黑山　219

　　第三节　塞纳河的记忆　226

第六章　走一走、看一看

　　第一节　"寻找面包，得到蛋糕"　235

第二节　六赴扶桑结文缘　246

　　第三节　我当了一天"倒爷"　270

　　第四节　一次夭折的国际学术交流　274

　　第五节　美国访学杂记　278

　　第六节　狮城访史探幽　292

　　第七节　他的裸足与大地亲吻　296

第七章　"位卑未敢忘忧国"：我的10年政协生涯

　　第一节　两届全国政协委员　303

　　第二节　两次人民大会堂发言　311

第八章　我的杂学

　　第一节　皎如白雪的宋庆龄　326

　　第二节　"泥上偶然留指爪"　332

　　第三节　扑火的飞蛾　336

　　第四节　燃烧自己的心，点燃读者的心　343

　　第五节　母爱的博大与脆弱　349

　　第六节　"两脚踏中西文化"的林语堂　353

　　第七节　帮助鲁迅改变命运的人　359

　　第八节　鲁迅的同行者　365

　　第九节　"怪人""狂人""疯子"　373

　　第十节　呼唤温情　382

第十一节　居然跟"性博士"沾上了边　385

第九章　退休，人生掀开新一页

第一节　告别鲁迅博物馆　395

第二节　家，避风的港湾　400

第三节　难离不弃的书房　403

第四节　学术上的新开拓　405

第五节　我的这五年　410

第六节　从丁酉到戊戌　427

初版后记　436

再版后记　439

三版后记　442

陈漱渝学术年谱　447

第一章

家世与童年（1941—1945）

第一节

在日本飞机的轰炸声中，我呱呱坠地

重庆歌乐山，松柏苍翠，林壑幽美。山中常年多雾，云烟弥漫，有如"半山烟云半山松"的太虚幻境。民国三十年农历闰六月初二，即公元1941年7月25日，我在歌乐山中央产院呱呱坠地。

那是一个"山河破碎风飘絮"的时代，日本侵略者的铁蹄在中华锦绣大地上肆意践踏。重庆作为战时的陪都，虽然豢养了一批发国难财的血吸虫，在这苟安的一隅过着"前方吃紧，后方紧吃"的醉生梦死的生活，但从全国各地颠沛流离逃难到此的人们，以及当地的普通市民，则过着缺衣少食、朝不保夕的生活。比吃糙米掺杂粮更为痛苦的是雾季过后日本飞机的狂轰滥炸。

我出生的那一年，日本侵略者正在实施"102号作战计划"，对重庆进行疲劳轰炸。查阅当年的报刊，5月2日、3日、9日、10日、16日，6月2日、5日、30日，7月5日、7日、8日、10日、18日、28日、30日，8月9日、10日……都有日本飞机对平民进行狂轰滥炸的历史记录。仅5月3日这一天，日机63架轰炸重庆，投爆炸弹83枚、燃烧弹36枚，毁房屋127栋又296间，造成死伤数十人。最为悲惨的是6月5日发生的较场口隧道惨案。这个隧道只能容纳4300余人，但当天日机连续轰炸5小时，涌进隧道的逃难市民多达6500余人，一时秩序混乱，妇孺啼号，互相践踏，致992人死亡，151人受伤。

我出生前，母亲王希孟挺着大肚子躲进防空洞；我出生后，母亲带着骨瘦如柴的我躲进防空洞。父亲陈维彦当时在四川合川工作，又另有新欢，从来没有出现在母亲身边。孤苦无依的母亲一度带着我寄居在重庆的二伯父陈德斋家。二伯父当时春风得意，但对我们母子却冷若冰霜。他当时有两个儿子，老大叫陈子万，虽年幼但有同情心，常偷偷拿一点可口的食物给母亲吃。母亲原是大家闺秀，无法忍受这种精神和躯体的双重折磨，只好挤上破旧的长途汽车，一路颠簸，投奔在湖南凤凰县避难的外公王时泽。见到外公时，我刚满两个月。直到48年之后，我才在台湾见到那个对我们母子从来没负过任何责任却使我们长期受到牵连的父亲。

外公见到我们母子很是高兴，给我取了一个名字：漱渝。我五行缺水，所以他从水字偏旁的字中选择名字。"渝"是我出生地重庆的简称。"漱"出自曹操的《秋胡行》："名山历观，遨游八极，枕石漱流饮泉。"后来，"枕石漱流"成了形容隐士清高的成语。看来，外公当年是想我在这污浊的尘世多留几分清白。我的外公、祖父的祖籍都是湖南长沙，所以我一直以身为湖南人自豪。

外公给我取的名字虽然高雅，但日后也给我带来了一些困扰。"渝"字经常被人写成"瑜""漱"字经常被人写成"濑"。"漱"字还有一个异体字"潄"。我成为码字的作家之后，经常收到几十元至几百元的稿费单，名字稍有出入就无法取款，只好退回原地，或托人情走后门疏通，令人烦躁。剧作家田汉的前妻叫易漱瑜，所以有些略知中国现代文学的人见到我的名字会说："我知道，他是田汉的老婆。"让我哭笑不得。

第二节

钟灵毓秀凤凰城

　　湖南西部边陲，有一片总面积1751平方千米的神秘土地。这里古称"五溪蛮地"，聚居着苗、土家、满、回、侗、壮等12个民族。苗族又分生苗和熟苗。"熟苗"已与汉族打成一片，而"生苗"则跟汉人有着很深的隔膜——主要是历代官府镇压苗民起义所致。

　　作为国家历史文化名城，凤凰的旖旎风光已经闻名中外。这里有星罗棋布的洞壑，犬牙交错的溪流，郁郁葱葱的林木，连绵起伏的山峦。凤凰城的民居建筑风格独特——黄泥的墙，乌黑的瓦；特别是江边的吊脚楼，每天晚上都会从这里传出呜咽的笛声和清亮的山歌……由于这里位处云贵高原东侧，武陵山脉尾部，地处偏僻，所以在抗日战争的烽火中成了难觅的"世外桃源"。

　　我们之所以逃难到这里，主要因为凤凰耆宿田星六是我外公的至交，是患难关头可以相助之人。田星六（1874—1958），又名田兴奎，凤凰沱江镇人，光绪十七年（1891）应童试，写有"晚凉卷尽洞庭秋"的佳句，深得学政赏识，故自号"晚秋堂居士"，其诗词集也名为《晚秋堂诗集》《晚秋堂词》。1904年被选送日本留学，入弘文学院短期培训。在日本留学期间，外公有一次冒雨出行，途中遇到一位中国青年也顶着瓢泼大雨匆匆赶路，问其故，对方说："因与朋友有约，不能误时，即使下刀子也要赶到。"外公觉得此人诚信仗义，又是同乡，便结拜为兄弟。此人便是田星六。田星六长我外公11岁，是大哥，此后在生活中对外公亲切关怀，严加管束。外公也在政治上对田星六施加影响，介绍他加入同盟会，成为该革命团体的早期会员，决心"忧深厝火积薪前，拊枕闻鸡起着鞭"。同一时期，田星六结交的辛亥革命前驱还有黄兴、秋瑾、程潜等。田星六属土家族，少年时期即"嗜为韵语"，又具有鲜明的民族民主革命意识，因而成为近现代著名的文化社团——南社的著名诗人。南社创始人柳亚子认为他的诗作有奇气，"纵横恣宕不主故常"，风格与鲍照、谢灵运相近。建国后，田星六被聘为凤凰县人民政府委员、湖南文史馆馆员，受到周恩来总理的接见。田星六的诗词集中关于我外公的作品有多首，敬录其中一首七绝《秋瑾墓》并注，从中可反映他跟我外公的革命经历和深情厚谊：

　　鹃红血影吊荒碑，一语酸心告且知。
　　泉下若逢诸侠少，莫谈前事但谈诗。

　　自注：秋瑾在日本时，曾与刘道一、王时泽等同组十人会，反抗清廷。秋并拜认王母为干妈。星六留学日本，与王为换帖好友，亦常与秋聚晤，与王同以秋姊呼之。此诗作于军阀纷起之时，故国江山，尽入残照，故结语意近消极，实益沉痛。后王编印秋之诗集，赠请星六为之点定。

　　留在我记忆中的凤凰城，民风淳朴，景色清幽。无论遇到红白喜事，主人都会雇佣一些"哭婆"，在用竹席隔开的小间里号啕。邻居亲友贺喜或致哀时，主人家用大锅的江米酒和用糯米舂成的糍粑款待。晴日外出嬉戏，溪水清澈见底，空气中弥漫着毛竹和山花的香味，林中传来野莺、画眉和红头白翅鸟的婉转啼鸣……

　　凤凰城有多种戏剧：傩堂戏、阳戏、茶灯戏……有一晚，外祖母带我到庙里看戏，戏台上出现了一群大花脸，把我吓惊了魂，高烧不退。外祖母因我患病慌了神，沿途给我喊魂，呼唤我的魂魄归来。

　　我在凤凰城接受了最早的启蒙教育。1945年初，我刚刚4岁，进入了凤凰沱江镇中心小学。沱江镇因沱江流经此地而得名，是作家沈从文、画家黄永玉和民国第一任内阁总理熊希龄的故乡。我4岁入学绝非聪明早慧，而仅仅是因为母亲和姨妈王楚琴当时都在这所小学任教，让我入学，兼具读书和托儿的双重性质。我不记得在这所小学学过什么知识，只记得有一次上课时尿了裤子，还有一次棉衣上招了虱子。这两次都遭到母亲的体罚，所以至今记忆犹新。

1945年8月15日,日本天皇发表了《停战诏书》,宣布无条件投降。那一天凤凰的居民是从收音机中听到这一消息的。因为当地的土著居民从未见过日本兵,所以听到日本投降的消息表现得相对平静,远不如南京、重庆、长沙的市民那样欢呼雀跃,喜极而泣。但避难到湘西的外地人反应却相当强烈,他们忙忙碌碌奔走相告,反复传递着这一喜讯,甚至百听不厌。他们想起的第一件事,就是结伴还乡,重整家园。

回忆抗战期间的经历,还不能不提及一件我死里逃生的往事。那是在1943年6月18日长沙失守之前,因为湖南局势一度平静,外祖母王蔼慈曾带我回长沙一趟。这位外祖母幼时老家遭受水灾,被人贩子卖给人家当丫头。她不知道父母姓甚名谁,也不知道自己确切的出生年月,只因个子矮,被戏称为"矮子",出嫁后登记户口,才取"矮子"的谐音,叫作蔼慈,以示庄重。长沙城沦陷,她带我逃到长沙城东乡,途中碰到日本兵清乡。她急中生智,抱着我躲到一处桥墩下。当时我只有2岁,应该没有记忆,但不知道为什么,我至今似乎还能听到日军铁蹄从桥上走过发出的"咔咔"声,还有日军过桥头后架起机枪向逃难民众扫射的"嗒嗒"声。这究竟是刻骨铭心的记忆,还是回忆和想象的重叠和混合,我也说不大清楚。姨妈说,事后外祖母拼命夸我懂事,因为我当时只要啼哭一声,或有其他任何动静,那就会暴露,祖孙都会成为日本兵枪下的冤魂。

1946年初,外公一家迁回长沙。我也随之离开沱江镇中心小学,转入长沙北区北正街的三一小学。1994年5月,我到湖南吉首大学讲学,利用这一宝贵机会重返阔别近半个世纪的凤凰,写下了一篇《湘行纪实——凤凰展翅》。

  涧草,细花,山泉,岩竹。
  石板路,吊脚楼,城隍庙,文昌阁。
  "南华叠翠""东岭迎晖""山寺晨钟""溪桥夜月""龙潭渔火""梵阁回涛""奇峰挺秀""南径樵歌"。
  这就是我记忆中的凤凰——我的第二故乡。
  凤凰有美的山,美的水,更有美的人。
  抗日战争爆发后,我们全家九口风尘仆仆逃难到湘西,收留我们一家的就是凤凰的父老乡亲。经田星六先生介绍,我们寄居在位于登瀛街13号的马家，一住就是七八年。房东不仅未收分文房租，而且还百般关照。电影《边城》中翠翠的爷爷拒收坐摆渡船的人的船费，被商品大潮冲击下的观众视为神话。但这类事在民风淳朴的凤凰，却是屡见不鲜。

"梦里寻常见，暌离五十春。"我朝思暮想的凤凰——我的第二故乡。

今年5月，利用参加学术活动的机会，我终于乘汽车从吉首回到了凤凰。一入县境，展现在眼前的是葱茏的林木，交错的溪河，特别壮美的是层层梯田：黄的是早稻，绿的是杂粮；水田闪着银光，菜花吐着芬芳，真是如锦如画！汽车驶进县城，只见高楼林立，似乎来到了一个陌生的世界。原来这是凤凰的新城区，而以前的旧城区基本上保持了原貌。

到沱江镇洞井坎去探访田星六先生的故居，是我此行的首务。通往洞井坎的那条山路已经铭刻在我童年的心版上。外公无数次牵着我的手在这条路上攀登。路旁溪水潺潺，野花丛丛。推开"新绿山庄"的门扉，是一个花岗石铺的天井。3间正房的左侧，是田星六先生的书房。他一生留下20余种著述，庋藏古籍也极为丰富。特别是每年冬日，"新绿山庄"梅花一树雪边开，更使人联想起诗人刚直不阿的个性。诗人在《雪日斋中》写道："一醉谢时客，闭门得清坐。意间检书读，矮炉发红火……热酌温冷句，周旋我与我。庭梅相对笑，故红花数朵。"我此次夏日来访，无法欣赏蜡梅怒放的胜景，而"庭梅相对笑"的主人也已入仙境，不禁顿感惆怅。更令我痛心的是，经过"文革"浩劫，田星六先生的藏书已荡然无存，遗稿也失毁甚多。聊可慰藉的是，我此次得见田星六先生的嫡孙田景濂先生。他鬓发全白，已从剧团退休。共忆近半个世纪前的情景，真是恍如隔世！

在凤凰县县委有关同志和田景濂先生儿媳、女作家丘陵的陪同下，我还利用半天时间找到了我逃难时寄寓的马家，找到了4岁时考入的沱江镇中心小学，还参观了有着1300多年历史并保存完好的黄丝桥古城。县委负责同志告诉我，由于丛山阻隔，交通不便，凤凰经济相对落后。这个古代的"五溪蛮地"，10余年前还是湖南省有名的贫困县。但近些年来，全县财政收入增长近50倍，连续4年突破亿元大关。人民生活得到了明显改善。今后，只要系统开发烟草、畜牧、油料、柑橘、药材5大系列，并且进一步开发旅游资源，凤凰的面貌还会有更大的改变。

凤凰——我的第二故乡，你风光旖旎，人杰地灵。我衷心祝愿你在神州大地上展翅腾飞，扶摇万里，为改革开放的历史谱写新的篇章。

第三节

外公王时泽与辛亥革命

外公对我恩重如山！我从小被父亲遗弃，出生之后一直在外公家长大。1957年，我考上了南开大学中文系。外公兴奋极了。他不顾71岁高龄，亲自送我远行——坐火车从长沙到天津，一直坐着硬座；由于那时武汉长江大桥还没建成，到汉口之后还改乘轮渡过江，转了一次车。1962年夏天我将从大学毕业，外公盼我回乡探亲。为筹措路费，他卖掉了家中唯一值钱的东西——书桌。令我痛心的是，那年正月初八他刚刚参加完湖南省省长程潜举行的一次春节宴会，初九早晨就无疾而终，享年76岁。

外公喜爱说话。但在家里，他的话却很少有人聆听，原因之一是我辈后人大多年幼无知，他讲的那些事情根本就听不懂，也不感兴趣；二是因为当年以阶级斗争为纲，他讲的不少事情都犯忌，搞不好随时都会惹上麻烦。直到60年代初，湖南省文史馆广泛征集文史资料，派了一位叫毛居青的工作人员找他聊天。外公一开口，毛居青就连说："有史料价值，有史料价值！"劝他马上动笔写下来。毛居青走后，外公得意而幽默地说："原来我一肚子都是史（屎）呀！"打倒"四人帮"之后我才知道，毛居青之所以能成为我外公的"伯乐"，是因为他本人是一位饱学之士。他撰写的《黄兴年谱》就是一部力作，曾受到前国家副主席王震的好评。

外公的一生就是一部风云激荡的中国近现代史。在亲朋好友中，他最引以为荣的是跟秋瑾缔结了姐弟缘。

那是在1904年。这年年初，外公随湖南第二批官费留学生由长沙经上海赴日本，入东京弘文学院普通班，开始是自费生，靠刻蜡版谋生，后来才补上官费。当年7月，秋瑾也冲破家庭樊篱东渡日本，在东京骏河台中国留学生会馆所办的日语讲习会补习日语，老师就是先后教过周恩来、鲁迅等人的教育家松本龟次郎。据松本先生回忆，秋瑾肤色白皙，柳叶眉，身材苗条，穿着日式黑格子单衣裙，梳着日本式的发髻，因缠过足而显得莲步蹒跚。她每天上课从不缺席，思路敏捷，回答问题清楚正确。又据秋瑾的日本友人服部繁子回忆，秋瑾常着蓝色西式男装，衣袖偏长，仅能看到一点从袖口露出的手。一顶同样是蓝色的鸭舌帽横戴在头上，半遮住耳朵，胸前系一条绿色领带。皮靴是茶色的，手上还拄着一根细长的手杖，显得苗条而潇洒。秋瑾不仅相貌英美，而且娴于辞令，常常高谈雄辩，语惊四座。在实践女学校速成师范科，她的国文程度最高。秋瑾不嗜酒，但能饮，酒后感时忧国，不禁击节悲歌，拔剑起舞，并撰《宝剑歌》。其中有这样的诗句："千金市得宝剑来，公理不恃恃赤铁。死生一事付鸿毛，人生到此方英杰"，"他年成败利钝不计较，但恃铁血主义报祖国。"因慕朱家、郭解的游侠风，秋瑾还常着马靴练习马术。

秋瑾祖籍浙江绍兴，留日期间常参加浙江同乡会的活动；又由于她1896年奉父命跟湖南王廷钧成婚，曾在湘乡、湘潭、长沙、常德等地生活，故也参加湖南同乡会的活动，很快跟外公结识。外公说秋瑾比他大9岁，实际上是大10岁。外公生于1885年，秋瑾生于1875年。由于两人都有拯救民族危亡的拳拳报国之心，又都有反叛封建伦理道德的性格（外公少年时就因反叛旧教育而被长沙"善化学堂"开除），故志趣投合，以姐弟相称。

1904年7月初，秋瑾转东京实践女学校女子师范工艺速成科。该科在赤坂桧町十番地授课，校长是秋瑾久慕其名的下田歌子。为了在一年内快速培养出女学教师，该校要求甚严，每周授课33小时，学习期间不允许学生擅自外出，不经保证人担保，也不得跟外人见面。秋瑾被编入该校湖南班。当年湖南班学员有20人，年龄最大的48岁，最小的才17岁。巧合的是，外公的母亲王勚当时也是该班学员，时年43岁。

外公回忆说："秋瑾见我母亲到来，热情接待，态度和善可亲。她对我母亲多次谈到男女平权，女子教育等问题，鼓励先母留在日本和她一道求学。恰好其时湖南选送的官费留日女生许黄萱祐等20人也都进入师范班。同乡人多，又有秋瑾力劝，我母亲就决意留在日本读书了。我母亲的年纪比较大，身体又不大好，秋瑾对她照料很周到，遇到劳动的事，总是抢先代做，尽力而为，不让我母亲操心费力。我母亲多次向我谈到，秋瑾在校顽强苦学，毅力惊人，每晚做完功课，人家都已熄灯就寝，她仍阅读，写作到深夜，每每写到沉痛处，捶胸痛哭，愤不欲生。待到我母亲再三劝导，才停笔上床。现在收入《秋瑾集》的诗词文稿，有许多就是这时期写的。"

1906年夏天，王勣从实践女校毕业，离日归国前曾填《金缕曲》一阕题赠实践女校副校长青木文造，上阕是："时势真堪咤。叹年来风潮正剧，息肩不暇。虎视相环皆劲敌，演尽欺凌恐吓。更各国冷嘲热骂。苦雨凄风萧瑟甚，叹沉沉黑暗如长夜。东来者，情难却。"王勣原名谭莲生，在湖南时原是一家庭主妇。留学日本后有了国际视野与感时忧国情怀，不能不说是深受秋瑾影响。

要致力于民族民主革命，秋瑾亟须参加一个革命团体。1904年10月，孙中山派冯自由、梁慕光等在日本横滨组织一个秘密会党洪门三合会，取合天、合地、合人之意，以推翻清王朝，恢复中原为宗旨。秋瑾邀我外公一起参加，外公欣然同意。事隔半个世纪之后，外公还清晰记得当时入会的若干细节。一天晚上，他们从横滨南京街一家广东商店进入会场，冯自由交代集会程序。梁慕光主持宣誓仪式。他把一柄钢刀架在外公的脖子上，问："你来做什么？"答："我来当兵吃粮。"问："你忠心不忠心？"答："忠心！"问："如果不忠心怎么办？"答："上山逢虎咬，出外遇强人。"众人依次宣誓毕，梁慕光与冯自由扯开一幅两米多长的白布，上面写着斗大的"反清复明"四字，各人鱼贯从白布底下穿过，表示忠于主义，又在室内燃起篝火，入会者先后从火上跃过，表示赴汤蹈火，在所不辞。然后杀了一只公鸡，共饮鸡血酒，歃血为盟。最后又交代了一些会规和礼仪。这次入会的除秋瑾和外公之外，还有刘道一、龚宝铨、仇亮、彭竹阳、曾贞等十人。秋瑾在会上被封为"白扇"，俗称军师。

1905年8月，同盟会在日本东京成立，孙中山被推举为总理，下设执行、评议、司法三部。由冯自由介绍，秋瑾与外公在黄兴的寓所加入同盟会，被推举为评议部评议员，兼浙江省主盟人。入盟之后，秋瑾常从东京去横滨，参加黄兴组织的炸弹研制班，请俄国无政府主义者为教授，为在国内举行武装起义做准备。参加研制班的除秋瑾外，还有男女革命志士喻培伦、唐群英等。同时，秋瑾还与徐锡麟、陶成章、陈伯平、龚未生等原光复会骨干结盟。

因为留日学生当中革命气氛日益浓厚，日本政府坐立不安，清朝政府更如芒在背。1905年冬，日本政府徇清政府要求颁布《清国留学生取缔规则》，对留日中国学生的革命活动进行限制。陈天华在东京大森海湾投海殉国以示抗议，留学生群情激愤，举行了总罢课。秋瑾义不受辱，决定愤然回国。8000留学生中，响应者有2000余人。当时，外公在日本私立海军预备学校——海城中学学习。秋瑾归国前询问外公的态度，外公说："甲午之耻未雪，又订《辛丑条约》，我们来日本，原为忍辱求学。我不赞成此时回国，希望大家暂时忍耐，不必愤激于一时。"秋瑾听后默然良久。长期以来有一种传说，说秋瑾在集会上拔刀插在讲台上说："谁不归国，忍辱求学，吃我一刀。"实际情况是，秋瑾从马靴中取出倭刀插在台上，说："如有人回到祖国，投向清廷卖友求荣，吃我一刀！"她并不是要把不回国的留日学生都赶尽杀绝。

1906年春，外公收到秋瑾从上海虹口厚德里寄来的一封信，也证实了秋瑾的上述立场。信上写的是："吾与君志相若也，而今则君与予异，何始同而终相背乎？虽然，其异也，适其所以同也。盖君之志则在于忍辱以成其学，而吾则义不受辱以贻我祖国之羞，然诸君诚能忍辱以成其学者，则辱世甚暂，而不辱甚常矣。吾素负气，不能如君等所为，然吾甚望诸君之无忘国耻。吾归国后，亦当尽力筹划，以期光复旧物，与君相见于中原，成败虽未可知，然苟留此未死之余生，则吾志不敢一日息也。吾自庚子以来，已置吾生命于不顾，即不获成功而死，亦吾所不悔也。且光复之事，不可一日缓，而男子之死于谋光复者，则自唐才常以后，若沈荩、史坚如、吴樾诸君子，不乏其人，而女子则无闻焉，亦吾女界之羞也。愿与诸君交勉之。"这封表达秋瑾献身精神与女权意识的重要书信，先后被收入了1912年外公编的《秋女烈士遗稿》，1929年秋瑾之女王灿芝编的《秋瑾女侠遗集》，1960年中华书局出版的《秋瑾集》。

1907年7月15日，秋瑾在绍兴古轩亭口英勇就义。临刑前，她从容地对行刑的刽子手说："且住，容我一望，有无亲友来送别我。"张目四顾之后才说："可矣！"在秋瑾思念的亲友中，应该也包括远在东瀛的革命战友吧。外公没有辜负秋瑾的期望，忍辱求学，于1911年毕业于东京商船学校航海科及横须贺海军炮术水雷学校。武昌起义发生后，外公立即归国，组织了400余人的海军陆战队，参加了攻占南京之役，这成了他生命史上的光荣一页。

还应该提及的是，秋瑾慷慨就义之后，外公立即以"悲生"为笔名撰写了《秋瑾传》，刊登于《天义报》。这是记述秋瑾革命活动的最早文字。外公同父异母的兄长王时润也署名"启湘"，在上海《小说林》杂志第7期发表《闻鸡轩诗话》，以为纪念。"闻鸡轩"是伯外公的书斋名，外公的书斋名是"击楫轩"。从此我家与秋瑾家成了世家，秋瑾之子王沅德、其女王灿芝常来家贺节拜年。1912年，外公把他保存的秋瑾诗文编成《秋女烈士遗稿》，以长沙纪念秋女烈士委员会的名义印行，并亲撰序言。同年，浙江方面决定将秋瑾遗体运回杭州，葬于西湖西泠桥畔，秋瑾的婆婆屈氏又哭又闹，强行拒迁。秋瑾之子王沅德也持反对态度，外公耐心斡旋，终使秋瑾夫家同意迁葬西湖。起柩那一天，外公亲自扶灵，挥泪送别。事后，由外公经办，位于长沙黄泥塅的陈湜祠被改建为秋女烈士祠，费用全由王家负担。1955年，秋瑾的儿子王沅德去世之前，嘱家人将秋瑾遗照数帧并《秋女烈士遗稿》一本送给外公。外公随即捐赠湖南省博物馆保存，成了珍贵的辛亥革命文献资料。

1911年10月，武昌首义爆发。当时外公在日本横须贺海军炮术学校就读，正处于毕业前夕。他在报上读到这一振奋人心的消息，顿时热血沸腾，不待毕业考试完毕即搭乘法国商船归国，于11月2日抵达上海，跟当地革命军司令李燮和取得联系，被委派办理海军事务。当时停泊在上海的清政府海军军舰共7艘，仍悬挂龙旗，尚无易帜表示。外公即在海边部署旧炮数门，以壮军威；又率巡防营一队，亲自指挥。外公软硬兼施，首先说服"湖鹏"号鱼雷艇的官兵反正。在"湖鹏"号的带动下，经过一番接洽，其余各舰一一被迫卸下龙旗，表示拥护革命。不久，陈其美接任沪军都督府都督，任命外公担任海军课副课长。外公将收编和新增的官兵200余人组成海军陆战队，亲任指挥官，开赴前线助战。

海军陆战队的第一个攻战目标是南京。当时驻守这座古城的是辫帅张勋。正当外公率其部下准备组织敢死队配合各路友军强行攻城时，张勋于12月2日凌晨率兵经下关逃往江北，南京即日光复。外公被任命为江浙联军参谋兼海军陆战队指挥官。南京临时政府成立后，外公作战心切，遂被借调到汤芗铭任司令的北伐舰队，仍任参谋，原职保留。北伐舰队开赴烟台，拟会同友军攻占济南。外公准备将扩充后的海军陆战队400人调来增援，但适值南北议和成功，清室退位，已无仗可打。外公遂辞去本兼各职回乡葬母。

1913年夏，袁世凯发动内战，国民党兴兵讨袁，被称为"二次革命"。当时湖南都督谭延闿宣布湖南独立。外公受汤芗铭委派跟谭延闿进行接触，调停成功。湖南方面对曹锟入湘坚决抵制，但对汤芗铭则表示可以接受，于是汤遂一身兼任湖南都督、民政长兼查办使三个要职。汤上任后，日渐逢迎投靠袁世凯，大肆屠戮湘民，遂跟外公分道扬镳。外公劝汤辞职，未果；外公于是自己辞职，不跟他同流合污。

1922年，张作霖任命沈鸿烈任东北航警处处长，统辖东北海防、江防、水警、航务、渔业、港务、盐务、造船、商船学校、海军学校等事宜。外公是沈鸿烈留日时期的好友，被沈聘任为东北航务局局长兼东北商船学校校长，上述机构都设在哈尔滨。1931年至1933年，又出任青岛海军学校校长。这所学校，学生属公费就读，分设驾驶、轮机、测量等课程，先后培养了航海生200余人，轮机生100余人，多种水兵1000余人，其中有人成为中华人民共和国海军的骨干，也有人成了台湾的"海军总司令"和"总统府秘书长"。

1931年"九一八"事变后，沈鸿烈被任命为青岛市市长，先后六载。我到青岛讲学时，跟青岛的一些老年市民交谈，他们对沈的政绩（如整顿市容、发展旅游、兴建码头、延长栈桥、举办华北运动会等）有着深刻印象，沈鸿烈的口碑至今甚佳。青岛市政协还编辑出版了一本《沈鸿烈生平逸事》。沈接任市长之后，先任命外公以东北海军驻南京办公处处长的名义跟南京方面接洽，后任命他担任青岛公安局局长（当年的办公楼至今犹存）。

外公在青岛时期的活动我只记得两点。一是外公说，他被派赴南京时，有一次蒋介石约见，但到了时间蒋却未露面，据说是还在里屋打牌。外公在接待厅等得不耐烦，无意中大声打了一个喷嚏，把蒋介石吓了一跳，这才想起与人有约，只好离开了牌桌。另一件事是他引进了德国的警犬协助破案。这在中国的公安史上是"破题儿第一遭"。我记得前些年电视节目上还做过介绍。1936年11月，上海日商纱厂工人在中共地下党领导下举行反日大罢工，青岛日商纱厂工人立即响应。日方提出抗议，要求青岛公安局进行镇压。外公同情偏袒工人，在日方看来当然是镇压不力。同年12月3日拂晓，日本海军陆战队千余人武装登陆，逮捕中国工人，并包围捣毁有排日嫌疑的青岛党政机构。外公是日方的迫害对象之一，于是夤夜潜逃，随后被沈鸿烈免职。抗日战争全面爆发之后，外公退出政坛，避居湖南湘西的边城凤凰。抗战胜利之后又曾复出担任东北航务局局长，直到解放前夕卸职。中华人民共和国成立后他被聘为湖南文史馆馆员，一直受到党和政府的礼遇。

在略介外公生平的时候，还有必要补充一段跟文坛有关的逸事：1935年8月，上海容光书局出版了萧军的长篇小说《八月的乡村》。该书描写了东北人民革命军在磐石一带跟日本侵略者浴血奋战的故事，以新的人物、新的场景、新的题材震撼了中国文坛。鲁迅在为该书所作的序言中说："作者的心血和失去的天空，土地，受难的人民，以至失去的茂草，高粱，蝈蝈，蚊子，搅成一团，鲜红的在读者眼前展开，显示着中国的一份和全部，现在和未来，死路与活路。"(《田军著〈八月的乡村〉序》)问题在于，萧军并没有经历过抗日部队的生活，他如何能写成这样一部如实展现战争残酷性和艰苦性的作品呢？原来，为萧军提供这部作品素材的正是我外公的学生傅天飞。

我外公担任东北商船学校（即青岛海军学校分校）校长时，聘请了一位叫冯仲云的数学老师。我外公知道冯老师是一位爱国者、中共地下党员，一直对他采取了保护的态度。在冯老师的影响和培养下，学生中又发展了一些中共党员，其中就有后来成为抗日部队骨干的傅天飞和后来成为第三国际情报员的著名作家舒群。当时国民党政权在哈尔滨大肆搜捕共产党人，傅天飞也被列入了黑名单。外公闻讯后，即把傅天飞叫来，开门见山地对他说："你处境危险，如果你是中共地下党员就赶快逃走，如果不是你就坦然留下。"傅天飞腼腆地说："我没有盘缠。"外公便送给他一笔路费，帮助他虎口脱险。后来傅天飞追随杨靖宇将军参加了满洲省委组织的磐石游击队。1933年春夏之间的一天，傅天飞来到舒群暂住的哈尔滨商报馆，提供了一部他的"腹稿"——关于磐石游击队的史诗。傅天飞虽然热爱文学，但在纷飞的战火中他已无暇创作，便生动逼真地跟舒群讲了一天又一夜。他说，这样一讲就有了两份"腹稿"，将来两人中有一人牺牲，幸存的那一个仍然能将这个可歌可泣的故事写出来。但舒群建议傅天飞将这部"腹稿"重新向萧军讲述一次。舒群说："以后，萧军写了《八月的乡村》。萧红所写的《革命军在磐石》，亦是沾其余光的。"当然，在《八月的乡村》中，萧军也融入了自己的经历和感受。萧军久习军事，家族中也有人当过"胡子"和抗日义勇军，因而能够娴熟驾驭军旅场面和战争题材。但是，傅天飞提供的素材对创作《八月的乡村》是至关重要的，从特定意义上或许可以说，没有傅天飞，也就没有《八月的乡村》的诞生。傅天飞后来牺牲的情况，我不知其详。但20世纪50年代，哈尔滨筹建东北烈士纪念馆，曾专门派人来长沙找我外公提供史料。冯仲云老师在中华人民共和国成立后曾出任水利部副部长,"文革"中被迫害身亡。舒群从事地下工作时一度被捕；外公利用职权到监狱给他送衣物,并进行营救。1980年8月,我带着外公的照片拜访舒群,促发舒群的创作激情。他夜不能寐,写出了一篇长长的回忆录：《早年的影——忆天飞,念抗联烈士》,其中特意提到了我的这次来访。

外公去世之后,我母亲王希孟写了一首悼诗——她不是诗人,尤不懂旧体诗词的格律,只是悼亡抒怀而已。诗云：

　　时值深秋百感生,望风怀想此呻吟。
　　萋萋芳草埋英骨,勃勃青松映赤心。
　　桃李满园添国色,儿孙遍地盖华京。
　　慈颜已逝无消息,风木哀思泪满襟。

第四节

命途多舛的母亲

> 谢公最小偏怜女，自嫁黔娄百事乖。
> 顾我无衣搜荩箧，泥他沽酒拔金钗。
> 野蔬充膳甘长藿，落叶添薪仰古槐。
> 今日俸钱过十万，与君营奠复营斋。

以上这首七言律诗是唐代诗人元稹悼亡诗《遣悲怀》中的第一首，也是我母亲最爱吟诵的一首古诗。元稹在诗中原本是借用东晋宰相谢安的典故对亡妻表示深切忏悔，因为亡妻贤淑，但嫁给尚未得志之前的元稹却万事不顺心。而我的父亲当时并无忏悔之情，母亲读到"自嫁黔娄百事乖"一句，眼泪夺眶而出，无非是伤感自己所遇非人。

母亲1915年11月3日出生于北京西城西什库，有一弟一妹，是家中的长女。当时外公先后在北京政府的参谋部和交通部任职。1925年，外公调往哈尔滨担任东北商船学校校长、东北航务局局长，母亲随之入哈尔滨道外八道街小学，毕业后入南岗女子中学，因参加学生运动被开除，在家自学两年。那时母亲只有十五六岁，正值年轻激情飞扬之时。不久"九一八"事变发生，为安全计，外公让她回到长沙，在福湘女子中学就读。这是一所美国教会创办的学校，为母亲学习英语提供了很好的环境。语文老师李啸聃先生，就是毛泽东词《蝶恋花——答李淑一》中那位李淑一的父亲。他对我母亲颇为赏识，极大调动了母亲学习国文的热情。母亲的文学训练，对我日后的生活道路产生了潜移默化的影响。1935年，外公应留日时期的学友沈鸿烈之请，出任青岛市公安局局长，母亲又由福湘中学转往青岛市圣功女中。由于母亲成绩优秀，校方打算在她高中毕业之后将她保送到美国学医。然而命途多舛，1937年发生"七七"事变，抗日战争全面爆发，母亲被迫辍学，随父母回湖南避难，留学之梦遂成泡影，除1942年在湖南沅陵商业专科学校学过一年会计之外，再没有接受过高等教育。不过，由于抗战期间先后在凤凰县天主堂的西药房和麻阳县卫生院当过药剂师和护士，所以她有一些药物护理方面的基础知识。

抗战胜利回长沙之后，母亲无正式职业，只在心心幼儿园当过短时间的保育员，又在三一小学代过一些课。她的主要精力完全投入我的身上。为了让我有健全的体魄，她让我吃一些特殊的营养品，如炒熟了的米糠、烤熟磨细的胎盘粉；每天早上让我到小操场慢跑，跑一圈奖励一个猪肉包子。所以在一次长沙儿童的健康比赛中，我得了第三名。母亲望子成才之心切切。我在三一小学就读时，她经常在教室外面观察我的表现。下课后立即把我带到校园内的一个亭子里，喝水，温习功课。有一次我不愿意下课之后还读书，故意踢翻了她带来的一个暖水瓶以示反抗。至今回想起来，我还清晰记得母亲从教室玻璃窗外投来的期待目光，痴痴的，有时呆呆的……

湖南长沙是1949年8月和平解放的。让老百姓遭受炮火之惊的不是共产党的部队，而是国民党的飞机。我们在北门大巷子的住所距离省府较近，因此成为轰炸的主要目标。有一次炸弹落在一个朋友家旁边，炸出了一个深深的大坑。还有一次飞机上的机枪手俯射，子弹穿进房间，在墙壁上折回三次，留下了令人毛骨悚然的洞窟。那时母亲抱着我躲在书桌下，浑身觳觫，口中念着"上帝保佑，上帝保佑"。但我直接感受的是母亲的护佑。在关键时刻，她一定会毫不犹豫地牺牲自己，把宝贵的生命留给我。

长沙解放之初，外公在长沙郊区唐家巷购买了一块菜地，想跟陶渊明那样，过一段"带月荷锄归"的隐居生活。根据他所了解的政策，长沙是新解放区，土地改革的时间会后延数年——也就是"老区老办法，新区新办法"。令他没有想到的是，由于湖南形势的稳定，土改的时间提前了。这等于外公用自己一生的积蓄在长沙郊区买了一顶地主的帽子戴头上，结果受到了"扫地出门"的待遇，所幸的是基于他有参加辛亥革命的历史贡献，经湖南省政府主席程潜提名，他被聘为湖南省文史馆馆员，直至临终前都过着衣食无忧的生活，反倒是我母亲却接二连三地遭到无妄之灾。

母亲历来是自由职业者。外公捧着一只饭碗、一双筷子被"扫地出门"之后,母亲被划定为城市贫民,享受了土地改革的胜利果实,分到了外公家的两间茅房:大的一间住人,毗邻的一间养猪。她还分到了几分菜地。从此,我跟母亲就过上了一段躬耕陇亩的生活,既种菜又养猪。那时长沙郊区的农妇大多靠产婆用旧式方法接生,妇婴生命皆面临危险。为了改变这种医疗落后的状况,卫生局决定培训一批新助产士,母亲就成为培训对象之一。从此,乡间小路上经常出现母亲背着小药箱,走家串户的忙碌身影:走访孕妇,做产前检查;遇到难产情况,经常彻夜不归。我记得在漫长的冬夜里,门外刺骨的北风呼啸,9岁的我经常独守着一个既用来做饭又用来取暖的小煤炉,盯着炉里蓝蓝的小火苗,苦苦等待劳碌不堪的母亲归来。那时长沙销售一种最廉价的香烟,牌子叫"白毛女",正面是喜儿白发披肩的画像,背后是歌剧《白毛女》插曲的歌词,其中有一句"我盼爹爹早回家",我在炉边反复吟唱,心里想的却是"我盼妈妈早回家"。特别难忘的是复查土改期间的一天晚上,有人突然手持梭镖把母亲押走,罚她下跪,说她是"漏划地主"。我当时独自守候在家,种种不祥的幻觉折磨着我稚嫩的心。幸亏经过一晚的审问,情况得以澄清,此后母亲再未因为成分问题被人纠缠。

1952年秋冬之季,长沙岳麓山新建一所工科大学——中南矿冶学院(现扩大成综合大学,易名为中南大学),当时招聘医务人员。经过业务考试和政治审查,母亲被录用为该校卫生科药剂员。这样,母亲就离开了郊区,由菜农变成了公务人员。母亲穿上了一身灰布制成的棉衣棉裤,还戴上一顶灰色的棉帽,显得浑身臃肿。但这身干部服当时是"革命"的标志,比如今穿上名牌还显酷。母亲第一次领到工资后,带我上街买了半斤发面大饼吃。从此以后,我再也没有吃过这种香味扑鼻的大饼。

不过好景不长。1955年9月中旬的一天上午,我正在上课。表妹王焕君突然从教室把我叫出来,一边喘气一边对我说:"快回家,你妈妈被矿冶学院开除了!"这句话恰如晴天霹雳,顿时使我头晕目眩。但我完全不知原委,也不知道开除意味着什么。我头脑一片空白,跟表妹一起回到长沙南区小古道巷倒脱靴9号的住处。我在住处的堂屋见到了失魂落魄的母亲,她脚边是一个行李包,还有一个网兜,装着脸盆、漱口杯之类。一位远房的表姨正在斥责母亲——她是一位政治觉悟颇高的军属，我没听清她究竟批判些什么；母亲耷拉着脑袋，一句也没有反驳。

母亲事后对我和外公说，开除她的罪名是"偷窃药品等物，品质恶劣"，"事实"是盗窃一瓶链霉素，并将"可待因"药粉改为"可待因"药片。但其实这些都是诬蔑母亲的不实之词。真实的内幕是：卫生科科长想安排他的一位朋友，但没有编制；当时我的生父在台湾，母亲被视为"反动军官家属"，自然就成为开除公职的最佳人选。在那种风刀霜剑的政治高压下，有谁敢于为母亲仗义执言呢？

开除公职等于断了母亲的生路。她不仅失去了抚养我的能力，而且自己也被抛到了死亡线的边缘。幸亏外公那时有40多元的月薪，打算暂时每月拿出8元，让母亲到舅母家搭伙。那时舅母有7个子女，连同舅舅9口人，全靠舅舅40多元的月薪生活，本来就相当拮据。母亲搭伙，无疑给他们一家带来了新的困扰。母亲不愿依靠他人过活，更不愿成为任何人的累赘，曾两次自杀。第二次吞服了两大瓶安眠药，决心终结40岁的生命。不料她的生命力顽强，自杀未遂，结果是吐了一盆血之后瘫痪在床上。外公急得直顿脚，说："这怎么办！这怎么办！40岁的女儿，难道还让我这个70岁的老头子来接屎倒尿吗？"

感谢天公开眼，母亲一周后即能起床自理，随即就出外谋生。一个刚被开除公职的人，是没有任何单位可以正式接收的。母亲最初找到的工作，是在公路旁锤石头，把巨石锤成碎石铺路。母亲原本也是细皮嫩肉的大家闺秀，锤石头之后，手的虎口震裂了，手掌成了"松树皮"；日晒雨淋，皮肤也黝黑黝黑。我没见母亲掉过泪，只听她喊过饿。白天锤石头，晚上还接些剥瓜子（瓜子仁做月饼馅用）、糊火柴盒的零活，这样勉强可以糊口。

不久母亲的境遇多少有了一些改变。当时政府要在工人中扫除文盲，因此很多工厂都开办了所谓"红专学校"，在工余教工人识字。母亲求人介绍，在这种业余学校担任代课教师。课时费虽然极低，但总比锤石头轻松。据我所知，她先后任教的有铁路北站红专学校、铁路南站职工夜校、民生厚纺织厂红专学校、长沙市轻化局南区职工联校、华新印染厂职工学校等等。我上大学之后，母亲不仅用教书的收入养活自己，而且每月给我寄5元零花钱。这种状况，一直维持到"文化大革命"爆发。在"文革"中，母亲因为早先被开除公职而因祸得福，没有受到单位的批斗；而我却九死一生，反让母亲大为牵挂。

1969年，我的第二个儿子出生。妻子通过学生的关系，在北京宣武区校场口裘家街租到了一处房子，于是决定把母亲从长沙接到北京，彼此都有照顾。1957年我到天津上大学，此后的12年间我跟母亲南北暌离，只有春节之际才能偶尔相聚。如今阖家团圆，这是多么难得的事情！母亲是买火车的硬座票到北京来的。我到站台去接她时，只见她用竹扁担挑着两件行李，脸上满布煤尘。她颤抖着从衣兜里掏出40斤全国粮票，强制性地塞到我手中，这是她从牙缝里省出来的，也是她54年来唯一的积蓄。我收到这一特殊的见面礼，鼻子不禁一阵发酸。

母亲在北京定居的25年，是她一生中相对安定的25年。让我惭愧的是，由于我们夫妇工资微薄，孩子幼小多病，母亲刚来京时又无分文收入，因此五口之家的生活过得相当拮据。我们家搬迁到复兴门居民区居住时，家里烧的是蜂窝煤。每次买煤，母亲都会用簸箕端着，颤颤巍巍搬上四楼。为了改善生活，她还到中央人民广播电台西侧的菜市场捡萝卜缨子，剁碎了做包子馅。妻子每天走路上班，省下月票钱给母亲作零花，但母亲总爱省下来给孙子买零食吃，屡劝不改。我那时正值而立之年，一心想在业务上拼搏，除上班外，休息日经常去泡图书馆，因此对母亲缺少精神赡养。母亲是最怕孤寂之人，为了找人讲话，她经常坐在房门口，乘邻居路过时多聊上几句。如今每当想到这里，我都会追悔不已。

如果说我一生中对母亲尽过什么孝心，唯一可提的是我帮母亲申诉，她在蒙冤26年之后终于恢复了人最不容亵渎和玷污的名誉。那是在20世纪80年代初，我成为《湖南日报》文艺版的作者。我回到长沙，报社先后安排我住在芙蓉宾馆和湖南宾馆，派记者对我做了一次专访。当时该报文艺部主任张兆汪特意到宾馆来探望我，无意中谈到胡耀邦同志到湖南视察，关心湖南落实政策、平反冤假错案的工作，我听后心头一热。我想，党的阳光也该照到我们家这个角落了。于是，我鼓起勇气，替母亲写了一份申诉信，要求中南矿冶学院对她的问题进行甄别。1981年11月27日，该校党委终于对我母亲做出了平反决定，不久又寄来了一个红色塑料封面的《中华人民共和国干部退休证》，每月发给她43.3元的退休费。那份改变母亲命运的平反决定是这样写的：

对王希孟同志开除公职的复查决定

王希孟，女，湖南省长沙市人，家庭出身地主，本人成分职员，一九五二年来中南矿冶学院卫生科任药剂员，月工资184分，工资额40.35元。一九五五年九月开除公职回家。

经复查，王希孟同志被开除公职其主要事实失实，根据中共中央组织部通字〔79〕33号和中组发〔80〕7号文件精神，院党委一九八一年十一月二十七日研究，撤销一九五五年九月十六日对王开除公职的处分决定，恢复公职，作退休处理。湖南省人民政府教办党组批复"同意上述复查报告，将王希孟同志作退休处理的意见"。

中共中南矿冶学院委员会
一九八一年十一月二十七日

1992年11月下旬，我正在台湾各地讲学，有一天刚从嘉义中正大学讲完课，兴致勃勃，高兴地到朋友家给北京家里打电话，听到了母亲身体欠安的消息。我立即有一种不祥的预感，过了片刻再给家里打电话，要妻子说明真相。妻子这才将母亲的病情和盘托出。原来母亲突然有半边肺叶不能张合，憋气，浑身发紫，痛苦不堪，危在旦夕。着急的妻子将她送到复兴医院抢救，恨不得给大夫跪下，央求他们尽一切可能进行抢救，决不能让母亲临终前见不到她的独子。医生将母亲送进了ICU(重症加强护理病房)病房，用上了呼吸机，这才使病情有所缓解。

听到母亲病重入院的当晚，我即乘坐长途巴士从嘉义赶回台北。我清楚地记得那晚大雨扑打汽车玻璃的簌簌声，我的泪水也像玻璃窗上的雨水滚滚流下。第二天早上抵达台北，匆匆改签了机票，第三天我就经香港返回了北京。原来安排的一系列学术活动全部放弃。见到母亲时她神志十分清楚。她用笔在纸上歪歪扭扭地写道："这里的医生护士都喜欢我。"又写："我有公费医疗待遇，你不必为医疗费发愁。"但母亲哪里知道，ICU病房的费用十分昂贵，特别是切开气管之后，每天的药费、医疗器材费、特别护理费加起来要上千元。任何单位的公费医疗费用都有限制,于是医药费报销发生了问题,医院不时发出停药的预警,说医院不是慈善机构。在我和妻子真正都愁出病来的困难时刻,中央组织部原副部长李锐伸出了援手。李锐是湖南人,湖南省的老领导。他向母亲单位的领导陈述了我们的困境,医疗费问题终于得到了妥善解决。母亲也以超乎常人的毅力战胜了病魔,先顺利地从喉部拔出了气管,接着又奇迹般地站立起来,迈开了原本瘫痪的双腿。

我并不相信冥冥之中有什么鬼神,但母亲在切开喉管之后的确给我妻子写了一个小条,说她做了一个梦,梦见阴司的判官对她说,要她再活一年。1993年,我到日本访学三个月,母亲支持我去,要我放心,说她绝无问题。1994年1月11日晚上,她跟我们一起看完电视新闻后上楼回房睡觉,我陪着一位来访的学生聊天。忽然小保姆小华气喘吁吁地跑来说:"奶奶上完厕所就摔倒在厕所门口了。"我从三楼跑上四楼,发现母亲呼吸已经停止,强行往她嘴里塞了一粒硝酸甘油,她的心脏突突跳了几下,接着呼吸又停止了。我把母亲紧紧搂在怀中,我的脸紧紧贴在她的脸上。她的体温由热而凉,肢体由软而硬。妻子很快打开了佛教音乐盒,母亲的卧室里响起了彻夜不绝的梵音……

1994年清明时节,我们乘坐东方航空公司的班机将母亲的骨灰运回她的故乡——湖南长沙。我做了一个大胆的决定:将她的骨灰沉入湘江。母亲体虚畏寒。水葬之前,我又在雕花木质骨灰盒外加套了一个大理石的骨灰盒,用强力黏合剂将盒盖粘严实。当我们加封骨灰盒时,母亲的骨灰发出了一阵异香,我跟妻子都惊叹不止。接着我们租赁了一艘游艇,在湘江大桥的主桥墩下举行了一个简朴的水葬仪式。我写了一条横幅,上书"魂归故里,碑竖心中"八个大字;又写了一副对联,上联是"五十三载舐犊情情深似海",下联是"七十九年坎坷路路转峰回"。

也就是这一年的春天,湖南师大一位研究生来信,要征集我考大学的作文,想编一本书。这封信让我回忆起37年之前一段难堪而椎心泣血的往事,于是我立即写了一篇应征的文章:《一篇虚构的高考作文——兼忆亡母》。后来这位研究生想编的书渺无下文,而我这篇短文却先后刊登于《湖南日报》和《团结报》,去年又被收进了台湾商务印书馆出版的一本散文随笔集《说情爱——亲情,多少泪》。现将全文引录于下,作为对母亲永恒的忆念。

湖南师范大学某研究生忽发奇想，广征各界名流高考作文试卷，要编一部《金榜题名大手笔》出版。蒙他错爱，我也收到一纸约稿函。我是1957年的高中毕业生，高考作文试题是《我的母亲》。这位年轻的研究生怎会料到，当时16岁的我竟被无形之力剥夺了如实描写母亲的权利！

我母亲1952年经考试被中南矿冶学院录用为卫生科药剂员。当时这所在长沙岳麓山新办的大学处于初创阶段，百废待举。母亲带着新参加革命的喜悦，全身心地投入了工作。她平时住在山上，只有星期天才回城跟我团聚。星期一天未亮就起床，先替校内重病号到校外大医院排队挂号，再坐轮渡过江上班。替病人挂号，跟她的本职工作风马牛不相及，但她默默地坚持了两年多，不仅不取分文报酬，偶尔有事缠身还贴钱雇人去替她排队。病人给她一个亲切的称呼"王大姐"。做梦也想不到，1955年9月，乐于克己待人的母亲竟被冠以"偷窃药品等物，品质恶劣"的罪名开除公职。26年后，这个错案才得以纠正。复查结论上写的是：

"'将可待因药粉私改为可待因药片'。经复查，只要剂量相等是可以的，不能算其错误。"

"'盗窃一瓶链霉素'。经复查，当时仅仅是怀疑，根本不能作为处分依据。"

药房遗失一瓶链霉素而责任不明，就给无辜者戴上贪污盗窃的帽子，在今天看来是"天方夜谭"式的奇闻，而在当时却是活生生的残酷现实。开除公职，即被断了生路。年方不惑之年的母亲大惑不解，无法忍受经济的重压和人格的侮辱，两次自杀，均未遂。第二次因吞服安眠药过量，一度瘫痪在床。求生不得，求死不能，这是何等难堪的处境！被折磨得身体虚弱的母亲刚能颤巍巍下床的时候，为生计所迫，只好到郊区新修的公路边去锤石头。手裂开了道道口子，血染红了铁锤的木柄，一天才挣得聊以糊口的几角钱。母亲境遇如此，我在考场接到题为《我的母亲》的高考作文试卷时，发抖的手真不知从何处下笔。

我是在母亲影响下报考文科大学的。当我还在牙牙学语的时候，母亲就为我吟诵《满江红》《正气歌》一类古典诗词，教育我长大之后像岳飞、文天祥那样精忠报国。她还不止一次地给我朗读元稹《遣悲怀》中的诗句"谢公最小偏怜女，自嫁黔娄百事乖"，感慨她所遇非人的身世。我由此知道，我刚呱呱坠地两个月，即被风流成性的父亲遗弃。当时正值太平洋战争爆发，日本飞机对战时的陪都重庆狂轰滥炸。母亲带我从几乎被炸成瓦砾堆的山城逃至沈从文先生笔下的山明水秀的边城——湖南凤凰，开始了母子相依为命的生活。在那种是非颠倒、价值错乱的岁月中，我既不能铺陈母亲的坎坷经历，更不敢为蒙受不白之冤的母亲辩诬。

使我摆脱考场困境的是被誉为时代鼓手的诗人田间一首短诗——《坚壁》：

狗强盗，/你要问我吗／"枪、弹药，/埋在哪儿？"/来，我告诉你：/"枪、弹药／统埋在我心里！"

我于是从慌乱中镇定下来，驰骋想象，编造了一个动人的革命故事：我母亲苦大仇深，老党员，抗战时期任村妇联主任。日寇扫荡时她掩护八路军伤员，埋藏枪支弹药。日寇拷问她，她严词斥敌："狗强盗，枪、弹药，统埋在我心里。"于是，恼羞成怒的敌人把她吊死在树上。她牺牲前三呼共产党万岁，成了烈士。我成为烈士遗孤，在组织的培养下高中毕业。感谢当时执行的阶级路线，我这篇作文得了高分，因而又做梦似的考入了"古老而又新型"的南开大学。如果当时记述一个"盗窃犯"母亲正在锤石铺路，我的人生经历肯定会是另一番景象。然而身为人子，硬认他人做母，毕竟是一种罪愆。我感到愧对母亲，一直隐瞒着这件事。

后来才听说，母亲之所以挨整，只是因为卫生科的科长要安排他的一位战友，而编制有限，拉进一个，就要挤走一个。抛弃我们母子的父亲去了台湾，我们"名正言顺"地成了反动家属，孤苦无靠的母亲自然是挨整的最佳人选。几经周折，终于在1981年底，母亲得到平反，落实政策补偿费为人民币100元整。1988年底，台湾友人帮我找到了那位无法割断血缘关系的父亲，但他已瘫痪多年，思维混乱，不能对母亲说几句动人的忏悔之词。1992年底，母亲突发肺心病。我们尽全力抢救，恳求她跟我们一起多过几年小康日子，但是，悲欢离合总无情，母亲终因为心力衰竭，在今年1月11日去世。她去世前已昏厥，没有剧烈痛苦，也没有留下遗言遗产——只有一大笔应该报销而尚未报销的医药费，以及一小笔应该发放而尚未发放的抚恤金。

母亲生前在物质上无奢求苛望，最大的爱好是跟人聊天，有时排队购物都能结交朋友。而我最大的过失，正是不关心母亲的精神生活。我很少跟她讲自己的工作和事业。家中只有一台电视机的时候，母亲想看京剧，我却噼里啪啦拨到放电视剧的频道，专横跋扈，没有商量余地。每想到这些，我更感追悔莫及、罪无可赦。

母亲慈祥而懦弱。有次她排队买菜，一无赖在众目睽睽之下从她手中夺走了钱。她仅原地不动说了一句："可恶！"我几乎没见她在苦难面前掉过眼泪，但每当夸耀后辈时，她的笑脸上总是闪动着泪花。我有时想她哭，怕她笑。重病时，她简直像嗷嗷待哺的婴儿，求助的目光向四外搜寻。这使我又想起一句古诗："千古艰难唯一死。"

79岁的老母是在我怀中永远离去的。我准备将她的骨灰撒进故乡的湘江。我一瞑之后，也到那里去跟她相偎相伴。只要仍有来世，我会毫不犹豫再选择她做我的母亲。我只是不愿再经历那种不能如实描写母亲的时代。这种"大时代的小悲剧"，对于时代固然是小而又小，但对于一个普通人来说却关系着他的半生乃至一生。如有来世，我也将痛改前非，不但照顾母亲的饮食起居，而且也要在精神上与她交流沟通，使她成为一个物质小康而精神富有的人。"种田不熟不如荒，养儿不孝不如无"——不能与母亲共享精神生活的儿子，哪里称得上是一个名副其实的儿子呢。

第二章

求学生涯（1945—1962）

第一节

从三一小学到会春一小

我的小学教育基本上是在长沙完成的。从三一小学到会春一小，经历了两个时代，两种性质不同的学校。

我之所以选择进入位于北正街的三一小学，一是因为学校与我在大巷子的住所距离很近；二是因为这是一所教会学校，在长沙的小学中最为有名，而母亲又是一个基督徒。所谓"三一"，是指圣父、圣子、圣灵三位一体。基督教规定，耶稣复活节50天后，每个星期日都叫"三一主日"。那时三一小学有一处特别的建筑，就是始建于1905年的基督教堂。教堂平面布局为十字形，花岗石结构，弹弓式石库门，葵花格窗棂，红色平瓦屋面。辛亥革命元勋黄兴曾在此避难，现大门内墙上仍保存着1912年黄兴题写的碑文。学校有一门特别的课程，叫"主日学"；有一位特殊的教师，就是一位姓刘的牧师。我进三一小学时刚5岁，没有正式接受过洗礼，至今也不懂基督教的教义，但对礼拜天上主日学有着浓厚的兴趣，因为牧师会向我们讲很多宗教故事，比如耶稣如何诞生在马厩里；同学还化装表演一些宗教剧，那长着双翅的小天使的造型着实让人喜爱。没有正式受洗礼的同学也能领到一些五光十色的小画片——这对小孩子具有很大的诱惑力；入教的师生则进教堂祈祷完毕，可以从牧师那里尝到一点面包和葡萄酒。平常的日子，教会还会免费发放一些奶粉和救济粉，这是在其他小学享受不到的待遇。

我在三一小学感到最为恐怖的事情是上体育课。那时小学生都被编为童子军，要接受最初级的军事训练。童子军的军服很是神气：帆船帽，打领带，系皮带，还佩戴一只铁水壶，一捆救生绳。但操练起来却很是辛苦。我最可悲也最可笑的缺点是从小不辨左右，教官下令向左转，我有时却转向右，教官以为我故意捣乱，就使劲在我屁股上踹上一脚。教官穿的是大马靴，踢在我的小屁股上，很是疼痛。母亲知道后更是心痛，就苦口婆心教诲我："记住，那个有牛痘疤的胳膊是左胳膊，另一边是右。"从此，每当转弯的口令一下，我就赶紧盯住那只种牛痘之后留下疤痕的手臂。中华人民共和国成立以后，政治运动颇多，有人说我"右"，有人说我"左"；还有人说我平时表现像左派，运动降临则可以被划归右派——去掉一个最高分，再去掉一个最低分，折中之后，无非是个中间派。我觉得他们说得都有道理，但我至今也不知道自己应该被归到什么派。

三一小学时代最美好的回忆是春游和秋游，目的地是被毛泽东用"万山红遍，层林尽染"加以形容的岳麓山。那时从城里到岳麓山，必须先坐船到橘子洲头，再换船登山。橘子洲是湘江河心一条狭长的沙洲，全长约5千米，宽约百余米，洲上林木葱茏。正是因为湘江中间有这样一处细长的沙洲，湘江才变得风姿绰约，婉转缠绵。登上岳麓山，可以参观挂有"惟楚有材，于斯为盛"对联的岳麓书院，可以在乾隆五十七年（1792）修建的爱晚亭小憩。这座别致的山亭原名红叶亭。"爱晚"的典故，取自唐代诗人杜牧的七绝《山行》："远上寒山石径斜，白云深处有人家。停车坐爱枫林晚，霜叶红于二月花。"小憩之后，奋力攀登山顶的云麓宫，沿途可以瞻仰辛亥革命先烈黄兴和蔡锷墓，在潜移默化中受到先烈"以天下为己任"的担当精神的感染。这种精神就是我理解的湖湘文化的精髓。有人说湖南人有一种天生蛮性。鲁迅在他的绝笔《因太炎先生而想起的二三事》中曾这样描写黄兴（克强）："黄克强在东京作师范学生时，就始终没有断发，也未尝大叫革命，所略显其楚人的反抗的蛮性者，惟因日本学监，诫学生不可赤膊，他却偏光着上身，手挟洋瓷脸盆，摇摇摆摆地走入自修室去而已。"我想，这种湖南人的蛮性，也就是一种倔强、霸蛮、知其不可为而为之的性格。春游归来时，我们都会采上大把大把的杜鹃花，做成花环戴在头上，真有"待到山花插满头"的景象。后来旧地重游，乘汽车穿越湘江大桥，十几分钟车就停到了爱晚亭脚下。我在感叹现代交通工具便捷的同时，当年充满诗情画意的情调也就荡然无存。

在三一小学就读期间，我保持有一种特殊的记忆，那就是长沙解放前夕和解放初期的政治氛围。那时国统区通货膨胀严重，我就目睹过老百姓用大捆大捆的金圆券去抢购大米、抢购食盐的场面。家里也不时遇到国民党部队的滋扰。不知什么时候，就会有一群国民党的官兵来强行住宿。他们撤离时，院子里处处都会留下狼藉的大小便。有一次，我还看到了审问逃兵的场面。那个逃兵原是农民，麻脸，审讯他的排长把打着绑腿的脚踏在板凳上，大喝一声："拉出去毙了！"只见那个逃兵面如土色，脸上的麻子坑似乎都吓得鼓了起来。我还见过国民党抓壮丁的"盛举"：一队队从乡里抓来的穷人，被粗铁丝穿过锁骨，一串串拉在街上行走。我不知道这样的士兵怎么能够打仗。我至今仍然认为，当时的国民党政权如果不在大陆崩溃，实无天理！

与此相对照的是长沙地下党无处不在的活动。我的语文老师汤懿德就是地下党员。在她的影响下，我写了一篇作文，批判"为富不仁"的社会现象，得到了好评和高分。65年之后，一个偶然的机会，我跟汤老师取得了联系，共同回忆了这一温馨往事。还有一次我在校外一处草坪嬉戏，周边无人。这时有一位大哥哥模样的人笑眯眯地走过来，教我唱两首歌，一首叫《山那边哟好地方》，另一首叫《谁养活谁》。这两首歌的旋律我至今不忘，让我懂得旧社会阶级对立的存在，使我在朦胧中向往一个光明幸福的境界。如今想来，那些中共地下党员的工作都做到了我这个毛孩子身上，那新政权的建立当然是指日可待。

让长沙老百姓切身感到新旧社会两重天的是解放大军入城，我印象最深的是第四野战军的军容风纪。那些战士大多是东北人，真是像红高粱一般淳朴可爱。跟国民党部队的作风相反，他们真正是纪律严明，一进门就帮着挑水、扫院、抱孩子。他们改善伙食时，也请我们这些孩子去吃猪肉大葱馅的饺子。南方人吃饺子，是一件十分新鲜的事情。这使我懂得了一个粗浅的道理，老百姓之所以拥护革命，是因为革命能给他们带来切实的利益。

长沙解放后，因为外公迁到唐家巷务农，我们母子随之迁到郊区，我也由三一小学转学到了位于麻园岭的会春一小。跟三一小学的气氛截然不同，会春一小不是贵族学校而是平民学校。学校的教学条件极差，学生是周边农民和贫民的子弟。南方冬天阴冷，学校既无暖气，也无火炉。学生的手脚大多生了冻疮，又痒又痛。为了取暖，几乎每人都拎一个罐头盒，用钉子在底部钉几个窟窿，烧上一块木炭，抱在怀里取暖。如果木炭快灭了，就把罐头盒甩一甩，好比杂技舞台上的耍流星。

我给会春一小师生留下的唯一好印象是热爱劳动。有一天早上，学校黑板报上出现了一幅彩色粉笔画，画面上那个小学生头戴草帽，肩挑一担菜，说明词是"热爱劳动的陈漱渝"。这也是我在学生时代受到的唯一一次隆重表彰。那时我母亲在郊区种菜养猪，进城卖菜的任务就责无旁贷地落在我的肩头。我年纪小，又要走远路，只好少挑一点；不会看秤，母亲就把蔬菜捆成小捆，按捆论价。长沙的菜农卖完菜都有在茶馆吃包子的习惯，而我卖完菜就直接上学，把箩筐暂时寄存在教室的角落里。令人遗憾的是，随着生活境遇的改变，我早把少年时代这唯一的优点丢到爪哇国去了。

我在会春一小只读完了六年级第一学期。那时长沙的学校半年招生一次，允许跳级。母亲因劳累而无暇管我，我就自作主张报考了由"雅礼中学"改名的"解放中学"。

第二节
雅礼中学的"丑小鸭"

2006年9月30日,雅礼中学的大操场上万头攒动。临时搭建的舞台上,600多名师生演出了大型文艺节目《百年如歌》。出席庆典的除各级领导外,还有一批著名的学者、院士——如今有14位院士都是雅礼的毕业生,厉以宁、梅可望这样的学者也是雅礼校友。美国雅礼协会副会长李旺盛宣读了美国前总统乔治·布什的贺信。舞台背面有八个醒目的大字:"百年雅礼,星光灿烂。"我坐在学校为1951年9月入学的原初6班老校友安排的座位上,参加了这次百年一遇的盛典。我自知不是这所名校闪烁的"星光",而只是天鹅般校友群中一只"丑小鸭"。

雅礼中学的前身是1906年11月16日成立的雅礼大学堂,创办人是美国耶鲁大学的罗伦斯(Lawrence Thurston)、亚瑟(Arthur Williams)、席比义(Warren Seabury)和盖保耐(Brownell Gage)。他们决心献身于海外传教服务,把耶鲁大学的价值观和传统带到东方。中国的湖南长沙成为他们最终择定的校址。他们虽然看到当时湖南的2100万老百姓有强烈的排外情绪,但吸引他们的是湖南人的"阳刚活力,天赋领导才能,高度独立能力"。

我是1951年初跳级考入雅礼中学的,被编入初3班,但第一学期因考试不及格,留了一级,成为留级生,被降到初6班。稀里糊涂跳一级,又稀里糊涂留一级,打成了平局。当时雅礼已经易名为"解放中学",但仍然存留着美式教育的遗痕。我记得上体育课时学生练习打"笼球"——一种硕大无比的橡皮气球,我在其他学校似乎还没有见过。课余活动还可以练习拳击,这也是其他学校没有的。我初次见到那副蘑菇形的拳击手套，觉得很新奇，就不由自主地戴在手上，不料一位师兄立即戴着拳击手套走过来，向我挑战。我还没有反应过来，就被他在头部暴打了一顿，惨败之后头痛不已。我现在还有不自主摇头晃脑的习惯动作，就是那次比赛留下的后遗症。最明显的美国习气是老同学把新同学称为"New boy（新人）"。"New boy"被老同学欺侮是正常的现象。据说，在耶鲁大学，老同学还可以把新同学推入池塘，使他们衣裤湿透，变成落汤鸡。但我在学校没有见过这样的场面，只见过老生把新生的书包藏起来，让他们买烤红薯赎回来的恶作剧。

1950年6月25日，朝鲜内战爆发；同年10月18日，中国人民志愿军入朝作战。这一时期，整个社会都在进行反对"亲美、恐美、崇美"的教育，学校的政治气氛十分浓厚。1951年5月17日，雅礼协会的驻校代表俞道存（Dwight Rugh）博士被驱逐出境，原雅礼中学的元老劳启祥校长和应开识、盛群铎老师随之作为"洋奴"受到批判，学校还停课公演过批评他们的活报剧。为了响应抗美援朝的号召，同学们积极报名参军。我记得有一天晚上，在大操场举行了动员参军的晚会。有人现场朗诵了作家魏巍的报告文学作品《谁是最可爱的人》，不少同学感动得热泪盈眶，纷纷要求参战。我当时只有10来岁，虽然热血沸腾地争着要报名，当然不会被批准入伍。不过，光荣参军的同学有好几批，几十人。原来雅礼中学招收了不少"贵族子弟"，有人曾用顺口溜嘲笑他们："洋学生臭摆格，上穿青下穿白，走起路来齐合拍，金丝眼镜托利克，有的拿着司狄克，手里捧的洋Book（书），讲起洋文蛮要得。"但在解放初期，出身不好的同学都主动跟家庭划清界限，有人还干脆宣布跟家庭断绝关系。

对于初中阶段的读书生活，我已经印象模糊，但对当时学校的吃、住和文体活动却记忆犹新。那时早餐几乎天天都是三样菜：炒雪里蕻，豆腐脑，炸花生米。同学8人一桌就餐，都争着抢炸花生米。为了分配公正，大家采取一个轮流享用的办法，即每天归一位同学独吃；早餐吃不完，就带出食堂，上课时趁老师不注意时偷着吃。学生有住校的传统，宿舍就是那个兼作风雨操场的大礼堂。这是雅礼协会花12 000美金修建的。我完全不记得几百人住在一起是否会互相干扰，只记得每晚熄灯之后都能躺在床上收听名为《解放之声》的广播。广播的内容十分丰富，但我能记得的，主要是体育老师常治平讲述的体育故事，如斯巴达克足球队如何大战狄拉摩队；还能听到优美抒情的古典音乐，常伴我入眠的就有舒伯特的《小夜曲》。

雅礼的"校球"是足球。同学不论会不会踢都十分热爱这一体育项目。那时湖南其他学校似乎都不曾开展这一运动，所以雅礼的足球队加上湘雅医学院的足球队，就等于湖南省足球队。游达钧、王守亨、常治平、刘泰松等，就是当年我们心目中的"球星"，地位跟今天的姚明、大郅相仿。学校还组织我们观摩中南区的排球赛，冠军是广东台山队，队员像农民般朴实，一律光脚，这也是今天的赛场上无法看到的景观。

罗世泽老师的音乐教学也受到了全校同学的好评。罗老师当年政治热情很高，我记得中华人民共和国成立初期长沙的团员青年在学校操场上有一次集会。罗老师穿着白衬衣，系着红领巾，青春焕发地行进在队伍中。他教我们欣赏二胡演奏曲《烛影摇红》，边弹钢琴边教我们欣赏撼人心灵的《伏尔加船夫曲》。为了纪念人民音乐家聂耳和冼星海，罗老师指挥师生演出了大气磅礴的《黄河大合唱》。我参加的童声合唱团还演唱过冼星海作曲的抗日儿歌《只怕不抵抗》，指挥者是同班学友苏孝元。他个子虽矮，但长得十分可爱。当年他撅起圆圆鼓鼓的小屁股，节奏鲜明、激情洋溢地指挥我们合唱。2006年雅礼初6班的校友聚餐时，他已满脸沧桑，双腿不良于行，使我深为岁月无情而伤感。

解放中学的明珠是位于校园西北隅的西雅村。那里有18栋当时在长沙十分罕见的小洋楼，周边林木葱郁，绿草如茵。在高大繁茂的银杏和法国梧桐树下，一群毛色斑驳的荷兰奶牛在蹒跚地踱步。我们常去西雅村，是因为这里有一座图书馆——漂亮的管理员卢小姐和丰富的图书同样吸人眼球。这里还有一片菜地，是我们上植物课的实习基地。整理完碧绿的菜畦，在清澈的溪流中洗洗手，涮涮耕具，别有一种浓郁的田园风味。令人痛心的是，后来湘雅医学院扩建，合并了雅礼中学的校区，在1958年的"大跃进"中把西雅村的树木砍光，草皮铲尽。当时已经考入湘雅医学院的校友史庭坚带我重游故地，好比看到一个美女被剃光了蛾眉美发，我们愤怒地扭头而返。1955年2月，学校由长沙麻园岭搬到了枫树山，校名再度改为长沙第五中学，直到1985年8月28日才恢复雅礼的原校名。这次迁校的场面极为壮观：全体同学或扛着课桌，或背着课椅，徒步十余里走到新校区；一路上还反复唱着自编的歌曲："迁校了，大家喜洋洋；迁校了，大家喜洋洋……"路边行人投来赞美的目光。像这样的搬迁方式，在中国教育史上大约可以列入《无双谱》。

大家当时之所以"喜洋洋"，因为新校区是卫生部出资兴修的，相当壮观。走进校门，迎面矗立着一座5000平方米的教学楼，楼前的大操场有35米宽的跑道，按标准规格修建的足球场。操场两边是四栋三层楼的宿舍和食堂。西边有篮球场，大礼堂兼风雨操场，还有小礼堂兼音乐教室、示范教室、教师宿舍等，规模为国内罕见。

我之所以说我是这所中学的"丑小鸭"，一是因为我数、理、化的成绩都不好，二是因为家境贫寒。每学期初，我通常都要补考数学。"X加Y等于几"常使我头昏脑涨，我只会猜谜似的填进几个数字，看是不是适合，完全没有运算过程。开学初另一件尴尬的事情是交不起学杂费，因而领不到新课本和出入学校的校徽。差堪慰藉的是语文成绩还可以。纪念雅礼百年校庆的时候，同窗陈邦钦写了一篇回忆文章《行政大楼的灯光》。他说："在我们高17班，陈漱渝是有名的秀才，文学方面很有才能，得到历届语文老师很高的评价，例如郑小从、彭灿言及黄冠群老师都很喜欢他，他的作文本发下来，常常整篇都是红笔画的圈圈。有次作文中陈漱渝提出老师们在行政大楼批改作业、备课，常常熬到深夜12点以后，他呼吁老师们要注意身体健康。文章在学校广播后，老师们反响强烈，有的还掉下了眼泪，说同学们这样关心我们，我们要更好地教好学生。"（《百年回望》，湖南教育出版社2006年9月版，第228页）邦钦兄是一位化学家，长期在美国乔治城大学医学中心任教。美国前总统克林顿就是该校外交系的毕业生。邦钦对我的回忆虽不无溢美成分，但在我学的各门课程中，语文相对而言还算是一门强项。

为纪念雅礼中学百年校庆，我也写了篇短文，题为《嗜好的读书，主动的学习》。全文是：

"嗜好的读书"，见诸鲁迅《三闲集》中的《读书杂谈》。这位大师在文中说，读书有两种：一是职业的读书，比如单纯为升学、为就业而读书，往往很被动，有时还很苦痛，很可怜；二是嗜好的读书，纯粹出于自愿，出于兴趣，是在做一件爱好的事情，这样就很主动，好比有人搓麻将，天天打，夜夜搓，感到一副牌里蕴藏着无穷的变化，从中能享受到无穷的乐趣。我在湖南长沙雅礼中学读书期间，对语文课的爱好就好比赌徒爱麻将，有一股"被公安局捉去了，放出来之后还是打"的劲头。

雅礼中学是一所跟美国耶鲁大学有着历史渊源的教会学校,到今年(2009年)9月29日已有103年历史。校歌中唱道:"昆仑渤海之间,/五千年民族。/万里长江大河,/助文明发育。/地球旋转无停,/惜光明易逝。/吸取欧美文明,乃吾修素质。/东方西方圣人,/劝为善则一。/悠久博厚高明,/唯至诚无息。/校中彝训长垂,/尚公勤诚朴。/君子终日乾乾,/集大成可志。"副歌是:"经天纬地才能,由学问成就;及时奋发精神,好担当宇宙。"校歌前两段的歌词内涵我并不懂得,但副歌中的这四句话我却铭记了大半生,激励我身处逆境而毫不退缩。

雅礼中学位处湖南长沙,今年9月29日将迎来她的百年诞辰。因为小学升中学时跳了一级,入学后立马留了一级,所以我在这所名校整整待了六年半。那时家庭穷困,因为交不起学费,开学时常常最后才能领到布制的校徽;数、理、化又都学得不好,特别是数学,曾多次补考,在"白天鹅"般的学友群中是一只名副其实的"丑小鸭"。只有作文稍微能够给我赢得一点自尊,一点自信,支撑我终于修完了中学的学业。

除了母亲的养育,老师的鼓励和培养对我的成长起了至关重要的作用。我至今仍牢牢记住了刘浩然、刘佩文、郑小从这三位恩师的姓名。据说郑小从先生是徐特立的弟子,李维汉的同窗。他讷于言,但温文尔雅,国学根底极为深厚,让他给我们这些毛孩子讲课,完全是"用大炮打蚊子——屈才"。建国前他曾经跟我的伯外公王启湘同任湖南大学教授,因此对我更多了一番关照。刘浩然先生身材高大,前额宽阔,讲课时声情并茂。他给我们朗读马烽的小说《韩梅梅》,读到动情处,声音哽咽,两眼润湿,学生也被感动得热泪盈眶。后来我也当过14年中学教师,师承了刘浩然老师的教法,在讲课时十分注重情感灌注,使不少学生从被动型的"要我学"转变为主动型的"我要学"。刘佩文先生跟刘浩然先生风格不同,他身材瘦长,讲课慢条斯理,透过那副跟他的思想同样有深度的镜片,能看到他充满智慧的双眼在不停地闪动。有一次,我以旧中国一位女子的悲剧命运为题材写了一篇小说，整整写满了一个作文本。刘佩文老师认真批改之后，先热情予以肯定，又委婉批评了习作中过于伤感的情调。这个作文本早已不知去向，但我却从此跟文学结下了不解之缘。通过这三位老师的言传身教，我懂得了一个道理：在人类之中，"通才"是十分罕见的，因而格外值得珍惜。但不厌弃"偏才"也是一种为师之道。因为在经过改良的瘠土上，同样能够结出果实。

根据我的切身体会，除开接受课堂教育，利用课余时间生动、活泼、主动地发展也是一条成才的要津。在美丽的西雅村，绿草如茵，白鹭成行，绿色的鹭鸶蛋，黄色的银杏果，都给我留下了诗意盎然的记忆。但我印象最深的还是那座别墅式的图书馆。从一位跟西雅村同样美丽的管理员手中，我接过了一册册厚重的苏俄文学名著——这是我最初吮吸的文学乳汁，至今仍给我留下了斩不断的俄罗斯情结。我还跟几位志同道合者组织过一个文学小组，请刘浩然老师在阶梯教室朗读《阿Q正传》。鲁迅用那柄无形的解剖刀对国人灵魂入木三分的剖析，强烈震撼了我那稚嫩的心灵。毕业前夕，高17班的我跟两位初中同学（高16班的李惠黎、高15班的陈赫）还合办过一期形式多样、内容丰富的墙报。刊名是陈赫起的，叫《鸿雁》，希望能在告别母校前夕一展才华，留下一点好名声。出版者署"南柯社"，是我起的，意思是并不存在这样一个真实的社团，好比"南柯一梦"。我们那时少不更事，表现欲旺盛，锋芒毕露，文章在充满锐气的同时自然也会有偏颇。当时正值"反右"前夕，对于文字和言论难免有些过敏，但作为主编的我可以确认，这份墙报在张贴之前曾送校领导审查，校领导也有审读文字，作为卷头语刊出。张贴这份刊物时，有很多同学围观。我们当时十分得意，一起哼着陈赫谱写的一首歌："残月西沉，星星儿还在柳梢挂，捕鱼队出了港，太阳升起照渔家……"然而乐极生悲，这件事后来横生枝节，惹出了不少始料不及的麻烦，甚至株连了几位与此毫不相干的校友，如张文简、周慰祖，对此我至今仍怀着深深的歉疚……

回想起来，中学时代对我独立工作能力的提高帮助最大的是编辑全校的一份大型板报：《五中青年》。记得是高二那年李惠黎[①]拉我参加这一工作的。我负责文字，他负责美编。全校各班都有通讯员，负责人是比我高一年级的女生田莉芸。田莉芸个头不高，留着短发，她的长相可以用"精神"二字形容，性格可以用"内敛"二字形容。跟我不同的是，她不仅文章写得漂亮，而且数、理、化的成绩也很优秀。我们三人之间配合得相当默契。我保存有一个小记事本，封面印有"中苏友好"四字，画的是天安门和克里姆林宫。这是五中团委和五中校刊编委会给我的奖品，上面写有"关心报刊，积极工作"四个钢笔字。我将这个笔记本作为一种特殊荣誉转赠给我的母亲，母亲在上面记下了很多亲友的地址，所以作为"传家宝"保存了整整半个世纪。令人痛心的是，田莉芸升入华中工学院（现为华中科技大学）之后，在1958年"拔白旗，插红旗"的运动中因精神抑郁而轻生。临终前，她将三本日记寄给了我的母亲，上面有这位早熟早慧的少女暗恋我的情感记录，而当时年仅十五六岁的我对此却毫不知晓。母亲看完日记如惊弓之鸟，未征得我的同意就将这三本日记烧了，但田莉芸的面影却像一幅瓷画，经过火的烧炼，反而更加清晰地浮现在我生命的史册上。

[①] 李惠黎（1939—2009），湖南人，西安近代化学研究所（204所）研究员，中化近代（西安）环保化工有限公司首席科学家。1962年毕业于武汉大学化学系，在有机合成及氟化化工方面辛勤耕耘48载，为我国氟化工的技术进步和产业发展做出了较大贡献。他领导开发的氟利昂替代品HFC-134a合成技术已实现了由实验室到工业化的成功转化，这种成功案例在国内是为数不多的。在李惠黎数年的悉心指导下，HFC-134a已成为中国的优势技术与产业领域，产业规模稳居全球前列。

第三节

南开回忆三章

一、忆当年，不学无术情可原

1957年8月，我收到了一份南开大学中文系的录取通知书，同时还有一封南开团委和学生会的欢迎信——

亲爱的新伙伴：

　　让我们亲切地祝贺你，祝贺你在这样一个伟大而光荣的年代开始大学生活，祝贺你荣幸地来到祖国古老但又是新型的综合性大学——南开大学，祝贺你在即将到来的学习生活中，顽强钻研，刻苦努力，攻下科学堡垒。

　　亲爱的新伙伴们！南开大学共青团的组织、学生会和全体同学在这里热烈地欢迎你，欢迎你参加我们巨大的科学工作者和人民教师的后备军队伍，在国家规定的学习期间内，我们将团结在一起，在党、行政和老师们的亲切关怀和教导下，把自己培养成为忠实于社会主义事业、具有一定的马克思列宁主义理论水平、掌握先进科学知识、脑力劳动与体力劳动相结合的体魄健全的建设人才。

　　亲爱的新伙伴们！为了在十二年内赶上世界科学的先进水平，国家迫切需要成千成万的科学研究工作者和人民教师，党和政府对我们有着殷切的期望，让我们共同努力，战胜一切困难，顽强地学习、学习、再学习。

我们衷心地欢迎你，欢迎你准时来校。

谨祝

旅途平安　身体健康

中国共产主义青年团南开大学委员会
南开大学学生会
一九五七年八月×日

如实地说，我是稀里糊涂考入南开的。我自幼生活在苗汉杂居的湖南凤凰，中学时代读过《阿诗玛》《百鸟衣》一类长篇叙事诗，又看了《神秘的旅伴》《山间铃响马帮来》等反映少数民族生活的影片，因此很想将来到少数民族地区工作。我中学毕业时才十六七岁，正是张开幻想翅膀的时期，完全没想过从事这种工作的艰苦性和所要求的特殊条件。其次向往的职业是记者，也是认为记者工作相当浪漫。当时考大学允许按顺序填写12个志愿。我的第一志愿是中央民族学院少数民族语言专业，第二志愿是北京大学新闻系，南开大学中文系是第三志愿。此外胡乱申报了一些其他院校。第十二志愿是湖南师范学院中文系。我不愿意在家门口上大学，又不愿意当中学教师，所以拿湖南师院垫底。我以为，如果一、二志愿都泡汤，那就会被最后一个志愿接住。我确实没有想到会被第三志愿录取。

收到录取通知书，最兴奋的是外公。他阅历深，见识广，知道南开大学创始于"五四"时期，梁启超、蒋廷黻、李济、汤用彤、竺可桢、范文澜、何廉等知名学者都曾在此任教，还培养了周恩来这样的政治家和曹禺这样的戏剧家，所以他认为我能戴上南开大学的校徽是一件非常光荣的事情。外公不仅向左邻右舍报告这一好消息，而且不顾年逾古稀，决定亲自把我送到学校报到。当时武汉长江大桥正在修建中，从长沙乘粤汉线北上，必须在武昌下车，乘摆渡过长江到汉口换车，到北京后再转车，这才能到达天津。我们买的又是坐票，旅途劳顿可想而知。但外公一路上总是不停地向周边旅客介绍："这是我的外孙，他考取了南开大学。"

南开大学位于天津八里台，据传这里原是元朝一个亲王的属地。一进校门，就有老同学来迎接新生。他们热情地把我的皮箱搬到第二宿舍，从此我在这里一住就是五年。我放下行李后的第一件事就是寻找马蹄湖。因为我早听说，南开地处天津西南的开洼地带——"南开洼"，以水为校园的一大特色，校名可能也是因此而来。在老图书馆的南面，我终于找到了一处呈马蹄状的莲池。有人告诉我："这就是马蹄湖。"我不禁大失所望，因为在我这个南方人的心目中，湖就是陆地上聚积的大片水域，一望无涯，有如洞庭湖、鄱阳湖。而我眼前的这个马蹄湖，在我们老家至多只能称之为池塘。20世纪30年代南开校园内细流环绕、小溪纵横的田园风光，此时已渺无遗痕。周末晚上，同学们自带板凳，到芝琴楼前的小操场上看电影，用一台小放映机放小拷贝，这也使我这个电影迷十分扫兴（直到1958年学校才从天津大光明戏院买来一台被淘汰的大放映机）。感到满意的是1957年下半年学校的伙食。食堂就在马蹄湖边的礼堂兼风雨操场，就餐前举起筷子，凑足8人就可以开吃，不管彼此认识不认识。每月的伙食标准是12元5角，菜肴十分丰富，除了鸡鸭鱼肉之外，还有在南方罕见的大虾；主食也多种多样。但好景不长，到1958年"大跃进"之后，伙食水平每况愈下；到了三年困难时期，就变成名副其实的食不果腹了。

南开大学初创时期的学制是四年：预科一年半，本科两年半。我们赶上的是五年制，原本应该学到更多的知识，但实际情况并非如此。当时的政治环境不允许我们这些嗷嗷待哺的学子去吮吸知识的琼浆。我后来写了一篇散文《忆当年，不学无术情可原》，就是为我们这批人缺知少识开脱责任，颇受同龄读者的好评。

1957年入学以后，我们就赶上了给高年级的"右派"学生进行分类处理：或劳教，或开除，或留校监督改造；常在第一教学楼的阶梯教室里宣读"右派"学生的材料。我跟同窗学友张永安觉得乏味，溜出去看电影，被发现后受到了我有生以来的第一次极为严厉的批判。1958年学校开始停课用土法炼钢，还经常停课到学校北面一块被称为"西伯利亚"的空地去推车运土：推的车叫"轱辘马"，是日据时代遗留下的一种运输工具。为了灭"四害"，甚至还停课去逮苍蝇、挖蝇蛹。为了超额完成任务，我特意去天津屠宰场，挖开掩埋猪下水的土坑，那里面成堆的蛹在蠕动，要多少有多少，成千上万的指标都能完成。

对我来说，1958年还有一件记忆犹新的事情，那就是突击编写教材。我被分配编写《苏联文学史》，具体任务是介绍第二次世界大战期间的苏联诗歌，以及柯切托夫的小说（如《茹尔宾一家》）。组长孟伟哉，笔名小剑，当过志愿军，当时就是一位诗人。一部文学史，十天半个月必须写成，我们只好每天熬夜，有时就睡在拼起来的课桌上，夜以继日，连抄带编，最后在书稿上系一根红绸带，敲锣打鼓到党总支报喜。所幸那时粮食供应还颇充分，午夜能吃到糖三角、大油饼等夜宵，身体还能支撑住。

1959年，继农村建立人民公社之后，天津鸿顺里也成为城市人民公社的典型。我们班一位党员干部传达康生的讲话，说"超声波加人民公社等于共产主义"。我们文科生不知道什么叫超声波，就请物理系的同学在图书馆阅览室给我们讲一课。我记得那天会场大，听众多，又没有扩音器，坐在后面的人根本听不清讲了些什么。后来有无师自通的同学教导我：只消把自来水管截成四五寸长的小段，把一端锤扁，从另一端往里面打气，喷射出来的气体里就会产生"超声波"。这种波比一般的声波传播速度快，效果十分奇妙：吹在棉桃上，棉桃就会变成西瓜那样大；吹在麦穗上，那麦穗就会沉甸甸，把麦秸给压断……总之，凡有超声波的地方，就会有不可思议的奇迹出现。

就是凭着上面所说的这点物理知识，我被分配到了天津第二造纸厂参加技术革命。我所在的是搅拌车间，就是把废纸、破布、稻草之类的原料掺上漂白粉倒进搅拌池，而后插入8到10个截断的自来水管，通过气泵拼命往里面打气，果然原料搅拌的时间缩短了。于是我兴高采烈，写了一篇文章，叫《试论超声波在造纸工艺中的应用》，交给车间支部书记。记得书记在这篇文章首页加盖了一个印章"绝密"，然后迅速锁进了保险柜。

1958年至1959年，同学们还曾三下海河，修堤筑坝。我们白天在工地战天斗地，用天津流行的"三句半"鼓舞士气，晚上就睡在帐篷里。那时全国开展新民歌运动，我们班与班、组与组之间也经常"赛诗"，每人每天都有一定写作指标。我们班王烈英同学写了四句诗："锹不离手，歌不离口，不分昼夜，牵着龙走。"颇受好评，曾被《诗刊》选载。我也有四句诗被《天津青年报》选载，诗句现在忘得一干二净，但当时收到了5角钱稿酬，却至今记得清清楚楚。这就是我第一次被排成铅字的文字。受到这一鼓舞，我后来在《天津日报》《天津晚报》、河南《牡丹》杂志发表了共10篇评论、小说、散文。这些文章就是我的"少作"，跟鲁迅所说的婴儿时代的露屁股、衔手指的照片一样。

好像也是1959年，河北任丘县（今为任丘市）遭受水灾，淹死了不少耕牛。

我们就到该县文安大洼去支农，像牛一样地拉耙子，拉犁，耕地补种粮食。

1960年之后赶上了三年困难时期。同学们吃饭顿时发生了问题。每餐都划卡领口粮。有一位高干子弟擅自涂改了粮卡，学校派人进中南海反映给他的父亲。据说那位首长勃然大怒，痛斥孩子一顿，甚至扬言要跟他断绝关系。还有一位学生预备党员，浑身浮肿，每早都等同学们吃完之后，用小勺从木桶缝里抠出一点剩粥吃，被认为是革命意志消退，他的候补期被取消了。由于浮肿的同学与日俱增，学校用卡车运来了一些蛤蜊分给大家洗净蒸着吃，多少补充些营养；又储存了一些大白菜。有一次，有关领导带我们到食堂拜见一位大师傅，说他能用一棵大白菜做出几十种花样。同学们报以雷鸣般的掌声，似乎在山穷水尽之时看到了柳暗花明。后来食堂真的用白菜帮子做成了"人造肉"，让我们在精神上解馋；又发明了一种双蒸法，即把蒸熟的米饭再蒸一遍，显得蓬蓬松松，吃起来有点儿像爆米花的感觉。看到这种"双蒸饭"，精神上也会一度产生幻觉。

我的大学时代，不仅学生的学习生活受到了当时政治环境的严重干扰，而且很多学有专长的老师在那种氛围之下也无法充分施展自己的才智。中文系的系主任李何林，是中国现代文学学科奠基人之一。他给天津《新港》杂志投寄了一篇短文，题目大概是《十年来文艺理论和批评上的一个小问题》，大意是反对把文学作品中的思想性与艺术性相割裂。他认为一篇作品的思想性有严重问题，也就谈不上有什么艺术性。令人想象不到的是，这篇文章一方面被退稿，同时又被人抄录了一份上报，然后在全国发动了一场"批判李何林修正主义文艺思想"的运动，让李先生丈二金刚摸不着头脑。记得他在大礼堂向中文系师生作过一次自我批判。他自己提着暖壶，夹着一摞书，上台讲述这篇文章的理论依据，就像研究生论文答辩一样。李先生的思想方法也许有可议之处，但他的观点跟"修正主义"无论如何是风马牛不相及的。语言学教授邢公畹也是名师，记得他出过一本学术散文《红河之月》。他给我们上课的第一句话就是："病来如山倒，我的脑袋疼得快爆炸了！"他一边说，一边用双手在脑袋上比画。原来他刚从苏联莫斯科大学执教回国，说过莫斯科大学校舍漏雨，有学生就着自来水啃面包，莫斯科街上的汽车也会压死人等"怪话"，结果被戴上了"右派"帽子。古汉语教授马汉麟，是北大名师游国恩的女婿。他用《论语》《孟子》做教材，给我们讲古汉语的实词、虚词和语法。有一次讲到《论语·子罕篇》,"子贡曰:'有美玉于斯,韫椟而藏诸?求善贾而沽诸?'子曰:'沽之哉,沽之哉!我待贾者也。'"马先生的本意是讲"诸""之"等虚词的用法,但他朗诵到"沽之哉,沽之哉!我待贾者也"时,情不自禁地摇头晃脑,结果遭到批判,说他是在兜售"待价而沽"的个人主义思想,要跟共产党讨价还价。教民间文学的华粹深教授,是评剧《秦香莲》的改编者,跟梅兰芳等名伶时有过从。他一生的主要藏品是戏曲唱片。华教授身体虚弱,好像有哮喘病,边讲课边大口喘气。他当时不能给我们讲授他所擅长的古代戏曲,只能讲"小老鼠,上灯台,偷油吃,下不来"一类儿歌民谣。"文化大革命"期间,红卫兵特意砸烂了他珍藏的全部唱片。

南开的文科教师中还有两位知名学者,可惜无缘聆听他们授业解惑。一位叫查良铮,我入学时他是图书馆馆长。位于马蹄湖北面老图书馆的墙上,张贴了许多批判他的大字报。后来我才知道他不仅是翻译家,而且还是著名诗人,笔名叫作穆旦。另一位是许政扬,我读过他校注的《古今小说》。他身体十分虚弱,有一次学生开他的批判会,他竟当场晕厥。据说,他曾宣称他有三件宝:老婆,孩子,资料卡片。"文化大革命"中,造反派就偏偏把他的卡片撕成碎末。这位学者觉得了无生趣,就在校园内的新开湖投水自尽了。

我五年的大学生涯中,对我影响最大的是青年讲师宁宗一。他开设的课程是宋元文学。宁老师是旗人,说一口纯净的北京话,声音很有磁性;他吸收新知识的能力又特别强,能用当时的"先锋理论"来阐释中国古代的文学现象。上他的课所记的笔记,本身就是一篇优美的学术文章。在他的影响下,我对考证中国古代白话小说的源流变迁产生了浓厚兴趣。我套用苏联文艺理论家多宾撰写《论情节的典型化与提炼》一书的模式,着手写一本《论"三言二拍"的题材提炼》。大学四五年级时,我几乎花费了所有的课余时间,在图书馆翻检各种丛书、类书、笔记小说。耐心帮助我的是负责学生图书馆借阅的赵琳老师。这些笨重的古籍从取书到上架都十分费力,而每次我都只翻阅其中的有关部分,频繁地时借时还,但赵老师却没有丝毫的厌烦,我至今感恩。毕业前夕,我终于完成了这篇长文,自不量力地投寄到中华书局上海编辑所。没想到中华书局的责编居然认真审读了这部书稿,复函表示鼓励和肯定,认为基础很好,建议适当加工之后出版。不久我就走上了工作岗位,接着又发生了"文化大革命","三言二拍"都被划归封建糟粕范畴,这部书稿就好比被窒息的婴儿夭折在摇篮里，如今记不清塞到哪个犄角旮旯里去了。留下的唯一纪念，就是1965年7月18日我在《光明日报·文学遗产》上发表的短论《〈杜十娘怒沉百宝箱〉评论中的两个问题》。我因此感到愧对宁宗一老师的教诲，每当见到他时都会表现得手足无措。

1962年夏天，我从南开大学毕业，险些没拿到毕业证，原因是我的体育成绩不及格，后来做了一套劳卫操，蒙混过了关。我大学阶段专业课的成绩还可以，政治鉴定的第一句话是"五年来一贯要求进步"。对于工作分配，我希望能到科研单位、文化机构或高校工作，至于什么省份、什么地区都无所谓。为了表达我的壮志豪情，我在《人民南开》校刊发表了一篇短文《再见，马蹄湖——一个毕业生的心声》。文中关于"伯父"的描写纯属虚构，但志在四方的豪情壮志则是真实的。

南临中心花园，北倚行政大楼，西引新开湖，东连荷花池。两株柳树，苍老遒劲，跌宕生姿，一左一右，守卫着你的门户——啊！马蹄湖，你是南开园的掌上明珠。

记得五年前的一天，当我们接到南开大学的录取通知书，整理行装、准备北上的时候，伯父把我叫到身边，打开他那珍贵的资料本，指着一张磨损的照片对我说："这就是马蹄湖，也是我生命之树开花的地方。"我看那照片，败叶枯枝的杂树下横躺着一口草莽芜蔓的寒塘，宛如旧中国这匹羸弱的老马在历史的古道上遗留的蹄痕。然而伯父却向我描述道："哎，马蹄湖其实很美呢！在日本鬼子和国民党反动派统治的黑暗日子里，久失修茸，才显出了憔悴的模样。"

伯父是老南开的学生，当年以六十比一的比例考入经济系的。在马蹄湖畔，他苦心攻读了四载；在马蹄湖畔，他也曾舒展过幻想的翅膀；也许在马蹄湖畔，爱情还引起过他心房的第一次激荡。然而，毕业之后，等待着他的却是失业的前途，是饥饿的巨口。十多年来，宿雨餐沙，命似浮沤，冲天有志，奋飞无术。于是，他青春的光华暗淡了，他意志的棱角摧磨了，他理想的鲜花萎谢了。回首解放前那些灾难的岁月，就像秋夜的一片沙漠。然而马蹄湖却如同一颗萤火，在他迷茫莫测、凄凉黑暗的生活中闪耀着唯一的慰藉之光。

一天一天地积成了一月，一月一月地积成了一年，转瞬之间，我五年的大学生活又结束了。五年果木果满园，五年种木长风烟。在一个太阳刚刚升起的早晨，我也来到了马蹄湖边。不是为了重踏伯父青年时代的足迹，而是为了告别马蹄湖，迈上新的人生旅途。

　　这时，金色的朝阳从乳白色的薄云里露出她温柔的笑脸，轻轻地唤醒了马蹄湖。湖中心的白莲，袅袅婷婷；睡莲，玉锦团团。在百花之中，荷花的根植得最深，因而它的生命力也最顽强。荷花沐浴的是阳光，吸收的是水分，所贡献出的却是它的一切：根、花、茎、叶。凡有利于人类的，即使分身解体，也热诚勃然，勉力以赴，并且永远保持着素雅恬静的姿容，宛然自在，毫不骄矜。荷花不单可以作为马蹄湖的表征，而且还可以毫无愧色地作为新一代南开人的表征。想到这里我拿起了照相机，决定把马蹄湖的晨景摄下来。让这张新的照片带走伯父脑海中陈旧的记忆，让这张照片激起伯父蛰伏的青春热情。

　　再见，马蹄湖，你的儿子就要远行。好男儿慷慨着先鞭，万里惯长征。不论是雅鲁藏布江的篝火，不论是新疆玛拉斯河畔的新城，不论是萝北草原的荒地，不论是西双版纳的丛林，都向我大敞胸襟。我的生命将要像马蹄湖中的荷花那样盛开，红的是火热，白的是忠贞。

　　马蹄湖，南开园的掌上明珠，历史的忠贞见证！你将永远镶嵌在我的心上，你将永远照亮我的生活航程。

1962年8月6日夜，南开园

二、在南开园，我见到了毛泽东

　　在南开的五年学习生涯中，我最具轰动效应的一件事是跟毛泽东握了手。在此期间，我还见到过周恩来总理和陈云副总理。

　　那是1958年8月13日上午，我们班正在宿舍里批判一位同学的"资产阶级思想"。10点左右，突然听到楼道传来一阵阵欢呼："毛主席来了！毛主席来了！"大家将信将疑，乱哄哄往外跑，有人还穿着拖鞋。先听说毛主席正在视察化学系的车间，参观高效农药"敌百虫"和"离子交换树脂"（可以用于原子弹生产）的研制情况，大家就涌向中心花园的化学系教学楼一带。我们年级的吕振飞同学动作敏捷，挤进了车间，在毛主席视察的照片上留下了半张脸，他因此万分得意。后来听说毛主席要到校园的另一端发表讲话，大家又潮水般地向另一端涌去。我历来体育成绩不好，动作迟缓，被远远抛在了后面。我侧身一看，奇迹出现了：只见一个魁梧的巨人在中心花园的一棵树旁站着，他穿着灰布裤，白衬衣，朴朴实实——这就是全国人民在照片上熟知的毛主席。毛主席那天是在河北省和天津市的有关领导刘子厚、李耕涛、阎达开的陪同下前来视察的，到南开后又受到校长杨石先等领导的接待，他还带有一个英武的贴身警卫。但不知为什么，在我的记忆中，当时毛主席身边并没有任何人。我如入无人之境地走向前，不假思索地脱口而出："毛主席好，我是湖南人！"毛主席立即跟我握手，说："是老乡呀，你好！"然后我把毛主席扶进了身边的小轿车，目送他乘车离去。长久留在我记忆中的，是毛主席那只柔软大手传递的温热。

当天下午，全校在马蹄湖畔的礼堂召开了紧急大会。领导对我们进行了两方面的批评：一是秩序太乱；二是卫生太差。于是学校决定停课大搞卫生，要求每间宿舍都要做到窗明几净六面光。据传说，当天中午河北省和天津市的领导请毛主席到正阳春烤鸭店吃烤鸭，有一只苍蝇叮了他宽阔的前额。苍蝇这种昆虫具有紧叮一处的韧性，挥之即去，但又卷土重来。我推测停课大搞卫生的举措，可能跟中午这尴尬的一幕有关。

吃晚饭时，广播站播出了毛主席跟我握手的报道。餐厅里有些同学争着握我那只跟毛主席握过的手，分享我的快乐。1958年8月13日，是当时的南开人都万分兴奋的一天。有一首快板词中写道："八月十三幸福天，毛主席来到南开园。"而我们年级最感幸福的有三个人：一个是我，一个是上了照片的吕振飞，还有一个就是毛主席视察时正在宿舍挨批的那位同学。若干年后他还幽默地说："毛主席搭救了我！毛主席解放了我！"

见到周总理并聆听他的讲话是在1959年5月28日上午。那天，周总理夫妇在视察天津大学之后来到了南开。校方吸取了毛主席那次到南开的教训，这次活动组织得十分严密。全校师生一律原地待命。总理先来到图书馆，在阅览大厅巡视，跟那些幸运的读者握手，然后登上了在图书馆一侧搭建的临时讲台。各个系的师生分别鱼贯而入，秩序井然。

总理穿着一身中山服，胡须刮得干干净净，两鬓泛着青光。校领导介绍总理夫人时，邓颖超同志羞涩地用草帽半遮着脸，会场顿时爆发出一阵笑声，大家都为邓大姐的朴实谦和而深受感动。在热烈的掌声中，总理用略带江苏口音的普通话做了精练而深刻的讲演。他说，我们现在处在一个前所未有的时代，没有经验，要认识和掌握新的规律、新的平衡、新的比例、新的关系，需要一个过程，需要时间。在这个过渡时期特别需要增产节约，这是建设社会主义的一个原则。去年下半年这方面放松了，今年春季供应就有点紧张，但这是暂时现象。要学会革命的乘除法。中国是一个人口众多的国家。总产值被人口总数一除就所剩无几，而每人浪费一点，如果用人口总数一乘，那就是一个惊人的数字，所以增产节约的精神任何时候都需要。在讲到"两条腿走路"的方针时，总理强调要抓住矛盾的主导方面。比如教育与生产劳动相结合，教育是主导方面，学习是主导方面。办好一个大学，学生人数不宜太多，学校规模不宜过大，这样教学质量才有保证。总理讲完话又视察了校园，最后来到食堂。这时同学们大多吃完了午餐，没剩下什么饭菜。总理就从大筐箩里随手拿了个窝窝头吃了，随行的记者也跟着总理一起吃窝窝头。总理俭朴的生活作风，在这件小事上也得到了生动的反映。

令我难忘的还有另一件事。1958年夏天，学校组织我们到十三陵参加义务劳动，我们住在北京大学的学生宿舍。劳动期间，我们参观了北京高校举办的教育与生产劳动相结合成果展览。在一个展室里，我无意中见到了陈云同志。当时那间展室只有我们两个人。我记得陈云同志个子不高，戴着一顶草帽，在认真地看着图片。我没有贸然打扰他，也像他那样认真地参观。20世纪50年代领导人这种轻车简从的作风，使我至今难忘！

三、我偷了一把糠

人的行为如果跟"偷"字联系起来，终归是一件不大光彩的事情。但近日反思人生，总忘不掉我的一个劣迹，那就是我确曾怀着忐忑乃至恐惧的心情行过一次窃，虽然偷的只不过是一把生糠。

事情发生在1960年冬或1961年春，当时被称为"三年困难时期"。对此，现在有人说那不是天灾，而是人祸，或者说三分天灾，七分人祸。关于这个问题，做结论不是本文的任务。我只知道，那时举国上下都已勒紧裤带了。承蒙组织信任，我们南开大学的部分师生作为河北省委工作组的成员，被派赴旱灾严重、反动会道门猖狂的邯郸专区去抓"三类队"。所谓"三类队"，是指队干部有严重问题的生产队。执行的任务基本上有两个：一、访贫问苦，考察生产队的领导班子；二、亲自抓公共食堂的"秤杆子"，让农民每人每天能吃足国家供应的口粮，在饥荒之年尽可能不要饿死人。

那年我还未满20岁，思想水平低。因为政治上起点低，从动员到下乡又十分仓促，所以对执行这次任务的背景不甚了然。若干年后经过学习才知道，1960年3月，有"一位不愿署名的政协委员"反映，安徽和县铜城闸与无为县粮荒严重，曾发生饿死人事件，有些农民逃亡在外，有的抛弃儿女，干部作风恶劣。周恩来总理将此信批给中共安徽省委第一书记曾希圣，请他派人前往两县调查，希望引起注意。我不知道曾书记反馈的意见如何，反正当年8月，中共中央就发出了《关于全党动手，大办农业，大办粮食的指示》，承认粮食生产指标偏高，估产不实，粮食消费安排不好，管理不善，致使出现了粮食紧张的局面。《指示》强调：农业是国民经济的基础，粮食是基础的基础，加强农业战线是全党的长期的首要任务。同年9月6日，中共中央书记处会议讨论了《关于压低农村和城市人口的口粮标准的批示》。同年11月3日，毛泽东批准了周恩来受中共中央委托主持制定的《关于农村人民公社当前政策问题的紧急指示信》（简称"十二条"），要求整风整社，纠正"共产风"、浮夸风、干部特殊风，特别要安排好粮食，办好公共食堂等。我们这些乳臭未干的学生去抓"三类队"，就是落实中央"十二条"精神的具体措施。当时我烂熟于心的最高指示就是"民以食为天，吃饭第一"。"吃饭第一"，这原本是一个朴素浅显、人所共知的道理，但在饥饿年代一经领袖之口说出，却让人感到那样深刻、那样及时、那样圣明。

我所在地区人均口粮供应标准是每天4两。很多农民已经饿得浑身浮肿，眼里布满血丝。有一位老农饿死前的最后心愿，就是想啃一口"红窝窝"（即高粱米做的窝窝头）。工作组成员的处境比当地农民更难，因为我们有一条铁的纪律，就是要跟农民同吃、同住、同劳动，以"三同"的实际行动取信于民。但农民从公共食堂打回用4两粮食蒸出的干粮之后，还可以挖一棵自留地里种的大白菜，熬上一锅清水白菜汤。而我们这些城里来的大学生就全靠这一天4两粮食活命。但大家精神状态却非常好，真正像"一二·九"时代的青年，有一种"天下兴亡，匹夫有责"的强烈使命感，虽然几乎人人浮肿，从头到脚一摁一个深坑，但决不多吃多占，决不侵吞基本群众赖以活命的口粮。我母亲得知我的处境后，曾用一口小木箱从湖南老家寄来两斤炒面和一条干鱼，但我不敢搞特殊化，所以直到完成任务返回母校之后，我才撬开这只装满了精神和物质双重食粮的小木箱。

在那种艰苦岁月中，地方党政领导对工作组成员的身体非常关心，偶尔也将我们集中到县委食堂开小灶；浮肿严重者则被送到县医院治疗，多少补充一点糖水。所谓小灶，在我的记忆中是8人一桌，一桌上一盘煮黄豆或炒黄豆。我从小不会使筷子，眼睛又高度近视，手拙加眼拙，经常夹得黄豆满桌滚，既显贪婪又吃不进嘴。看病也非易事，有一次，一位同学两腿肿得像馒头，根本走不了路，队里派了一辆牛车拉他去看病。临行前帮他以1两粮食换7两胡萝卜，以便在路上充饥。谁知那头老牛比人还饿，拴根胡萝卜在它眼前晃晃根本骗不了它，最后只好用全部胡萝卜填补它的饥囊，牛车的胶皮轱辘才开始缓缓转动。

我从小至今都是牙口好、胃口好、吃嘛嘛香的人，一旦一天只能吃4两粮食，那浑身的滋味可想而知。为了充饥，只好跟大家一起吃代食品，如红薯藤——邯郸地区称之为山药蔓（音wàn）、柳树叶、棉花壳、芝麻秸、小球藻……但代食品也是有限的，并非敞开供应。有一天，我实在饿得眼冒金星，偶然发现生产队办公室有一口缸，里面装有半缸生糠，便趁无人之际，抓了一把，硬塞进嘴里，生吞了下去。在我们老家，糠是连猪都不吃的东西。我小时候一度在长沙近郊养猪，猪食是用碎米、豆腐渣、菜帮子熬制而成的，如在"三年困难时期"，这些饲料岂不都成了美味佳肴？

俗语云："暗室亏心，神目如电。"我做了亏心事，自然会招来眼前报。第二天早晨，我就发生了便秘。万般无奈之下，我只好采用了土办法，蹲下来，用一根竹筷从胀得圆圆的肛门口将那把生糠一点一点地抠出来。在正常情况下，无论是人还是牲畜，粪便总是有臭味的。但如实地说，我当时抠出来的糠不仅没有臭味，几乎连一点异味都没有。这是没有同样体验的人难以想象的。当下的媒体，对"感觉"这个词使用频率极高，俊男靓女们常常谈论各种各样的"感觉"，如初恋的感觉，饮啜"卡布奇诺"咖啡的感觉，瘦身丰乳的感觉……这些生活在消费主义大潮中的新新人类唯独缺乏的是饥饿的"感觉"!

　　13亿中国人没有了饥饿感，这是自盘古开天地以来最让世界震惊的一件大事，也是使我们民族足以自豪的一件大事。我坚信那种连吃一口"红窝窝"都成了临终遗愿的岁月不会再来。听说，当下国库的储粮足以抵御大灾大难。在蔬菜、肉类供应空前充足的情况下，人们即使一天只吃4两粮食不仅仍然可以活得有滋有味，而且还可以防止像糖尿病一类的"富贵病"产生。然而，作为太平盛世的国民是不是还应该有另一方面的隐忧呢？一方面是工厂、住房、道路、公路以及合法、不合法的各类开发区对农田的不断侵蚀，另一方面是人口的逐年递增和对口粮、饲料、工业用粮需求的不断增长，在若干年之后还有没有可能出现供求之间的缺口呢？万一出现了这种缺口，又能指望哪国的出口粮食来将它填补？可见，如果我们不坚定不移地控制人口增长，如果不控制农田不恰当地转为非农业用地，如果不下大力气遏制土地的盐碱化和荒漠化，未来中国的粮食能不能成为支撑经济可持续发展的"基础的基础"，实在是颇成问题的。人无远虑，必有近忧。我相信，只要我们在粮食问题上不掉以轻心，就能有效防止诸如在酷热降临时重新拉闸限电一类的情况重演，我在有生之年也就不会重犯偷一把糠的错误。

第三章

粉笔春秋 14 载（1962—1976）

第一节

走出寒夜，当了中学老师

北京北海公园迤西，有一处仿故宫太和殿的建筑，这就是1931年落成的文津街北京图书馆（以下简称"北图"），现为国家图书馆古籍馆。1962年秋冬，我从南开大学毕业之后，因为在北京等待分配工作，曾在这里自学半年。

等待分配期间，我先被安排住在前门大栅栏的纺织部招待所，后又搬迁到了宣武门外达智桥胡同的一家小旅馆，每月的生活费21元。按照当时的工资标准，这相当于普通职工半月的薪水，并不算少，但独自在外生活，开销的方面多，因而显得捉襟见肘。我每天乘公共汽车从宣武门到北图，往返车票就要1角8分。我当时还有抽烟的恶习，即使抽劣烟也要2角钱左右的开销（记得一盒"大婴孩"品牌的香烟，售价2角3分）。一天7角钱的生活费剩下了3角，只能啃烧饼充饥。幸亏那时从《天津日报》得了两笔小稿酬，一共有十几元，这才能偶尔到北图东侧的一家小餐馆买点炒饼改善生活，也才能偶尔看几场二轮影片或三轮影片。

在北图自学的生活是充实的。那座作为书库和阅览室的文津楼，古朴、典雅，充满了传统的气息。馆内那27万余册中文善本古籍，164万余册普通古籍，更让读者大开眼界，大饱眼福。我每天开馆必到，闭馆才走，坚持钩稽古小说史料。坐在我对面的是一位白皙、文静、留两条长辫的姑娘，我怀疑她可能因病辍学。半年当中我没有跟她说过一句话，但每天见面时彼此都礼貌性地颔首致意。中午休息时，我也独自在馆内散步。院子里不仅有树木草坪，而且有一对华表，一对石狮，还有乾隆御笔石碑及文渊阁《四库全书》石碑。这些古迹跟图书馆的文化氛围相得益彰，令人赏心悦目。有一天看完书，我踯躅街头，信步走到西四红楼电影院，正值放映根据巴金小说《寒夜》改编的同名电影，我就花1角钱买张票进去观看。影片反映的是抗战时期陪都重庆小公务员的生活，以"寒夜"贯穿首尾，从始至终充满了黯淡阴冷的氛围，跟我当时的心境十分吻合。散场后走出影院，我似乎从一个"寒夜"里走出来，又走进了另一个"寒夜"。

正如"寒夜"也有尽头，我的命运不久就发生了转折。这一年年底，北京市人事局一位女科长找我谈话，决定分配我到西城区第八女子中学任教。她说这半年我表现挺好，没有走后门找工作。"女八中"是区重点校，交通位置好，附近有长安戏院和首都电影院，还有一家四川饭馆，购物可以去西单商场。我知道这些都是宽慰我的话，因为我当时对吃喝玩乐并无兴趣，也无消费实力。我重视的是工作性质，想去高校和文化宣传部门工作，但由于海外关系缠身，在当时的政治氛围下自然不可能得到信用。

我后来才知道，当时女八中的校长是时任副总理的王震的夫人王季青。王校长原本是北京大学化学系学生，"一二·九"学生运动的积极分子，奔赴革命圣地延安后与王震结为伉俪。她懂得教育工作的特点和规律，一心想把女八中的教学质量提升上去，接近和赶上当时市重点中学北京师大女附中的水准。当时女八中师资匮乏，只有一位从北京师院毕业的语文教师，所以王校长不怕背上"智育第一"的恶名和被扣上"招降纳叛"的帽子，想尽办法四处招聘人才。当时的语文教研组，就延揽了北京大学著名教授马念祖，电影《地下尖兵》的剧作者刘致祥，北师大黄药眠教授的秘书陈冠贤，《新观察》杂志编辑部的资深编辑许法新，后来成为中国新闻社《视点》杂志主编的凌宏俊，原北京电视台副台长苏厚汾，以及当今著名的文字学家、北京大学教授苏培成。我在无处接收的情况下，被王校长破格予以录用，是心怀感激的。

被分配到北京西城女八中之后，我首先承担的任务是教初二年级一个班的语文课，学生只有42人。王校长给我布置工作时，我开始怀疑自己是否听错了。让一个南开大学五年制的毕业生去教初二，是不是在用高射炮打蚊子？一旦走上讲台，我才知道当初的想法错了，因为只有浅薄的教师，没有浅薄的教材。比如鲁迅的《一件小事》，全文不足1000字，既可作为中学教材，又可作为大学教材；但要让初二的学生多少理解其中的真谛，不下一番功夫认真备课是绝对不行的。为了激发学生学习祖国语言的热情，我选择的第一篇课文就是

法国都德的短篇小说《最后一课》。这是发生在普法战争期间的一个小故事。当时普鲁士侵略者强行禁止法国学校讲授法语。作者用一个孩子的视角来观察国文老师，通过孩子对过去不认真学习的追悔和老师在最后一堂课上的激情讲授，让读者感受到法兰西语言的纯净优美，以及拥有学习本国语言神圣权利的可贵。为了达到以情感人的目的，我在寒假期间不知把这篇课文朗读了多少遍，所以登上讲台，朗读完这篇课文，不少学生的眼眶湿润了，从此改变了学习态度：从要他学语文，转变为他要学语文。

单凭一个王校长并不能改变当时的大环境。1965年，正值"文革"前夕。山雨欲来风满楼。王校长受到当时政治气氛的压力，在女八中待不下去了，我也被一些人视为有资产阶级个人主义思想而受到歧视。我至今都不认为我是一个纯粹的人，一个毫无利己之心的人。但回首往事，从1962年到"文化大革命"爆发之前的这4年，应该是我工作热情最高、最没有私心杂念的4年。我不仅白天将全部精力投入教学，而且学生上晚自习时我也主动坐在教室旁的走廊里，随时为学生答疑解惑。那些年的节假日其实等同于工作日，不是备课就是对学生进行个别辅导。我还帮助初中学生办了一个大型墙板，从毛主席诗词"红雨随心翻作浪"中取出了"红雨"二字作为刊名，受到了学生的普遍欢迎，也通过办刊培养了一批文学爱好者。我在这4年的主要收获，除培养了一批学生之外，还加强了自己的基本功训练，使自己的文字较为清通，语言也能深入浅出；特别是结识了我的妻子秦世蓉，她是我同校、同一教研组、教同一年级的同事。30多年以后，当年的学生朱婉华写了一篇回忆短文，编入原女八中师生文选《留住记忆》，题为《初三的语言老师陈漱渝》，多少反映了当年我任教的一些真实情况。

回忆中学时代是一件幸福美好的事情，那是人生的花季。那时的我们充满了幻想，每个人都憧憬着美好的未来。

想起教过我们语文的陈漱渝老师的一切，就像昨天之事那样历历在目。陈老师给我们讲的第一节课很精彩，有别于我上过的所有课，让当时的我感到耳目一新。

那是我们初三第一学期的第一节课。我们也是第一次见到大学毕业不久的陈老师。陈老师高高的个子，戴一副淡黄色镜框的眼镜，穿一件黄绿色夹克，样子很青春，说话略带南方口音。

教室里很安静，但大家的心情却很不平静。我清楚记得陈老师上课前抱来了半人多高的各类书籍，一开始便滔滔不绝地讲起古今中外许多名人刻苦学习的故事，还时时翻开带来的那叠书中某一章节，引用得很恰当、精彩，使我们思绪跌宕起伏，每个人都在聚精会神地听着，思索着，忘记了一切。那节课，我们的心随着陈老师妙语连珠的讲授起伏激荡，既为陈老师渊博的学识所折服，又被激发起渴求知识的欲望。看着老师捧来的那一大堆书，我也想多看几遍才好。那一天让我第一次感到下课铃声的无情，当时全班同学的感觉就是还想听，很兴奋。这节课距今已30多年了，但课上的每一细节我却还记得清清楚楚，全班同学自那节课后按照陈老师的要求准备了"艺海拾贝""摘抄"等笔记本，形成了看课外书及世界名著的热潮。

陈老师称这节课上送我们的是"面包"和"盐"。

陈老师教我们语文虽然只有一年，但他那认真的工作态度却让我们永远铭记。

对于我们全班每个人的作文，陈老师总是不厌其烦地一一辅导，笔改面批，也决不是打个分数而已，许多批语甚至比作文还长。那一年我们班作文水平提高之快，令家长和校方震惊。

陈老师在人格方面也为我们树立了榜样。

当时，我们总是以那种极左的观念认识问题，并为难老师，而陈老师却并不在意。我那时正巧担任语文课代表，跟陈老师的接触更多一些，我分明感到陈老师实际上是一个很爱面子的人，但他对我们却永远宽厚大度。

让我一直不能忘记的是当时学校组织劳动，我帮厨，陈老师负责执勤。每天在食堂陈老师总是找重活干，生火、抱柴火，收拾厨具时他也总抢在前头。看着陈老师忙前忙后，满头大汗，我心里很感动。一天休息时，一只小花猫向陈老师扑过去，陈老师高兴地抱起了它，边逗边跟我们说："这猫多可爱，革命者应该爱一切。"不久，学校掀起了"自觉闹革命"，我们几个同学就想起了陈老师抱猫时说的那句话，每人写了一篇批判"革命者爱一切"的稿子，现在想来真是极左得过分。

离开了女八中，步入社会之后，我几次找到陈老师，他像什么事情都没发生过一样，跟我谈笑风生。以后有事接连找到陈老师，他对我一直是诚心相待、鼎力相助。

陈老师现在已经是鲁迅研究领域的知名人士了，最近我又有幸见到了他，谈论编写同学录之事。陈老师不顾繁忙的学术活动，欣然应允相助。陈老师还是那样单纯，待人宽厚，让人感慨万千。

"忆往昔，峥嵘岁月稠"，我的学生时代已经一去不复返了，但那青春的记忆，那怀念青春的情意，却永远荡漾在我的心绪之中。让世间美好的东西永远伴随着我们吧！我们的心永远年轻！

2010年7月25日，我满69岁，在女八中任教时的第一批学生在北京北三环中路花港观鱼酒家为我贺寿，她们也都是60出头的人，各有不同的人生经历，但师生其乐融融，似乎都回到了风华正茂的青春岁月。在当今这个功利性越来越强的社会中，我感受到了非功利性的特别难能可贵的师生之情。

第二节

王震夫人王季青

其实我早就该写这篇深埋心头已久的文章，感谢一个改变我命运的人。现在这篇文章已经到了非写不可的时候，因为这个令我万分铭感的人已经在2007年12月24日驾鹤西去，终年94岁。她就是原北京西城区第八女子中学的老校长王季青。

王校长1913年农历正月二十八出生于辽宁沈阳，幼年丧父，"九一八"事变后随寡母流亡北平，中学毕业后考入北京大学化学系，后转入历史系。她积极参加抗日救亡运动，从学生运动的第一线奔赴抗日武装斗争的第一线，经受了血与火的洗礼，于1936年加入中国共产党。1937年"七七"事变爆发后，她基于满腔爱国热忱，到晋西北参加了八路军。同年底调至三五九旅，经贺龙介绍，不久与该旅旅长王震结为伉俪。她曾先后担任三五九旅家属学校校长，新疆大学副校长，新疆军区俄文专科学校校长。

作为一位具有独立思想和独立人格的知识女性，王季青从来不以将军夫人自居。有一次"总后"想出一本《将军夫人传》，约她写稿，被她谢绝。她一生最大的愿望，就是办好一个学校。1954年初，她被任命为北京西城区第八女子中学校长兼党支部书记。当时师资水平低，教学质量差，有一次全市统考，女八中有一个班一半以上的学生平面几何不及格。王季青召开全校教师会，痛心疾首地说，一所学校办到这种程度，对不起党，对不起人民，她对不起学生和家长。她还对学生说："女八中曾经是鲁迅先生工作过的地方，有着光荣的革命传统，应该在我们手里把它建设成一所名校。你们都要为母校的发展做贡献。"于是她像当年奔赴战场一样亲临教学第一线，亲自听课，亲自辅导，亲自批改作业，把教学作为学校的中心工作来抓。

我得到女八中的录用通知，迈进石驸马大街那座灰砖红栏、建筑古朴的校园，第一个接见我的就是身穿灰布制服的王季青校长。她给我安排完工作，又来到西小院我住的男教师单身宿舍。她摸摸我的被子，发现棉花又稀又薄，便叮嘱总务科补助我一床新棉被，而且指定一位女职员帮我缝上，使我暖暖和和度过了在北京工作的第一个冬天。每逢假日，她经常来校检查食堂工作，并跟炊事员一起包饺子，让我们这些无家可归的单身男女教师吃得可口，能感受到家庭般的温暖。我清楚地记得，中秋之夜，她还特邀我们这些住校的教师到她家里去聚餐。在她在翠花胡同的寓所的葡萄架下，我们边吃月饼边赏月，完全消除了离乡背井的孤独寂寞。

除了接纳像我这种出身不好的人，王校长还到其他学校物色一些名师，让他们改变在多校兼课的游击状况，踏踏实实成为女八中的专职教师。北京师范专科学校被撤销之后，她又赶快从那里挖来一批年富力强的教师，其中有些人也是出身不好，或有海外关系。经过几年的努力，女八中形成了一支热爱本职工作的年富力强的教师队伍。在20世纪60年代初，女八中初中升学率已达到了北京市一流水平，超过了女三中、女九中、女六中，略低于师大女附中。1963年，高中毕业生近四分之一被清华、北大、北京科技大学录取。曾任中国奥组委执行副主席的汤小泉，曾任中国银行原副行长的吴晓灵，曾任全国政协原副秘书长的陈洪，女建筑家黄汇，曾任全国妇联原副主席的沈淑济，中央人民广播电台资深播音员、主持人徐曼，《北京晚报》原副总编龚异娟，《中国妇女报》原总编卢小飞，《光明日报》资深记者武勤英，等等，都是原女八中的毕业生。

受到女八中师生一致赞誉的是王校长的人格魅力，她的言行让人切实感到，所谓伟大的确潜存在平凡之中。师生们清晰地记得，作为将军夫人，王校长从来没有坐过王震的公车上班，反而把王震请到女八中给学生做报告，讲如何继承发扬南泥湾精神。王校长有严重的神经官能症，但她把党政活动一律安排在晚上进行，以免冲击白天的教学工作，以至下班时常常因公交车停驶而步行回家。王校长在战争年代刚生下孩子两天就穿越封锁线，留下了肠胃病的病根，饭量小得出奇，但她坚持中午在学生食堂入伙，以便了解情况，进一步改善伙食。学校党支部的办公室是进门二楼居中的一间小屋，里面没有任何特别的陈设，就连粉刷墙壁的费用都是王校长自掏腰包。

最为难能可贵的是王校长对教职工的爱护。王校长对党员的要求是严格的，批评起来丝毫不留情面，但被批评者却从内心感到她批评得对，批评到了点子上，对自己真心爱护。1957年开展反右运动时，女八中有三位青年教师言论过激，按照当时的标准，轻易就能被划为"右派"。但王校长承受了很大压力，保护了这三位有才华的青年人。她说："这三位老师是反对我个人，并不是反党，他们反对党支部，是因为对我这个支部书记有意见，并不是对整个共产党有意见。"这三位青年教师的政治生命被保护了，王校长却因此被扣上了"右倾"的帽子，受到当时西城区教育局的批判，一度调离女八中，这件事后来惊动了彭真市长。由于彭市长亲自登门道歉，王校长才又回到女八中工作。

1965年，全国笼罩着"山雨欲来风满楼"的政治氛围，"文化大革命"一触即发。王震将军当时身体不好，王校长被调到农垦部，离开了她付出了11年心血的女八中。"文革"期间，女八中的军宣队要求清算王校长贯彻执行的"修正主义教育路线"，红卫兵把王校长接回学校批斗。但红卫兵一没让王校长戴高帽，二没让王校长挂黑牌，而是搬来一把帆布躺椅让她坐在台上，和风细雨地走了一个过场。像这种气氛的批斗会，在中国的十年"文革"史上实不多见。在"文革"中，王校长自身难保，曾随王震将军被下放江西劳动，但她仍然关心着其他无辜遭受迫害的人们。王校长在北京成方街的寓所，成为许多被迫害的干部子弟的家，他们在这里受到教育，得到鼓励，抚平了心灵的创伤。如今这些人都已儿孙满堂，但成方街的记忆还是他们聚会时的一个中心话题。

打倒"四人帮"后，60多岁的王校长重新焕发了革命青春，她被教育部任命为中教司巡视员，先后赴十几个省市自治区深入调研，对恢复普通教育提出了许多宝贵的建议。她一如既往地严格要求自己，坚决抵制"走后门""搞特权"等不正之风。她的三个孩子要念小学，经原女八中教导主任段玉质联系，市重点小学实验二小同意接收。王校长得知此事发了脾气。她说："普通家庭一个孩子进实验二小都很困难，我们一家进去三个，这会造成什么影响？我今后还怎么到学校检查工作？"后来，这三个孩子全部都改在一所普通的小学——西城区绒线胡同小学就读。有一年，王校长到深圳疗养。她让老学生武树志用轮椅推着她逛山姆超市。武树志进超市之后才知道，王校长原来是想买2000个笔记本，2000支签字笔，2000支圆珠笔，准备寄赠东北的贫困儿童。当时，她的退休金只有1000多元，但她心头记挂的还是决定中国未来命运的青少年一代。

王震将军去世之后，王校长内心无疑是十分悲痛的。但她不赞成送很多花圈、花篮，因为鲜花很贵，又容易凋谢。她认为不如把这些钱捐给贫困地区的学生。她也不赞成到新疆生产建设兵团去筹钱，给王震拍电视连续剧，因为兵团目前还有困难，不少职工工资偏低。王震同志去世之后已经出了传记、画册，就不必再耗巨资去拍电视连续剧了。中央领导同志听到王校长的上述表态，表示赞同和感动。

在行将结束这节文字之前，我还想再次表达我个人对王校长的感念之情。我是一个从事鲁迅研究工作的人，30多年以来，在鲁迅研究园地留下了浅浅的足迹，但是我研究鲁迅的起步之处正是女八中。因为王校长的动议，通过林枫夫人郭明秋的帮助，女八中才从原来位于承恩寺的笃志女中旧校址，搬迁到今天作为全国重点文物保护单位的新文化街校址，这是原国立女子师范大学的所在地，20世纪20年代中期鲁迅先生曾在这里执教。院里矗立的"刘和珍、杨德群烈士"纪念碑，正是点燃我的鲁迅研究激情的火种。古人说："骐骥虽疾，不遇伯乐，不致千里。"又说，"得十良马，不如得一伯乐。"中国历来是一个人才辈出的地方，但是像王校长这样的基层领导实在不多，在我的经历中与之形成强烈反差的也确有人在。无怪乎有人感叹，有才能的人很多，但有机遇的人很少。从某种意义上来说，机遇比才能更重要。试想，当年如果没有王校长的收容接纳，我还会在寒夜里踟蹰在北京的街头，一颗原本火热的心也会冻结在肃杀的寒夜里。我为在人生转折关头能遇到王校长这样的伯乐而庆幸，我也祈愿类似的机遇能够降临到更多的人身上。

第三节

梦魇般的"文革"岁月

我在中学执教14年,其中有10年是在"文化大革命"期间度过的。

记得"文革"初期,有两个口号:一是"横扫一切牛鬼蛇神",二是"在灵魂深处爆发革命"。为了跟上形势,我也说过违心的话,参与过批判其他同事的事。但是,局面愈演愈烈,使我目瞪口呆,不知所措。一批原本天真烂漫的中学生,在一两个月当中迅速转身,变成了面目让人难以辨识的红卫兵。1966年8月23日下午,北京文联的造反派批斗老舍、萧军等著名作家。现场目击者王松声证明:"女八中的红卫兵是参与当时这个事情的很主要的力量。"(傅光明:《老舍之死采访实录》,中国广播电视出版社1999年12月版,第51页)这次批斗造成的惨剧将铭刻在"文革"史上:8月24日,老舍失踪;25日,太平湖漂起了这位伟大作家的浮尸……

同样在1966年8月下旬的一天,女八中的红卫兵通知要在下午批斗我。那天中午,我决定结束自己25岁的年轻生命,采用的是必死无疑的手段。不料被通知我去接受批斗的一位青年教师发现。另一位厨房的大师傅闻讯赶来,把我抱上三轮车,送到附近的北京第二医院急救,自杀终于未遂。我无罪可言,无罪可畏,唯一不能忍受的是羞辱。我当时太年轻、太脆弱,连如今看来其实是小茶杯的风波都经受不起……

我在宿舍被红卫兵关了一周,衣物、书刊被抄了个底朝天,没发现任何罪证,又稀里糊涂被释放。自杀虽然在当时被认为是自绝于人民的现行反革命行为,但他们并没有因此给我戴上现行反革命的帽子。

1968年5月,黑龙江省革委会把创办柳河"五七"干校的经验报送中共中央，被编入供中央高层领导阅读的《"文化大革命"情况汇编》第628期。同年9月30日，毛泽东对《柳河"五七"干校为机关革命化走出条新路》一文做出批示："此件似可在《人民日报》发表。广大干部下放劳动，这对干部是一种重新学习的极好机会，除老弱病残者外都应这样做。在职干部也应分批下放劳动。"当年年底，北京西城区教育系统筹办"五七"干校，校址择定在昌平县（今为北京市昌平区）的白各庄。第一批学员中，除开西城幼儿师范的师生属于"一锅端"之外，西城区中小学还被抽调了一批人，对象是那些挨完批斗并没有发现严重问题的领导干部，也有一些所谓"问题清楚""推一推可以推过去，拉一拉可以拉过来"的教师。我显然是被视为后一类型。当时整人的积极分子和接受批斗的挨整对象，则都留在原单位继续搞"斗、批、改"运动。

"五七"干校的生活是艰苦的。初创时期没有校舍，我们这些学员分别住在三个村子的老乡家里。冬天无火炉，几个人在一条凉炕上靠拥挤取暖。伙食极差，既无鱼肉，也少菜蔬；能吃上一片"王致和臭豆腐"就算是"打牙祭"。主要任务是从德胜门的城墙上拆下古城砖，装在大车上，再靠人力拉回干校所在地去垒猪圈和建校舍。据说古城砖是用米汤搅拌黏土烧制而成，每块都沉甸甸的，有棱有角，几十斤重。靠人驾辕运古砖，一走几十里，那劳动强度之大可想而知。特别是遇到下雨，道路泥泞，大车轱辘陷入泥沼，要齐心协力拉出来，真是需要拔山之力。今天回想起来，我们当年边念语录边拆古城实在是一种破坏文物罪。无怪乎北京市政协原主席程世娥听我谈及这段往事时，用手比作手枪状直指我的鼻子，意即"真该毙了你！"

"五七"干校校舍建成后，生活有了改善。我们搬离了老乡家，在干校的宿舍里睡地铺，吃饭则到兼作礼堂的饭厅。不过每顿饭前都要以班为建制唱语录歌，跳"忠字舞"。严冬时刻，拿着饭盒排队去食堂，铝勺和饭盒会发出有节奏的金属碰撞声，但走到饭厅前起舞，这种声音就一点都听不到了，因为饭盒和勺子已经紧紧冻在了一起。最好吃的菜是红烧茄子，因为有油有糖，比如今吃鲍鱼海参都过瘾。我们连的任务是种菜。俗语说："庄稼一枝花，全靠粪当家。"单靠我们这伙人当然排不出种菜所需要的那么多粪便，于是只好到城里去淘。

淘粪是一种又脏又累的劳动，但我们却趋之若鹜，其中的奥秘是借进城淘粪之机，可以回家跟亲人团聚一两晚，因此成为跟今天出国考察似的美差。当时我在北京著名的长安剧场、北京人艺剧场和老干部聚居的红霞公寓都淘过粪，也跟"五七战友"们走街串巷，既挨家挨户收炉灰，又去一个个小公厕淘粪，晾成粪干运回干校。每当粪汤溅得满身满脸都是，我们就会受到表扬，因为导师说过，身上沾了牛屎的农民要比浑身书香的知识分子干净得多。有的"五七战士"豪情满怀地吟诗："老三篇，记心头，站在粪车上雄赳赳。赤胆忠魂为人民，一颗红心要红透。"

也不知我们的心究竟"红透"没有，大半年过后，西城区教育局"五七"干校学员大轮换，有的回原单位工作，有的留在干校继续改造锻炼。干校军代表要我就去留问题替他起草一篇动员稿，我在文中提出一个口号，叫"走得高兴，留得安心"。这个口号很快就被人用白灰刷在了墙头。所有学员都在学习讨论这场动员报告，说军代表讲得如何如何深刻，如何如何给人以启示和教益。我心中窃笑：自从"文革"以来，我所有的文章和发言即使不被视为毒草，也会被打上问号。而同样是我的文字，一旦从工农兵的嘴里讲出来，则立即改变性质，身价倍增，这岂非怪事？

去留名单很快就宣布了，我属于合格学员，立即毕业返回原校教书，因为那时已经由"停课闹革命"到"复课闹革命"。我当即热泪盈眶，对干校充满依恋。今天的读者读到这几行文字，大约会鄙夷不屑地说："奴性！"然而这确是当时我流露的真情。这是因为干校劳动虽然脏累，但人际关系却比原单位相对单纯。学员"同是天涯沦落人"，鲜有相互构陷倾轧之事。当年的"五七战友"有些从此成为患难与共的朋友。除劳动之外，每天"三饱一倒"——即三餐吃饱，晚上倒头一睡，也是一种神仙境界，没有在原单位如临深渊、如履薄冰的感觉。鲁迅把中国历史划分为"想做奴隶而不得的时代"和"暂时做稳了奴隶的时代"。在"文化大革命"期间，我生活在"五七"干校就好比置身于鲁迅所说的第二种时代。非历史情境中人是很难体会到这种感受的。

从干校返回学校，我产生了一种错觉，认为自己即使没有脱胎换骨，也算是改造得很不错了，可以全身心投入"教育革命"之中去。然而1969年底至1970年初，又开展了一场"清查'五一六'反革命阴谋集团"的运动。我至今仍未搞明白什么叫"五一六"组织，至今也未看到过对"'五一六'阴谋集团"的权威性解释，更没有任何人为这场全国性的大清查承担责任，但当时我却成为"五一六"的嫌疑分子。原因是我一位同乡兼校友在中国社会科学院历史研究所工作，当时被隔离审查，我所在学校的专案组成员到该院看大字报，发现了这一线索，便立即勒令我交代问题。一位专案组成员找我谈话时先朗读了一段林彪关于清查"五一六"的语录，而后说："参加'五一六'，上不告父母，下不告妻儿，主要通过同学、同乡关系秘密发展。既然你有一位同乡、同学在社科院作为'五一六'分子隔离审查，所以你也要用大字报的形式向全校师生做出交代。"军代表又继续对我"攻心"："陈漱渝，你有海外关系。我们把你定为反革命是一件很容易的事。"我回答："那当然。"他说："但我们先不这样做，全靠你自觉交代问题，这是组织对你最大的爱护。"然而对于这种"爱护"我实在难于领情，又无法做出让他们满意的交代。于是有位积极分子在一进校门就可以看到的墙头刷出一幅大标语："陈××不要故作镇定！"接着，在一次西城区传达教育革命精神的大会上，我在众目睽睽之下被逐出礼堂，理由是我不适合听传达报告。我又蒙受了一次羞辱！脆弱的心灵又受到一次重创！回到家里，我仰卧在床上，两眼直瞪天花板，整整半天纹丝不动。

　　再次轻生吗？我已经有了一次教训，感到不能再做对不起母亲、对不起妻儿、对不起自己的事情。为了在难于苟活的生存环境中顽强地活下去，我想起了鲁迅的著作。比如在散文诗《秋夜》中，鲁迅描写了那株被打枣竿抽得遍体鳞伤的枣树："他简直落尽叶子，单剩干子，然而脱了当初满树是果实和叶子时候的弧形，欠伸得很舒服。但是，有几枝还低亚着，护定他从打枣的竿梢所得的皮伤，而最直最长的几枝，却已默默地铁似的直刺着奇怪而高的天空，使天空闪闪地鬼眼；直刺着天空中圆满的月亮，使月亮窘得发白。"于是，我以枣树的精神开始了"文革"后期的新生活。我白天教书，每晚规定自己读一篇鲁迅作品，写一篇读后感。这样持续了一段时间，感到力不从心；因为鲁迅有些作品较长，读后感也不是一个晚上就能写成，于是放宽了尺度，按鲁迅作品的篇幅和难度确定阅读时间。休息日，我还到图书馆去收集有关鲁迅的资料。我后来应《北京日报》之约，写了一篇短文《劫中读书》，记述了当年的一些生活状况——

　　　　床在剧烈抖动，灯在左右摇晃。暖水瓶从桌上掉下，"叭"一声摔得粉碎。地底传来闷雷一般的轰隆声响……这是1976年7月28日凌晨，震惊中外的唐山大地震发生的那个恐怖时刻，我领着全家三代五口从复兴门中居民区那座灰色的简易楼房仓皇逃出,腋下夹着从首都图书馆借来的两册《语丝》合订本。那时,我们家实在没有什么值得转移的财物,唯一担心损坏的就只有这两册20年代出版的纸色发黄的杂志。

当时具有六十三年历史的首都图书馆就坐落在元、明、清时代的最高学府——国子监。它的前身为京师通俗图书馆和京师图书馆分馆,民国初年在教育部任职的鲁迅先生是它的奠基者之一。鲁迅的著名小说《伤逝》,描写过它昔日的真实状况:可供阅读的书不多,但有两个可以取暖的铁火炉,因此成了劳苦知识分子冬天的乐园。即使炉中无火,看起来精神上也会觉得温暖。

我到这里寻求精神温暖是十年浩劫的后期,那时,学术被亵渎,人才遭践蹋,每个正直的中国知识分子心灵上都留下了累累瘢痕。我为海外关系所累,也被折腾得九死一生。高尔基说,书籍是使我们从死寂的空虚世界看到一个生气勃勃的世界的一线光明。比较系统地研读被誉为"民族魂"的鲁迅先生的著作,就成了支撑我精神世界的唯一支柱。

首都图书馆内最使我怀恋的是那间参考阅览室。馆藏的近万册旧报刊都可以在这里调阅。还有近万册特藏资料——北京地方文献,为我们研究北京的历史、文化、政治、经济变迁提供极大方便。我记得管理人员有两男两女:两男中胖的叫老墨,瘦的叫老张;两女中一位能干漂亮,一位朴实憨厚。他们业务娴熟,待人热情,从来没有向我索取"资料费""咨询费""板凳费"。我研究鲁迅的起步之作《鲁迅与女师大学生运动》《鲁迅在北京》,资料大多是从这里获得的。

读书困倦时,也到室外散散步,欣赏一下"辟雍"的镏金宝顶,黄瓦红柱。每当抚着汉白玉栏杆来到"铁将军"把门的敬一亭前,我都会想起这里曾经塞进过八千麻袋清朝的"大内档案",也会自然想起鲁迅那句令人痛心的名言:"中国公共的东西,实在不容易保存。如果当局者是外行,他便将东西糟完,倘是内行,他便将东西偷完。"(《而已集·谈所谓"大内档案"》)当时麻袋们已经不知踪影了,取而代之的是破四旧时抄来的大批书刊,这又使我想起海涅的一句话:

"谁焚毁书籍，谁也会焚毁人类。"（《悲剧——抒情插曲》）

　　听说首都图书馆将要扩建搬迁了。这是北京城在改革开放过程中前进的一声足音。我想，北京之所以能让无数中外人士迷恋倾倒，很大程度上因为它具有悠久的历史，荟萃着中国灿烂的文化，也聚集着一批顽强执着的文化人——他们即使在昏沉的暗夜里，仍然在追寻着光和热，把燃烧着的激情奉献给即将报晓的黎明。经济上的一无所有和名利上的一无所求，往往就是他们成功的起点和捷径。我衷心祝愿作为北京人精神粮栈的首都图书馆，能够毫无愧色地跻身于世界各大图书馆之林。但是，建筑和设施的现代化，决不能替代工作人员和读者的传统美德，否则所付出的代价就未免太沉重了。

第四节

《南开大学学报》
——我的鲁迅研究的发祥地

我研究鲁迅是从"文化大革命"后期开始的；搜集了一点资料，写了一点笔记，主要是为了寻求精神支撑，完全没有考虑发表、出版，以及由此可能带来的名利荣辱。凡是从那个时代过来的人，都不会误认为我是在虚情表白，故作姿态。

但发表这些成果的机遇终于降临到我的身上，这不能不感激《南开大学学报》及其负责人之一罗宗强先生。凡属我的文章都是由他约稿、审稿。罗先生在互联网上的履历中没有提及曾在学报工作，估计是这一经历对于他后来的事业并不重要，可以忽略不计；但对我而言却恰恰相反，《南开大学学报》的确是我的鲁迅研究事业的发祥地。

1975年11月下旬，同年级校友董兴文带着宗强兄到复兴门中居民区3栋3门的寒舍造访，不巧我外出。11月24日，他给我写来一信，说他正在南开大学编学报（双月刊），明年想多发一些鲁迅研究方面的文章，论文、史料均可，长可万字，少可三四千，一次写完或分期连载均可。明年第一期12月底截稿，以后各期分别是2月中、4月中、6月中、8月中、10月中截稿。信中言辞恳切，于是我赶快寄出一文：《鲁迅与"三一八惨案"》。

我开头提到的校友董兴文，当时在北京人民广播电台文艺部任职。他是我的同乡，工作单位离我又近，所以我们有些交往。至于宗强兄，原高我一级，属学长辈，在校期间我们并无交往，毕业之后亦无联系。只听说他是一位才子加孝子，研究生毕业后被分配到江西赣南师院任教，他的母亲去世之后，通过校友帮助，又调回了南开。

宗强兄收到《鲁迅与"三一八"惨案》一文，立即转给"三一八"惨案的亲历者——南开大学外文系的李霁野教授审读。霁野先生说，文章写得不错，跟他的记忆一模一样。1976年2月，这篇文章就在当年《南开大学学报》第一期刊出了。3月10日，宗强兄来信说："你的文章反应很好……估计不久还会有好的反应来。学报本期固定订户已增至六万五千，所以读你的文章的人不少了。我想，读者是最有鉴赏力的；读者的好评，也就是对你的辛勤劳动的最好报酬了，这点差可告慰吧。"当时学报无稿酬，给作者的回报是五本学报；宗强兄考虑到我的社交面较广，决定再奉送15本。所以，此后凡登我的文章，报酬就是20本学报。

今天重读我当年写的文章，感觉平平；然而那时的反响之大却超出我的预期。原因之一是那时正值"文革"后期，学报至少要用一半篇幅配合当时的政治形势，因此凡属学术性较强的文章都会特别受到读者的青睐。再说，那时作者阵容也远非今天可比，恰如鲁迅所说，"大约是夜间飞禽都归巢睡觉，所以单见蝙蝠能干了"（1919年4月16日致傅斯年的信）。还有一个特殊原因，就是周恩来总理于1976年1月8日逝世。清明节前后，全国许多城市自发举行悼念活动，遭到"四人帮"一伙的阻挠和镇压，酿成了"天安门事件"。在这种特定的政治环境中，很多读者都由"三一八"惨案产生了联想，这也是我撰写此文之初完全没有想到的。宗强兄2月4日又来信告诉我，"全国订数已上来，比上一期增一倍，仅黑龙江一省，就六千四百份"。

接着，宗强兄在学报为我辟了一个专栏，叫《鲁迅研究资料》。我陆续投寄了《鲁迅与女师大学生运动》《鲁迅在北京的教学活动》等文。我如期交稿，他如期刊登，有时也做些加工，如《鲁迅在北京的教学生活》，他就做了一些细节调整，将全文分成三段，添加了小标题。审稿时如遇到疑惑，也会来函跟我商量，如"无政府党"，他就问我这种提法有无依据。这些文章刊出之后，也一如既往地获得好评。宗强兄1976年5月24日来信说："现在你是得到了一个发挥你的才智的地方。"为了扩大《鲁迅研究资料》专栏的作者队伍，我又向学报推荐了戈宝权、林辰等学者，宗强兄都欣然接受，热情跟他们联系。当时数学系讲师王梓坤也在《南开大学学报》开辟了一个专栏——《科学发展纵横谈》。王先生科学知识渊博，文笔又特别好，他的文章同样受到了广泛好评。

作为作者和编者，我跟宗强兄在合作期间都克服了不少生活上的困难。宗强兄重回天津时已有一妻一女。太太身体特别不好，先后三次手术，宗强兄经常在医院陪床，处境非常狼狈；女儿还小，他外出时，只好把孩子锁在房里。我那时一家五口，生活十分窘迫。1976年7月28日凌晨，唐山发生7.8级强烈地震，波及毗邻的天津、北京。我当时正为学报撰写一篇介绍鲁迅书信出版情况的文章。为了不延误交稿日期，晚上我就坐在西安长街全国总工会的办公楼前，借着路灯的灯光写作。8月11日，我接到了宗强兄的慰问信，并表示："学报如期出，地震后第三天即二校，现（第四期）在印中，20号当可寄上。"9月21日，宗强兄又来信，说此文"反应很好，有远从云南来信赞扬的"。

同年底，我用笔名"关山"在学报第六期发表了一篇批判"四人帮"御用写作组的文章：《对鲁迅伟大生平的卑劣篡改——评石一歌〈鲁迅的故事〉》，主要是用史实戳穿鲁迅在"秘密读书室"攻读马列一类神话。宗强兄和编辑部对于这篇文章寄予厚望，作为重点文章刊发，并多次督促我抓紧写出。他在信中说："你看，我这样催逼你，实在是太不客气，我也觉得不好意思。但既然同志们有着那样迫切的心情，我也就只好不客气地催你，这是要请你原谅的。"1977年1月21日，宗强兄来信说："评石（一歌）的文章反应强烈。"1月27日来信又说，"关山文发后，反应很好。中山大学教师张国培来信，十分赞扬；中央音乐学院文艺理论组教师王照乾来信，说批得好；面见的人，反映也说好。"

从我的文章在学报发表开始，宗强兄就建议我结集出版。当时我们有些校友在天津出版界工作，如郑荣华、李蒙英、顾传倩、刘铁可……宗强兄就主动跟他们联系。1977年初，天津人民出版社终于接受了这部书稿，书名定为《鲁迅在北京》，责编是学弟辈的杨钟贤，1978年12月出版。然而事情往往开头顺利，后来不顺利。这本书的命运就是如此。首先，我在《后记》中对宗强兄和学报编辑部表达了诚挚的感激之情，但印出之后，这些发自肺腑的话却被删得一干二净。这件事使我诚惶诚恐，好像我成了一个过河拆桥的忘恩负义之人。我立即给钟贤学弟去信，说明了这件事的严重性，并请求他直接向宗强兄做出解释，钟贤学弟允诺照办。我未见钟贤此信，不知他陈述的是什么理由，但宗强兄来信说："钟贤兄来信解释兄大著《后记》事，已知详情，我看这事就算了吧！其实是无关宏旨的。"此书的另一不顺，是装订有误，只好拆线重装，因此又增加了一道切边的工序。所以现在见到的此书，天头地脚狭窄，给人一种莫名的压迫感。

　　回忆宗强兄与南开学报，不能不涉及1977年10月发生的一件事。那时粉碎"四人帮"已经一年，宗强兄思想解放，不满足于仅仅在学报刊发资料性文章，想就鲁迅思想发展问题展开一次全国性的讨论。但经过"文革"，人们对于这一课题的前行研究成果已经淡忘。为了激活思想，营造争鸣的氛围，宗强兄在一些教师的协助下，收集了近40000字的资料，限于学报的篇幅，只在当年第5期上摘登了10000字，提供了40余人的7种不同观点，其中也包括瞿秋白、姚文元的观点。不料此举引起了轩然大波。南开中文系有教师以瞿秋白是"叛徒"、姚文元是"四人帮"成员为理由，给《人民日报》写揭发信，说学报混淆了叛徒、"四人帮"跟学者之间的政治界限。此信转到了领导部门，教育部高教司因此来信查询此事。当时天津市的某些领导人怕引火烧身，做出了极为严厉的批示，并派出工作组进驻南开，给学报责任人宗强兄和主管者南开大学党委常委娄平施加了很大的压力。虽然娄平同志一再表示由他承担责任，但宗强兄积极性的火苗上却被泼上了一盆凉水，乃至污水。他于1977年11月27日来信，托我向有关部门解释，因为这至多也不过是编排技术方面的问题，而且还特意在按语中做了说明，岂能如此上纲上线！他因此将编刊物视为畏途，向领导提出了回到教学岗位的申请。

　　这一场"学报风波"很快就平息了——因为瞿秋白本是烈士，姚文元研究鲁迅时还没有"四人帮"。宗强兄从此重返教学岗位。1981年他被评为副教授，1985年任教授，1986年被国务院学位委员会评审为中国文学批评史专业博士生导师，1991年至1995年任南开中文系主任及南开大学校务委员会委员，2001年获全国模范教师称号。这是不是就叫因祸得福？

第四章

吃了32年"鲁迅饭"(1976—2008)

第一节

我被调到了鲁迅研究室

1975年12月5日，国家文物局就筹建鲁迅研究室，接收和扩建鲁迅博物馆的工作，向当时的分管领导张春桥递交了一份方案。在准备借调到研究室工作的13人中，我的名字有幸在列。写的是："陈漱渝，北京一五八中（女八中先后改名为鲁迅中学、一五八中）语文教师，中年，喜爱鲁迅作品，有过研究。"当我到西城区教育局办理人事调动手续时，一位负责人瞪着大眼睛问："你认识毛主席？"我连忙予以澄清说："我不认识毛主席，但成立鲁迅研究室确是根据毛主席的批示。"有了"最高指示"的护佑，我的工作调动十分顺利，学校提出的条件只是要我自己找一位代课老师，以免影响学生学业。1976年2月27日，鲁迅研究室正式成立。南开大学中文系原主任李何林出任主任并兼鲁迅博物馆馆长，暂借西黄城根北街一座楼的两层来办公——这是人大常委会的房产，当时人大已经瘫痪，出借空房的条件是由文物局安排他们的几十名职工。直到1979年10月22日，鲁迅研究室才搬进鲁迅博物馆新建的一座两层灰楼。1976年4月5日上午，我到鲁迅研究室正式报到；下午骑车去天安门，看到人民纪念碑周围挂满了悼念周恩来总理的诗文。有几个人合力推倒一辆吉普车，顷刻间这辆车燃起了熊熊大火——这就是粉碎"四人帮"前夕的"天安门事件"。

关于鲁迅研究室成立的背景，周海婴先生在《鲁迅与我七十年》一书中有专章介绍，题为《我给毛主席写信的前前后后》，可以参看，故不赘述。

据我所知，鲁迅研究室的借调人员是由方方面面推荐的，其中有研究室主任李何林先生的提名，有鲁迅博物馆的提名，还有其他人的提名……我属于鲁迅博物馆提名，但李霁野先生和李何林先生也给予了关照。后来，因种种原因，这13人中借调成功的只有6人。此后，又通过有关省、市的宣传部从北京、上海、天津、山东、广东等地高校增补了一批科研人员。鼎盛时期，鲁迅研究室的研究人员多达20余人，还专门设立了党支部和行政科。

根据1975年12月5日国家文物事业管理局和国家出版事业管理局给毛主席的报告，鲁迅研究室的主要任务有七项：一、和人民文学出版社共同负责《鲁迅全集》注释的定稿工作；二、负责鲁迅传记和年谱的编写工作；三、对香港和国内外出版的周作人、曹聚仁等人歪曲鲁迅的作品进行批判；四、抓紧时机，对一些熟悉鲁迅的老人（包括反面人物）进行访问记录；五、编辑《鲁迅研究资料》，作为资料性的刊物，公开或内部发行；六、对鲁迅博物馆的陈列，提出修改意见；七、和上海、绍兴、广州等地的纪念馆及其他研究单位，对鲁迅研究的工作进行联系等。（文件〔1975〕第312号）

经过鲁迅研究成员的通力合作，以上七项任务基本上完成了五项。人民文学出版社1981年版和2005年版《鲁迅全集》的编辑修订工作，都有鲁迅研究室的研究人员参与。1981年至1984年，鲁迅研究室编写的《鲁迅年谱》（四卷本）由人民文学出版社出齐；1999年9月又经修订再版。虽然初版本和再版本都有不尽如人意之处，亟须再次修订，但毕竟是目前关于鲁迅的最具权威性的年谱。《鲁迅研究资料》自1976年10月创刊，1991年12月终刊，共出版24辑。终刊的原因主要是当时直接跟鲁迅研究有关的馆藏资料大多已经披露，稿源青黄不接。对鲁迅同时代人的访问工作也做了一些。遗憾的是限于当时的条件，没有采用现代传媒工具，留下的音像资料太少。中国现代文学馆、上海鲁迅纪念馆、上海社会科学院文学研究所在这些方面走在了我们前头。鲁迅博物馆自1976年之后的基本陈列也一直有"鲁研"室的业务人员参与。1994年，鲁迅博物馆重新修改陈列方案，就有4位研究人员参与陈列大纲修订，最后由我统稿。1998年9月25日，国家文物局为《鲁迅生平展览》颁发了"1977年十大陈列展览精品"奖。现在，鲁迅博物馆与上海、绍兴、南京、广州、厦门的鲁迅纪念馆建立了馆际交流机制，每年都轮流举行馆际工作交流会。没有完成的任务是鲁迅传记的编写。编写年谱跟编写传记有所不同：年谱是工具书，可以共襄盛举；传记带有研究性质，不同研究者对传主有不同的认识和理解，允许见仁见智。如果采用集体创作的方式，势必扼杀学术个性。至于周作人、曹聚仁的鲁迅研究，原本就是学术问题，不能一概被视为"歪曲"和"流毒"，更不应该把鲁迅研究室当成"环卫部门"，专门从事"批判消毒工作"。

在国家文物局1975年转发的第312号文件中，第一项谈的是"关于鲁迅书信的处置和出版"。鲁迅研究室一成立就设立了《鲁迅手稿》编辑组。1986年，鲁迅博物馆和文物出版社参与编辑、出版的《鲁迅手稿全集》出齐，包括文稿二函16册，书信二函20册，日记二函24册，既嘉惠了读者，也实现了鲁迅家属影印出版鲁迅全部手稿的强烈愿望。

第二节
鲁迅研究室老主任李何林

李何林先生八十寿辰的时候,我们这些在京弟子在鲁迅博物馆新建的报告厅为他举行了一次气氛热烈的茶话会。杨志杰师弟即席致辞说:"我不是李先生的得意弟子,但我因自己是李先生的弟子而深感得意。"他的话博得了全场的喝彩。杨师弟的这一妙语,也正是对我跟李先生的关系的绝妙概括。

我只在大学毕业前夕听过李先生几堂专题课,直到调往鲁迅研究室工作之后才有机会在李先生直接领导之下工作。大约是1978年初春,日本汉学家中岛长文和中岛碧夫妇来鲁迅博物馆。我送他们离开研究楼时,正巧在走廊碰到了李先生。我悄声说:"这就是李何林主任。"中岛夫妇同时"啊"了一声,激动地说:"真了不起!我们开始研究中国现代文学时,读的就是李先生的《近二十年中国文艺思潮论》。"他们希望能跟李先生合影留念,李先生欣然同意。我每次重睹这张照片,想到我的老师享有如此崇高的国际声誉,就会情不自禁地感到几分"得意"。

1987年10月,台湾大型文学杂志《当代》第18期开辟了一个《鲁迅专辑》;收录的6篇文章中,有一篇是美籍华裔学者李欧梵和金恒炜先生的学术对话,题为《从"神"还原到"人"》。李欧梵在谈话中把大陆的鲁迅研究者划分为三派,其中将李先生和他的学生们划为一派。应该指出,对李欧梵的上述划分并不精确。尽管中国现代文学研究界可以允许形成一个"李何林学派",但事实上这个学派又并未出现。不过,李先生引以为自豪的是,他在长达60年的文学研究和教学生涯中,为国家培养了大批中国现代文学研究和鲁迅研究方面的人才。他的学生们以他为学术的旗帜,人格的楷模,团结的轴心。南开大学中文系北京校友会每年的活动日，实际上就是李先生的寿辰。每看到李先生的人格和学识有如此强大的凝聚力，我也会情不自禁地感到几分"得意"。

但是，我的确不是李先生的得意弟子。应该说，在学术观点上，我师承先生之处甚多，跟他的其他得意弟子相比也可以说并不"逊色"。凡李先生主持的科研项目，我都是勉力以赴：他主编《鲁迅年谱》，我是主要撰稿人之一；他倡导编纂《鲁迅大词典》，我是办公室负责人之一。就连我认为并无必要编写而且出版前途暗淡的《鲁迅著作题解集》，因为李先生坚持要搞，我也就违背个人意愿而参与其事。20世纪70年代末和80年代李先生在鲁迅研究界参加的一系列论辩，我也曾经鞍前马后，不遗余力。

但是，在性格、气质、治学方法诸方面，我跟李先生却有很大差异。可以说，李先生最憎恶的一些缺点，在我身上都不同程度地存在着。

李先生就任鲁迅研究室主任时已经72岁，但他每天坚持坐班，事必躬亲。因此，他也要求他领导下的科研人员能严守纪律，不迟到，不早退，上班时间不打私人电话，无公事不会客，看病要请假，看完病要出示挂号条存根。李先生鄙薄那种"像白蚁一样一路吃过去"的自私自利的人。他对于在从事集体科研之余个人多写文章的做法不以为然，又一度主张集体科研所得报酬应以50%交公。李先生以身作则，为从事行政工作而牺牲了大量个人科研的时间。他的文章如果多家发表，总是只取一处的稿费；他主持集体科研项目个人应得的那份报酬，也往往全部交公充作集体福利。对待政治学习，李先生的态度更加认真。每次开会他都带头发言，甚至亲自读报，像面对中小学生那样逐段讲解。他不喜欢我们在学习会上发牢骚、讲怪话：蔬菜涨价时他推荐我们吃海带，皮鞋涨价时他建议我们穿布鞋；谈到党风和社会风气不正时，他总是引导我们看主流。李先生的这些嘉言懿行，我在景仰之余，又常有可望而不可即之感。我主张科研人员实行弹性坐班制，以科研成果作为考核成绩的主要依据；反对稿费提成，主张满足知识分子最基本的价值要求。在处理个人科研和集体科研的关系时，我甚至认为应以个人科研为基础。对于那种走过场的政治学习，我历来就感到头痛。我的这些偏见，常常与李先生的看法相抵牾。李先生对自己的学生爱之深，责之亦严，而我却往往不能体会先生的一片苦心。这样，我跟李先生在私人情感上似乎总存在一层隔膜。

这层隔膜的存在常常使我感到痛苦，尤其害怕招致其他崇敬李先生的学友的误解。我极力想消除它，但效果甚微，有时甚至事与愿违。鲁迅100周年诞辰前夕，我陪同李先生到天津讲演。这是一个弟子服其劳的良机，我非常珍惜。我帮李先生拿车票，替他提着尼龙小包，一路上小心翼翼地搀扶。不料刚刚上车，我的车票连同李先生的车票就在乘客拥挤之际被神偷窃走，我随身携带的几十元零花钱也丢失了。我跟李先生到天津后出不了站门，收票员不仅要我们补票，而且要作为无票乘车罚款，逼得李先生高呼："我是全国人大代表！我们买了票的。"天津作协、文联派来接站的同志闻声而至，证明了我们的身份，这才解了重围。离津之时，我又将李先生尼龙包里的几张《参考消息》丢失了。此时列车快到发车时间，我希望李先生慨然说一声："算了吧，就几张报纸，不必找了。"不料李先生有逐日保存报纸的良好习惯，不肯轻易丢弃，致使我急得大汗淋漓，总算从送站的汽车的坐垫下找出了那几张狡猾藏匿的报纸，李先生也才算舒了一口气。

  1982年，我们在成都召开首次《鲁迅大辞典》编纂会议。我是先遣人员。待李先生抵达锦江饭店时，我急忙迎接，先替他沏上一杯清茶。我原想炫耀一下我的"茶道"功夫，不料紧张中用右手将满满一暖壶开水浇在我端茶杯的左手手背上。为了保护那个瓷杯，我险些烫伤了手背上的整整一层皮肤。李先生没喝到茶，反因我的笨拙表演而受了一场虚惊。李先生离开成都时，他的一位弟子敬赠了一盆茉莉花。李师母酷爱花卉，这盆花也将是李先生出差归来转送夫人的一件佳品。我当仁不让地抢着替李先生提花，不料我小心加小心，还是让网兜绳将花蕾碰掉了几朵。李先生叹惜不已，跌足说："你快别提了！你快别提了！"此后，我愈益自卑，连"弟子服其劳"的勇气也没有了。

  李先生直接领导鲁迅研究室工作将近10年。这一段时间，是李先生学术上的丰收季节。1830年秋天，俄国诗人普希金在他父亲的领地波尔金诺村羁留了3个月，完成了《叶甫盖尼·奥涅金》的后两章及其他一些叙事诗、童话诗、抒情诗、小悲剧，创作硕果累累，被文学史家称为"波尔金诺的秋天"。我认为李先生生命史上最后的10余年是他人生的金秋。这不仅是因为打倒"四人帮"之后，他早年编著的《近二十年中国文艺思潮论》《中国文艺论战》《鲁迅论》和他晚年撰写的《鲁迅的生平和杂文》《鲁迅〈野草〉注解》等，均获得了再版的机会，也不仅是因为他新出版了《李何林选集》《李何林文论选》，更主要的是因为他在全国鲁迅研究界和现代文学研究界发挥了更为广泛的指导作用。这种作用，是他在担任南开大学中文系系主任时无法发挥的。

但是，李先生临终前在学术事业上也留下了一些遗憾。比如，他与王士菁等先生共同倡议编撰的《鲁迅大词典》迟至2010年才得以出版；他关于再版重注包括"题解"在内的《鲁迅全集》的建议也未能实现。李先生还有一个夭折了的提案：筹建中国鲁迅研究所。这是李先生以人大代表身份提出来的，提案由人大常委会批转中国社会科学院研究处理。陈荒煤同志曾代表社科院文学研究所表示赞同，并希望在鲁迅诞辰100周年之际得以实现。后来某领导同志征求了少数人意见后提出了异议，我记得反驳的理由有三点：一、时机还不成熟——这大概是指由于文艺界宗派主义流毒而造成的人事安排方面的阻力；二、容易引起连锁反应，如果成立了鲁迅研究所，就会有人提出要成立吴敬梓研究所、郭沫若研究所、茅盾研究所，难于摆平；三、势必造成机构重叠，因为文学研究所和"鲁迅博物馆"都设立了鲁迅研究室，在这两个鲁迅研究专门机构之外再增设一个鲁迅研究所，人民责问我们为何如此浪费，我们将何以作答？在以上三条理由中，前两条能否成立，我不愿发表意见；至于第三条，则纯粹出于误解。因为李先生的提案是指在合并两个鲁迅研究室的基础上成立一个统一的鲁迅研究所，而并非要在两个鲁迅研究室之外再新搞一个鲁迅研究所。合二为一，何浪费之有？但是，"你有理，我有权"。以善于"固执己见"著称的李先生也只好不再"固执己见"了。

金秋的丰收是辛劳的汗水换来的，而积年的劳累却无形中损害了李先生的健康。李先生一生不吸烟、不喝酒，平日生活有规律，不浪费时间精力在有害于健康的娱乐上，所以他一直以身体好自豪。在《回忆我的长寿之道》一文中李先生写道，他虽然虚岁八十，但气色好，精气神足，走起路来很快，能脱稿演讲三小时，别人都说他只像六十几岁的人，他自己也觉得和五六十岁时差不多。直到1987年初，我还跟李先生一起参加学术职称评定会，就某些具体问题进行争执。李先生的精神和气色，也不像84岁的老人。1988年春节之后，李先生终因腰痛而卧床不起。当时，我们还认为是他的坐骨神经系统出了毛病，而非绝症；待李先生住进天坛医院之后，才知已被确诊为骶骨癌，且已扩散。李先生对我说："对于死，我是有思想准备的，但没有想到死得这么难受。"一个性格刚毅的老人说出如此痛苦的话，可见疾病对他折磨之剧。我听了心如刀割。

李先生病后有一个最大的忧虑：唯恐自己死在家里。李先生平时关心他人，临终前也不愿让自己的痛苦之状再给亲人增添痛苦。但是，在北京这个"高知""高干"多如牛毛的城市，要找一间可以长期居住的单人病房却非易事。我将李先生的这一困难告诉了陈明同志。陈老侠肝义胆，辗转向有关领导反映了这一情况，后经余秋里同志批示同意，李先生住进了部队系统的三〇一医院。医生原估计李先生的生命大概只能维持3个月左右，但李先生发现癌症后居然跟病魔搏斗了近两年时间，这除开因为他具有惊人的毅力和顽强的意志之外，还跟病中得到了良好的治疗与护理有关。为了提高我国癌症治疗的水平，使癌症由不治之症逐步变为可治之症，李先生在遗嘱中断然宣布将遗体交三〇一医院解剖，以移风易俗的实际行动体现了鲁迅"为中国""为将来"的精神——这也是李先生晚年一再倡导的精神。

李先生遗嘱的另一个内容，就是不要为他召开追悼会。但考虑到先生的友人和学生甚多，仍决定举行一次简朴的遗体告别式，以寄托大家的哀思。我们原以为，像李先生这样的学界泰斗（中国现代文学研究的奠基人之一）兼革命家（幸存不多的南昌起义老战士之一），对他的治丧工作，上级领导机关会具体过问的，不料"报告"递上3天后接到指示：李先生不够副部长级别，仅享受单项副部级待遇，因此领导部门逐级下放"权力"，以极端信任的态度将治丧工作完全交给了鲁迅博物馆。但鲁迅博物馆这种小单位的同人们往往连"官府"大门的朝向都搞不清楚，更何况去请一些深居简出的要人？我们一时不禁有些惶恐，怕因治丧工作的粗疏而有负于李先生的亲友。馆内大量的具体工作是在馆长、副馆长的指挥下协同进行的，在对外联络方面我主动分担了一小部分工作。我先后找了《文艺报》的编审陈丹晨和《光明日报》的高级记者金涛，请他们在各自的报纸上刊登讣告；又分头打电话给中央统战部的胡德平同志、国家教委的魏亚田同志、中央宣传部的成志伟同志，请他们所属的单位送花圈。我还向林默涵同志和陈明同志求援，通过他们的努力请到了时任中共中央政治局委员、国务委员的宋平同志——这是出席李先生遗体告别式的唯一一位党和国家领导人。这些努力，也许未能免俗，有玷于李先生的清高，但作为他的弟子，也无非想以此满足各方面的希望，略尽人事而已。

宋平同志决定出席李先生遗体告别式的消息，我是当天早晨才得知的。馆领导让我马上通知新华社和中央电视台，希望他们能赶快发消息。我立即给新华社北京分社挂电话，对方态度极好，说他们的记者已经奔赴八宝山。我又急着给中央电视台挂电话,结果是该台新闻部要我找总编室,总编室要我找文教部,但最终未能遂愿。为了弥补这个缺憾,我请友人开后门,终于请来了北京电视台的摄像人员,在该台《文化生活》节目中播出了李先生遗体告别式的新闻。

经过努力,李先生的骨灰最后被安置在八宝山革命公墓骨灰堂的第七室。这原是安放老红军骨灰的地方,李先生以参加南昌起义的资历,而享受了老红军的待遇。他如果仅有二级教授的身份,那骨灰至多只能在骨灰墙中觅得一孔之地。这样的安排,也符合李先生的遗愿。我们鲁迅研究室的同人敬献给先生的挽联,上联写的是:"南昌起义,鲁迅精神,铸成铮铮铁骨,高风亮节存风范。"的确,从1927年以来,李先生始终是以战士的姿态献身的。他特别关注文艺战线的论争,正是他战士性格的生动反映。生前,先生作为战士驰骋于文坛;死后,他跟战士的英灵同安息。李先生85年的生命史,是跟近百年中国革命风云变幻的历史紧密联系在一起的。李先生生前反复强调,应该从作家作品和革命的直接、间接关系这个角度来评论作家作品。评价李先生这样的学者兼战士,当然更必须坚持这个标准。我坚信,李先生的业绩将永存在他弟子们的心中,将活在一切战斗者的心中。

第三节
鲁迅研究室的顾问们

根据国家文物事业管理局和国家出版事业管理局1975年12月5日给毛主席的报告，鲁迅研究室聘请曹靖华、杨霁云、唐弢、戈宝权、周海婴、孙用、林辰等同志为顾问；在此名单的基础上又增补了常惠，所以鲁迅研究室成立时共有8位顾问。1984年还增补了李霁野为顾问。不幸的是，孙用先生于1983年去世，常惠先生于1985年去世，曹靖华先生于1987年去世，唐弢先生于1992年去世，杨霁云先生于1996年去世，李霁野先生于1997年去世，戈宝权先生于2000年去世，林辰先生于2003年去世。老树凋零，文星陨落，令人感伤不已。

鲁迅研究室成立时，常惠先生已经82岁。由于年事已高，我未见他来过单位。我跟他也从无接触，只知道他当年编辑过《歌谣》周刊，翻译过莫泊桑的小说《项链》，生前跟鲁迅有过交往。还听说他协助未名社工作时，人称"常三爷"。曹靖华先生是大名鼎鼎的翻译家，鲁迅领导的未名社的成员。我教中学时，他的散文集《花》《春城飞花》《飞花集》深受师生欢迎，我也从中了解到很多鲁迅生平逸事。曹靖华先生当时推荐一位女士到鲁迅研究室工作，但李何林主任认为此人学历不够，未予接收。曹先生颇不快，也未在鲁迅研究室露过面。不过，唐山大地震期间我曾专门拜访过他，他也曾题写鲁迅诗赠我。孙用先生翻译过匈牙利诗人裴多菲的长诗《勇敢的约翰》，得到鲁迅的好评，曾获匈牙利劳动勋章。听说匈牙利还竖有他的雕像。孙先生学问渊博，但为人极为腼腆，所以我很少贸然打扰。只记得向他借过一次书。他的书报整理有序，用报纸包严打捆，纸包上贴有目录，查找十分方便；仅从这件细事，也可反映出他作风的严谨。杨霁云先生是《集外集》的编者，现存鲁迅致他的信有

34封。据说他藏品甚丰，不仅有尚未公开的鲁迅手迹，而且还听鲁迅讲过一些重要而不宜公开的事情。不过这些事杨先生似乎至死也未公开披露。春节期间我多次登门慰问，杨先生都热情接待，但只谈些外国电影掌故，从未涉及鲁迅。孙、杨二先生都是人民文学出版社鲁迅著作编辑室的资深编辑，很少（如杨先生）或基本上没有（如孙先生）在鲁迅研究室露面。

原有的8位顾问中，跟我接触较多的是唐弢先生、林辰先生和戈宝权先生。跟唐先生的交往我将在其他章节专门述及，因此这里主要回忆林先生、戈先生和后来增补为顾问的李霁野先生。

在鲁迅研究界，林老是一位年高德劭、有口皆碑的人物；但在圈子以外，了解他生平业绩者恐怕寥寥无几。一般读者只知道鲁迅研究是当今一门显学，而《鲁迅全集》是现代中国的一部百科全书，为有志于中国改革者所必读；但他们哪里晓得，无论是1958年版《鲁迅全集》还是1981年版《鲁迅全集》，无不渗透了林老的心血。特别是1958年版《鲁迅全集》，其中的《故事新编》《华盖集续编》《而已集》《准风月谈》《两地书》和一部分书信又主要是由林老负责注释的。这些注释本身同样带有百科全书性质，只有精通杂学者方能为。在古代，所谓杂学是指正统八股文之外的杂览，包括普通诗文，子部杂家，也包括其他一些冷僻的文化史料。鲁迅是一个学贯中西而又社会交往极其复杂的人物，不谙熟杂学，要注疏他的作品是一件不可思议的事情。

林老治学以实事求是、去疑求真为准则，在史料考证过程中广参互证，追根求源；察疑正误，洞若观火。他既继承了乾嘉考史方法，又接受了西方近代实证史学的影响，在鲁迅研究界独树一帜。比如周作人否认鲁迅在清末参加过光复会，而林老却根据鲁迅本人的著作，许寿裳先生提供的证言，沈瓞民、冯雪峰、胡风的回忆，以及经鲁迅亲自修订的增田涉所著的《鲁迅传》，有力地反驳了上述的说法。又如李长之的《鲁迅批判》一书将鲁迅留日归国的年份说成是1910年，而林老却通过翔实考证确定为1909年，彻底解决了这个牵一发而动全局的问题。林老待人谦和，言谈话语中从不臧否人物，但面对在运用史料过程中存心作伪的不良作风却疾恶如仇。像《辟史天行关于鲁迅的几篇文章》这类辨伪辟谬的文字，一般读者很难想象会出自林老这种谦谦君子之手。

在商品大潮的猛烈冲击下，当今学界蔓延的时疫是急功近利，浮躁者多，沉静者少。置身于这种文化环境，林老的著作不啻为一帖清醒剂和疗治学风的良方。由于林老治学过于谨严，惜墨如金，所以他以个人名义出版的专著并不多。据我所知，1948年7月开明书店出版过他一本薄薄的《鲁迅事迹考》——上海新文艺出版社和人民文学出版社于1955年、1981年先后再版。1986年6月，人民文学出版社又出版过他的一本同样不厚的《鲁迅述林》，其中有建国前的旧作，也有建国后为数不多的新作。此外，他还选编了一部《许寿裳文录》，于同年9月由湖南人民出版社出版，作为对曾经奖掖扶植过他的许先生的回报，偿还30年前一笔心灵的债务。不过，就是这些为数不多的著作及其他一些零星的散佚文字，却成了鲁迅史料学的开山奠基之作，并且他在治学态度、治学方法诸方面为后学树立了楷范。林老在为拙作《五四文坛鳞爪》撰写的序言中，说我的文章"可以说都是拱卫着一部中国现代文学史而写的，是构筑这样一座壮丽殿堂所需要的梁木和础石"。对于我而言，林老以上这些话是对晚辈的鼓励溢美之词；而对于他本人，却可以视为一种相当准确的自评。

　　我跟林老交往长达20余年。我跟他相处，有"怡然敬父执"之感；而他却视我为小友，即忘年之交。他曾说，他跟我治学的兴趣大致相同，所以有话可谈，彼此晤对，既享切磋之益，又获漫谈之乐，令人愉快。其实切磋是谈不到的，准确地说是我在聆听教诲，只不过没有立雪程门那种凝重的气氛罢了。有一次谈到鲁迅对高长虹的亲切关怀以及高长虹的反目成仇，林老不禁感慨系之。他说，高长虹的杂文集《心的探险》一书1926年由北新书局出版，鲁迅不仅为之审定、校字，而且亲自设计封面。目录页后有一句"鲁迅掠取六朝人墓门画作书面"，就是鲁迅本人写的。林老认为"掠取"二字既自谦又幽默，同时表达了鲁迅对六朝石刻造像艺术的高度评价。林老用浓重的贵州口音和加重的语气强调"掠取"二字的情景，至今历历犹在目前。又有一次谈到许寿裳先生尊师重道，特别提到他的《〈宋平子先生评传〉序》。林老说，许先生对人物的描写真可谓写意传神，如形容宋平子："先师魁硕，貌古朴，多须髯，两目幽郁若失精，望而知为悲悯善感之人。"林老背诵这段文字时，恰似鲁迅笔下的塾师寿镜吾，不仅两眼微闭作陶醉状，"而且将头仰起，摇着，摇着，向后面拗过去，拗过去"（《朝花夕拾·从百草园到三味书屋》）。林老还提到宋平子的自评："我目勤，耳勤，口勤，脑勤。目勤故好博览，耳勤故好多闻，口勤故好深论，脑勤故好覃思。唯手独懒，故少著书。"不知林老援引这些话，是否有自况和苛责于己之意？古人云："快意之事莫若友，快友之事莫若谈。"

跟林老交流，是对这句话的最好验证。

　　林老的生活是清苦的。一间14平方米的小屋是他栖身的卧室、书斋兼客厅。室内除一张硬板小木床、两把旧藤椅、一张小书桌外，就是杂乱堆放着的书刊；只有一台极普通的电视机散发出些微的现代气息。在一篇介绍林老的文章中，我曾用"环堵萧然"四字形容过他的陋室，但这篇未留底稿的文章在投寄某杂志后竟杳如黄鹤。

　　记得1992年5月19日，我曾经操办过一次"林辰从事学术活动50周年座谈会"，以祝贺他的八十华诞。与会者一致赞扬他待人谦和、诲人不倦的精神和"戒浮言、重实证"的学风。林老那天显得精神矍铄，神采奕奕，对来宾的盛情表示了由衷感谢。此后他极少在公开场合露面。2003年5月1日，林先生在"非典"肆虐的特殊时期逝世，终年91岁。林老撒手尘寰，永远离开了他挚爱和挚爱他的人们，给后人留下了永恒的纪念和巨大的哀痛。对于我来说，更是失去了一位知我、爱我、关怀提携我的师长。缅怀先师恩泽，一种人琴俱亡之感从心底油然而生。我想，在我的人生中，尽管经历了无数坎坷顿挫，雪雨风霜，但能亲炙林老的教诲，亲聆林老的謦欬却是一种特别的幸运，种种不公不幸，都可以从这种际遇中得到补偿和慰藉……

　　谈起戈先生，在少年时代的我的心目中，他的名字简直跟传奇英雄的名字一样响亮。这不但因为他通晓英、法、日、俄乃至西欧、东欧一些国家的语言文字，而且因为他在莫斯科红场看见过罗曼·罗兰夫妇，又曾瞻仰过高尔基和奥斯特洛夫斯基的遗容。他翻译的《假如生活欺骗了你》《致恰尔达耶夫》《致西伯利亚的囚徒》《我曾经爱过你》《渔夫和金鱼的故事》等诗歌，陪伴我度过了一生中最为纯真、最富激情的岁月，对陶冶我的情操、净化我的灵魂、培养我健康的审美趣味起了不可估量的作用。即使年近古稀，每当在生活中遇到坎坷挫折时，我心中仍然会涌动出他翻译的那些脍炙人口的诗句："假如生活欺骗了你／不要悲伤，不要心急／阴郁的日子须要镇静／相信吧，那愉快的日子即将来临。"

　　回忆起来，我跟戈先生的交往，也长达20余年。那是"文化大革命"的后期。虽然当时的文化园囿还是万树萧森、芳荃零落，但是在"读点鲁迅"的最高指示的庇护下，鲁迅研究已逐步开始合法化。既出于对鲁迅发自内心的崇敬，也囿于当时的形势，原来翻译俄国文学的他和原来研究中国古典小说的我几乎同时把兴趣转向了鲁迅研究。在自学鲁迅作品的过程中,我自然遇到了不少拦路虎,尤其是涉及鲁迅作品中出现的外国作家、外国文学典故,我产生疑惑的地方更多。这时我首先想到的就是请教学生时代就在上海内山书店见到过鲁迅的戈先生。我想,他一定能够用"函授"的方式来为我传道、授业、解惑。于是,我冒昧地给他开列了一连串的问题,希望这位百科全书式的学者能够逐一解答。

果然很快就收到了戈先生的回信,现在我保存的第一封落款所署的日期是1975年8月3日。这封信解答了对俄国盲诗人爱罗先珂的评价、世界语在中国的传播等问题,尤其是揭露了沈鹏年的《鲁迅研究资料编目》的错误,使我得以对这部以工具书面目出版而错漏颇多的书开始保持了警觉。当我读到这封长达4页、写得密密麻麻的复信时,那种感激的心情真是难以言表。须知,我当时不仅是一个未露头角的青年人,而且还是一个为世俗偏见所轻视的中学教师。戈先生对我循循善诱,不正是体现了一个大学者"有教无类"的崇高风范吗?此后,我们之间的通信更加频繁,大约一直延续到20世纪80年代中期。

在《我怎样走上翻译和研究外国文学的道路》一书中,戈先生写道:"从1976年起,我参加了注释《鲁迅全集》的工作。"这一工作当时是由全国各地数百名专业和业余的鲁迅研究者、爱好者共同承担的。在注释过程中,向戈先生请教各种问题的人更多。有人告诉我,京、津、唐大地震期间,人民文学出版社的"鲁编"室临时借用位于北京宣武区虎坊桥《诗刊》社的房子。那时,戈先生常在院子里摆一张桌子办公,向他请教往往要排队,就像病人等待就医一样。他那种诲人不倦的精神,给大家留下了十分深刻的印象。

戈先生对鲁迅研究的贡献,集中表现于他的两本鲁迅研究专著。一部是《鲁迅在世界文学上的地位》,陕西人民出版社1981年7月出版。这是戈先生在美国"鲁迅及其遗产学术讨论会"的发言。这本书虽然是一本小册子,但内容厚实,文字浓缩,全面介绍了鲁迅译介外国文学的贡献,鲁迅与外国作家的交往与友谊,世界各国对鲁迅著作译介的状况,以及各国作家和学者对鲁迅的评价与研究。在鲁迅研究史上,戈先生的这种研究既有开创意义,也有奠基意义。另一部书名为《〈阿Q正传〉在国外》。众所周知,《阿Q正传》这部小说不仅奠定了鲁迅在中国现代文学史上的地位,同时也使鲁迅赢得了崇高的国际声誉。鲁迅笔下的阿Q跟莎士比亚笔下的哈姆雷特、塞万提斯笔下的堂吉诃德一起，毫不逊色地走进了世界文学史上著名精神典型的人物画廊，但《阿Q正传》在世界各国流布的情况，同样只有像戈先生这样的外国文学大家才能厘清脉络。在研究《阿Q正传》外文译本的过程中，戈先生还澄清了长期以来一些以讹传讹的问题，其中包括鲁迅本人的误记。

回想起来，戈先生发表这组介绍《阿Q正传》外文译本的文章，跟我还有一点浅浅的关系。大约是1976年初，当今已负盛名的中国古典文论研究专家罗宗强编辑天津的《南开大学学报》。因校友张小鼎推荐，罗宗强约我在该学报开辟《鲁迅研究资料》专栏。我连续写了几篇，颇感学力不济，专栏难以坚持，便请戈先生鼎力相助。这样，戈先生的《谈〈阿Q正传〉的英文译本》一文就在1977年《南开大学学报》第四期上跟读者见面了，在国内外得到广泛好评。此后，罗宗强便经常向戈先生约稿，促使他又写出了关于《阿Q正传》的法文译本、俄文译本、日文译本和世界语译本等文字。这些文章收集起来，就成了《〈阿Q正传〉在国外》一书的主体部分。

由于积年的过度辛劳，戈先生1992年底在赴美探亲时发病，发现患有帕金森综合征，赶忙坐飞机返回北京。因为他自1957年之后即不从政，专任中国科学院文学研究所和中国社会科学院外国文学研究所的研究员，虽然早在1938年入党，曾长期在周恩来同志直接领导下工作，但在医疗方面却未能得到应有的待遇，连住院、吃药都要靠现职在身的亲戚如周巍峙帮助。幸而戈先生将他珍藏的两万卷中外文图书捐赠给了他的故乡江苏省，在南京图书馆专设了"戈宝权藏书室"，因此南京方面才给他以江苏省社科院名誉院长和南京图书馆名誉馆长的荣衔，妥善地为他解决了住房和医疗问题。记得1996年6月他从北京去南京治病之前，我曾到位于北京东城东罗圈胡同的中国社科院宿舍拜访他，看到一代风流人物病成这种模样，又听到他和他夫人的倾诉，心中十分难过，便写了一篇题为《感伤之行》的短文，想借此为那些卓有贡献而晚景欠佳的知识分子呼喊几声。不料文章刊出时，题目却被改成了《安于清贫的老人》。是的，安贫乐道是中国儒家的教义，它要求中国知识分子面对不公正的社会现象能自得其乐，虽"一箪食一瓢饮"而处之泰然。但鲁迅却反其道而行之，写了一篇《安贫乐道法》，指出"劝人安贫乐道是古今治国平天下的大经络，开过的方子也很多，但都没有十全大补的功效"。所以，我以为还是面对现实为好。

1998年深秋，趁参加"鲁迅赴宁求学100周年学术讨论会"之机，我专程去南京后半山园的富贵山探访了重病中的戈宝权先生。我不知道他想吃点什么，能吃点什么，便只送了一个大花篮。我特意在花篮里多插了几枝百合。因为过去读戈先生翻译的书，知道在俄国，爱凋谢的玫瑰常作为青春易逝的象征，而与玫瑰相对立的百合花，则象征着永不凋谢的美和生命力。骨瘦如柴的戈先生躺在一张窄窄的木板床上。一位老保姆把他从昏睡中推醒。他眯着眼睛对我笑笑，似乎表示还能记得起我姓甚名谁。看到我捧来的花篮之后，他干枯的双唇又抖动了一下，我感觉到是在说"谢谢"。我俯下身，动情地跟他贴了贴脸，又在他耳边说了些多多保重的话，便赶紧扭过头，匆匆离开了他的病房。这时，一行行热泪禁不住涌出了我的眼眶……这一次见面，就是我跟戈先生的永诀。

　　李霁野先生也是我终生难忘的恩师。我初次见到他，似乎是在南开大学的林荫道上。那是1957年的秋天，我见一位须发皤然的老者拄杖而行，身边的同班学友赵英秀悄声告诉我："这就是大名鼎鼎的李霁野教授，南开英语系的主任。鲁迅在文章中说他是一个头发和胡子统统长得要命的青年。"那时我不足17岁，没有系统接触过鲁迅著作，对未名社、韦素园……不甚了然，于是顿时对如此渊博的赵君油然而生敬意，并深为自己的孤陋寡闻而汗颜。由于胆怯，也由于我当时的兴趣倾斜在古典文学方面，在南开大学就读的5年当中我从来没有萌生过接近霁野师的想法。

　　直到"文化大革命"后期，为了挺直精神脊梁，我开始系统研读鲁迅著作。因为根底浅薄，我遇到了数不清的疑难问题，便通过南开中文系宁宗一教授介绍，跟霁野师建立了通信关系。书信往来最频的是1975年至1977年，有时每月往返书信多达10余封，内容无非是我提出各种各样的琐细问题，年逾古稀的霁野师及时而不厌其烦地逐一解答。通信中所涉及的学术问题，霁野师在后来撰写的《鲁迅先生与未名社》一组短文中有更系统、更详尽的表述，故不必一一援引。

　　在鲁迅扶植的青年文艺社团中，未名社的历史最长，被鲁迅称为"实地劳作，不尚叫嚣的小团体"。鲁迅充分肯定了未名社成员"愿意切切实实的，点点滴滴的做下去的意志"，尤其赞扬韦素园那种"宁愿作无名的泥土，来栽植奇花和乔木"的崇高献身精神。但在致友人的书简中，鲁迅对未名社一些人又不无微词，这些微词中有一条霁野师特别重视，即鲁迅在信中说未名社拖欠他和曹靖华的版税，大概收回无望。记得1975年前后，曹靖华先生准备将鲁迅致他的书简添加注释单独出版，霁野师便建议曹老注明未名社所欠版税后来已陆续大致还清，但遭曹老拒绝。理由是：鲁迅的书信，不能无凭无据就加注释。因为此事，两位老友之间产生了芥蒂。霁野师是后期未名社的实际主持人，因韦素园患病欠社约1668元，韦丛芜生活腐化滥用社款约854元，造成一度拖欠鲁迅、曹靖华版税的情况。后来霁野师和台静农先生用自己的版税代韦素园偿还了欠款。韦丛芜的欠款则委托上海开明书店从收购未名社存书的款项中分批偿还。经济问题事关人格，它直接影响霁野师的声誉，以及已故的韦素园和远在台湾的台静农的声誉。但事隔几十年，有鲁迅书信在前，无其他确证于后，霁野师陷入了百口难辩的困境。真是"踏破铁鞋无觅处，得来全不费工夫"。我在一五八中学任教时的同事章君，是原开明书店经理章雪村的嫡孙，家中保存有两封鲁迅短简，夹在相框里作为摆设。我借来一看，1935年11月14日那封正巧写的是：

雪村先生：
  韦丛芜君版税，因还未名社旧款，由我收取已久，现因此项欠款，大致已清，所以拟不续收，此后务乞寄与韦君直接收下为祷。
  专此布达，即请
道安

鲁迅 上（印）
十一月十四日

不久，我到鲁迅博物馆查阅资料，无意中又找出了一份鲁迅保存的未名社账目结束清单，证明欠曹靖华的版税已由开明书店和韦丛芜、李霁野、台静农分别偿还。

我将鲁迅佚简和所存账目清单抄寄霁野师，他甚感欣慰。他在信中说："寄来关于未名社版税的信，对我很有用处。……如此信也将收入新版全集，可以防止别人恶意诬蔑；如此信不收，我想知道信在谁手，必要时拍一张照片，因自卫之法必有也。但此系后话，不必管它。我非常感谢你将此信抄给我。"（1975年11月7日函）

我为霁野师做的上述事情其实是微不足道的，但霁野师却牢记在心，对我百般爱护。在《为鲁迅先生佚简答客问》等文中，霁野师将我这位跟他年龄相差37岁的弟子称为"朋友"。这使我受宠若惊，但同时也产生了一些小误会，即不少人因此认为我也是一位须发皤然的老者。比如20世纪70年代陈沂同志在哈尔滨赋闲时，我曾通过霁野师的介绍跟他通信。待到80年代在上海初见时，陈沂同志大吃一惊，说："我一直以为你是80多岁的老人。你不是霁野的朋友吗？"

在生活工作方面，霁野师对我关怀备至。1975年8月我患肝炎，多项化验指标不正常，又有脂肪肝，一度在家全休。当时想学习鲁迅"要赶快做"的精神，在了此一生之前奋力一搏。霁野师来信安慰说："我很关心你的病。你的精神是好，望坚持。脂肪肝似乎也并不是不治之症，和我同住的人即患此症，他仍照常工作。久了可能导致肝硬化，但那需要很多年，而且我听一位名医说，不少70岁以上的人死亡解剖，已肝硬化严重，而并不死于此病。所以留心治疗，并注意饮食起居就好了，不必忧虑。我患冠心病已20年，不是还健在吗？"（1975年8月7日函）

1975年11月，鲁迅博物馆的老领导孙瑛提名调我到鲁迅研究室工作，但此事当时需由中共中央组织部审批，而我的生父在台湾，音讯断绝35年。在当时的政治气候下，我很担心这种海外关系会有碍调动，便写信向霁野师陈述了我的苦恼，并请他在即将出任鲁迅研究室主任的李何林老师面前进言。霁野师很快就写了回信："何林何日去京尚未定。我个人想，你去博物馆合适，前曾同他谈到。据说调人要中央组织部办理，他本人知道你的工作情况，自然同意。至于家庭问题，此前我们全不知道，我想应不成什么问题。我想你可以同时把你的信给他看看，使他心里有数，文物局大概负审批之责，他可以先想想如何谈他的意见。当然，我们的意见只能供参考而已。"（1976年2月5日函）在"文化大革命"后期，能够认为一个有海外关系的中学教师调到当时规格很高的鲁迅研究室工作"应不成什么问题"，这是何等的政治胆识！对于孙瑛同志以及霁野、何林两位老师在我人生转折点上伸出援手，我是没齿不忘的。

在研究鲁迅的道路上，霁野师给我的帮助和扶植更多。我最初在《南开大学学报》开辟《鲁迅研究资料》专栏就得到了霁野师的鼓励。当时学报负责人罗宗强同志把我写的《鲁迅与"三一八"惨案》拿给他看时，霁野师就予以肯定，说文章写得很好，符合当时的历史实际。他又写信给我："看了看你写的《鲁迅与"三一八"惨案》，很好，这样把一件事的资料综合起来，很有用处。"（1976年1月5日函）

粉碎"四人帮"不久，在江西人民出版社担任编辑的校友陈俊生约我将有关文章辑成《鲁迅史实新探》一书，但辑成后因经济效益恐不乐观而选题未获通过。霁野师获悉这一情况，立即决定将此书编入他主编的《未名小集》，交湖南人民出版社出版。他告诉我："我前天写信给朱正同志，肯定四书——《鲁迅与未名社》《鲁迅论集》（陈安湖著），你的一本，素园译的《外套》（修改本，前加《忆韦素园君》《厄于短年的韦素园》，另加一后记）。我说四书为纪念性质，先印，最好今年全出。"（1980年4月14日函）接着，霁野师又于5月4日热情为本书撰写了《小引》，批驳了"资料无足轻重，资料搜集整理轻而易举"的偏见，对我在"鲁迅研究工作，特别在资料搜集整理上"做出的成绩给予了肯定和鼓励。后来，这本书经过修订再版，被评为优秀湘版书籍。

在我跟霁野师交往的22年中，也有两件事引起过他的不快，乃至于愤怒：一是1988年出版的《鲁迅研究资料》第19期刊登了韦丛芜的《未名社始末记》；另一件事是1989年山西有关单位借鲁迅博物馆的报告厅召开了《高长虹文集》出版座谈会，紧接着，《鲁迅研究月刊》又重刊了高长虹的《一点回忆》。韦丛芜的回忆撰写于1957年3月3日，当时他出狱不到半年，因阅读鲁迅日记和书简引发了感想和忏悔之情，故写了这篇本无意公开发表的文章。高长虹的文章写于他奔赴延安的一年，刊登于一份目前十分罕见的报纸——1940年9月1日重庆《国民公报·星期增刊》。文章副题为《关于鲁迅和我》，是高长虹回忆鲁迅的唯一专文。我觉得这两篇文章虽然都包含替自己辩解的成分，提及的有些事情也可能与历史原貌有所出入，但都是可以对照参阅的材料；尤其是高长虹的回忆，在现存鲁迅回忆录中是很有分量的一篇，所以亲自推荐给鲁迅研究室的两份刊物分别刊登。霁野师对这两件事的反应的强烈程度是我始料不及的。首先，他退回了鲁迅研究室顾问的聘书。其次，霁野师到北京出席全国政协年会时，我一如既往到国谊宾馆看望他。他提到上述两件事之后拍着茶几说："真是混账！"我肃然伫立于侧，仍执弟子礼，唯恐引发了他的心脏病。此后霁野师的态度有所缓和。他多次表示：他是对鲁迅博物馆的工作有意见，不是对我有意见。他是把我跟鲁迅博物馆区别对待的。然而，近些年来，鲁迅博物馆的业务工作如果有失误，我又怎能完全逃脱干系呢？

霁野师曾兴奋地对人说，一位心血管病专家在20世纪80年代初预言他可以活到100岁。然而年岁毕竟不饶人，霁野师身体日衰。最使他痛苦的是腰疾，有时真是使他痛不欲生。霁野师难以握笔为文，我也因为琐事猬集，书信往返自然越来越少。虽然每年春节我都会托人赴天津问候他的起居并送年礼，但并不能解除霁野师的寂寞。一次，南开大学两位学友去看望他，老人家十分动情地说，他一人独处时，常回首自己的一生，总结人际交往方面的经验教训。他问那两位学友："漱渝为什么不常来信了呢？是不是我做了什么不妥的事呢？"我听到她们转达这番话时，真是无地自容，赶快写信请求谅解，深责自己的疏懒。霁野师去世后，他的儿媳董焕英告诉我，霁野师临终前不久，还在听她读我撰写的文章，在表示肯定的同时，深叹他已无力撰文声援呼应。我听到这件事，不禁潸然泪下。

记不清是哪年，反正是在我因超龄而被免去行政职务之后，有人忽然写了一篇短文，暗指我利用"炙手可热"的权力，居然改变了中央文件的规定，增补李霁野先生为鲁迅研究室的顾问。这真是太高抬敝人了。一、李霁野先生的聘书是鲁迅博物馆颁发的，其时正、副馆长并不是我，而是其他人。二、增聘李霁野先生为顾问，是在粉碎"四人帮"8年之后，此时的中央已非彼时的中央。难道时过境迁，对8年前的做法还不能进行任何局部的调整吗？更何况，当时的最高领导也没有对鲁迅研究室的顾问人选做出任何"最高指示"。那份所谓中央文件下发之后，不就立即增补了常惠先生为顾问吗？三、以李霁野先生的资历、声望以及跟鲁迅先生的交往，难道出任一个处级研究机构的顾问都不够资格吗？据我所知，1975年12月，霁野师之所以未获提名，是由于当时的文物局局长王冶秋对他有些看法，而这些看法，实不足以妨碍他挂一个"顾问"的空衔。特别需要向不明真相者说明的是：1984年，李霁野先生的挚友李何林先生仍然健在。虽然他刚退居二线，但鲁迅博物馆的此类重大问题没有他老人家的首肯，我们这些后辈任何人都不敢胆大妄为。

介绍鲁迅研究室的顾问，当然不能不提及周海婴先生。在筹建鲁迅研究室的过程中，周先生是功不可没的。不过，周先生2008年9月在《鲁迅研究月刊》发表了一篇文章，题为《关于"鲁迅藏书险遭出售"的信及其他》。这篇批评我的文章中有一句引人注目的话："陈漱渝先生是一位钻研鲁迅几十年的知名学者,也曾经是我的朋友……"前一句是过奖,后一句是实情。"曾经"二字,表明我们的友谊已经成为历史。我珍惜曾经拥有的这一段历史,至今对海婴先生仍表示应有的敬重;也为几十年的情谊毁于一旦而深感遗憾。在情绪炽烈的情况下,回忆相关往事难免受到干扰,还是等一等,看一看,待彼此冷静下来再追忆也不为迟。

第四节

钱谷融先生的真性情

——关于钱先生给我的八封信

钱谷融先生的道德文章堪称楷模,有口皆碑。他自然也是我发自内心崇敬的人物。近几十年来,钱先生培养了一批又一批的得意弟子,他在学界的声誉也日隆,以致产生了所谓"南钱北王"的说法。"北王"是指北京大学已故的王瑶教授。我不知道钱先生听到之后,会不会同意这种简单化的类比。听说最近有拍卖行拍卖钱师母杨霞华教授签赠施蛰存先生的一本书——《尼克索评传》,在宣传文字中竟把杨教授迳称为"国学大师钱谷融夫人"。我不知钱先生如果听到"国学大师"这种谥号,是会苦笑,还是会愤怒。

如实地说,我结识钱先生的时候,他还只是一位讲师,并不是大师。那是在 1978 年,中南地区七院校联合编写了一部《中国现代文学史》教材,在广西阳朔召开定稿会。除该书编写人员外,还另请了一些专家提参考意见,其中就有华东师大的钱先生,中山大学的陈则光先生,还有刚到北京鲁迅研究室不足两年的我。当年钱先生59岁,我37岁,我们虽然相差22岁,但在趣味上颇觉相投,所以没大没小、没长没幼地在一起玩。

阳朔处处皆美景,但也没有一处给我留下特殊印象。定稿会结束之后,编写人员留下加工书稿,我跟钱先生、陈则光先生便结伴游览桂林。接待我们的是广西师大的刘泰隆先生——他是钱先生的学生,当时好像是广西师大中文系的党总支部书记,已评上了副教授。广西师大招待所安排住房要按职称职务。为了让钱先生住得宽敞一点,刘泰隆在为钱先生填写住宿登记表时特意写上了他"副教授"的身份。钱先生诚惶诚恐。他说,他本是疾虚妄之人,从不弄虚作假，但为了不辜负刘泰隆的美意，这回也就睁一眼闭一眼了。

桂林吃的东西很多。我跟钱先生、陈则光先生一起吃狗肉，喝蛤蚧酒，买罗汉果。陈则光先生很快就上火了，直流鼻血，所以游览大多成了我跟钱先生两人行。象鼻山毗临广西师大，我们几乎每天都要经过。专门安排的项目有游漓江、游七星岩……印象最深的就是我们两人一起去观看了四幕话剧《于无声处》。这是上海作家宗福先的成名作，我记不清演出单位是广西话剧团还是桂林话剧团了。这出话剧人物不多，灯光布景也不炫丽，但台上的演员跟台下的观众都充满了激情，因为这是一曲能体现民心民意的赞歌。我告诉钱先生，我正是1976年"四五"运动期间到鲁迅研究室报到的。那时我刚辞旧工作，但又没有新任务，所以目击了当时那些难忘的历史场面，虽不是弄潮儿，但也算是目击者吧。

在桂林分手之后，我跟钱先生建立了通信关系。1978年底，人民文学出版社创办了一种刊登现当代文学史料的大型刊物《新文学史料》。初期试刊，属"内部发行"，负责人是楼适夷、牛汉。当时牛汉在北京朝阳门外上班，而家住西城二七剧场附近，上下班都要骑车经过我的工作单位所在的阜成门，常去找我组稿聊天，顺便也歇歇脚，所以我成了该刊的早期作者之一，至今仍联系不断。因为我要麻烦钱先生在上海办事，所以也曾将《新文学史料》的"试刊"寄给钱先生，聊表投桃报李之意。钱先生对这一刊物评价很高，表明他治学的特点是既重理论也重史料，丝毫也没有以理论新潮、观念前卫而鄙薄史料的偏见。1980年鲁迅研究室又内部印行了《鲁迅研究动态》，这也引起了钱先生的兴趣，成了我寄赠的刊物之一。

我当时托钱先生在上海买一些在北京不易购到的书，主要是《十日谈》和《飘》。《十日谈》是文艺复兴时期意大利作家薄伽丘撰写的一部小说，写的是十天中的一百个故事。我并不了解这部现实主义巨著在欧洲文学史上的奠基意义，也不了解这部书后来对艺术散文和短篇小说创作的深远影响。只听说这部书因为有反叛禁欲主义的内容，直到改革开放后才有了出版的可能。虽然初版就印了三万册，但仍然是一书难求，只好再版。《飘》是美国作家玛格利特·米切尔的以美国南北战争为题材的作品，曾经因主人公斯卡雷特·奥哈拉（亦译为郝思佳）有"农奴主思想"而受到批判，后来我又看了根据这部小说改编的"内部电影"《乱世佳人》，所以也急于买到这套书。说实在话，我托钱先生买这两部书主要出于一种抢购"禁书"的好奇心理，书到手之后，我至今也并没有认真阅读。钱先生受人之托，就认认真真替人办事，一诺千金。这在钱先生给我的信中表现得十分清楚。1980年5月23日那封信中，他描写他们系资料室那位负责采购图书的先生，堪称画龙点睛的传神之笔。我想，钱先生如果搞小说创作，他笔下的人物也会一个个跃然纸上，栩栩如生。

我跟钱先生第二次较长时间的相处，大约是在1983年秋天或1984年。那年李何林先生跟我同去哈尔滨参加中国现代文学研究会召开的学术讨论会，钱先生也参加了此次会议。时任齐齐哈尔师范学院副院长的于万和邀请我和李先生乘机去他们学校讲学，乘火车从哈尔滨到齐齐哈尔只需四个小时。老于曾在1980年和1981年到鲁迅研究室进修，是李先生的学生，也因此成了我的好友。那时讲学没有付讲课费的规定，无非借此机会旅游观光，休闲散心。李先生是一个不爱玩的人，但碍于老于的盛情，同意前往。我觉得李先生性格古板，跟他同游玩不起来，便建议同时再邀钱先生。老于喜出望外，于是赴齐齐哈尔讲学就成了三人行。我们每人各讲一场，我跟李先生当然是讲鲁迅，钱先生讲的是曹禺剧本中的人物。齐齐哈尔这个城市的景点不多，我们除了到国家湿地鹤乡观赏了丹顶鹤之外，只去了一趟龙沙公园，瞻仰了王大化墓。王大化是著名秧歌剧《兄妹开荒》的作者，还参与过《白毛女》的创作，1946年冬在采风时坠车去世，终年只有27岁，被授予"人民艺术家"的荣誉称号。钱先生跟王大化同年出生，这一点给我留下了深刻印象。

课不多，玩的地方也不多，晚上颇觉无聊。我便跟钱先生到该院的外语教学楼电化教育室去看录像带。因为是院长的客人，所以电化教育室的管理人员对我们全开绿灯。不过当时齐齐哈尔师院还没有被并入齐齐哈尔大学，各项条件远比今天简陋。我不记得他们收藏有什么珍贵的音像资料。我跟钱先生只好胡乱看一气，觉得没劲就另换一盘带子，反正吃完晚饭就去，直到临睡前才回，把李何林先生一人扔在招待所看报纸。

应该就是在齐齐哈尔期间，我偶尔跟钱先生谈到，我想争取调到中国社科院近代史研究所工作。这仅仅是一时的想法，这件事我并没有跟家人商量，也未付诸实施。但对忘年之交体贴入微的钱先生记在了心里，后来给我写信时两次关注这件事情。如果不是重温钱先生的遗简，这件事我自己早已忘得一干二净。

我当时之所以萌生调到中国社科院近代史研究所工作的念头，其原因一是当时我跟该所有些业务合作,比如他们出版的"民国史资料丛书"中收入了我编的一本《中国民权保障同盟》,我还为他们编辑的《民国人物传》撰写了关于鲁迅的条目。友人杨天石也已调到该所工作,可以牵线搭桥。另一个根本原因就是我在鲁迅研究室待得并不痛快。单位内部屡屡因为评奖金、调工资、评职称等涉及个人利益的事情产生矛盾。当时我们单位赶上了粉碎"四人帮"之后的首次调工资,有些工龄比我短、资历比我浅的人涨了工资,而我仍然原地踏步。有人在会上公开说:"陈某某虽然比我们干得多,但他原能挑得动一百斤,如今只挑了八十斤;有人只有挑六十斤的体力,但他挑了七十斤。所以挑七十斤的应该涨工资,挑八十斤的不应该涨工资。"当时鲁迅研究室的主任是我的老师李何林,他虽然觉得我有些散漫,有些自大,但心里也知道这样做有些不公,后来力争在评职称上对我进行弥补。他特意请来一些外单位的老专家做评委,如李新、胡华、唐弢等,还私下嘱咐本单位的有些人不要再制造障碍。所以我评上副研究员的时间比较早,在社科界的同龄人中,除了刘再复,我还不知道有其他人比我还早。这就是所谓因祸得福。

齐齐哈尔这次聚首之后,我再也没有机会跟钱先生同游,只是彼此都觉得余兴未尽,还想尽量找机会一起玩。他在信中提到,海南师专开会,他想我能同去。我也邀他一起去青岛、锦州讲学和去武当山观光。游武当山未能成行,缘何有此提议完全忘了。去青岛是因为中国鲁迅研究会在那里举办了一个暑期讲习班,承办人是青岛师专的张挺老师。他跟当时青岛市委宣传部部长很熟,既热心又有活动能力,当时邀请的讲学人有唐弢、薛绥之等,我也带爱人、孩子同行。有这种美事,我首先想到的当然是钱先生,钱先生也"很愿"跟我们同游,我便建议张挺老师给他发一封邀请信。钱先生在1983年12月30日的来信中提到的就是这件事。若干年后我去青岛拜会张挺,感谢他当年对我们一家的款待,但他已患老年痴呆症,整天坐在办公桌前,对着他的一堆奖状傻笑。

此后我虽然再没机会跟钱先生同游,但到上海开会时曾多次拜访他,他总是请我下饭馆,漫无边际地畅谈,只不过不谈政治,也不谈学术。有一次我问他:"你不爱写论文,怎么会出了一本学术对谈录?"钱先生天真地笑着说:"那是一位学生的好意,用我已经发表的文章拼接成的。我跟他多半时间是在一起下棋,并没有正襟危坐谈什么学术。"有弟子到北京访学,钱先生也托他们前来看看我,到过我单位那间简陋办公室的就有王晓明、吴俊,现在一个个都是中国现代文学界的领军人物。钱先生不侈谈学术，并不意味着他不懂学术，或是治学态度不谨严。实际上，钱先生博古通今，只是不爱卖弄而已。在学术环境不够正常的情况下，他不仅有学术智慧，而且有生存智慧。钱先生为人随和，我从未见他对任何人横眉瞪眼。但是他在不良学风面前却十分严厉，眼里不容沙，采取的是零容忍的态度。请读者认真读一读1984年5月31日钱先生给我的这封信，它表现的是钱先生真性情中的另一重要侧面。不能充分看到这一面，就不会全面认识一个真实的钱先生。

钱先生信中摘引的那段话出自鲁迅的《〈奔流〉编校后记·三》："然而这还不算不幸。再后几年，则恰如 Ibsen 名成身退，向大众伸出和睦的手来一样，先前欣赏那汲 Ibsen 之流的剧本《终身大事》的英年，也多拜倒于《天女散花》《黛玉葬花》的台下了。"（《鲁迅全集》第7卷，第172页，人民文学出版社2005年版）文中的 Ibsen 即挪威剧作家易卜生。鲁迅认为，易卜生当年敢于攻击社会，独战多数，后来可能"颇有以孤军而被包围于旧垒中之感"，便向他当年抨击过的庸众妥协了，伸出了和睦之手。1918年胡适在《新青年》杂志介绍"易卜生主义"，并汲取易卜生思想的营养，写出了《终身大事》这种以婚姻问题为题材的剧本，有不少风华正茂的青年受其影响，追求个性解放、婚姻自由。但事隔十余年，这些当年的新潮少年中，不少人又复古倒退，成为《天女散花》《黛玉葬花》一类"国粹"的"粉丝"了。有一位研究者读不懂鲁迅作品中这一段颇为绕嘴的话，把"那汲"考证为"支那"的倒文。在钱先生眼中，《鲁迅研究动态》是鲁迅研究专门机构出版的一种专业刊物，绝不能混淆视听，误导读者。我及时转达了钱先生的意见。《动态》1984年第35期刊登了一篇文章和两封来信，公开订正了上述错讹。读者来信中有一封是殷国明写的，他当时是钱先生的研究生，估计写信前一定跟钱先生交换过意见。钱先生对自己主编的《现代作家国外游记选》同样要求严格，因排版和注文的错误而十分生气。

我最后一次见到钱先生，是在2006年11月中国作协第七次全国代表大会期间，钱先生属上海代表团，我属国直代表团，同住一家宾馆。吃饭时我就特意去找他，边吃边聊。那年上海代表团的成员中有两位老神仙：一位是87岁的钱先生，另一位是比他大4岁的徐中玉先生——似乎徐先生的身体比钱先生更好，因为他可以跟我们一起晚上乘大巴去听音乐，而钱先生的精力已不如前了。那次见面时，钱先生既坦诚而又委婉地对我说："你这个人好辩。"钱先生这样讲，是因为我的言行有违"不闻方净，不争乃慈，不辩亦智"的古训，又有违我们当年曾经以"少触及时事"互勉的原则。显然，钱先生一直在关注着我，而我的言行又着实让他有些失望。记得钱先生出版他的大著（记不清是不是文集）的时候，曾托出版社寄赠我一套，我当时不知钱先生是否乔迁新址，便托出版社转寄他一封长信，其中谈及了我的一些真实处境和心境，但不知他究竟收到没有。

  99岁的钱先生驾鹤西去了，生前散淡，临终潇洒——他辞世前不久还在中央电视台《朗读者》节目中朗读了一段鲁迅的《生命之路》。我当时也是电视机前亿万收看者之一。但他的喜丧仍然让我时时感到悲凉。我忽然想起了鲁迅小说《故乡》的结尾，作者希望他和童年好友闰土的下一代能过上一种新的生活，"为我们所未经生活过的"。回想起来，我们这一代人近百年来的确经历了太多的苦难。钱先生崇尚的"魏晋风度"毕竟是魏晋时代的产物，那样的时代绝非鲁迅所向往的中国历史上未曾有过的"第三样时代"。我想，钱先生九泉有灵，一定会跟我们祈盼着这"第三样时代"。

附：钱谷融致陈漱渝函八通

漱渝兄：

  贺年片及《新文学史料》均已收到，因忙，迟复为歉。《史料》内容充实，确是不可多得之珍贵刊物，你能帮我弄到，非常感谢。不知你与刊物的关系如何，如需付款，请即告知。假使还有其他内部刊物好定，也请代定，共需款几何，见示即当寄奉。前不久，教部来文要我到京参加《中国现代文学史参考资料》审稿会议，因怕冷，辞谢了。但失去一与你会面的机会，亦觉可惜。

  即颂

年禧

钱谷融
1979年1月22日

漱渝兄：

　　我终于还是去了海南岛。本来，我们系已经同意我去了，并且已办妥了领预支款的手续。但后来我知道这是很使系领导为难的，总支书记为此奔跑了好几次，还挨了后勤部门主管人员的批评。我得知这种情况后，就决定不去了。海南师专遂又发来加急电报，邀我前去讲学，一切费用由他们负担。我于5月28日由上海出发，直至昨天从广州回到上海，来去共花了17天。东道主极热情，用汽车送我们游遍了海南的名胜，诸如天涯、海角、鹿回头、兴隆华侨农场以及黎族、苗族自治州等地，我们都去了。还用各种新鲜水果以及当地的著名土特产招待我们。可惜你没有去，使会议逊色不少。在广州我去看了则光兄，承他们夫妇设宴款待了我。席间我们曾多次谈到你。你什么时候能来上海走走否？

　　你调人文搞《全集》注释，本月就能回鲁研室吗？那是不是注释本都已全部搞好了？拙作已列入人文今年出版计划，我还没有得到通知。去年秋季人文编辑来上海我家里看我，要我把我的论文选一个集子交他们出版，说如能于今年第一季度交稿，则也许能赶在年底以前出书（事实上恐怕很难如此顺利）。三月底我胡乱选了十余万字给他们寄去，还没有得到他们的回音。

　　你近年来的成绩很可观，你的才能和勤奋精神很使我敬佩，你劝我"触及时事的东西，还是避开点好"，我知道你这是有感而发。能以此相劝，我也就可以为你少担一分心了。

　　《飘》，不出我所料，临去海南岛前夕，尚未能拿到。直至我走后，才送到我家中。你虽又得到黄源先生的赠送，但我既已答应了你，仍应给你，你可以转送你的友好。《十日谈》，我行前曾问过包文棣，他说尚未重印，但也没有说不再印了的话。印出后，也一定为你搞一套。锦州师院不想去了，哈尔滨早就请过我了，我实在抽不出时间。

　　即祝
全家好。

谷融　14日下午
（1979年2月14日）

漱渝兄：

近来好！前后寄来的书刊，均已收到。极感盛情，只是太麻烦你了，很有点过意不去。书款恐已不够了，容后补上。《新文学史料》如可订阅，就可免你邮寄之烦，累你一趟趟跑邮局，实在于心不安。文代会听说要延到十月了。下月中下旬，我可能要去长春，回来时，如在北京停留，当来看你。近来在忙些什么？如来上海，请至我家玩。

祝全家好！

谷融
1979年7月31日

漱渝兄：

手书奉悉。我自文代会后，身体一直不好。挣扎到除夕，再也支持不住，只得躺下了。春节几天，我都是在床上过的。这两天才略见好转。爱人又因动眼白内障切除手术，年初五就去住院，医院离我住处又极远，真是够呛。你要的《十日谈》，上海早说要重印，但至今尚未印好。《飘》，我今天去问了一下，说是分三册出，至今只出了个上册，我已托人弄了一部，弄到后当即寄上。你如不急于看，或者索性等出齐了一并寄上，到时看情况再说。反正这两部书我一定给你弄到，你放心好了。至于款子，你不必寄我，我还欠你呢！

即贺
年禧

柳尚彭回师院了，长久未见。

谷融
1980年2月25日

漱渝兄：

好久未给你写信，近况谅好。本月上旬我从杭州回来不久，就听说《飘》又全部出齐了，当即去问那位答应代买的同志，他是我系资料室负责与新华书店联系的，一般去托他都能买到。不过这位先生平时很少说话，往往问他三句，他难得回答一句。他对自己的行为也很少解释。因此，许多人，特别像我这样平时跟他很少接触的人，就不免觉得他的性格不太好理解。那天他回答我说："我过两天去拿。"我当然满意地走了。可今天去问他时，他却仍是这句话："过两天去拿。"我就说："我已答应人家，人家在等，你要说个准日子。"他说："我下星期去拿。"我有点不敢相信他下星期准会拿来，怕你心焦，所以先写这封信给你。不过，书是准保会有的，这你可以放心。《十日谈》是不是已经重印了，我还不知道，今天下午要去市里开会，当打听一下，如果已重印，也一定给你弄一本。

　　本来一日内就要动身去海南，现决定不去了。
　　敬礼

谷融 23 日
（1980 年 5 月 23 日）

漱渝兄：

　　给你拜年！张挺同志处我已去信致谢，勿念。明年又能与你在一起去度暑假，真是太好了，你夫人如能同去那就更好了。

　　近来忙否？你原说要到近代史所（？）去，究竟怎样了？我想李何老不会肯放你走的，你似也不宜过于坚持己见。明年三月我将去日本作短期访问，主要去大阪、横滨，东京等地也要去走走。你日本友人很多，要带什么信否？

　　祝你全家新年好！
　　李先生前代致候。

谷融 12.30
（1983 年 12 月 30 日）

漱渝兄：

　　你想要一本《现代作家国外游记选》，陈子善今天才告诉我。此书我手头只有一本了，不过，出版社说过，等精装本出来时要送我一本的，就先把这本平装本送你吧。书编得不好，校对尤其欠精，错字不少。最难容忍的是艾芜《怀大金塔》一文中的"Simon go back"，注文竟译成"西蒙，回来！"我问汤逸中这是怎么搞的，汤说，稿子上原来是注的："西蒙，滚回去！"可能是出版社改动的。你说可气不可气？这个西蒙也并非耶稣十二门徒之一的西蒙，我们也并没有这样注，大概又是出版社自作聪明。当然也怪我们没有好好看清样，责任还是在我们，其他错误，一定还很多，你如有空翻阅请随手记出，以便我们再版时改正。顺便告诉你一件事，上一期（总第32期）的《鲁迅研究动态》上有署名曲侯的一篇文章，是解释鲁迅《奔流》编校后记中的"那汲 Ibsen 之流……"这句话的，我看了十分吃惊，《鲁迅研究动态》怎么会发表这样的文章，作者连"汲"字在这里是动词都不知道，说什么"那汲"是"汲那"的倒文，而"汲那"即"支那"，设想不但离奇，而且也实在太曲折了。不知你有没有看过此文，请你关心一下此事，我想《动态》上是应该端正一下视听的。近来好否？很想念你！工作该没什么调动吧。此请俪安。并问令堂老太太好。

李霁野先生已将台静农照片寄来，便中盼代致谢。

谷融
1984 年 5 月 31 日

漱渝兄：

你托陈子善和钱虹带的口信都收到。明年如有空，很愿与你同去武当山一游。那里的汽车厂厂长，是我的好友、老同乡、老同乡、名画家俞云阶之弟。云阶也曾约我同游武当山。不知你相邀是何因缘？如果也是同汽车厂厂长的关系，那我们就是同一个来头了。昨日与云阶通了一个电话，他不日就来北京开画展；上海画院举办的画展，寓国谊宾馆（即国务院一招）。他很愿与你结识，你如也有意，而且有空的话，请本月30日或其前后，去国务院一招找他。他的爱人朱怀新也是我老同学。

李先生近来好否？便中请代为向他和李师母致候。余不一，祝好！

又，我住所已迁至华东师大二村89号

谷融 12.23
（1985 年 12 月 23 日）

第五节

犹恋风流纸墨香

——关于丁景唐先生的琐忆

"犹恋风流纸墨香",这是2004年丁景唐先生出版的60年文集的书名,说明丁先生的一生是跟文字结下不解之缘的一生。

早在20世纪60年代,我就拜读过丁先生研究中国左翼文学的大作,久怀仰慕之心。直到调到鲁迅博物馆鲁迅研究室工作之后,我才有了跟先生通信并亲聆教诲的机缘。

初见丁先生似乎是在上海永嘉路慎成里的一幢老房子里,时间是20世纪70年代末的一个晚上。先生的"多功能室"(卧室兼书房、客厅、餐厅)在这座号称"一步楼"的三层,楼梯相当陡峭。我那时虽然年轻,但由于肥胖、近视,加上夜间灯光昏暗,先生的三女言昭就成了我的拐杖。我不解一位老革命、一位老领导的住处为何这样简陋。后来才知道先生出身清贫,生活历来简朴,跟夫人有七个子女,外加一个保姆,生存空间自然就变得狭窄了。但先生并不以为意,在书橱玻璃门上贴着一幅自书的陆游诗句:"老来多新知,英彦终可喜。"不觉间,他在这座旧楼整整住了70年。2000年3月,"左联"成立70周年学术研究会举行,丁先生抱病参加。因为他是上海代表,会议没有为他单独开房,我就劝他到我的房间午休。不料他突发心脏病,脸色煞白,被送到医院抢救,把我吓得魂飞魄散。2009年8月6日,他终于长期住进了华东医院。那间病房住两人,两人合用一护工,条件比外地一些高干病房简陋。但经常有亲友探视,病友间也相互串门,所以先生并不以为寂寞。这一住又是9年,直到2017年12月11日,他以97岁高龄去世。

丁先生在文坛初露锋芒是在1938年春。作为一位作家，他的杂文开始在上海四川路青年会少年部的墙报上发表，墙报上引用了鲁迅的名言："在可诅咒的地方击退可诅咒的时代。"接着他又跟同学王韬办了一份文艺刊物《蜜蜂》，发表文章时署名"丁宁"。此后采用的笔名有30多个，如唐突、姚里、蒲柳、黎容光、洛黎扬、黎琼、芳丁、煤婴、江水天、洛丽扬、微萍、歌青春、戈庆春、秦月、辛夕照、乐未央、乐未恙、包小平、丁大心、宗叔、丁英、芜青、黎扬、于封、卫理、郭汶依、丁宗叔、于奋、雨峰、丁行、鲁北文、佘逸文、于一得、景玉等。作品体裁大多为散文、诗歌。其中影响较大的应该是在关露主编的《女声》杂志上发表的诗歌《星底梦》，1945年3月由上海诗歌丛刊社出版。可以说，作为文人的丁先生原本是诗人。

建国后丁先生长期在上海出版系统工作，担任过上海文艺出版社社长、总编、党组书记。作为一位杰出的出版家，丁先生的业绩主要表现在两方面：一是影印了很多已经成为珍本秘籍的左翼文学期刊，二是主持编纂了20卷《中国新文学大系（1927—1937）》。

"文革"之前，丁先生跟周天合作，影印了两批、40余种20世纪20年代末至30年代初的革命文学期刊，接着又影印了几种抗日战争和解放战争时期的期刊。"文革"之后，丁先生直接主持上海文艺出版社的工作，又影印了《语丝》《光明》等进步刊物。目前提倡弘扬传统文化，在我看来，传统文化中既有古代优秀文化，同时也包括了"五四"新文化运动以来中国的进步文化，特别是以"左联"为旗帜的左翼文化。在承传"红色文化"的过程中，丁先生所作的贡献是不可磨灭的。他家保存了不少闲章，其中就有用不同字体镌刻的"纸墨寿于金石"六字。这说明他对出版左翼（进步）期刊的深刻而长远的意义有着十分明晰的认识。丁先生说得好："那时的左翼（进步）文学期刊反映了左翼文学家和进步文化人士的政治信仰、思想情绪、价值取向、审美观念、写作动态，他们的喜怒哀乐之情，都倾注在这些左翼文学期刊发表的文章里。"所以，传承这类红色期刊，也就是在传承着一种理想和信仰，相当于旗帜的交接、火炬的传递。

1990年12月，上海文艺出版社历时6年，又系统推出了《中国新文学大系（1937—1949）》。这是继《中国新文学大系（1917—1927）》之后的又一浩大文学工程。这套丛书共分11卷、20辑，囊括了文学理论、短篇小说、中篇小说、长篇小说、散文、杂文、报告文学、诗歌、戏剧、电影、史料等方面的代表作品，并有一卷索引。各分卷的序言由王瑶、康濯、沙汀、荒煤、洁泯、柯灵、廖沫沙、臧克家、陈白尘、刘白羽、张骏祥等名家撰写，这更增加了这套丛书的权威性。丛书主持人即为丁先生。1992年，这套丛书荣获第六届中国图书奖一等奖。此后《大系》第3、4、5辑的编纂工作，丁先生也有付出。

利用从事宣传出版工作的业务时间，丁先生长期进行左翼文艺运动史的研究。除开瞿秋白研究之外，殷夫研究也是丁先生研究的一大亮点。"文化大革命"之前，丁先生曾在北京图书馆查阅《孩儿塔》全稿，并拍成了照片，但在"文革"中被毁。1979年，他又从北京图书馆获取了《孩儿塔》会稿的缩微胶卷，并提供给有关殷夫研究者。1983年1月，丁先生和康锋整理了《〈孩儿塔〉未刊稿三十种》，发表于《中国现代文艺资料丛刊》第7辑。1984年2月，丁景唐、陈长歌合编的《殷夫集》作为"浙江烈士文丛"之一由浙江文艺出版社出版，发表了《孩儿塔》全稿，成为殷夫遗诗集大成的诗集，为此后的殷夫研究奠定了文本基石。

丁先生对研究中国左翼文艺运动情有独钟，绝非偶然，因为他本身就是一位1937年底参加抗日救亡运动，1938年加入中国共产党的革命者。著名老作家袁鹰（田钟洛）曾亲自告诉我，丁先生是他的入党介绍人，当年每隔十天半个月就会到他那间仅有三四平方米的斗室里去传达上级指示。丁先生本人也以他是"老同志"而深感自豪。1982年5月，丁先生去南京参加华东五省一市党史会议。他在当月11日致我的信中写道："这次去的都是老同志，我能参加这一会议，引为荣幸。上海这次去了十几人的代表队，由陈沂同志带队，有几位是二十年代末的留苏老同志。会议在南京中山陵十一号招待所举行，约七至十天返沪。"字里行间，蕴含了对昔日峥嵘岁月的缅怀追忆。

由于我是一个以鲁迅研究为职业的人，所以想在此文中多谈谈丁先生对鲁迅研究的贡献。

20世纪30年代中期，身为初中二年级学生的丁先生就对鲁迅作品产生了浓厚的兴趣，并搜集了一些鲁迅著作。他爱读鲁迅翻译的蕗谷虹儿的诗作，模仿其风格创作了一些抒情小诗。鲁迅是左翼文坛公认的盟主，丁先生研究左翼文艺运动自然会侧重于研究鲁迅。

丁先生的鲁迅研究的开篇之作是1945年10月撰写的《祥林嫂——鲁迅作

品中之女性研究之一》，使用的笔名是"丁英"。那年丁先生刚25岁，发表此文之后也就忘了，事隔36年才知道这篇文章产生了始料未及的影响。原因是1946年上海雪声剧团的编剧南微看了这篇文章，就向越剧艺术大师袁雪芬作了推荐。袁雪芬再找来鲁迅的原著一读，同意把这篇经典小说改编成越剧，演出后产生了强烈反响，成了越剧表演史上辉煌的一章，也是普及鲁迅经典的一次成功探索。在雪声剧团的纪念特刊上，还摘登了丁先生这篇文章的片断。在鲁迅研究史上，一篇研究文章能产生如此广泛的社会影响实属罕见。此后，丁先生坚持撰写有关鲁迅研究的文章，仅收入《学习鲁迅作品的札记》一书的就有约50篇，篇篇都有新史料或新见解，没有一篇是泛泛之论。

有人说，钩稽作家的佚文是对遗失生命的寻找和激活。这个比喻十分生动形象。丁先生很重视鲁迅佚文佚信的钩沉，比如：1925年4月8日鲁迅致刘策奇的信，1927年4月26日鲁迅致孙伏园的信，1928年12月12日鲁迅致郁达夫的信，1931年8月12日鲁迅撰写的《〈肥料〉后记》，1931年11月30日发表的《〈日本研究〉之外》，就都是丁先生首先发现并补遗的。再如《几个重要问题》是鲁迅临终前对抗日救亡运动的一次重要表态。对于此事，严家炎先生在《新文学史料》1980年第1期发表过长文。但早在1963年1月10日，丁先生就在《文汇报》介绍过这篇鲁迅佚文，题为《记鲁迅关于学生运动的谈话——〈鲁迅全集〉补遗》，笔名"于奋"。1980年3月，他又会见了这篇谈话的采访者"芬君"，即上海名记者陆诒，并请陆诒写了一篇回忆录《为〈救亡情报〉写〈鲁迅先生访问记〉的经过》，托上海文艺出版社的同志亲自带交给严家炎和《新文学史料》的负责人牛汀。1961年8月，丁先生还曾综合各地征集、辑录鲁迅佚文的成果，撰写了《记新版〈鲁迅全集〉（十卷本）以外的四十四篇佚文》这篇综合性的文章，初刊于同年9月出版的《上海文学》，后编入《新华月报》10月号。1962年，他又在他主持的《中国现代文艺资料丛刊》上发表了《〈鲁迅全集〉未印著作》51篇，引起了鲁迅研究界的极大关注。这些佚文包括鲁迅撰写的自传、书目、杂文、题记、序跋、译后附记、书刊广告等，具有不可低估的研究价值。丁先生长期为钩稽鲁迅佚文所做的工作，恐怕鲁迅研究界的一些人士并不一定全都知晓。

丁先生既注重辑佚，更注重考订。比如，丁先生友人杨瑾珵发现了署名"野火"的杂文《反〈闲话〉》，觉得内容和文风都跟鲁迅杂文相似，便作为鲁迅佚文收进了《〈鲁迅全集〉未印著作》。后来我也发现了一篇署名"野火"的杂文，抄寄丁先生鉴定。丁先生一看凭直觉就否定了，觉得文章风格与鲁迅作品不像。丁先生1978年6月27日致我的信中说："对二篇'野火'署名文章，我竟有这样不同的直觉，前者持肯定（但现在又虑证据不足），后者持否定。我自己也觉得矛盾。我建议你写一文章，把后者作为一种可供研究的问题提出来，不要现在就肯定，请更多的同志来共同研究一下。"后来修订《〈鲁迅全集〉未印著作》一文时，丁先生断然抽调了《反〈闲话〉》，以示慎重。

订正鲁迅本人著作中的一些错讹，这是丁先生做的另一件极有意义的事情，也不是一般人所能做的事情。因为跨越前人，必须有相当的学术功底，否则就成了妄改和颠覆。在《鲁迅〈柔石小传〉校读散记》一文中，丁先生根据柔石本人的著作和柔石亲友的回忆订正了鲁迅《柔石小传》的若干错误。这对研究鲁迅著作和柔石著作都是很有裨益的。对于鲁迅撰写的《〈凯绥·珂勒惠支版画选集〉序目》，丁先生也指出了文中的好几处笔误和差错。比如，珂勒惠支的父亲不是木匠而是泥水匠；第一次世界大战期间战死在比利时的是她的次子，不是长子；《战争》6幅系1923年作，并非1902—1903年；先后刊登木刻《牺牲》的是《北斗》创刊号和《现代》第2卷第6期，并非《译文》杂志；"左联"五烈士殉难是1931年2月7日，不是1931年1月间；木刻《穷苦》中抱着一个孩子的是她的祖母，不是父亲。此外，《〈凯绥·珂勒惠支版画选集〉序目》中所选21幅版画的制作年代也有多处错误。鲁迅说过，人无完人，文章也不会十全十美。鲁迅当年所处的环境险恶，条件艰苦，很多资料接触不到，这是可以理解的。不为贤者讳，才是对贤者的最大尊重。

对于编注《鲁迅全集》这一浩大的文化工程，丁先生长期予以关注，提出了许多建设性的意见。1956年至1958年人民文学出版社出版的《鲁迅全集》（十卷本）是建国后第一部内容相对完善的鲁迅全集，也是鲁迅著作出版史上第一个注释本。丁先生首先肯定了这一版本"有着很大的成就"，但也提出了若干修订意见。如指出"十卷本"文字有讹误，将《公民科歌》中的"大人"误排为"人人"；体例不够完善，如外国人物的姓名有的注英文，有的注俄文；注释文字也偶有失误，如文学研究会成立于1921年1月9日，注文却根据茅盾一篇误记的文字，注为1920年11月。鲁迅1935年5月23日致曹靖华的信中提到的"它事极确"，是指1935年2月瞿秋白被捕一事，并非指他1935年6月18

日就义。

丁先生藏书甚丰。这些藏书在注释《鲁迅全集》过程中也发挥了作用。比如鲁迅在1936年8月2日致曹白的信中，曾经提到有一本叫《庶联的版画》的书，内容和印刷都相当糟糕，未经鲁迅同意就把《记苏联版画展览会》一文作为该书的序文，不仅糟蹋了苏联的艺术，而且败坏了鲁迅的声誉。"文革"前注释十卷本的《鲁迅全集》，注释者找遍《庶联的版画》一书而不得，然而丁先生恰好皮藏了此书，系1936年5月由多样社刊行，韦太白辑。书中所收104幅版画并非根据原作复制，而是从苏联版画展览会和《苏联人民文学》一书翻拍的，印刷、校对又极粗劣，故鲁迅认为该书偷工减料，做法恶劣。后来利用丁先生的藏书增补了这条注释。对于《十字街头》这份"左联"机关刊物，《鲁迅全集》注释曾误注为半月刊或旬刊，其实该刊仅出3期，第1、2两期是半月刊，第3期是十日刊。后来也利用丁先生的藏刊进行了修订。

1981年版《鲁迅全集》出版，是粉碎"四人帮"之后的一次文化盛举。它集中了鲁迅研究界乃至中国现代文学研究界的集体智慧，为构建鲁迅学的科学体系奠定了重要的文本基础。丁先生多次撰文给予高度评价，但又指出了其中的若干错讹和疵点，比如漏收了鲁迅1930年5月16日撰写的自传，同一嘉业堂主人刘承干的生卒年互有出入，瞿秋白赠鲁迅诗中的"冷摊负手对残书"误为"冷摊员手对残书"……这就为2005年版《鲁迅全集》的修订工作提出了建设性的意见。一部《鲁迅全集》，两万多条注释，近二百万字，其中出现个别错讹并非不可理解，对于丁先生这样友善的学者兼读者，出版方和注释者无不由衷地感激。这种态度，跟那种撰文公开劝人不买《鲁迅全集》的酷评家形成了鲜明对比。

作为一位史料大家，丁先生历来重视版本的收集与手稿的研究。他节衣缩食，从搜求各种版本的鲁迅著作中获得乐趣。比如鲁迅的杂文《二心集》(包括《拾零集》)，丁先生就搜集到10种不同版本，通过对比勘校，为建立鲁迅著作版本目录学奠基。他经常提醒鲁迅研究者从鲁迅手稿中学习写作本领。他以鲁迅杂文《死》为例，有一句原是这样写的："大约我们看待生死都有些随随便便，不像欧洲人的认真了。"后改为："大约我们的生死久已被人们随意处置，认为无足重视，所以自己也看得随随便便，不像欧洲人那样的认真了。"这就把中国人轻生死的原因归咎于随意处置人的苛政，杂文锋芒的指向也就明确了。

在这篇纪念丁先生的文字中，我还想再谈谈他跟我的私交。丁先生对我学术事业的最大支持，是慨然允诺为我1987年在湖南文艺出版社出版的《鲁迅史实求真录》一书作序。他在序言中写道："陈漱渝同志的《鲁迅史实求真录》是一本史料研究、考订、辨伪方面的著作，虽然书中没有振聋发聩的观点和灿若云霞的文采，但是作者把'求真'作为研究工作追求的目标，这种态度是可取的。即使在一些'补白'式的文章中，也可窥见作者朝这方面努力的痕迹。当然正在追求的目标并不等于业已达到的目标，所以在一本称为'求真录'的书中，也还可能存在'失真'之处，这就有待于'求真'的读者们来指正了。"

丁先生同意为拙作《鲁迅史实求真录》作序，既有他提携后进的拳拳之心，也有他女儿的促成，但更重要的是我们有着重视史料真实性的共同理念。他在1984年10月25日致我的信中写道："我对史料的真实性有兴趣，现在有些回忆或别的文章，常有意想不到的'新发现'，而揆诸史实，纯属乌虚之谈，此中学风实令人担心。对鲁迅、瞿秋白的研究中均有这种倾向。"拙作中收有我批驳沈鹏年的5篇文章，其人擅于作伪，常在一些人所共知的史实中塞进一些他编造的"私货"，以真伪杂糅的手段耸人听闻。丁先生对于我的做法是予以肯定的。沈鹏年谈所谓毛泽东到八道湾拜访鲁迅的文章发表于1982年2月出版的《书林》杂志第2期，丁先生特意从上海寄给我以供批驳。

丁先生跟我之间的情谊，在他的《学习鲁迅作品札记（增订版）》中也留下了若干痕迹。书中有一篇《鲁迅和华慈的著名油画〈希望〉》，介绍鲁迅留日时期曾准备跟友人合办一份名为《新生》的文学杂志，并从购置的一本《瓦支选集》中选出了一幅油画《希望》作为插图。长期以来，对于画面人物是诗人还是少女有两种说法，人物怀抱的乐器是竖琴还是独弦琴也众说纷纭。1982年，丁先生在《艺术世界》第4期看到了用彩色精印的油画《希望》，便撰写了《鲁迅和华慈的著名油画〈希望〉》一文，澄清了画面人物是象征未来的少女，而不是周作人所说的诗人。至于她左手抚动的乐器，丁先生查阅了《日汉词典》《日语外来语词典》《广辞苑》《乐器大图鉴》《西洋绘画史话》，又请教了一些专家教授，确定那乐器叫竖琴或抱琴都可以，是译法上的问题。此时，鲁迅博物馆宣教部主任彭小苓根据相关日文资料，也写了一篇介绍瓦支（通译为华慈）的文章，我提供给丁先生之后，他又增写了一篇《附记》，进一步指出《希望》中的人物是瓦支友人的一位漂亮朋友，而不是周作人所说的诗人；又援引了瓦支的一段话说明《希望》主题："希望不是期望，它有点类似从那仅有的琴弦上奏出的美妙的音乐。"当年11月27日，他在给我的信中写道："谢谢你寄来彭小苓同志的文章，我已摘引日本人的两个小史料作为《附记》编入我的《学习鲁迅作品札记（增订本）》中，《附记》说明是彭小苓同志提供的资料，特此感谢。那本《札记》和你那本《史实》一样扩充了一倍，还不知明年今日能否出来？"情况跟丁先生估计的差不多，他的《札记（增订本）》于1983年12月由上海文艺出版社出版。

1982年夏，丁先生为《鲁迅题诗签名的〈呐喊〉〈彷徨〉珍本》一文增写了一篇《附记》，收入《学习鲁迅作品的札记（增订本）》。《附记》中写道："去年，为纪念鲁迅先生诞辰100周年，人民美术出版社出版了一本大型《鲁迅画传》。当时，我正在北京参加中国鲁迅学会举办的纪念鲁迅诞辰100周年的学术讨论会。在会场上购得《鲁迅画传（1881—1936年）》一册，作为纪念。这是建国以来收集材料最为丰富的一本画册。"让我引以为荣的是，我参与了这本画册的文字撰写和定稿工作。同年12月17日，丁先生来信："现在有一个问题请教，你们合编的《鲁迅画传》中有鲁迅为山县先生题诗赠送的《呐喊》《彷徨》照片，不知是从日本内山嘉吉处得来，还是许广平访日时携归的？烦查一下。在此之前，似未见有原件刊出，也许在《鲁迅诗稿》上曾用过。"丁先生在文章完成修订之后还继续查根问底，表明了他治学的精益求精。但我对此事确无研究，经打听，这帧照片大约是日中文化交流协会白土吾夫寄赠的。

丁先生对我的帮助，除了为我写序，还表现在另一件事上。20世纪八九十年代，我常到上海出差，有时是为单位的事情，有时只是为了自己写作（如为撰写《宋庆龄传》到上海档案馆查阅资料）。为了方便以及省钱，丁先生多次安排我去位于建国西路384弄10号甲的上海文艺出版社招待所住宿。这是一座三层洋楼，房间是西式的，还有味美价廉的餐厅。更为难得的是，在这里还能碰到一些著名作家和编辑。有一次经过一楼，碰到两位老太太，其中一位是"文化大革命"前北京铁路二中的校长魏莲一。她曾经给毛泽东主席"上书"，反映学生负担过重，为此，毛泽东做出了"健康第一"的批示，建议中学课程总量应砍掉三分之一。当时我也在北京西城第八女子中学教书，跟她熟识。经她介绍，认识了另一位老太太，她就是人民文学出版社的原社长韦君宜。韦君宜原姓魏，是魏莲一的亲姐姐。还有一次路过传达室，碰到一位颊红髯长的男士在大声打电话,声音如洪钟大吕。一打听,他是来自安徽的诗人公刘。记得1957年我上高三时,曾把他的诗作抄到笔记本上,跟同学交流欣赏。这次我不仅见了鸡蛋(钱钟书先生喻为作品),而且见了母鸡(作者),实为人生一大幸事。又有一次,招待所的房间紧张,我跟湖南文艺出版社的原副社长朱树成合居一室,听他谈编辑唐浩民成名作《曾国藩》的过程,颇受教益。跟朱树成同时到上海出差的还有一位叫周实的编辑,现在是一位风格独具的小说家,以主编《书屋》杂志蜚声文坛。离招待所不远还有一家著名餐馆"乔家栅",在这里吃饭时碰到了跟我同年的文化学者余秋雨。所以,上海文艺出版社的这家招待所跟北京朝内大街166号的人民文学出版社大楼一样,都成了唤起我温馨回忆的标志性建筑。

丁先生对中国现代文学研究的贡献,除了他本人的学术成果之外,还表现在培养了两个优秀的接班人:一个是他的三女丁言昭,另一个是他的五儿丁言模。我跟言昭相识于1978年,那时她在当年出版的《破与立》学报上发表了一篇《鲁迅与〈波艇〉》。我对鲁迅研究史料情有独钟,一读这篇文章就觉耳目一新,怀疑这位新人背后一定有学术巨擘支撑。打听后果不其然,言昭说,这是她在父亲的指导下写的。她跟父亲合作撰文还使用过一个笔名,叫"胡元亮"。如果说,《鲁迅与〈波艇〉》的文笔还有些稚嫩,但不过多时言昭就令人刮目相看了。她毕业于上海戏剧学院,被分配到上海木偶剧团工作,除撰写了一部《中国木偶史》外,我的案头还摆着她撰写的中国现代女性传记,传主有萧红、丁玲、林徽因、陆小曼、王映霞、许广平、关露、张幼仪等,每本都有珍稀史料和她四处奔波、辛苦搜集的口述资料。言昭生性活泼,擅写儿童剧,所以她的学术著作除开史料新颖翔实之外,还以文笔清新活泼见长。这在现代女性传记作家中可谓独具一格。近些年来,我跟言昭疏于联系,但在《绿土》等文史报刊上常读到她整版的新作,每篇肯定都有新资料。言昭的成长,当然是丁先生的培养教育结出的硕果。

丁先生私下对我说,他的三女虽然颇有名气了,但还有一个五儿丁言模,理论水平高,极有学术潜力。现在丁先生的预言也得到了证实。近些年来,言模在出版艰难的现实境遇中,陆续推出了《鲍罗廷与中国大革命》《杨之华评传》以及瞿秋白研究丛书七本、张太雷研究丛书四本。最近,言模又出版了《穿越岁月的文学刊物和作家》,共两卷,83万字,对"左联"刊物和"左联"

解散后的左翼进步刊物进行了系统介绍，分量相当重。这些成果，除了离不开丁景唐先生的藏书外，丁先生当年阅读时留下的"批语"也给作者以宝贵的启示。所以，这两本书的问世，是丁氏父子合作的成果。现在丁先生驾鹤西去，但他的学问有子女薪火相传，这应该是一件令人欣慰的事情。

行将结束这篇拉拉杂杂文章的时候，正值农历丁酉年大寒。对于我个人而言，丁酉年的确多灾多难：除开老伴缠绵病榻之外，还有许多亲友故去，其中有丁先生这样的前辈，也有同龄人，还有一些黑发的晚辈。年近八十的我也受到许多慢性病困扰。我切实感到了老苦、病苦、无奈、无助。97岁的丁先生仙逝，应属喜丧，学界固然折损了一员老将，但对他本人却也是一种解脱。但悲哀仍然时时袭上我的心头。

丁先生不希望生者为他做什么纪念活动，但后人一定会长远地忆念起他。有些学术明星辞世时会喧闹非凡，但若干年后也许会随风而逝。而丁先生的学术事业已经融入了中国现代文学史和出版史的崇楼广厦之中，即使他细如沙石，小如钉子、螺丝，也会跟这座宏伟的学术大厦一样永恒。是的，"他是楼下的一块石材，园中的一撮泥土，在中国第一要他多"（鲁迅：《忆韦素园君》）。

第六节

我所了解的《鲁迅研究资料》

《鲁迅研究资料》于1976年10月创刊，内部发行，由文物出版社出版，最初的负责人是从《光明日报》调来的金涛，参与编辑的是我。但创刊之初出于慎重，不仅鲁迅研究室主任李何林要过问，而且国家文物局王冶秋局长也要亲自进行终审。我至今仍记得王局长一边抽着中华牌香烟，一边用铅笔在稿样上批画的模样；又听说他参加人大会议时也带着"资料"的清样。这一辑《编者的话》宣布了创刊宗旨："本刊是以资料为主的内部刊物，为学习、研究鲁迅和鲁迅著作，以及编写鲁迅年谱、鲁迅传提供资料。本刊将以主要篇幅，发表关于鲁迅生平史实、鲁迅著作背景材料以及新发现的与鲁迅有关的革命文物等方面的文章，陆续刊登鲁迅生前友好以及与鲁迅有过直接或间接接触的各方面人士的回忆录、访问记。尽管其中有些人的政治状况已发生变化，但由于他们同鲁迅有过一定的接触，对他们提供的某些有用的资料，本刊仍酌量选登，以供内部研究参考。这些资料由于种种原因不一定正确和准确，希望同志们注意比较鉴别，请勿公开引用。"文末注明的时间是1976年10月19日，其实《后记》初稿完成于粉碎"四人帮"之前；由于形势风云突变，云开雾散，所以临时加上了要团结在新的党中央周围，坚持"三要三不要"（"要搞马克思主义，不要搞修正主义；要团结，不要分裂；要光明正大，不要搞阴谋诡计"）的政治表态。为表达对老一辈无产阶级革命家粉碎"四人帮"的感激之情，开卷首篇重刊了叶剑英于1940年10月19日在重庆《新华日报》发表的《我也来纪念鲁迅》。本辑还发表了周建人、许寿裳、曹靖华、冯至、唐弢、赖少其、茅盾、胡愈之、冯雪峰等鲁迅同时代人的回忆，以及许广平11篇未曾结集的文章。

新露面的作者只有三个：我，如今以研究蒋介石日记而轰动史学界的杨天石，还有一个署名为"余延石"的——这是复旦大学语言教研室的集体笔名。

编完第1期之后，金涛重回《光明日报》，《鲁迅研究资料》的新负责人是荣太之，我仍尽协编之责。1977年11月，即相隔一年之后，《鲁迅研究资料》第2辑出版。这一辑刊登了新发现的鲁迅书信共37封（包括致外国友人3封），以及周恩来、陈毅等纪念鲁迅的诗文。本辑所刊的谈女师大风潮和刘和珍烈士的文章，是我在"文革"后期采访的资料。《鲁迅研究资料》第1、2辑出版时，正值拨乱反正的关键时期，当时的学术刊物寥若晨星，所以《鲁迅研究资料》印行70000余册仍供不应求。香港很快就出现了盗印本，在海外广泛发行。学术界对这两辑刊物交口称赞。

《鲁迅研究资料》第3辑于1979年2月出版，刊登了鲁迅书信15封，其中新发现的有12封；还刊登了鲁迅辑校古籍序跋，后来经增补，成为《鲁迅全集》中的《古籍序跋集》。《鲁迅笔名研究》栏目和《回忆录·访问记》栏目内容非常丰富。许羡苏的《回忆鲁迅先生》一文是我从鲁迅博物馆资料部调出来的，在文字上作了不少润饰。后来有好事者对鲁迅与许羡苏的关系作了不少臆测，其实这篇回忆已将两人的交往情况介绍得相当清楚。这一辑还刊登了何思源先生的《回忆鲁迅在中山大学的情况》。有一次我在北京三十五中的颁奖典礼上见到何鲁丽同志，其时她已经担任全国人大常委会副委员长。我特别提及她父亲的这篇文章。何鲁丽很感兴趣，表示要抽空到鲁迅博物馆参观。

1980年1月，《鲁迅研究资料》第4辑由内部书刊改为公开出版物，出版单位由文物出版社换到天津人民出版社，发行量仍达17500册。那时我被调到"年谱"组，跟李允经一起为鲁迅北京时期的年谱定稿，接替我的是从资料室调来的张杰。这一辑卷首《鲁迅谈二三十年代左翼文艺运动言论选》就是张杰选编的。荣太之跟张杰合编至《鲁迅研究资料》第15辑。此后荣太之被调走，第16辑由张杰单独编辑。《鲁迅研究资料》学术质量虽然相对稳定，但由于市场形势变化，印数锐减，第5辑只印了4300册，第6辑下跌到2400册。此后，印数一直在3000册上下浮动。

从1986年9月出版的《鲁迅研究资料》第17辑开始，编务由鲁迅研究室副主任赵淑英负责。1988年10月，《鲁迅研究资料》第18辑改由中国文联出版公司出版。版权页出现了编辑工作人员名单：编委8人，由鲁迅博物馆的馆领导和研究馆员组成，责任编辑署名赵英（即赵淑英）。但是《鲁迅研究资料》的编委跟一般刊物的编委一样，并不务实，编校之责主要落在赵英身上。作为研究室主任，我也参与了终审，并策划了一些栏目。

从1976年10月至1991年12月，在这15年中，《鲁迅研究资料》共出版了24辑，刊登了680万字的资料和文章。像周作人早年日记、书信，鲁迅和许广平收藏的同时代人书信，新发现的一些鲁迅书信（包括鲁迅、茅盾合编《草鞋脚》资料），鲁迅《中国小说史大略》整理本，鲁迅博物馆收藏的章太炎、许寿裳、钱玄同、刘半农、胡适、郁达夫书信，以及一大批珍贵的鲁迅回忆录，都是由《鲁迅研究资料》首次披露。后来，由于直接跟鲁迅研究相关的史料越来越少，鲁迅博物馆的业务经费捉襟见肘，相关资料、文章又可以提供给《鲁迅研究月刊》发表，《鲁迅研究资料》出至第24辑终刊。这一辑的印数下降到了1650册。

第七节
我与《鲁迅研究月刊》

到我撰写此文的2010年4月末，《鲁迅研究月刊》已经出至"总第336期"。它虽然是一份社科类核心期刊，而且在同类刊物中一直排名于前列，但从来不事张扬。刊物没有出现那种学者头像攒动的奇特景观，至今也没有收取作者的分文版面费。刊物的编辑外出一贯低调行事，参加各种学术研讨会都不会要求上主席台，或想坐到前排领导席去照一张合影。刊物的发行量虽不大，但订户较为稳定，并自1997年起即已作为《中国学术期刊（光盘版）电子杂志社》全文录入期刊，这表明它拥有众多读者，在国内外产生了广泛影响。读者公认这是一份严肃的学术刊物。

《鲁迅研究月刊》的前身是内部发行的《鲁迅研究动态》，主编单位是《鲁迅研究资料》编辑部。编辑出版《鲁迅研究资料》是鲁迅研究室的任务之一。当初定位于"资料"，是因为正值"文化大革命"后期，政治形势诡谲多变，刊登论文极易招惹无妄之灾。既要办刊物，又想免祸，当然以刊登原始资料较为稳妥。

1980年4月5日，《鲁迅研究动态》第1期印成。这是一份装帧十分简单的印刷品，以刊头和目录页当封面，印数为2000册，除赠送有关部门和人士之外，还以每册0.25元零售。第1期卷首刊登的《编者的话》特意说明：因为《鲁迅研究资料》将作为季刊公开发行，出版周期较长，"对于有时间性的研究成果、动态和新发现的资料等，不能及时刊出"，因此特编印《动态》作为补充。

编者的上述说明，其实并未道出发行《动态》的主要目的。我所了解的背景是：1978年9月5日，中共中央组织部的沙洪写信给陈云副委员长，反映文艺界对于"两个口号论争"等历史问题存在不同的看法和分歧，影响到新时期文艺队伍的团结；并附上了徐懋庸夫人王韦的一封信，提到徐懋庸在延安曾向陈云谈及20世纪30年代上海文艺界的情况。陈云对这封来信十分重视，于9月11日写信给当时的中央组织部部长胡耀邦，建议中组部、中宣部起草一份文件，对上海文艺界30年代的问题，对创造社、对当时其他革命文艺团体，做出实事求是、经得起历史检验的评价。陈云强调要把革命文艺运动中的是非功过放到当时的历史环境中进行考察。他还强调，这项工作应立即着手做，因为当事人年事已高，再不动手就迟了。

陈云写此信后不久发生了两件事：一是西北大学编印的《鲁迅研究年刊》1979年号发表了茅盾的《答〈鲁迅研究年刊〉记者的访问》。这篇访问记亦刊登于同年10月17日《人民日报》。茅盾在文中说："鲁迅研究中也有'两个凡是'的问题。比如说有人认为凡是鲁迅骂过的人就一定糟糕，凡是鲁迅赏识的人就好到底。我看并非如此。这类事情要实事求是。"二是1979年5月至12月，夏衍写成了《一些早该忘却而未能忘却的往事》，刊登于《文学评论》1980年第1期。在这篇回忆中，夏衍对冯雪峰1966年8月10日写的一份交代材料——1972年12月5日又经修订——进行了批评指责，认为"其中与事实不符之处是不少的"。这两篇文章在鲁迅研究界激起了千层浪。以李何林先生为首的一批研究者对茅盾和夏衍进行质疑，我当时也站在李先生一边，但是刊登争鸣文章遇到了困难。有人以"上级精神"为理由，说此类文章不宜公开发表。比如鲁迅研究室的荣太之写了一篇《一些不想说而又不能不说的事情——夏衍同志文章读后》，1980年2月20日投寄《文学评论》，3月29日该刊提出修改意见，4月2日作者照改不误，4月17日文章却从准备付印的刊物上被抽下，作退稿处理。最后，荣太之的这篇文章只能刊登于1980年5月1日出版的《鲁迅研究动态》第3期。由此可证，鲁迅研究室出版《鲁迅研究动态》，主要目的是搭建一个争鸣的平台。从1980年4月5日至11月15日，《鲁迅研究动态》出了6期。在这份篇幅一般只有16页的小刊物上，就连续发表了2篇批评茅盾的长文，8篇反驳夏衍的长文。所以当时有人把倾向于"国防文学"派的中国社科院文学所鲁研室（当然主要是指文学所领导）称为"东鲁"，把主观上想维护鲁迅、冯雪峰的鲁博鲁研室称为"西鲁"，而把位于朝内大街的人民文学出版社鲁迅著作编辑室称为"中鲁"。

在反驳夏衍的文章中，影响最大的是楼适夷先生的《为了忘却，为了团结》。此文1980年2月25日写成，刊登于同年4月20日出版的《鲁迅研究动态》第2期。文学界的人都知道，1957年8月17日，在中国作协召开的批判冯雪峰的百人会议上，楼先生曾挥泪痛批他的这位老友，当时被称为"爆炸性发言"，为夏衍对雪峰的批判起了配合作用。事隔23年之后，楼先生进行了反思，依据亲身经历为雪峰辩护。所以这期《动态》一时洛阳纸贵，迅速脱销，有些读者买不到刊登此文的刊物，就辗转传阅，全文抄录。在一封私人通信中，黄源以朋友身份对楼先生坦陈了己见。

> 适夷兄：
>
> 　　你的《动态》上的大作，拜读了，一熔（按：黄源夫人）也读了（她还在病院）。
>
> 　　你的义愤，是正义的，可佩的。老夏处于今天文艺界的领导地位，对老战友，对无产阶级文艺运动有重大贡献的战友，于死后改正的老战友，发表此文，四五十岁的中年一代文艺研究者中（我所接触到的），反应很大。你上次写的纪念雪峰的文章，只讲他是诗人，避而不谈，是明智的。这是夏公挑起，不得不发的，你从为"四化"，团结向前看出发，特别提到夏公的功绩方面，这都很好，而且我希望能见于行动，消除成见，更好。
>
> 　　你的文章中，摆事实讲道理，很好，但其中有些讽刺、刺激的话，出于义愤，我完全理解，但这些话，使彼此不能靠近……
>
> 　　　　　　　　　　　　　　（1980年5月14日黄源致楼适夷）

楼老对黄源的意见有肯定，也有保留。他回应说："那篇文章我请你看看，我劝别人心平气和，实际自己多年的郁积，也着实心不甘、气不和呢。"（1980年5月21日楼适夷致黄源）

楼老信中坦陈的是自己的真实心态。20世纪80年代研讨"革命文学论争"的得失、"左联"的功过和"两个口号"的是非，由于不少当事人仍健在，对这类问题的评价实际上是对他们历史地位的评价，而这种评价又关系到他们的现实处境，因此难于平心静气，完全纳入学术轨道进行争鸣。老一代左翼文艺战士的情绪，又直接或间接地影响了包括我在内的一部分中青年鲁迅研究者。周扬、夏衍等人复出之后，仍然是文艺界乃至于思想界的重要领导人，相对处于强势地位，又掌控了《文学评论》这样具有全国性影响的舆论阵地，所以李何林先生代表的一方自然只能借助一份小小的内部刊物发出自己的声音。

1981年7月中央宣传部根据陈云的批示，成立了一个革命文艺运动若干问题研究小组，想在调查研究、查阅历史档案的基础上，形成一个类似于《关于建国以来党的若干历史问题的决议》的文件，以统一认识，结束争论不休的局面。这项工作由贺敬之主持，中组部、社科院文学研究所等部门的有关人员参加，我也忝列了两次会议。但此举无疾而终，原因在于既然涉及的都是文艺问题，就该允许见仁见智，从长远来看，即使勉强形成了一个文件，对于此后研究者的思维也不会产生约束力。

1983年1月11日，鲁迅博物馆馆长兼研究室主任李何林退居二线，王士菁先生接任馆长。王先生对李先生十分尊重，跟周扬一方也保持有良好关系。此后《动态》逐步由一份争鸣性的刊物转变为一份内容驳杂的学术刊物，论文、资料、考证、动态乃至于索引全都刊登。1983年12月26日上午，周扬来到鲁迅博物馆，参加4个单位联合召开的"纪念毛泽东同志九十诞辰学术讨论会"。他特别强调了鲁迅早期文言论文对"人学"研究的重大启示意义，指出"可以称得上天才的，只有两个人，一个是毛主席，一个是鲁迅，是真正意义上的天才"。《鲁迅研究动态》客观报道了周扬的讲话，关于"两个口号"评价问题的大规模争论告一段落。

1984年，山东烟台地区派人到北京招聘人才，合格者可享受处级待遇，分配住房，并将其在农村的家属调到城市。《鲁迅研究动态》的编者荣太之是山东文登人，家属户口原在农村，便跟家属也在农村的"手稿"组负责人吕福堂同去应聘，结果同被录用。因为荣太之的调离，以及李何林先生退居二线，《动态》从1984年7月至1985年5月一度停刊。

1985年1月3日，我被任命为鲁迅研究室主任，所做的第一件大事就是恢复《鲁迅研究动态》。1985年5月，《鲁迅研究动态》在停刊11个月之后重新出版，加上了由启功先生题写刊名的封面，封面设计署名鲁青——当年在鲁博工作的一名青年业务人员张靖。责任编辑是王世家。鲁迅博物馆原副馆长孙瑛在

《鲁迅博物馆历事》中说："此次改版使《动态》成为全国第一份关于鲁迅研究的杂志。"(《鲁迅研究动态·第9期增刊》)

世家原是黑龙江爱辉县教师进修学校的校长兼支部书记，自办了一份内部印行的《读点鲁迅》丛刊；后来被调到黑龙江省社科院文学所，又编辑过东北的《鲁迅学刊》和《东北现代文学史料》。他热衷于编辑鲁迅研究方面的书刊，在鲁迅研究界有广泛联系，因此我特别推荐他到鲁迅博物馆来主持《鲁迅研究动态》的编务。

但世家的调动遇到了困难。虽然世家有为鲁迅研究"毁"黑河之家和哈尔滨之家的决心，但要在京城安家却非易事。因为他有一妻三女，调他一人，必须特批五个进京户口。这不仅在当年，即使在今天，也是极难办妥的事情。鲁迅博物馆领导出于对《鲁迅研究动态》的重视，对办理世家的调动手续都很支持。但人事部要求单位进行说明：北京的编辑成千上万，为什么偏要千方百计从外地调人？我承担了起草这份说明的任务，从鲁迅研究造诣、在鲁迅研究界广泛的人脉关系，特别是在编辑工作中的献身精神诸方面恳切陈词，让领导部门理解到"一将难求"，此岗位非世家莫属。在关键时刻，贺敬之给予了鼎力支持。我们单位隶属于文化部，而敬之同志是文化部负责人。他签字同意，人事部当然会予以高度重视，这样世家的安家问题就逐步解决了。

改版后的《鲁迅研究动态》为16开本，每期48页，月刊，暂定内部发行。《动态》1985年第1期（总第37期）刊登了《敬告读者》，表示要把这份刊物"办成一个有个性、有特色的刊物""既有学术性，又兼顾普及""以活跃鲁迅研究的气氛，沟通鲁迅研究的信息，加快鲁迅研究横向交流的节奏，及时反映鲁迅研究的新成果"。这一期发表了我提供的《许广平遗稿三篇》，其中的独幕剧《魔祟》是我在鲁博资料部查资料时无意发现的，原稿既未署写作年月，也未署作者名。我写过《许广平的一生》，对许先生的笔迹非常熟悉，所以能迅速做出准确判断。对于这篇作品的内涵，我在同期发表的《血的蒸气，真的声音》一文中作了点评，指出这是许广平跟鲁迅在上海同居的生活写照，表达了她因任性，对鲁迅体贴不够而在鲁迅死后产生的某种追悔之情。不料事隔16年之后，却有某专家学者以此为依据，认定鲁迅跟许广平早在1925年夏天即已进行"第一次亲密接触"，读后我感到惊诧莫名！

1985年5月8日，《鲁迅研究动态》编辑部邀集部分鲁迅研究界的中青年学者座谈，莅会者有王富仁、陈福康、宋益乔、龙泉民、王国绶、王德禄等，这表明刊物从改版开始就对建立广泛的作者队伍，特别是对发挥中青年研究者的中坚作用给予了高度重视。同年，中国社科院决定停止出版文学研究所编辑的《鲁迅研究》（我也忝列该刊编委），因此《鲁迅研究动态》就成了国内最重要的鲁迅研究刊物。

1987年1月，经国家出版局批准，《鲁迅研究动态》在创办7年之后，公开向国内外发行。鲁迅研究界的老前辈李何林、李霁野、黄源、楼适夷、许杰题词表示鼓励，王士菁、袁良骏、王景山、王观泉、陈福康等专家也撰文表达了祝愿与希望（见《鲁迅研究动态》1987年第5期）。3月7日，编辑部邀请部分在京学者举行座谈，陈涌、林辰、王士菁、王景山、孙玉石、林志浩、张恩和、袁良骏、李文兵、朱金顺、王富仁、颜雄、陈福康、陈学超等参加。

5月23日，编辑部在全国政协礼堂召开了《鲁迅研究动态》公开发行座谈会。鲁迅研究室顾问唐弢在会上说："自《动态》创刊以来，我是每期必看的，觉得它办得不错，今天公开发行了，这是一件大好事……我个人有个看法，现在有许多思想观点需要正面提倡、正面说明，鲁迅研究也是这样。在学术上，在文艺问题上，我们应该容许各种各样的意见存在，也应该旗帜鲜明地正面提出我们自己的主张。鲁迅本人正是这样做的，既能够容纳各种思想，又有自己明确的主张。这点很重要。我们既然学习鲁迅，就应该发扬鲁迅精神。"我在题为《办出特色》的发言中，肯定了前一时期所取得的成绩，指出《动态》目前尚缺少应有理论深度的论文和新资料，希望今后刊物能保证周期，信息畅达，同时能开展健康的争鸣，"尤其应该警惕把人际关系搅进学求争鸣，把宗派斗争引入学术之争"。《鲁迅研究动态》公开发行不久，就有读者来信，建议把刊名改为《鲁迅研究月刊》，因为《动态》的名称早已涵盖不了刊物的实际内容，而且也显得不太正规。但刊物为节约印刷成本，已经将1989年的胶印封面印就。为避免浪费，直至1990年1月才把《鲁迅研究动态》的封面换为《鲁迅研究月刊》。

1990年8月，以《鲁迅研究动态》为前身的《鲁迅研究月刊》出版100期，举行了一次笔谈。中国鲁迅研究会副秘书长、天津人民出版社资深编审李直（李福田）在《百期话旧》一文中，除肯定了鲁迅博物馆历届领导对刊物的重视和鲁研界老中青三代研究者的支持之外，特别赞扬了荣太之的开创之功和王世家"甘为人梯，为人作嫁"的精神。文中也提道："鲁研室主任陈漱渝同志把刊物作为重要的工作来抓，投入了大量的心血和精力，这些是人所共知的。"鲁迅研究专家高信指出，《月刊》大概是迄今为止，鲁研刊物中唯一能够一以贯之、按时出版的专业刊物……偌大中国，偌大鲁研大军，总算有这一家刊物在发挥着桥梁、纽带和媒介作用，这不能不说是鲁研界的幸事，也不能不说是广大热爱鲁迅的读者的幸事。中国社会科学院文学所研究员张大明认为："这个刊物不但有史料价值，而且有学术价值。它是我珍藏的刊物之一。它不仅是对鲁迅研究有用，就是对中国现代文学史、现代文化史，乃至思想史、革命史研究，都有参考价值。"

1998年12月，《鲁迅研究月刊》出至"总第200期"，刊登了一则《本刊启事》："随着鲁迅研究的进一步深入发展，《鲁迅研究月刊》业已成为国内外鲁迅研究者发表研究成果的重要园地之一，它已远远超出了馆刊的性质，本刊现在的编委会已不适应目前的编刊工作。经研究并报馆领导批准，决定从1998年第12期（总第200期）开始，改聘顾问。现已征得在京的17位专家、学者的同意，特聘请他们作为本刊的顾问。"这份顾问名单是世家提出的。如实地说，其中也有极个别我并不以为然的人，但从工作出发，我全部表示同意。我一贯认为，每个人都有自己的好恶，这毫不足怪，但不应该将个人情绪带到学术领域之中。

为纪念《月刊》出版200期，我们还特别举行了一次座谈会。国家文物局局长张文彬参加并讲话。我也有一发言，原文是：

各位顾问、各位同人、各位朋友：

在全国人民满怀深情纪念中共十一届三中全会召开20周年的历史时刻，我们在这里聚集一堂，就《鲁迅研究月刊》出版200期举行座谈。我用这句话作为今天发言的开头，并不是牵强附会，因为我们个人的命运，刊物的命运，都不可能不跟我们国家的命运、民族的命运发生深刻的历史联系。完全可以断言，如果没有十一届三中全会，就没有我们每个人的今天，就没有我们刊物的今天。这绝不是夸张之词和趋时之论。一种刊物出版到200期，意味着它有了16年多的学术寿命，也好比它从一个嗷嗷待哺的婴儿长成为一个健壮的、充满朝气的青年。我查了一下《中国现代文学期刊目录汇编》，发现出满200期的刊物为数不多，比如著名的《新青年》杂志，虽有10多年寿命，但几度休刊，总共才出了63期。《小说月报》好像寿命最长，历时21年有余，共出了258期。但该刊前后期性质截然不同，前期是鸳鸯蝴蝶派的刊物，大约出了126期。也就是说，真正作为从事新文学建设的《小说月报》也只不过出了132期。所以，将来如果有人编一部中国学术期刊史，《鲁迅研究月刊》应该被写上重重的、浓浓的一笔。

《鲁迅研究月刊》能够顽强地支撑到今天，首先应该感谢鲁研界广大学者的支持。他们不计较《月刊》稿酬微薄，也不计较《月刊》印数有限，仍源源不断地将呕心沥血的学术成果提供给我们。同时应该感谢编辑部在编和不在编的同人。16年来，几度寒暑，几度春秋，6000多个日日夜夜。几间旧房，几件旧桌椅，没有空调，没有传真机，没有长途电话，更没有什么"工作用车"，靠一股"拼命三郎"的劲头，发表的论文资料竟多达2000多万字；至于审阅的稿件，校对的清样，就真可以用不计其数来形容了。一个正规的月刊编辑部，有十几个人、二十几个人的编制，是很普遍的事情，但我们月刊编辑部在编人员长期只有两三个人、三四个人。两年前，我曾含着热泪参观了邓小平同志题名的太行山黄崖洞。就是在这个天然大石洞附近，八路军一一五师和一二九师创建了设备极其简陋的兵工厂，生产出了足以支援整个华北前线抗日武装的武器装备；也就是在这个穷山沟中，八路军奋战八昼夜，以1:6的伤亡比例抗击了超过我军5倍的日军主力部队。我认为，我们《鲁迅研究月刊》16年来所发扬的就是革命战争年代的艰苦奋斗精神、自我牺牲精神。这是在商品大潮中一种极为高尚的人生价值追求。

《鲁迅研究月刊》得以维持至今，当然离不开国家文物局领导和我馆历届领导的支持。虽然我们馆多年来存在着团结方面的问题，但历届领导在坚持办刊这一点上是基本一致的。我馆历届领导都认识到，这份刊物既是学术园地，也是思想阵地；既是联系国内外鲁迅研究者的纽带，也是我们馆对外的一扇重要窗口。我们不能让园地荒芜，不能让阵地丢失，不能将鲁迅博物馆自我封闭起来，使它变成一个毫无学术特色的机关衙门。

在这个座谈会上,我必须说明的是,我虽然长期挂名为《鲁迅研究月刊》的主编,但大量的具体工作是由副主编王世家同志承担的,他才是幕后的执行主编。20多年前,我刚跟世家缔交的时候,他对我说,他的人生追求就是编出三四十本刊物。现在他的这一愿望已经超过四五倍地实现了。如果他60岁退休,那月刊就能跨越世纪,一直编到330多期,这肯定会使他感到更加欣慰。编辑部的周楠本同志,谦虚踏实,不计名利,讷于言而敏于行,既有很大的学术潜力,又是不可多得的编辑人才。在我们编辑部里,还有长期默默承担繁重编务的马会芹同志,有研究、编辑双肩挑的张杰同志,有打字排版的高手王静同志。曾经给刊物以无私帮助的,还有今天到会的李福田同志、张靖同志、王国绶同志、张铁荣同志以及远在云南的强英良同志。协助刊物校对的,还有高道一先生、李淑文大姐。校对工作严格细致,费眼劳神,但他们却得不到相应的报酬。对于编辑部外这些同志的友情支援,我们会永远铭记于心。

关于《鲁迅研究月刊》的办刊方针,我有一个粗浅的想法。因为我们的刊物是学术刊物,所以必须坚定不移地贯彻党的"双百"方针,必须牢牢把握住刊物的学术方向。学术无禁区,应当允许各抒己见,畅所欲言;允许有提出问题进行讨论的自由,也允许有批评和反批评的自由。1965年7月18日,毛泽东同志在给章士钊的一封信中说:"笔墨官司,有比无好。"这就是说,只有不同观点相互撞击,才会迸发出真理的火花。我希望《鲁迅研究月刊》能以大海容纳百川的度量,包容不同的学术观点。当然,包容并不是是非不辨,黑白不分。对于那些背离史实,背离学理,对鲁迅进行恶意诋毁的言论(比如要把鲁迅当成绊脚石踢开),我们也应该做出必要的反响。对鲁迅研究领域的严重错误观点采取纵容放任的态度,也是鲁迅研究工作者的一种失职。这种看法是否正确,希望今天到会的诸位发表高见。

为了进一步提高刊物的质量,我们取消了原有的编委制,改为目前的顾问制。为了便于联系和开展工作,我们聘请的顾问限定在北京地区。所聘顾问或者是鲁迅的同时代人,或者是在鲁研界有相当影响的资深学者。我们对17位顾问接受《鲁迅研究月刊》的聘请表示感谢！希望顾问们今后多给刊物赐稿，多对刊物的编辑工作进行多方面指导。

在回顾《鲁迅研究月刊》的办刊历程时，我们也清楚地看到，我们的工作中仍存在不少缺点。比如有时编辑意图不够明晰，对稿件往往采取守株待兔的态度，而缺少应有的学术引导。有些论文冗长沉闷，观点片面。刊物在装帧、版式、校对、发行等方面也还有应该改进提高的地方，希望今天到会的朋友多提宝贵意见。这是对刊物出版200期最好的贺礼。

各位顾问、各位同人和朋友，在这个令人难以忘怀的场合，面对今天的你我，回想16年前的你我，我真正感到了"人生苦短"这四个字的含义。16年，人生有几个16年？！但我们既然曾经16年如一日地把心血浇灌在《鲁迅研究月刊》这个学术园地上，在今后的日子里我们当然还会一如既往地继续辛勤耕耘下去。也许我们当中的有些人（包括我自己在内）会心力交瘁，支持不到刊物的第二个16年，但总是会有一批鲁迅所说的"傻子""呆子"会在这个阵地上坚持下去，奋斗下去，不断为"鲁迅学"的大厦增砖增瓦，使这座学术殿堂愈加灿烂辉煌。

在以上发言中，我说自己"长期挂名为《鲁迅研究月刊》的主编"，主要是出于一种自责，觉得自己的付出跟对一个称职主编的要求还有差距，并不是以此证明真是"尸位素餐"。作为主编，我负责每期稿件的终审，有时也介入了内容的策划和来稿的筛选。那些年，鲁迅博物馆的业务经费每年只有10万，为了争取刊物的经费，逐步改善办刊条件，我也费了不少脑汁，做了一些具体的事情，如争取大象出版社将每年6万元的资助增至8万。对于世家跟其他编辑人员的意见，我基本上都采取尊重的态度，努力为他们的工作提供一个宽松的环境。从1984年至2003年的17年中，我从没做过以刊物谋私的事情。

2001年4月，《鲁迅研究月刊》编辑部进行了调整，世家在编辑部工作26年之后退休，离开了副主编的岗位，接替他出任此职的是张杰和周楠本（常务）。世家的名字置于"顾问"之列——这是对他长期辛劳的一种尊重和对他在鲁研界地位的应有肯定。早在此前一年，世家就多次对鲁博人事部门表达了他如期退休的愿望。他向我陈述的想法：一是退休后便于在太太到黑河探亲时照顾家庭，二是可以静下心来编写一些书。近年来，我们高兴地看到世家编辑的《〈京报副刊〉（青年必读书）资料汇编》，他跟止庵合编的《鲁迅著译编年全集》，还有一些资料翔实、行文老到的文章，这些都是他退休后的学术成果。

世家退休前，我建议他到一个他想去的地方走走。他选定了福建。鲁博的"一支笔"说："没钱。"我回答："从《月刊》的经费中报销，那里面有我拉的赞助。"研究室还设了一次便宴，跟他依依惜别。为了解决世家的职称问题，我专门给国家文物局职称办写了一份推荐意见：

> 王世家同志是一位在国内外鲁迅研究界有一定影响的资深编辑，他从"文革"后期即开始编辑有关鲁迅研究的学术刊物，先后主编过《读点鲁迅》丛刊、《鲁迅学刊》。从黑龙江调到北京后，编辑《鲁迅研究月刊》共214期，总字数逾2000万字。他在鲁研界有广泛联系，能独立审查和处理学术论文；特别是在工作中不计名利，甘为人梯，因而受到国内外鲁迅研究者的称道。他新近主编的《鲁迅回忆录》6卷本，达到了很高的编辑水平，堪称传世佳作。世家同志此前未能参加外语考试，考虑到他多年享有政府特贴，又即将退休，建议破格晋升为编审。

遗憾的是，当年文物局强调参评者必须外语成绩合格，所以世家的申报材料又被退回到了鲁博，根本没有提交"高评委"评审。不过，事隔不久，国家文物局又根据文化部的相关文件，取消了申报研究员必须考核外语的硬性规定。然而世家已经退休，此事成为无法弥补的遗憾。对此，我至今仍感歉疚。

有一个一般读者可能不了解的情况，即从《鲁迅研究动态》创刊至今，《鲁迅研究动态》编辑部和《鲁迅研究月刊》编辑部都不是任何一级行政建制（即非"局"非"处"非"科"非"股"），也不是一个有独立经济核算职能的实体。如前文所述，《动态》第1期至第36期由荣太之负责，他当时是《鲁迅研究资料》的负责人，而《动态》作为《资料》的补充出版物，顺理成章也由他分管。当然，作为室主任的李何林要把关定向。从第37期至第126期，责任编辑主要是王世家，先后担任责编的有高远东、孙郁、张杰、周楠本等；还有一批从外地借调协助编务的"国际友人"。从1987年5月《鲁迅研究动态》公开发行之日起，目录页右侧印有一份编委名单，按姓氏笔画为序，出任编委的是鲁迅博物馆的馆领导和研究员。直接分管刊物的是我这个研究室主任，而具体分管研究室的是馆长潘德延。1992年6月，时煜华担任鲁迅博物馆副馆长兼党总支书记，主持全面工作。他是一位修辞学教授，没有系统研究过鲁迅。出于谦逊，他坚持推荐我出任《月刊》主编；但出于对上级的尊重，我坚持由他出任主编。最后他以法人身份拍板：我跟他并列主编，但一定要把我的名字放在前面。世家由我推荐出任副主编。于是，从1992年12月开始，《鲁迅研究月刊》印上了主编、副主编的名字。

从1997年3月开始，《月刊》增加了一位主编周常林。他是河南大象出版社的社长，一位很有学识、很重友情、很大气的出版家。考虑到《月刊》经费困难，大象出版社每年资助6万元（后增至8万元），出版单位由鲁迅博物馆与大象出版社并列，但周社长对《月刊》的编务概不过问。1998年10月时煜华退休，从当年11月起，《月刊》主编由我跟周常林并列。直至2003年1月4日，我才给鲁迅博物馆党委写了一封态度坚决的辞职信。

2003年10月，当时的鲁迅博物馆副馆长孙郁出任主编，我的名字跟世家的名字一样，也被置于"顾问"之列。至此，我跟《鲁迅研究月刊》的关系就成了读者、作者跟刊物的关系。因此，对此后刊物的状况，我既不综述，也不置评，只是衷心期望它越办越好！

第八节

我的短文上了《新闻联播》

1986年2月15日早上，我的邻居谢志明大声告诉我："老陈，你的文章上《新闻联播》了！"老谢在解放战争时期是上海爱国学生运动的骨干，1977年被调到鲁迅研究室，是党支部的一位负责人，跟我同住在一座宿舍楼——我住三楼，她住一楼。我听了一怔：中央人民广播电台每早的《新闻联播》播的都是国内外大事，怎么可能跟我的文章沾上边呢？再说，我从来没有给中央人民广播电台投过稿，他们广播的文章从何而来？但是，老谢是一个不苟言笑的人，更不可能拿中央人民广播电台的新闻来开玩笑。怀着这种半信半疑的心理，我骑车来到单位。其他同事也跟老谢一样传达着同一信息。翻开当天的《人民日报》，第一版下端刊登了我的一篇短文《不要恣意贬损鲁迅》，文末注明"原载1986年2月1日《文艺报》"。再看当天全国各地的其他报纸，几乎都在第一版以显著位置转载了这篇文章。

这到底是怎么一回事呢？

那是1986年1月下旬的一天下午，《文艺报》评论部负责人何孔周给我打来电话，要我抓紧写一篇短文为他们应急，内容是批评当时贬损鲁迅的不良倾向。他简单跟我介绍了一点情况，要我第二天交稿，否则赶不上趟了。何孔周是名人之后。他的祖父何其巩曾担任北平特别市市长、中国大学校长。"文化大革命"期间，我们同在北京西城区教中学，军宣队占领教育阵地时我们又同属于西城区第八分队指挥部（简称"八分指"），因此是老相识。他交办的事情，我不能不应承，当晚即挥笔成文。因时间仓促，我写了两个不同风格的结尾，请老何任选一个。就这样，我的文章迅速在《文艺报》上刊出了。同样是因为审稿和校对的时间仓促，文章刊出后发现有多处错字，如"有家报纸"排成了"两家报纸"，"宁顺勿信"排成了"片顺不信"，"署名"排成了"置名"……这篇文章的全文是：

不要恣意贬损鲁迅

  鲁迅是伟大的，因而也是谦逊的。他认为没有完全的人和完全的书，包括他自己以及自己的创作和理论在内。从来就不存在不允许对鲁迅进行分析乃至批评的事情。即使观点出现偏颇也还可以争鸣，史实出现错误也应允许订正。如果批评家的解剖刀能中腠理，药方能对真症候，鲁迅九泉有知也是会含笑的。

  以轻浮的态度随心所欲地贬损鲁迅，跟正常的学术研究和文艺批评截然不同。这种贬损的言论如果出自敌对营垒，那当然不足为奇；如果出自同一阵营，见诸革命报刊，则不能被视为正常现象，需要及时予以引导。

  近两年来，贬损鲁迅的言论多次出现。前年春秋之际有家报纸曾批评个别青年作者在作品中大段照抄文学名著的做法，就有人站出来理直气壮地为他辩护："试问，我们能否类而推之，说鲁迅先生……剽窃了果戈理的'救救孩子'呢？""试问"的结果，"借鉴"与"剽窃"的界限被混淆了，鲁迅成了抄袭者的陪绑。去年5月，有一位副教授在《杂文报》发表高论，说将"银河"译成"牛奶路"不仅"无大错"，而且"是形象化的字眼"。他之所以翻鲁迅"半个世纪"之前批评赵景深"宁顺勿信"的翻译主张的老账，目的在于证明鲁迅先生说过的话"未必都对"，尽管赵景深教授从1931年至1983年一直坦诚地承认他将"银河"译为"牛奶路"确系误译。

  对鲁迅的贬损在去年8月出现了"高潮"。8月6日，《杂文报》第45期刊登了一篇署名李不识的文章——《何必言必称鲁迅》，指责"一提到杂文，本本书都讲鲁迅，章章都讲鲁迅，节节都讲鲁迅"。他危言耸听地说："见到这么多清一色的鲁货，我担心自己是否也被鲁化了。"把鲁迅的文化遗产讥为"鲁货"，把受鲁迅理论和创作的影响称为"鲁化",这在近80年的鲁迅研究史上是"前无古人"的。众所周知,鲁迅是中国现代杂文的奠基人,鲁迅的杂文作品是中国现代杂文的典范。讲杂文联系鲁迅,就如同讲文艺复兴谈到但丁、彼特拉克和薄伽丘等先驱者一样,有什么值得大惊小怪的呢?

如果说,李不识对鲁迅的贬损还停留在谩骂的水平,那么同月在《青海湖》杂志刊登的《论鲁迅的创作生涯》一文就为贬损鲁迅的言论蒙上了一层薄薄的理论面纱。作者给鲁迅的"创作生涯"描绘出一幅十分黯淡的图景:鲁迅在创作的"准备时期"(1906—1918)的"文学活动是失败的",意义仅"在于尝试与探索";鲁迅文学活动的"创造时期"(1918—1925),只有"四五篇小说"差强人意;从1925年至1936年,全都属于鲁迅创作的"衰退时期"。在这一时期,鲁迅写杂文"首先是为了吃饭",搞翻译却陷于"失败","唯一称得上创作的"是《故事新编》,"但是艺术价值不高"。逐条批驳上述论点,对于略具常识的读者是完全多余的事情。

出现上述贬损鲁迅的言论并非偶然。它反映了前一时期在有些人心目中,从英雄人物身上挑剔"微不足道的灰尘",从反面人物身上挖掘"尚未泯灭的良知",是一种颇为时髦的事情,于是朝鲁迅身上大泼秽水,被误认为是"趋时"的壮举。其次,有些报刊的编辑为了追求"经济效益",对一些争奇斗怪的文章格外垂青,以为这是吸引读者的有力手段。无论是编造鲁迅的"神话"(如毛泽东拜会鲁迅),抑或罗织鲁迅的"罪状",他们都有发表的兴趣。此外,海外某些错误观点的渗透,也是一个不可忽视的原因。像《论鲁迅的创作生涯》一文的宏论,在鲁迅研究者看来并不新奇,无非是拾人牙慧而已。

我们高兴地看到,这种恣意贬损鲁迅的言论已经引起文艺界广大同志的强烈反感,他们认为:鲁迅在他一生不知疲倦的战斗中所创造的丰富的文化思想遗产,是我国文化宝库中的珍品,也是中华民族对世界文化做出的宝贵贡献。鲁迅研究,应该成为中国社会主义文化建设战略研究的有机组成部分。希腊神话中有一个叫唐达尔的人物,他站在水里,水淹到咽喉,却一筹莫展,想不出止渴的办法。这个故事,难道不值得那些恣意贬损鲁迅而又标榜着建设社会主义精神文明的人三思吗？

我撰写《不要恣意贬损鲁迅》一文虽然跟老何的约稿和催促有关，但也并不是完全出于我们之间的私交。我原本就不同意邢孔荣、李不识等人的观点和文风；又由于在鲁迅研究室任职，当时在潜意识里也把"保卫鲁迅"当成了不可推卸的职责。直到若干年后，才有学者告诫我：鲁迅是无须"保卫"的，因为他是参天大树；如果轻易就能被人骂倒，那鲁迅就不是鲁迅了。不过我又想：在鲁迅被曲解的时候，我们这些"吃鲁迅饭"的人应不应该挺身而出，洗刷泼在鲁迅身上的秽水呢？我们这些跟鲁迅作品接触较多的人，应不应该让那些对鲁迅作品不太熟悉的人了解事情的真相呢？

这篇短文为什么会同时被全国各大媒体转载，至今谜底尚未完全揭晓。林默涵同志曾经告诉我："这是胡乔木同志的意思。"但我托人到有关部门查找档案，并未发现乔木同志对拙文的批示。不过，依据媒体的宣传纪律，如果没有主管意识形态的领导人发话，一篇1600字的文章绝不可能造出如此大的声势，全国各大报刊也绝不可能有如此协调的动作，这是显而易见的。

我的文章刚被转载时，《文艺报》的一些负责人似乎很是高兴，也祝贺我出了一次风头。但不久他们又感到事情可能被放大了，产生了过度反应，于是又向有关领导部门陈述了不同意见。我作为一个鲁迅研究者，并不了解当时政治思想领域的全局。后来我才听人家说，我短文中批评的那位李不识，当时是安徽铜陵财经专科学校二年级学生，他表示接受我的批评。通过这件事，他认识到青年不了解鲁迅简直是一场悲剧。今天进行反思，我感到一个青年人写了一些情绪化的文字，是他在成长阶段中很难避免的事情，不应该造成一种"全国效应"，使他"诚惶诚恐，坐卧不安，精神压力很重"（李不识语）。值得重视的应该是当时《杂文报》某负责人的舆论导向。因为该报自创刊之日起，一方面宣称要继承"五四"以来以鲁迅为代表的杂文传统，一方面又扬言写杂文"不一定"要学习鲁迅，并接连刊登颠覆鲁迅的文章，所以李不识非学理性的文章得以在该报刊出并非偶然。

又有人说，这场论争"没有达到理论上的学术论争的层次"。对于这种看法，我多少有些保留。什么叫"理论"？什么叫"学术论争"？根据我的亲身经历，涉及鲁迅的论争很多都不是纯学术性的，但也都有不同程度的学术性。

《论鲁迅的创作生涯》的作者邢孔荣说，这篇文章是他10年研究的心得，而他的立论又是以法国文艺理论家丹纳（也译为泰纳）《艺术哲学》的观点为依据，不能不说他有他的"理论"。他把1925年至1936年概括为鲁迅创作的"衰退期"，遭到毛微昭、丁尔纲等研究者的批驳，今天重读，仍感到这些批评文章也是有学理性的。

《青海湖》文学月刊编辑部为此做出了检查，题为《我们的教训》，文中说："当前，刊物如林，竞争激烈。我们是希望将刊物办得更有吸引力，更有影响的。要做到这点，本应该从提高刊物的思想、艺术、质量上下功夫，以质量求生存，以质量求发展。可是，我们都没有把力量集中在这一正确途径上，而去迎合一种争奇骛怪的不健康的社会心态。当时，在明知《生涯》一文的观点不妥，是否适合刊登也把握不准的情况下，仅仅加上'此文不代表本刊观点'的闪烁其词的按语，轻率地将其抛向社会。这种不严肃的做法，违背了我们原定的办刊宗旨，丧失了编辑应有的社会责任心，是不足为训的。"

一篇小文章，一场大风波，事隔24年，似无提及的必要。但如果将这件事置于1985年和1986年中国政治思想战线的大背景中去考察，也许可以留下一点点历史的印记吧。

第九节

我编的书进了吉尼斯世界纪录

也许你以为我在吹牛,我编的书进了吉尼斯世界纪录。这本书叫《鲁迅语录》,对开本,长77.5厘米,宽54.5厘米,相当于整张大报篇幅。书重7.2千克,厚25厘米,共320页。仿古线装,封面烫金字,备有丝绒木盒。在1995年,这是世界上最大的公开出版物。不过这本书出版后亦遭非议。有一位署名史美拾的作者,在1995年2月17日的《文汇报》发表了一篇文章,题为《倘若鲁迅醒来》,大意是:"遥想即使在所谓'一句顶一万句'的年代,也未曾有过这般'壮举'","鲁迅隽语原有自身不可磨灭的价值,何必一定要依赖超豪华型包装?倘鲁迅长眠醒来,面对这种无视社会实际需求的把戏,面对动辄慷国家之慨一味弄虚者,又当作何感想?"

我为什么会编《鲁迅语录》?又为什么会印成这么大的开本?这要从1989年说起。

1989年6月2日,台湾李敖出版社的社长苏荣泉到北京,约我编几本鲁迅语录。他说,李敖跟鲁迅都是都市丛林中的斗士,文风犀利,作品警世益人。该社已出过几本《李敖语录》,我再编几本《鲁迅语录》,可以与之配套。编辑费每本500美金。我想,台湾当局刚刚对鲁迅著作开禁,读者对鲁迅的书充满着好奇心。若能以语录的形式在台湾普及鲁迅著作,岂不是有利于两岸文化交流的一件好事!于是就应承了下来,很快编成了五个分册:一、《文艺论艺》;二、《创作自述》;三、《人物评估》;四、《华夏剖析》;五、《世情漫议》。后来,苏荣泉担心《创作自述》销路不畅,在当年只以天元出版社的名义出版了4册,但仍按5册支付了稿酬。1992年2月，友人颜雄担任湖南师范大学出版社社长，认为此书编选甚好，就把台湾版《鲁迅语录》中的繁体字转换为简体字，又请他的夫人鲍庚桃将台湾删去的那个分册补齐，共收语录1500多条，合为一册重新出版。经过颜兄的努力，这本书被列入了湖南省教委指定的中小学图书馆书目，并获得了中南五省大学出版社颁发的校对奖，全国图书第七届"金钥匙"奖。

1994年12月19日至25日，广东省广州、深圳两地同时举办为期一周的文学节，广东省作协1400名会员作家和读者代表参加。来宾中还有国内著名作家30余人（如邹荻帆、李瑛、徐迟、公木等），海外著名华人作家30余人（如洛夫、犁青、曾敏之等）。文学节期间为广东省的优秀新人新作颁奖，推出"文学与社会，文学与人生"系列论坛，同时还举办作家书画展，以及各种形式的文艺演出……广东省委虽然为此划拨了一笔专款，但由于这是广东省文学史上规模最大的一次盛会，经费入不敷出，还需要想出一些奇特的点子筹集资金。

这时，原广东鲁迅纪念馆馆长张竞推荐出版我编的这部《鲁迅语录》，限印1000册，每本连盒售价999元，如果不打折，能卖出99万元，所得全部捐赠文学节办公室。作为公益行为，我同意不收取编辑费，只留几本书作为纪念。

后来我才知道，这本书的出版历尽艰辛。首先，广东文学节办公室通过吉尼斯世界纪录中国总部向英国总部进行了查询，证实全世界目前尚未有过这么大的公开出版物。接着，湖南师范大学出版社为本书申请了新书号，派人对这本41万字的读物重新进行了校对。最后，择定了当年印《毛泽东选集》的广州红旗印刷厂印制此书。印这么大的开本，这个厂还是头一回，工人们把四张印刷胶片贴成一整幅，一共用手工拼贴了300多幅胶片。为保证质量，纸张有瑕疵和字迹略有不清的书页一一被销毁。工厂还特意采购了咖啡色的新漆布和黄色的混纺线，使本书的装订水平层楼更上。

1994年12月20日下午3点半，这本世界上最大的书在广州诞生。21日上午，吉尼斯世界纪录中国总部派人进行专业验收后颁发了证书，并当场铡毁底版，以限制加印。我为这次扶植文学新人的盛会做了一件好事，跟得到一笔不菲的稿酬一样感到愉快。这时，我耳边似乎响起了这届文学节开幕式晚会上朗诵的一首诗："啊，文学之海茫茫／文学之路漫漫／一代代作家和文学新人／正踏浪而去／展翅蓝天。"

第十节

一个艰苦浩大的文化工程

——我与《鲁迅全集》

此文不是全面介绍《鲁迅全集》的出版史,而只是侧重回忆我跟《鲁迅全集》的关系。

我最早跟《鲁迅全集》直接发生关系,是在1976年四五月间,当时国家出版局召开了鲁迅著作注释工作座谈会。这次会议先后在济南和北京两地召开,与会者是13个省市参加鲁迅著作单行本注释的代表。我没有出席济南会议,却出席了在北京西直门国务院第二招待所接着召开的会议。现在留在我记忆里的有两个深刻印象。一是上海"石一歌"写作班子派了两人出席,一姓刘,一姓陈。那位刘姓代表,我感到还比较谦和,而那位陈姓代表发言时却跷着二郎腿,不停地抖动着,给人以趾高气扬的感觉。我当时心想,在场的还有很多鲁研界、出版界的老前辈,一个中年人怎能如此放任呢?另一个深刻印象是,薄一波当时也住在这个招待所,我常常在餐厅碰见他。他穿一身普通制服,布鞋,一声不吭地跟我们一起排队打饭打菜。我遇到此情此景总是主动让他排在前头,他还是一声不吭,只是淡淡地一笑。此时他是在这里等待落实政策。这年10月粉碎"四人帮"之后我才知道,早在1971年,全国出版工作座谈会就把重新整理出版鲁迅著作确定为全国重点项目之一,要调集力量"争取两三年内完成",但连出版一本《鲁迅杂文书信选》都阻力重重,直到1975年11月1日毛泽东亲自批示"立即实行"之后才摆上了议事日程。

我对1981年人民文学出版社出版的《鲁迅全集》贡献甚微,仅仅参加了其中日记部分的注释定稿工作。1978年12月,人民文学出版社内部出过一部油印的《鲁迅日记》"征求意见本",其中1912年至1927年9月的日记由鲁迅博物馆和吉林师大(后改名东北师大)共同注释,1927年10月至1936年10月的日记由复旦大学中文系注释。我们就是以这部油印注释本为基础进行讨论的。

为日记注释定稿做出最大贡献的是包子衍先生。他跟我治学兴趣相投,后来成为很要好的朋友,但我们很少谈到注释之外的事情。只听说他是山东大学历史系毕业,大学时代很上进,但1957年不知怎的就成了"右派",而且是"极右",所以借调他是一件不容易的事情。老包当"右派"后被发配到山东济南第三中学任教,课余对阅读《鲁迅日记》产生了浓厚兴趣。可能由于有研究历史的功底,他能在日记貌似平淡琐细的记载后面读出深广的历史内涵,所以越读越有味,越研究越深入;又得到了冯雪峰这样的鲁迅传人的亲自指点,因而成了研究《鲁迅日记》首屈一指的专家。1981年版《鲁迅全集》出版之后,有人连续发表了一些正误的文章,老包有点委屈,说他事前就向这位作者请教过,但不得要领,非等到事后才写订正文章。这位作者却说,绝无此事。此事的是非我无法判断,只是认为,《鲁迅日记》涉及面太广,牵涉书刊、社团、事件方方面面的诸多问题,仅与鲁迅有交往的人物就近2000个,包括近250位外国人士。名不见经传的人物固然难于注释,知名人士的注释也非易事。比如鉴湖女侠秋瑾,近代以来在中国几乎无人不知,但要准确注出她的生年却很麻烦。又如殷夫,过去的文献记载说他1909年出生,但他故乡的学者经过多年深入调查,才最终确认他的生年是1910年。我以为,任何能人注释《鲁迅日记》都难免出错,随发现随纠正就是了,而老包及人民文学出版社"鲁编"室一些人的筚路蓝缕之功是不可埋没的。

老包嗜烟,吸烟数量是否超过鲁迅未能确考;又喜熬夜,因而晚起,多亏他的助手王锡荣照顾协助。上海鲁迅纪念馆原馆长王锡荣那时还是上钢五厂的一名钢铁工人,因为"文革"时期教学科研都要搞"三结合",所以从1976年开始,23岁的他就作为"沙子"被掺进了复旦大学的《鲁迅日记》注释组。锡荣给人的印象是谦虚踏实,一丝不苟,《鲁迅日记》后面的索引就是他独立编制的。1981年版《鲁迅全集》的总索引,他也参加了编制。这种工作的艰苦烦琐非常人所能胜任。1981年版完成之后,锡荣刻苦上进,获得了复旦大学的硕士学位,取得了今天为鲁研界共知的成就。锡荣后来的同事虞积华也是《日记》定稿组成员。他管理过上海鲁迅故居,对鲁迅留存在上海的遗物十分熟悉，为注释鲁迅后期日记提供了特别的便利。更为凑巧的是，虞积华是包子衍的连襟，这使我们这个注释组在友情之外又增添了亲情。

在谈到1981年版的《鲁迅日记》注释定稿组时，必须特别提及一位文坛老将蒋锡金（1915年1月3日—2003年5月25日）。蒋先生是江苏宜兴人，刚借调到北京时61岁，嗜酒，不修边幅，待人慷慨平易。他1938年入党，参加过新四军，抗日战争时期是一位在武汉、重庆和沦为"孤岛"的上海十分活跃的诗人。1957年在东北师大任教时被打成"右派"，"文化大革命"中被下放到科尔沁旗草原；1972年返校后开始钻研他原本不读也读不大懂的《鲁迅日记》，写成了一部分注释初稿，名之为《鲁迅日记初笺》。他后来在一篇回忆文章中说："不知道通过什么途径，这份工作被刚成立不久的鲁迅研究室知道了，李何林先生来信要看一看我的成稿……"现在可以披露，他本人不甚了解的"途径"就是孟庆枢、金涛和我。孟先生是资深比较文学研究专家，精通日本文学和苏俄文学，长期在东北师大任教，1965年即与蒋先生在同一教研室工作。1977年，经鲁研室金涛介绍，孟先生一度借调到鲁研室的《鲁迅日记》注释组工作。有一天，孟先生带来了一份《鲁迅日记初笺》的复写稿，未署注释者姓名，我无意中一瞥，马上被吸引，惊叹居然还有这种执着于史实考证的奇人，于是便建议借调此人来研究室工作，而我并不知道此人的身份和背景。研究室李何林主任思贤若渴，从善如流，直接出面跟蒋先生和东北师大校方联系。1977年除夕那一天，忘了过春节的蒋先生终于到鲁迅研究室报到，那时，他还没有摘掉"右派"帽子。

蒋先生在《为了鲁迅的事业》一文中回忆了当年为《鲁迅日记》注释定稿的情景："……对一些注释得过繁的注条加以删削，对过简的加以增补，或者因为等于不注而无用的就率性砍掉。删掉和砍掉都是比较容易的，要增补就较难了；好在，参加定稿的同志手中都有没有丢弃的根据和材料，经过讨论可以补上。有时争论得很激烈。记得当时陈漱渝和包子衍同志都带有自己的卡片匣子，我们戏呼为'小棺材'，遇到争论难决时他们就搬匣子来，甩出卡片'打扑克'，摆理由，亮根据，讲道理，形势有如'抬棺决死战'。结论既得，意气交融，身心俱快。我们难道是一些喜爱争论的'好战之徒'吗？一切只是为了鲁迅的事业而已。"（载于《鲁迅研究动态》1986年第2期）

回想起来，我有两件特别对不起蒋先生的事情。一件事是，《鲁迅日记》

注释定稿组下午讨论的休息时间，我常敲蒋先生的竹杠，让他请客，到人民文学出版社附近的一家咖啡店茶歇，而蒋先生每次都有求必应。当时我以为，蒋先生是资深教授，工资肯定不菲，让他埋单有一种"劫富济贫"的快感。后来才知道，他被错划成"右派"之后已失去了教授头衔，又有儿有女，经济比较拮据，全靠师母勤俭持家度日。蒋先生去世之后，我趁到东北师大讲学之机到他的故居探访，真切了解到他当年的生活状况，感到非常自责。另一件事就是1987年11月12日我主持召开敌伪时期周作人思想创作研讨会，特邀蒋先生参加。那时鲁迅博物馆经费支绌，安排蒋先生住在单位附近的一家招待所。招待所是平房，卧室内无卫生间，当天早上蒋先生外出上厕所，不慎在跨过一条沟时失足落沟，造成腿部骨折。我亲自把他送上了积水潭医院的手术台，又慌忙赶回单位主持研讨会。蒋先生是一个好动之人，此次骨折伤了元气，此后似乎再没有出过差。跟敲蒋先生竹杠比较起来，这一次罪孽更为深重，令我忏悔不已。

1981年版《鲁迅全集》计16分册（不包括译文），跟1958年版相比，增收了佚文55篇，共收鲁迅书信1456件（包括致国外人士的信及残缺件），还增补了序跋，达到了"收集比较完备，校勘比较精确，注释比较详尽"的学术要求——其中注释由5800余条、约54万字增至23400条、共187万字。据《全集》领导小组成员秦牧说，该版首印数是36000套，而每一种单行大抵是20000册。后来《鲁迅全集》多次重印，据说共印了16万套。我因为只参加了部分注释定稿工作，得到的报酬是一套《全集》，而参加工作较多的人，听说也只得了几百元稿酬。2001年6月12日至18日，在鲁迅诞辰120周年前夕，召开了一次《鲁迅全集》修订工作座谈会，1981年版《鲁迅全集》的修订工作正式启动。这项文化工程浩大而艰巨。组织工作由三大班子承担：一、顾问（共5人）；二、工作委员会，由当时的新闻出版总署署长石宗源担任主任，中宣部副部长李从军担任副主任，成员共9人；我忝列为成员之一；三、编辑委员会，主任林默涵、副主任林非、陈漱渝、聂震宁，成员共21人。但默涵同志重病，家属代其辞主任之职。

早在1995年9月8日，我就在鲁迅著作出版现状座谈会上论述了1981年版《鲁迅全集》需要修订的理由：

1981年版《鲁迅全集》的第一个特点，是收罗比较齐备；特别是不加删削地收录了至该版排印前已发现的全部鲁迅书信（比1958年版增加了1100余封），更表现了时代的进步和编者的胆识。该版本还增收了《古籍序跋集》《译文序跋集》及部分集外诗文，使《鲁迅全集》的字数增加了100多万字。但是，该版本只收录《两地书》的改定本，未收与改定本有所区别的原信，不能不说是一个缺陷。1981年版问世之后，又新发现了一批佚简，仅鲁迅与增田涉之间的质疑应答书就有80余封，也应增补入《全集》。鲁迅译文是否编入《全集》是一个可以讨论的问题，但重新校定、出版《鲁迅译文集》是一件应该立即列入议事日程的事情。鲁迅的科学论著本来就是鲁迅全部著作中一个不可分割的有机组成部分，收入《全集》不应受到指责非难。这些著作在今天也许已被新的科学成果超越而失去其应用价值，但它在中国近代科学史上的地位和作用并未因时间的推移而有丝毫的减损。比如《中国矿产志》，历史上就曾四次出版，经清政府的农工商部和学部审批鉴定，作为"中学堂参考书"和"国民必读书"发行。该书字里行间洋溢的爱国激情，至今仍给我们以深刻的教育和巨大的鞭策。当然，这部书是鲁迅和他的同学顾琅合写的，不是鲁迅个人的专著。但并非鲁迅个人的作品，也有收入《鲁迅全集》的先例，如瞿秋白以鲁迅名义发表的杂文。

1981年版《鲁迅全集》的第二个特点，是校勘比较精确。的确，1981年版《全集》改正了此前诸版本文字、标点上的很多错讹，不少外文译名也改用了通译。但尽管如此，也不能把1981年版的文本夸大其词地称为"定本"，因为事实上，这个版本的文字仍存在一些错误和疑点。比如，《一件小事》描写老女人的破棉背心兜着车把，摔倒在地上。车夫连忙放下车子问："你怎么啦！"据初版，"你"作"您"。我认为这更符合于车夫的晚辈身份和北京人的语言习惯。《社戏》中桂生对"我"说："现在去舀一瓢水来给你啊罢。""啊"，显系"喝"之误，初版原作"喝"。《华盖集·马上日记》中，谈到清末李慈铭先生以日记为著述，不像日记的"正脉"，即正宗日记。1981年版却将"正脉"排为"正派"，使这句话成为完全不可解的文字。《三闲集·〈吾国征俄战史之一页〉》中的成语"同仇敌忾"，初版是正确的，1981年版却将含义为愤怒的"忾"印成感慨的"慨",是明显的错字。1981年版新增的《古籍序跋集》,文字与手稿不合之处更多,有的是误抄,有的是擅改。如原稿《唐书》排成了《新唐书》,《新唐书》排成了《唐书》。牛僧孺的《玄怪录》排成了《玄怪》。唐朝的大和年间排成了"太和"。鲁迅自署的"周树"改成了"周树人",而"周作人"则变成了三个□□□。至于鲁迅著作引文中的错误以及鲁迅辑校古籍通行本和鲁迅译文通行本中的错误,肯定更多。读鲁迅作品,还会发现一些费解的地方,比如小说《伤逝》中有一句名言:"人的生活的第一要着是求生,向着这求生的道路,是必须携手同行,或奋身孤往的了,倘使只知道捶着一个人的衣角,那便是虽战士也难于战斗,只得一同灭亡。""捶",是敲打的意思,不包含拉扯的意思。"捶"人衣角也不可解。凡此种种,都需要通过进一步校勘解决。

1981年版《鲁迅全集》的第三个特点,是注释比较详尽。但由于当时人力和资料条件的局限,注文中的史实、观点、提法、论断、评述也存在不少值得推敲斟酌之处。《全集》出版之后,有人就指出了人物注释中的数百处错误,有的是史料性的错误,有的是政治性的错误(如把在潘汉年同志领导下为党做过工作的作家陶晶孙定为文化汉奸)。近些年来,有关鲁迅研究刊物也经常发表纠正《全集》注释错误的文章。如刚出版的《上海鲁迅研究》第7期,就有文章指出《从帮忙到扯淡》中提到"李渔的《一家言》",《全集》注释的解释几乎一点也不对。因为《一家言》与《闲情偶记》并非一书;《李笠翁一家言全集》,凡16卷,也不是6卷。今年《鲁迅研究月刊》第7期上,又有人对《三闲集·头》中的一条注释提出了异议,指出鲁迅诗中"失计造儿童"一句的"造儿童",并非"培养儿童正常发展"之意,而是指"多生孩子"。卢梭与一旅馆女仆同居,连生三子,都寄养在孤儿院,因此受到当时人的非议,梁实秋也因此指责"卢梭个人不道德行为"。我认为这种新解也是一家之言。

至于鲁迅著作中涉及的某些政治倾向复杂的人物,比如跟"左联"发生过论争的右翼作家,《全集》本的注释也并非不可以修订。现行注释把林语堂提倡幽默的目的一言以蔽之,曰"为国民党反动派粉饰太平"，今天看来显然有简单化的弊病。阿英说过，提倡幽默是那些既不敢跟旧社会打硬仗又不愿逃避现实的作家采取的一种"不得已而为之"的态度。鲁迅也认为提倡幽默原本是"借笑的幌子吐半口闷气"。直到林语堂对幽默过于张扬，使幽默堕入油滑，并攻击鲁迅式的社会讽刺，事物才逐步走向反面。现行《全集》注释还说梁实秋任青岛大学图书馆主任时，曾取缔馆藏马克思主义书籍，包括鲁迅翻译的《文艺政策》，恐怕也是传言，并无有力的证据。在台湾，梁实秋是率先呼吁对鲁迅作品解禁的人士之一。他信奉伏尔泰的一句格言："我不赞成你说的话，但我拼死拥护你说你的话的自由。"他说他对鲁迅亦复如是。中共中央文献编辑委员会在重版《毛泽东选集》一至四卷时，对原有大部分注释都做了不同程度的改动，纠正了不少史实的讹误，对人物注释中一些带偏颇的、不妥当的提法以及不准确的表述也作了修正，其中特别修订了对梁实秋、周作人等的注释。为什么一提修订《鲁迅全集》的注释就成了有不良政治动机的行为呢？（《鲁迅研究月刊》1995年第10期）

2001年6月12日下午，在《鲁迅全集》修订讨论会上，我又作了一个长篇发言，题为《群策群力，精益求精——对修订〈鲁迅全集〉的几点意见》，其中特别对撰写和修订注释问题坦陈己见，我说：

  注释是1981年版《鲁迅全集》的华彩乐章，集中体现了《鲁迅全集》编者的学术水平。但注释是一种专门学问，非常渊博，非常艰深。鲁迅著作被称为中国20世纪初期至30年代的百科全书，要注释好鲁迅著作自然需要有百科全书式的学者。但我们不是狄德罗，没有他那种百科全书式的渊博；不过，即使渊博如狄德罗，他也只不过在20余年中撰写了关于哲学、史学的条目1000多条，平均一年写50多条。所以，要完成《鲁迅全集》这样浩大的文化工程，必须集思广益，通力合作，非个人之力所能为。

  搞注释首先要明确注释的目的。古代注释的体例很多，有的叫"解"，有的叫"笺"，有的叫"诠"，有的叫"微"……但我最欣赏的一种名称叫"义疏"。这是盛行于南北朝的一种注释体裁。"义"就是解释正文义理，"疏"就是疏通其义。我这样讲，绝不是提倡照搬"义疏"的体例。我只是欣赏其中的这个"疏"字。"疏"者通也。如果把鲁迅著作比作中国现代文化的汪洋大海，那么我们做注释工作的目的就是疏通通达这个汪洋大海的河道。注释的目的主要是让读者了解鲁迅著作的本义，并不需要离开文本发表注释者本人的价值判断——那是研究者的任务。研究者在自己的论著中，尽可以对鲁迅著作各抒己见，而不必强求一律。如果我们片面强调给《鲁迅全集》中涉及的人物作盖棺定论，就很难保证注文的全面、准确、客观、公正。请允许我随手举几个例子。鲁迅在《娜拉走后怎样》的讲演中，曾说到"拳匪乱后"天津的"青皮"很跋扈。1981年版对"拳匪"有一个注释。除了对义和团运动的功过作了评价之外，还特别指出，"拳匪"一词是统治阶级和帝国主义者对义和团成员的诬蔑。我认为这样注显得画蛇添足。因为在鲁迅著作中，"拳匪乱后"只是作为一个时间概念出现的，并不涉及对义和团运动的总体评价。加上这样一条注释，固然为义和团辩了诬，但同时也把鲁迅推到了"统治阶级和帝国主义者"一边。又比如《论"费厄泼赖"应该缓行》，关于"费厄泼赖"设有一个词条，这无疑是必要的。但注文在解释"费厄泼赖"的原义之后又加上一句断语："但实际上，这不过是资产阶级用以掩盖自己的丑恶和麻痹人民群众的一个漂亮口号。"我认为这样写不但超越了《鲁迅全集》注释的任务，而且也不一定尽妥。事实上鲁迅此文的主旨，并不在对"费厄泼赖"进行评价，而只是在借题发挥。鲁迅的文章不是在谈英国文化，而是在总结中国的历史教训。鲁迅自己声明："我不懂英文，因此也不明这字的含义究竟怎样。"鲁迅所议论的，主要是要不要"打落水狗"，亦即对本性不改的有害事物要不要实行恕道的问题。我想，前些年，《鲁迅全集》的注释问题之所以成为一个十分敏感的政治问题，成了一个不仅涉及中国文学史，而且涉及中国思想史和中国革命史，涉及80年党史，以致关系到文艺界团结、政治思想战线稳定的这样一个重大而令人望而却步的问题，在很大程度上是因为我们对《鲁迅全集》的注释提出了过多过苛的要求。比如鲁迅在《我之节烈观》中谈到陈独秀，仅仅是因为康有为在"五四"运动前夕提倡"虚君共和"（即君主立宪），跟主张"民主共和"的陈独秀展开了一场辩论，但1981年版的注释并没有介绍陈独秀反驳康有为的具体论点，因此读者对文中"陈独秀便斥他不兴"一句仍然不解，而把笔力集中在对陈独秀进行全面评价上。然而事过境迁，回头一看，这条注文除对陈独秀早期的评价能站住脚之外，其他所有评价几乎全都发生了动摇。如果当时就事论事，就文论文，便不会出现今天这种尴尬局面。《论"费厄泼赖"应该缓行》一文谈到林语堂，本来只需要介绍那篇引起争议的《插论语丝的文体——稳健、骂人，及费厄泼赖》，但注文仍然要在极其有限的文字里对他进行全面评价，说他30年代"以自由主义者的姿态，提倡'性灵''幽默'，为国民党反动派粉饰太平"。这样概括，自然在学术上要出纰漏，因为林语堂提倡"幽默"是在1924年五六月间，并非始于30年代。幽默理论在中国产生的社会效果，也有正负两个方面，并不是用"为国民党反动派粉饰太平"一句话可以蔽之。同样，鲁迅1921年1月3日给胡适致信，只是代表周作人声明对于《新青年》的意见，然而注释中又偏偏要对胡适作盖棺定论，说他"'五四'时期是新文化运动的右翼代表人物。后来先后投靠北洋军阀和国民党反动派"。现在看来，用"自由主义代表人物"替换"右翼代表人物"的提法更为科学。至于胡适跟北洋政府和国民党政府的关系，也远非"投靠"二字所能概括。因为跟胡适一起发表《我们的政治主张》的，不仅有蔡元培、陶行知，而且还有李大钊。胡适固然参加了北洋政府操纵的善后会议，但不久即辞去了善后会议会员，退出了会议。在《双十节的鬼歌》这首诗中，胡适还公开号召"赶掉这群狼，推翻这鸟政府"。国民党执政时期，胡适的所作所为，主要是争取思想言论自由，他并不想参加实际的政治活动。基于以上情况，我想提出一个建议，就是要给《鲁迅全集》的注释"减负"，要明确我们注释的目的主要是扫除阅读鲁迅文本的知识障碍，而不是要对鲁迅著作中涉及的数百起历史事件、4100多位历史人物一一做出全面评价。那不仅不是注《鲁迅全集》应当承担的任务，也是我们力所不及的任务。

"减负"之后的精力用在哪里？当然应用于疏通鲁迅文本的障碍，在诠解典故、介绍背景、探明语源上多下些功夫。比如《〈呐喊〉自序》提到老朋友金心异访问S会馆，鼓励鲁迅为《新青年》写些文章。此处为"金心异"设了一个注释，指出"金心异"指钱玄同。因为林纾在小说《荆生》中虚构一个人物"金心异"影射钱玄同，这无疑是正确的。但根据读者的需求，似乎还应补充两点：一是钱玄同在《狂人日记》发表前夕访问绍兴会馆的情况。这在《鲁迅日记》和公开出版的《周作人日记》中都有记载。二是林纾何以称钱玄同为"金心异"。《荆生》中说"姓金者性亦嗜金"，影射攻击钱玄同"贪财好钱"。"异"跟"同"是反义词。"心"跟"玄"同属二十八星宿之一。我不知这样理解是否穿凿附会？

还有一个问题，就是鲁迅文本本身的错误要不要在注释中指明？我认为，只要态度审慎，事实确凿，为了对读者负责，是应该在注释中一一指明的。比如鲁迅写《柔石小传》，因为时间仓促，资料不足，把柔石的出生年代，考入杭州一师的时间，到北京大学旁听的时间，创办宁海中学的时间统统搞错了。1981年版注释中指出了这些错误，这是郑重负责的态度。如果不予指出，读者很可能以鲁迅的这篇文章为权威性史料，以讹传讹，贻误后人。但1981年版也有有错不纠的情况。比如，《热风·随感录四十一》，从尼采《札拉图如是说》的《序言》第三节中引用了两段话。第一段是："真的，人是一个浊流。应该是海了，能容这浊流使他干净。"后来，鲁迅纠正了这段译文的错误，在《察拉图斯忒拉的序言》中改译为："真的，人间是污秽的浪。人早该是海了，能容下这污秽的浪而没有不净。"前一译文中"浊流"是比喻"人"本身，后一译文中的"污秽的浪"（即"浊流"）比喻的是"人间"，即人类社会。后一种译法应该比较接近于原文。在这篇文章的注释中，应该提供鲁迅的新译文以便读者对照鉴别，否则就会对文意领会错误。再如，《说钼》中说"铋化合物，其放射性凡四千倍于铀盐"，"四千倍"是"四百倍"之误。同一篇文章中还将"钼盐"误为"铜盐"，将"钡盐"误为"锡盐"，将"热量"误为"温度"，等等。这些错误，1981年版没有指出，而日本学研社的

151

译本中已经一一纠正。这种谨严的科学态度值得我们效法。

注释工作中另一个应该注意的问题，是行文遣词应力求中性，避免使用轻蔑性的词语和简单定性的词语。如不要轻易将某种报刊定为"反动报刊"，而应该具体介绍这些报刊的政治文化背景。介绍历史人物时，也不要轻易使用政客、官僚、军阀、党棍的称谓，而应该准确介绍他们的具体任职。"国民党反动政府""北洋军阀政府"是在20至40年代执掌政权的中央政府，以直接称国民党政府或北洋政府为宜。(《鲁迅研究月刊》2001年第7期)

我很高兴地看到，我的上述建议在日后的修订工作中已有一些被出版社和同人采纳。

在2005年版《鲁迅全集》的编注工作中，我主要负责修订"书信卷"。就内容而言，新版《鲁迅全集》中变化最大的也正是"书信卷"——增收了近些年来包括我在内的一些研究者新发现的鲁迅佚信共18封：

  致张琴孙（1911年11月×日）
  致周心梅（1920年1月3日）
  致蔡元培（1920年8月16日）
  致蔡元培（1920年8月21日）
  致胡适（1921年1月15日）
  致胡适（1923年12月28日）
  致林文庆（1927年1月15日）
  致江绍原（1927年7月12日）
  致江绍原（1927年7月17日）
  致江绍原（1928年4月13日）
  致李小峰（1928年6月1日）
  致郁达夫（1928年12月12日）
  致宋庆龄、蔡元培（1933年1月21日）
  致申彦俊（1933年5月19日）
  致森三千代（1934年3月17日）

致杨之华（1936年7月17日）

致冈察洛夫（1934年10月25日）

致中共中央（1936年3月29日）

上述书信的文献价值主要体现在以下四个方面：

一、丰富了鲁迅生平史料。1912年1月19日以鲁迅、周建人名义刊登于《越铎日报》的致张琴孙的信，深刻阐明了"立人"与"立国"的关系："侧惟共和之事，重在自治，而治之良否，则以公民程度为差。故国民教育，实其本柢。"反映了辛亥革命之后鲁迅对中国命运的思考和对教育事业的高度重视。1927年1月15日致厦门大学校长林文庆的辞职信，是鲁迅在厦门时期的重要史料，反映出鲁迅刚正不阿的品质和毫不妥协的性格。同年7月12日致江绍原的信，反映了广州"四一五"政变之后的形势和中山大学的动向；而1928年4月13日致同一受信人的函件，则提供了鲁迅离穗赴沪之后连姓名都交了"华盖运"的处境：例证之一是杭州孤山出现了一个自称"周树人"的人在苏曼殊墓前题诗，例证之二是另一"周树人"冒充司长在徐州被捕。

二、生动表现了"五四"文坛前驱者之间的互补性。在中国现代文学史的研究和教学工作中，曾长期强调"五四"文坛的分化和前驱者之间的差异性，而对他们之间的互补性则阐述得不够充分。新发现的两封鲁迅致胡适的信在一定程度上填补了上述史料空白。鲁迅在1921年1月15日致胡适的信中，陈述了他对增删《尝试集》的具体意见，表明了支持胡适新诗创作的一贯立场。1923年12月28日鲁迅致胡适的信，则证明了胡适对鲁迅撰写《中国小说史略》的支持。正是接受了胡适（还有钱玄同）的意见，《中国小说史略》下卷才增加了论断，如对以《儒林外史》为代表的清代讽刺小说和以《官场现形记》《二十年目睹之怪现状》《老残游记》《孽海花》为代表的清末谴责小说的研究，其观点至今仍不失其学术指导意义。

三、反映了鲁迅的国际交往活动和日益深远的国际影响。1933年5月19日鲁迅给申彦俊致信，内容是约见这位朝鲜《东亚日报》驻中国特派记者。正是在这次会见中，鲁迅谈到了自己的创作历程，以及对中国政局和世界反法西斯斗争的看法。此信的发现，还纠正了1981年版《鲁迅全集·日记》中的一条注释。当时曾把1933年5月日记中多次出现的《东亚日报》注为中共江苏省委宣传部主办的报纸，实际上是把两个国家的同名报纸混为一谈。1934年3月17日鲁致森三千代的信和同年10月25日致冈察洛夫的信，反映了鲁迅跟日本诗人和苏联木刻家的交往。

四、表现了鲁迅后期跟中国共产党的亲密关系，以及对极左路线的极度憎恶。1933年1月21日鲁迅给宋庆龄、蔡元培致信，内容是营救当时的中华全国总工会书记黄平，以免他被"杀人如草不闻声"的国民党当局暗害。这是鲁迅后期为保障民权而斗争的一个生动例证。1936年7月17日鲁迅致杨之华的信，是近年来挖掘的又一珍贵史料。信中洋溢着对瞿秋白烈士的真挚感情，宣泄出在"两个口号"论争期间的恶劣心绪，袒露了鲁迅临终前的真实心态。

编入"书信卷"附录三的《鲁迅、茅盾致红军贺信》，在收录进新版《鲁迅全集》之前经过了有关专家的认真讨论。主张收入此信的理由是：此信原载于1936年4月17日中共西北局机关报《斗争》第95期，对中国工农红军东征抗日讨逆表示拥护和声援，是鲁迅后期一次重要的政治表态。同年5月8日，毛泽东在政治局扩大会议上作题为《目前形势与今后战略方针》的报告，明确提到"东征动员了全国"，"鲁迅、茅盾等都公开拥护"。同年5月20日，张闻天、毛泽东、周恩来等党中央和红一方面军领导人给正在长征途中的党和红军领导人朱德、张国焘等拍发了一封长电，也提到鲁迅、茅盾等来信拥护党与苏维埃中央的抗日主张。这些文献，都为证实鲁迅、茅盾的来信提供了权威性的旁证。陕北党中央正是在收读这封来信之后，才于1936年4月20日左右派冯雪峰来上海，传达毛泽东和党中央的抗日民族统一战线政策。打倒"四人帮"之后，茅盾虽然多次表示他并未参与起草此信，不愿再牵连进这件事情，但他仍承认鲁迅事前曾跟他谈及此事，并交给史沫特莱去办理。茅盾在致鲍祖宣的信中，还提到叶紫当时也知道此事［参阅韦韬、陈小曼：《茅盾的晚年生活（七）》，《新文学史料》1996年第3期］。

反对收入此信的理由是：此信原件未存。知情人冯雪峰、茅盾、许广平等以前都回忆说鲁迅等电贺长征，现在发现的却是书信并非电文，内容也不是庆贺长征胜利而是拥护东征，前后矛盾。原来回忆的电文要点计16个字，即"在你们身上，寄托着中国和人类的希望（或'将来'）"。现已查明，这16个字出自上海抗日救国会给中共中央的来信，跟鲁迅、茅盾完全无关。人民文学出版社1976年出版《鲁迅书信集》，曾将1947年7月27日《新华日报（太行版）》刊登的有关文字以《致中共中央》为题置于卷首。现在发现的贺信直呼"英勇的红军将领们和士兵们"，显系致红军官兵的信，受信主体并不是中共中央。再则，此信文风与鲁迅不符，信中涉及的政治信息又绝非鲁迅在上海所能了解，而且同一信存在几种异文。所以，在书信起草者、转信渠道及书信原件均未查明的情况下，不能贸然收入《鲁迅全集》。后来编委会的大多数人建议采取将此信编入"书信卷"附录的办法，这样，既与鲁迅亲笔撰写的文字加以区分，又将这份重要资料保存在《全集》中便于读者查考。我不记得我对此信的处置方式有过任何明确表态，但我相信鲁迅知道此事，但未起草信件。2004年7月6日，《鲁迅全集》修订编辑委员会和人民文学出版社在《关于〈鲁迅全集〉修订情况的报告》中，将这一处置方式上报中宣部、新闻出版总署、中国出版集团和《鲁迅全集》修订工作委员会，没有任何人和领导部门提出异议。

《两地书》原信是否收入新版《鲁迅全集》，也经过了认真讨论。鲁迅、许广平之间的通信始于1925年3月11日，迄于1932年11月26日，往返书信共计164封，其中鲁迅致许广平的信共78封。1933年4月，经鲁迅修改删削，其中的135封书信被分为三集（北京，厦门—广州，北平—上海）由上海北新书局以"青光书局"的名义公开出版，其中鲁迅致许广平的信有67封半。1981年版《鲁迅全集》收入了青光书局版的《两地书》，又将鲁迅致许广平的其余10封半信按时间顺序分别插入鲁迅书信部分，收录于《鲁迅全集》第11卷至13卷。1984年6月，鲁迅之子周海婴将《两地书》原信交湖南人民出版社铅印出版，名为《鲁迅景宋通信集》。1996年1月，上海古籍出版社又将《〈两地书〉真迹》影印出版。此外，鲁迅还手书了一部《两地书》留赠后人以为纪念。虽然跟青光书局版一样抄录了135封书信，但文字跟《两地书》的铅印本也有不少差异。这样，《两地书》实际上存在三个版本：一、原信；二、青光书局铅印本；三、手写本。不同意在《鲁迅全集》中增收《两地书》原信的理由是：《两地书》尽管有三种不同版本，内容毕竟大同小异。将原稿跟铅印本同时收入，于编辑基本上是重复劳动，于读者基本上是重复阅读。鉴于《两地书》原信已有多种公开出版物，专门研究者并不难找到，更没有必要收入《全集》。此外，《两地书》原信属于隐私，原作者不愿披露全貌，才在公开出版前认真作了修订。如果公开出版，是否有违作者的生前意愿？主张收入的理由是：书信是作者最能坦露心迹的作品。跟原信相比较，青光书局版《两地书》包含再创作的成分，其特色与价值跟原信不能等同。再则,《两地书》原信(主要指许广平致鲁迅的信)虽然个别文字有些芜杂,有些文字直接涉及时人或时政,在当时公开发表易招忌讳,但时过境迁,原信则显得更为真实,细节更为丰富,特别是对情爱心理的展示更加坦诚细腻,因此,具有独特的研究价值和鉴赏价值。在中国现代,鲁迅已成为公认的最为透明、最无隐私的作家。周海婴先生在公布《两地书》原信时曾经说明,许广平不止一次对他和北京鲁迅博物馆的保管人员说过:"我的信件,可以在我死后发表。"海婴补充说:"我感到,今天再不实现母亲的遗愿发表这些书信的原稿,将是对研究者和读者大众的一种欠债了。"(《书后说明》,收入《两地书全编》,浙江文艺出版社1998年10月出版)经讨论,带倾向性的意见是,青光书局版《两地书》按原体例照收。《两地书》原信中的鲁迅致许广平部分(共68封),校勘后按时间顺序插入鲁迅书信部分。

"书信卷"不仅有增,同时也有删除和调整。删掉的有一封,即1927年致北方俄罗斯民族合唱团的信;调整篇目为1933年1月26日和1934年3月16日致台静农的信。

1963年11月,上海鲁迅纪念馆的研究人员以"纪文"为笔名辑录了《〈鲁迅全集〉未收书简》,刊登在上海文艺出版社编辑出版的《中国现代文艺资料丛刊》第3辑。文中提供了鲁迅致苏联友人的四封书信,即致北方俄罗斯民族合唱团,致希仁斯基等,致冈察洛夫,致克拉甫钦珂。其中第三、四封书信原信的底稿现存上海鲁迅纪念馆,当确凿无疑。第二封书信系根据俄文重译,虽未见原稿,但鲁迅在1934年10月14日致曹靖华的信中已经指出,此信"是它兄(按:即瞿秋白)代写的"。唯独第一封信既未见原件,又没有旁证,依据仅仅是中文版《苏联妇女》1961年2月号列·根德林的一篇文章《北方妇女的歌声》。该文中说:"鲁迅的这封信是1927年高尔基用俄文转寄给北方俄罗斯民族合唱团的。"但据目前掌握的资料,鲁迅生前跟高尔基并无直接联系;此外,鲁迅生前只收集过歌谣而并没有收集过歌曲。由于此信内容不可信,文风也与鲁迅文风不一,所以我提出以不收为宜。此外,鲁迅1933年1月26日和1934年3月16日致台静农的函件因以《二十二年元旦》和《闻谣戏作》为题分别被编入第7卷的《集外集》与《集外集拾遗》中,故从新版"书信卷"中删除。

关于注释修订,我曾经说过,从编辑角度而言,1958年版和1981年版《鲁迅全集》的华彩部分是它的注释，因此这次修订《鲁迅全集》的重点当然也在修订注释。据粗略统计，2005年版《鲁迅全集》书信部分对原有注释作较大修订或增补大约有100处，有些是知识性的，有些是政治性的。

先简介知识性的修订。比如，《两地书·二七》谈到五卅运动的消息"接联的'以脱'的波动传到北京来了"。原注为："以脱，通译以太，即能媒。"何谓"能媒"，读者依然不懂，现改为"17世纪至19世纪科学家假想的一种传播光的媒质"。这样，读者就能通过许广平的描绘想象到上海惨案的消息传播之迅捷。关于书刊部分的注文，原注凡有不完善处，此次都尽力作了增补，如补充说明《现代小说》月刊系叶灵凤、潘汉年编辑，共出3卷，计17期。《骆驼草》的主编是周作人。《文学杂志》的编辑是王志之、谷万川、潘训、陆万美。《现代》杂志共出版34期。《文学季刊》共出8期。《新小说》共出6期。《新诗歌》共出11期。《文学界》署"周渊"编，实际主编是戴平万。厦门大学学生编辑的《鼓浪》周刊，原注"出至六期"，根据厦门地方文史专家洪卜仁老先生的最新发现，已改为"出至七期"。《两地书·二九》注〔5〕提到鲁迅曾为《民众文艺》校阅稿件，现在注明鲁迅为其校稿是"1924年底至1925年2月"。《两地书·八》中关于《语丝》的注文，原写鲁迅"一度担任编辑"，为准确计，现改为鲁迅"1927年12月至次年11月编辑该刊"。在1924年5月2日致胡适的信中，鲁迅曾委托他将一部小说稿代售给商务印书馆，原注仅指明李秉中托售的小说书名为《边雪鸿泥记》。现根据鲁迅藏书，注明这是一部60回的章回小说，原作者是四川彭山县人士刘锡纯。刘委托李卖稿，李转托鲁迅，但此书至今尚未售出付梓。在1925年4月8日致刘策奇的信中，鲁迅谈到《万古愁曲》中有"指斥孔老二的一段"，现据《归玄恭遗书》，引录了指斥孔子颠倒春秋时代历史的这段文字。鲁迅在1922年8月21日致胡适的信中谈到，《纳书楹曲谱》中有《俗西游》，"不知是甚事"。现加注说明，该书存曲目而无科白，所以仅从曲谱无法了解《俗西游》的情节。在1927年10月21日致廖立峨的信中，鲁迅谈到许广平到上海后，有几个老同学邀她去办妇女刊物，她没有去。原无注。现注明指的是《革命的妇女》，国民党上海市党部妇女部编的刊物，主持人是许广平在女师大求学时的校友吕云章。

书信中还有不少带有政治性的注释，此次本着忠于历史本来面貌和尽量避免主观价值判断的原则进行了修订。比如鲁迅在1930年3月21日致章廷谦的信中提到自由运动大同盟，原注说鲁迅是同盟的发起人之一，现改为"鲁迅列名于该同盟的成立宣言"。这样修订有两个依据：一、鲁迅曾对他的挚友许寿裳说："自由大同盟并不是由我发起，当初只是请我去演说。按时前往，则来宾签名者已有一人（记得是郁达夫君），演说次序是我第一，郁第二，我待郁讲完，便先告归。后来闻当场有人提议要有甚么组织，凡今天到会者均作为发起人，迨次日报上发表，则变成我第一名了。"（《亡友鲁迅印象记·二一·上海生活前五年》）二、鲁迅在同一封信中也说："自由运动大同盟，确有这个东西，也列有我的名字，原是在下面的，不知怎地，印成传单时，却升为第二名了（第一是达夫）。近来且往学校的文艺团体演说几回，关于文学的。我本不知'运动'的人，所以凡所讲演，多与该同盟格格不入……"

1981年版《鲁迅全集》的注释中，将有些人物的政治状况简单定性，笼统戴一个帽子，如国民党走卒、汉奸、御用文人、特务等，这次修订均改为介绍当时的具体职务——

李秉中：后任南京中央军校政训处教官。

罗振玉：历任伪满监察院院长，临时政务督办及满日文化协会常务理事。

顾孟余：后任国民党中央执行委员会常务委员等职。

荆有麟：1927年5月在南京办《市民日报》，任国民党中央党部干事等职。1939年加入国民党中央调查统计局等特务组织。

李石曾：当时任北平文化指导委员会副委员长，国民党中央政治会议委员。

张资平：抗日战争时期任日伪兴业救国运动本部常务委员兼文委会主席、汪伪政府农矿部技正等职。

向培良：30年代在南京主编《青春月刊》，提倡"为人类的艺术"和"民族主义文学"。

黄萍荪：曾任浙江省教育厅助理编审、《中央日报》特派驻杭州记者。

对于作家、学者、刊物、社团，修订后的注释也尽量采取客观态度，不作政治性评价，留待不同时期的读者自己去研究。如：

胡适，原注为"新文化运动的右翼代表人物"，现改为"'五四'时期新文化运动的代表之一"。

张竞生，原注说他"宣扬色情文化"，这次改为"宣传性文化"。

新月社，原注为"以一些资产阶级知识分子为核心的文学和政治团体"，这次改为"文学和政治团体"。

《社会新闻》，原注为"反动刊物"，这次注为"上海市社会局主办的刊物"。

修订《鲁迅全集》注释，工作量很大的一个项目就是增补修订人物的生卒年和生平简介。其原因是：一、有些人物此前不知其详，如日本人金村铁研、后藤朝太郎、塚本善隆等。二、此前注释有误，如蒋抑卮的生年原注为1875年，现改为1876年；何香凝的生年原注为1878年，这次改为1879年；朱家骅的生年原注为1892年，现改为1893年。三、沿袭历次版本的体例，凡健在者不注生年，生死未卜者亦不注生卒年，只有确知已故者才注生卒年。1981年之后，相当多的鲁迅同时代人先后作古，如丁玲、萧三、楼适夷、孙用、杨霁云等，直至2005年10月17日以101岁高龄去世的巴金，这些人物都需要一一增补生卒年。

据粗略统计，仅新版《鲁迅全集》的"书信"部分，需修订增补生卒年和生平简介的古今中外人物多达220余人，其中相当多的人物名不见于常用工具书和典籍。每搜寻一个资料，常常需要"踏破铁鞋"。比如马珏小姐，鲁迅友人马幼渔之女，她的名字在《鲁迅日记》和《鲁迅书信》中多有出现；特别是她16岁时撰写的那篇《初次见鲁迅先生》，更为广大鲁迅爱好者所熟悉。但长期以来，我只知道她生于1910年，而不知道她晚年的情况，所以这次修订有关她的条目，卒年部分仍付之阙如。直到狗年春节期间，我跟北京大学历史系欧阳哲生教授互致问候，他无意中谈到最近乔迁，邻居中有一位是马珏的女儿，马幼渔的外孙女。我这才顺藤摸瓜，通过马珏女儿、北京大学外语系杨教授了解到马珏于1994年病逝于北京，终年84岁。这样，在2005年版《鲁迅全集》重印时，马珏的生卒年就齐备了。

又如，1936年4月2日，鲁迅收到杭州盐务中学学生杜和銮、陈佩骥的来信及一份自办小型文学刊物《鸿爪》。鲁迅复信致谢并作答。但我们对这两位来信者后来的情况不知其详。召开修订会议期间，李文兵编审告诉我，说杜和銮后改名杜草甬，曾在人民教育出版社工作。我循此线索调查，得知他1951年调入政务院出版总署，1952年调入人民教育出版社，编辑《语文学习》杂志和中学语文教材，1954年即身处逆境，受到不公正待遇。但现在人民教育出版社的工作人员几乎无人了解他的情况。后再托人通过有关人事部门追查，才知道他于1978年又调到中央教育科学研究所教育史研究室，任副研究员，编辑了《鲁迅论教育》《徐特立教育文集》《叶圣陶语文教育论集》《宋庆龄论少年儿童教育》等读物。1987年4月7日因癌症病逝于北京，终年68岁。

再如，鲁迅书信的受信人中有一位翻译家孟十还，译有果戈理的早期杰作《密尔各洛特》《普式庚短篇小说集》《杜勃洛夫斯基》以及涅克拉索夫的《严寒，通红的鼻子》等。在鲁迅创办《译文》和孟十还主编《作家》期间，他们多有联系。但由于孟十还后来去了台湾，我们不了解他的生卒年。这次修订鲁迅书信注释时，我多次通过电话跟台湾著名文学史料专家秦贤次联系，方知孟十还又旅居美国。再托人到美国调查，了解到孟十还出生于1908年12月24日，又得知他因重病成了植物人。植物人算活人，因此他的生年在注释中一时还派不上用场。

我们虽然在人物注释上下了不小功夫，但由于资料的匮乏和资料来源的不同，至今还存在不少问题。一是个别比较冷僻的人物目前生卒年不详，如与杜和銮同时给鲁迅写信的陈佩骥，目前生年和卒年都空缺。类似的人物还有中国的周剑英、吴芝馨和俄国美术家塔布林、冈察洛夫、克拉甫钦珂等。二是有些人物生年或卒年中有一项不详，比如缺卒年的有覃孝方、王乔南、王余杞、张露薇、王钧初、陈葆真等，缺生年的有宋崇义等，都需要进一步增订。三是现在人物注释中的生卒年还有商榷余地，如太虚和尚的生年注为1889年，戴季陶的生年注为1890年，但据中国青年出版社1997年出版的《民国著名人物传》，他们的生年应该分别是1890年和1891年。《民国著名人物传》由中国社科院近代史所集体编撰，李新作序，当更具权威性。四是注释中仍有若干失误。比如章衣萍的卒年，现在注为1946年。定稿时函询研究章衣萍的专家，得到的答复比较含糊。现查阅安徽绩溪县政协1988年出版的《绩溪文史资料》第2辑，内收《章衣萍简介》一文，作者是章衣萍的胞弟章洪刚，当年84岁。文章中说："章衣萍，原名章洪熙，绩溪北村人，生于1900年，1947年在四川成都逝世，终年仅47岁。"言之凿凿。如此看来，章衣萍的卒年似应修订为1947年。

关于人物的籍贯也有可议之处。比如曹轶欧的籍贯，1981年版原未注。后马蹄疾以"顾蒙山"为笔名发表《曹轶欧生年拾补》，指出曹轶欧1903年2月13日（农历正月十六）出生，属兔，河北大兴人（今北京）。我委托中共中央政策研究室信息局局长武在平向有关方面查询核实,答复是曹轶欧的籍贯为山东济南。于是我采用了这一说法。新版《鲁迅全集》出版后,朱正先生发现这种说法与"日记卷"的注释相抵触,第二次印刷时改成了"河北大兴"。我重读马蹄疾的文章,他说他的资料"据曹轶欧本人提供"。如属实,那当然应当以此为准。

关于校勘,校勘是恢复文本历史原貌的一项重要工作。在《鲁迅全集》所收文字中,书信部分的校勘比创作部分单纯,因为绝大部分书信有手稿作为校勘底本,至多只需参考许广平编辑的《鲁迅书简》和鲁迅抄写的《两地书》,而不需要汇校各种流行版本。在这次修订过程中,我们请多人作了多次校勘,发现了一些问题。比如1981年版在鲁迅1910年12月21日致许寿裳的信中,有一句话是"亦可无罪无裴斯泰洛齐先生矣"。裴斯泰洛齐是一位瑞士教育家,此信中他的名字用的是日文,查对手稿,发现"亦可无罪无"的后一"无"字系"于"字之误,修改过来,文句就通顺了。《两地书·三四》文末原漏排一句话:"其间当缺往来信札约共五六封。"这次也作了增补。对注释中的引文,我们也作了校勘,如《两地书·七一》注〔1〕中援引徐祖正的《送南行的爱而君》一文,其中"我所介绍你去见的人"原注漏一个"所"字,"绍介信"误为"介绍信"。1934年9月16日致徐懋庸的信注〔1〕,法国作家纪德的日文译名有字母脱漏,这次也作了订正。但这一版的校勘还存在两个问题。一是循体例,应该将误写的字照原样排出,而将正确的写法置后,加括号标明,但这一版有的地方按照体例做,有的却直接改正笔误,在文本上未留痕迹。比如1933年12月19日致母亲的信,原信将"细账"写成了"细赈"。1925年9月30日致许钦文的信,将"大抵"写成了"大低"。1935年5月30日致曹靖华的信中,文末有一句"《城与年》之解说,不必急急也",原信脱一"必"字,这一版《鲁迅全集》直接照改,有违体例。对于异体字,我们一般都尊重鲁迅的习惯用法,不作改动,以保持鲁迅文风的原汁原味,但也有直接改动的情况。如1928年7月10日致瞿永坤的信,最末一句是"我于各处的前途,大概可以援老例知道的",原信作"塗",现直接改为"途"。二是校勘中仍有疑点或错误。比如1929年3月23日给许寿裳致信,谈到印书事,说每张纸六分钱,"倘百页一本,本钱即需六角矣"。此处的"六角"似应改为"六元"。1928年3月16日给李霁野致信,原信落款日期为3月14日,校勘后订正为3月16日。信中提到

"今天我寓邻近巡警围捕绑票匪"。据该信注释〔4〕，这件事发生在1928年3月15日下午3时许。又，同信中谈到李小峰之兄李仲丹"昨在客店陪客，被人用手枪打死"，这起凶案发生在同年3月14日。根据同一信中提及的两起事件判断，此信日期应确定为3月15日。1934年4月12日给陈烟桥致信，谈到受信人的木刻作品《赋别》"大约为四十八方寸"，查原信，是"大小为四十八方寸"，应据手迹订正。还有一些疑点，如1926年12月28日给许寿裳致信，说"曾以一笺托诗荃转寄，今味来书，似未到也"。"今味来书"不可解，"味"似应作"诵"。此信无原件，据家属抄件录入，抄录时恐有误。

我的修订稿送审之后，人民文学出版社现代文学编辑室的郭娟进行了初审，提出了几十个应该加注之处。我积极配合，再次增补了条目。最后由该社原副总编、原鲁编室副主任李文兵统稿。统稿工作的艰巨性不言而喻。就当时的人员状况而论，这一工作也非文兵莫属。文兵对"书信卷"进行了最后把关，又增补了一些注释难度较大的条目。如1921年9月11日在鲁迅致周作人的信中，有一段中文、日文夹杂的文字，一般读者阅后如读天书，不知所云。后请教人民文学出版社精通日文的老社长楼适夷，方知信中的日文是女作家冰心名字的意译和音译。原来同年9月4日《晨报》第7版刊登了刘廷芳撰写的《寄冰心》一文，其中有"来述我们往日如梦的欢情"一类轻佻句子，冰心便写了一篇《蓄道德，能文章》予以反击。随后燕京大学的一些同学也给《晨报》馆致函要求澄清事实。鲁迅觉得对这类事不必过于认真地进行争辩："而如此龈龈，殊可笑，与女人因被调戏而上吊正无异……"又如，同一信中谈到"报上又说仲甫走出了"；在1920年5月4日致宋崇义的信中，谈到南方某校"分教员为四等"，北京"高等工业指出校长"，原本无注，此次都由出版社增补了注释。

但在我的印象中，似乎也有一些意见未被采纳。比如关于《现代评论》的注释，这一版仍保留原注，说是由胡适、陈源、王世杰、唐有壬等人所办的同人杂志。我曾提出，这份周刊的主编是王世杰，胡适未参与编务，只是这个作品群的精神领袖。陈源也未参与编务，只是这份周刊《闲话》专栏的作者。《骆驼》杂志，这一版仍注为1926年6月在北京创刊，我曾提出应将创刊时间改为7月，因为周作人同年7月26日日记中有明确记载："骆驼出版。"1928年2月26日致李霁野的信中提到曹靖华译的《烟袋》，我曾建议在"仍说未名社出版"一处加注，因为鲁迅建议该书以并不存在的"上海未名社"名义出版，将危险引向自己，以保护译者及北京未名社成员的安全。人物部分也有一些建议未被采纳。如《两地书·四一》提到"上遂"，即许寿裳，这一版注释中仅提"抗日战争胜利后在台湾大学任教"，我曾提出必须先提"主持台湾省立编译馆工作"。这是当时台湾地区的领导人陈仪请许寿裳赴台湾的主要目的，编译馆被迫解散之后他才到台大任教。

2005年版《鲁迅全集》上市之后，媒体上传来了不少肯定或批评的声音。批评者大多是出于善意，如王景山教授的《〈鲁迅全集〉注释随感》（载于《鲁迅研究月刊》2006年第3期），也有的很明显并非善意。作为《全集》的修订者，当然不必去深究批评者的动机，只要批评得对，就应该一律接受，尽快修正。如果不对，也可以澄清或进一步讨论。在这里，我只想就2005年12月23日《文汇报》刊登的韩石山的《这样的〈鲁迅全集〉我不买》（以下简称《不买》）和2006年1月27日刊登于《文汇读书周报》的倪墨炎的《此信不应编入新版〈鲁迅全集〉》（以下简称《不应》）两文，谈点读后感。

首先，《不买》的标题就带有明显的煽动性。本来，在市场经济条件下，消费者愿意买东西就掏钱，不愿买就不掏钱。既然买卖双方都不具有强制性，那为什么还要做这种未必奏效的反宣传呢？更何况修订《鲁迅全集》并不是我的个人行为，而是国家行为。凡具有良知和理性的读者都会承认,2005年版《鲁迅全集》相较于1981年版《鲁迅全集》而言是一种历史性的超越。这并不意味新版的修订者比前辈高明，而只是因为新版的修订工作是在旧版的基础上进行的，而且又吸收了20多年来鲁迅研究的新成果——其中自然多少也包含了修订者个人的成果。正因为站在前人的肩上，所以超越了前人的高度，这个道理是十分清楚的。当然，新版自然也仍然存在很多不足，但这些缺陷是随时可能弥补的，并不能成为否定新版《鲁迅全集》的理由。鲁迅讲过，要求人无缺点，那就没有一个人配活；要求书无缺点，那就没有一本书可读。对新版《鲁迅全集》也应该作如是观。

《不买》一文有三处直接点我的名字，对此我有必要略作回应：

一、（关于《答增田涉问信件集录》）"参与修订的鲁迅研究专家陈漱渝是这样说的：增田涉当年发表这些信时，'删掉了他认为与其汉学家身份不符的段落，破坏了鲁迅书信的完整性'。"我的印象是，在研究是否收录这批信件时，有两种不同意见。在《盛世修书》一文中，我客观介绍了双方的看法。在以主要篇幅介绍了赞成收录的理由之后，我接着谈到反对者（其中并不包括本人）的观点。"反对收入此书的理由是：增田涉成为知名学者和教授之后，认为他当年向鲁迅'提出了一些幼稚得令人脸红的问题'，故将原信作了裁剪处理，并不想公开发表，以至书信失去了原貌（鲁迅致增田涉的原信用毛笔写成，字体是近似楷书的行书，用日文书写，几乎没有涂改。信封一律用墨笔书写，寄件人的名字大多用笔名'隋洛文'，偶尔也用'唐俟'或'关道清'。当然也有直接在增田涉质疑书上答复的情况）。照目前状况收入《鲁迅全集》似不严肃。"此文已刊登于《兰州大学学报》2002年第2期，读者可以参看全文。现经调查，增田涉曾将鲁迅来信中对"尾闾"一词的解释剪下寄给松枝茂夫，因为松枝先生当时正翻译周作人的随笔，委托增田涉向鲁迅请教。日本学者在编辑《鲁迅增田涉师弟答问集》时，是以十分严肃的态度对待师弟二人的书信，不会因问题幼稚而对原信进行剪裁。今年2月中旬，日本鲁迅研究权威丸山昇教授在给我的信中再次重申了这一点，并补充说，更何况增田涉先生已有充分理由享有学者盛誉，"年轻时的幼稚不会伤害他的名誉"。

二、"网上有陈漱渝与记者的问答。陈向记者透露，新版的《鲁迅全集》……共计350万字，比1981年版增加了50万字。这样就知道了，旧版全集的字数是300万字。"而新版《鲁迅全集》总字数是700万字。《不买》的作者于是质问道："这样下一个问题马上就出来了，也就是说，新版《全集》中，作者本人的著作与校注者的著作（注释），各占一半。"事实上，我跟人民文学出版社的有关负责人是在两个不同场合使用不同概念介绍《鲁迅全集》的字数：人民文学出版社介绍的是《全集》的版面字数，而我谈到的是鲁迅作品使用的汉字总量。据北京计算机三厂开发部曾用长城286型号的微机进行电脑检索，统计出1981年版所收鲁迅原著的用字总数是2930762字，不包括致外国人士的书信部分，所以我的说法大体准确，不属于误记。版面字数跟实际用字总数是有区别的。所以从我的答记者问中，并不能抓到否定新版《全集》的什么口实。如果按版面字数计算，新版《鲁迅全集》中原文与注释字数接近2∶1（即原文近440万字，注释近210万字），而不是"各占一半"。

三、"新版的注释，说是要客观公正，我看也不尽然。陈漱渝在答记者问中，为了印证'客观公正'举了一个例子，说是：如1981年版注释中的'国民党反动派'，新版改为'国民党政府'。公正不公正，打个颠倒就知道了。若有人给我们的中华人民共和国政府叫'共产党政府'，行吗？"我们说新版的注释客观公正，是就总体而言，可以举出成百近千个例子。但《不买》的作者为了达到否定新版《全集》的目的，仅仅抽出这一个说事。事实上，国民党掌权之后，奉行的是"一个党，一个主义，一个领袖"政策，以党代政，以党治代替法治，所以将当时的国民党的政权机构称为"国民党政府"是一种比较中性的提法，也是约定俗成的提法，在政治上并无原则错误，在学理上也无原则错误。比如目前最具权威性的《中华民国史》（李新主编，中国社会科学院近代史所撰写），在序言部分就把中华民国分为四个时期，即创立时期（1905—1911），南京临时政府时期（1912年1月—1912年3月），北洋政府时期（1912—1928），国民党政府时期（1928—1949）。《不买》一文的作者作为"老党员""老干部"，执意要将国民党领导的行政机构跟共产党领导的行政机构进行类比，这妥当吗？

　　《不买》一文有一个重要论点，就是不应将《两地书》的原信收入《鲁迅全集》，理由是"既收入定稿，就不该收入原信；既收入原信，就不收入定稿。若这样原稿也收，定稿也收，凡有原稿的其他著作，也应当收入"。这种说法，貌似雄辩，其实暴露出的是对鲁迅文本的完全无知。因为《两地书》原信跟1933年4月上海青光书局初版的《两地书》的关系，并非一般原稿跟定稿的关系。一般说来，作家的定稿是对原稿的加工，所以定稿比原稿更精练，更准确，更优美，更能充分地抒情达意。定稿完成之后，原稿也就可以随之废弃。研究手稿的意义，主要在于帮助读者学会"不应该那么写"。然而鲁迅在准备公开出版《两地书》之前对原信所作的改动，却并非仅止于文字的润饰。可以说，青光书局版《两地书》是一部文明批评和社会批评的作品，而《两地书》原稿却是《两地书》的原生态，带有解密档案的性质。为了使广大读者不受《不买》一文的迷惑，我想多举些实例说明原信的意义和价值。

　　青光书局版《两地书》所作的删节，相当多的文字涉及鲁迅与许广平婚恋中的一些隐私，他们当时对公开这些内容尚有顾忌。如原信中当事人互相采用了昵称——鲁迅称许广平为"小刺猬""小莲蓬""哥姑""乖姑"，许广平称鲁迅为"小白象""哥"，称海婴为"狗屁"（见1932年11月12日信）。又比如《两地书·三二》删掉了一段长篇"训词"。"训词"记叙的是1925年端午节鲁迅家中发生的一件趣事：由于喝了"烧酒六杯，蒲桃酒五碗"，鲁迅曾按许广平的头，并"拳击"俞芳姐妹。这篇"训词"反映出鲁迅跟许广平的师生关系开始有了微妙的变化，再现了一个有血有肉的"人间鲁迅"形象。《两地书·四一》删去了"建人与我有同一之景况"一段。所谓"同一之景况"，主要是指周建人也正在跟他的学生王蕴如恋爱。《两地书·四八》删去了孙伏园散布的一段话："L（按：指鲁迅）家不但常有男学生，也常有女学生，有二人最熟（按：指许广平与许羡苏），但L是爱长的那个的（按：指许广平）。他是爱才的，而她最有才气，所以他爱她。"《两地书·七三》删掉了深埋在鲁迅内心的一段话："但倘一失脚，这些人便是投井下石的，反而不识还是好人；为我悲哀的大约只有两个，我的母亲和一个朋友。""一个朋友"即指许广平。把许广平与母亲并提，可见她在鲁迅心中的分量，在鲁迅生命中的价值。《两地书·八六》删掉的是鲁迅在北京时期在戒烟问题上跟许广平发生的矛盾：许广平对鲁迅加以"管束"，而鲁迅在抽烟问题上"自制力竟这么薄弱，总是戒不掉"。鲁迅承诺今后"甘心被管，不至于再闹脾气了"。许广平对鲁迅身体的珍惜，小则为爱人，大则为中国，是非常感人的。《两地书·一一八》删掉的内容是鲁迅跟许广平同居三年之后的处境和"将爱情进行到底"的誓言："看现在的情形，我们的前途似乎毫无障碍，但即使有，我也决计要同小刺猬跨过它而前进的，绝不畏缩。"这些文字，都是撰写鲁迅传记、研究鲁迅生平的宝贵史料。

删节的也有别人的隐私。比如，1929年5月26日鲁迅致许广平的原信被删掉的一段文字是："丛芜因告诉我，长虹写给冰心情书，已阅三年，成一大捆。今年冰心结婚后，将该捆交给她的男人，他于旅行时，随看而随抛入海中，数日而毕云。"我认为，丛芜的传言完全失实。

《两地书》原信被删的内容，还有不少是研究鲁迅思想的最珍贵的原始资料。《两地书·十五》删去原信中的一段话，明确反对暗杀这种无政府主义手段，强调开启民智的重要性："就是所谓须是木材，始能以一颗小火燃烧，倘是沙石，就无法可想，投下火柴去，反而无聊。"《两地书·二四》删去了原信中关于参加团体的一段话，这是研究鲁迅个性意识与集体意识的重要依据："这种团体，一定有范围，尚服从公决的。所以只要自己决定，如要思想自由，特立独行，便不相宜。如能牺牲若干自己的意见，就可以。只有'安那其'是没有规则的,但在中国却有首领,实在希奇。"《两地书·四六》删去了一段有关生活与金钱的关系的极富哲理性的话:"我想,一个人要生活必须有生活费,人生劳苦,大抵为此。但是,有生活而无'费',固然痛苦;在此地则似乎有'费'而没有了生活,更使人没有趣味了。"《两地书·五八》删掉了极其重要的一段,内容是对"研究系"跟国民党的评价。鲁迅认为"研究系比狐狸还坏,而国民党则太老实","国民党有力时,对于异党宽容大量,而他们一有力,则对于民党之压迫陷害,无所不至,但民党复起时,却又忘却了,这时他们自然也将故态隐藏起来"。这是鲁迅对第一次国内革命战争时期中国一些政治集团所作的评价。此信公开发表时,鲁迅将"研究系"改为"现代评论派",透露了他对现代评论派政治倾向的看法和与之争论的原因。信中对"学者只讲学问,不问派别"的批判,也反映了鲁迅对学术与政治的关系的深刻见解。《两地书·六六》删掉的一节,总结了他跟现代评论派论争的教训,即有时"太不冷静""乱骂一通",因为"他们的东西一看就生气"。鲁迅希望通过办副刊,来培养善于斗争的新手。

鲁迅对《两地书》原信进行删节,有时是为了隐去当时的一些人事纠纷。如《两地书·二九》将"伏园的态度我日益怀疑",改为"□□的态度我近来颇怀疑"。《两地书·六九》删掉了一段从政治角度批评顾颉刚的文字:"顾之反对民党,早已显然……"《两地书·一〇四》删掉了憎恶高长虹的一段文字:"至于长虹,则现在竭力攻击我,似乎非我死他便活不成,想起来真好笑。"又删掉了他辞去在厦门大学的职务所引起的震动:"有十分之一的学生将随之离校。"《两地书·一二一》删掉的是对冰心的看法。在鲁迅眼中,冰心也属留学英美派的知识分子,跟现代评论派成员的倾向相近:"燕大是现代派信徒居多——大约因为冰心在此之故——给我一骂,很吃惊。"《两地书·一二五》删掉了涉及北新书局和开明书店的文字。《两地书·一三五》删掉的一段是对当时北平文化界人士的评价,他含蓄批评钱玄同、刘半农这些先前跟现代评论派战斗的人,现在反继承了他们的衣钵,肯定了马幼渔和沈兼士尚未改变原来面目。

青光书局版《两地书》跟原信相校,不仅有删,而且有增。《两地书·二六》增加文字澄清了关于他想用枕底短刀自杀的流言。《两地书·六十》增加了对孙伏园的批评:"他似认真非认真,似油滑非油滑,模模胡胡地走来走去,永远不会遇到所谓'为难',然而行旌所过,却往往会留一点小麻烦来给别人打扫。"《两地书·一三二》增加了到北平西山探视韦素园的描写，文笔生动，可跟《忆韦素园君》一文互相呼应，互相印证。

以上这些例证，充分说明另行刊布《两地书》原信的必要，有力驳斥了"既入定稿，就不该收入原信"的指责，实无道理。鲁迅整理《两地书》时，修饰删改更多的是许广平的来信，因新版《鲁迅全集》未收许广平的原信，故本文暂不论及。

对于《不应》这篇文章的主要观点，我既不必复述，也不愿与之商榷，而只想隆重推出该作者的另一篇大作《关于祝贺红军长征胜利的信》。同一位作者在这篇文章中斩钉截铁地说："鲁迅后期作为共产主义者，和中国共产党所领导的革命事业是血肉相连的。""红军长征胜利到达陕北后，鲁迅发表了祝贺的信或电报，这是很自然的事。""鲁迅祝贺红军长征胜利的事，肯定是存在的。""鲁迅执笔和茅盾一起署名写信给中共中央庆贺红军长征胜利，表明了鲁迅与中国共产党领导的革命斗争骨肉相连的关系，表明他在中国革命最困难的年头满怀胜利的信心，表明了他的马克思主义世界观的更臻成熟。这在鲁迅一生的思想发展和革命实践活动中，是一件大事。鲁迅研究者对于此事的重视，是理所当然的。"（见《鲁迅署名宣言与函电辑考》，书目文献出版社1985年4月版，第128至136页）当然需要说明，上述引文出自这位作者的旧作，而《不应》一文是该作者的新作，但旧作、新作所论述的毕竟是同一件事。如今因为鲁迅、茅盾致红军的贺信作为附录收入《鲁迅全集》，又有一张照片说明文字有误，他就公开鼓动买者退货，这是否有点过分呢？

在本文开头我曾经强调，《鲁迅全集》是中国20世纪的重要文化经典，因此，修订《鲁迅全集》是一项十分艰巨的文化工程。由于《鲁迅全集》具有百科全书性质，其内容不仅涉及古今中外、方方面面的人物——包括神话传说和各类作品中的人物，而且还涉及书籍、作品、报纸、刊物、团体、流派、机构、国家、民族、地名、历史、引语、掌故、名物、词语和作者本人的生平活动，绝非任何优秀的个人所能独立修订，必须发挥团队精神，依靠集体力量。对于修订工作中的缺点和不足，作为修订者和出版机构应该采取决不轻易原谅自己的态度。注释或校勘中的错误往往属于学术上的"硬伤"，错了就是错了，无法用"一家之言""多元并存"一类理由为自己开脱。然而就社会而言，还是应该为学术研究和出版事业提供一个相对和谐宽容的生存环境和发展空间。

学术批评的出发点和落脚点是与人为善，而不应提倡酷评和骂杀。作为社会良知的媒体，更不应该把酷评作为爆料和卖点，鼓动读者"不买"或"退货"。1981年版《鲁迅全集》问世之后，同样存在不少问题，近20年来不断有学者提出意见，但并没有出现《不买》《不应》这样一类的文章。抚今思昔，不禁对20世纪80年代的人文环境发"怀古"之幽情。

2005年11月30日，2005年新版《鲁迅全集》新书发布会在人民大会堂浙江厅召开。我在会上有简短发言，题为《以圣徒般的虔诚修订〈鲁迅全集〉》。我只是采用一种比喻性的说法，说明参与《全集》编注出版的人兢兢业业，甘于奉献，而不是把鲁迅当成"教主"，把编注出版同人视为迷信盲从的"教徒"。循1958年版和1981年版的惯例，《全集》中没出现编注者的名字。跟1981年版不同的是，编注者按工作量获得了稿酬，大体上是千字22元（包括选编、校勘、注释）。在我个人的文字生涯中，这是低于一般选编费的标准，但也没有任何人因此跟出版社打官司。我在发言中还有一段重要的话："我们决不会忘记鲁迅的夫人和战友许广平。为了保存、征集、出版和普及鲁迅的作品，她做出的贡献是其他任何人都无法取代的。我们都知道鲁迅还有一位原配夫人叫朱安。1931年，鲁迅的同乡和学生许羡苏将鲁迅写给她的100多封书信捆成一包交给朱安，但至今日却下落不明。两相对照，更加凸显出许广平在弘扬鲁迅业绩过程中的特殊作用。"说明起码至2005年，我对许广平的贡献并没有低估，跟20世纪80年代初期我撰写的《许广平的一生》相比，我的基本立场也没有任何实质性的变化。

我在发言的结尾表示："我曾经参与1981年版《鲁迅全集》中'日记'部分的注释定稿工作。从2002年至今，又承担了《鲁迅全集》中'书信'部分的内容增删、文字校勘和注释修订工作。这是我学术生涯中的最大幸运。我在工作中吸收了前辈学者和当今学人的不少成果，也将自己点滴的学术智慧融入了鲁迅文化的汪洋大海，但是仍然留下了许多悬而未决的问题，工作中的失误也在所难免。有人说电影是遗憾的艺术，一旦剪辑合成，遗憾就无法弥补，但《鲁迅全集》比较走运，它肯定会有不断再版的机会。在不断再版的过程中，校勘的错误还可以改正，注释的短缺还可以补充，新发现的佚文还可以增收。我们现在以精益求精的态度从事《鲁迅全集》的编辑修订工作，希望再过四分之一的世纪，这部《鲁迅全集》能被后继者以精益求精的态度继续修订。"

第十一节

怀胎30多年的《鲁迅大辞典》

一部1387页、16开本的《鲁迅大辞典》呈现在读者眼前。封面下部为蓝色，上端为米黄色，上面印有鲁迅侧面浮雕像，装饰设计十分精美。卷末印有包括主编、副主编在内的150余位工作人员的名单，浩浩荡荡；但实际介入此事者远不止此数。卷首的《编撰说明》写道："本书的编撰工作，自1984年文化部发文成立编委会后开始实施。"实际上这个项目早在20世纪70年代末即有人动议并实施，中间几经曲折，到成书之日，弹指一挥，竟长达30余年。

远在1977年，北京几所高校和部分中学的中青年教师，曾共同发起编撰《鲁迅大词典》，得到四川人民出版社的支持。出版社派出的责编是秦川，北京方面的主要联系人是在广播学院任教的曾庆瑞。后因参与者教务繁忙，又发生了一些内部矛盾，这项工作未能坚持到底。

1979年3月，全国文科规划会议在昆明召开。李何林先生以鲁迅研究室主任的身份提出要编撰一部《鲁迅大词典》（后改名为《鲁迅大辞典》），得到了唐弢、王瑶等著名学者的支持，被列入"规划"之中。同年6月，李先生在五届全国人大二次会议上又写提案（即第227号提案），建议组织人力编写《鲁迅大词典》。提案中说："20世纪中国的伟大的文学家、思想家和革命家鲁迅，他的思想和艺术，他的革命战斗精神和对中国革命的贡献，放在有史以来的世界伟大作家行列中（例如莎士比亚、歌德、托尔斯泰等）都是很突出的。不过听说别国多有关于他们的伟大作家的专门辞典，鲁迅的却还没有。鲁迅不只是中国9亿多人民的鲁迅，也是世界各国很多人民的鲁迅，他的著作已经翻译成很多种语文，急需一本帮助查考、研究、阅读的'大辞典'……"提案建议陆续组织全国百余名专家学者来参加编写，期望在三四年内完成。根据我们了解的情况，此前匈牙利科学院和语言学研究所出版了《裴多菲词典》，苏联科学院也出版了《普希金语言词典》，这些都为我们提供了借鉴。

全国人大将李先生的提案转交中国社科院办理，社科院有关领导虽然表示支持，但建议由国家出版局来抓此项工作。同年11月，中国鲁迅研究会在北京成立，李先生又在会上呼吁落实词典编撰工作，得到与会者的赞同。1981年9月，四川人民出版社首先表示愿意出版此书，并诚恳聘请李先生亲自主持此项工作。1982年10月，在李先生领导下，先后在杭州、成都、厦门召开了出版工作会议，部署了编撰工作进程。1983年1月18日至22日，李先生在成都主持了第二次《鲁迅大辞典》编撰工作会议，与会23人，分别来自北京、辽宁、山东、浙江、福建、湖北等省市。四川省委宣传部、四川省出版局和四川人民出版社的领导对此书予以高度重视。王士菁先生在会上提出了《关于编写〈鲁迅大辞典〉的初步设想（草案）》。经过讨论，决定这部辞书分为词语、人名、事件、书刊、社团、纪念等分册，先编制索引，后撰写释文，最后统稿定稿，全部工作在三年内，即至1985年年底完成。会议决定成立一个编委会，并下设《鲁迅大辞典》编辑办公室。我参加了编辑办公室的工作。1983年11月20日，我在《鲁迅研究动态》总第29期刊登了《〈鲁迅大辞典〉释文撰写体例（初稿）》和徐鹏绪、马蹄疾、李允经、温祖荫、姚锡佩、张杰、刘一新等人撰写的部分词条。我也分别试写了人名、社团、事件、纪念活动等方面的词条，广泛征求意见。

1984年6月，《鲁迅大辞典》编撰会议在西安召开，会上情况"风云突变"——人民文学出版社介入了这项工作。据了解，是因为"人文"的负责人向出版局的负责人反映，出版《鲁迅全集》是"国家行为"，编撰出版一部与之相配合的《鲁迅大词典》也应该是"国家行为"，应该有作为国家出版社的"人文"参与。这一意见得到了出版局领导的认同，经上级协调，对四川人民出版社和人民文学出版社的任务进行了分工：由"人文"负责词条修订，"四川"负责出版发行。此前撰写的词条统统以千字7元的付酬标准"买断"，重新组织人员编写。这样一来，人民文学出版社就后来居上，顶替了原来四川人民出版社的位置。这一方案得到了文化部的批准。根据文化部文出字〔84〕第1276号文件，林默涵出任主编，王士菁出任副主编；李何林先生因年事已高，跟林辰先生并列顾问。我被安排为编委、执行编委、主要撰稿人，具体分管辞典第八分册（即"纪念附册"）的工作。这一分册完成了28万字的释文，但成书时修订压缩成了15万字。编委会下仍保留了编辑办公室，由我和人民文学出版社的李文兵担任办公室副主任。参加具体工作的有上海社科院文学所、辽宁社科院文学所、华东师大中文系、上海教育学院中文系、苏州大学中文系、杭州大学中文系、福建师大中文系、武汉大学中文系、华中师大中文系、聊城师院中文系、北京鲁迅博物馆、上海鲁迅纪念馆和人民文学出版社、四川人民出版社（后分出一个四川文艺出版社）的有关人员。

根据西安会议上的建议，《鲁迅大辞典》应该争取在1991年鲁迅诞生110周年之际完成，但事实证明这种预期过于乐观。原因之一是，"买断"的这批词条，虽然规模不小，字数很多，但水平参差不齐，分类集纳失衡，缺漏甚多，难成规制；不仅需要加工乃至重写，而且需要作体例上的重大调整。原因之二是，人民文学出版社的鲁迅著作编辑室日后不但没有扩大充实，反而撤销并入中国现代文学编辑室，人数既少，又有修订1981年版《鲁迅全集》的繁重任务，于是只好从社外聘请一些专家（主要是马蹄疾、颜雄、徐斯年、韩之友等）协助工作。这些专家在原单位都有繁忙的工作，被借调来后又没有良好的工作环境和待遇。他们合住在简陋的办公室里，既看不到电视，也听不到广播，还打不了电话，甚至连一日三餐都要自理，又未预支分文稿酬。由于以上这些原因，《鲁迅大辞典》的修订工作一拖再拖，成为社会科学领域一项名副其实的"胡子工程"。我作为办公室副主任，除曾与李文兵到苏州和厦门检查过一次词条修订情况之外，没有做其他工作。李文兵的贡献比我大得多，整部辞典最后都是由他统稿。

《鲁迅大辞典》出版一拖再拖的状况到了2009年才有了改变，因为人民文学出版社把这部工具书作为该社向国庆60周年献礼的重点项目，由原中国现代文学编辑室主任王海波主持。同年底，经过30余年的努力，这部《鲁迅大辞典》终于问世。令人痛心的是，首倡出版此书的李何林，主编林默涵，顾问林辰，编委马蹄疾、王仰晨、包子衍、薛绥之，主要撰稿人颜雄，曾参与这项工作的孙瑛、张竟、赵淑英、谢德铣等人均已作古，已经看不到自己的学术成果了。

2010年3月23日，人民文学出版社举办《鲁迅大辞典》出版座谈会，盛情邀请我参加。我没有赴会，只是应王海波之约，在尚未通读全书的情况下仓促为《人民日报》赶写了一篇书评。3月30日该文在《人民日报·副刊》发表，但改动了标题，加了6个我认为并不准确的字。敝帚自珍，特按我的原文引录如下：

这是一项艰巨的文化工程——从1979年倡议，1984年大规模启动，2009年12月由人民文学出版社正式出版，历时长达31年，列名为编委的25人中，至少已有7人离我们而去，然而经过种种曲折，做出了韧性的努力，一部收录了9800多个词条，释文多达374万字的《鲁迅大辞典》终于问世了。迄今为止，有关中国现代文学的专科辞典大约有6种，鲁迅研究的专门辞书大约有3种，虽然各具特色，但收罗最为齐备，内容最为广博，释文最为精当的非这部《鲁迅大辞典》莫属。今后读者阅读鲁迅著作时，如果在词语、人物、事件、书刊或其他相关知识上遇到困难，基本上都可以通过这部大百科式的辞典释疑解惑。

《鲁迅大辞典》最大的特色，是既具有一般辞书的工具书性质，又紧扣了鲁迅文本，为解读鲁迅经典排除了文字障碍，为了解鲁迅博大精深的思想提供了线索和依据。比如"唵"字，《新华字典》的解释只有一句："佛教咒语的发声词。"《辞海》也只简略解释了两个含义：一、含在嘴里；二、佛教咒语的发声词。《鲁迅大辞典》则提供了近400字的释文，除援引《秘藏记》等典籍，厘清了"唵"的本义之外，又援引了鲁迅四篇杂文中对"唵"字的用法，说明"唵"字据说人人能懂，但在运用和理解时实际上又各有不同；亦即佛道一声"唵"，弟子皆有所悟，而所悟皆不同。这样的释文，既有助于读者理解鲁迅文字的内涵，又有助于阅读其他出现"唵"字的作品。又如"每下愈况"，《鲁迅大辞典》除说明典出《庄子·知北游》之外，又介绍了章士钊在《孤桐杂记》中对这一成语的误用——写成了"每况愈下"，以及鲁迅在杂文中对此进行的嘲讽，反映了"五四"新文化运动中激进派和守成派交锋的生动一幕。再如"土匪"，通指聚众劫掠之徒，原无须解释，但由于鲁迅在跟"现代派评论派"的斗争中，对方曾赠他以"土匪"的名号,他也曾以"绿林书屋"作为自己的书斋之名,所以在这部作家专门辞典中就有了解释的必要。同样的情况还见诸"人"这一条。"人"字人人能懂,但是鲁迅《阿Q正传》中的"人",特指押牌宝的一个方位,即"白虎",这就需要予以解释,尤其需要向外国读者解释。

鲁迅著作中有不少自造词,如"三明主义""文化山""国骂""莲姐""柿油党""富家赘婿"……《鲁迅大辞典》对这些词语都提供了权威性解释。《辞典》介绍了鲁迅一些独特的遣词方法,如以名词为动词:"酱",原指豆、麦发酵后制成的一种调味品,但鲁迅有时作为"陷入""纠缠"这类动词使用。鲁迅1935年9月12日致胡风信,劝萧军不必加入"左联",以免"酱在无聊的纠纷中",就是名词活用的一个范例。不了解这点,也就不了解鲁迅的独特文风。有一些与鲁迅生活和作品相关的人物,如王阿花、长妈妈,也只有《鲁迅大辞典》才会进行介绍,绝不可能出现在其他人物辞典中。

《鲁迅大辞典》中涉及了很多思潮、流派、学说、书刊,编撰者都结合鲁迅生平、思想和创作进行了准确阐释。比如美国史密斯著《支那人气质》,《辞典》不仅介绍了英文原著、日文译本、作者简况,而且以鲁迅作品为依据,说明了此书对鲁迅改造国民性思想产生的深刻影响。《辞典》中关于"人性""人道""人道主义"等条目,更是全书的华彩乐章。众所周知,对于这些理论问题,古今中外众说纷纭。辞书大量援引鲁迅作品中对这些概念的运用和阐释,提供了作为思想家的鲁迅对上述问题的深刻见解,对广大读者予以宝贵的启迪。

由于《鲁迅大辞典》涉及面太广,因此难免出现小疵——这是任何辞书都难以避免的。比如"胡适"一条,说他1917年"获哥伦比亚大学博士学位",实际上当时胡适仅写成博士论文,口试时未获通过,十年后才获博士学位。"丁玲"一条,提到朝鲜记者金彦俊,有误,应为"申彦俊"。有些条目对词语的解释过于拘泥。比如"三味书屋"一条,释文指出原名"三余书屋",后改"三余"为"三味",典出宋代李淑《〈邯郸书目〉序》:"诗书,味之太羹,史为折俎,子为醯醢,是为书三味。"这不过是一种常见的解释。其实对"三余"和

"三味"还有多种解释,比如塾师寿镜吾的幼孙寿宇说,他祖父对"三味书屋"的解释是"布衣暖,菜根香,诗书滋味长"。寿镜吾的外孙范仲鋆说,所谓的"三味"大概是"孝悌"算一味,"四书"算一味,还有一味说不出来。寿镜吾的曾孙女寿纪芳认为三味书屋的一副楹联已经点明了三味的原意:"至乐无声唯孝悌,太羹有味是诗书。"周作人的解释,是"将经史子比食物,经是米谷,史是菜蔬,子是点心"。所以,我以为对"三味"的解释还是以宽泛为宜。对于一些有争议的说法,比如殷夫生年,一作1909,另一说是1910。《辞典》现采用前说,其实另一说也有其依据。如果在殷夫生年后加一"?",可能更为灵活主动。

这部《辞典》也还可以适当增补一些条目,如人物部分,似可以增加"徐道邻"。因为鲁迅1935年2月9日致萧军、萧红信中,批驳过一篇《敌乎,友乎?》的文章。鲁迅尖锐指出,从文章内容看,此文作者是"现代阔人的代言人,他竟连日本是友是敌都怀疑起来,怀疑的结果,才决定是'友'。将来恐怕还会有一篇《友乎,主乎?》要登出来"。现已查实,此文内容完全由蒋介石口授,后收入台湾出版的《先总统蒋公全传》第三卷"书告卷"。有人认为鲁迅从来没有批评过蒋介石,但这封信就能反映出鲁迅对蒋介石媚日言行的批评态度。

跟《辞海》《中国大百科全书》都曾不断修订加工一样,我希望《鲁迅大辞典》也有修订再版的机会。作为中国第一部大规模的作家专门辞典,不断精益求精,是对当今文化建设的一种切实的贡献。

第十二节

风波迭起的中国鲁迅研究会

如果我没有记错，中国鲁迅研究会是在1979年底成立的。那年11月，中国文联召开第四次代表大会，中国作协召开第三次会员代表大会。这是粉碎"四人帮"之后文艺界的第一次盛会，正是在此期间鲁迅研究会应运而生。倡导者应该是周扬。鲁迅研究会的成立会是在北京西苑饭店举行的。我记得会场气氛非常活跃，发言者多为参加文代会和作代会的老前辈，我们这些中青年只是列席旁听。被提名为理事者人数很多，甚至互推为理事，此时陈荒煤同志大喊一声："理事多一个少一个无所谓，反正不给车马费。"这句话给我的印象极深。这次会上，宋庆龄被推选为名誉会长，茅盾被推举为会长，发展的会员大约有150余人。

我不记得这一届理事会有什么作为。1981年3月27日，茅盾病逝；同年5月29日，宋庆龄病逝。当年鲁迅100周年诞辰的纪念活动，主要是由纪念委员会具体组织的。为了改变"鲁研会"群龙无首的情况，鲁研会召开了第二届理事会，周扬接替茅盾出任会长，王士菁、王瑶、李何林、陈荒煤、陈涌、林默涵、唐弢、黄源担任副会长，秘书长由王士菁兼任。我在鲁研会没有担任任何职务，但被推举为鲁研会会刊《鲁迅研究》的编委。1982年7月25日至8月21日，鲁研会跟烟台师专在烟台举办鲁迅讲习班，学员大多为各高等院校和研究机构的中青年教师、研究人员。我跟李何林、唐弢、陈瘦竹、戈宝权、陈涌、郭预衡、林非、孔罗荪、王瑶、钱谷融等应鲁研会之请担任主讲。对于刚过不惑之年的我来讲，这是一种殊荣。

1984年9月20日至26日，中国鲁迅研究会第三届会员代表大会在大连棒棰岛召开。我跟陈涌、刘柏青分别介绍了国内外鲁迅研究状况：陈涌谈国内，刘柏青谈日本，我谈中国港台地区。会上本着老、中、青相结合和年轻化的原则改选了学会领导机构，一致推举周扬连任会长，陈涌、王士菁、林非、彭定安为副会长，袁良骏为秘书长，我跟李文兵、李福田、史莽被选为副秘书长。这次会议期间我同时参加中国电影评论学会的成立会，住在旅顺一海军招待所，既没有听鲁研会的代表发言，也没参加选举。这两个会议几乎同时散会，临近国庆假日，买回程卧铺票遇到了困难，听说引起了一些代表的不满。电影评论学会单独为铁路部门放了一场内部电影，铁路部门也就为电影评论学会的代表专挂了一节卧铺车厢，让参加鲁研会的代表羡慕不已。

1988年12月6日至10日，中国鲁迅研究会第四次会员代表大会在广州召开。自第三次会员代表大会召开之后，学会的顾问、理事如孙席珍、许钦文、胡风、丁玲、吴奚如、曹靖华、萧军、李何林等先后逝世，周扬成了植物人，已不能过问会务。会上推举周扬为名誉会长，林默涵为会长。当时林默涵同志正巧在广州，经林非跟他沟通，默涵表示同意。四川文联主席黎本初和广东鲁迅研究会负责人郑心伶接替李义兵、史莽出任副秘书长。我仍担任副秘书长。默涵同志本身是一位作家、理论家，修订《鲁迅全集》的负责人，像鲁迅研究会这样的群众团体，需要有一位能够跟领导部门沟通的人物挂帅，因此对他出任会长几乎没有异议。

默涵同志出任会长之后，对鲁研会工作作了两点指示：一是抓学术，二是抓经费。没有学术，学会就没有根基；没有经费，学术活动就没有保证。为此，他倡议成立"鲁迅学术基金会"，用募集的资金资助鲁迅研究的学术活动，包括召开研讨会，出版有价值的书刊，甚至开展对外学术交流活动。此议得到了一些领导人和知名人士的赞同，巴金、赛福鼎、赵朴初、袁宝华、刘复之等32人列名为倡议人。这件事甚至惊动了国家领导人李先念。谷牧同志也有批示，指出鲁迅研究十分重要，拨些款是应该的。他希望有关负责同志解决鲁迅研究的急需经费。我们原想借用这种"名人效应"争取企业支持，但募捐启事寄出之后，结果都是泥牛入海，了无消息。有关方面也没有遵照谷牧同志的批示给鲁迅研究拨出分文专款。倒是有些单位和十几个热爱鲁迅的人合凑了11250元，然而杯水车薪，于事无补。比如木刻家张望，看到启事后寄来了几百元，不幸很快他家就被梁上君子洗劫一空，我们不得不又退回捐款，并致函慰问，倒贴了邮资。于是我们在《鲁迅研究月刊》重登了一个启事：婉谢个人捐资。有一次，有媒体向我了解鲁迅研究状况，我谈到因经费支绌，学会活动举步维艰。不料我的谈话被香港报纸转载，一位曾经在大陆求学的香港企业家慷慨解囊，不附加任何条件赞助了10万元人民币。这笔款项在我任内成了鲁研会的注册经费，分文未敢动用。

谈起拉赞助，我还想起了默涵同志的另一件往事。1990年5月4日，默涵给挂靠在戏剧家协会的中国昆曲研究会秘书长柳以真写了一封信，想从他们刚拉来的赞助中挪借5万元给中国鲁迅研究会。默涵那时是中国文联的党组书记，至少在文联内部应该是说话掷地有声的人物。柳以真向剧协负责人张庚、刘厚生作了汇报，只答应暂借2万元。柳以真觉得不好意思，便私下跟默涵表示：这2万元名义上是借，实际上可以不还。于是默涵很高兴地把这笔款打到了鲁迅研究会的账上。"天有不测风云"，不久柳以真因病猝死，来不及对身后事作任何交代，留在昆剧研究会账上的只是有默涵亲笔签名的一张借条。2005年9月8日，昆剧研究会派人索讨15年前的这笔欠账，但此时默涵已成植物人，无法证实柳以真当年的口头承诺。于是我只好另行筹措，归还欠款，索回默涵的借条，保住他的名节。此事极小，但可见鲁迅研究会经费的困难以及筹钱的不易。

1991年是鲁迅诞生110周年。这一年的纪念活动主要有三项：一、9月24日在怀仁堂举行纪念大会。林默涵主持。贺敬之致开幕词。时任中共中央总书记的江泽民发表题为《进一步学习和发扬鲁迅精神》的讲话。中央和北京市党政部门负责人、首都文艺界知名人士、来自全国的鲁迅研究专家及各界代表1100余人出席。二、在国务院"一招"（今国谊宾馆）召开学术研讨会，中心议题是"鲁迅的方向""鲁迅文艺思想研究"。学术研讨由秘书长袁良骏负责。三、在中央电视台举办"青年学习鲁迅"讲演比赛。我承担的任务是参与纪念大会的筹备，纪念大会文件的起草，以及学术研讨会的会务。跟中央电视台社教部沟通则通过鲁迅博物馆研究室的李文儒。他跟中央电视台社教部的负责人熟悉。讲演比赛的主持人叫张泽群，他那时似乎刚从广播学院毕业，比较稚嫩，但如今已经成为大牌了。我在讲演比赛中担任评委。

应该说，像这种规格（不是指参加人数）的鲁迅纪念活动是并不多见的，也许可以说是空前的，但会上也出现了一些裂痕。24日下午，原本应该在国务院"一招"召开第一次学术研讨会，由陈涌副会长作专题发言，但等了半天发言者未至，局面相当尴尬。我不了解背后的实际情况，但那时学会的秘书长跟陈涌副会长之间的分歧已经公之于众了。

鲁迅诞生110周年纪念活动结束之后，香港《九十年代月刊》发表了一篇署名邹小荷的文章，题为《鲁迅纪念活动的幕后闹剧》。根据我这个亲历者了解的"幕后"情况，这篇文章涉及的内容有的完全失实，有的似是而非，有的夸大其词，只有两件事大体符合事实。文中除开对当时中宣部、文化部、中国文联的一些领导人进行攻击之外，还涉及鲁迅研究界的袁良骏、林非、陈安湖、林志浩、王士菁，就是没有提到我。因此有些朋友一度误认为是我向境外媒体提供了材料。现在事隔20多年，已无隐瞒任何事实的必要。我可以在这里起誓，我的确跟《九十年代月刊》的这篇文章毫无关联。我没有受到该刊攻击，看来是因为我的目标太小。

1992年5月29日至31日，中国鲁迅研究会第五届会员代表大会在成都召开。进行换届选举时，此次会议的与会代表及上届全体理事均作为候选人。经过不记名投票，推选出65名新理事。再经过与会新理事不记名投票，选出会长、副会长及秘书处成员。林默涵连任会长。林非、我、袁良骏、王士菁（以得票多少为序）担任副会长。我兼秘书长。选举后我提出，鉴于林非先生的资历和学术水平，由他担任常务副会长。此议得到理事会的一致同意。1996年10月22日，中国鲁迅研究会第六届会员代表大会在上海召开，以不记名投票方式推选出67位新理事。我仍被理事会选为副会长兼秘书长。

在成都会议之前，中国鲁迅研究会的日常工作由袁良骏先生负责，我只不过列席常务理事会的会议，做好让我分管的那些事情。比如1990年9月20日至25日，鲁迅研究会跟九江师专在庐山合办"鲁迅与台港作家暨台港鲁迅研究座谈会"。此事原本是老袁跟九江师专的李彪教授筹备的，但老袁临时需要在北京接待著名旅美作家白先勇，主持此次会议的差事就落在了我的肩上。成都会议之后，具体事务一般都由我来操办。协助我的是鲁研会的干事马会芹，她是一员能干的女将，不惜力也不计较报酬。鲁研会秘书处的办公地址设在鲁博，跟我的办公室合二为一。不过，凡遇大事，我必然向常务副会长林非汇报，跟袁良骏副会长通气。林先生对我非常信任，十分放手。我们在鲁研会共事期间从来没有发生过不愉快的事情。

在我记忆中，我担任鲁研会的副会长兼秘书长之后，几乎每年都举办了规模不等的学术活动，比如1993年12月中旬跟广东鲁迅研究会在广州合办了"鲁迅研究的新路向"学术研讨会；1994年6月中旬跟吉林大学等单位在镜泊湖合办了"世界文学中的鲁迅"国际学术研讨会；1995年9月跟湖南师范大学在张家界合办了"鲁迅文艺思想与当代文艺运动"国际学术研讨会；1996年10月跟中国作协、上海作协、上海文联和上海鲁迅纪念馆合开了"纪念鲁迅逝世60周年大会"。出席大会的有400多人，林非先生致欢迎词，时任上海市委副书记的陈至立致辞，中宣部副部长、作协党组书记翟泰丰作主题报告。学术研讨会由我主持。1997年跟广东鲁迅研究会合作，在江门召开了"鲁迅与21世纪"学术研讨会，以纪念鲁迅赴港粤70周年。1998年7月15日与辽宁鲁迅研究会合作，在丹东召开了"鲁迅的人学思想"学术研讨会。1999年8月跟云南省社科联、云南大学等单位合作，在昆明召开了"鲁迅研究50年"学术研讨会。2000年5月在北京邮电大厦召开了"鲁迅研究热点问题"研讨会……我办会的指导思想有三个：一、开会要谈学术，不能言不及义。二、对不同观点的学者一律欢迎。比如2000年年会应邀学者的名单，就都是由一位副秘书长提出的，我完全接受，一律尊重。又比如2002年4月6日召开的"鲁迅改造中国国民性思想研讨会"，是我在鲁迅博物馆主持的最后一次研讨会，我一如既往，仍然诚恳邀请了一个排斥我的人。三、会议地点尽可能选择在风光秀丽的地方，使与会代表在探讨学术之余能够身心愉悦。

众所周知，学术不是经费能够换来的，但没有最低限度的经费也开展不了任何学术活动。因为根据中国的国情，参加学术研讨会的代表的食宿费用均需补贴，会议期间还需要一笔参观、考察和办公的费用。凡冠以"中国"二字的学会在民政部社团司都划归为"一级学会"，听说每年下拨7000元经费。中国鲁迅研究会的挂靠单位是中国社会科学院文学研究所，1996年之前经费由文学所代管，1997年至1999年未划拨分文经费。2000年至2002年划拨了1万元。那些年鲁研会的学术活动得以持续开展，主要应该感谢出资出力的协办单位；此外，鲁迅博物馆、人民文学出版社、绍兴鲁迅纪念馆、上海鲁迅纪念馆等单位也都给予过支持。但也遇到过不守信用的协办者。比如1991年4月16日至19日，曾在郑州召开了一次"鲁迅和鲁迅精神"研讨会，联系人是文艺理论家鲁枢元，答应出资者是河南平顶山的一位农民企业家。会议原定组织参观黄河游览区，并于会后参观洛阳的龙门石窟。但事到临头，那位企业家突然宣布经费透支，参观黄河游览区门票自理，参观龙门石窟活动取消，使我顿时陷入窘境。幸得校友、河南省委宣传部原部长于友先，洛阳师专校长叶鹏和我的一位台湾朋友帮忙，才使活动按原计划进行。2000年召开"鲁迅研究热点问题"研讨会，那位农民企业家也主动提出赞助，并跟我一起在北京植物园敲定了食宿和开会的场所，但临到会议召开前夕他却杳如黄鹤，心急如焚的我只好决定临时换到邮电大厦开会，解决经费问题。

俗话说："不当家不知柴米贵。"长期办会过程中遇到的这些艰难，使我切身感到筹集经费的重要。大约是在1997年初，王世家先生转告了一个消息：有一个四川的鲁迅研究者，出版过《鲁迅作品赏析大辞典》《艾芜评传》《典型创造寻踪》《孤独者的孤独》等10余部著作，后来调到深圳市南山区教育局工作。深圳市南山区是文教区，深圳大学、世界公园、"锦绣中华"的所在地，在发展经济的同时，想高扬鲁迅这面精神旗帜，大力支持鲁迅研究和鲁迅研究学术活动。我听到这个消息，立即跟深圳方面进行商谈，准备设立中国鲁迅研究会深圳分会，作为跟港台和海外交流的一个基地。深圳方面承诺资助鲁迅研究会所需的全部经费。

1997年7月20日，深圳方面报来了一个分会主要领导成员名单。名誉会长由中共南山区委书记、区长和深圳社科联党组书记三人担任。会长是中共南山区委一位姓黄的副书记。副会长中有南山区委宣传部正、副部长，深圳大学中文系主任，南山区教育局副局长。那位跟我们联系的朋友当时是南山区教育局教科所副所长，被推举为分会的副会长兼秘书长。办公地址就设在南山区教育局。为了便于开展工作，又考虑到这位姓黄的副书记本身也是学者，曾被评为广东省杰出专家（我看到他的一本理论专著，是由钱学森写的序言），于是跟中国鲁迅研究会的其他负责人商量，同意增补他为鲁研会的副秘书长。林默涵会长批示同意这一计划。1998年3月16日，鲁研会向文学所科研处和社科院科研局递交了请示报告。同年10月13日，作为法人的袁良骏副会长来函说："我问科研局，深圳黄××兼职学会事无问题，很多学会都是这样做的。学会缺乏经费，可以适当变通……老兄可以发聘书给他，不要管那些不负责任的高调，有事我们可共同承担。"

1999年在昆明召开"鲁迅研究50年"学术研讨会时，深圳分会的秘书长陪同黄副书记前来参加。黄副书记在全体会上作了几点承诺，我记得有以下几条：一、为中国鲁迅研究会总会筹集学术基金；二、每年深圳都举办一次鲁迅研讨会，2000年在深圳召开以海外鲁迅研究为主题的国际研讨会，并承担全部会议经费；三、诚邀鲁迅研究专家到深圳开坛设讲；四、资助出版有关鲁迅研究著作，既有深圳学者的著作，也有外地学者的著作……不过，深圳分会的秘书长希望他们分会的会长同时成为总会的副会长，因为他已经是中国散文诗学会的副会长；如果在同样级别的中国鲁迅研究会只能担任副秘书长，似乎有些说不过去。不过那位分会的秘书长强调，这只不过是他个人的建议。当时鲁研会委派了三位姓王的理事跟深圳分会的秘书长洽谈，问他们到底能资助总会多少经费，对方表示：对于深圳来说，钱绝不是问题，但先不要谈钱，更不要把钱跟安排副会长职务联系起来。没想到在商榷过程中，有一位理事拍案而起，认为黄副书记并不是鲁迅研究专家，让他担任副会长是一种不正之风。虽然有其他学会为争取经费采取过这种变通办法，但唯独鲁迅研究会不能这样做。研究鲁迅，就必须有鲁迅的硬骨头精神。于是，在这个问题上出现了僵局。与会代表为了缓和气氛，建议会后广泛征求意见，再作决定。

同年11月26日，中国鲁迅研究会在北京鲁迅博物馆召开了常务理事会。此时由于林默涵同志超龄，中国社科院科研局决定由原常务副会长林非接任会长。副会长彭定安专程从沈阳赶来参加了会议。副秘书长王锡荣发表了书面意见。副秘书长郑心伶通过长途电话明确表示了态度。常务理事会8位成员一致同意"特聘"黄副书记为"本届学会副会长"。"特聘"，表明这是常务理事会的特殊决定——在两届会员代表大会召开之间，常务理事会是最高权力机构。强调"本届"二字，是表示黄书记能否继续担任副会长的问题一年之后由会员代表大会最终裁决。与会者在会议纪要上一一签名，表示对这种权宜性的措施共同承担责任。

2000年5月，"鲁迅研究热点问题"研讨会召开之前，"黄书记当上了副会长"一事就被福建一位杂文家撰文捅到了《中国青年报》。会议期间，又有一位记者在有些人的支持下把此事发到了互联网上，文章的题目是《中国鲁迅研究会副会长值多少钱？》。一时间我成了卖官鬻爵的主犯，心中有说不尽的委屈。为了保护中国鲁迅研究会的名誉，我独断专行，用总会名义给深圳分会寄去了一份公函，宣布鉴于学会内部存在分歧，为维护团结，中止跟深圳方面的合作。所以"黄书记"实际上并没有当过一天"副会长"，他在昆明会上的设想和承诺自然一项也没有落实兑现。我毫不记恨对这件事采取公开反对态度的人。因为有人是从原则出发考虑问题，有人是从现实出发考虑问题，产生分歧是正常的。令人感到遗憾的是有局外人在背后做手脚。

如果说，中国鲁迅研究会的内部矛盾在昆明会议上已现端倪，那么在2001年的绍兴会议上就发展到了白热化程度。

2001年是鲁迅诞生120周年。为了搞好这次纪念活动和学术研讨活动，我在各种会议上曾多次进行呼吁；在九届全国政协委员会第四次会议上又专门有一个提案：《再次呼吁隆重纪念鲁迅诞生120周年》（即第298号提案），得到了文化部、中国文联、中国作协的支持。同年9月17日，这几个单位联合在中国现代文学馆召开了纪念座谈会，我在会上作了发言，题为《鲁迅的恒常价值》，全文刊登于《人民日报》。

2001年，鲁迅国际学术讨论会在绍兴召开，主题为"鲁迅的世界，世界的鲁迅"。绍兴鲁迅纪念馆原馆长裘士雄在浙江省政协和绍兴市政协的会议上也大声疾呼，得到了省、市领导的高度重视，所以整个活动内容丰富，包括省、市联合召开纪念大会，第二届全国鲁迅文学奖颁奖典，鲁迅国际学术讨论会及中国鲁迅研究会年会，纪念文艺晚会，"鲁迅风"全国精短文学大奖赛、书画展、风情游、"鲁迅题材"影视展播等活动。为了搞好这次学术研讨活动，国家文物局副局长郑欣淼还特批了10万元经费。

有一本《鲁迅文化史》中说，这次绍兴会议以失败告终。我认为这一结论是以偏概全。准确地说，除开鲁迅研究会的换届选举工作失败之外，其他各项活动都很成功。这次鲁迅国际学术研讨会由中国鲁迅研究会、中共绍兴市委宣传部、绍兴市社联、绍兴文理学院主办，中心议题是我确定的，会议论文集厚达1039页。这样的学术成果，可以说相当厚重，能跟其他学术研讨会媲美。

中国鲁迅研究会换届选举失败，有着多方面的原因：有的原因已公开暴露，有的没有显山露水。深层原因可能是矛盾的主要导因，但由于一直没有摆到桌面，所以无法妄测，也不应作诛心之论。

按照我的想法，原鲁研会会长、副会长中的超龄者可以推选为名誉会长或副会长。副会长可多选几人，比如4—5人，如果他们每年轮流在不同地点组织一次学术活动，就基本履行了本届鲁研会的使命。我心目中的副会长人选，有孙郁、王锡荣、郑心伶、张梦阳。他们都是学者，又都有组织活动的能力。会长由郑欣森出任当时是众望所归。他是一位学者型的官员，出版过研究鲁迅国民性思想和宗教思想的专著，又是鲁研会不同意见双方可以共同接受的人选。此前首先考虑推举中国社科院文学所原所长杨义出任会长，因为他是鲁迅研究专家，学会又挂靠在文学所。我为此曾专程拜访杨义，恳切陈词，但他坚辞不就。

在绍兴会议上，我的想法一开始就被否决。有人表示自己不要"名誉"之类的称谓，鲁研会今后也不设"荣誉"之类的头衔。本着"精简化、求实化"的原则，有的理事提出鲁研会领导班子要搞"三个一"，即"一个会长，一个副会长，一个秘书长"，因为"副会长太多了，也形同摆设，不但于事无补，对一些同志也是精神负担，或因满足了某些人的虚荣心而实际上害了他们"。还提出鲁研会领导班子要年轻化，凡"65岁以上的理事都退出理事会"。那年我刚满60岁，不符合"退出理事会"的条件。一位后来反对我连任副会长的人率先提出我仍当副会长，这个提议在理事会上以不记名方式投票通过。我在现场，没有听到任何异议。

"三个一"当中的两人既已到位，最后就剩下了秘书长的选举。选举本应根据学会章程进行，遗憾的是，中国鲁迅研究会从1979年成立，到2001年已长达22年，既没有一份准确的会员名单，也没有一份经过充分酝酿制定的会章。绍兴会议召开前夕匆忙打印的那份《中国鲁迅研究会章程（草案）》，是从中国散文学会借来的一个文本，修订了几个字，临时充数，不仅与会代表没有认真讨论，连我自己也记不清楚。会上有人强调，中国鲁迅研究会既然挂靠在社科院文学所，学会法人和秘书长的人选必须由该所成员出任。以此为前提，秘书长的候选人就只能是该所的两位：张梦阳先生和另一位赵先生。9月28日晚上理事会投票。唱票结果，赵先生以15票对14票胜出。这样，"三个一"的领导班子选举就算尘埃落定了。

从绍兴返回北京之后，我于当年11月20日向社科院文学所科研处上报了第七届会员代表大会的选举结果，赵先生也曾两次（一次在鲁博，一次在文物局）跟我商谈工作。2002年1月8日，上海王锡荣等六位理事发出了一封致学会诸理事、鲁研界前辈和全体会员的公开信，认为"新一届理事会选举过程不规范、不完善，秘书长一职的产生不合法规"。记得他们跟我表述的理由有三点：一、赵先生在鲁研领域并无较大影响，不符合会章第二十四条第二款的秘书长的任职条件；二、赵已担任中华文学史料学会秘书长，不符合会章第二十四条第三款的秘书长不能兼职的规定。三、赵的票数未超过出席理事的三分之二，不符合会章第十九条的规定。有人怀疑这封信是我策划的，但此事事前我的确毫无所闻。

"六理事"的信在鲁研界引起不同的反响。有人认为，民主的基本原则是少数服从多数。既然是通过投票选举，就应该尊重选举结果。赵和张之间学术水平高低是一回事，赵以一票优势胜出又是一回事。如果要改变选举结果，只能留待下一届会员代表大会。与此同时，又有二十几位理事写信或来电话支持上海六理事的意见，有些支持信至今仍白纸黑字保留在我手头，使我举棋不定，鲁研会活动因此处于瘫痪状态。2月15日，有一位理事以公开信的方式对上海六理事的公开信进行了批驳，但仍表示对我再次当选为副会长不表示疑议和异议。4月30日，同一理事又联络了其他三位理事，联名散发了一份《紧急建议》，认为我是这场闹剧的"幕后策划人和前台总导演"，是造成鲁迅研究会目前不堪状况的"症结"，建议由孙郁顶替我的副会长职务。在这种情况下，我于5月8日写出了一封答辩信，题为《澄清几件事实》，表示"既然已有人正式提出罢免我的紧急动议，我再提出辞职已成多余，且有装怯作勇之嫌，只好听凭诸位理事裁决。知我罪我，均无怨尤"。应该承认，在当时意见相持不下的情况下，双方写出的公开信都有情绪化的言辞，值得反思。时至今日，此事已经云消雾散，当年对峙者有些已经尽释前嫌，重新成为很好的朋友，本无重新提起的必要。但考虑到这场纠纷实际已经被载入鲁迅研究会的历史，且有人利用此事大做文章，公开引用《紧急建议》的内容发表于《山西文学》，从保存史料出发，我犹豫再三，仍作了以上粗略的说明。

2009年4月19日，在"鲁迅与'五四'新文化运动"学术研讨会召开期间，社科院文学所公布了中国鲁迅研究会第八届会长、副会长、秘书长名单。名单中并列了两位名誉会长。杨义先生出任会长。副会长由1人增至12人，其中包括当年被否决的王锡荣、张梦阳和郑心伶。赵先生此前宣布退出鲁研会，因此他的名字也从理事名单中消失。秘书长由文学所和鲁迅博物馆各出一人，不再强调非文学所成员不能担任。常务副会长就是我在绍兴提名未获通过的孙郁。我被列为理事和学术委员会委员。我不了解这个名单产生的详情，据说经过了通信选举，但至今并未公开宣布票数。

第十三节
"予岂好辩哉?"
——我学术上的是非恩怨

2006年11月上旬,在中国作协第七次全国代表大会期间,我碰到了上海华东师大资深教授钱谷融。20世纪70年代末和80年代初,我有幸跟钱先生到阳朔、桂林和齐齐哈尔开会、讲学,相处甚欢。我虽属学界晚辈,钱先生却以"忘年交"相待。这次见面时,钱先生坦诚地对我说:"你这个人好辩。"我想,"好辩",这既是我给钱先生留下的印象,也是钱先生对我的善意规劝。

我曾经说过,文化人有各不相同的文化性格。有些人"温良恭俭让",习惯于正面发表自己的学术见解,从不与任何人直接发生交锋。有些人为了达到"文坛登龙"的目的,擅长利用社会心理制造话题,"谁红跟谁急",以此作为自我推销的一种文化策略。我跟这两种人有所不同。我从不敢以"独行侠"自居,因为我没有"侠"的武功;但"独行"二字有时却很符合我的个性。因为是"散兵游勇",自知势单力薄,所以我绝不敢随意寻衅滋事。既然如此,我在几十年的学术生涯中,为什么仍然写了不少论辩性的文章呢?回想起来,大约有以下三方面的原因:一、由于自己长期在鲁迅研究室供职,从1984年8月至2002年4月,又担任了18年研究室主任,所以在有意或无意间把澄清对鲁迅的误读和曲解当成了自己的本职工作。今天看来,我是把自己摆在了一个不够恰当的位置。在今后的学术生涯中,我将重新学习,认真反思,坚持真理,修正错误;二、由于自己的学术兴趣侧重于史料考证,而中国史料学的传统是辨伪辟谬,存真求实,对伪书、伪史、伪说从不包容。特别是东汉思想家王充,更提倡"疾妄求实",即使对圣贤所传、经典所载也从不盲从。这些都在潜移默化中对我产生了深刻影响；三、我的个性执着而不圆通，虽年逾古稀，但仍不谙世故。前人云："人之谤我也，与其能辩，不如能容；人之侮我也，与其能防，不如能化。"以此对照，我的胸襟境界与处世谋略的确存在很大差距。

我参与的文坛论争，应该提及的有三件事：一、跟沈鹏年的论争；二、跟韩石山的论争；三、由《鲁迅与我七十年》引发的论争。

先谈沈鹏年。我跟其人从未谋面，也绝无个人恩怨。"文革"时期我到北京图书馆自学鲁迅，不知该借阅什么书籍杂志。当时，他编的《鲁迅研究资料编目》一书曾为我提供了不少线索。我又找到20世纪60年代他在《文汇报》《光明日报》发表的一些文章，如《鲁迅在广州时期的若干史实》，大多是他在上海电影制片厂《鲁迅传》摄制组任职时的采访资料。那时没有复印机，我就在卡片上全文抄录。我还曾主动给他写过一封信，发自内心地向他求教，后来我写批评他的文章，他就把这封信提供给他的文友，以此作为我前恭后倨、判若两人的证据。

我对沈鹏年印象的改变是在我被调到鲁迅研究室工作之后。当时他给室主任李何林先生寄来一份材料，题为《关于鲁迅批判的"芸生"就是瞿秋白的报告》。李先生一度相信，他认为熟悉苏联诗人别列内依的，大约非瞿秋白莫属。其实，芸生是宁波人丘九如的笔名，如今已铁板钉钉，写进了《鲁迅全集》的注释。现已查明，这份材料原是1972年10月22日沈鹏年主动提供给"四人帮"控制的上海写作组的。他在这份材料中伪造了许广平、姚蓬子、谢澹如等人的所谓"谈话"，对瞿秋白、杨之华、冯雪峰、周扬等进行了诬陷和挞伐。报告封面写的是"彻底批判瞿秋白和刘少奇一类骗子参考"。我以为，一个做资料工作的人，由于知识局限，产生一些错误在所难免，但存心作伪性质就变了，因为这已经超出了学术的底线。

1982年2月，沈鹏年在《书林》杂志第1期发表了《周作人生前回忆实录：毛泽东到八道湾会见鲁迅》。其实，这件事本身并无学术意义：会见了如何？没会见又如何？但他编造的"周作人生前回忆"太离奇了。建国后接连出版了三本回忆鲁迅史料的周作人自己从来没提到过这件事，所谓"生前回忆"又没有经过本人审阅签字认可的记录稿。我函询周作人的独子周丰一先生。他于1982年3月6日复信，说"没有听说过此事"。周作人连对亲儿子都没有提到过的事情，怎么会唯独秘传给沈鹏年？于是，我写了一篇质疑文章《一篇蹩脚的"创作"》。同年10月23日，沈鹏年又在《团结报》发表了《再谈毛泽东会见鲁迅》，另外公布了"张琼同志的两次谈话"，作为毛泽东拜会鲁迅的旁证。我也撰写了《一场应该结束的辩论》一文，再次予以批驳。沈鹏年理屈词穷，只好将"回忆失误"归咎于张琼"身罹绝症""记忆力严重衰退"，而回避了他本人理应承担的主要责任。1985年8月，《大众电影》又刊登了一篇《筹拍历史巨片〈鲁迅传〉始末》，文章根据沈鹏年提供的访谈记录，借已故表演艺术家赵丹之口抛出了一个更为离奇的"史料"，居然说鲁迅在教育部任职时要为毛泽东谋一个好差事，被毛泽东"婉言谢绝"。我读到此文，立即写了一篇《〈大众电影〉刊登的一篇不实之文》以正视听。该刊编辑部也派人走访了陈鲤庭、齐闻韶、柯灵、杜宣、汤丽绚、于伶、张骏祥、徐桑楚、王林谷、谢晋、陈白尘、吴贻弓、马林发、李忠等当事人，他们一致否定了沈鹏年的说法。编辑部将调查结论刊登在该刊1986年第3期，并对《始末》一文的严重失实进行了自我批评。

  在这场论争中，我得到了文艺界和学术界很多人的支持。在这里，我要特别提到钱钟书、龚育之和丁玲。1986年，沈鹏年利用拍摄电视剧《围城》的机会，请钱钟书抄录了建国前为朋友题写的一首扇面诗。不料沈鹏年托人以"局外人"的名义引用这首诗，说这是钱老以此表达对他的谎言的支持。我将这首诗的影印件寄给钱老，并附上一封短信，询问究竟。1987年4月2日，钱老复信辟谣，揭露沈鹏年的做法"不仅移花接木，而且近乎偷梁换柱了"。接着，这封信被收进了浙江文艺出版社出版的《钱钟书散文》，从而拨开了沈鹏年制造的迷雾。1992年4月25日，《新闻出版报》刊登了一篇为沈鹏年辩护的文章，很快遭到宋贵伦同志的有力批驳。当时我不知道这位作者是谁，他为什么会介入这场论争。事隔六七年，龚育之同志告诉我，宋贵伦当时是他的秘书，这篇文章是他建议写的。宋贵伦担任过北京市委宣传部副部长。在这里，我还要特别提到丁玲。1983年，一位武汉的青年作者写了一本《鲁迅与共产党人漫记》，请丁玲写一篇序言。丁玲当时很忙，又没有看到书稿，但她认为这是一个很好的题目，又不愿使向她求助的年轻人失望，便欣然命笔，"借题发挥"。她在序言中特意写道："不知道为什么有人一定要殚精竭虑虚构出一个故事，说毛泽东曾经去访问过鲁迅，为此还争论不休。在延安时，我有时也有和毛泽东同志谈话的机会，谈过上海的左翼文艺运动，也谈过鲁迅，但从来没有听见他讲起见过面的事。假如见过面，我想总有一次要提到的。当然，我那时也没有正面问过他。我不问，正好是因为我认为不必问，不成问题，这里不存在任何需要询问的问题。"（《鲁迅与共产党人漫记》，武汉大学出版社1986年12月版，第3—4页）丁玲的上述回忆，可以跟许广平、冯雪峰等人的回忆互相印证。

几乎在制造"毛泽东拜会鲁迅"神话的同时，沈鹏年又于1986年在南京《文教资料简报》第4期发表了一组访谈资料，披露了一个前所未闻的"爆料"：北平沦陷时期周作人是根据共产党方面的意思站到前台来出任伪职的。这样一来，周作人的汉奸生涯就变成了他从事地下工作的光荣历史。沈鹏年的依据主要有三条：

一、沈鹏年在《文教资料简报》发表了一篇经他和另一人记录整理的《周作人出任伪职的原因》，口述者为20世纪40年代曾任中共北平特委书记的王定南。文中说，为抵制北平的汉奸中最反动和最顽固的缪斌，他同意非党爱国人士何其巩、张东荪的意见，建议由周作人出山担任华北教育督办。这也就是说，周作人出任伪职是秉承中国共产党的意旨。

二、同期刊物还刊出了沈鹏年和另一人记录的《袁殊同志谈周作人》。文中写道："谈到周作人问题，袁殊同志说，听潘汉年同志谈起，周作人同党内有不少关系。""袁殊同志强调地指出：'周作人不是汉奸。他还记得去北平时，特地到八道湾去看周作人。'"文中还谈道："当日本作家片冈铁兵在东京大东亚文学家大会上'扫荡'周作人时，潘汉年指示党内同志在《新中国报》和《杂志》对周进行声援。"

三、事隔14年之后，2000年《文教资料简报》第3期又刊出了一篇署名葛鑫的文章《关于"周作人史料"的争议问题》，摘引了《〈毛泽东著作选读〉新编本的特色和意义》一文，说"中央有关部门"和"中央负责同志"要给周作人平反，而中共中央文献研究室的负责同志修订《毛泽东著作选读》中有关周作人的注释正是根据这一精神进行纠偏。

为了澄清沈鹏年等人的说法，由我担任主任的鲁迅研究室在1987年11月12日召开了一次"敌伪时期周作人思想、创作研讨会"。姚锡佩同志邀来了许多敌伪时期跟周作人有过接触、交往的人士，加上专家学者，共40余人。有关领导部门对于这方面的研究动向十分关注。胡耀邦同志十分谦虚地表示，他读书不多，对周作人还不甚了解，特派当时在中央统战部任职的陶斯亮同志来馆了解情况。中央有关部门的负责同志对这次会议所取得的成果给予了积极评价。

经过我的调查研究，真实的情况是：一、1986年3月17日，沈鹏年以编写邯郸起义的电影剧本为名，到太原采访时任山西省政协副主席的王定南，借机询问周作人出任伪职的情况，并做了不符合王定南原意的记录。1987年11月8日王定南给我的信中说：

> 沈鹏年、×××给我来信和沈来访说是为写邯郸起义电视剧本，他们说为了写剧本要了解我参加革命的经历做参考，并说他们写我的材料在发表之前一定送审阅。
>
> 看来他们说写邯郸起义电视剧本是假，为周作人当汉奸翻案是真。沈在写和我谈话纪要中加进他们意思的话，我看了认为不符合事实叫沈删去，沈当面答应，背着我不仅不删去加进他捏造的语句，反而大肆宣扬予以发表，发表之前又未送我审阅。事实说明我叫他删去那一段正是他要伪造的关键，他当然知道如果他把他捏造写出的文章送我审阅，我仍将删去。

在写此信前后，王定南还在1987年2月20日的《山西政协报》上发表了《我对周作人出任伪职一事的声明》，在同年出版的《鲁迅研究动态》第6期发表了《〈周作人出任伪职的原因〉发表前后》，多次指出沈鹏年整理的访谈记录"内容严重失实"。他明确表示："当时北平地下党组织并没有专门讨论过周作人的问题，没有分析过他的政治状况，没有利用周作人为我党工作的意思，也没有指示谁去跟他接触。"这四个"没有"的排比句，有力地澄清了事实真相。

二、我认真收集了潘汉年的杂文，发现潘汉年在《身在曹营心在汉》和《周作人的思想根据》等文中，曾指出周作人堕落为汉奸绝非偶然，并对周作人在抗战胜利之后为自己辩白进行了辛辣讽刺，可证潘汉年对周作人附逆的态度是声讨，而不是声援。又经上海电影局党委派人向国家安全部老干部袁殊进行调查，袁表示沈鹏年整理他的"谈话纪要"，"在关键问题上都是捏造的"，并痛斥了沈鹏年。

三、2005年1月18日上午10时，我打电话采访中央文献研究室原副主任龚育之。他明确告诉我："葛鑫摘引的《〈毛泽东著作选读〉新编本的特色和意义》一文是由他执笔的，跟逄先知同志联名发表于1986年9月9日《人民日报》。"他说："当时中央负责同志只是对修订《毛泽东选集》注释有一些原则性的指示，根本没有具体涉及周作人的历史问题，更没有任何领导人说过周作人跟共产党有联系。我们只是感到过去的注释承担了过多的任务，所以当时在修订工作中只突出跟原文有关的内容而不作全面评价，注文也力求全面地、客观地反映人物的主要情况和经历，避免下过多的政治断语。后来有人对周作人注释条目断章取义，只引前一部分，说他是散文家，而有意抹杀后一部分揭露周作人附逆的内容。这不符合我们的原意。有人说中央某领导要给周作人平反，这是毫无根据的。"为慎重起见，龚育之同志还利用春节休息之机，跟他的同事逄先知、吴正裕还有曾宪新、陈铭康进行了联系，他们是当事人，都证实了龚育之回忆的准确无误。在此基础上，龚育之在同年2月21日撰写了《毛选注释上的周作人》一文，先后在《中华读书报》和《人民政协报》刊登。这篇文章，可以跟我的电话采访记录相互印证。同年7月，王锡荣所著的《周作人生平疑案》一书由广西师范大学出版社出版发行。经我联系，龚育之又同意将《毛选注释上的周作人》作为该书序言。至此，沈鹏年在周作人附逆问题上制造的谎言又被彻底戳穿。

在跟沈鹏年反复辩难的过程中，我有以下几点深切体会：一、文史领域作伪者为了达到作伪的效果，必须要有一定的相关学识；正如赝品制造者大多是能工巧匠一样。如果是草包一个，制造的赝品就不可能乱真。但谎言必有漏洞，迟早必定穿帮。二、文史领域作伪者的惯用手法是真伪杂糅，以真掩假；而伪造已故者的口述资料则是一种惯用手段；靠死无对证欺蒙一部分读者。三、伪造的文史资料总会受到个别追求争奇骛怪效应的媒体的青睐。这些媒体一旦刊发伪作之后，往往会跟作伪者结成利益同盟，而对辨伪者持拒斥态度。这表明，媒体虽有舆论监督的职能，但本身也应接受舆论监督。四、作伪者如动机不纯正，就绝不可能承认错误，修正错误，只会在特定情况下被迫有所收敛；一旦认为气候适宜，又会故态复萌。前些年沈鹏年在《绍兴鲁迅研究》上再度制造谎言，居然说丁玲只是"左联"机关刊物《北斗》的挂名主编，"实际主编是以群"。我在《警惕阅读陷阱》一文中再度予以揭露。由此可见，作伪者积习难改，对于作伪乐此不疲，因而辨伪的任务也就未有穷期，丝毫不能懈怠。

行文至此，想起有些关爱我的人常建议我少写一点应景文章，多留一些传世之作。这种盛情令我感动。我曾回应："我有自知之明，即使我皓首穷经，笔耕不辍，也成不了托尔斯泰、司汤达。"但如果有人再问，在有限的拙作中，哪些篇什会有较为长远的意义？那我会毫不谦虚地说："驳斥沈鹏年的文章就是。"我当年批驳沈鹏年的5篇长文均已收入《鲁迅史实求真录》一书，1987年由湖南文艺出版社出版。近年写的数篇则散见于《人民政协报》等报刊。我希望待我跟沈鹏年的相关文章都过了版权保护期之后，能有"好事之徒"将其结集出版，两相对照，那肯定会成为中国当代辨伪史上的一组重要史料。拜托了！

应该说，我跟沈鹏年的论辩基本上是成功的。目前在中国现代文学研究界，已没有任何严肃的学者会再相信他的忽悠。沈鹏年也从来没有写文章直接对我进行反驳。2009年3月，沈鹏年在上海三联书店出版了他的文集《行云流水记往（上、下）》，作为他"写作生涯六十年"的总结。他虽然在《后记》中仍把自己的错误转嫁于他人，但他那些被我批驳的文章一篇也没有收入。然而，2008年发生于我跟韩石山之间的那场论争，可以说我是被推到了被告席上，蒙羞受辱而得不到应有的支持。是我的讲演真出了什么错吗？在此先回顾一下事情发生的经过。

2003年12月28日，中国现代文学馆研究员傅光明邀我到该馆做一次讲座，讲题自定。当时该馆正准备跟中央电视台第十频道《百家讲坛》合作，搞一个关于鲁迅的系列节目。后来由于某些原因，这次合作流产，我的讲演也没有机会播出。

我自选的讲题是《假如鲁迅活到今天——鲁迅的文化遗产与当代中国》。1941年10月18日，为纪念鲁迅逝世5周年，许广平在《上海周报》第4卷第17期发表过一篇文章，题目就是《如果鲁迅还在》。1946年，上海《文艺春秋》杂志也举办过"要是鲁迅先生还活着"的笔谈。为了经典的传承，近些年鲁迅研究界一直强调挖掘鲁迅作品的当代意义。有学者说，鲁迅研究应该在积极意义上参与当今的时代，跟当下社会生活相互激荡，更自觉更积极地回应新时期提出的现实问题。2011年是鲁迅诞生130周年，在绍兴举行了鲁迅国际学术研讨会，中心议题就是"鲁迅：经典与现实"。我非常赞同研究鲁迅的当代意义。万没料到会有人认为："不论是'假如鲁迅还活着'抑或是'假如张三、李四还活着'之类的命题，无异于痴人说梦，过过嘴瘾而已，屁意义也没有。"

(《山西文学》2004年第12期，第83页）

  由于这次讲演有可能在中央电视台播放，而中央电视台又要求录像之前先交一份讲演提纲，所以我力求慎重，使讲演的内容既有鲜明的现实针对性，又尽量避免片面性。我的主要论点是：

  一、"假如鲁迅活着"，看到今天建设有中国特色社会主义所取得的辉煌业绩，一定会为之欢欣鼓舞。我作以上假设的学术依据有两点：首先，鲁迅是一位平民作家，毕生为现代中国人的生存、温饱和发展而呐喊。他如果看到广大民众的生活水平的确得到了不同程度的提高，怎能不发自内心地高兴呢？其次，鲁迅后期是一位具有鲜明社会主义倾向的作家。他如果看到建设有中国特色社会主义的阶段性成果，怎能不发自内心地高兴呢？

  二、"假如鲁迅活着"，也会对当前贫富差距扩大的趋势表示忧虑和关注。依据是鲁迅生前曾酝酿写一篇关于"穷"的杂文，他认为"个人的富固然不好，但个人穷也没有什么好。归根结底，以社会为前提，社会就穷不得"。

  三、"假如鲁迅活着"，对于两个文明建设过程中出现的"一手硬、一手软"现象肯定会不以为然。因为鲁迅文化活动的宗旨就是改造国民性，提升中国人的精神境界，净化和重铸中国人的灵魂。

  四、"假如鲁迅活着"，对当前的文艺状况应该是欣慰之中有隐忧。因为鲁迅强调文艺"是引导国民精神的前途的灯火"，而当前文艺界的确存在世俗化乃至恶俗化的弊端。

  我在讲以上四点时，谈"辉煌业绩"的部分只有11行约300字，而针砭时弊的文字却多达230行约6400字。这有我公开发表的讲稿为证，有现场的录音录像为证，网上也随时可查。但韩石山说，他只在网上看到了前面的11行，却没找见后面的230行，于是便抡起"文坛刀客"的快刀，朝我劈头盖脸地一顿乱砍。2004年4月1日，他在上海《文学报》发表了一篇文章，题为《鲁迅活着会这样吗？》。在他的笔下，我成了一个"无常识""昧良心"，只会说"大话""空话"的不可救药的"御用文人"，是在摆出作政治报告的架势对现实进行"无节制的歌颂"。韩石山只允许人们按照他的逻辑作另一种"假设"，即如果鲁迅活到1957年必然成为"右派"，如果活到"文革"时期铁定会被打死……与此同时，他还对中国的整个鲁迅研究界进行了否定，认为他们可悲可笑，成果大多是废品，其原因是只会顺着毛泽东论鲁迅的"竿儿往上爬"。行文至此，偶阅2010年7月24日《新京报》，报道美国农业部佐治亚州农村发展部黑人女官员雪莉·谢罗德的讲话被断章取义，使她这个"种族和谐"的倡导者被歪曲成了"黑人种族主义者"，乃至被迫辞职。事实真相澄清后，美国政府迅速修正错误，奥巴马总统亲自打电话道歉，读后不禁感慨系之。

我11行300字的议论竟然导致了如此严重的后果，这的确是我被"打上一顿，也不会明白的"。我原以为，对改革开放的成就与失误可以进行具体分析，更以为"假设"可以成为一个众说纷纭的轻松话题。比如鲁迅推崇的英国浪漫主义诗人拜伦为帮助希腊独立，于1824年病逝于梅索朗吉昂沼泽地，至2010年已有186年。对于"如果拜伦他还活着"的问题，不同人历来各有不同的假设。据马克思的女儿回忆，马克思认为拜伦如果还活着，很可能成为一个"反动的资产者"，但马克思的研究者柏拉威尔教授却怀疑这一回忆的真实性。有些英美学者认为拜伦如不死于1824年，他有可能成为希腊的国王或总督，另一些学者则认为这位行吟诗人会浪迹天涯，移居南美或到神秘的中国旅游。这些假设从不同角度丰富着拜伦的形象，增添着拜伦的魅力，使之成为说不尽的拜伦。提出不同假设的学者之间决不会出现剑拔弩张的关系。因此，我当时对于挨批的原因百思而不得其解，又缺乏"尽任他人说短长"的雅量，于是就写了两篇答辩的短文，一篇题为《鲁迅活过来不会这样吗——教韩石山学"假设"》，另一篇题为《我也来谈鲁研界——驳韩石山〈鲁研界里无高手〉》。打印之后，我一稿两投：一投韩石山主编的《山西文学》，同时投给我们单位的《鲁迅研究月刊》。因为拙作《山西文学》如不刊登，还有《鲁迅研究月刊》可以托底。不料我忙中出错，把鲁迅博物馆的几张空白信纸当成文章的打印件邮寄到了《山西文学》。我这次犯的老年痴呆症再次惹出大祸。韩石山说，我共寄给他8张信纸，第一张是一封短信，另外7张是特殊的文件用纸，其用意不仅是表达"不屑一辩"，而且是用"红头文件"来吓唬他。他在《再不要发生这样的事》一文中明明白白援引了我短信的原文——"韩主编：寄上拙文两则，希望能在贵刊发表，即请编安。陈漱渝 4月21日"但仍咬定我是把这一沓子空白信纸当成了"拘捕令"。更令人匪夷所思的是，居然有一些人会相信韩石山离奇的说法，也拿这几张空白信纸说事，说我想把韩石山送进"局子"。

在我跟韩石山进行文字论辩的过程中，他是发难者，我是挨批者，这是显而易见的。不过，无论说我"无常识"也好，"昧良心"也好，"真没救了"也好，都仅限于对我个人的攻讦。然而，他2004年4月6日在《西安晚报》发表的《鲁迅活过来会这样吗》一文确实是太过分、太离谱了。他说，听了我的假设，"我除了说陈先生'三个代表'学得好之外，什么话都不敢再说了"。我是一个在历次政治运动中累累受到伤害的人，所以我对于政治性的攻击特别敏感，也特别反感。于是一时冲动，决定将《西安晚报》告到省、市委宣传部。虽然我对全国政协信息局有过口头和书面表示：我的目的并不是要求对有关责编进行行政处理，而只是希望该报吸取应有的教训，今后在发稿时能坚持原则性和严肃性。后来在致《西安晚报》副刊部的信中，我也明确表示，我的本意绝非要求有关部门处分某位素昧平生的有关责任人，"我仅仅希望贵刊能真诚从这件事中吸取必要的教训，即在学术论争中严守学术规范，不能对任何一方进行政治性的羞辱及其他方面的人身攻击"。但由于我填写政协委员反映社情民意用笺时正在盛怒之下，握笔的手都在颤抖，而这张用笺只有6行空白，所以我没有对我的意见进行周全表白，而是简单写上了"在党报上公开拿'三个代表'当调侃佐料，显然违反了宪法和党章，应予查处"的字样。

此后的事态发展就像一场"击鼓传花"游戏：有关方面将我的短笺转给了陕西省委宣传部和西安市委宣传部，西安市委宣传部将用笺的复印件用传真机传给了《西安晚报》，报社转给了文艺部，文艺部转给了责编，责编再用传真机传给了该文作者韩石山。很快，一颗重磅炸弹就在2004年《文学自由谈》第5期炸响了。这就是韩石山的名文《再不要发生这样的事》。这样一来，我跟韩石山之间的论争就变成了"一场迫害与反迫害的斗争"。虽然我并没有状告韩石山，而只是状告《西安晚报》，但我在一篇杂文中仍变成了20世纪30年代"呈请通缉堕落文人鲁迅"的国民党党棍许绍棣，而韩石山却立即成为特立独行的民主斗士，相当于当年被迫害的鲁迅。

实践证明，我在冲动之下采用的方式是错误的，我给有关宣传部门的短信不仅解决不了问题，反而引起了知识界的反感，结果自受其害。韩石山在同一篇文章中有两点表示：一、他拟近日内向全国政协、国家文物局（鲁迅博物馆属国家文物局管辖）写信，希望上级部门能对我加强教育和管束。他主编的《山西文学》2004年第12期刊登了一篇长文《剩纸耶，圣纸耶？》，说我向政协信息局反映意见是"诈行"（即欺诈行为），要求有关领导部门对我进行查处，"给广大国民一个公正说法及处理意见"。但我没听说有人认为他这些做法是借助权力机构迫害论争对手。二、在该文结尾，韩石山信誓旦旦地写道："往后除了公安部门来人外，关于此事，我不再说一句话，不再写一个字。"显然，从那时到现在绝对没有发生过公安部门到韩石山寓所进行拜访之事，但韩石山却又连续发表了一批攻击我的文章，包括他以方仲秀为笔名在2005年《文学自由谈》第1期发表的《想起一件类似的往事》。不仅如此，他还出了一本书，书名就叫《谁红跟谁急》，书中骂得最不堪的就是敝人。

我如实承认，跟韩石山论争是我生平一大糗事。我在论争中陷入泥坑难以自拔，完全是因为我高估了自己，低估了对方。

所谓"高估了自己"，首先表现在我选择了一个力不胜任的讲题。既然中国当代有不同利益的阶层、群体和社会集团，对当代中国当前的现实状况必然有不同的评估。在多元化的语境中，要想自己的讲演取得广泛的共识完全是不可思议的事情。我在这场论争中感到，韩石山以及支持者对我讲演的全貌丝毫也不感兴趣。他们对我的批评并非着眼于学术，而是着眼于对现实的评价。比如香港有一份《动向》杂志，2004年第6期发表了一篇支持韩石山的文章，署名大陆柏信，断言鲁迅过不了反胡风、"反右"和"文革"这"三关"。文末写道："假如陈先生不是胡扯，鲁迅真的躲过了'三关'活到今天，他一定会大声疾呼——要民主，要自由，反对独裁！"一场原本可以在学术领域进行的争论，就变成了以韩石山为代表的"觉悟者"跟以我为代表的"不觉悟者"之间的意识形态交锋。

所谓"低估了对方"，就是把韩石山当成了一个可以与之论理的文人。其实，在当今的文坛上，韩石山可谓是一位所向披靡的战将。他批评谢冕，批评韩少功，批评汪曾祺，批评鲁迅，批评余秋雨，批评柯灵……越批评，他的人气越旺。在题为《文学批评的学识与勇气》的讲演中，韩石山踌躇满志地坦陈了自己的"文坛登龙术"："有时候人的名声，都不知道是怎么来的。十年苦读无人问，一举成名天下知。我写小说，写了那么多年，写散文，写了那么多年，那都是我精心撰写的呀，但没有人理。这个社会就是这么不公道。你老老实实做人，勤勤谨谨过日子，没人理你，也没人知道你。你发上一次横，撒上一次泼，嘿，成了，都说山西还有一个韩石山，韩石山居然能写出这么好的文章！从这件事上，也可以看出，中国的文坛不是一个健康的文坛……"（《韩石山学术讲演录》）不过，韩石山批评的威力绝不止于"发上一次横，撒上一次泼"，而且还表现在他有非凡的组织能力，善于调动一切跟我有过过节的个人和媒体，在最短时间就形成了一个颇为壮观的"反陈联盟"。他在那篇著名的"讨陈檄文"中，居然援引了一份鲁迅研究会四位理事的"紧急建议"，以此证明我"品行不端"。现在，鲁迅研究会内部的风波已经烟消云散，那四位理事中的两三位又已经跟我恢复了昔日的友谊。在这本自传前面一节，我专门回顾了鲁迅研究会的那段历史，对此有兴趣的读者可以参看。

更为可怕的是，韩石山当时不仅是《山西文学》这份刊物的主编，而且跟某些报刊有着相当密切的联系。天津有一家《老年时报》，一方面刊登《编者按》，说"本报不拟介入这场论争"，另一方面却连篇累牍刊登"挺韩批陈"的文章。有读者来函要求转载我的讲演，以便全面了解真相，该报立即宣布我的讲演"无转载必要"，对我的批判戛然而止。这就是说，在该报开展的论争中，我只有挨批的义务，而没有还嘴的权利。这使我想起了鲁迅的一段话，说现在的报刊"对强者它是弱者，但对更弱者它却还是强者。所以有时虽然吞声忍气，有时仍可以耀武扬威"（《且介亭杂文二集·论"人言可畏"》）。我写过两篇主要的反驳文章：一篇题为《一场罕见的文坛论争》，另一篇题为《请看媒体如何糟践作者》，都没有得以刊出。有些文章得以发表，也是付出了极大的努力。

我在"黑云压城城欲摧"的人生境遇中，也从一些素昧平生者那里得到过友情的声援，如天津的谢发宝、王树，太原的刘振华……但能"不识时务"挺身为我仗义执言的，只有上海外国语大学教授陈福康。他一连写了两篇有理有据的文章，一篇题为《我观韩、陈、邵之争》，另一篇题为《再为陈漱渝辩白几句》，都发表于《文学自由谈》，真可谓空谷足音。鲁迅曾感慨"中国一向就少有失败的英雄，少有韧性的反抗，少有敢单身鏖战的武人，少有敢抚哭叛徒的吊客；见胜兆则纷纷聚集，见败兆则纷纷逃亡"（《华盖集·这个与那个》）。福康绝不是那种见败兆即逃亡者，我会对他永怀感念之情。

现在写到了我这本自传中最不乐意书写而又无法绕开的一部分，即围绕《鲁迅与我七十年》一书展开的论争。中国有一句俗话："爱屋及乌。"更何况我跟该书作者此前的交情并不算浅，他也书面表示我"曾经"是他的朋友，所以我确实不愿意对这本书进行评价；事实上，我至今也没有对这本书进行全面评价。但也许人生真有因果定数，我仍然被卷进了跟该书作者的矛盾旋涡之中。

所谓"卷进",说明我完全是出于被动。产生矛盾的序曲是:2001年,是鲁迅诞生120周年,时任《纵横》杂志主编的张建立约我写一篇谈《鲁迅全集》版本的文章,以为纪念。我当时要赶赴日本参加日本中国学会年会,便把这件事委托给了鲁迅研究室副主任刘丽华。后来由于约稿重复,张建立又将此稿转给了《人民政协报·春秋副刊》。我原以为写这种史料性的文章不会招惹什么是非,又因为忙,所以当时未看原稿。不料11月1日,我收到了海婴先生10月31日的一封短信,写的是:"……听说你外出即返,辛苦了!……贵研室刘丽华在《政协报·春秋副刊》(10月26日第40期)写了一篇《〈鲁迅全集〉共有几种》文章,不知出国前阁下看过原稿没有?她是否是'奉命之作'?我看了此文,觉得不公正,完全站在人文社(按:指人民文学出版社)立场,疏忽我母亲具有编辑版权(沈仁干专家认定的),还遗漏重要内容。对我极大(按:着重点为原信所加)伤害!"我看完此信,如五雷轰顶,感到真是祸从天降。我跟刘丽华都不知道当时海婴先生跟人文社之间有什么分歧。直到时隔9年之后,我打电话向人文社办公室主任王海波请教,才知道海婴先生认为许广平拥有《鲁迅全集》的编辑权,而该社则认为许广平至多只拥有《且介亭杂文》《且介亭杂文二集》《且介亭杂文末编》《集外集拾遗》这四本杂文集的编辑权。我跟刘丽华都不是版权专家,当时又都毫不知内情。如果要我们来承担"极大伤害"海婴先生的责任,那真是上演了21世纪的一出新的《窦娥冤》!

2002年9月,我又被裹挟进了另一场更大的纠纷。9月8日上午,我接到了《文艺报》主编的电话,说该报准备发表一篇质疑《鲁迅与我七十年》的文章,要我在史料方面帮他们把把关,避免出现硬伤。我明知此事易惹麻烦,但由于该主编曾经待我甚厚,我为人处世又常秉持"厚于私而薄于公"的理念,因此推脱之辞实在难以启齿。心想,反正发表与否权在报社,观点正误责在作者。我只是反复叮嘱对方,不要说出我介入了此事。对方表示绝无问题。9月9日,我收到了该报副主编的来函,再次表示:"请您放心,我们对此绝对'缄口不言'。这也是诚信问题。"于是,这篇题为《爱护鲁迅是我们共同的道义》一文的校样就通过传真机传给了我,我在指出该文史实上的一两处小疵之后,又传回了对方。就这样,这篇署名秋石的文章在2002年9月17日《文艺报》的《理论与争鸣》栏目以整版的版面刊出了。其时,我还不知道"秋石"是何许人,不仅跟他不是朋友，而且素未谋面。但对他质疑"关于鲁迅的死因"和"关于毛罗对话"，我是有共鸣的。我应邀在"广州讲坛"讲《当前鲁迅研究的热点问题》时，也涉及了这两个问题，只不过我不愿意撰写专文进行商榷罢了。但很快就接到了海婴先生的电话。他问："听说秋石的文章是你把关的？"（后来有一位博士也在他编的书中说"秋石的文章在发表前经过北京某研究机构的资深鲁迅研究专家审阅"。）我说："此言过重了，谈不上把关，我只是应《文艺报》的要求对该文涉及的史实谈了一两点小意见，登不登完全不取决于我。"我非常纳闷，保证"缄口不言"的事情怎么这么快就会传开？后来一打听，才知道那位主编在香港碰到了一位北大的资深教授，他与这位教授也是朋友，那位教授对秋石文章的观点和文风都持不同看法，主编脱口而出："这篇文章曾请陈漱渝看过。"接着，教授就以最快的速度打电话把这件事传给了海婴先生。这样一来，我跟海婴之间就产生了更深的隔阂。有一句名言："吾爱吾师，吾尤爱真理。"我想对朋友亦应如此。但在眼下的人文环境中，这句名言似乎变成了迂腐之论。

我为什么会对"鲁迅的死因"和"毛罗对话"这两个问题同样持质疑态度呢？下面我分别进行叙述。

1949年10月19日，鲁迅三弟周建人在《人民日报》发表过一篇短文：《鲁迅的病疑被须藤所耽误》。须藤，指1934年至1936年为鲁迅看病的日本主治医须藤五百三。标题中的"疑"字表示仅仅是"怀疑"，而不是断语和结论。"耽误"即延误，跟政治谋害也不是同一个概念。建老说，上海"一·二八"战事之前商务印书馆一位叫赵平声的人提醒他，给鲁迅治病的须藤医生不大靠得住。然而，"一·二八"战事发生在1932年，当时须藤尚未给鲁迅看病，完全不存在"靠得住"或"靠不住"的问题。此后，建老将他回忆鲁迅的文章编选成《略讲关于鲁迅的事情》和《回忆鲁迅》两书，均未收入此文。建老的家属选编《回忆大哥鲁迅》和整理建老的口述史《鲁迅故家的败落》，同样未收此文，未提此事。这难道是偶然的疏忽吗？然而到了《鲁迅与我七十年》一书中，这件事就变成了一个"亮点"和"卖点"，使我不禁有几分疑惑。

1984年，围绕鲁迅死因问题曾引发一场风波。当年4月5日，南京图书馆的纪维周先生在《周末报》发表了一篇《揭开鲁迅死因之谜》。文中以武术大师霍元甲之死进行类比——霍元甲是比武负伤后"被日本医生谋害"；又援引了鲁迅去世不久周建人收到的一封密信，推测"鲁迅不是死于肺病，而是被日本医生所谋害"。这篇文章在日本的鲁迅爱好者中引起了很大反响。6月4日，日本《朝日新闻（夕刊）》发表了福井县立短期大学内科学教授泉彪之助的文章，他对非难须藤医生的观点提出了异议。6月14日，《朝日新闻（夕刊）》又刊登了京都大学教授竹内实的文章，他认为对须藤医生的怀疑反映了当时中日关系的险恶。泉教授是一位忠厚严谨、没有任何政治背景的学者，对跟鲁迅有关的医生和鲁迅作品中的涉及医学问题进行了系统研究，特别是对须藤医生进行过专门的调研，并编撰过《须藤五百三年谱》。我对他的研究成果是信任的。竹内实先生更是一位长期致力于中日友好的著名汉学家，绝不是那场侵略战争的辩护士。我敬重的其他日本著名学者，如丸山昇教授、北冈正子教授、藤井省三教、岸阳子教授，对这个问题也都持同样看法，即鲁迅家属和其他研究者对须藤医生的诊断提出质疑或批评都是可以理解的，但提出"政治谋杀说"则缺乏应有的法律证据。根据我的研究，所谓须藤医生代表日本政府邀请鲁迅赴日疗养和鲁迅出于政治警觉断然拒绝的说法，也完全不能成立。

我完全记不清是哪位日本朋友将1984年日本报纸上关于鲁迅死因的讨论文章寄给了我。我历来是一个对史料——包括海外鲁迅研究感兴趣的人，但我完全不懂日文，便请鲁迅博物馆的同事王惠敏女士将这几篇短文译成了中文。正巧，7月21日的《团结报》发表了署名蔡琼的《鲁迅先生并非死于肺病》一文，重复了一些纪维周文章的内容。8月初，《团结报》文史版的编辑全灵来电话，说该报刊登蔡琼的文章不够稳妥，特约我写一篇相关的文章以正视听。全灵是我的同乡好友，对她的要求我同样难以推托。8月2日，我打电话征询海婴先生的意见。他当即委托我说明："纪维周的文章，对鲁迅死因进行推测，但未提供任何新的确凿的史料，不能代表中国鲁迅研究界的看法，也不代表我本人的看法。"我根据有关剪报资料和海婴先生的答复，撰写了《日本读者对于鲁迅死因的看法》这篇名副其实的客观报道，内容分为三个部分：一、讨论的起因；二、日本读者（主要是泉彪之助和竹内实）的反应；三、海婴先生的电话答复。至于我个人的意见，通篇一个字也没有。我的文章由8月25日的《团结报》刊出。编者加了一个简短的按语。由于拙文转述了海婴先生的意见，引起了日本《朝日新闻》的重视，讨论由此终止。后来，我又请王惠敏将当年8月26日《朝日新闻（朝刊）》和9月12日《朝日新闻（夕刊）》的两篇报道译成中文，附录在我在《团结报》发表的那篇报道之后，收进了1987年9月出版的《鲁迅史实求真录》一书。这本书循惯例赠送给海婴先生求教。从那时到《鲁迅与我七十年》出版之前，海婴先生从未对我的那篇报道提出异议，更没有斥责我的做法是"假传圣旨"。

我同样没有感到，1984年围绕鲁迅死因的那场讨论影响了我跟纪维周先生的关系。在我的印象中，纪先生长期为读者提供关于鲁迅研究的书目和篇目，功不可没。我当时主持《鲁迅大辞典》第八分册的编撰工作，而纪先生正在编一部《鲁迅研究书录》，需要到北京图书馆增补一些资料，就将他借调到了北京，安排住在鲁迅博物馆西小院。鲁迅博物馆的接待条件有限，纪先生生活又十分简朴，为了给他改善生活，我跟我的同事还利用休息日请他到王府井有名的餐馆"东来顺"吃涮羊肉。我还催促我的恩师李霁野为该书写一篇序言。1987年7月，该书由书目文献出版社出版。纪先生在《编后记》中感谢了18个帮助他的人，其中也有我的名字。1988年1月12日，纪维周又在该书扉页上签名钤印，邮寄给我"惠存"。1998年深秋，我利用到南京开会之机，到福贵山探望了重病中的戈宝权先生，为我带路的就是纪维周先生。一直到《鲁迅与我七十年》出版之前，纪先生为了出书还多次跟我联系。在这里，我并非为了某种目的而跟纪先生强攀交情，而只是说明，虽然1984年发生了那场讨论，并没有影响我跟他的正常交往。我跟他之间更不存在"迫害者"与"被迫害者"之间的紧张关系。

然而，2001年4月情况发生了令人难以置信的变化。有一个叫张震麟的人在《新闻广场》第4期发表了《是谁言不由衷》一文，其中有一段极其不负责任的文字："先是有鲁研界人士将日本报纸上的文章译成'内参'向上级报告，指出纪文'有碍中日友好'，'必须设法消除不良影响，以正视听'。接着，上海和北京的报纸上就陆续出现了鲁研界权威人士的批'纪'文章；'大人物'一发话，于是，有关方面出面找了当时的报社负责人和作者谈话，指出此文错误的严重性，要做出深刻检查。"听文章的语气，这位张先生似乎是一位洞察内情的人，对这件事的来龙去脉都了如指掌。我公开质问：他暗指的鲁研界那位投书告密的人士究竟姓甚名谁？他看到的是哪个党政系统的"内参"的？他是以什么身份或凭借什么关系读到这些"内参"？我要求他公开回答上述问题，使那位借助"内参"向"大人物"打"小报告"的鲁研界人士暴露于光天化日之下，受到万人唾弃。结果当然是不得要领。2002年，还有人试图以江苏鲁迅研究会的名义对我施加压力，当然也不会如愿以偿。与此同时，南京鲁研界出现了一种流言：陈某人是安全部的。

解铃还靠系铃人。2010年7月26日上午9时，我给当年约我为《团结报》撰文的全灵女士挂了一个长途电话（全灵退休后长期旅居日本，后回湖南长沙定居），问她事情的由来。她说，她所了解的情况其实很简单。1984年7月21日，《团结报》在《读者评报》专页刊登了一篇蔡琼的短文，重提了对须藤医生怀疑的往事。日本《朝日新闻》一位驻京的男记者给报社来电话，询问刊登此文有无背景。全灵回答说绝对没有。但报社考虑到须藤谋害鲁迅的说法毕竟没有铁证，感到发表蔡琼的文章不很稳妥，便找我写篇文章打个圆场。她之所以找我，无非是因为我是她的同乡、朋友，《团结报》的老作者，又在鲁迅研究室工作。我的文章刊登后，这场风波就平息了。他们也不了解《朝日新闻》为什么对这件事如此敏感。我问这件事的前后，报社受到什么批评，承受什么压力没有，全灵回答说"一点也没有"。

关于我文章中转达的海婴先生的意见，跟《鲁迅与我七十年》的态度不尽相符。据说，南京周正章先生通电话询问海婴先生。海婴先生的回答是："我是鲁博鲁迅研究室的顾问，对于研究人员提出的问题，是经常与之探讨的。有一天陈漱渝给我打电话，问到纪维周文章的事。我说不知道，没有看过。陈向我介绍纪的看法并问能代表我的看法吗，我说纪维周的文章写之前没有和我联系过，怎么能代表我的看法呢？电话中陈漱渝没有把问题说得严重，也没说做什么用，他的文章发表之前，也没有给我看过。"（《鲁迅世界》2003年第4期）这是经过一番深思熟虑之后的巧妙回答。不过我还是应该感谢海婴先生，他毕竟还承认我向他介绍过纪维周的观点，并征询过他的看法；他毕竟还承认当时确曾表示过纪维周的看法不能代表他的看法。他说我没有把问题说得很严重，这也是实情，因为我始终没把这个问题看得很严重。直到有人把我诬为有本事惊动"大人物"的"告密者"，这个问题才确实变得严重起来，因为这种手段已经超出了学术争鸣的范畴，侵犯了中华人民共和国公民神圣不可侵犯的名誉权！

不知是否有人鼓动，纪维周先生随之发表了一篇《"鲁迅死因"引起的一场风波》，痛陈他当时受到的"不公正的批判"，包括报社编辑找他谈话，单位领导对他指责，还有文化部门派专人多次对他"审问"。我并不完全怀疑纪维周的陈述，我也历来反对对学术问题上纲上线。但我需要表白的是，我除开应《团结报》之约写过那篇短小的客观报道之外，没有再写过任何批判纪维周的文章。就是在那篇报道中，不但没有我"放手批驳"纪先生的文字，而且没有出现过我批评纪维周的一句话、一个字。纪先生应该抓紧搞清楚的是：当年单位领导对他进行批评，究竟是秉承我的旨意，还是另外听到了什么精神或批示？当年报社和单位批评他的人应该大多健在，了解当时的背景不应该是一件困难的事情。至于文化部门多次对他"审问"，更是可以进行追究，因为法律并没有赋予文化部门以"审问"干部的权利啊！

再谈"毛罗对话"。"毛罗对话"，指1957年7月7日毛泽东在上海跟罗稷南先生的一段对话。对话内容是海婴先生在《我与鲁迅七十年》的结尾部分"再说几句"中首先公开披露的。有意思的是，海婴先生的回忆录约30万字，而"再说几句"只不过是千字文。但这本书中引起较大社会反响的偏偏就是这段千字文。有人说这段文字是全书中的华彩乐章，相当于写作教材中所说的"收豹尾"，是毛泽东对自己鲁迅论的自我消解和自我颠覆。

我老老实实地承认，我对于海婴先生披露的"毛罗对话"也是有所怀疑的。这应该是一件不难理解的事情。据向海婴先生提供"孤证"的贺圣谟说，海婴刚听到这番话时同样是持怀疑态度。海婴说，"他没有听说过这话，他母亲也没有听说过，并且毛主席不大可能说这样的话"。(《"孤证"提供人的发言》，《南方周末》2002年12月5日）就在同一篇文章中，贺圣谟还指出海婴那篇不长的回忆中就出现了不少的错误，如罗稷南的籍贯、卒年、任职，贺圣谟提供"孤证"的时间……海婴先生就通通搞错了。海婴说周谷城也参加了这次谈话，但参加座谈的36位各界人士中根本没有周谷城的大名。据说，有人向亲聆"毛罗对话"的另一位不愿披露姓名的人取证，他回忆毛泽东当时说的是："依我看，依鲁迅的性格，即使坐进了班房，他也还是要说、要写的……"跟海婴转述的文字也大不相同。

2002年12月5日，黄宗英女士在《南方周末》发表了她在"血液循环快要失常"（方进玉、齐简：《听黄宗英说往事》）状态下写出的《我亲聆毛泽东与罗稷南对话》一文，为贺圣谟的"孤证"提供了旁证。有人认为这场争论从此可以尘埃落定，再没有什么可以怀疑的地方了。然而我感到在似乎无疑之处仍然有疑。比如黄宗英提供了当年报社刊登的"毛罗对话"的照片，说"赵丹和我是坐在毛主席身后,照片右角背影是罗稷南,他坐在毛主席的斜对面"。黄宗英细致介绍出席者所坐的位置,是证明她能清晰听到"吓得肚里娃娃儿险些蹦出来"的"毛罗对话"。然而上海一位著名学者斩钉截铁地告诉我,照片右下角的那位根本不是罗稷南,而是他的老师漆琪生。毛泽东对罗稷南提出的"要是鲁迅今天活着会如何"的回答,黄宗英的回忆是"要么被关在牢里继续写他的,要么一句话也不说",贺圣谟的回忆是"无非是两种可能,要么是进了班房,要么是顾全大局,不说话",周海婴的追忆是"要么是关在牢里还是要写,要么他识大体不作声"。上述回忆,看似基本一致,其实还有细微差别。

在史料考证方面,胡适的有些观点给我留下的印象很深。记得这位"存疑主义"的信徒说过"宁可疑而过,不可信而过";又说,"怀疑的态度是值得提倡的。但在证据不充分时肯暂缓判断(suspension of judgement)的气度是更值得提倡的"。我没有足够的材料能否定"毛罗谈话",更没有把客观存在的事实说成子虚乌有的企图。我只是认为,披露领袖言论是一件郑重的事情。对于评价鲁迅而言,毛泽东公开发表的言论和非公开发表的言论,一贯的评价跟个别的提法,庄重的提法和随意的提法,绝不具有同样的意义和价值。曾经对"毛罗对话"进行质疑的还有谢泳先生——他是著名的史料研究家,思想非常开明;陈晋先生——他准备编撰《毛泽东年谱》,掌握了大量关于毛泽东的史料。他们的文章都是书卷气很浓,不是那种专扣帽子、充满火药味的大批判文章。

在这里,我还想表白一点:我对于"毛罗对话"的质疑是纯粹从史料学角度出发的质疑,并不是出于维护领袖权威,更不是为1957年的那场反右派运动辩护。1957年我未满17岁,高中毕业。当年虽然没有在中学生中划右派,但我跟几位同学(如陈赫、李惠黎等)却被人暗中指控为"反动小集团",材料被报到了公安局,其中塞进了一些人的档案。原因是我们以"南柯社"的名义在学校的走廊上贴出了一份题为《鸿雁》的大型墙报,上面有我为流沙河辩护的文章,也有李惠黎批评某位学生干部的《向共青团员一言》……我因年幼无知而被赦免,但有些同学却因此影响了学业,长期受到不公正待遇。所以,我没有对"反右"斗争情有独钟的任何理由。

我对《我与鲁迅七十年》一书的质疑态度使得海婴先生十分不爽。2004年6月9日,《鲁迅全集》修订工作汇报会在王府井大饭店召开,海婴先生作为顾问出席,我照例主动上前向他问好,不料他当众大声说:"你还认识我呀！"2005年11月30日又发生了一件令我做梦也预想不到的事情。这天上午9时30分，"2005年新版《鲁迅全集》新书发布会"在人民大会堂浙江厅举行。全国人大常委会副委员长许嘉璐出席。莅会者除参加这项工作的同人外，还有新闻界、出版界、鲁研界的知名人士。这次发布会本是一个喜庆的、团结的聚会。发言内容应该是围绕介绍新版《鲁迅全集》的特色，研讨出版《鲁迅全集》的意义。不料海婴先生的发言语惊四座。他揭露，有一位鲁迅研究专家，居然在鲁迅国际学术研讨会发表美化"四人帮"的言论（大意如此）。轮到我发言时，海婴先生跟另一位"不齿于"与我为伍的人共同退场，待我发言结束后又重新入席。当场很多学者都目睹了这罕见的一幕。为了顾全大局，我当场并没有予以批驳。会后我给海婴先生挂电话进行解释。接电话的海婴先生说："海婴不在。"电话"啪"一声就挂掉了。我再挂电话，是海婴夫人接的，我想请她转达，她的答复是"你讲了我也听不明白"，电话又"啪"一声挂了。

我想解释什么呢？我要说的是，我在"文化大革命"中九死一生，对"四人帮"充满不共戴天的仇恨！我无论脑子如何进水，也不会公然发表美化"四人帮"、为江青开脱的言论。事实是，2005年9月28日下午，鲁迅博物馆跟日本仙台东北大学召开了一次学术讨论会，主题是"鲁迅研究的起点：仙台的记忆"。当时我已被免去行政职务，又刚从外地返京。主持人出于礼节，要我在会上作一简短的即兴发言。我发言的大意是，鲁迅研究有两条路径：一是把历史还原作为阐释目的研究，这种研究追求客观性，坚信历史是可以认识的一个直观对象；另一条路径是着重于当代意义的研究，不断追求研究对象的学术生长点。但还原历史的原生态并不容易。比如，1981年我在天津人民出版社出过一本书《许广平的一生》，该书第125页有"戚本禹盗取鲁迅手稿"的提法。我对上述写法进行了学术反思，因为我读到了2005年9月23日《文汇读书周报》发表的一篇文章，题为《鲁迅手稿遗失问题真相》，说"戚本禹1967年1月从文化部档案室取走鲁迅手稿，这是'奉命'行事，并给文化部写了收据，而不是'盗窃'"。该文援引了1967年1月14日戚本禹调取手稿时的公开讲话记录："还有一件事要跟大家商量。各派（按：当时文化部不同的造反派组织）都要派人封人事档案和档案室，文化部这里有毛选四、五卷的手稿和鲁迅的手稿，各派观点不同，不稳定，所以中央'文革'小组决定，把手稿交中央'文革'小组保管，大家看行不行？（群众高喊：同意）我今天就为这个任务来的，我现在就把这个材料带走。"我根据这篇文章发挥道："盗窃是暗箱操作，是隐形行为。看到这样的文章，我不禁反思我几十年前写的那本书《许广平的一生》，是不是完全符合历史真实。"我们单位的一位同事不知如何把我的上述发言传给了海婴先生，引起了他的震怒。那位传话人后来告诉我，海婴听到之后说："那我妈妈岂不是白死了！"于是就发生了人民大会堂的那一幕。我感到纳闷的是，我这次发言仅仅限于我个人的学术研究，目的是如何才能使自己的文字表达逼近历史，还原历史，而不是全面探讨一位伟人夫人的死因，更不是对"四人帮"进行政治评价，怎么就会在人民大会堂的庄严集会上遭到伟人之后的声讨呢？于是，我麻烦鲁迅博物馆的资料部调出了我当时发言的全程录音录像，又请陈列部的一位年轻人按录音整理成文，收进了《假如鲁迅活到今天——陈漱渝讲鲁迅》一书中，恭请今天和今后的读者进行裁决。

　　我跟海婴先生见诸报端的文字之争，是2008年初展开的。当年2月2日，也就是刚决定我不再连任全国政协委员之后，我收到了海婴先生的一封来信，他还附了一张剪报，是他在1月31日《人民日报》文艺评论版发表的大作《回忆录蕴藏历史价值——读〈梅志文集〉有感》；同文亦刊载于《鲁迅研究月刊》2008年第2期，标题是《梅志先生文集新书发布座谈会讲话》。文中说："近来有人说'尽信回忆录不如无回忆录'，难道要梅志先生忘却过去？！难道如此惧怕历史的回忆？！"又责问道："我不知道他是普遍号召大家都不要写回忆录，不要信回忆录，不要看回忆录呢，还是写回忆录，写了也不可信。"海婴先生批评的那位"有人"，那位"他"，就是鄙人，因为2007年10月18日我在《人民政协报》发表过一篇短文，题为《鲁迅的"危险"与"好玩"——兼谈回忆录的鉴别》。文中对国民党政府派沈醉组成小组暗杀鲁迅和关于鲁迅到唐弢家串门这两件事提出质疑。这跟我尊敬的梅志老人毫不搭界，更没有要老人"忘却过去"的意思。作为一个平头百姓，我从无荼毒生灵的罪愆，有什么必要"惧怕历史的回忆"？对于回忆录，我发表的看法是："自上世纪以来，回忆文字和口述历史跟文献典籍一样，都进入了史料的范围。回忆录不仅可以弥补文献记载的不足，而且还能提供不少丰富的素材，生动的细节，其价值是不可低估的。但出于回忆文字必然受到回忆者记忆的限制，回忆者立场、观点、情感和接触范围的限制，此外还会受所处政治环境的限制，'无意失真'和'有意作伪'的情况相当普遍。前人说，'尽信书（按：这里的"书"原指《尚书》，后泛指书籍，如何其芳就写过一篇杂文《尽信书，不如无书》）不如无书。'我想套用这句名言：'尽信回忆录不如无回忆录。'"上述这番议论，其实并不是什么新鲜见解，只不过是关于回忆录的一些基本常识。"尽信书不如无书"，这原是孟老夫子的话，从古至今从未有人责问过他是否不让人写书，不让人读书。为什么我套用这句话就会惹祸呢？我在文中已经强调了回忆录的价值不可低估，哪里会有半点不许别人写回忆录和不许别人读回忆录的意思呢？长期以来，我就是回忆录的热心读者之一，并多次写过推介回忆录的文章；鉴于当今口述历史日趋草根化的特点，我如今也正在撰写一些零星回忆。我那篇短文其实强调的只有一点：对回忆录要加以鉴别。如果一定要对我的文章进行反驳，那就必须陈述对回忆录无须鉴别的理由，以及提供国民党要暗杀鲁迅和鲁迅到唐弢家串过门的确证，否则，对我的种种指责就都成了无的放矢，就都成了危言耸听。为了充分阐明自己的看法，我写了一篇答辩文章《不可尽信的回忆录》，刊登于2008年《文学自由谈》第3期。该文从《我与鲁迅七十年》中举了九个琐细而无关宏旨的例子，再次重申"对回忆录的确要进行鉴别"。也许我举的某些例子尚有可商榷之处，但我的基本观点却是任何人都颠扑不破的！

俗话说，冤家宜解不宜结。这真是至理名言。2008年4月，我在《纵横》杂志第4期发表了一篇《1944年：鲁迅藏书险遭出售》，不料又激怒了海婴先生。这原本是一篇客观介绍鲁迅藏书和鲁迅治学方法的文章，是我赴新加坡参加"中国现代文学签名本书展"时准备的一份讲稿，原题为《鲁迅藏书纵横谈》。因为篇幅较长，《纵横》杂志发表时删去了5500字；又为了吸引读者眼球，将标题改成了《1944年：鲁迅藏书险遭出售》。海婴先生非说此文删改之后一定得到了我的"最后审定"，但我可以赌咒发誓：我真的没有"最后审定"。不过此文因资料翔实新颖，刊出后获得了读者好评。《文汇读书周报》2008年4月18日以整版篇幅予以转载。同年5月31日，海婴先生给《纵横》编辑部致函，说鲁迅藏书分为上海藏书和北京藏书两部分，1944年险遭出售的仅仅是北京藏书，不包括上海藏书。因此，我的文章有"严重差错""对读者产生误导""给鲁迅历史研究带来混乱"，今后要避免"闹出这类笑话"。《纵横》杂志在当年第7期刊登了海婴先生的来函，但删掉了指责我"闹笑话"的那几行文字；编辑部同时刊登声明，承认文章题目是编辑改的，文章内容也是编者删节的，与作者无关。海婴先生不服，说编辑部的这份声明是出于仗义，代人受过,又将他那封信投寄《鲁迅研究月刊》。月刊编辑部征询我的意见。我复信说:"这无须证求我的意见。我不反对(也无法反对)海婴先生在任何报刊、任何场合批评我。遗憾的是,近年来他对我的多次批评大多出于误传或误会,又不听我解释,致使关系越来越疏远。"于是,《鲁迅研究月刊》编辑部就将海婴先生的来函和我写的《鲁迅藏书纵横谈》原文在当年第9期同时刊出,关心此事的读者两相对照,是非曲直即可了然。我承认我的思想不"深刻",写不出峨冠博带的论文,但我毕竟在鲁迅研究岗位待了几十年,又分管过鲁迅博物馆的资料典藏部,怎么可能连鲁迅藏书分北京、上海两部分都不知道呢?特别有趣的是,海婴先生又写信揭发我一稿两投,似乎忘记了他在《梅志文集》发行座谈会上的讲话也是"一稿两投"。他的这种做法,表现出他的确是一位性情中人。

海婴先生对我进行批判的后果是严重的。经人推波助澜之后,我工作了32年的鲁迅博物馆基本上就不邀请我参加该馆的学术活动了。其他任何单位不邀请我参加会议,我都没齿无怨,因为他们没有邀请我的义务;而我所在单位的学术活动不邀请我这个老员工参加,就让我感到万分不解。这使我想起自然界有一种混沌现象,叫作"蝴蝶效应"。据说一只南美洲的蝴蝶偶尔扇动几下翅膀,就可能在两周后引起北美洲一场龙卷风。从2004年至今,有些国家以此为题材拍摄了一系列科幻惊悚电影。海婴先生批评我所产生的效应,当然绝不止于我被剥夺了参加鲁博有关学术研讨会的权利,这一点我心中十分清楚。

孟子曰:"予岂好辩哉?予不得已也。"(《孟子·滕文公下》)我在回顾上述是非恩怨时,内心感到十分痛苦。我想,为了繁荣学术,符合学术规范的论争不但不可避免,而且还是有益的。但在构建和谐社会的过程中,那种跟作伪者的论争,那种出于炒作目的的论争,那种散发出浓厚个人意气的论争,能否减少乃至绝迹呢?我衷心祈盼着!

第五章

作协花絮

第一节
我参加作协的三位介绍人

近些年来,中国文联、中国作家协会等文艺机构的体制屡遭质疑,有人认为作家、艺术家一旦加入了这种机构,就会屈服于意识形态("道")和政治权力("势"),从而丧失独立立场和创作个性。但也有个别专业作家为"啖饭"计,只退出中国作协,而不退出中国作协下属的地方作协,表明还未能达到"不食周粟"的超然境界。

我是20世纪80年代初加入中国作家协会的[①],申请时并未作深层思考。我当时争取入会,一不是认为自己真成了什么作家——在我们这代人心目中,"作家是人类灵魂的工程师",位置极为神圣;二是未曾考虑置身于"体制内"或"体制外"的问题。说来可笑,我当时的动机极为单纯,只是因为作协会员在北京有定期活动,地址常定在西城养蜂夹道的干部俱乐部,届时可以与友人茶歇,可以游泳、打保龄球,还可以看一场当时仍属稀罕的"内部电影"。加入作协不但要出过书或发过文章,还需要有介绍人。我想起鲁迅小说《孔乙己》中有一句话,"幸亏荐头的情面大,辞退不得",便找到了林辰、萧三和唐弢这三位赫赫有名的人物,让作协创联部"辞退不得"。在此我介绍其中的两位。

我初次听到萧三这个名字,还是从初中语文老师的口中。记得当时我们学的一篇课文,就是从萧老《毛泽东同志的青少年时代》一书中节选的。我们这

---

① 中国作家协会给我的会员证上,入会日期写的是"1980年";但中国作家协会创作联络部给我的入会通知书上,写的是"作协书记处1982年2月2日讨论批准您加入中国作家协会"。林辰先生是我的入会介绍人之一,已在第四章第三节中介绍。

些满身稚气的孩子，正是从这篇课文中认识了毛泽东青少年时期勤劳、诚实、助人为乐、好学上进的亲切面影，清晰地看到了这位巨人在人生道路上留下的最初的足迹。也就是从这个时候开始，我了解到萧三本人也是我党的早期革命活动家，是毛泽东风华正茂年代里携手同游的"百侣"之一。后来，我也有幸登上了中学的讲台。我经常向学生们推荐的课外读物，就是那本封面印着挺拔的红松的《革命烈士诗抄》。每当翻开这部在当时的中国几乎家喻户晓的诗集，我们耳边就会震荡着主编萧老发出的撼人心灵的声音：你要学习写诗吗？学习这样的诗歌吧！你要学习做人吗？向这样的人学习吧！

像我这种渺小得可以忽略不计的人，要跟萧老这样蜚声文坛的大人物接触，原本是不敢想的事情。然而这样的机遇终于来了。那是在1977年秋天。当时刚粉碎"四人帮"不久，百废待举，复查和平反大量冤假错案的工作遇到了拖延和阻挠。"文革"时期被怀疑为特务的萧老虽然已经出狱，但"特嫌"的帽子并没有摘除。就在这年的9月1日上午，我跟同事带着鲁迅研究室的介绍信前来拜访他。拜访的目的，是了解"左联"解散前后的情况，因为当时北京大学、北京师范大学、北京师范学院三所高校的中文系现代文学教研室联合举办了三次学术讨论会，讨论"革命文学"论争、"左联"评价以及"两个口号"论争等问题，引起了全国现代文学研究界乃至整个文艺界的关注。我们单位也应邀列席发言，会前需要向当事人做一番调查工作。

为慎重起见，我们先到了管辖萧老所住街道的派出所，请示是否可以进行这次访问。派出所的同志翻开萧老家的户籍卡凝思片刻，做出了不置可否的回答。不置可否，在我们看来就是不予干涉，也就是默许，于是我们便欣然前往。在北京东单麻线胡同10号的一个小院落里，我们先遇到了萧老的二儿子萧维加，把单位介绍信交给了他。维加说，萧老近来身体不适，一般谢客，但像我们这种情况能否破例，他要先进去问一问。不一会儿，维加走出来，说萧老对我们表示欢迎，接着就把我们领进了萧老的卧室。这间房很狭小，靠墙是一张单人床，房中间安着一个取暖用的铁炉，室内零散地放着几本外文书。萧老坐在煤炉旁的靠椅上，一边喘息，一边用湖南口音跟我们交谈起来。我感到，他从喉管中艰难蹦出的每一个字，都是跟病魔顽强搏斗的一个战果。这样的谈话当然是不能持久的，大约20分钟后，我们就起身告辞了。萧老支撑着站起来跟我们握手告别，欢迎我们再来接着谈。这时，在一边给火炉加煤的萧三夫人——叶华女士微笑着向我们频频点头致意。叶华原是一个德国犹太人、摄影家，1934年在苏联南部跟萧三相恋，"文化大革命"中也被戴上了"苏修特务"的帽子。萧老那个正在地板上"匍匐前进"的胖胖的小孙子，似乎也为这种温暖的气氛所感染，在地上使劲地爬着。

出门后，维加告诉我们，萧老一开始就对我们有好感，一方面是因为我们来自研究鲁迅的"正统"机构（"正统"是萧老的原话，当时全国只有一个研究鲁迅的专门机构），同时也因为我们所持的介绍信上明确写的是"萧三同志"，而不像当时为数不少的态度蛮横、直呼其名的外调者。对于一个在我党的初创时期就献身革命却硬被林彪、江青、康生一伙诬陷为"特务"的人，能在一片诬陷声中听到一声"同志"的称呼，该是感到多么的欣慰啊！当时我们根据什么敢于称萧老为同志呢？什么根据也没有！既没有上级精神，也没有小道消息。我们只是本能地认为，萧三的名字理所当然地应跟"同志"的称谓联系在一起，把这位革命半个多世纪的老人当成"特务"，是一桩不可思议的事情。就在这一年的春节前后，听说王震同志设家宴款待萧老了，接着又听说当时主持中组部工作的胡耀邦同志设家宴款待了萧老和王光美等同志……不过，给萧老正式平反，一直拖到了1979年国庆30周年前夕。是党的十一届三中全会的春风，使萧老心河中凝固了十七八年之久的冰层解冻，重新泛起了欢快的涟漪。在身处逆境的时候，萧老心中常默诵着他在莫斯科东方学院教中文时与谢文锦同志合译的《光明颂》："黑暗必将消灭，光明就在前头。"平反冤案之后，萧老又常默诵曹操《龟虽寿》一诗中的名句："老骥伏枥，志在千里。"为了振兴中华，他要写作，要歌唱，要呐喊，要夺回他失去的宝贵岁月……

在跟萧老接触的过程中，我们谈得最多的当然是有关鲁迅研究的问题。有些谈话的内容，萧老后来已写入《我为"左联"在国外作了些什么？》《鲁迅——中外文化交流的先驱》等文。现在这些文章大多收进了北京图书馆出版社1996年出版的《萧三诗文集》。在萧老提供的情况中，最有参考价值的是"左联"解散前后的背景资料。他向我们提供了一份1943年10月31日日记的影印件："下午两点后去枣园晋谒毛主席……我告以解散'左联'是王明的主张，他两次逼我写信回上海………主席这才知道并说'这有点像解散共产党'，'反帝而去掉无产阶级立场，那就反帝也不会有了'，又笑说，'那就是和"右联""中联"一道搞啰'。"萧老还跟我们补充说，作为"左联"驻国际作家联盟的代表，他执笔的那封主张解散"左联"的信，不但是在王明施展了威胁、讽刺、激将等手法之后写出来的，而且信中的主要观点来自当时另一位驻第三国际的中共代表康生。当然，他作为执笔者，也有自己应负的一部分责任。为了说明事情的原委，他还描述了1934年底跟康生一起在黑海海滨疗养的情景，以及1935年11月他到莫斯科"柳克斯"旅馆找康生的情况。萧老要我们将上述材料原原本本地公之于众。他在1978年2月1日的来信中说："最近听说文艺界反'黑线专政论'座谈会上又有人提起我写信回国一事，但语焉不详，许多人不知底细。为了'说老实话'和'实事求是'起见，千请照办，至为感谢。"后来，我们遵萧老之嘱，在《鲁迅研究资料》第4辑公布了这一材料。

萧老生命的最后几年，是在紧张的拼搏中度过的。但他也常想有人来随便谈谈。1979年11月24日，萧老从友谊医院写信给我："哪天能来谈谈？住院寂寞，有朋友自远方来，不亦乐乎！医院规定，每星期二、四、五、日下午3时至6时可以会客，其实哪天都可以。"1980年8月18日，萧老第二次出院后又来信说："您如有暇，随时都欢迎来谈谈。"不过，我做的一件事却引起了萧老的不快。那是在1981年三四月份，我在《湖南日报》开辟了一个专栏：《鲁迅与湖南作家》，其中有一篇短文《鲁迅与萧三》，刊出后我即将剪报寄给他。4月25日，萧老口授并签名，由他的秘书刘和忠（李立三的女婿）整理成一信，提出质疑："你的文章所涉及的事实，年月大都是有根据的。但有一点不解之处——'鲁迅也将茅盾、周扬、夏衍、沙汀、张天翼、白薇、郑伯奇等左翼作家的作品寄给萧三'。不知你的材料来自何处？也许是我记不得了，请告之。就我所知，并无此事……为尊重事实和对读者负责，你的文章我以为应预先给我看看为好，不然易造成不必要的麻烦。我拟寄一更正给《湖南日报》，不知你的意见如何？请定夺。"我收到此信诚惶诚恐，立即请刘秘书来馆面谈。我出示了1933年11月24日鲁迅致萧三的一封信："今天寄出杂志及书籍共二包，《现代》和《文学》，都是各派都收的刊物，其中的森堡，端先，沙汀，金丁，天翼，起应，伯奇，何谷天，白薇，东方未明（茅盾），彭家煌（已病故），是我们这边的。"信中的"起应"即周扬，"端先"即夏衍，这就是我文章的依据。经我解释之后，萧老就没有写更正信了，但我也不敢再贸然去打扰他。1983年2月7日，我收到萧三夫人叶华的一封信，说萧老1983年2月4日在京病故，通知少数亲友于2月10日下午2时至3时去北京医院向遗体告别。阅此信后，我悲痛不已，追悔莫及……

我参加作协的另一位介绍人是唐弢先生。他是中国现代文学研究专家，但又娴于旧学——尤其是对中国古典诗歌有着精湛的修养；只消读读他《谈"诗美"》的论文，即可证明以上评价绝非谀词。他是中国文学研究专家，但他在外国文学研究领域也造诣颇深。早在20世纪60年代，他就发表过谈司汤达、论托尔斯泰的佳作；80年代，他又在英国剑桥发表题为《西方影响与民族风格》的学术讲演，纵谈自1840年以来西方文明（主要是西方文学）对中国新文化运动的影响，广征博引，如数家珍。他是思想深邃的理论家，但在资料挖掘、整理、鉴别方面的贡献也有口皆碑；毫不夸张地说，如果没有他编校的《鲁迅全集补遗》《鲁迅全集补遗续编》，就没有今天规模如此宏富的鲁迅著作宝库。他是闻名中外的学术大家，但他20岁初登文坛时却是以作家现身：他的散文独具一格，他的有些杂文甚至可以跟鲁迅杂文乱真；即使是他的学术论文也浑成流利，文采斐然——因为他认为，"谈艺术的文章自身先不艺术，那还谈什么艺术呢？有点艺术性，才会有真正的科学性"。他是一个著名的藏书家，也是一个备受读者推崇的"书话"圣手。抗战时期，别人读书，他却买书，甚至从废纸收购站大捆的废纸堆里抢救出不少即将化为纸浆的珍贵期刊和中国新文学作品的早期版本。

怀着一种虔诚的崇敬感、浓厚的神秘感和迫切的求知欲，我冒昧地给唐先生寄出了第一封信。那是在1975年秋冬之际，中国当代史上的又一个重要历史转折关头——"四人帮"覆灭的前夕。由于邓小平复出并对各条战线进行整顿，人们在沉沉的暗夜看到了一丝曙色；又由于"四人帮"的猖狂反扑，掀起了所谓"批邓、反击右倾翻案风"的高潮，人们又似乎坠入了失望的渊底。当时我还在北京西城的一所中学执教，信中向唐先生倾诉了当时的苦境。他在复信中开导我说："听说你是南开大学出身的，现在又努力钻研有关鲁迅资料，我以为必可有成。至于来信所说苦境，我是过来人，完全能够理解。我的条件比你差得多，年轻时没有能力读书，只念到初中二年级，没有念完就考入邮局当拣信生。唯一优越条件是只要工作6小时，其他时间可以利用来跑图书馆，就这样糊里糊涂闯进了文化界。别人一天能写完的文章，我往往要花两三天，底子太薄，无法可想。这不是客气话。如鱼饮水，冷暖自知。"（1975年11月18日函）唐先生的现身说法使我领悟了一个人生真谛：真正的人生只有在经过艰苦奋斗之后才能实现。无怪乎前人说"洪涛啮山怪石出";又说"古来雄才大略之士,无不陷于逆境,千辛万苦,不辞劳瘁,始能成一伟大之事业"。

据我所知,唐先生当时从事的工作主要有三项:一是回答全国各地鲁迅爱好者和参加《鲁迅全集》注释工作的年轻同志无尽无休提出的各种琐细问题;二是领导中国社会科学院文研所"现代"室的同志集体编写一部普及性的《鲁迅手册》,作为恢复元气、重新开发大型科研项目之前的一次练兵;三是准备撰写一部观点正确、材料翔实、分析透辟的《鲁迅传》。在这方面,唐先生有其得天独厚的条件:除开他学识渊博、功底深厚之外,还因为他是鲁迅的同时代人,是鲁迅关怀扶掖过的青年。因此,他为鲁迅立传,不仅能有准确的历史感,而且还有其他作者不具备的深厚情感。他当时告诉我:"传记是我个人的研究计划,纳入文学所的整个计划中,本定5年内写出两编(共三编),经政策研究室批准,认为计划很好,希望缩短时间完成。"(1975年11月12日函)

令人遗憾的是,唐先生的《鲁迅传》未能终篇就离我们而去。究其原因,一是唐先生研究面太广,二是他对自己要求太高,三是他身体状况的日趋恶化。早在1975年5月14日,唐老就在信中谈过他的健康状况:"我患的不是高血压,而是最严重的心脏病——心肌梗死。还有心律不齐,间歇,心绞痛,等等。凡属心脏上的毛病,都齐全了。而且体力虚弱,盗汗,浑身无力,行动迟缓。多人因在报上见到我的姓名,便以健康人相许,希望我做这做那,期待殷殷,情极可感,而不知我心有余而力不足,如鱼饮水,冷暖自知耳。"他1978年发了一次病,同年4月20日来信说:"我近来的病势较重,心绞痛多时一夜4次,靠吸氧对付。糖尿病、高血压(110—210)也乘虚而入。跑了几次医院,发现左眼有白内障,雾里看花,大夫已禁止看书谈话。"1984年8月3日又来信说:"我于两星期前突发高烧,接着便血,大量的鲜血,首都医院反复检查,认为病状难以解释……"唐先生晚年为疾病所苦,当然不止于上述几次,但仅从我援引的这些书信就可看到,唐先生晚年那些花团锦簇般的文字,是在付出多么大的代价之后才写成的!在《同志的友谊》一文中,唐先生赞扬老作家石灵(孙大可):"他似乎不关心自己的生命,但必须说,他是一个最懂得生命的真正意义的人。在他看来,活的不一定都是生命,优游终日不是生命,游离于斗争之外不是生命;生命必须和艰苦的工作结合起来,生命必须时时刻刻迸发出革命的火花。"我想,借用这段话来评价唐先生的生命观,也是再恰切不过的。

唐先生于1992年1月4日病逝。1995年3月，社会科学文献出版社出版了《唐弢文集》10卷本，其中第10卷为"书信卷"，选收了他给国内的133人的667封信，给我的信共20封。此外，唐先生还为拙作《许广平的一生》写了一篇序言。对于唐先生的奖掖提携之情，我万分感念，永志不忘，但他身后也发生了一件令人不快的事情。1997年，王世家先生以鲁迅博物馆、鲁迅研究室、《鲁迅研究月刊》的名义选编了《鲁迅回忆录》6卷本，嘱我写一篇长篇序言，无论于公于私，我都无法推托。借助世家给我提供的这一学习机会，我重温了一些鲁迅回忆录，也思考了撰写回忆录的一些问题。在谈到回忆者经常借助回忆对象的作品唤起记忆时，我提到了唐弢先生的《琐忆》。此文有两段鲁迅跟他讲的话，跟《花边文学》中《奇怪》一文以及《且介亭杂文》中《说"面子"》一文的原文十分贴近，引起读者阅读和引用时的困惑。我的看法是，鲁迅同时代人借助鲁迅的书信、日记和著作唤起回忆无可厚非，但回忆录中鲁迅的日常口语如果跟他作品中的书面语言过于贴近，则容易引起读者对回忆录真实性的怀疑。这原本是我作为读者和研究者的书生之见，不料此文在《鲁迅研究月刊》1997年第7期刊出后引起了轩然大波。唐先生的一位旧交寄来了反驳文章，唐师母沈女士也寄来了抗议信，要求我把序言中涉及《琐忆》中的文字完全删去，而且将《琐忆》全文收进《鲁迅回忆录》。虽然我至今并不认为我的看法有什么大错，但的确是出于对唐先生的感恩之情，我全部接受了唐师母的要求。我不但将批评斥责我的文章和信件一字不易地刊登在我主编的刊物上，又在1999年1月出版的《鲁迅回忆录》6卷本中一字不剩地删掉了序言中涉及《琐忆》的所有文字。我这样做虽然不一定符合"吾爱吾师，吾尤爱真理"的学术立场，但也许符合于作为晚辈和学生的传统道德立场。

回忆起这场风波，我除开对我当初考虑不慎所造成的后果感到歉疚之外，还有另外两件事也令我深感遗憾。一是有位女士给我打电话说："陈漱渝，你以为你如今官做大了吗？告诉你，我们家比你大的官多的是。"我认为，这简直是因情急而失态。谈论学术上的是非跟官位大小有什么必然联系呢？二是有一位资深编辑，在2009年5月3日《博览群书》杂志发表了一篇两面出击的文章，题为《关于唐弢〈琐忆〉的一场争议》。这篇文章既把我的看法说得一无是处，根本站不住脚，又说《琐忆》中的内容大多出于虚构，唐先生回忆鲁迅的话完全是根据鲁迅作品抄录的，并借助柯灵、王西彦两位前辈对唐先生的批评来支持他的论点。一篇文章横扫两个他不喜欢的人，这恰如唐先生所言："文坛之事，太麻烦了，真是一言难尽。"

由于萧三、唐弢两位先生的介绍，我不仅成为中国作家协会的会员，而且在1996年12月举行的中国作协第五次全国代表大会和2001年12月举行的中国作协第六次全国代表大会上，两次被选为全国委员会委员。2006年，我年逾65岁，在中国作协第七次全国代表大会上被选为名誉委员。

第二节

从贝尔格莱德到黑山

  2001年10月下旬,我们中国作家代表团一行到黑山共和国游览。当时,南斯拉夫联邦的成员已经发生变化,只剩下了塞尔维亚和黑山两个共和国。
  黑山虽然只有1.38万平方公里,约63万人口,但集中了五大洲的各种地形特点,风景十分秀丽。连绵的群山,黝黑的森林,古老的城堡,迷人的海滩,庄严肃穆的教堂,清洁宽阔的大道……24日晚饭后,我们在宾馆附近的一条小街漫步。当时夜幕降临,街道两旁的迪厅里传出了喧闹的乐曲声。一群群男女青年到这里消闲。当中有些男青年长发披肩,胡须杂乱,穿着十分另类,看到我们之后便迎面走来。团里一位女同志顿时有些紧张,害怕遇到在欧洲某些国家发生的打劫事件。不料快接近时他们立即止步,纷纷伸出大拇指,吐出了几个生硬而清晰的中文单词:"中国!毛泽东!功夫!"我们顿时感到作为当代中国人的自豪,于是也友好地跟他们招呼,表示谢意。中国,是他们十分神往的国度。毛泽东,在这里是家喻户晓的名字。所谓"功夫",是因为他们不久前刚看过少林寺武僧赴欧洲的巡回表演,对中国功夫佩服得五体投地。这使我想到到达的当天上午,我们的飞机刚刚着陆,黑山的几家主要媒体立即派出能干漂亮的女记者对我们进行采访,详细了解中国改革开放以来举世瞩目的变化,以及中国文学艺术的发展状况。在黑山的中国城,我们还碰到了来自浙江温州的商人。他们自豪地说,他们开的小轿车相当高档,在这里十分惹眼;中国商品在当地也是抢手货。他们商店的橱窗柜台,实际上成为中国改革开放成就的宣传栏。
  中国作家代表团是2001年10月17日途经法兰克福飞抵贝尔格莱德的。出访的主要目的是参加第38届贝尔格莱德国际作家笔会,到黑山游览只是会后安排的一项余兴。因为一位老作家健康欠佳未能成行,我临时担任了团长的职务。前来机场迎接我们的是中国驻南使馆的文化参赞刘永宏和一位南斯拉夫的优秀汉学家拉多萨夫·普舍奇。晚10时,我们住进了位于市中心的卡菲诺旅社。

现在这家旅社留在我记忆中的是朱红色的柜台,古旧的木门电梯,热情而能说几句中文的餐厅服务员,卧室内那台图像模糊的14英寸彩电,旅社门前太阳伞下的露天咖啡座……因为卡菲诺旅社位处市中心,政府机构的客人大多被安排在这里下榻。

10月18日下午5时,在粗犷苍凉的民歌声中,塞尔维亚作家协会迎宾会拉开了序幕。作协会议厅聚集着来自25个国家的50多位代表——主要是来自欧洲各国的诗人。亚洲的来宾除开中国大陆作家代表团之外,只有一位中国台湾的诗人、柏杨夫人张香华女士。迎宾会后,贝尔格莱德市政府又紧接着举行了鸡尾酒会。在灯火通明的市政府大厅里,一位年轻的副市长专门来到我的圆桌前敬酒。他说:"感谢中国人民对南斯拉夫人民正义斗争的支持。中国是一个大国,什么事情都好办。"我回答说:"大也有大的难处。但国家无论大小,都应该有一种宁折不弯的民族精神。这一点是最宝贵的。"那位副市长笑着点头称是。

10月19日这一天是我们访问期间最为繁忙也最为充实的一天。上午10时,第38届贝尔格莱德国际作家笔会在市立博物馆一楼报告厅举行开幕式。东道主出于对中国的尊重,特意安排我作简短致辞。我说:"能够应邀参加这次盛会,感到十分荣幸。我们带来了中国人民和中国作家对南斯拉夫人民和各国作家的友好情谊。今年是联合国规定的文明对话年。我们怀着一个真诚的愿望,希望通过各种渠道的平等对话和友好交流逐步消除人类之间的隔阂,逐步消除冲突、战争和一切形式的恐怖行为,使整个地球成为一个和谐、繁荣、友好的村落。中国现代文学的光辉代表是鲁迅。南斯拉夫现代文学的光辉代表是伊沃·安德里奇。我们相信,在中、南两国作家的交流过程中,鲁迅和伊沃·安德里奇的传统一定能够得到发扬光大。"

下午4时半,在原址举行论文宣读会。我宣讲的题目为《我期待的21世纪文学》。我坦诚地说:"在我心目中,未来的文学应该是更能直面人生、更加贴近民众的文学。古今中外的优秀文学作品，虽然艺术风格和样式各有不同，但无不表现出对民族、民众、人类命运的普遍关注，尤其是对弱势群体命运的密切关注；无不以深切的人文关怀与现代理性精神的光芒来观照现实。未来的文学应该是'传统'与'现代'有机融合的文学，'全球化'与'本土化'有机融合的文学。任何国家的现代化大厦都是在传统提供的特定土壤上建构的，而不可成为超越传统的空中楼阁。但传统往往具有能够与时俱进的积极因素，也有滞后于时代因而应予剔除的负面因素，需要在进行历史反思的基础上予以批判和继承，不能全盘肯定或全盘否定。未来的文学还应该是'世界'与'民族'的有机统一。各国文学在各自的发展过程中都面临着容纳世界新潮的问题，也同时面临着保持民族特色的问题。所谓容纳世界新潮，指文学必须面向现代化，面向世界，面向未来；必须根据'趋利避害'的原则，一方面大胆无畏地吸收一切外来优秀文学成果，同时又应积极防范和抵御外来文化中那些与本国国情、民族利益和人类文明进步方向不符的消极因素。总之，继承历史传统应该立足于'今天'，借鉴外国经验应该立足于'本土'。这种既继承历史传统又融入时代新潮的文学，这种外来艺术因素与民族文化积淀浑然一体的文学，就是未来世界充满生机的文学。"

我的发言由普舍奇先生现场翻译，赢得了一阵阵热烈掌声。执行主席说："中国代表团团长的发言，十分深刻，有独到见解，刚才的掌声表明，他的发言引起了广泛而强烈的共鸣。"

当晚，东道主又特意为我们安排了一个"中国之夜"晚会。晚会在市立图书馆的罗马宫举行。所谓"罗马宫"其实是一个会议厅，因为主席台背面保留了一道罗马帝国时代的城墙，故称之为"罗马宫"。在高亢的小号声中，晚会拉开序幕。

晚会上，我们代表团的成员朗诵了自己创作的诗歌，即席发表了简短而精彩的演讲。与会的塞尔维亚朋友也纷纷即席讲话，其中有一位魁梧的大胡子，曾经到中国旅游。他特意展示出了他从中国带回的筷子、快板、酒爵、平安钟……他动情地说："中国人是世界上最好客的人。中国的国土有多么辽阔，中国人的心胸就有多么辽阔。千万别跟中国为敌。要知道，他们的蚊子比你的飞机还大。"他幽默而友好的话语，引发了阵阵笑声，使晚会气氛既热烈又活泼。

10月20日下午，笔会举行第三次全体会议。这次更换了一个更大的会场，因为来自各国的诗人要在这里赛诗，不少文学爱好者争先恐后前来旁听。我这才发现塞尔维亚民族原来是个特别爱好诗歌的民族。如果按照人口比例来衡量，塞尔维亚的诗歌爱好者在世界各国当中恐怕会名列前茅。

我朗诵的诗歌名为《串门来了》——

有人说：地球是一个村庄，
因为我们共同拥有一个太阳，也共同拥有一个月亮。

今天，我们到邻居家，串门来了。
我们早就发现，
邻居家的窗棂上，
洒满了，
友爱的光芒。

我们乘坐一架叫"和平"的飞机，
我们沿着一条叫"友谊"的航道，
就这么简单地，
我们来了。

一来，
我们就嗅到了，
玫瑰的芬芳；
一来，
我们就尝到了，
咖啡的浓香。
仿佛，
我们，
是两个久别重逢的兄弟，
一见面，
就想倾吐各自的衷肠。

那我们就开始聊聊家常，

就说说这个村庄：

你说你的太阳，

我说我的月亮；

或者你先说说月亮，

我再说说太阳……

这首诗也是由普舍奇先生事先翻译成塞尔维亚文。我朗诵原文，贝尔格莱德大剧院的一位女演员朗诵译文。我感觉到效果非常好。我想，即使听众完全不懂中文，也会为中国诗歌的节奏和韵律所倾倒。事后我问普舍奇："'串门'这种北京方言你是如何翻译的？"回答是："用塞尔维亚语表达，翻译成了'我来到了你的窗前'。"我开玩笑说："'让我赛诗，好比赶鸭子上架。'这句话你又如何翻译。"他说："我可以翻译成赶着鸭子上树，塞尔维亚语中也有这种说法。"

10月22日至23日，参加这届国际笔会的各国作家分为三个旅行团旅行：一个团去塞尔维亚女诗人玛西摩维奇（1898—1993）的故乡娃里沃，一个团去首次举办世界圆桌会议的小城卡尔洛维奇，还有一个团去山城克鲁舍瓦兹。因为这三个地方的群众都非常想见到中国作家，所以我们的团员只好兵分三路。

我参加的旅游团前往女诗人玛西摩维奇的故乡娃里沃。那一天细雨霏霏。从大巴士走下，扑面而来的是雨后的清新空气。绿茵茵的草地上，有一条由不规则形石块铺成的蜿蜒小路，引导我们一行走向一块神圣的墓地。这位95岁的杰出女诗人就长眠在一个长方形的墓穴里。一位身着黑袍、头戴黑色礼帽的神甫肃然伫立在墓地，迎接来自中国、法国、英国、意大利、罗马尼亚、西班牙等国的诗人。人们燃起一支支洁白的蜡烛，鱼贯而行，把蜡烛插在女诗人墓前。有人深情地吻着矗立在墓碑上的铁十字架，将泪水融入十字架上晶莹滚动的雨水。带队的是塞尔维亚著名的诗人兼剧作家迪米奇。他首先要求我这位来自遥远国度的客人即兴讲话。我说："在这块圣洁的土地上，长眠着一位塞尔维亚的卓越女儿。人们在亲吻着她墓碑上的十字架，也同时在亲吻着哺育她的沃土。我曾经被诗人的佳作深深打动。记得她在一首名为《我没有时间了》的诗中写道——生命的出海口已经很近／我没时间掉头走回程／我没时间张罗琐事／现在该考虑伟大与永恒……如今，诗人的躯体已回归自然，但她的生命却属于永恒。"台湾女诗人张香华把我的话译成英文，迪米奇又将英文译成塞尔维亚文。虽然我说过的话似乎越翻译越短，但听众显然还是理解了我要表达的意思。

下午在玛西摩维奇纪念馆的阅览室座谈。桌上刚熬好的土耳其咖啡热气升腾，散发出阵阵浓郁的芳香。诗人们朗诵着各自的诗作，也有人讲述自己的故事。这时，迪米奇又要我讲话。我找不到恰当的言辞，便唱了一首苍凉的老歌："嘿，我们广阔的田野，绿色的田野。嘿，我们亲爱的巴尔干山，你知道多少痛苦，你隐藏多少秘密，嘿，我们亲爱的巴尔干山。"

晚餐后，在一所学校的报告厅举行诗歌朗诵会，100多人的会场座无虚席，两旁还站满了夜校部的学生。主席要我朗诵一首表达对南斯拉夫情感的诗，由当地电视台转播。我临时写了一首《枣树与椴树》。女演员安娜介绍了这首诗的大意，我直接用中文朗诵——

在北京的黄土上，
屹立着一棵枣树，
它被打枣竿不停地抽打，
叶子已经落尽，
树皮遍体鳞伤。
但它那铜铸般的树干，
仍然直刺着漆黑的穹苍，
使那自以为圆满的月亮形秽自惭。

在贝尔格莱德的黑土上，
屹立着一株椴树。
它被贫铀弹的弹片削砍，
枝丫已经断裂，
树皮百孔千疮。
但它那铁打般的躯干，
仍然在导弹织成的火网中高昂。

>枣树和椴树，
>
>几度风霜，
>
>经磨历难，
>
>果实更加丰硕，
>
>树叶更加茂繁。
>
>它们永远不可征服，
>
>就像希腊神话中的安泰乌斯，
>
>深深扎根在黄土和黑土之上。

23日晚，中国作家代表团还参观了我大使馆文化处在"人民军之家"举办的"中国图片展"，又一次感受到中国自改革开放以来精神文明建设和物质文明建设的巨大成就，观众中有来自各地的中国侨胞，还有南斯拉夫各界的代表人物，人数之多、热情之高都远远超过了预想。作为中国作家，我们又一次感受到作为中国人的自豪和骄傲。

此次中国代表团访问南斯拉夫，在南斯拉夫人民和与会的各国作家中产生了较大的影响。中国代表团到达贝尔格莱德的第二天，执政党社会党的党报《贝尔格莱德早报》就在《远方的声音》栏目里刊登了我就下面几个问题的答记者问：一、如何看待传统文化与现代文化；二、如何看待南斯拉夫文学；三、中国当代文学内容与形式的特点。代表团在黑山期间，黑山报纸《波德戈里察之声》在文化版介绍了中国作家协会与中国现当代文学概况；《黑山日报》也刊登了采访中国代表团的消息和照片。

2001年10月28日夜晚，塞尔维亚作家协会主席拉克迪奇先生设盛宴为中国作家代表团饯行。宴会安排在贝尔格莱德近郊一家具有欧式宫廷风格的餐馆内。宾主一边啜饮味道甘醇的陈年葡萄酒，一边吃着极其鲜嫩的炖羊肉。三位吉他手围在餐桌旁，用雄浑的和声唱着动情的歌："送你一支红玫瑰／因为我深深爱上了你／送你一支黄玫瑰／我希望永远跟你在一起／当我们在一起的时候／一切都很如意／即使分开了／也没有什么关系……"是的，宾主相聚的时间虽然只有12天，但友谊的种子已经在我们的心田绽开了绚丽的花朵，就如同那迷人的红玫瑰和黄玫瑰。也就是在这12天当中，我们时时感到我们背后有一个伟大的支撑体，那就是在改革开放的新时期迈开了巨人般雄伟步伐的中国！

第三节

塞纳河的记忆

巴黎，一个令人遐想、令人神往的城市：旅游爱好者神往枫丹白露的森林、红叶和古堡，文艺爱好者神往卢浮宫里那座断臂的维纳斯和那幅笑容神秘莫测的蒙娜丽莎画像，革命志士神往埋葬波旁王朝的巴士底广场和拉雷兹神甫墓地东北角的"公社战士墙"，读书人神往圣米歇尔那一排排墨绿色的旧书摊，消费者神往这里的时装、香水、葡萄酒和法式蜗牛……我对巴黎的了解，则最早来自少年时期接触的巴金作品，知道这位"激流三部曲"的作者当年曾在先贤祠旁的卢梭铜像前踯躅徘徊，一边抚摸那冰冷的石座，一边向这位被称作"18世纪全世界的良心"的巨人倾诉自己的寂寞与悲愤。

什么时候才能飞到法兰西，踏上巴黎的土地呢？这个梦想终于在2004年3月17日变成了现实。这天早上6时30分，我乘车离家，7时30分抵达首都机场，10时45分登上法航AF129号班机，经过11个小时飞行，于巴黎时间当天下午2时45分抵达了目的地。下榻地点是位于老巴黎区阿尔加德街17号的贝德福旅馆。这里离横贯巴黎东西的香榭丽舍林荫大道很近。有一首诗写道："野栗树开花／在香榭丽舍林荫道旁／像蓬蓬茸茸的云伞／为行人把露水遮挡。"由于交通便利，位置适中，所以房价也不菲：一间小房，每天120欧元，当年相当于1200元人民币。

我到巴黎是为了参加第24届法国图书沙龙活动。法国图书沙龙是国际出版界的重要活动之一，具有国际展览的规模和水准，备受各国出版界的重视。由于中国是本届活动的主宾国，所以派出了一个庞大的代表团。总团长是时任中国新闻出版总署署长的石宗源，副团长是时任中国作家协会副主席的陈建功和时任广西壮族自治区政府副主席的潘琦。石团长在法国文化部当晚举行的招待会上说："参加本届沙龙的中国主宾国代表团共109人，其中作家39人，这些作家是中国作协会同法国版协精心挑选的，部分作家由法方单独邀请。"记得作家中有铁凝、莫言、余华、残雪（邓小华）、张平、张炜、刘心武、迟子建、韩少功、阿来、毕飞宇等，其中还有评论家陈美兰、吕进、骆寒超等。

3月18日上午空闲，我们一行参观了1806年拿破仑一世为纪念击败俄奥联军而建造的凯旋门，1889年为纪念法国大革命100周年而修建的高达320米的埃菲尔铁塔，始建于18世纪的矩形的协和广场——在这里先后处死过路易十六、丹东和罗伯斯庇尔。最令我感兴趣的还是参观哥特式建筑的典型——巴黎圣母院。这座1330年就已竣工的古老建筑跟维克多·雨果的名著《巴黎圣母院》相得益彰。在这里流连忘返时，我眼前自然浮现出了外表奇丑而内心美好的钟楼怪人卡西莫多，那位灵肉分裂、表里不一的黑衣教士费赫洛；眼前还闪动起吉卜赛女郎艾丝米拉达轻盈矫健的舞姿，她赤着双脚，身旁有一只温驯的山羊……

当天下午我们提前来到了巴黎城西凡尔赛门的展览中心，中国馆设在该中心的一号馆内，展台有650平方米，展出了2500余种3万余册中国图书。大厅以朱红为主色调，到处悬挂着大红灯笼和中国结，以及"吉祥""祥和""和谐""功夫""月""彩""云"等汉字，还有京剧脸谱、甲骨文、孔子像、"神舟五号"等标志，十分醒目。大约是晚8时，希拉克总统在新闻出版总署石宗源署长和赵进军大使的陪同下来到了中国展台。这时我们中国作家代表团成员并排站在古色古香的廊柱前。希拉克总统被来自世界各国的摄影记者围得水泄不通，挤得我斜倚着的那个临时搭建的廊柱摇摇晃晃。但身材魁梧的希拉克总统仍然突破重围，伸出他那双有力的大手跟我们一一紧握。这时，石署长赠送总统一本广陵书社出版的线装本《李翰林集》，还有由文物出版社苏士澍社长雕刻的两枚精美印章，上镌"太平有象"四字。希拉克十分高兴地接受了这份珍贵礼物，动情地说："我是李白的崇拜者和欣赏者，我非常喜欢李白和他的诗。"赵大使告诉总统："除李白之外，唐朝还有一个大诗人叫杜甫。"希拉克如数家珍般地回答说："李白、杜甫都是伟大的诗人，他们两个相差十年。我也喜欢杜甫，但更喜欢李白。"接着，中国民乐队演奏了《春江花月夜》等曲目。书法家孟照明用左手倒写了"雄风"二字（取"雄胆大略，风度非凡"之意），希拉克连声称赞："了不起，了不起！"广陵书社社长刘永明用松烟水墨刷印在宣纸上，现场表演了中国传统的印刷工艺。希拉克又连声称赞："了不起，了不起！"就这样，日理万机的希拉克总统在中国展台足足参观了40分钟，远远超过了原定的7分钟。

3月19日上午，我们乘船游览塞纳河。这条静谧的河流全长776公里，流经巴黎市区的水道有13公里。两岸树影婆娑，碧绿的常春藤枝叶繁茂。沿途最美妙的景观是那37座形态各异的拱桥，金碧辉煌，浮雕美不胜收，好比是蛟龙躯体上那一个个灵动的关节。最使我动情的是游船上播出的中文导游词。我乘船游览过纽约湾和东京湾，船上都只用英文和日文导游。塞纳河上居然响起了中国话，这是我们伟大祖国日益强盛的鲜明标志！

3月20日，我跟中国作协办公厅主任陈崎嵘和《民族文学》副主编艾克拜尔·米吉提一起，到巴黎市第一区参观了堪称世界上规模最大的博物馆——卢浮宫。这里有200多个展厅，展线长达数公里的画廊。在繁星璀璨般的珍品中，最吸引人的还是那座给人以超凡美感的维纳斯石像，以及达·芬奇穷四年之力尚未完成的油画《蒙娜丽莎》——估计每年参观者大约有600万人。令人担忧的是，这幅画的杨木画板已经变形，不知将如何采取有效的保护措施。维纳斯的后背也有污渍，这固然是文物的特点，反映了历史的沧桑，但总觉得有些遗憾。参观卢浮宫后回到宾馆，收看电视，看到了陈水扁以微弱优势在台湾地区领导人的竞选中胜出。我想，现代民主的一个基本原则是少数服从多数，但多数就能代表真理和正义吗？

3月22日上午，大雨，我在展厅与法国读者进行了一个小时的交流。我作了题为《鲁迅：中国的伏尔泰》的中心发言，翻译是北京外国语大学副教授傅绍梅。听众是自发的、流动的，但也有几十人善始善终，其中有一位老人，用拖车拖来一大摞他收藏的伏尔泰著作跟我交流，令我异常感动。我讲话的全文是：

> 1791年，当已经故去13年的伏尔泰的骨灰运抵巴黎的时候，出现了10万人列队护送、60万人夹道致哀的动人场面。人们在他的灵车上写道："他给了人类心灵一个巨大的推动；他为我们准备了自由。"1936年，在被称为"东方巴黎"的上海也出现了类似的场面。

当一位以"鲁迅"为笔名的作家逝世时,数万民众自发前往瞻仰遗容并为之送殡,悼念的浪潮席卷了全国。人们在他的棺木上覆盖了一面锦旗,旗上书写了"民族魂"三个大字——也就是说,他是中国民族精神的象征。

伏尔泰与鲁迅出生的年代相隔了187年,近两个世纪,但因为东方现代化进程的滞后,他们都经历了封建君主专制由盛而衰的大时代,旧时代寿终正寝而新时代即将来临的大时代。由于20世纪初期中国社会面临的历史任务跟18世纪的法国相近,这就决定了这两位伟大的启蒙者在精神方面有诸多相通之处。比如,他们都擅长于用嬉笑怒骂的犀利文笔对封建社会和封建阶级进行摧枯拉朽式的揭露和批判,以主要精力对旧基地进行扫荡和破坏;而他们文化活动的宗旨,又都在于维护人类的尊严和权利,在物质和精神这两个层面使人类得到最大限度的解放。他们都是人类理性和个性的忠诚维护者,同时也是一切专横独断者不可调和的敌人。伏尔泰的活动时代横贯了18世纪的四分之三。他跟其他启蒙者的共同努力,为震撼世界的法国大革命做了思想准备,从而使18世纪成为法国人的世纪。鲁迅生活在19世纪末期至20世纪30年代的殖民地、半殖民地的旧中国。作为"五四"新文化运动的主将,他跟"五四"时期的其他启蒙者共同努力,在中国贫瘠的黄土上撒播了"民主"和"科学"的种子,如今已经绽开了现代化的花朵,结出了举世瞩目的成果。由于鲁迅不仅生活在法国大革命之后,而且生活在俄国十月革命之后,因此他不像伏尔泰那样寄希望于开明君主,而把殷切的目光投向在地底岩浆般奔涌的下层民众。这是鲁迅区别于伏尔泰的地方,也是历史给予鲁迅的厚爱。

作为不同国度的启蒙思想家,鲁迅和伏尔泰同样具有百科全书式的渊博学识,在众多知识领域都表达出新的见解,同为文化的集大成者。伏尔泰留下的文化遗产有科学和哲理性著作、自然科学著作,也有艺术作品,多达90余卷。鲁迅的文化遗产中,既有创作、学术著作,也有翻译;他还辑录、校勘了50种古代典籍。他既是作家、翻译家,也是教育家、新兴木刻倡导者和科学普及工作者。恰如伏尔泰用明白晓畅的语言使法国人了解到科学家牛顿的伟大成就,鲁迅在100

年前也率先向中国人介绍了居里夫妇发现放射性新元素镭的杰出成就。

伏尔泰一生中创作了大量悲剧，鲁迅说："悲剧将人生的有价值的东西毁灭给人看，喜剧将那无价值的撕破给人看。"（《坟·再论雷峰塔的倒掉》）所以，对于伏尔泰创作的剧本应该给予公允评价。但其文学作品中最有价值，同时也是在中国影响最大的部分是他的哲理小说。鲁迅跟伏尔泰一样善于通过形象表现哲理，常常把不合理的事物夸张到荒诞的地步，以荒诞的叙述来表现日趋没落的封建社会的荒诞本质。伏尔泰在他的哲理小说《老实人》中，无情嘲笑了为王权和神权辩护的哲学——"一切皆善"。这是德国17世纪唯心主义哲学家莱布尼兹的学说，他曾鼓吹"上帝所创造的这一个世界是一切可能的世界中最好的"。而伏尔泰通过"老实人"的传奇经历得出的结论却是："地球上满目疮痍，到处都是灾难啊！"鲁迅则在他享誉世界的小说《阿Q正传》中揭露了一种用精神上虚幻的胜利来掩饰现实生活中真实失败的"精神胜利法"。这样一种自我解嘲、自我解脱、自欺欺人的意识正是人类精神上一种具有相当普遍性的病症。早在1926年，罗曼·罗兰就对《阿Q正传》给予了高度评价，并亲自推荐到《欧罗巴》杂志发表。

伏尔泰是中国文化的热情传播者。他十分推崇中国文明，并根据中国元代戏曲家纪君祥创作的杂剧《赵氏孤儿》创作了《中国孤儿》，描写中华民族的智慧和道德，感动并改变了成吉思汗，使这位"一代天骄"停止征战杀伐，成为开明君主。鲁迅也十分喜爱法国文化，认为法国有许多大作家和好作品。早在100年前（1903年），他就翻译了雨果《随感录》中的《芳梯的来历》。在这篇译文的《附记》中，鲁迅最先让中国读者了解到雨果创作的三部曲：《悲惨世界》《巴黎圣母院》和《海上劳工》。此外，鲁迅还翻译过儒勒·凡尔纳的科幻小说，波德莱尔的散文诗，查理·路易·菲力浦的短篇小说，阿波利奈尔的动物寓言诗。鲁迅在他的一系列杂文中，还对卢梭、巴尔扎克、福楼拜、法朗士、纪德等数十位著名法国文学大师进行了评价。

鲁迅跟伏尔泰还有许多相似之处。比如，他们都是精力充沛、积极工作的人，对待时间从来都是一毛不拔。俄国诗人普希金在论及伏尔泰时说:"他读的书比任何人都多,他比任何人更少感到疲倦。"鲁迅夫人许广平在致鲁迅的献词中说:"你不晓得,什么是休息,什么是娱乐。工作,工作!死的前一日还在执笔。"然而他们生前又一直遭受迫害。伏尔泰曾被殴打、驱逐,甚至被投进巴士底狱。他的人生体验是:"在这个地球上,哲学家要逃避恶狗的追捕,就要有两三个地洞。"鲁迅则多次列入被通缉的黑名单,曾经经历脚比手忙的避难生活。他用壕堑战的方式坚持战斗,决心用笔对付刽子手的手枪。更为相同的是,他们生前和死后不但受到很多人的肯定和赞扬,而且受到另一部分人的歪曲和诅咒。这是因为社会上不同阶层和不同集团有着各不相同的利益诉求,爱憎分明的作家在不同的利益群体之间自然不可能受到普遍的认同。此外,作为人类生活中的一种精神资源,伏尔泰和鲁迅的文化遗产必然受到不同时代各不相同的人们的不断言说和阐释,产生歧见是一种十分自然的事情。更何况伏尔泰和鲁迅也的确有各不相同的历史局限性。然而,他们毕竟都推动了历史的车轮前行。他们的作品既是当时的文化财富,又是后世的精神坐标。因此,他们不仅属于他们生活的时代,而且属于所有的世纪。只要我们生活的地球上还有不公和不幸,我们在塞纳河畔和黄河之滨就都能听到伏尔泰和鲁迅那穿越时空的声音。

当天中午,雨过天晴,巴黎的空气格外清新。中国作家代表团全体成员应中国驻法大使馆之邀,来到了位于塞纳河畔的大使官邸,享用了一次格外合口味的丰盛午宴。神采奕奕的赵进军大使热情祝酒,高度评价中国作家在中法文化年中发挥的独特积极作用。他说:"中国作家以其颇具影响力的作品在中国和法国之间架起了一条文学彩虹,使法国人民更形象地了解和理解了中国人民,理解了改革开放进程中的中国,为中法的战略合作伙伴关系增添了新的亮点。"他在席间还讲述了这样一件事:法国总统希拉克是中国文化的爱好者,从小研习东方文化,不仅精通中国的青铜器,而且热爱李白的诗歌。他正计划创作一部关于李白的影视作品,并想邀请巩俐扮演剧中的杨贵妃,只是李白跟杨贵妃之间似乎没有什么直接交往,戏份不可能很多,担心巩俐能否接受这个角色。大使这番话引起了一阵掌声和笑声。

3月24日，本届图书沙龙闭幕。为期6天的书展，10多万法国读者在中国展台流连忘返，约三分之二的参展图书售出，销售额达16万欧元，超过了上两年作为主宾国的英国和德国。中国作家代表团此次出访创造了两个"第一"：一是中国作家协会第一次组织30多位中国知名作家集体出访，二是中国作协首次与新闻出版总署合作参加国际书展取得成功。其实，从2003年10月至2004年7月，中法文化交流史上还创造了许多"第一"和"之最"：春节期间，作为现代巴黎标志的埃菲尔铁塔曾大放红光，持续一周之久，以这种前所未有的友好方式庆祝中国人的传统节日。旧历元月初四，70多万巴黎市民涌上举世闻名的香榭丽舍大街，欣赏中国狮队的狮舞和北京市民为他们表演的秧歌、腰鼓。在卢浮宫、凡尔赛宫和蓬皮杜艺术中心，多次举办了高档次的中国文物展、服装艺术展和中国现代艺术展。中国的艺术团体也以强大的阵容赴法演出，仅广州军区战士杂技团在巴黎一地就演出了50多场，观众达28万人次，意味着每8个巴黎市民中就有1人观看了演出。就是通过这次"中国文化年"，法国民众面前展现出了一个古老的中国，现代的中国，多彩的中国。

3月24日，在沙龙闭幕前夕，法国总统希拉克为表达他对中国人民的友谊，特写信给我驻法大使馆赵进军大使。

大使先生：亲爱的朋友

你们考虑得细心周到，送给我两本李白、杜甫诗集。我深为感动，并对这一友好的表示向你们感谢。

我很高兴地看到3月18日中国文学在法国图书沙龙上的强大阵容。继秋季文化年的各项活动，1月24日庆典活动及胡锦涛主席国事访问后，中国参加图书沙龙所取得的成绩证实了法国观众对中国文化及文明的热爱及痴迷。你们知道，我也深爱中国文化及文明。

我们将在中国举办与中国文化年相应的法国文化年。我认为在这一活动中能得到你们配合，我对此表示感谢。

我希望中国文化年活动继续顺利进行，大使先生，顺致崇高敬意。

雅克·希拉克

第六章

走一走、看一看

第一节

"寻找面包，得到蛋糕"
——我的六次台湾之行

西方有一句谚语："寻找蛋糕，却丢了面包。"我把握不准其真实含义。据字面理解，大概是说顾此而失彼；得到了华贵的，丢掉了基本的。在这里，我把"面包"比喻为亲情，把"蛋糕"比喻为友情。我去台湾的初衷是寻找亲情，结果却是在伤口上撒盐，更增疼痛；而意外得到的却是终生回报不尽的友情。

从1989年8月至2008年10月，在这20年间，我先后六次飞抵宝岛台湾：第一次是1989年8月至10月，第二次是1990年底至1991年初，第三次是1992年11月，第四次是1995年底，第五次是1998年9月至10月，第六次是2008年10月。最长一次为期3个月，最短一次是10天。除开金门、马祖之外，我几乎踏遍了宝岛的每一块沃土。其间中断十年，是因为我担任了全国政协委员，被台湾入境局拒签。近两年也不断有人邀请，因种种原因，我均已婉谢。

一、我的探亲经历

我第一次赴台办的是探亲手续。父亲陈维彦是黄埔军校九期毕业生，曾在国民党炮兵部队任职；抗战胜利后到越南参与接收，1948年前后调到台湾基隆要塞。我出生两个月之后，母亲发现父亲有婚外恋，只好带我回外公家生活，跟父亲断绝了一切联系，有关他的消息都是道听途说。但建国后我们母子填写政审表格，都在"有无海外关系"一栏老老实实填写了他在台湾的情况。我不知道"不老实"会是一种什么下场，却知道"老实"之后在历次运动中并没有尝到什么甜头。对于这位跟我仅有血缘关系的父亲，我当然是心存怨恨，但也因为陌生而感到有几分好奇。

人生的确充满了种种巧遇和机缘。1988年初，友人胡从经恳切邀请我到上海参加中华文学史料学会筹备会。那次会议有两岸三地的学者参加，牵线人是香港中文大学的卢玮銮（笔名小思）女士。台湾方面出席的有秦贤次、吴兴文、应凤凰、邱各容诸位。那时他们成立了一个当代文学史料研究社，成员还有陈信元、莫渝、林焕彰、钟丽慧、向阳等。秦贤次的大名我最初是在台湾《传记文学》杂志上接触到的。他名字的怪异，身份的特殊（时任台湾明台产物保险公司海险部经理），特别是其文章资料的翔实和新颖，都给我留下了深刻印象。一次开会时我正巧坐在秦先生旁边，顺便提及我父亲在台湾，但近半个世纪音信全无，不知其下落。秦先生让我写下父亲的姓名，说回台湾后帮我打听一下。我感到这相当于大海捞针，并未抱任何希望。出乎意料的是，秦先生很快就有回馈，查到了我父亲的下落。不久又有信息从不同渠道传来，综合起来，父亲的情况主要有以下几点：一、1957年5月1日已在台湾再婚，女方是台湾鹿港的一位老姑娘；婚后感情不和，经常发生口角以及肢体冲突，已于1985年3月提出离婚，被法院以"理由不充分"驳回。二、再婚后有一女，是我同父异母的妹妹，名字与我谐音，文笔甚佳，自由职业者，当时做广告设计。三、1965年从国民党部队退休，领终身俸。陆军总部在台北健康路配给一栋平房居住，屋前搭一铁棚出租。四、1975年3月28日中风，双腿不良于行，撑着助步器活动。

1988年秋，单位一友人赴香港探亲，通过电话跟我父亲取得了联系。7月14日父亲给他写信，作了以下表态："一、本人身体健康，精神饱满，生活亦舒适，唯两腿行动不便，致未能亲自前来探问隔绝半世纪的妻儿，内心深感痛苦；二、期望他俩不必为我这罪恶深重之人担心；三、如果他们母子谅解本人，则深愿以赎罪心略尽心力，欢迎他们来台定居；四、是否愿意定居，或先来台一聚，一切由他们决定；五、对帮助我们亲人联络之人，感激之情非笔墨所能形容，应该感恩思报。"接着，父亲在台北谈天楼会见秦先生，面交10万元台币（当时大约4000美元），委托他代管，作为我们母子赴台湾探亲的费用。1989年5月12日，台湾"内政部"给我们母子签发了仅限来台探病或奔丧的"大陆同胞旅行证"。不久有关部门批准了我的赴台探亲申请。行前统战部港台局负责人设便宴饯行，席间曾叮嘱我在台湾公开发表言论要掌握分寸。饭后刚到家就接到这位负责人的电话，说席间的那番叮嘱完全收回，要我一切随意，不必有任何顾虑。我是一个单纯的文化人，以无党无派之身探亲，政治上当然不会有什么顾虑。唯一顾虑的是我对台湾以及台湾那位生父的境况是那样隔膜，贸然带着74岁的母亲前往，是否会让她受到新的委屈？几次商量之后，办好一切手续的母亲决定放弃这次机会，让我先去探探路。我到台湾之后，先不住到父亲的家里，而是托朋友帮忙，在台北和平东路台湾师范大学的综合大楼租了一间小房（808室）落脚。

　　关于我跟父亲初见的情况，在《炎黄儿女情，中华文化心》一文的开头，我作了如下描述——"莎拉台风席卷台湾宝岛。豆大的雨点密密匝匝，在水泥地面溅起一朵朵小水花。半身不遂的父亲不顾年迈体弱，双手强撑着半月形的铝合金扶手，一大早就站在狭窄的门楣下。妹妹打着伞一次次上前劝说：'哥哥乘坐的航班中午才能抵达桃园机场，您先回屋里去歇息吧。'父亲毫无反响，木然不动，任风撩起他那稀疏的白发，任雨溅湿他的衣衫。他就这样站着，站着，奇迹般地站了3个多小时，隔绝40余年的父子终于团聚了。当我从计程车中钻出身子，向熟悉而陌生的父亲深鞠一躬时，老人的声音和躯体都颤抖着，他用浓重的湖南口音说了两句话。一句是：'漱渝，我不配做你的父亲。'另一句是：'我死了以后，一定要把我的骨灰带回长沙，埋在岳麓山，或者撒到湘江……'"

　　我在此文中没有提到的是，父亲当时身边有几个塑料袋，放着几件换洗的衣物。他表示，台北健康路这个家他一天都待不下去，要尽快跟我搬到旅馆去住，白天可到供应便餐的茶室聊天。当晚，父亲在台师大的餐厅为我接风，同席有我一位堂叔，还有秦先生，以及台湾东吴大学教授王国良和他的夫人。席间半身不遂的父亲执意要喝几口酒（似乎是啤酒），结果当场呕吐。第二天，我就跟他搬进了一家廉价的旅馆。我感到奇怪的是，无论是吃饭还是喝茶，父亲从来都不主动埋单。我这才发现，原来他交给秦先生的那10万台币是他三个月的全部俸禄，他自己已身无分文。我于是只好从他给我的旅费中支付这些款项，又返回2万台币给他零花。心想，母亲幸好没来，否则岂不会在台北漂泊？我反复动员父亲先回家，一切从长计议。父亲迫于无奈，接受了我的建议，但回家之后能听到的只是他跟他那位如夫人之间不停地争执。比如父亲说，若干年前他买了一些公司的原始股，如今增值不少。对方却说，她从来就没见过这些股票。我恳切表态：我对这些话题毫无兴趣，也断不了这种无头案。我是来探亲的，不是来争家产。我在大陆生活很好，母亲也有退休工资，我们都想很有尊严地活着。

这次回大陆前几天，父亲悄悄塞给我一枚0.75克拉的钻戒，叮嘱我转交母亲。事后妹妹发现了这件事，问钻戒是否在我这里。我说在。她说，她之所以问，只是因为怕父亲丢失；又说，这样做是应该的，需要对我母亲进行补偿。我反问："一个女人的青春、情感，乃至大半生，如何才能补偿？"妹妹一时语塞。稍停一会儿她又说，曾请人对这枚钻戒进行鉴定，怀疑是假货。我说我只负责转交，既不会变卖，也不会去做什么鉴定。临走的前夕，父亲喃喃地说，他要给我买一辆奔驰车，还想在大陆盖一栋三层楼：楼下一层做剧场，因为我二儿子学戏剧；另外两层，一层住人，一层出租。他还特别希望我回大陆之后给他的亲戚多做些人情，表达他的心意，证明他在台湾生活得很好。我知道这是谵语，却表达了他的一种心愿。他是一个极爱面子的人，但不知是什么原因，他当时手头的确没有一文积蓄。

此后我几次赴台都是办的学术交流，费用均由邀请方支付，我从来没有在父亲家中住过一天；除了第一次探亲的路费之外，我再没花过他一分钱。反倒是接受了不少台湾友人的帮助，除开秦贤次先生外，还有酆台英、陈懿嫦、赵润海、陈宏正、张惠国等。对于他们的友情，我将永志不忘。1998年赴台时，听说父亲已于年前的5月7日去世。原因是他离家出走，途遇大雨，感冒发烧，被送进荣民医院，终于不治，终年84岁。妹妹将他葬于台北一处公墓，事前没通知我，事后也跟我中断了一切联系。我至今也不知父亲的墓地在何方，将他骨灰运回故乡的想法目前也无法实现。我2008年赴台湾，健康路一带的平房均已拆迁，取而代之的是座座高楼。我不知道妹妹搬进了哪栋楼房的哪个单元。

我寻亲的梦从此画上了一个句号。在一首短诗中我写道：

"梦是唯一行李"——
丢失了这件行李，我并不哭泣，
因为这是宿命。

二、我感受的台湾政治氛围

我曾说过，我不是以一个政治人的身份到台湾的，两岸也都没有赋予我特殊使命；我只是以一个普通中国人的眼光来观察台湾的政治，只是凭一个中国人的良知做我力所能及的事情。

我的印象中，台湾人——特别是台湾知识界人士大多忌讳在公开场合谈论政治，也忌讳把政治分歧带进工作领域，但不少人却有很深的政治情结。以我的切身感受而言，在这20多年间，台湾的政治氛围经历了几个阶段的变化。

我刚踏上台湾的土地是在1989年，当时虽然也有民进党的存在，但从政府到大多数民众，并不存在国家认同问题。那年在台北市"国父纪念馆"举办了一个"寻根探源——台湾开发史展览"，举办方为台湾地区行政管理机构。展览说明词明确写道："台湾是中国的一部分，不但有地史的根据，并且有考古学的证据、古文献的记载，史不绝书。近二三十年，在东西海岸先民遗址发现的石器和陶器遗物，无论形制、图案或色影，证明了这文化体系相同的事实……"大台北有"忠孝""仁爱""信义""和平"四条主干道，名称均取自中国古训；其他街道也多取自中国大陆省、市的名称，如武昌街、温州街、松江路、青岛路……都在无声地提示着中国有一个完整的版图。当时两岸的分歧是正统地位之争。我们强调中华人民共和国是中国唯一合法的政府，台湾当局是溃逃到海岛一隅的反动政权；而台湾当局则认为中华民国政府"播迁"到了台湾。他们虽然实际上放弃了"反攻大陆"的口号，但并没有结束两岸的敌对状态。

1992年统独之争已现端倪。那一年的7月8日上午，时为台湾当局领导人的李登辉跟民进党负责人进行了一个多小时的晤谈。李表示"对大陆的政策要模糊一点，不能讲得太明白"，不要"硬干"。他表示要争取以"两个中国代表权的形式"进入联合国和参加其他国际组织。他建议民进党参加所谓"国家统一委员会"，目的是"对任何走向统一的步骤取得否决权"（台湾《龙旗》杂志，1992年10月，第31—32页）。这就表明，李登辉的意图是想用他所控制的"台湾国民党"来消灭主张两岸统一的"中国国民党"。在"立法院"的会议上，混进国民党的台独分子也大力推销"一中一台""台湾优先""两个中国""国民党台湾化"等分裂主张。这一动向引起了台湾爱国民众的高度警觉。当年秋天，经徐瑜教授引见，在一次两岸关系研讨会的休息期间，我见到了曾任国民党台北市党部主任、台湾省党部主任委员的关中先生。他说："台湾与大陆的关系是不能分、不可分、不必分，两者不管在文化、传统、血缘等方面都有极深的渊源，而且有共同的命运、共同的理想和共同的利益。""我认为今天双方有一些共同接受的原则，比如说中国只有一个，台湾是大陆的一部分，双方都不要战争，双方都要追求和平统一，促进两岸关系良性的发展……"但是，他希望大陆承认台湾当局是一个"政治实体"，因为自1949年以来，台湾的对内、对外政策毕竟是台湾当局独立决定的。

当年11月15日下午，我到台北延平南路实践堂参加了一次"反独"动员大会，并写了一篇报道《清除"台毒"，促进统一》（该文后来发表于2000年5月29日《人民政协报》）。

四面八方的人流向台北市西门一带汇集，人人脸上表情凝重。汇集点是位于延平南路182号的实践堂。台湾15个民间团体联合在这里召开"反独"动员大会。实践堂是一座可容纳数千人的大礼堂，平日举行集会时经常显得空空落落，稀稀松松，而今天却连楼座也爆满，名副其实是座无虚席。一些迟到的入场者只好在安全门两旁倚墙而立，有的甚至干脆坐在通道的台阶上。忽然，有几个胳膊上刺有匕首或裸女图案的"板寸头"挤进来探头探脑，但看到场内气氛热烈、激昂，也就垂头丧气地溜走了。

大会召开前，签到席前排起了一条长龙。原本熟识和刚刚结识的来宾三三两两地自由交谈。人群中有一位老兵，头戴运动帽，身穿蓝夹克。他原籍江苏，1948年被裹胁来台，退伍后孤身一人住在彰化，又患有心脏病。有时怕夜间犯病，无人知晓，就只好坐在门口屋檐下打盹，以期一旦遇险能碰上好心的路人及时将他送进医院救治。前年他有机会回大陆探亲，见到了阔别40余年的兄弟姐妹，在故乡重新得到了亲情的温暖。他激动地对大家说，大陆什么都好，只有一点不好，就是去了一次让人还想再去。如今他听说台湾有人妄图建立"台湾共和国"，想使两岸亲人重遭骨肉离散的厄运，禁不住怒火中烧。他一大早赶火车到这里开会，就是为了表达他反对分裂、渴望统一的坚定立场。

另一侧有一位老海员自己推着轮椅入场。他是头一天从高雄赶到台北，专程来参加这次大会的。老人原籍浙江，幼时父母早丧，靠帮佣和做针线活的胞姐抚养成人，后经人介绍到轮船上做工，像一片树叶飘落到了台湾。也是前些年,他托友人辗转打听,终于在温州找到了隔绝近半个世纪的姐姐,并且接通了越洋电话。由于悲喜交加,他语音未落就晕倒在地,落下了半身不遂症。他得知我来自大陆,眼眶里噙满了泪水,双手颤抖地说:"我还要争取回大陆去见姐姐哩!我还想接她来台湾住一段日子哩!如今有人居然把'台独条款'列入了他们的党纲,国民党里也有人主张什么'国民党台湾化',你看混账不混账!"

一位戴金丝眼镜的商人挺着肚子蹒跚步入会场。他来自桃园,曾因产品滞销和劳资纠纷而濒于破产。前些年他先后到福建和湖南投资设厂,把在福建生产的折叠伞销往大陆各地,又把湖南成本低廉的布鞋销往中南美洲,买卖立即"火"了起来。他说:"大陆固然需要台湾的资金和管理经验,台湾更需要大陆的市场、原料和劳力。近些年如果不是加强了两岸的经济往来,台湾不就成了入超地区吗?"

坐在我身边的一位小姐是台湾花莲人,温文尔雅,在某图书出版公司供职。大概因为职业相近的缘故吧,我们很快就亲切交谈起来。她用文绉绉的书生口吻对我说:"'一中一台',这违反了民族国家形成的历史法则呀!我的籍贯是台湾省,但先祖来自闽南。如今有些台湾的闽南人、客家人硬说自己不是中国人,自称是什么'台湾民族',这有多么荒谬。任凭这少数人搞'独立建国',搞'一中一台',13亿华夏儿女能通得过吗?"

下午3时整,主席宣布开会,人声鼎沸的会场顿时安静下来。有近20名与会者作了简短发言,其中有老有少,有男有女,有文有武,政见也不尽相同,还有人借机为自己作竞选宣传,但他们却有一个共同点:渴望统一,反对分裂。最后由一位训练有素的播音小姐朗读了大会宣言,题为《国民党向何处去》。宣言指出,近一年来,不但民进党内的"独患"更毒,就在执政党内居然也出现了"国家认同问题"。这是何等严重的事态!宣言最后说:"我们要呼吁全世界中国人团结起来!消灭台独汉奸,维护汉疆唐土的完整壮丽,加速中国的和平统一。这是我们光耀祖先的天职,这是我们造福后代的责任。让我们为重振汉唐雄风而欢呼!让我们为创建'中国人的世纪'而奋斗。"

不知不觉,两个多小时过去了,主席致谢词宣布散会,但人群久久不愿散去。有人在会场散发宣传品。我随手取了三份：一份是严斥国民党内台独分子如吴梓等人的谬论；另一份披露了李登辉跟民进党高层人士的秘密谈话。李暗示，他无意走向统一。第三份是《港澳同胞对台湾问题看法的调查报告》。调查结果显示，有89%的受访者反对台独，理由是："坚信中国领土应维持完整不可分割（占79%），其次则认为，中华民族合则有利，分则有害。"

走出实践堂，正值下班的交通高峰期。十字路口的红绿灯前，摩托车、出租车、运输车、公共汽车连成了一道钢铁长流。绿灯一亮，摩托车的马达齐鸣，车辆风驰电掣般冲出停车线，那场面十分壮观，堪称"台北一景"。我想，祖国统一的人心流向不正如同眼前的车流一样不可抗拒吗？如果有人一定要逆其道而行，那最终能有什么好的结局呢！

1995年冬我到台湾，感到政治气氛跟天气一样寒冷。当年12月16日，我到台中静宜大学参加"五十年来台湾文学研讨会"，会上有人散发的一份闽南语刊物，上面有些不恰当的文字。

我感到这完全是一种政治煽动，是在通过"文化台独"来制造祖国分裂，达到"政治台独"的图谋。于是我立即撰写了一篇文章，题为《认准航道，飞出美丽的线条——关于"台语文学"的对谈》（原载于《台声》杂志1997年第3期，现收入作者的《冬季到台北来看雨》一书，中国文史出版社1998年版），严正表明自己的立场与观点。

我在文中指出：

我非常尊重台胞对台语的感情，也明白在文学作品中正确使用方言的作用：既可以从中择取活泼、简练、富有表现力的词汇（即"炼话"），又可以烘托浓郁的乡土气息。但是使用方言应恰如其分，有个"度"的问题。即以台湾四分之三的人使用的闽南话而论，不仅内部分歧明显，语言现象复杂，而且跟通用语差异很大，有些词有音无字。比如通用语中的"乡下"一词，台语中写成"草地"；通用语中的"逃亡"，在台语中成了"走路"；通用语中的"很多事情"，用台语写出来成了"全事屎"。如果滥用方言，只会增加作品跟读者之间的隔膜。语言不是为了人际交往的迫切需要才产生的吗？创作文学作品不就是为了让它能够广泛传播吗？如果作品中夹杂了大量方言，甚至完全用方言进行创作，让人听不懂，看不明白，阅读起来不习惯，难道不是事与愿违吗？

其实，关于台湾文学的定位以及台湾文学应选取的通用媒体，原本是一个不存争议的问题。早在1925年1月，台湾新文学运动的先驱张我军就明确指出："台湾的文学乃中国文学的一支流。本流发生了什么影响、变迁，则支流也自然而然地随之而影响、变迁，这是必然的道理。"（《请合力拆下这座败草丛中的破旧殿堂》，原载《台湾民报》3卷1号），此前一二年，《台湾》月刊和《台湾民报》也讨论过台湾文学的用语问题。黄呈聪认为，台湾的祖国是中国，"母子"的"关系情浓"，加上地利之近便，利用浅显易懂的白话文更容易"吸收他的文化，来助长我们的社会"。他还明确指出，台语白话文"使用的区域太少"，而且"台湾不是一个独立的国家，背后没有一个大势力的文字来帮助保存我们的文字"，因此他反对用台语白话文取代中国的白话文（《论普及白话文的新使命》，《台湾》1923年1月号）。另一位学者黄朝琴也发表《汉文改革论》，指出台湾话和北京话口音虽不同，"言语的组织大都相同"，学习上有方便之处，而且"做台湾的人，将来欲做实业诸事，非经过中国不可，所以学中华的国语，实在人人都必要的"（《读〈汉文改革论〉》，《台湾》1923年2月号）。现在有些人的台语文学观念，我看是历史的倒退。

我还在文章中进一步指出：

文学走向世界的确要靠语言的优势，而语言的趋势必然是日渐统一而不会是日渐支离。大陆闽南方言近几十年来的变化就很能说明这一点。在中国大陆，由于交通日渐发达，经济交流日趋频繁，克服由于方言障碍所带来的交际上的困难成为越来越迫切的需要。其结果，就是方言的特征逐渐削弱，越来越向规范化的汉语靠拢，比如，闽南方言中文白异读现象原十分突出，而目前原来文读（即读书音）白读

（即说话音）两读皆可的双音节词语日趋于文读，从通用语中吸收的词汇也越来越多，如"饼干"取代了"番仔饼"，"茶叶"取代了"茶心""茶米"，"汽车"取代了"风车"，"热水瓶"取代了"电缸""电瓶"。语法方面也有缓慢的变化。可见方言向通用语贴近是大势所趋，难以人为地逆转。

三、在台湾宣传鲁迅

我想，我在文章中以学理化的语言指出台独的荒谬性，是我以一个文化人的身份为祖国统一所尽的绵薄之力。我六次赴台所起的作用，也主要是推动两岸的文化交流。记得鲁迅在回忆散文《藤野先生》中写道："大概是物以稀为贵罢。北京的白菜运往浙江，便用红头绳系住菜根，倒挂在水果店头，尊为'胶菜'；福建野生着的芦荟，一到北京就请进温室，且美其名曰'龙舌兰'。"我初到台湾是在20世纪80年代末，那时大陆的文化人来得极少，所以我在台湾也受到了特殊的礼遇。台湾的主要媒体《联合报》、台湾《中国时报》曾以大量版面刊登我的文章和专访；《民生报》甚至以《陈漱渝渡海》为标题刊登了我出席"胡适与近代中国"学术研讨会的消息。台湾的学术刊物《汉学研究》《中国文哲研究》《历史月刊》和《联合文学》《文讯》《国文天地》《幼狮文艺》《明道文艺》等杂志也发表了我的不少文章。我曾把其中的部分文章结集为《乡情·亲情·风情》一书（后改名为《一个大陆人看台湾》《冬季到台北来看雨》），先后在大陆的十月文艺出版社、中国文史出版社和台湾的朝阳堂出版社和黎明文化出版公司出版，获得了不少好评。老作家萧乾在为该书撰写的序文中，说我"写得一手漂亮的散文"，为大陆读者提供了关于台湾的第一手鲜活的见闻。1989年，胡秋原先生在台湾读到我写的《张闻天·鲁迅·胡秋原》一文，非常高兴，立即转载于他创办的《中华杂志》同年第2期。老作家楼适夷1992年1月26日致王元化先生的信中说："鲁博陈漱渝，几度去台探亲，写了不少东西，皆前所未闻。《史料》6号（你如未见，我即寄你）上记胡适晚年生活情况，大大增加了我们对胡适的看法，原来他不甘心当花瓶，有意见敢于顶撞，有梁漱溟、马寅初之风，故晚况亦抑郁，在广众中中风而死。"（《新文学史料》，2002年第3期，第15页）

1992年3月，中央人民广播电台举办第四届"海峡情"征文活动。张克辉、秦牧、陈映真等5位知名人士获特别奖。我的散文《炎黄儿女情　中华文化心》获一等奖，授奖理由是："作品记叙了台湾民众冲决了当局对鲁迅著作长达40年的查、封、禁、堵，以及鲁迅文化遗产在台湾传播的情景，表现了富于深刻意义的主题，给人以鼓舞、信心和力量。"萧乾先生带病出席了颁奖仪式，亲自将一个景泰蓝奖杯递到我的手中。时至今日，我仍能感受到他那双柔软大手的温热。

　　如果说，在推动两岸文化交流方面，我在大陆做的主要工作是客观介绍台湾，那么我在台湾所做的主要工作就是客观介绍鲁迅。1998年，我在天元出版社（即李敖出版社）推出了四卷本《鲁迅语录》，不久又在台北业强出版社出版了《青少年鲁迅读本》。在台湾的几乎所有知名大学（如台湾大学、"清华大学"、台湾师范大学、东吴大学、东海大学、台南师院、台东师院、高雄师大），我都做过关于鲁迅的专题讲演。我在讲演中坚持自己的学术立场，没有故意取悦于海外听众。比如我在台湾"中央研究院"文哲所讲演时，就直接点名批评了该院院士费景汉先生的观点。我认为承认分歧、直陈已见才真正符合学术交流的目的，而曲意逢迎以争取对方的邀请则是一种令人不齿的行为。

　　2008年10月，我跟妻子一道去台湾参加学术研讨会，发现台北市除开新修了一座101大楼和开通了一条地铁之外，几乎没有什么变化。重新执政后的国民党为改善两岸关系虽然做了不少切实的工作，但"台独"势力的气焰仍然十分嚣张。我在台北时正值海基会陈云林会长访台。民进党煽动其成员朝陈会长身上扔鸡蛋，说什么击中头部奖台币2000元，击中身体奖台币500元。当时秩序相当混乱，有警员为维持秩序受伤。

　　我想，在两岸逐渐统一的过程中，这种乱象肯定还会不断地出现。但是，用和平取代战争，用民主取代独裁，用繁荣取代贫困，用融合取代分裂的愿景是一定能够出现的。唐代元和年间的诗人徐凝有一首七绝《庐山瀑布》："虚空落泉千仞直，雷奔入江不暂息。千古长如白练飞，一条界破青山色。"我想，祖国统一的趋势正如同"雷奔入江"的瀑布，任何力量都无法阻挡；两岸隔绝状况也终将彻底打破，就如同庐山的青色会被白练般的瀑布划破一样。

第二节

六赴扶桑结文缘

——我的日本印象

作为以鲁迅研究为职业的人，最向往的异域无疑是日本。鲁迅在七绝《送增田涉君归国》中写道："扶桑正是秋光好，枫叶如丹照嫩寒。却折垂杨送归客，心随东棹忆华年。"诗中的"扶桑"系指日本，"华年"系指鲁迅1902年至1909年留学日本的青春岁月。据不完全统计，鲁迅作品涉及的370多名外国作家中，日本作家占90名，超过了四分之一。鲁迅翻译的150多种外国作品中，日本作品占65种，将近二分之一，可见鲁迅与日本文化的密切关系。从这个意义上也可以说，不了解日本，不了解日本文化，也就无法了解真正的鲁迅。这就是鲁迅研究者向往到日本实地考察的主要原因。

一、一次名副其实的学术之旅

有幸的是，从1986年至2001年，我曾6次访问日本，虽然目的不尽相同，时间有长有短，但都有不同程度的收获。

我第一次访问日本是在1986年7月6日至20日。促成此事的是曾在北京大学进修的日本明治大学讲师尾崎文昭。尾崎是东京大学毕业生，东大著名教授丸山昇的弟子，经唐弢先生介绍跟我结识，在鲁迅博物馆查阅了一段时间的周作人资料。当时如果以东京大学名义发出邀请手续比较烦琐，丸山昇教授就请横滨神奈川近代文学馆出面，以馆际交流的名义邀请我们访日；但在半个月的行程中，我们跟日本近代文学馆交流的时间只有半天。

现在回想起来，这真是一次名副其实的学术之旅。有关情况我曾在《扶桑日记——赴日本考察纪实》中有详尽的记叙。此文首刊于《鲁迅研究动态》1986年第10期，后收入拙著《鲁迅史实求真录》，湖南文艺出版社1987年9月出版。同期《动态》还刊登有李允经的《日本博物馆掠影》和陆晓燕的《初访森鸥外纪念室》，均可参看。在短短的15天中，以潘德延为组长的鲁迅博物馆考察小组访问了7座城市，参观了10个博物馆、图书馆，举行了3次学术座谈会，跟日本的100多位新老学者进行了接触，其中包括了元老级的小川环树教授和当年还属新生代但如今已成权威学者的藤井省三。日本研究中国现代文学的几个主要团体（如东京的"中国三十年代文学研究会"，仙台的"鲁迅在仙台的记录调查会"，京都的《狂飙》杂志和《野草》杂志的同人、福井县芦原町的"藤野先生显彰会"……）都为我们举行了欢迎会并进行了交流恳谈。芦原町的町政府鉴于鲁迅跟藤野先生的深情厚谊，不仅让全体职员在新建的办公大楼前夹道欢迎我们，而且安排我们住进了豪华的开花亭温泉宾馆——日本天皇巡游时曾三次在这里下榻。这种接待规格和礼遇，恐怕是一般来访的学术团体享受不到的。

这次访问的最大收获，应该是结识了日本汉学界（特别是中国现代文学研究界）的一批顶尖级的学者，如东京大学的丸山昇、尾上兼英，东京女子大学的伊藤虎丸，一桥大学的木山英雄，东京都市大学的松井博光，早稻田大学的岸阳子，关西大学的北冈正子，京都人文科学研究所的竹内实，京都大学的清水茂，大阪外国语大学的相浦杲，大阪市立大学的片山智行，东北大学的阿部兼也……令人痛心的是，撰写此文时，他们当中的有些人已如昨夜星辰般陨落，为我留下了无尽的追思。其次，我们此行还瞻仰了鲁迅在仙台住过的公寓、听过课的教室，在藤野先生墓前敬献了花圈，查阅了鲁迅在仙台医专就读时的档案，第一次看到了鲁迅致日本友人增田涉的80封书信，并浏览了增田涉文库中鲁迅先生的赠书（如《唐宋传奇集》《北平笺谱》《士敏土之图》……）。这就是鲁迅先生所讲的读一部活书，让我们眼界大开。通过这次访问，日本学界也了解到鲁迅博物馆的鲁迅研究室在中国的学术地位。我清楚地记得，当年7月14日下午在东京大学举行的学术座谈会上，丸山昇教授热情地在总结发言中说："今天我们听到的是我们能够接受的观点而不是一些讨厌的套话。我感到日中两国学者能够互相理解的领域越来越广阔了。这种交流很有意义，希望今后能进一步加强交流和理解。"会后尾崎文昭也十分兴奋地对我说:"这下放心了。你们已经获得日本学界的普遍认可了!"

二、难忘的丸尾常喜教授

我第二次访问日本是在1993年4月1日至6月29日期间,经费由日本学术振兴会提供。邀请人是东京大学东洋文化研究所教授丸尾常喜,申报的研究课题是"日本近代文化对中国现代文学的影响"。由于此次访学时间长达90天,待遇也颇为优厚,所以妻子秦世蓉跟我同行。此行的研究成果首刊于1994年12月台湾《汉学研究》第12卷第2期,后收入拙著《披沙简金》,中国工人出版社2001年9月版。

丸尾常喜先生(1937—2008)是日本鲁迅研究前辈学者增田涉的学生,其代表作《"人"与"鬼"的纠葛:鲁迅小说论析》(人民文学出版社1995年12月版)在中国学界产生了广泛影响。有一次我在东京大学碰到丸山昇教授,他突然问我对"阿Q=阿鬼"的观点作何评价。其时我不知提出此问的背景,未置可否,表情显得有些尴尬。后来才知道这是因为丸尾先生综合运用宗教学、民俗学、历史学、思想史学等方法研究鲁迅,通过对孔乙己、阿Q、祥林嫂等人物形象的分析,从鲁迅小说中理出"国民性之鬼"与"民俗之鬼"这条线索,力图使读者加深对中国传统社会的认识。我以为研究者尽可以对"阿Q(Quei)"是否等于"阿鬼"的论点持不同看法,但丸尾先生运用的上述研究方法是极富启示意义和开创意义的。丸尾先生还特别注重借鉴中国传统的训诂、注疏方法,从词义学的角度解读鲁迅文本。比如《狂人日记》第十二节中有一句话:"有了四千年吃人履历的我,当初虽然不知道,现在明白,难见真的人!"丸尾先生不仅查阅《现代汉语词典》《汉语词典》《岩波中国语辞典》等工具书中探讨"难见"一词的真义,而且还从《文心雕龙》《红楼梦》《金瓶梅》《创业史》乃至《鲁迅全集》中的其他篇章来考证"难见"的用法和意义,得出了这篇小说中的"难见"二字是"没有脸见"的结论。我接触的中国鲁迅研究者中,似乎还没有人如此下苦功来阅读鲁迅的原著。丸尾先生在研究鲁迅的过程中态度严谨,是基于他对鲁迅的虔诚。他的新著《鲁迅〈野草〉研究》开笔之前,就专门到鲁迅北京西三条的故居小院静坐了半个小时。

需要补充说明的是，申请日本学术振兴会的经费是一件很不容易的事情，因为竞争十分激烈。最早提出跟我合作研究的并不是丸尾先生，而是大阪市立大学的片山智行教授。早在1988年片山先生就开始着手申请，但连续两次被否决。片山先生失去了信心，便于1990年转托刚刚到东京大学东洋文化研究所的丸尾先生出面。1990年2月底丸尾先生来函："尊敬的陈漱渝先生阁下，您好！我一向爱读大作诸篇，非常佩服。这次由片山智行先生托付跟您一起申请日本学术振兴会办的外国人研究员招聘经费来继续共同研究，我非常高兴。"同年11月5日，我托友人给他捎上拙作四本。他于10日复信说："大作四种收到，非常感谢。大作《鲁迅史实求真录》，如在申请书里写过，早就是我喜欢看的书，从来非常佩服。其他三种，我还没有看过，我相信一定能够得到很多教益……我很希望通过和您的交流和合作而受到您的指教，尽微力来发展我的研究工作。"然而丸尾先生出面申请也几经曲折，直到1992年申请方被批准。我1993年4月到他在东京涉谷区惠比寿南的寓所去拜访时，他出示了为此次申请填写的种种表格，摞起来可能有一尺多高，使我感动得说不出话来。

经过丸尾先生的精心安排，我此次旅日除了在东京大学东洋文化研究所查阅资料，还游览了京都、大阪、神户、仙台、松本、札幌等城市，并在东京大学中国学会的例会上发表了题为《鲁迅·胡适·周作人》的长篇演讲，又在信州大学、京都大学、大阪市立大学、大阪经济大学、北海道大学发表了6次不同内容的讲演。除了在东京的活动始终得到丸尾先生的关照之外，当年6月17日至25日我的仙台、札幌之旅，丸尾先生也是全程陪同。我至今仍然清晰地记得6月18日那一天，我们穿过海底干线，从仙台抵达电影《非诚勿扰》的外景地之一——美丽的北海道，下午躺在札幌的草坪上，看一望无际的蓝天、白云、白鸽……感到这里真是天人合一的境界。晚餐时痛饮刚刚酿成的北海道啤酒，接着跟北海道大学的朋友们联欢：大家围成一圈，双手放在左右两侧舞伴的肩头，踏着节拍，唱起了日本大学生的"寮（宿舍小屋）歌"，我跟丸尾先生好像都回到了难忘的学生时代……

丸尾先生为人给我的深刻印象是严谨、刻苦、拘于礼节。他的严谨不仅表现在治学方面，而且表现在生活中的方方面面。他给我的每封函件都一丝不苟，偶有误写，也会用涂改液涂得了无痕迹。我在日本90天的活动，他也安排得准确无误，有点类似于外事活动的"日程表"。丸尾先生在东京惠比寿南的寓所似乎是租赁的，后来就在琦玉县日高市武藏台买了一处房子。这里离东京较远，所以乘坐新干线往返于东京都和琦玉县的乘车时间就成为他的备课时间。丸尾先生拘于礼节可以说是达到了极致。有一次我在北京请他吃牛肉火锅。我不停地替他夹，他唯恐驳我的面子，也就只好不停地吃下去，后来我才发现牛肉质量并不好，跟日本的神户牛肉有天壤之别，于是后悔不迭。我想，我的这一次宴请，好比《克雷洛夫寓言》中那位杰米扬，劝人不停地喝他熬的乏味的鱼汤，这对于生怕失礼的丸尾先生真可以说是一场灾难。还有一次是丸尾先生邀请我和妻子跟他们夫妇一起休假，住在琦玉县名栗温泉在松阁。洗温泉是男女分浴，并不是日本传统的混浴。当我跟丸尾先生在浴池"赤诚相见"时，他一边颔首，一边用双手紧捂住私处，那种诚惶诚恐的模样也令我至今难忘。

　　常言说，一个成功的男人后面有一个伟大的女人。成功人士丸尾先生背后的女人，就是他的妻子顺子。丸尾先生儿女较多，家务事几乎都落到了夫人身上，他的分工大概只是倒垃圾。丸尾先生不熟悉电脑，所以他的论文和一切邮件全部都由夫人打印。10年前，他夫人第一次到中国，游览了北京、西安两座城市，算是辛劳一生中难得的一次休息。不幸的是，大约是2006年底或2007年初，顺子夫人因照顾女儿生产，劳累过度而猝死。丸尾先生异常悲痛，他得了癌症，于2008年5月7日病逝。恩爱夫妻很快能在天国重聚，这应该说也是一种缘分。

　　丸尾夫妇撒手人寰之前在想些什么，我当然无法全部了解，但我正巧找到一封2006年春节他们夫妇寄来的贺岁信。那年日本派兵到伊拉克"维和"，札幌也有青年入伍，街上悬挂了许多黄色小旗，祈愿士兵能够生还。一家酒店门口还张贴了一幅标语，写的是"花束装在枪口，祈愿无事归来"。丸尾夫妇担心日本重新成为"可战争之国"，特别警惕有些人奢谈"国际贡献"，拿平民百姓的生命来进行政治赌博。这封信的开头用抒情笔触写道："花匠说，我家庭院里那株厚朴树快要开花了。树苗原是长孙出生时从山里移植的，如今长到8米高了。我们盼着这棵年轻的树快绽放出大朵的白花，但又免不了担忧，生怕将来这些美丽的白花会被枪弹伤害，被军靴践踏……"

三、访学中的花絮

我1993年赴日期间还有两个花絮：一是当年6月9日赶上了日本皇太子成婚。当时我写了一篇通讯《小雨中的期待》，作为"特稿"发表在6月26日的《团结报》。二是写了一篇反映中国留学生在日本的散文，题为《樱花雪》，发表在同年8月25日的《团结报》。现将这两篇文章照录于下。

（一）小雨中的期待

6月9日早6时30分，进入梅雨季节的东京细雨霏霏。原来在日本外务省工作的才女小和田雅子在位于东京目黑区南一丁目的寓所门前，跟她的祖父母、父母、两个妹妹（双胞胎）依依惜别。特别有意思的是，雅子告别的对象中，还有一只名为"巧克力"的宠犬。从此，雅子小姐就失去了娘家姓氏成了"雅子太子妃"，她的名字从户口簿上注销而列入了"皇族谱"，她的公民权利也为一些其他特权所取代。

据媒体报道，小和田雅子跟浩宫德仁皇太子的这段姻缘经过了一波三折，直到今年2月19日，日本皇室会议才全体通过雅子作为日本2000多年历史上第二位平民出身的太子妃。4月13日举行了传自中国古礼的纳采仪式。皇宫的聘礼有一坛清酒、六卷绢布，以及象征吉祥的两尾鲷鱼。雅子柔声地答谢："谨予接受。"

"谨予接受"四个字说起来是很轻捷的，但为这场30多年才逢一次的盛典进行周密筹备却非易事。仅雅子家的陪嫁整整装了5卡车，其中有贵重的首饰、家具、字画、运动器械；由于雅子曾留学美国，学识甚佳，所以陪嫁的书籍也有10多纸箱。皇室的工作无疑更为繁重。宫内厅为此专门成立了"皇太子御婚仪委员会"，除了规划安排仪典的各项细节之外，最关紧要的是跟政府部门配合做好安全保卫工作。由于有一些民众团体示威游行，标语上写着"打倒天皇制""粉碎婚礼庆典"的字样；一枚6英寸迫击炮弹还击中了距雅子家约2英里的一所警察局的窗户，所以警方出动了3万名警员严阵以待。雅子寓所门前经常有约70名警员守护。皇宫附近在婚礼前夕更呈现出戒严态势。

历时仅13分钟的婚礼是在午前10时举行的。在800名参列的宾客中,率先出场的是皇太子的弟弟文仁和他的妻子川屿纪子。相传日本第一位天皇——神武天皇的祖先是日照女神,所以结婚仪式在"宫中三殿"中的"贤所"举行。人们无法了解皇室婚礼的神秘细节,就连800名宾客也只能神色凝重地坐在神殿的两侧。在电视荧屏上,人们看到的只是皇太子和雅子转来转去:皇太子着黄丹袍,头戴垂缨,手持贴纸,雅子则身着名为"十二单"的重达14公斤的和服,日本传统的皇室婚服也是来自中国,仿于唐装。据报纸报道,皇太子和雅子是在有两面日照女神形象的镜子前双双跪拜。皇太子捧读了他与雅子"将永远互相疼惜"的"誓告文",然后互饮了"御神酒"。于是,两人正式结为夫妻,外务省次官的女儿成了菊花王朝的正式成员——1亿2000万日本人中最特殊的人。

婚礼的高潮自然是新婚夫妇的出巡游行。下午4时30分,东京的细雨刚停,由29辆小汽车组成的车队驶出了皇宫,绕道新宿、四谷一周,前往4公里外的东宫。太子和雅子乘坐的是一辆劳斯莱斯敞篷车。太子着西服。雅子着西式礼服,头上的皇冠镶有1000颗钻石——这是传家宝物,现在的皇后美智子和老皇太后都戴过它。夹道欢呼的十几万人中,有的是头天晚上就占好了位置又在雨中等到天明。他们当中有的挥舞着日本国旗,有的高举着写有"祝御成婚"字样的灯笼。合唱队唱起了贝多芬的《光明颂》。他们期待着33岁的太子和29岁的雅子能早生下一个儿子作为菊花王朝的继承人,期待着这位非常美国化的太子妃能逐步打破皇室传统,更期待着衰退不振的日本经济能伴随着这场喜事而逐渐复苏。新婚夫妇穿过夹道的人群时显得非常激动。特别是雅子,一边不断地挥手,一边不时地跟太子细声交谈。此时,他们从神道色彩浓厚的氛围中走出,真正呼吸到了人世间的清新空气。

跟伺机牟利的商人和激情奔放的年轻人不同,有不少纳税人对皇室如此耗费他们的税金颇有微词。这次皇室的结婚预算高达2亿8600万日元。出席"飨宴之仪"的2700位嘉宾,每人的料金平均2万—3万日元。皇太子、太子妃婚后的仆役侍从共50人,生活津贴高达2亿9000万日元。无怪乎有的游行者高喊:"不要将纳税人的钱用于婚礼上。"

如今，婚礼的高潮已过去了。电视台陆续播放的是拍摄婚礼庆典的诸多秘闻。大多数日本人还在期待着，期待着他们的期待能美梦成真。

（二）樱花雪

"上野的樱花烂漫的时节，望去确也像绯红的轻云"，这是鲁迅《藤野先生》一文开篇的名句。用"绯红"形容樱花的色彩，真是再准确不过的了。但是，为什么要用"轻云"来比喻樱花呢？今年春天，我有机会在东京上野公园目睹了樱花盛开的壮观场面，才对鲁迅用词的精当有了深刻的理性认识。

今春偏冷，花讯来迟，直至4月初樱花才开到堪称烂漫的地步。4月2日晚看"NHK"（日本放送协会）的新闻节目，得知当天有20余万游人赴上野赏花，盛况空前。于是，第二天下午，我也兴致勃勃地汇入了涌向上野公园的人潮。

公园附近张灯结彩。甬道两侧摆满了出售各种风味小吃的小摊，令人眼花缭乱，馋涎欲滴。我随着比肩接踵的游人徐徐走上山坡，猛抬头，只见绵延数百米樱花怒放，一簇簇，一团团，不见枝叶，酷似彩云飘浮。不少游人在林荫道旁铺上塑料布，摆上食物，以花佐酒，谓之樱花宴。还有不少年轻人携来卡拉OK机，边舞边唱：

樱花啊，樱花啊！

阳春三月晴空下，

一望无际的樱花啊，

花如云朵似彩霞，

芳香无比美如画。

去看吧，去看吧！

快去看樱花……

置身这种情境，我的脑海中不禁又冒出了《藤野先生》一文中的另一句："但花下也缺不了成群结队的'清国留学生'的速成班……"中国留学生赴日本求学，始于19世纪末期，距今已近一个世纪了。在浮槎东渡的中国学生群中，历来存在流品不齐的状况。眼下的情形又如何呢？

在东京大学上山会馆的研究室内，我遇到了一位身材颀长、风度翩翩的青年刘君。他是电脑专业的博士生，每月领取10余万日元的奖学金。太太说得一口流利的日语，在一家旅行社任职，每月有20余万日元薪俸，一年还有两次奖金，总额相当于她四五个月工资。除去食宿零花，夫妻俩每月尚能节余十几万日元。所以刘君能够潜心治学，无须打工。刘君颇为自豪地对我说："你是研究鲁迅的。鲁迅在日本仙台留学时不就说过，日本学生的思想行为决不在中国青年之上吗？目前东京大学博士生中的佼佼者，很多是中国人，可见中国人智商一点也不低。关键是要为人才成长提供土壤。"我问他想不想归国，他斩钉截铁地说："肯定要回国。目前仍然留在日本，无非是利用这里的先进仪器，多掌握一些尖端技术，所以我整天把自己关在实验室里。"山上会馆虽然是东京大学的内部招待所，住宿费远比宾馆便宜（大房间每天1万余日元，相当于100美金；单人小间每天5000余日元，约50美金），但我仍然感到难以长期承受。于是，一周之后，我搬到了位于东京港区的东京大学国际交流会馆。这是特别优惠外国学者的公寓。在这里，我又碰到了一位姓洪的中国留学生。

洪君是一位研究农业经济的硕士生，留学之前就出版过几十万字的学术论著，因此颇受其导师赏识。遗憾的是，他来日本一年，始终没有申请到奖学金，因此只能靠打工维持学业。洪君挽起袖口，露出伤痕累累的胳膊对我说："你瞧，这些疤都是在餐厅洗碗时烫伤的。吃日本料理，要用数不清的盘碗盏碟。站着洗碗，只有上厕所时才能喘一口气。有一次实在太困倦，坐在洗手间的地上就睡着了，直到老板推醒我。"我问："这就是你后来离开餐馆的原因吗？"洪君连忙摆手说："哪里，哪里。洗一小时碗能挣七八百日元（按：在日本能买一碗面），再累也会挺住，我是被老板炒了鱿鱼。"我诧异地问："像你这种老实人，怎么会被解雇呢？"洪君说："为了打抱不平。一次，一位中国女留学生在我们店里端盘子。她问顾客：'先生，您要一点什么？'那位顾客一副似醉非醉的样子，在她屁股上捏了一把，轻佻地说'我要你'。那女学生转身哭了，正巧被我碰见。我冲上前去，对那位顾客大吼一声：'你想干什么！'他一时吓呆了。老板当时没说什么。过了两天，我就被辞退了。"说完，洪君黯然一笑。我的心中顿时也像被浇上了铅水。

凡是来到日本的外国人，都会想逛逛东京最繁华的地段——新宿，所以当日本朋友问我想到哪里玩时，我冲口而出地说："看看新宿的夜景吧。"于是，被邀请到一家名为"加寿翁"的日本餐厅吃牛肉火锅。这家餐厅不仅招牌吉利，而且位于新宿一座高楼的第50层，可以边吃边看夜景。日本的国产牛肉的确非常细嫩，身着和服的女招待也一个个气质不凡，只是没有看到那种灯火璀璨的"不夜天"景象。日本朋友不无遗憾地解释道："眼下日本经济有些不景气，夜景也有些令人扫兴。"

吃完饭，又到另一处喝咖啡，不知不觉夜已阑珊。我想赶乘末班地铁回寓所，匆匆行走，眼睛又近视，不慎与垃圾车后的一位清扫工撞个满怀。我连忙用生涩的日语加英语向他道歉，不料他却用在异国听来倍感亲切的汉语对我说："你不就是陈先生吗？真是人生何处不相逢！"我定睛一看，原来是老相识张君。他博士出身，颇有成就，是上海一所大学的副教授。我正在纳闷时，他抢先说："你留下电话、地址吧，改日我去看你，一起聊聊。"我赶忙将地址写在纸条上塞给他。他纵身跳上垃圾车，消失在茫茫夜色中。

几天后，我准备了一些饺子、啤酒，在住处招待张君。食物虽然再简单不过了，但张君却吃得特别香。他甚至激动地说："老陈，真不是说客气话，这是我到日本以来吃得最痛快的一顿。"我问："你不是以访问学者身份来日本的吗？"他说："对，我是访问学者。但事前已经讲明，邀请我的大学只出具请柬，提供住宿，但不付工资，不安排工作。"我又问"那你何必要扫大街呢？"张君瞪大了眼睛反驳说："扫大街？扫大街的活都不好找。一周只能安排两次。找不到这种差事就只好替人搬家。"我问："搬家是重活，你这个书生干得了吗？"他说："情况不一样。有些东西搬起来简单些。如果碰上搬迁户有钢琴，或者书箱，又正巧电梯坏了，要爬楼梯，那你就只好认倒霉。每当我穿上工作服，坐上搬家公司的卡车就感到前途未卜，不知道等待我的是什么。"听到这里，我不禁长叹一声："你这又何苦？

255

图什么？"张君似乎有了几分醉意，大声回答我："图什么？搬一次家有1万日元工资啊，我现在上海私下能换800元人民币，相当于我这个副教授5个月的基本工资啊！什么叫吃苦？吃不着苦比吃苦的苦还要苦！"说到这里，电视台正播放安徽某艺术团赴日访问演出的实况。该团有一位能歌善舞的女侏儒，被称为"袖珍姑娘"。电视屏幕上显示出以下文字："这位23岁的袖珍姑娘在中国月薪500元人民币，超过北京大学教授的工资。"我跟张君相对无言，每人又大口吞下了一杯啤酒。

　　这次来日本之前，不少亲友托我打听到日本进语言学校的情况，要我实地考察一下在这类学校读书的中国留学生的住宿条件。我对环境不熟，只好求助在日本待了7年的李君。李君告诉我，在东京的伊朗人常在代代木公园聚会，从事非法活动；韩国人居住的赤坂一带，被人称为"韩国人街"；至于中国人，多住在池袋至大塚一带，形成了一个内部紧密联系的中国人村。到语言学校就读的中国人，很多都是借此作为居留手段，志在就业，而不是就读。这类学校各方面条件均差，名为学校，实为学店。一天晚上，李君领我走进一条狭长的小巷，来到一排两层木房前。他说："这就是日本的'寮'，译为'阿帕托'，你进去看看吧。"我担心地问："不显得冒昧吗？"他说："没关系。住在这里的不少人都是我介绍的。"我们攀上窄而陡的楼梯，来到宿舍门口。只见每间房只有六七平方米，里面躺着两至三人，几无翻身之地。室内不仅没有空调设备和卫生间，就连电视、电话、电扇也没有。门口只有一个煤气灶眼，和一个一尺见方的公用洗脸槽。李君想叫醒几位说说话，回答的是鼾声；他又用脚踹了踹几位，也无反响。李君无可奈何地说："打工太累了。我们走吧。"我鼻子陡然一酸，差点掉出泪来。

　　为了冲淡这种凝重的气氛，李君邀我去新大久保去喝咖啡。我问消费标准。他说，那里有一家野猫咖啡店，由一位中国人管理，是他的朋友，不会多收费的。

　　这是一家低档的咖啡店，顾客可以边喝饮料边玩带赌博性质的游戏机。刚坐下就听见一个女人的挑逗声："你为什么死盯着我呀？"

我被她的声音吸引，一看，她涂着浓重的眼影，抹着猩红的唇膏，体态丰满，但神情疲惫。我不解她为何见人都要说类似的话。李君说："卖淫的，上海人。"我好奇地问："东京的红灯区不是在新宿的歌舞伎町吗？"李君是日本通，不假思索地回答："那里费用高，接一次客16000日元，陪一宿四五万不等。新大久保是'野鸡'出没的地方，跟客人当面议价，有时收一万，有时收八千。"我忽然忆起了一首新诗，题为《甚至连贫穷也不懂的女人》，说中国高原上的女人"什么也不懂"，"甚至连贫穷和劳苦也不懂"，"只有一身岩石一样结实的肉"。眼前这位肉体丰硕的上海姑娘虽然懂得贫穷和劳苦，急于让自己连同亲人赶快摆脱贫穷和劳苦，但付出了如此代价，是不是失去的比得到的更多呢？

我跟李君走出咖啡店，不知怎的，感到步履越来越沉。忽然，路旁一张布告赫然扑进眼帘。上面印着："通缉林峰，中国人，1960年生，在池袋抢劫。"我驻足凝视，心随之怦怦地跳动，两腿几乎迈不开了。李君拽住我的胳膊说："走吧，走吧，这种事大约月月都有。上月有4名中国人因抢劫4000万日元被捕。这月的报纸上又刊登了两名上海人被捕的消息。罪名是谋财害命。被勒死的是85岁的大淹升先生和他45岁的长女枝野清子。"

不知不觉间，我短暂的旅日生活即将结束，中日友好人士A先生在东京高田马场的一家牛排馆为我饯行。A先生说，他从50年代起就从事日中友好运动，提出过"日中友好基础在民间"的著名见解，多次被周恩来总理接见。这家餐馆，就是他经常宴请中国朋友的地方。牛肉是专门从神户运来的，所以店铺的门帘上有"神户牛"三个大字。

见到A先生，我脱口而出的第一句话就是："真是抱歉，我们有的同胞给贵国添了麻烦。有人说，在日本，几乎每月都有中国的'容疑者'（按：在日本罪犯判刑之前均被称为'容疑者'）被捕。"A先生幽默地宽慰我："这不稀奇呀。在日本，每天都有我们的日本同胞被捕。"谈话的气氛顿时轻松了许多。我接着问："本世纪初，鲁迅这一代人留日时，正值甲午战败。日本人歧视中国人'骂做猪头三'。如今，日本人如何看中国留学生呢？"A先生说："我是学者、教授，看书讲演时，我总是反复告诫日本青年，日本的现代化是建筑在侵略中国的基础之上的，引导他们正确看待中国和中国人。同时我也想对中国青年说，无论是战前或者战后，日本的国家性质并没有根本变化。日本是商业社会，并不是遍地有黄金可捡的天堂。所以，来日本之前，必须正确认识日本社会，正确认识自己，否则就会产生深刻的隔膜，甚至酿成悲剧。"我问："您目睹过这种悲剧吗？"A先生说："目睹过。"于是他跟我讲述了一件事。

有一天，A先生乘地铁回家，在车上看见一个面容憔悴的女孩子，神态显得异常。A先生怀疑她是中国人，便先用日语发问进行试探："你病了吗？要不要我送你去医院？"那女孩反应迟钝，答话语音不纯。A先生于是断定她是中国人，便改用汉语亲切地说："我是中国的老朋友，多次去过中国。我的儿子也在中国受过中等教育。你如遇到困难，我可以帮助你。"女孩紧咬嘴唇，泪珠一串串流下来。她告诉A先生，她是上海一位著名摄影师的孩子，跟一些上海女孩一样，嫁到日本，是想当一个部门经理，至少开一家小店，但出嫁之后幻想破灭，丈夫不仅殴打她，而且逼她卖淫。她不想活了，整天在地铁车站往返，考虑如何结束自己短暂的生命。A先生建议她找使馆帮助。女孩说："在东京的中国人不知多少万，还有偷渡者，中国使馆管得过来吗？"A先生说："你先自己找找试试，解决不了我再出面。我跟使馆的人很熟。"过了若干时日，A先生接到这位上海女孩的电话，说归国问题已经解决，感谢那些使她绝处逢生的人。

话题自然转到了日本的卖淫问题。A先生告诉我，性在日本的社会生活和文化生活中都扮演着十分重要的角色。虽然早在1958年3月，日本政府就颁布了禁止卖淫令，但各种花样翻新的色情和变相色情场所仍随处可见，如粗俗的脱衣舞厅，无短裤吃茶店，提供"全套服务"的土耳其浴室，陪酒兼陪身的"库拉布"（Club）……这些场所是青春的陷阱，不少原本纯洁的少女在这里获得的只是一种被推到死亡边缘的快乐。A先生痛心地说，只要你深夜经过新宿街头，就可以看到一些被日本高消费的黑手推到色情场所的中国小姐妹……

离别东京的前夕，我在住处打点行装，电视里又传出了熟悉的

《樱花》歌的旋律。我走近一看，荧屏上出现的是樱花落瓣的另一番美景。只见夜间凋谢的樱花，花瓣晶莹闪烁，在空中升腾，旋转，终至飘落，恰如一幅瑞雪图，日本人称之为"樱花雪"。不知怎的，面对此情此景，我脑海中接连浮现出许多杂乱无章的场面：在横滨当搬运工的福建小伙儿在一天劳累之后，边喝酒边唱《大刀进行曲》；在新宿陪酒的上海女孩刚从客人手中接过小费，就强作欢快地在街头电话亭给母亲挂越洋电话："姆妈，我拨侬买了一台大彩电，侬开心哦！"在上海的日本使馆门前，人们不分昼夜地排着长队等候签证；在北京的立交桥下，自费留学人员捧着四处筹措或变卖家产得来的大摞大摞人民币，从"黄牛"手中换来薄薄一叠真假掺杂的美钞或日元……于是，我在眼前这纷纷扬扬的樱花雪中，似乎看到了点点晶莹而苦涩的泪珠……

四、第三、第四次东渡

我第三次和第四次访问日本是在1996年8月初和1999年5月25日至7月25日。第三次访问日本是应邀参加福冈市综合图书馆"竹内实文库"落成典礼。鲁迅博物馆派出了一个三人代表团，由副馆长时煜华带队，成员有我和陈列部负责人王慧敏。配合文库落成，我们还在该馆搞了一个小型的"鲁迅展"。

竹内实是日本一位相当有实力的中国问题研究家，曾任京都大学人文科学研究所所长、立命馆大学国际关系学部部长。他既是毛泽东研究专家（著有《毛泽东传》，翻译过《实践论》《矛盾论》，撰写过论文《诗人毛泽东》……），又是鲁迅研究专家（著有《鲁迅远景》《鲁迅周围》，翻译过《二心集》《南腔北调集》，是日本学研社版《鲁迅全集》的主要译者之一）。1992年，著译多达40余种的竹内实荣获福冈市第三届亚洲文化奖的学术研究奖。作为答谢，竹内实先生将他珍藏的11000册图书捐赠福冈市综合图书馆，其中鲁迅著作和相关研究资料1225种。出席开幕式的有各界人士250人，福冈市综合图书馆馆长高桥良平和时煜华副馆长先后致辞。竹内实先生发表了题为《21世纪的亚洲及鲁迅》的演讲。活动期间，福冈市市长桑原敬一和教育长町田英俊分别接见了我们。

我第四次赴日本是作为东京庆应大学的特聘教授，与该校经济学部的竹内良雄教授共同讲授"论鲁迅的文学"课程。促成此事的是明星大学教授千野拓政。但不知什么原因，签证办理手续延误了整整一个月，致使原定三个月的授课压缩成了两个月。邀请书上说来日航空费由该校负担，但后来并没有全额报销；又承诺学校为我跟妻子提供住宿，但后来才知道这种"提供"仍需支付一定的费用。这些曲折和隔膜虽然给此行带来了一些不快，但我对千野兄和竹内兄的感谢之情并未因之稍减。

我的授课对象是一般的大学生，所以内容十分浅显。在此期间的学术活动主要有7次：一、6月5日在日本第44回国际东方学者会议上即席发言，题为《鲁迅在东京》。二、6月17日，下午在东京大学20世纪30年代文学研究会上讲《鲁迅与中国文学现代性的生成》，请我发言是丸山昇教授的建议。会议主持人是尾崎文昭教授。尾崎先生跟我交代，说随便聊聊就可以了，介绍一下中国鲁研界有什么新人，发表了什么新见解。我就根据我的了解，结合讲题，介绍了张新颖、秦家琪、解志熙，特别是王乾坤、李新宇当时发表的一些见解。三、6月21日在庆应大学生文学会讲演《人之子——鲁迅》，关根谦教授翻译。四、6月29日在福冈市市民中心第三会议室讲《鲁迅与中国国民性改造问题》。听众多为学习中文的市民，年龄、职业各不相同。这是热衷于中国文化——特别是台湾文学研究的横地冈先生的命题。五、7月1日在名古屋市爱知大学中国学部讲《鲁迅与"五四"新文化运动》，安部悟教授主持。六、7月3日在东京都立大学讲演，题为《"五四"运动80年祭》，千野拓政教授翻译。七、7月23日在东京中央大学人文科学研究所讲演，题为《鲁迅与21世纪的对话》，池泽滋子研究员翻译。

此次赴日值得一提的还有两件事：一件是7月20日至22日重游仙台，就住在阿部兼也教授的私邸。20日，日本共产党中央委员会顾问本田胜利等为我举行了晚宴。另一件是在汤山土美子教授的陪同下，我们夫妇在6月6日游了一天东京迪士尼乐园。这次撰写自传，无意间找到了当年的一则日记——《游东京迪士尼》，引录于下：

"老夫聊发少年狂"。我去逛了一趟东京迪士尼乐园。

门票售价不菲——5300日元，约相当于300元人民币，但是我仍

愿出点"血",以亲自体验一下这处"梦与魔幻的王国"。因为它的创始人华特·迪士尼是这样宣传的:

"我深切期盼,

迪士尼乐园,

是一个带给每个人幸福的地方,

也是一个不论老少都能体验生命的

惊奇及冒险的乐趣,

并且能留下快乐回忆的场所。"

东京迪士尼今年才16岁,正青春年少,但园内那位跟米老鼠共享盛名的唐老鸭却已有了65岁高龄。然而又有谁能看到它的半点"老态"?为了给它祝寿,乐园特别修建了"唐老鸭花坛",营造了"唐老鸭的疯狂王国",因而吸引了数不清的游客。每逢双休日,游人如织,比肩继踵,所以我特意选定了一个正常的工作日——星期二踏上游程,希望这时候游客能相对稀松一些。

东京迪士尼位于千叶县浦安市舞滨一番地。从地铁东京站乘车,一刻钟左右即可到达,可谓便捷已极。但据知情人说,要游完这座乐园则至少要花两整天。

时间有限,人们只好作不同的选择。孩子和带孩子的家长当然会首选"卡通城"和"梦幻乐园"。在这里,孩子们可以乘坐兔子罗杰的卡通转转车和咔嗒咔嗒摇晃的摇滚乐电车,可以乘坐唐老鸭的汽船漂浮于卡通湖上,可以在森林里会见白雪公主和七个小矮人,还可以在迷你摄影棚中跟世界级的超级明星米老鼠相会。在这里,"卡通市民"爱吃的爆米花和米老鼠爱吃的春卷勾引得孩子们馋涎欲滴……

我重点游览的是"西部乐园""探险乐园""未来世界"三个景区。

在"西部乐园",游人坐机动的木筏到汤姆沙耶岛去探险,观赏美国原住民的帐篷,又乘坐拓荒时代充满浪漫气氛的豪华轮在"美国河"上航行。如果你感到疲乏,不妨到顽熊剧场坐坐,那里有18头顽皮的电动熊为你演奏乡村音乐。它们前爪弹琴,左腿打着拍子,陶醉时双唇一张一合,表情惟妙惟肖,令人忍俊不禁。如果你感到饥饿,不妨到西部剧场边吃边观赏歌舞秀的表演,热情的演员会走下台来,约你同台跳法国式的康康舞。

在"探险乐园",游人乘船驶向加勒比海,那里有海盗在激烈枪战,劫掠成堆的金银珠宝;还可坐探险船深入原始丛林,那里有猛禽怪兽、长藤古树,巨蟒可能冷不丁向你伸出长长的舌头。有购物欲的游人可以在这里购买到世界各地的香水、香皂、干燥香花,以及中南美、东南亚各地五花八门的工艺品,给自己留个纪念,给亲友备份礼物。

不过,我以为真正融知识性与趣味性于一体的还是"未来乐园"——宇宙与未来的世界。给我留下深刻印象的是超越时空界限的旅游。短短几十分钟内,游客就在活动剧场了解日本从太古时代至现代的历史;时间机器又将游客引向时光隧道。那是一个环形电影厅,座位上有英文、中文等语种的同声传译耳机。在这里,我见到了7岁的莫扎特蒙着双眼在生日庆典上演奏弹琴,又见到了大胡子达·芬奇和他创作的《蒙娜丽莎》《最后的晚餐》……最惊险刺激的当然莫过于"星际旅行",在这里,迪士尼和著名导演乔治·卢考斯精心设计了一个航程,让你来乘坐飞船以星速在宇宙遨游。乐园不断向心脏病、高血压、颈椎病患者及老人发出警告,劝阻他们进行这种太空冒险。但据我这位老人和体弱者的亲身感受,在这里遨游宇宙其实是有惊无险。

东京迪士尼乐园的特殊景观还有下午3时、晚上7时半的花车游行,以及晚上的焰火表演。每次游行时间约半小时,演员不时停下来跟孩子们共舞或合影。游客们有节奏地鼓掌,把游园的气氛推向高潮。晚8时整,"仙履奇缘城堡"的顶部就会发射出五颜六色的焰火。对于中国游客来说,焰火变幻出的"鲤鱼戏水""五谷丰登""星光灿烂"等图案并不稀奇。但少见的是喷射火球。一个个大火球腾空而起,像蘑菇云,整个城堡就像在熊熊燃烧。这时,雷射光柱用各种美丽的图案将城堡包装起来,让游人恍若置身于梦幻之中。

9时许,拖着疲惫的双腿踏上归途。在回味一天的游程时,又不禁有些感触:东京迪士尼乐园固然给游人带来了欢乐,乐园的现代化管理水平也着实令人惊叹,但对于日本人来说,它终究是一种舶来品。日本人是一个善于模仿的民族,但模仿再惟妙惟肖,也终究替代不了创造。当前我们正处于一个经济全球化的时代，但在这趋势下，各民族文学的原有特点绝不能消解，因为只有异质文化的多元并存、多元发展，才能使世界文化的园圃群芳争艳，美不胜收。是的，米老鼠是可爱的，唐老鸭也是可爱的，但如果中国没有孙悟空，日本没有一休和尚，那世界岂不会变得枯燥呆板？

五、为池田大作会长颁证

我第五次访问日本具有十分特殊的意义，目的是授予国际创价学会会长、创价大学创办人池田大作以鲁迅博物馆名誉顾问称号。促成此事的是香港天地图书公司的总编辑孙立川。孙先生原是厦门大学中文系毕业生，曾协助该校庄钟庆教授注释《两地书》，1977年即与我相识。20世纪80年代中期他留学日本，获京都大学文学博士学位，而后在香港立业。天地图书公司出版过池田大作先生的系列著作，都是通过孙立川的关系。1999年8月初，他介绍香港国际创价学会理事长李刚寿与我联系，商榷授予池田会长名誉称号事宜。经过反复考虑，我建议授予池田先生以鲁迅博物馆名誉顾问称号。同年8月23日，国家文物局正式批复（见文物博函〔1999〕522号），同意了上述建议。我于9月8日将此事函告池田先生。他于9月15日复信说：

尊敬的北京鲁迅博物馆副馆长
陈漱渝先生：
　　早晚清爽的阵风，使人感到秋天的接近，想陈副馆长公务繁忙，谨颂清祥。
　　接到副馆长书信，得知欲聘我为贵博物馆名誉顾问，不胜荣幸，衷心致谢，并诚心地接受这项荣誉。信里并提及我推行的各种友好交流活动，予以充分理解和赞赏，感谢之余，愧不敢当。
　　众所周知，鲁迅先生是今世纪中国诞生的天才。他不单是一位世界著名的作家，而且是一位努力于改变社会的革命家，爱民如己出的大文豪。通过他的作品与生平，我深受启发。所以，一有机会，我就对广大的日本青年广为介绍。

今后，为了不辜负陈副馆长以及贵博物馆对我的期待，一定会更努力共同携手推进日中友好，以及文化、教育交流。

至于具体的聘请仪式时日等情况，今后会通过李刚寿先生进行联络，征求贵博物馆的意见，做出决定。

最后，谨祝陈副馆长愈益健康活跃，贵博物馆繁荣发展，并期待后会有期。

1999年9月15日
创价学会名誉会长

几经商榷，出访时间最后定于2000年4月1日至7日。出席颁证仪式的有周海婴夫妇、鲁迅博物馆副馆长张全国和我。4月3日上午，颁奖仪式在能容纳万人的创价大学礼堂隆重举行。这一仪式跟创价大学的开学典礼相结合，所以该校全体师生员工全部出席，礼堂楼上楼下三层，座无虚席。我代表鲁迅博物馆致贺词。致辞时听众席上一片雅静。我从来没见过这么多人的集会有如此良好的秩序。我的贺词是：

尊敬的主席、嘉宾，
女士们、先生们：

在这个庄严而美好的时刻，我们将向国际创价学会会长池田大作先生颁发荣誉证书，特聘他为中国国家级博物馆——鲁迅博物馆的名誉顾问。这在我们馆44年的历史中尚属首次。

我们审慎地做出这一重大决定，首先是基于池田先生是中国人民尊敬的老朋友，在中日友好之川尚未完全解冻的严峻的历史时刻，池田先生即以他的政治远见和广博爱心致力于恢复两国邦交。今天，坚冰已破，大地回春，中日两国正以信赖为基础进行多方面的交流与合作。为了继续推进中日友好的崇高事业，池田先生仍奋力排除发展两国友好关系的潜在障碍和不稳定因素。这种"越是困难，越不顾利害，保护朋友到底"的深情厚谊，中国人民将铭记于心。

我们审慎地做出这一重大决定，同时还由于池田先生是致力于世界和平的"平民大使"。在已经成为历史的20世纪，曾经发生过两次使人类蒙受空前浩劫的世界大战。在刚刚拉开帷幕的21世纪，虽然"和平与发展"将成为时代的主旋律，但异质文化的撞击、政治理念的分歧、民族利益的失衡、社会分配的不公，都有可能导致不同领域的冲突，乃至引发规模不等的战争。在这种情况下，池田先生及其领导的创价学会为和平所做出的积极的创造性的努力，就显得十分可贵，理所当然地为和平的祈求者和受惠者所格外尊重。

我们审慎地做出这一重大决定，更是基于池田先生对我国文豪鲁迅的深刻理解和彼此内心的沟通。鲁迅先生的光辉一生始终以改造中国人的灵魂为己任。他在承认物质文明是现实生活根本的同时，特别注重疗治在商品大潮冲击下所产生的物欲膨胀、精神萎靡的社会弊病。早在20世纪初，鲁迅就提出了"张灵明"（即发扬人内心光芒）的主张，并恳切告诫我们："曙光在头上，不抬起头，便永远只能看到物质的闪光。"池田先生对此产生了强烈共鸣。在人的意识和价值观极其纷乱的当今，池田先生不倦地弘扬生命尊严理念的哲学，力图恢复和增强人们在现代文明中逐渐失去的精神推动力，为未来社会的可持续发展奠定坚实的基础。从这种意义上说，池田先生堪称鲁迅在东瀛的知音。

基于上述原因，我们认为授予池田大作先生为鲁迅博物馆名誉顾问的荣衔是恰当的。希望先生能够愉快地予以接受。

最后，让我们衷心祝愿中日两国人民世世代代友好，祝愿世界真正成为民众的乐园、和平的宝土，祝愿池田大作先生健康长寿，祝愿今天与会的所有朋友们在为他人、为社会做出贡献的生活中获得最大的幸福。

在这次盛典上，张全国副馆长代表鲁迅博物馆给池田会长颁发了证书，并赠送了一套《鲁迅辑校古籍手稿》，以及我馆画家陆燕生的一幅山水画《大禹陵》。

当天下午，池田会长跟我们一行四人举行了座谈，关于座谈会的记录，在《圣教新闻》上有详尽的报道。在我的印象中，池田会长反复表示他最崇拜的中国人有三位：孙中山、周恩来和鲁迅。而对于鲁迅，他又有三点重要认识：

一、鲁迅作品中始终贯穿了对民众的挚爱，是"呼唤民族魂的伟大哲者"。这一点跟以民众为社会运动基点的创价学会精神相通。国家的主角是人民，没有什么比扎根于人民之中的文化更强大有力。二、鲁迅是"不屈的以笔为武器的战士"，是"披荆斩棘的开路先锋"，"要以自由的搏击去冲决思想的樊笼"。三、鲁迅的"希望哲学"引起了他强烈的共鸣。池田先生曾在日记中抄录鲁迅《随感录·六十六》中的一句话："什么是路？就是从没路的地方践踏出来的，从只有荆棘的地方开辟出来的。"还抄录过鲁迅小说《故乡》的结尾："我想，希望本无所谓有，无所谓无的。这正如地上的路，走的人多了，也便成了路。"

颁证活动结束后，我们一行在香港国际创价学会李刚涛、陈萍生、孙立川先生，以及圣教新闻社香港支局记者加仓井惠一的陪同下，参观了创价学会办的美术馆、钢琴博物馆，又在东京和仙台跟创价学会的会员举行了座谈。我在座谈会上作了专题发言，题为《鲁迅的人学与池田大作的人学》。

回到北京后，我收到了池田大作会长的一首长诗《文学界的巨人，精神界的先驱》，表达了他这次接受名誉称号的心情，其中有这样的句子：

　　岁月的轻车

　　驶过了四分之一世纪

　　五十载辉煌的共和国历史之日

　　我受聘为北京鲁迅博物馆名誉顾问

　　今生何幸？我惶恐万分

　　小生何幸？鲁迅是我最景仰的先生

　　将鲁迅的文学

　　续向日本的青年传诵

　　让日本的青年

　　学习鲁迅，继承鲁迅

　　我谨记——在这个至高的荣誉之中

　　也有着一份无上光荣的重任在肩

　　……

　　看满堂的创价大学新生

与百年前的鲁迅共拥青春岁月

或信有缘，

先生知之一定笑开颜

薪火相传

吾侪努力驾驶这和平友好之船

六、在日本谈鲁迅死因

2001年10月4日至10日，我第6次访问日本：先应山田敬三教授之邀飞抵福冈，参加日本的中国学会的年会，同时应邀的中国学者还有上海的章培恒教授；在此期间又应岸阳子教授之邀到东京早稻田大学作学术报告。

山田敬三原是神户大学教授，后到福冈大学任教。他是日本鲁迅研究权威学者竹内好的弟子，对他的恩师既有师承又有超越，其代表作《鲁迅世界》早在1983年就有中译本，受到中国学者的重视。日本的中国学会的年会由各地轮流举办，山田教授是这一年的东道主。

按惯例，日本的中国学会正式开会的前一天下午，都要由两位学者作专题发言，好比是正式比赛之前的热身。这次确定的发言者是我和北冈正子教授。对于我而言，这是一种肯定，又是一种礼遇。我发言的题目是《中国鲁迅研究的热点问题》，其中涉及围绕鲁迅死因的争论——主要指鲁迅逝世跟主治医生须藤五百三的关系。我谈到中国有人认为须藤有"谋害"鲁迅的嫌疑，依据之一就是他曾经担任过"乌龙会"（一个"在乡军人"团体）的副会长。当我发言提到这一情况时，丸山昇教授当场站起来，即席发言。他明确指出，乌龙会是日本"在乡军人"（即退伍军人）的一般性组织。须藤医生担任军医是1898年至1918年，"九一八"事变发生时他已经退伍13年，以此作为他"谋害"鲁迅的政治依据是站不住脚的。

会后有日本友人告诉我，经过认真调查，须藤医生担任过上海日本冈山县侨民团体的副会长，目前似乎并没有发现他担任乌龙会副会长的档案。我又问：为什么鲁迅去世之后须藤医生就销声匿迹了呢？是不是心虚？那位日本朋友说，须藤医生1946年从中国回到了他的老家——冈山县川上郡成羽町，成了一名颇受当地居民信赖的医生，人们交口称赞他"医有仁术"，1958年还专门举行了一次"须藤老医生盛赞会"。1961年3月，许广平率中国妇女代表团访问日本时，须藤医生已经去世两年了，当然不可能主动去跟她联系。

参加中国学会的年会之后，我即离开福冈赴东京，在早稻田大学作了一次讲演。接待我的是岸阳子教授和她的丈夫安藤彦太郎先生。我几次赴日本期间，几乎都得到了安藤一家的关照。我和妻子还曾应邀跟他们一家到箱根度假，不仅欣赏了如诗如画的风光，而且观赏了毕加索的素描真迹。岸阳子教授跟山田先生一样，也是日本著名鲁迅研究家竹内好的学生。她对中国现代文学有深入研究，而且她翻译的《庄子》也是日本的畅销书，她的丈夫安藤先生是历史学家，日中人文社会科学交流协会的会长。1999年该会成立20周年时，我曾在贺信中说：

> 自中日两国恢复邦交以来，特别是近20多年来，中日两国在政治、经济、文化诸方面加强了交流与合作，为中日两国关系史谱写了新的篇章。这方面的显著成绩，固然跟两国政府之间的协调和努力有关，但中日两国友好之树的根须历来却是深深扎在两国民众的沃土之中。因此，对于日本进步民间团体（包括日中人文社会科学交流协会）所做的贡献，我们无论怎样评估都不能算高。
>
> 毋庸讳言，我在访问日本的过程中，也切身感受到目前两国关系蒙上的阴影。对于日本帝国主义发动侵华战争的责任，日本的一些右翼政客始终持推卸和否认的态度。近些年来，以藤冈信胜为代表的所谓持"自由主义史观"的人，以维护日本民族的自豪感为名，极力美化那场给包括日本人民在内的亚洲人民都带来了深重灾难的战争。在关于《日美安全条约》的防御范围是否包括我国台湾的问题上，日本有些政治家的解释也显得模棱两可，使得像我这样的中国普通知识分子难以表示信任。而在跟安藤彦太郎等日中人文社会科学交流协会的朋友接触的过程中，我感到他们的立场非常坚定，对问题的认识甚至比我的有些同胞还要清晰。这就使我加深了对他们的尊敬，以及对日中人文社会科学交流协会的尊敬。
>
> 我是一名鲁迅研究工作者。鲁迅对日本人民始终怀着十分美好的感情。即使在中日两国交兵的岁月里，他仍然坚信"度尽劫波兄弟在，

相逢一笑泯恩仇"。我希望日中人文社会科学交流协会的朋友们继续坚持国际主义的正义立场，排除政治道路上的重重障碍，把中日两国的友好关系不断推向前进。

  历史发展进程充分证明，社会科学跟自然科学、工程科学是支撑科学大厦的三大支柱，共同推动着社会的发展与进步。但是，在实际生活上，社会科学的重要性又常常为人们所忽略。今后，希望通过中日两国社会科学工作者的交流与合作，进一步提高社会科学的声誉，为21世纪的和平与繁荣做出更大的贡献。

这封贺信，真实表达了我跟安藤彦太郎夫妇友谊的基础。2009年10月27日，安藤教授因病去世，终年92岁。我在唁电中说："安藤教授去世，是日本学术界和教育界的一大损失，但他的音容风范将活在亲友的心中，他的学术生命并没有在这个日新月异的世界上终止。"

第三节

我当了一天"倒爷"

——我的苏联印象

一群金发的苏联儿童向我簇拥过来。他们有的拿着文具盒，有的拿着用过的邮票，有的拿着各式硬币，连声喊着："大大！大大！"一位温文可爱的小女孩默默走到我的身边，闪动着一双褐色的眼睛，把一张画片塞进了我的衣兜。知情的旅伴告诉我，这群孩子是想用他们的物品交换中国的"大大"泡泡糖。遗憾的是，我身上恰巧没有带这种糖，只能向他们耸耸肩，摆摆手，用英语说声"对不起"。我急着想把那张画片退还给那位小女孩，但她的身影却在人群中消失了……

这是在1991年春天赴苏一日游途中发生的一幕。这次旅游的起点是位处黑龙江省东北部的黑河市，目的地是苏联阿穆尔州的首府布拉戈维申斯克（以下简称"布市"）。这两座一衣带水的城市，虽然已有100多年的贸易交往史，但开放对等一日游活动却是中国改革开放后的新鲜事物。我是利用赴齐齐哈尔师范学院黑河分院讲学之便参加这次活动的，交付的旅游服务费共350元。

早上6时半，旅游者在中国国际旅行社黑河支社集合，导游先宣讲"旅游须知"六条，其中有一条是"不许与苏方人员换外币、兑换物品和出售物品"。听到这里，在场的人都哄笑了起来，因为这次旅游活动的主要内容就是"以物易物"；因缴税需要，兑换外币也是双方都默许的事情，所以有人将这种"一日游"称为"一日倒"。

因为要"倒"，所以旅游者都用同样的尼龙编织包，携带大致相同的物品：运动衫、衬衣、珍珠项链、运动鞋、"大大"牌泡泡糖……无论男女老少，每人还一律穿上一种黑皮夹克——人们戏称之为赴苏联的"国服"。我的同行者共160人，分编为四个团，大部分是东北人，主要来自工厂企业。每个团各配备了一位中方导游小姐，一位苏方导游小姐。

上午9时许，客轮抵达布市码头，迎接我们的是一排巨臂长舒的起重机，还有七八位苏联海关人员。他们手握步话机，头戴大檐帽，帽檐镶有一条绿边，煞是威风。

登岸后的场面十分壮观：前面有苏方的警车开道，后面是我们乘坐的四辆大轿车，还尾随着一二十辆小汽车，简直可跟国宾进入北京城的气势媲美。尾随的是苏联的个体户，他们准备在我们停留的任何地方随时交换物品。出动警车是为了保护中国旅行者的安全。布市只有20余万人，但随着商品经济的活跃，这里也聚集了来自苏联各地的社会渣滓，偷盗、抢劫、斗殴的事情时有发生。我们此行之前经过整顿，情况大有好转，但在我旅游的当天，仍有一些旅伴的尼龙包被割破，钱财衣物被偷走。

旅游的第一项活动是浏览市容。布市市区面积为30平方公里，街道整洁宽阔，具有现代风格的建筑物鳞次栉比，但商店极少，行人不多。我们路经了一些高等学校，如医学院、音乐学院、工学院，还有话剧院、少先队之家……导游介绍说，布市居民每5人中就有一名大学生或中专生，享有"远东的科研中心"和"学生城"之称。在濒临江边的堤岸街，有几十名中国劳工正在那里修筑江堤。苏联国内劳动力匮乏，而中国各地又亟须劳务输出。看来，中苏双方在劳务合作方面的前景是相当广阔的。我们还途经一座无名烈士纪念碑，碑前火炬常年不熄，据说碑下掩埋着一些烈士书信，无人知道内容，要等到几十年之后才能启封。

在列宁大街的广场上，我们的大轿车停下来，苏联摄影师为来自黑龙江南岸的旅客合影留念。不久，每人都拿到一张5寸的彩色照片，不过相纸的质量及冲洗水平远逊于我们国内冲洗的彩照。接着是参观"地方志博物馆"。这里展出了布市的不少文物以及艺术品，共10余个展厅。导游小姐召集旅游者进馆参观。有人嚷道："看这玩意儿干吗！"说完就在博物馆附近摆开了交易的阵势。前来参观的不到20位旅游者中，有人在展厅大模大样地抽烟，急得博物馆的工作人员慌忙上前劝阻。博物馆的女讲解员看到大多数旅游者意在交易，并无心参观，所以讲得十分草率，我气喘吁吁地跟着她楼上楼下跑了一圈，没有留下什么印象。

中午在中苏合资的友谊宾馆吃饭，五人一桌，供应啤酒、酸梅汤、面包、软糖、一盘肉、一碟鱼、一小盆土豆汤，还有几块十分粗糙的点心。正餐桌上摆糖果，这在我的人生经历中尚属首次。按理说，这些食物原本是不够吃的，但偏偏每桌都剩下许多。除开不合口味外，更主要的原因是不少人不但无心参观，而且无心吃饭。胡乱吃上几口，他们又在宾馆门口摆起了地摊。

一日游的主要内容在下午进行。大轿车在一处交易市场门口停下。导游小姐说，这是以物易物的主要场所，在这里共停留两个半小时。100余名旅游者刚下车，就被数以千计的苏联换物者包围得水泄不通。他们见到男的叫"同志"，见到女的叫"马丹"（太太）。在这种场合基本上没有什么语言障碍，只需要极简单的比画比画就能明了对方的意思。苏联人拿来交换的物品有望远镜、钓鱼竿、手表、婴儿车、不锈钢餐具、呢大衣、呢帽、西服、呢料、照相机、家用电器、自行车。贵重皮毛按规定是不准携带出境的，但仍有人拿出来进行交换。当时用一件皮夹克（售价100元人民币）加一套运动服（售价60元人民币），就能换得一件毛领呢大衣（约值600元人民币）。中国旅游者觉得自己赚了，但对方也很满意。因为一件毛领呢大衣在苏联的售价跟一件皮夹克相当，还多换了一套运动装，他们也觉得赚了。我用两件价值22元的衬衣换了两辆铝合金制的折叠式婴儿车，又用一套价值58元的运动衫换了一件苏联将军穿的呢大衣。这两个半小时的"以物易物"好比是一场激烈的搏斗，也好比是一场剧烈的运动。不少旅游者带来一包物品，换到两三包物品。轿车里没有行李架，大大小小的包占领了全部座位，人只好挤在座位间的通道。为了防止偷盗，车窗绝不能打开，于是这辆没有空调设备的旅游车变成了闷罐车。热空气里还弥漫着汗味和汽油味，有的人禁不住呕吐起来……

最后一个节目是参观商店。我们参观了一家百货店和一家食品店。百货店商品单调，价格昂贵。食品店里人们排队购买凭票供应的食品，酱油、味精、蔬菜都十分缺乏。我想，以苏联的综合国力和雄厚的基础工业，如果调整局部政策，改革某些不合理的体制，农业和轻工业某些环节的暂时失调状况应该能迅速得到扭转。这次旅游也表明，中苏贸易的前景十分广阔、十分光明，问题是需要及时总结经验，不断加以改进。

晚餐后乘车回国。先通过苏联海关，有的旅游者携带的自行车、银狐皮领大衣被查出，或被罚款，或被没收。但有人将事先准备的"良友"香烟、易拉罐饮料塞给苏联海关人员，不少违章物品就在这半推半就的过程中蒙混过了关。乘船返回黑河口岸，再次接受中国海关的检查，一日游活动即宣告结束。这时，已是晚上8时半。

回到宾馆，从衣兜中掏出那位苏联小女孩塞给我的小画片，上面画的是一位圣诞老人，扛一株圣诞树，背一个紫色包，身后一只小狗，一只小猫，都提着馈赠给孩子们的礼物。我想到未能回赠这位小女孩"大大"泡泡糖，也未送她其他礼物，心中久久不得安宁，感到欠了她一笔人情债，不知在何时何地才能给予补偿。

也就是在这一年的12月下旬，苏联正式宣告解体……

第四节

一次夭折的国际学术交流
——我的韩国印象

我一生最小瞧那种过河拆桥之人，但不幸自己也办过类似的事情——虽然可以自辩的是，事态的发展的确非我的绵力所能掌控。事情要从1996年底说起。记不得那年的哪一天，我接到了北京青年政治学院陈琼芝教授的电话。她是我的同乡，也是注释1981年版《鲁迅全集》的同人。她因为曾在吉林延边大学任教，所以朝鲜族的学生较多，其中有一位李宗灿先生。据说李先生的叔父是韩国的议员，曾任要职，有一定的政治背景，又热衷于中韩文化交流，因此出任韩中友好交流基金会的理事长，也是韩国鲁迅学会会长。李先生很希望韩国的鲁迅学会跟中国的鲁迅研究会建立交流关系，因为我是中国鲁迅研究会的秘书长，陈琼芝和她的学生便希望李先生直接跟我接触。

在北京凯宾斯基酒店我见到了李宗灿先生。他是一位身材矮胖的年轻人，办事显得精明干练。他向我表达了建立两国学会交流合作的良好愿望。韩国的鲁迅研究已有70多年历史，有一定的群众基础，又产生了一批才华横溢的新生代，所以我认为这是一件好事，愿意促成。1996年12月28日，中韩两国鲁迅研究团体的合作意向书签字仪式在凯宾斯基酒店的一间会议室里举行。中方出席者有周海婴先生、林非先生，我记得还有陈琼芝教授和其他人。韩方出席者有国会议员李敬在、李宗灿会长、曹秀美常务副会长。在我印象中，曹秀美是一位歌唱家，曾在国际比赛中获奖，但似乎并不懂鲁迅。

这份意向书签订之后，我原想借此机遇切切实实做点事情，比如在中韩两国分别举行鲁迅国际研讨会，把穿针引线的陈琼芝也请到论坛发表高见。然而天有不测风云。1997年7月,亚洲金融风暴席卷泰国,很快就危及了马来西亚、新加坡、韩国等一些国家和地区。与此同时,李宗灿先生的叔叔似乎也未能在韩国政坛大展宏图。据我判断,这两个因素制约了韩国鲁迅学会的发展,1997年可以说没有作为。

1998年8月,正值中韩建交6周年。李宗灿先生想举办一次活动——韩国第一届鲁迅文学奖颁奖。这次活动得到了大韩航空公司和中国驻韩大使馆的支持配合。在初审委员会委员名单中,有中国驻韩代理大使田宝珍、文化参赞陆思德、鲁迅之子周海婴,我也忝列其中。韩方评委有大韩民国艺术院院长赵炳华、韩国议员秋美爱、外交通商部文化协力局局长郑贞俭,当然还有韩国鲁迅学会的正、副会长李宗灿和曹秀美。评审结果,是把这个大奖授予韩国著名作家赵廷来。这位作家思想进步。他的长篇小说《太白山脉》《阿里郎》是史诗性质的作品,在韩国十分畅销,印数多达800多万册。韩国人口4000多万,也就是说,每5个韩国人中就有1部赵廷来的作品。

此次颁奖活动定于1998年8月16日至8月25日进行。限于举办方的经费,邀请对象只有海婴先生和我两个人,既没有陈琼芝教授,也没有中国鲁迅研究会的其他负责人,我为此深感不安。16日下午3点40分,我跟海婴先生飞抵首尔(那时还叫汉城)的金浦机场。李宗灿先生把我们迎到了明洞附近的一家叫"太平洋"的普通宾馆。也许是因为赶上了亚洲金融风暴,又赶上了周日,所以一路上看到很多商店关门闭户,一些高楼的玻璃上写着出售、出租的大字。连行李都没有放妥,李宗灿先生就安排我们赶赴乐天饭店参加鲁迅文学奖审查委员会会议,直到晚8点才回宾馆。

8月17日,李宗灿先生请了两个中国留学生当导游,陪同我们参观仁沙洞的文化街、南大门、南山塔。首尔的文化街相当于北京的琉璃厂,我们去时生意十分清淡,偶有一些中国观光客。我在这里买了一两件小饰品。南山塔没有给我留下什么印象,倒是南大门热闹非凡。这里聚集着1万多家商店和商贩,五花八门的生活杂品一应俱全。我买了一件打折的鳄鱼牌T恤,又买了一点韩国的土特产红参。据说南大门兴建于1395年,又称崇礼门,是朝鲜王朝始祖李成桂时代的标志性建筑,可惜2008年2月在示威游行中被付之一炬。

8月18日,我们会见了韩国著名儿童文学作家方定焕的公子方云容,他赠送了一套厚重的方定焕文集。接着,又驱车来到国际饭店,会见了韩国鲁迅学会常务副会长曹秀美和第一届鲁迅文学奖的获奖者赵廷来。当晚，中国驻韩使馆为我们举行了晚宴。

8月19日，参观景福宫、德寿宫和奥运会竞技场。景福宫是李成桂（1335—1408）的正宫，跟南大门一样，也是始建于1395年，此后屡遭焚毁破坏，成了朝鲜民族多灾多难的历史见证。德寿宫是成宗之兄月山大君（1454—1488）的邸宅，有大汉门、中和殿、咸宁殿等古典式建筑。但对于我这个多次参观北京故宫的中国皇城居民，它并不令人感到震撼。那天参观奥运场馆的人也不多，我只对那个伸大拇指的巨型雕刻印象清晰如昨。

20日参观了位于首尔近郊京畿道的韩国民俗村和龙仁自然农园。在民俗村，我们正巧赶上了拍摄韩国古典题材的电视剧，似乎是迎亲场面，有坐花轿的俏美新娘，有骑白马的英俊新郎，还有前呼后拥的迎亲队伍，场面煞是壮观，吸引了不少游人的目光。据说，风靡神州的韩剧《大长今》就是在这里拍摄的。民俗村里有一座木桥，就是该剧男女主人公相遇的地方。当晚，韩国的中国现代文学学会秘书长朴宰雨宴请了我们。餐后，朴教授问我想去哪里，我信口说，想去汉江南岸看看，因为中学时代读过一篇报告文学作品《汉江南岸的日日夜夜》。朴教授开车带我前往。但一路拥堵，到南岸时已将近晚10点，于是只好仍旧折回。此次夜行唯一的印象，是韩国收取小轿车过桥费是看乘车人数。如满员则免收，空余座位越多越多收。我想，这项举措是为了节约能源，鼓励拼车，是值得借鉴的。

8月21日应该是很重要的一天。因为根据李宗灿先生的安排，我要在豪华的新罗饭店王朝厅发表讲演。讲题是李先生亲自指定的，叫《鲁迅与21世纪的对话》。我认为这个题目有开拓性，也有当代意义，便认真做了准备。但开讲前不久，我才知道李先生并未认真组织听众。韩国鲁研界的学者并不知道韩国鲁迅学会这一组织，也不知道这次活动，李先生事前也没有跟他们进行沟通。为了避免冷场，汉城大学老教授金时俊临时带了几位研究生前来捧场，才避免了出现没人听讲的尴尬场面。这篇讲词，现已收入《假如鲁迅活到今天：陈漱渝讲鲁迅》一书（东方出版中心2008年1月版），关心此事的读者可以参看。当晚，举行了中韩建交6周年纪念晚餐。李先生说，这一活动是他负责的韩中友好交流基金会资助的。

8月22日，我的韩国友人严英旭博士接我们去光州、全州、庆州观光。严博士除了在高校任教，还在夜校教学生学中文。学生中有一位年长的董事长，好像姓南，对研究中国现代散文颇有兴趣。他在庆州开了一家宾馆，接我们去玩两天。沿途参观了一处海港，那里有一艘中国山东的货轮，正帮助韩国把美国的救济大米运往朝鲜。到了庆州那家宾馆，除了我们一行之外，几乎没有什么人投宿。因为受到亚洲金融风暴影响，这里没有什么游客。我问宾馆靠什么维持。董事长说，宾馆有一个大众化的澡堂，还有一个咖啡馆，每天还有一定数量的当地人光顾。庆州留给我的印象，就是严英旭博士的热情，董事长的好客，董事长太太制作的可口泡菜……

8月24日，我们回到汉城，第二天早上8点乘机归国。此行在学术交流上可以说是毫无所获，韩国鲁迅文学奖产生的社会影响我也不得而知，倒是行囊中塞满了韩国的辣白菜和辣萝卜，除馈赠亲友之外，家里还美美吃了半个多月。

这次活动之后，韩国鲁迅学会似乎就偃旗息鼓了，让我谈《鲁迅与21世纪的对话》的李宗灿先生也再未跟我"对话"。前些年，陈琼芝老师因乳腺癌早逝，我想让她去韩国交流的愿望终成泡影，心中的愧疚也就永远无法弥补……

第五节

美国访学杂记

——我的美国印象

2002年6月17日至30日,我应美国哥伦比亚大学东亚语言和文化系主任王德威教授和该系访问学者、日本爱知大学教授黄英哲之邀,到纽约、华盛顿、波士顿这三座城市作短期访问。此行的主要收获,是对纽约等美国大城市有了一些浮光掠影的印象,我专程拜访了美籍华人夏志清教授,并在哥伦比亚大学调阅了张学良档案。

一、浮光掠影看纽约

跟一个陌生人聊上一两个钟头,也许就能写出一篇颇为漂亮的印象记;反之,如果跟他一起摸爬滚打20年,反而不知如何下笔,唯恐将他写走了样。同样,我在北京生活了40年。我爱这座城市,熟悉这座城市,但从来没有描写它的冲动。反之,我只在纽约生活了半个月,回国之后却有不写不快的感觉。

其实我也没有什么可写的。纽约留在我脑海中的只有一些无法连缀的画面,好比是打翻七彩瓶后留下的一堆碎片。告别纽约之前,接待我的友人郑重问我:"纽约好还是不好?"我一时语塞。友人大失所望,似乎他的一番盛情全部付诸东流——原来我是这么一个不识好歹的人!

纽约是好,还是不好?

飞机在肯尼迪国际机场降落后,我乘坐黄色的出租车到位于曼哈顿区的哥伦比亚大学,行程24公里,车资花了约50美元(包括过桥费、小费)。这就提醒我，纽约的出租车是一种奢侈品。大众化的出行方式是坐地铁——出哥伦比亚大学正门就有地铁站。地铁车票很便宜，坐一趟1.5美金。用地铁的乘车卡也可以乘坐公共汽车。还有一种4美元的通票，可以用一整天，无论坐多少次，跑多么远都可以。这真是平民的福音。

走到地铁的进站口如临监狱。一道道铁栅栏将旅客阻隔分割。支撑地铁站的是一根根墨绿色的钢梁。因此，走进地铁站，又好像置身于一个大而无当的建筑工地。最令人目不忍睹的是地铁站的水泥地面，满处都是黑色的污渍，好比一个垂危者脸上密布的老人斑（我为这个贴切的比喻而骄傲）。最令人不堪的是站内无冷气。燠热的夏天在站内候车，如钻进蒸桑拿浴的小木屋，顿时就会汗流浃背，如果有幸碰上了带空调的车，又会立即喷嚏连天。一冷一热，忽冷忽热，怎能不如此呢！

地铁车厢内俨然一个小联合国，有黑人、白人、皮肤棕色的印度人，也有国籍难辨（中国？韩国？日本？）的黄种人。美国的妇人多肥胖，一人要占两人的座位，没地方坐的人只好握着扶手站着。但一转眼，发现旁边站着一位头发几乎贴着车厢顶部的壮汉，露出两条肌肉鼓绽的胳膊：一条上面盘着青龙，另一条上面刺的是我们祖宗的古训："不成功便成仁。"你不禁会吓出一身冷汗。车到站，停车那一刹那又蹿上几个黑人。领头的一位先用洪亮的声音发表宣言，接着集体用声震车厢的和声哼两句流行歌曲，于是便举着纸袋到你跟前敛钱。你又会被吓出一身冷汗，并对这种既高雅而又粗暴的乞讨方式表示敬佩。至于诗人北岛笔下那种让在车厢里打盹的男人"醒过来，混浊的目光像雾中的灯一闪"的"绝色美女"（《纽约变奏》），我乘车的日子里尚未飘然而至。我不知是自己艳福太浅，还是这种"绝色美女"基本上不会在美国地铁的车厢内亮相？

查查纽约的观光手册，可以游览的地方真多。但我首选的是世界贸易中心（World Trade Center）废墟。纽约的世界贸易中心原是110层的摩天大楼，以地下街相连，中心内原有1200家企业，5万员工，每天约8万访客，是美国控制进出口国际贸易的枢纽。2001年的9月11日，两架被恐怖分子劫持的飞机使这里的两幢高楼都变成了废墟，殉难者达3500多人。如今，人们从瓦砾堆中将死者的衣物挖出，悬挂在四周的墙壁上，供上鲜花，燃起蜡烛，连成了一座座简朴而神圣的祭坛。我流连于络绎不绝的凭吊者当中，不禁想起了2000年在贝尔格莱德的中国驻南斯拉夫使馆的废墟前致哀的情景。是的，一切形式的恐怖行为都是反人类、反和平、反文明的，都应该遭到正义的谴责。"9·11"事件给我们的启示，就是既要尊重生命与人权，又应该尊重文化和文明的差异，并通过积极的交流和对话来扩大共识，淡化仇恨，控制冲突，逐步消除导致全球冲突的危险因素。

从83号码头乘船游览哈德逊河，是纽约游客的一大享受。哈德逊是一个荷兰人的名字。1609年，他搭乘"半月号"海轮抵达这里，发现了这块神奇的土地。游轮分两种，一种游3个小时，船票25美元；另一种游1.5小时，票价自然也便宜一半。在游船上可以看到会议中心、炮台公园城、联合国大楼，可以看到鳞次栉比的摩天大厦，但最激动人心的时刻是瞻仰纽约湾的自由女神像。女神屹立在蓝天白云之间。她头顶齿轮形的桂冠，右手高擎火炬，左手捧着1776年发表的美国《独立宣言》。这是法国人民在美国独立100周年之际赠送给美国人民的珍贵礼物。雕刻家弗雷德里克·奥古斯特·巴托尔迪以自己的母亲为模特，历时16年才完成这座世界上最大的女神像。游船在女神像四周盘旋，耳边响起了贝多芬的《欢乐颂》，给我们以无限的希望和梦想。走下游船，在毗邻码头的公园徜徉，一个会眨眼的"自由女神"勾住了我的肩膀。我跟她合影一帧，代价是付以一美元。这是一种"软性乞讨"方式。据统计，这样的乞讨者在纽约就有3万人。一方面是相对完善的社会保障体制，另一方面是不断滋生的弱势群体，可见人类想通达真正自由的境界还要做出艰巨的努力。

到了纽约，不能不去考察纽约的文化。代表纽约高雅文化的是博物馆。在纽约，各具特色的博物馆近20个，如美国自然史博物馆、修道院博物馆、美国映像博物馆、美国工艺美术馆、美国印第安博物馆、警官学校博物馆、I.C.P国际摄影中心、犹太人博物馆、现代美术馆、传播博物馆……其中最具规模、藏品最丰的是大都会博物馆。这座西半球最大的博物馆位于第五大道近80街处，1866年7月由约翰·杰伊在巴黎倡议筹建。展厅共分19个主题美术馆。一楼展出埃及、希腊和罗马以及中世纪的艺术珍品，也有非洲、大洋洲和南北美洲的艺术珍品。二楼展出亚洲、欧洲、古代近东的艺术珍品及伊斯兰艺术品等，每年吸引约500万观众。我是6月28日（周五）傍晚到这里参观的。该馆平日下午5时15分闭馆，而周五、周六则延长至晚8时45分。门票费分10美元和5美元两种。因为我是哥伦比亚大学的访问学者，所以只需象征性地交5角或1元，作为支持赞助费。馆内展品均为实物，大约只占藏品的四分之一，要仔细参观至少需要整整一天。因时间关系，我只重点观赏了荷兰伦勃朗的35幅原作和西班牙莫奈的18幅原作。

代表美国通俗文化的应该是百老汇的音乐剧。美国的音乐剧保留了欧洲古典歌剧优雅高尚的风格，又加以改造，辅之以轻松、通俗的表现方式，用以表达美国大众的情感。百老汇一带大约有30多个剧场，历演不衰的剧目有《西贡小姐》《猫》《蜘蛛之吻》《窈窕淑女》等。比如《西贡小姐》以1975年侵越美军撤出西贡为背景，描写了一位叫金的西贡小姐对美国军人克里斯一往情深的爱恋。其实，这出戏表现的只不过是美国人的自作多情和自恋情结，但一演就是4000多场。这种文化现象在今天的中国真是匪夷所思，所以我到美国前亲友就叮嘱我一定要去看音乐剧。

6月23日晚，我在一家叫Roundabout的剧院看了一出音乐剧。准确的剧名记不清了，内容是第二次世界大战期间一位德国的进步记者在一家饭店跟一位女演员相恋的故事，最后双双逃离了盖世太保控制下的柏林。现在留在记忆中的是那个穹顶极高的剧场，拥挤不堪的座位，头等票观众座位上摆着的红罩台灯。中国剧场的乐池是在台下暗处，而百老汇剧场的乐池在舞台上方，好比悬在演员头顶的阁楼。乐队随着灯光的明暗时隐时现，演员在乐池和舞台之间上上下下。剧场的气氛是热烈的，每一个主要角色出场都会迎来观众的阵阵掌声和尖叫声。我因为言语不通，很难融入那种观众和演员打成一片的互动境界。我买的二等票每张40美元，据说头等票约100美元。

凡到纽约的中国人自然都会去逛唐人街。所谓唐人街在莫特街（Mott St.）、贝亚街（Bayard St.）、沛尔街（Pell St.）一带，有2万多华人居住，三分之一的店铺是餐厅，粤、沪、京、川四大风味的美肴俱全，还有素食吧和广式茶楼。我在这里吃过一种牛筋面，8美元一碗，味道极佳，至今回忆仍流涎不止。唐人街还有一些旅行社，组织游客到波士顿、华盛顿、夏威夷、旧金山、拉斯维加斯乃至加拿大旅游，收费合理，服务规范，是不通英语的中国游客的最佳选择。比如到华盛顿的二日游，费用仅68美元，包括在五星级酒店住一夜，远比个人旅游合算。纽约过去还有一个小意大利区（Little Italy），南至运河，北抵休士顿街，东至百老汇，西到费耶特街。以意大利黑手党为背景的电影《教父》的故事就发生在这里。但现在华人移居骤增，小意大利区被人改称小台北，成了纽约第二处唐人街。

离开纽约已经10多年了，我脑海中还不时浮现出高达102层的帝国大厦（世贸大楼坍塌后，它就成了纽约的最高建筑），庄严肃穆的圣巴特里克教堂，我去时刚整顿完色情表演场所的曼哈顿42街，华尔街证券市场前的铜牛，以及夜间不敢独自行走的黑人聚居地——哈利区……遗憾的是我很少接触真正的美国人，不了解他们的生活方式和思维特征，所以我无法简单回答"纽约好还是不好"的问题。我笔下所能描绘的也只能是纽约的浮光掠影。

二、与夏志清教授一席谈

2002年6月27日下午2时，我按约定时间来到纽约曼哈顿区113街610公寓，拜访了著名的美籍华裔学者夏志清教授。夏教授所住的单元房在五楼A座，我乘坐旧式木门电梯直达房门。电梯门刚闪开，笑容可掬的夏教授就扑入眼帘。

夏教授原籍江苏吴县，1962年开始在美国哥伦比亚大学教授中国文学，先后开设了中国文学史、中国现代文学、唐诗、宋词、明清戏曲、小说研究等课程，深受学生欢迎。1991年退休，至今仍笔耕不辍。他的学术著作甚丰，最有影响的是《中国现代小说史》(台湾传记文学出版社1979年版)，《中国古典小说导论》(安徽文艺出版社1984年版)，《夏志清文学评论集》(台湾联合文学出版社1987年版)等。当时，一部完整的《夏志清论文集》正在翻译整理之中。

为了打破初见学术大师的沉寂，我先聊了一些闲话。我说："夏先生，我在湖南长沙上的雅礼中学原是美国耶鲁大学创办的，两校至今仍有交流关系。这次访美，我专程参观了这所名校的校园。我知道，1951年12月您在耶鲁大学英文系获博士学位，是从英国文学入手研究中国文学的。"夏先生开怀大笑说："你对我的历史还研究得真清楚。"气氛活跃之后，我便开始对夏先生提问。夏先生说话节奏快，带上海口音，还不时夹杂一些英文词语和短语，我听起来有些吃力。

我首先请教夏先生："您认为什么叫'纯文学'？一部作品如果流露出作家的忧患意识，洋溢着作家的使命感，是否就会背离了文学的正途？"夏先生不假思索地说："没有什么'纯文学'。自象征主义出现之后，有人追求一种比文学境界更高的文学。这是开玩笑。以当下的创作趋势来说，作品的内涵越来越浅，这是不好的。一部中外文学史充分证明，任何伟大的作家都会关注人生。中国现代文学从来都洋溢着感时忧国的精神，洋溢着道义上的使命感和澎湃的爱国热情，无论是小说、剧本、诗歌、散文，都是这样。其实，中国爱国志士梦寐以求的理想，跟现代西方文明致力的目标是完全一致的。"我接着问："那么，应该根据什么标准来判定一位作家在文学史上的位置？如何才能把研究者个人的审美趣味跟史家的客观标准统一起来？"夏先生说："这个标准应该由批评家自己来决定。批评家不要随波逐流，要信任自己的直觉。直觉感悟来自阅读文本，即多读书。我读过很多书，差不多读完了莎士比亚、荷马、弥尔顿、乔叟、斯丹达尔、福楼拜、陀思妥耶夫斯基。我是从西方人的角度研读中国文学的。研究中国现代小说之前，我把耶鲁大学收藏的相关作品都读完了，然后每月再到哥伦比亚大学东亚图书馆去借书。上午动身，下午读书，傍晚借一手提箱书回耶鲁。此外，香港友人也帮我邮寄了不少书。孙中山说他积革命40年之经验。我是积读书40年之经验。读完作品，凭直觉感悟判断其优劣。如果判断失误，那就表明自己的经验太浅，作品读得太少。我开始肯定张爱玲的时候，曾被一些人取笑。但好就是好，这是没有办法改变的。我不是说理论不重要，只是认为写论文和文学史，要先读作品，理论书籍慢慢看，防止读了理论产生先入为主的印象。请记住，理论早晚会过去的；千万不要轻信评论家的话，连我的话也不要轻信。"

我告诉夏先生，中国现代文学研究界于2001年开了一次会，研讨现代文学研究的"生长点"，即如何突破旧樊篱，取得新进展。我问夏先生对这个问题有什么看法。夏先生说："不要为创新而创新，不要为求变而求变。诗人、评论家庞德（Ezra Pound）、艾略特（T. S. Eliot）这些人，攻击传统，热衷于创造。但真正的大师是骂不倒的。中国大陆'文革'时期捧李白抑杜甫，那有什么用呢？李白终究是李白，杜甫终究是杜甫。文学研究用不着一天到晚革命。"夏先生拍着一条长沙发补充说，"文章不是沙发。沙发可以经常更换，而对文章的评论不好常变。不过，革命性的批评家就是要改变所谓定论。至于改变得对不对，要具体分析。"

因为我也是中国现代文学研究者，所以十分关注夏先生对中国20世纪30

年代文学，包括对鲁迅和左翼文学的看法。夏先生坦诚地说："我不讳言，我的政治态度跟你有所不同，但我并不因此否定全部左翼文学。比如我在《中国现代小说史》中就用专章评价了茅盾和张天翼。我肯定了茅盾文学批评的眼光，也肯定《子夜》在中国现代小说史上的重要地位。我非常赞赏张天翼的才华。他的小说能超越宣传层次，用意趣横生的笔触剖析人性。在30年代的独立作家中，我特别佩服萧红。萧红能看透人的真相，特别是男女关系的真相，实在是伟大。《生死场》中王婆卖马的描写，简直可以跟杜甫的作品媲美。她的《呼兰河传》是永远的经典。当时美国有一个青年人葛浩文研究萧红。我是哥大教授，不能跟他争写一个题目。遗憾的是，葛浩文的萧红研究似乎并没有进一步深入。"

在跟夏先生的谈话中，我们自然也涉及了鲁迅这个敏感的话题。在《中国现代小说史》中，夏先生设专章评价鲁迅。一开头就说："鲁迅是中国最早用西式新体写小说的人，也被认为是最伟大的现代中国作家。"夏先生当然反对神化鲁迅。不过他也指出，在被神化以前，"鲁迅已经是一位甚受推崇的作家"。夏先生对鲁迅的译文不甚佩服，认为《死魂灵》翻译得不好，连书名都不通。"什么死魂灵，意思就是死鬼嘛！"夏先生还说，鲁迅劝林语堂翻译英国文学名著，这是外行话。搞翻译当然要译名著，普通人的作品翻译它干吗？再说，一个大作家，哪有工夫去搞翻译？对于夏先生的上述看法，我当然并不完全认同。我想，鲁迅翻译俄国、波兰和巴尔干诸小国的作品，目的是从被损害的民族中寻求叫喊和反抗的声音，以激发国人的斗志，打破旧中国的沉寂。这首先是一种时代的需求。事实上，林语堂对鲁迅的建议并未反感。他解释说，他不过想在中年先把中国文学名著翻成英文，到晚年再把英国文学名著翻成中文。这是他自己的工作安排，他并没有认为搞翻译是暮气。

聊完天，夏志清教授出示了他珍藏的三本周作人手稿：《希腊女诗人萨波》《〈呐喊〉衍义》《百草园》。《希腊女诗人萨波》是周作人的译文，1951年8月由上海出版公司出版。《百草园》共94篇，收入《鲁迅的故家》一书，1952年3月由上海出版公司出版。《〈呐喊〉衍义》共90节，收入《鲁迅小说里人物》一书，1954年4月由上海出版公司出版。后来，周作人将这几本书的手稿分别赠送给该出版公司的三位编辑。夏先生通过师陀的夫人收购了他目前保存的这部分手稿。夏先生对周作人的书法赞不绝口。

在这批手稿中，还夹了周作人致师陀的一封信，可作为周作人佚文看待。全文是：

师陀先生：

前信想已收到。《鲁迅的故家》内容请仍照旧，用那三部分，《补树书屋》则皆保留。因近拟写《呐喊》《彷徨》衍义，将来当并在其中，损有余以补不足，或年内可另成一册也。得康君信，云书名已商定，可加《百草园》字样。唯我忘记以"在东京"为附录。列表名不加亦无妨。如书首有一页中间书《鲁迅的故家》，例加小字三字可耳。

此致

敬礼

二月十五日 十山白

师陀，原名王长简，另一笔名为芦焚，小说家，1950年至1952年1月任上海出版公司总编辑。《鲁迅的故家》分为四部分：《百草园》，94篇；《园的内外》，33篇；《鲁迅在东京》，35篇；《补树书屋旧事》，15篇。出版时署名周遐寿。十山是周作人在《亦报》发表文章时常用的另一笔名。康君指上海出版公司的康嗣群，亦即《希腊女诗人萨波》一书的责编。该信写作年代应确定为1952年。

临别前，夏先生将他的新作《耶鲁三年半》相赠，上书"漱渝吾兄存正 夏志清赠 2002年6月27日，纽约"，又坐在沙发上跟我合影留念。见沙发后的墙边摆了两帧油画，其中一帧是人像。画面上是一个中年人，红衬衣，留分头，瘦长脸，戴眼镜，镜框圆形赭色，给人印象最深的是宽而长的前额。我误认为是夏先生中年时代的画像。夏先生解释说，这是他的恩师王际真先生，当年亦在哥伦比亚大学任教。1935年，王先生曾根据没有删节的中文原本翻译了《阿Q正传》，发表于同年10月、11月和1936年1月在美国出版的《今日中国》（*China Today*）杂志，译名为 *Our Story of Ah Q*。该刊编辑在按语中说："中国左翼文艺运动的资深领袖鲁迅，被他的朋友和敌人同样地视为当代中国文学的最杰出的天才。"他的这篇译文连同他翻译的其他鲁迅作品合编成《阿Q及其他》(*Ah Q and Others*)一书，1941年由哥伦比亚大学出版，1971年美国格林伍德出版社（Greenwood Press）重印。夏先生说，他准备写一篇文章，介绍王际真先生的成就。经夏先生建议，我手捧这帧油画，照了一张相。

不知不觉已近下午5时，夏先生的女儿要回家看望老人。我赶紧告辞。夏先生边说边送我到电梯口。他说，他年龄大，记性差，眼不好，应酬多，想做事而感到精力不济。我祝愿他保重身体，老树新花，再结硕果。他说："欢迎再来！书信联系！"

三、张学良文件揭秘

2002年6月初，我随全国政协文史资料委员会考察组赴四川，在飞机上阅报，一则消息扑入眼帘：《美国哥伦比亚大学公开张学良档案》。正巧，6月下旬我有机会到哥伦比亚大学访学，便抽出一天时间到该校总图书馆6楼浏览了部分张学良文物。该馆规定，张氏文物的所有权（知识产权）属于张将军之子张闾琳先生，复制文物需经张闾琳先生或其指定代表签准。如出版张氏文物，需与该图书馆馆长艾史珍博士（Dr. Jean Ashton）接洽。现经该馆同意，根据我的印象将这批文物作一简略介绍，以期引起研究者的关注。根据该馆提供的英文目录，这批文物大致分为六个部分：

一、信件。大多为1937年至张学良晚年，他与有关人士的通信，其中包括蒋介石、宋美龄的来函，也包括邵力子、陈果夫、陈仪、陈诚、胡宗南等国民党党政要人的来函。

二、手稿。其中包括张学良的《西安事变反省录》《杂忆随感漫录》。张本人起草，赵一荻代书写。其中包括唐德刚、郭冠英和苏志平、何张志如的两份采访录音及整理稿。

三、笔记。系张学良被幽禁后至晚年研读宗教、哲学、历史、英语的学习笔记。

四、日记。系张学良1937年至1989年间的日记，有中断，从中可以窥见其思想变迁轨迹。

五、艺术类。系张学良收藏的书画卷轴。张学良曾师从陈半丁大师学画，惜无恒心，学了一两个月即中断。

六、有关出版品、年表、新闻报道。张学良晚年皈依基督教，收藏了一些港台出版的基督教读物。他收藏的新闻报道中，不仅有1936年《纽约时报》关于西安事变的报道，还有《中国邮报》《旧金山记事报》《纽约时报》关于他晚年活动的部分报道。

在我看来，张学良文件中最有价值的部分是他的手稿（包括口述历史）、日记和信函。不过有两点是首先应该提醒研究者注意的：一、张学良撰写回忆录或口述历史，总的态度是"力排主观"，力图为读者留下一部"信史"。但是，由于任何人的记忆都有局限，因此即使是一部谨严的回忆录，也难免有个别史实的失误。比如他谈到宋庆龄的友人中有一位黄祺翔，是铁军的副军长，经常出现在宋的左右，"走哪带哪，她一点也不在乎"。我以为，黄祺翔显系邓演达之误。邓是宋庆龄的亲密战友，北伐战争期间曾任国民革命军总司令部政治部主任，并参与叶挺率领的第四军（号称"铁军"）军部的指挥工作。又如，张学良晚年在谈话中曾主动承担"九一八"事变后东北三省沦亡的责任。他说，所谓不抵抗命令是他下的，当时蒋介石已下野，隐居于浙江奉化溪口，蒋"不负那个责任"。而他之所以决定不抵抗，是被所获情报误导，认为日方是想借中村震太郎失踪一事制造矛盾，扩大事端，应该采取"大事化小，小事化了"的态度，而没有想到日本侵略者竟然占领东北全境并妄图进一步鲸吞中国。张学良勇于自以为非的精神当然可嘉，他对于东三省沦丧的确应该承担自己应该承担的那一部分责任。但是，蒋介石下野偕宋美龄回溪口老家是当年12月22日以后的事情，而在"九一八"事变之前，即同年8月16日，蒋介石曾有一"铣电"致张学良，称"无论日本军队此后如何在东北寻衅，我方应予不抵抗，力避冲突。吾兄万勿逞一时之愤，置国家民族于不顾"。因此，制定的"攘外必先安内"投降卖国政策的蒋介石，对于东三省失守不能"不负那个责任"。二、张学良撰写的回忆材料由于年代不同，所处环境有异，因此对一些人物或事件的评价前后有所出入。对蒋介石的态度即为一例。比如1957年元月至同年4月20日，他"自度已近花甲，岁月无多"，特撰写了一部《杂忆随感漫录》。当时两岸关系日趋紧张，张学良的文稿准备请蒋介石审定："钧座认为有应修改或增减之处，俯乞明加指示为叩。"因此他对蒋的评价和对中共领袖的评价，自然会跟1975年蒋介石逝世之后的提法有所不同，这是完全可以理解的。所以，不能把张学良一时一地对某些问题的看法一律视为他的真实看法和最终看法。

当然，张学良文件之所以引世人瞩目，究其原因无疑是这批文件所具有重要的史料价值。具体表现在以下三个方面：

一、这批文件提供了张氏父子鲜为人知的生平史料。比如，张学良本姓李，世为贫苦农民，除耕种之外以烧碱为生。清代初年由老家河北省大城县逃荒至辽宁海城。到他曾祖父那一代，因本系亲属的张姓无子，领李家之子以继香火，遂冒姓张氏。张学良原名从善，取"从善如流"之意，因为太俗，故改名学良。又如，1928年6月3日，日本侵略者在皇姑屯车站炸毁了张作霖的专列，张作霖因伤势过重于次日午前9时30分去世。张学良分析了惨案发生的原因。其一是因为日本公使芳泽谦吉向他提出合资修筑吉会铁路合同的无理要求，以进一步控制满蒙五大铁路权益，为张作霖严词所拒。其二是因为日本出兵山东，向北京政府提出维持关外治安的照会，张作霖对此提出严重抗议，正色道："我们家中的事，不劳邻居费心。"日方见张作霖不能充当傀儡，致使其遭皇姑屯之难。张学良还补充说，日本侵略者当年真的请他在东北当皇帝，以不跟国民党中央合作为条件，为他所拒。出面请他当皇帝的就是土肥原。

在一般人心目中，张作霖是个军阀加胡子的形象。作为张作霖的爱子，张学良在回忆中提供了张作霖鲜为人知的一面，如爱乡土，富于人情味……比如，1917年张勋复辟失败之后，有三个人刺杀张作霖，结果炸弹反炸死了两个刺客，剩下的一个被抓获。张作霖问他："你为什么要炸死我？"答："因为你跟张勋搞复辟。"张作霖说："你误会了。我跟张勋虽是亲戚，但我不仅没参与复辟活动，我还反对复辟呢！你若真为反复辟而暗杀我，那我放你一条生路，你走吧。等我今后真搞复辟，你再回来炸死我不迟。"

二、张学良文件中的独特价值，还表现在提供了他对中国现代史上一些重要人物的看法。对于蒋介石，张学良认为他是一个独裁者，有袁世凯当皇帝的野心而无袁世凯的魄力。蒋介石爱奴才，不惜人才，希望每个人都绝对服从他，稍有违抗者便视为叛徒。尤其愿意听小话，当面跟他讲抵不过底下嘀嘀咕咕。为了"安内"之事，张学良曾跟蒋介石进行过辩论。张学良断言蒋消灭不了共产党。蒋问为什么，张答："因为我们背后的老百姓，没有他们背后的老百姓多。"张学良讲了几个他率部跟共产党打仗的故事。有一次，他们看到一个老太婆在门口缝鞋，门旁立一个竿子，用绳拴着。原来这个老太婆是红军的情报员。她把绳一拉，竹竿倒下，就是通报国民党的军队来。还有一次，他们部队刚到驻地，就有一群小孩来玩耍。其实这都是些儿童团员，趁玩的工夫把他们部队的人数武器都摸清了。张学良叹服道："你没办法对付老百姓呀！"

对于毛泽东，张学良的评价较为持平。有访问者告诉他："现在中国大陆有些人非议毛泽东。你不看报吗？报上都有。"张学良回答："我不这么想。共产党之所以成功，毛泽东出了很大力量。不过毛泽东到了晚年不那么谨慎了，没有像诸葛亮那样'一生唯谨慎'。毛晚年失败在江青手里。"

张学良多次表示，在中国现代，他最佩服的人就是周恩来，可惜死得太早了。周恩来这个人办事以国家利益为重，以大局为重，不计较个人得失。周恩来是人才，国家有为之人，既能治国又很谦虚。所谓谦虚，就是能把自己往后退一下，不像现在有些急功近利的年轻人，只要有利可图总是争抢。跟周恩来接触容易沟通。只要你点到，他顿时就都明白了。可以说，西安事变前他跟周恩来一见面，就答应了周恩来的所有条件。周恩来对张学良的评价是"爱国志士，千古功臣"，张学良非常感激。有人对张学良说："功臣这个词不好，是封建社会的称谓。"张回答说："不管什么，反正他们有这么两句话。"

三、张学良文件中最有历史价值的部分，无疑是关于西安事变的回忆。虽然目前关于西安事变的资料及研究论著颇多，但作为当事人之一的张学良的回忆毕竟属于第一手资料，为其他资料所无法取代。

张学良总结，他发动西安事变主要有以下四个原因：一、"九一八"事变后东北失陷，国家和自身均蒙受损失。由于"九一八"事变时他未能坚持抵抗，不为国人所谅解，故内心承受双层苦痛，急欲抗日救国，以弥补以往的过失。二、为谋求国家的独立自由。张学良回忆说，1936年12月31日，国民党政府军事委员会对他进行高等军法会审，审判长李烈钧曾讯问他有什么个人图谋，他感到十分恼怒。因为他的动机只有一个：团结御侮抗日救国。三、痛恨日本军阀，誓死雪耻消恨。四、基于人性、同情心和民族正义感，反对"攘外必先安内"的卖国政策。当然，蒋介石办事不公，特别是重中央军轻东北军的倒行逆施，也是刺激张学良及其部属发动兵谏的因素。1936年"双十节"，南京国民政府授勋，有冯玉祥而无张学良；制定对日方案，序列中有冯玉祥、唐生智而无张学良，充其量只让他充当后方的"预备队长"，这一系列做法都使张学良愤怒不已。张学良晚年有一次对访问者说："我率领的是东北军。我有两个师（指东北军一一〇师和一〇七师）都被红军歼灭了。折了兵没有补充，死了人没有抚恤。顶多开张白条，叫士兵回东北去领抚恤金。我们连老家东三省都没了，还到哪里去领抚恤金？我手下有一个营长，打仗受了伤。他说，他家在东北，有家回不去，只能流亡要饭去。我听了真是伤心透了。你中央军可以招兵，我东北军不可以，让我们自消自灭，枪械损失也不补充。谁也不是傻瓜。傻瓜才会替你国民政府卖命。"张学良滔滔不绝，越说越激动，致使张太太打断他："别尽讲这个啦！别尽讲这个啦！"

关于跟中国共产党的接触，他记忆中最初是由东北义勇军将领李杜牵的线，后来是由刘鼎担任他跟我党之间的联络员。他记得他跟中国共产党人的第一次接触是在上海，"此人非潘汉年，恐即为饶漱石，如今已回忆不清楚了"。但据有关资料记载，在上海跟他会谈的是原《新生周刊》总编杜重远。后来，张学良发现孔祥熙也派员赴延安洽谈贸易（如买卖食盐），这更增强了他跟共产党接触的愿望。1936年3月4日，张学良与李克农在洛川就红军与东北军的六十七军合作抗日问题进行了会谈。张学良回忆说："李克农这个人好厉害，很会谈话。共产党人的嘴巴都会说。"不过，张学良当时怀疑李克农能不能代表整个中国共产党，便提出愿跟毛泽东或周恩来直接会谈。1936年3月9日晚8时，周恩来跟张学良在延安城内一个教堂里举行了历史性的会见。两人情投意合，一直谈至深夜。据申伯纯《争取张学良联合抗日的经过》一文披露，这次谈判取得了八点共识（见全国政协文史资料委员会编：《文史资料精华丛书》第2卷，安徽人民出版社2000年10月第1版，第635—636页）。但张学良的回忆有九点，内容与上述资料不尽相同，兹录出以供参考：一、共产党的各地武装，集结、点编、受训，以备抗日；二、取消红军名称、制度，待遇同国军划一；三、共产党不得再在军中做政治工作；四、国民党方面保证不缴械，不欺骗；五、共产党停止阶级斗争的宣传和行动；六、国民政府下令释放被捕的共产党人；七、划陕北区为中共后方，准其非武装的党人居留；八、抗战胜利后中共武装与国军同等复员、遣散；九、准许中国共产党成为合法政党。

张周会谈之后，张学良原想将情况向蒋介石转陈，但未能遇到合适时机。特别是蒋介石在阅兵训话时，严斥共产党为"最大的汉奸"，"妄言容共，实为共产党张本"，使他的幻想迅速破灭，"甚为懊丧，曾自饮泣"。张学良向西安绥靖公署主任杨虎城倾诉了心中的苦闷，杨深表同情，劝张学良不可消极。杨虎城认为，停止内战一致抗日是天经地义的事情，"愿为抗日而死，不受'剿共'的活罪"。10月22日，蒋介石来西安布置"反共"军事计划。张学良两次向蒋介石陈词，均遭斥责，张、杨遂决定于12月12日实行"兵谏"。张学良声明，此举只跟杨虎城及自己的少数从属会商，中国共产党无人参与。西安事变后张学良彷徨无策，遂邀周恩来到西安会商善后事宜。周恩来及博古等中共代表也批评了张学良的行动过于冒失。

张学良作为中国现代史上的一位政治军事人物，其政治生命实际上从被蒋介石软禁之日起即已结束。但作为一位传奇人物，他36岁之后的幽居岁月也必将受到世人关注。因此，张学良文件中的笔记、信件、日记部分，同样有其重要的学术价值，为研究张学良生平者所必读。张学良不擅文字，但晚年仍亲笔写了一首诗作为人生的总结："白发催人老，虚名误人生。主恩天高厚，世事如浮云。"他认为自己的一生是以失败告终，充其量不过是一个"泄了气的英雄"。然而西安事变促成了抗日民族统一战线的正式形成和全面抗战的实现，张学良仍不愧"爱国志士，千古功臣"的评价。

此次访美期间，我还应张凤女士之邀，在哈佛大学哈佛燕京社发表了讲演，赵元任大师的女儿赵如兰教授伉俪出席；乘船夜游了波士顿湾，遭遇到模拟"海盗船"的袭击；参观了华盛顿的林肯纪念堂、肯尼迪中心、华盛顿纪念碑等著名建筑，这些都给我留下了终生难忘的印象。

第六节

狮城访史探幽

——我的新加坡印象

"狮城"是新加坡的别名。相传在14世纪，有位苏门答腊的王子带着随从抵达这里，无意中发现了一头狮子状的动物，觉得是个吉兆，便决定在这里建立一个新的王国。从此"狮城"的别名不胫而走。1959年，新加坡脱离英国的殖民统治，成了马来西亚联邦的一部分。1965年，新加坡又脱离马来西亚而成为一个独立的共和国。1986年，新加坡的经济已经超过了中国台湾、中国香港、韩国，位居亚洲四小龙之首，举世瞩目。

2008年4月，我乘坐新加坡航空公司的班机来到了这个马来半岛最南端的国家。到机场迎接我的是南洋理工大学文学院图书馆的馆长潘文汝和她的助手阮阳。我此行的目的，是应该校文学院院长王宏志博士之邀，参加他们举办的一个"中国现代文学签名本书展"并发表讲话。提供珍贵签名本的有新加坡和香港的一些藏书家，我也提供了丁玲、萧军、萧乾、林海音、台静农等人的签名本，比较特殊的还有两本台湾业强出版社出版的出版物：一本是《灿若繁星——冰心传》，扉页除有传主冰心的签名外，还有作者卓如和出版者陈信元的签名；另一本是《浪迹人生——萧乾传》，扉页除有传主萧乾的签名外，还有作者李辉和出版社陈信元的签名。

配合这次书展还举行了一场报告会。我第一个发言，讲题为《鲁迅藏书纵横谈》。第二个发言者是香港学者小思（卢玮銮的笔名），她介绍了她收藏的签名本，并举例阐明了签名本的史料价值。第三个发言者是新加坡的一位颇负盛名的中年歌词作家梁文福。他边放歌曲边讲述如何欣赏歌词。讲座在南洋理工大学一间大的阶梯教室举行，除开有自发前来听讲的大学生外，还有一小部分特邀的高中生。我们三人的发言都受到了热烈欢迎，效果之佳超出了举办者的预期。主持人在总结时说："陈漱渝教授畅谈了鲁迅丰富的藏书，带着观众游览了一趟鲁迅的秘密书房。卢纬銮（小思）教授讲述了签名本的多种意义，并与大家分享了一些鲜为人知的作家故事。梁文福助理教授则用了许多动听的歌曲，让观众沉浸在现代中文流行歌词与中国古典文学的亲密关系之中。你们精彩的演讲赢得了观众的热情掌声，讲堂里更不时传来阵阵的欢笑声。你们的幽默，以及对学术研究的认真，让观众上了一堂宝贵的课。"

此次出访的时间虽然短暂（大约一周），但我抓紧时间，利用南洋理工大学图书馆和新加坡国立图书馆的特藏资料，访史探幽，回国后发表了4万多字的文章。

主要收获是撰写了一篇长文《折戟狮城——林语堂与南洋大学》，刊登于《新文学史料》2008年第4期。

1954年10月2日至1955年4月17日，中国现代幽默大师林语堂曾出任新加坡南洋大学（海外第一所华文大学）校长，不久即与以侨领陈六使为首的南大执委会（相当于董事会）发生激烈冲突，于1955年4月6日在获得一大笔遣散费后辞职。这种人生经历一点也不"幽默"。事后，林语堂一方把这一事件说成是"遭受到共产党人阴谋破坏"，陈六使一方则斥责林语堂是"存心吸华侨血"的臭虫，其作品长时间在南洋的学生读物中被禁。我在图书馆找出了林语堂披露的一束信函，对这一事件做出了较为客观的分析。结论是，这是一场"双输"的对抗。林语堂的失误，主要是办学方针"贵族化"而非"平民化"，完全脱离当时当地的实际，再加上他恃才傲物，任人唯亲，计较钱财，坚决反共，因而在新加坡华人社会中留下了一个"小丑扮青衣"的形象，蒙受了道义上的损失。陈六使一方当初则出于"思贤若渴"的心态，在动员林语堂出山的信函中对他作了后来无法兑现的承诺，最终以折财消灾的方式解决纠纷，因而蒙受了重大的经济损失。

另一收获是收集了1921年至1927年曾任厦门大学校长的林文庆博士的生平史料。长期以来，我跟很多读者一样，对林文庆的印象完全来自鲁迅的《两地书》，知道他是一个"英国籍的中国人"，"开口闭口，不离孔子"。由于他的"尊孔"立场跟鲁迅的"反孔"立场相冲突，又提出压缩鲁迅任职的厦大国学院的经费，鲁迅"乃提出强硬之抗议，且露辞职之意"。笔者是"尊鲁派"，因此对林文庆绝无好感，觉得他是洋奴加腐儒。如果要以"鲁迅在厦大"为题材编一部电视剧，笔者一定会以鲁迅作品为依据，把林文庆设置为一个脸谱化的反面人物。

到新加坡查阅了一些史料，我才知道无论在政治、经济、科教诸方面，林文庆都做出过独特的贡献，难以用画脸谱的粗线条勾勒出他的形象。在政治方面，林文庆长期致力于新马地区华人社会的改革。1898年即出任"华人改革党"的领导人：兴学、剪辫、禁烟、复兴儒教、破除恶习，跟宋鸿祥、阮添筹合称为"新加坡维新三杰"。他先支持康、梁的维新变法。戊戌政变失败，康有为流亡新加坡，他就是保护者之一。1905年至1911年，他又结交了孙中山，并赞助孙中山的革命活动。孙中山出任临时大总统之后即任命他为机要秘书和卫生部总监督。由于林文庆精通英文，孙中山当年致各国政要的电文多出自他的手笔。在经济领域，仅一件事情即可以使林文庆名垂后世。有一次，他偶尔在植物园得到了几粒橡胶种子，立即洞察到这种植物的经济潜力，便决定试种、改良，在马来亚地区全面推广。橡胶至今仍是南洋取之不竭的富源，林文庆因此被陈嘉庚誉为"橡胶种植之父"。在科技方面，林文庆也是一位奇才。1892年，他取得了英国苏格兰爱丁堡大学医学内科荣誉学士和外科硕士学位，回新加坡行医，被患者颂为"药到春回，起死回生的再世华佗"。他更热衷于办教育。他放弃了国外优厚的收入，应陈嘉庚之聘主持厦门大学校务。由于学校经费支绌，他三次到东南亚沿门户劝捐，仅1935年就为厦门大学筹集了20多万元中国币。在中外文化交流史上，他更是一位不可多得的"双文化代表人物"。他不仅用英文撰写了《孔教大纲》，而且把《离骚》译成了英文，由商务印书馆出版。

当然，林文庆的性格有其复杂的一面。第二次世界大战期间，他被日军威逼出任"华侨协会"会长，为侵略者筹集了5000多万"奉纳金"，这是他一生最大的污点，他晚年的生活从此暗淡。但有研究者指出，他出此下策，也有"掩护华人安全"等考虑。他当时多次发表过支持中国抗战、拥护盟军抗击法西斯的言论，并在广播讲演中抨击过日本侵略者的暴行。所以，我根据新史料写了一篇文章《林文庆：一位难勾脸谱的历史人物》。

此次查阅资料时无意中的一个收获，是在新加坡国立图书馆的一个私人藏书库中发现了一个小册子《祖国前途与华侨出路》。这是中国民主同盟第一届全马代表大学政治报告，署名"中国民主同盟马来西亚支部编"，由位处新加坡古宁街40号的南侨出版社印行。我断定这种文献存世不多，跟胡愈之在南洋的革命活动密切相关——书中有胡愈之致大会开幕词的照片，对于研究民盟的历史乃至华侨的历史至关重要，便向馆方申请复印。因保护版权，该馆一般不允许完整复印任何一本书，却破例满足了我的请求。回国后查阅有关资料，才知道胡愈之本人就是这份政治报告的起草者（张楚琨：《胡愈之在南洋的七年》，《胡愈之印象记》，中国友谊出版公司1989年2月版，第176页）。所以这本书既是研究民盟盟史的珍贵史料，也是研究胡愈之革命活动的珍贵史料。所以我又写了一篇文章：《民盟史上的一篇珍贵文献——兼谈胡愈之在南洋的革命活动》。

乘出国之机，当然要安排旅游。东道主问我想去哪里逛逛，我说我有猎奇心理，凡是有特色的地方都想去。他们于是带我去了有着中国移民怀旧风情的"牛车水"，满街沙丽裙摆随风飘逸的"小印度"，出售各式马来风情商品的"马来文化村"。台湾友人秦贤次还专门飞到新加坡，陪我到这里的度假胜地"圣淘沙"逛了一天。可惜那天下雨，我们只是走马观花地转了一遭，也没有观赏晚上上演的以海洋为舞台的声光表演秀。归国前匆匆采购了一点纪念品，主要是肉骨茶、传统肉干、鱼尾狮造型的钥匙圈、烟灰缸、牙签盒……

我的新加坡之行，观光上留下了遗憾，学术上得到了满足。

第七节

他的裸足与大地亲吻

——托尔斯泰庄园行

2016年9月5日，经过九个小时的漫长飞行，我们乘坐的俄航班机终于在莫斯科机场降落。在机场出站口迎候我们的是一位俄国的中年男子，长得相当英俊，着西服，不系领带——我见到的俄国男子大多如此打扮，即使在正式场合。他露出的是礼节性的微笑，因彼此言语不通，所以没有更多的话语。他把我们一行八人领上了一辆中巴，直奔托尔斯泰晚年生活的亚斯纳亚·波良纳庄园——这里属图拉州晓基诺市，距莫斯科市区有200多公里。乘车时是早上，抵达时已是正午。

我们此行的目的，是根据鲁迅文化基金会跟托尔斯泰基金会的交流合作计划，参加一个国际学术研讨会，主题是如何翻译托尔斯泰与其他经典作家的作品，与会学者来自俄罗斯、美国、英国、法国、土耳其、意大利等国。参会的中国学者来自上海交通大学、浙江大学、陕西师范大学、北京鲁迅博物馆、上海鲁迅纪念馆，共七人；另配备了一位翻译，是上海外国语大学的博士生。

关于托尔斯泰庄园的记载最早见诸17世纪上半叶的相关资料。当时这里有一家织造厂，以生产毛巾和桌布著名。这邸宅原是托尔斯泰母家弗拉广斯基王爵的遗产。托翁1901年到此定居，直至1910年去世。在这里，他经历了深刻的精神危机和世界观的转变，创作了《论俄国的社会运动》《致农民的论土地的信》等一批重要论文，并决心捐出家产，以完善道德。因此，这座庄园成了俄罗斯的文化圣地，一个多世纪以来，吸引了五大洲不同肤色的人们络绎不绝前来"朝圣"。

经过长时间的飞行，又经过半天的汽车颠簸，我们一行人似乎并无疲惫之感。中午匆匆吃完快餐，大家便急不可待地想去领略一下周边的自然风光。我们下榻的地方是托尔斯泰基金会管理的一处两层小洋楼，这里离托尔斯泰庄园还有两公里左右，既无公交车，也无出租车，大家便向庄园的方向进发。沿途是蜿蜒的公路，但极少车辆经过。我们走在公路边的小路上，脚下是碎石和黏黏的黑土，两旁生长着野生的苜蓿，宽叶的牛蒡，随处可见的荨麻，还有一望无际的田野和森林——密密匝匝的白桦林和苹果树。苹果挂满枝头，一律青色，品相不好，但吃起来却柔软酸甜。苹果都是自然生长，可随意摘采，坠落的都入泥土化为肥料。1920年秋，瞿秋白以北京《晨报》和上海《时事新报》记者的身份赴"赤都"莫斯科采访，曾专程来到这里参观。他留下的文字是："秋云微薄，桦林萧瑟的天气，自清田站步行，向托氏邸宅行来。小桥转侧，树影俯窥溪流，水云映漾，轻步衰草上，如天然的氍毹，心神散畅……转向北，直望大道，两旁矗立秋林，红叶斑斓，微风偶然奏几阙仙乐……"（《饿乡纪程·青田村游记》）我当时并无这种美妙的感受，可能是诗人把自然景观过度诗化了吧？唯一感到奇妙的是，天上云彩飘忽，时而下雨，时而放晴，约20分钟一轮回。这种经历，倒是我此生中极罕见的。

9月6日至7日基本开会，8日安排了参观活动。会上发言十分踊跃：有人谈托尔斯泰作品如何译为法文、阿拉伯文；有人谈民族心理语境下的文学翻译；有人谈托尔斯泰对土耳其文学和欧洲文学的影响；有人谈托尔斯泰作品的总体风格；有人谈托尔斯泰以战争为题材的作品；有人谈《安娜·卡列尼娜》的小说结构……中国学者还专门将托尔斯泰跟鲁迅进行了比较，介绍鲁迅收藏了托尔斯泰的十多种著作，文章中谈到托尔斯泰的地方近百处。鲁迅友人刘半农还用"托尼思想，魏晋文章"概括鲁迅的思想和风格。

可能是因为我年长，被安排在第一组发言。我说，在我的心目中，托尔斯泰代表了人类的智慧和良知。他是伟人，又是一位天真可爱的老头儿。此语一出，会场上发出了一阵会心的笑声。我的意思是：托尔斯泰是真正的人道主义者，但他提出的一些设想却无法达到其追求的目标。鲁迅举过一个例子：托尔斯泰反对战争，主张用无抵抗主义来消灭战争。他以为，只要士兵不替皇帝打仗，警察不替皇帝执法，审判官不替皇帝裁判，大家都不去捧皇帝，这个仗就打不成了。然而，鲁迅一语道破了这种办法的空想性："如果一部分人偏听皇帝的话，那就不

行。"(《集外集拾遗补编·关于知识阶级》)

关于翻译，我也谈了一点粗浅的感受。我说，文化交流要靠翻译搭桥，但这是一种十分艰辛的工作，尤其是文学作品的翻译，其难度常常不可思议。因为基本含义相同的语词，在不同场合、不同地域往往有不同的表达方式。比如"谈话"这个词，在中国就有聊天、扯淡、侃大山、摆龙门阵等不同说法，译成外文，很难体现其地方特色和独特韵味。特别是汉字往往具有多义性，既有字面意思，又有深层内涵，给外国翻译家带来了很多困难。像鲁迅杂文集中有一本最为锋利，书名叫作《二心集》，译成俄文时，或被译为《两颗心》，或被译为《两面人》，这就似是而非，违背了作者的本意。因为1930年5月7日《民国日报》上刊登了一篇《文坛贰臣传——鲁迅》，攻击"鲁迅被共产党屈服"，对执政的国民政府怀有二心，鲁迅便以"二心"作为书名，公开表示对现行体制的叛逆，明确宣布他"以为惟新兴的无产者才有将来"。所以，把这个书名译为《叛逆者》，是比较符合作者原意的。将鲁迅的《三闲集》译为《三个游手好闲的人》也是误译，因为当年创造社理论家成仿吾说鲁迅"在小天地中自己骗自己的自足，他所矜持着的是闲暇、闲暇、第三个闲暇"(《完成我们的文学革命》,《洪水》1927年第3卷第25期)。"闲暇"一词重复三次，意在讽刺鲁迅归属于没落的封建阶级，鲁迅借三个"闲暇"反击成仿吾，指出成仿吾并没有资格代表"无产阶级"，因为"无产阶级是不会有这样锻炼周纳法的，他们没有学过'刀笔'"。再比如俄国名诗人安娜·阿赫马托娃把鲁迅引用的《离骚》名句"吾将上下而求索"译为"我向上飞又向下降——朝向自己的命运"也不确切。因为鲁迅不是宿命论者，他援引这句诗是为了表达他在不倦追求真理的道路上的执着精神。我不是翻译家，所表达的只不过是一个普通读者的感受。

会议期间参观了托尔斯泰故居，内有藏书室、书房、卧室、餐厅、过厅。书房中摆着一张有围栏的大书桌，文具很简陋，书架上有一部老子的《道德经》，汉英对照，美国芝加哥出版。我似乎看到这位白须老翁在昏暗的烛光下潜心写作，往往为一字一句而反复推敲。我似乎听到这位老人在嘟囔："我不明白怎么能没有多次修改就写作。我几乎从未重读自己已经刊印的作品，因为一旦重新读到某一页，我就会觉得必须修改——这才是我要说的话……"我还似乎听到他在感慨："如果还年轻，我一定要去中国。"因为他熟悉中国的经典，其中受老子的影响最为巨大。

　　我有腰椎间盘突出的宿疾，参观完故居已觉双腿铸铅般发沉，但仍然坚持去托尔斯泰的墓地凭吊。墓地在一片密林深处。离墓地数百米处已有禁止喧哗的牌示。我从没有见过如此静谧的地方，也从没见过如此简陋的名人坟茔：既没有雕像，也没有墓碑，一代文化宗师就长眠在一个棺木形的土堆里。土堆上覆盖的是青草，周边是凭吊者插上的松枝和白花。这时我想起了一幅托尔斯泰的油画肖像，画面上的托翁长髯飘飘，白衣，黑裤，双手插进皮带里，一双裸足与大地亲吻。他口袋里有一本书，我不知道是不是《圣经》。他似乎在告诫那些热衷于侵略扩张的人："你忏悔吧！"

　　我还想起了托尔斯泰《人生论》中的一段话："人死了，但他对世界的态度继续影响着人们，甚至不是与他活着的时候一样，而是比他活着的时候强烈许多倍。这种影响随着理性和爱的增多而加倍，就像任何有生命的东西一样，它永远不会死亡，也不会中断。"

第七章

"位卑未敢忘忧国"：我的10年政协生涯

第一节
两届全国政协委员

在"文化大革命"中，我曾以"知识分子"的身份被下放劳动，接受工人阶级和贫下中农的"再教育"。在那个荒唐岁月，知识分子的称谓是跟四体不勤、五谷不分、"比较最无知识"联系在一起的。进入新时期以来，我又听到了对知识分子的另一种界定，说知识分子是"麦田里的守望者""精神家园的守夜人""精神现代化的引领者""社会的道德表率"……把我单纯置于被改造的地位，我当然并不心服，但我也承受不起"博雅之士""社会精英"一类桂冠，承担不起"思想启蒙"的神圣职责。我只是一个在蹉跎岁月中没有接受过完整教育的普通读书人，仅仅想以自己的绵薄之力为社会做一点力所能及的事情。作为老百姓当中的一员，我当然最关心跟老百姓生存、温饱和发展息息相关的事情，但人微言轻，有话也无人听、无处说。不料从1998年3月至2008年3月，我居然担任了全国政协第九、第十两届的委员。政协委员不是职务，不是待遇，实话说，也并不是所有人都认为这是一种荣誉。但应该承认，政协的会议和活动为担任委员的人搭建了一个"平台"，使他们能够发表超乎于专业领域之外的言论，在公共领域产生一定的影响。如果有意做一名"公共知识分子"，当政协委员倒的确是一种机遇。

我说自己"不料"担任了全国政协委员，这"不料"二字完完全全是写实，并不是一种文学性的夸张。1998年1月22日上午，全国政协中国文史出版社吕长赋副总编来电话，祝贺我担任了第九届全国政协委员。我问他怎么知道的。他说名单已经见报。我说这不可能，中国同名同姓者多得很。第八届全国政协委员中有一位孙瑛将军，就跟鲁迅博物馆原副馆长孙瑛同名。我既非中共高干，又非民主党派成员，更无任何特殊背景，怎会突然当上政协委员？接着电话铃声又响起，我接到周海婴先生同样内容的电话，他说消息十分可靠。我随即打电话询问鲁迅博物馆副馆长贾学平，她说不知道此事；再问国家文物局副局长马自树，他也说不知道。但没过几天，我接到了全国政协办公厅的正式通知，要我填写表格，洗印照片，我这才相信这件事情是的的确确发生了。不久读到文化部的机关报《中国文化报》，才知道文化部系统此次共增补了21名委员，其中有文化部部长刘忠德、副部长陈昌本、艺术院校教授金铁霖、潘公凯、陈钢、肖峰，演员于魁智、吴雁泽、刘秀荣、杨春霞、刘秉义、鲍国安、冯英、李羚等。记得在一次鲁迅研究的学术讨论会上，首都师范大学一位资深教授曾发感慨："如今什么行业都出政协委员，但从来没有代表鲁迅研究界的政协委员。"我并不认为我专属于什么"界"，更不认为我有资格代表什么"界"，但由于我从1976年就开始在北京鲁迅博物馆供职，从事了几十年鲁迅研究工作，本能地感到当上政协委员之后，应该以自己的特殊身份为鲁迅研究事业说一些话，办一些有益的事情。

当时通往鲁迅博物馆大门的主干道两旁违章建筑林立，有些摊位在路旁出售内衣内裤，既有碍交通，又有碍观瞻；馆内的鲁迅藏书（特别是报刊）因为年代久远，纸质老化，一碰即碎，既不能长期保存，更无法提供使用。鉴于这种状况，在全国政协九届一次会议期间，我这个还没有完全进入角色的政协委员就提交了两份提案：一份题为《拆除鲁迅博物馆附近街道的违章建筑》，另一份是《抢救濒临毁损的鲁迅收藏报刊》。这两份提案当年就得到了落实。经西城区人民政府派员调查，鲁博所在的阜内北街虽然仅长155米，但有违章建筑35处，占地194平方米，经营人员中还有劳改劳教释放者，工作难度很大。整治工作进行时，鲁博人保处的同事主动在我下班时目送一程，担心有不法分子在我身后扔砖头进行报复。鲁博资料部的数字化工程也开始启动，经过多年的共同努力，目前已达到了国内名人博物馆系统的先进水平。此外，在全国政协九届三次会议上，我提交了《隆重纪念鲁迅诞辰120周年》的提案，《关于筹建鲁迅文化广场》的提案；在全国政协九届四次会议上，我领衔提交了《关于在南京建立鲁迅纪念馆的建议案》；在全国政协十届二次会议上，我提交了《把北京阜成门鲁迅故居列为全国文物重点保护单位》的提案。上述提案，除《关于筹建鲁迅文化广场》的提案得到了部分落实之外，其余提案全部得到了落实。

  鲁迅博物馆是国家文物局的直属单位。1999年3月4日下午，在全国政协九届二次会议期间，时任全国人大常委会委员长的李鹏同志到我所在的社会科学小组参加讨论，听取意见。我反映了当时有些省市将兵马俑等著名文物遗址作为"名牌产品"推出，成立公司，发行股票，甚至准备将重庆的革命遗址"周公馆"跟后来迫害革命志士的中美合作所捆绑上市的情况。对于旅游部门兼并文物部门的做法，我也表示了疑虑。我认为，旅游工作和文物工作原本是可以互相促进的。一方面，文物部门为旅游部门提供了景点，没有文物，旅游就会缺少内涵；另一方面，旅游部门可以为文物单位组织观众，使文物更好地发挥审美、教育功能。问题在于这两个部门性质不同：旅游作为一种产业，需要创收，是营利性的；文物则是一种公益事业，在两个效益当中以社会效益为第一位。把这两个系统强行捆绑在一起必然产生矛盾。以前，由于文物经费的匮乏，一些文物单位希望挂靠在旅游部门，以便争取旅游部门的经费支持，增加工资、奖金，增加文物科研经费。事实上，文物系统内部各单位的条件并不相同，划归旅游部门管理的文物单位有些原来条件就相当好。比如陕西的秦始皇兵马俑博物馆，从来就不缺少客源，本身就有很强的"造血功能"，有非常好的门票收入，被旅游部门兼并之后，旅游部门着眼的是它的门票收入，这对兵马俑博物馆来讲，就有一种被剥夺的感觉。绍兴鲁迅纪念馆也一样。因为绍兴是鲁迅的故乡，游客到绍兴的第一站就是绍兴鲁迅纪念馆，它的门票收入本来就可观，发展得也不错。被旅游部门兼并后，大部分职工待遇降低了，一些专家的作用不能充分发挥，整个陈列也没有多少改进，当时仅增加了一台触摸屏。鲁迅故居、三味书屋是全国重点文物保护单位，也没有得到很好的保护。周边扩大建筑群，使观众误认为鲁迅故家特别阔气。旅游和文物是两个专业，如果文物部门让一个不精通文物的领导人来决策，很多问题就可能背离文物工作自身的规律，导致文物的毁损、破坏，曲阜孔庙被兼并后，壁画遭破坏就是一例。我认为应该提倡文物部门与旅游部门的战略合作，而不是一方吃掉另一方。李鹏同志认真听取了我的意见，并让秘书要走了我的发言提纲。上海《新民晚报》对此作了报道，题为《文物保护不宜姓"钱"》。文章引述我的发言，指出"文物遗址上市的做法不仅在国际上尚无先例，还将由此引发文物资源归属、文物资产评估、上市后由谁承担风险等问题，有可能使原本属于国家的民族文化遗产化为集体所有、私人所有，甚至被境外财团控制"（《新民晚报》1999年3月5日第4版）。

我深深懂得，政协委员并不是行会代表，不能将眼光仅仅停留在某一个局部的利益，而忽略了全局。根据我作为一个公民的切身感受，影响当前安定团结的一个重要问题是收入分配问题。

我最近看到一个材料，说中国经济总量在过去30年中增加了18倍，有专家估计中国人在自己的生命周期内生活水平可以提高7倍。我并不怀疑这种说法。以我的情况为例，刚粉碎"四人帮"时月薪是54元，如今领取的退休月薪是5034元，单纯从钱数来计算，提高了将近100倍，即使考虑物价上涨指数，那提高的幅度也相对明显。30年来，我国绝对贫困人口和相对贫困人口迅速下降，同样是一个不争的事实。但另一方面的问题是收入分配不合理，贫富差距拉大，有悖社会主义的公平正义原则，影响了社会的长治久安。在1997年至2007年我国国民收入分配格局中，劳动者报酬占GDP的比重从53.4%下降到39.74%；而在发达国家，劳动者的报酬大多占到GDP比重的50%以上。诚然，中国改革开放的总设计师邓小平说过，允许一部分地区和一部分人先富裕起来，但这是基于承认现状和改变现状的务实考虑，目的是通过勤劳致富和科技致富等正当手段，让全社会走上共同富裕的道路，而绝不是让少数人依赖政策保护和资源垄断致富，使我国贫富差距逼近社会容忍的"红线"，更不是默认逃税致富、特权致富等非法致富途径。在社会财富这块"蛋糕"逐渐做大的情况下，如何把"蛋糕"切得更好非常重要；归根结底，分不好"蛋糕"，也就做不大"蛋糕"。

2004年4月16日，全国政协办公厅特聘我为全国政协信息特邀委员，列席政协常委会。我感到责任的重大。我当时关注的主要问题就是收入分配问题。全国政协信息局在北京海淀区召开的一次内部座谈会上，我作了一次发言，题为《我对当前收入分配的看法》：

> 中共中央十六届四中全会提出了构建和谐社会和目标。我理解，其针对性就是承认当今的社会分化，迫切需要通过实践逐步实现社会公正，否则就会背离社会主义的基本原则。而实现社会公正的重要手段，就是主动调节分配制度，切实提高中等收入阶层在全社会人口结

构中的比重，使收入分配的金字塔形变为橄榄形。20多年改革开放的历史经验已经证明，社会财富增长的最大化与社会财富分配的公平化相统一，是保持社会稳定的基本要求。

据了解，今年以来我国的经济发展形势很好。国内生产总值增长幅度为9.5%，人均国内生产总值可以达到1000美元。农民收入增长10%，是1985年以来最好的一年。城镇新增就业人员910万，460万下岗失业人员重新走上工作岗位。城镇登记失业率4.2%，比2003年下降0.1个百分点。北京的形势也不错。今年前10个月，北京市居民可支配收入比去年实增11.8%，人均可支配收入达到了1.3万元，人均住房使用面积增至18.7平方米，居民预期平均寿命已达到79.6岁。在全国35座大城市中，北京市的居民收入水平位居第六位，仅低于深圳、广州、宁波、上海、厦门。

大好形势下的新问题是分配不均，差距持续扩大，一时难于遏制。反映收入分配均等状况的实证指标是基尼系数。在国际上，将基尼系数0.4作为监控贫富差距的警戒线。据世界银行发展报告，中国最早在1998年基尼系数就达到了0.4，目前大约扩大到0.458，远远高于发达国家，仅次于塞拉利昂、巴西等少数发展中国家。去年以来，我国城市人均可支配收入是农村的3.32倍。但这一数据反映出的仅仅是以货币为标志的"显性收入"，如果考虑到城市人口实际享受的福利待遇，诸如医疗、福利保险、住房补贴、财政价格补贴、单位发放的实物等"隐性收入"，城乡居民的差距就更为明显。城市居民之间的差距也在拉大。据国家统计局的一项调查，20%的高收入户占调查户收入的51%，而20%的低收入户占调查户收入的4%。高低收入差距已从改革初期的4.5∶1扩大到12.66∶1。据北京市统计局显示，北京高低户人均可支配收入差距也由2000年的3.1∶1扩大到2003年的4.7∶1。目前大陆的富豪们可以购置每栋1.3亿元的豪华别墅，每辆1188万元的宾利轿车，每块600万元的瑞士宝珀机械表，每把18万元的明代椅子……据中国品牌战略协会统计，目前国内奢侈品消费者已占总人口的13%，约1.6亿人。演出这种"消费神话剧"的主要是私人企业主。

我学文学出身，不懂经济，提不出什么政策性的建议，只能谈一些浮浅的感受。我觉得，面对当今两极分化，应严厉打击非法收入，有力遏制过高收入，大力增加中间阶层的收入，同时给低收入的群体以切实的基本生活保障，让改革成果惠及全体人民。跟发展基础教育和改变城乡二元模式相比较，这些可能是治标的做法，但标本必须兼治，双管齐下。

非法致富是当前最激起民愤的事情，必须严惩不贷。最近北京严查盗版音像制品，很快就取得了阶段性成果。毛泽东同志曾经说过，世界上怕就怕"认真"二字，共产党就最讲"认真"。我始终坚信，凡是共产党真正想办的事情，就没有办不了的，因为共产党是执政党，有权力，又走群众路线，这种力量是无坚不摧的。今后，对于医保中的黑洞，对于教育界乱收费的腐败现象，都应该像惩治腐败一样加大打击力度。据查，去年一度教育界乱收费的数额多达21.4亿元，成了全国乱收费投诉的热点。教育是兴国立人的根基，纵容教育界的违法行为，国家民族的前途就令人担忧！

对于过高收入应该予以遏制。去年，房地产业、高速公路业、殡葬业、驾校业、电力业、有线电视业、医疗业、教育、教材出版业、网络电子游戏业被有些媒体评为"中国十大暴利行业"。这种评估不一定都妥当，但房地产的暴利却是有目共睹的。2004年1月至11月，全国商品房平均售价为每平方米2759元，同比上涨12.5%。而地产业的暴利又远远高于房产业。比如四川某地建设高新技术开发区，以每亩8000元的地价征得15000亩土地，转手则以20万元到30万元一亩卖出。在房地产暴利的背后，经常隐藏着权钱交易的腐败行为和对农民利益的剥夺，必须给予高度重视。大型国有企业负责人的工资应如何规定，也应该有一个科学评估依据。国企老总究竟应该持有企业的多少股份？如果由组织任命的国企领导每年能拿数百万元年薪，其分配依据是什么？这些问题解决不好，就难免造成国有资产的大量流失，也会造成个人收入的失度。国家公务员的待遇，同样不应超过其他创造财富的产权部门的平均报酬。前不久浙江嵊州以8万元年薪为承诺招聘旅游局长（月薪在外），引起舆论非议，是可以理解的。

切实保护中间阶层的经济利益是一个迫在眉睫的问题。据2002年的统计数字，中国资本总额为38.5万亿元，其中22万亿元为国内居民个人拥有，占资本总额的57%，其次是国有资本、外商资本、集体资本，分别占26%、11%和6%，居民的资本以住房和储蓄存款为主。除去住房资产，居民拥有的资本仍达12.3万亿元，大多存入了银行。但近些年银行利率偏低，2003年12月至2004年9月甚至连续九个月负利率，其结果是将居民的合法财富变相转移到了贷款受益者手中。比如居民存款12万亿元，一年就有5000多亿元进到了开发商、大型企业和地方政府的腰包，使广大居民资本收入比例低于资本持有比例，这种格局不利于中间阶层经济水平的提高，延缓建设小康社会的进程。如果居民挤兑，更会出现灾难性后果，因此，必须通过提高利率调整金融市场的分配机制。这样不仅有利于增加中间阶层的收入，而且能有效地遏制一些地方日趋活跃的高息融资和非法集资活动。

大力增加农民收入是建设小康社会的重大任务。从1997年至2001年，农民人均收入连续四年呈下降趋势。提高农民生活水平，有效措施是在提高粮食生产能力的前提下发展劳动密集型中小企业，大量吸纳农村剩余劳动力，增加农民的非农业生产性收入。提高农业产业化水平，推进农业标准化、信息化建设，提高农业生产的竞争性与前瞻性，也是一个行之有效的办法，跟加快小城镇建设并行不悖。在当下，比一般农民生活水平更为低下的是赤贫人口，这个群体的人数至少有2900万，其中五保户占1/5，有些人甚至集老、病、残、愚于一身。这一数字是建立在人均年收入不足637元的较低标准上的，如果将标准提高，中国贫困人口将达到8517万。对这一部分人，必须首先落实社会保险补贴政策，进行救助式扶贫，分款入户，补贴到人，所需经费可从国家和社会两个渠道募集。

要合理调节分配机制，必须建立并完善财富统计制度，在此基础上正确进行财产征税，充分发挥税收在调节收入过程中的杠杆作用。现在我国税收制度漏洞太多，逃税避税情况严重。比如，私人承包的矿山遍布全国，收税标准根据国家规定的年产值，而实际开采量却远大于此。又比如，到饭馆吃饭，到商店购物，无论数额多少，都应该开具发票，不能要发票就开，不要发票就不开。不开发票如何能准确统计营业数额？如何能保证税收到位？在征税过程中，存在宽严不均的情况，应该引起有关行政部门的重视。比如对一般知识分子征税过严。一个作家，稿酬收入超过800元的部分一律征税，这显然不合理。因为在大多数情况下，这800元并非他一个月的精神劳动所得，而是凝聚了他数月乃至多年的心血。另一方面，没有征收遗产税、特别消费税。国外遗产税数额达到40%——55%，体现了财富取之于社会，也要回归于社会的原则，应该充分借鉴。

当前收入分配的严重不均，必然引起民众的认识混乱，不利于巩固中国共产党的执政地位，因此，应该大力开展正确利益观的教育。要坚持利益与理想的统一，个人利益与社会利益的统一，求利目的与求利手段的统一。要清醒地认识到，在社会主义市场经济条件下，我们实行的分配原则不仅是按劳动要素参与分配，而且同时按资本、技术和管理等生产要素参与分配，这就使得收入不平等的现象将在相当长的历史阶段不可避免地存在。公平不等于平等，平等不等于公平。平等不平等是收入差异问题。公平不公平是价值判断问题。所谓公平是指在机会面前人人平等，并不是指实行绝对平均主义的分配政策。所以，在社会主义初期阶段，同样需要弘扬无私奉献的精神，舍己为人的精神，顾全大局的精神。这并非人人都能达到的思想境界，但却是先进分子应有的精神追求。前一时期有些作品宣扬极端个人主义，嘲讽公而忘私的高尚风格，这是建立和谐社会的噪音，不利于团结稳定的大局。

第二节

两次人民大会堂发言

2005年3月3日,全国政协十届三次会议召开。我所在的社会科学界召集人李君如(时任中共中央党校副校长)告诉我,中央领导人有可能在会议期间参加社科界的联组讨论,希望我准备一个简短发言,谈谈"主旋律"方面的问题。于是我准备针对文艺界的现状,就"弘扬主旋律,提倡多样化"的问题谈几点个人看法。3月6日下午李校长问我准备得怎样,我粗略谈了以上想法。李校长说:"你领会错了。不是要你专谈文艺,我说的主旋律是指有关当前国家的大局的问题。"我一下子蒙了!晚饭后回房间,想写一份发言提纲,但头脑一片空白。为了不浪费时间,我决定先养精蓄锐。睡到凌晨4点忽然醒了,决定就构建和谐社会的问题发表五点意见;到早上6点,终于理出了一个头绪。

3月7日上午,中央及有关部门领导人来到了社科界联组讨论的会场。他们是胡锦涛总书记,贾庆林主席,中国社科院陈奎元院长,文化部孙家正部长,还有一些其他领导。会上有10位委员发言。因为党和国家领导人态度都很谦和,所以我情绪放松,没有照本宣科,而是脱稿作了一些即兴发挥。记得我在现场说,我们今天构建的和谐社会不是儒家的"仁政",不是柏拉图的"理想国",不是傅立叶的空想社会主义,更不是西方的"福利社会"。中国共产党领导全国人民构建和谐社会,必须要做到"志之和"和"利之和"。古语说:"道不同,不相与谋。"所谓"志"就是理想信念。所谓"利"就是利益分配。中国共产党在夺取政权过程中有两条基本经验:一条是有精神追求,所以才能靠"小米加步枪"战胜敌人的"飞机加大炮";另一条是给工农大众以切实的物质利益,所以工农子弟兵才会喊着"保卫胜利果实"的口号冲锋陷阵。

当前的社会隐患正好出现在以上两个方面。鉴于我国经济的发展现状，合理调整分配格局当然会有一个过程，但当前迫切需要做到的，是严惩贪污腐败，坚决打击非法致富行为，有效遏制过高收入，给低收入的弱势群体以切实的生活保障，使收入分配的金字塔形逐渐变成橄榄形。如果不能在实践中切实把握和尊重协调社会利益关系的规律，做到社会财富增长的最大化和社会财富分配的公平化相统一，构建和谐社会就会成为纸上空谈，而不能取信于民。和谐的基础是社会各群体根本和长远利益的相同。儒家所说的"和而不同"是在"不同"中求"和"。但"同"毕竟是"和"的稳固基石。离开"同"求"和"，就难免成为缘木求鱼，可望而不可即。

听完委员发言，胡锦涛主席作了重要讲话。他说："刚才有10位同志发了言，讲得都很有见地，听了以后很受启发。在我们这样一个有13亿人口的发展中国家，怎样来发展社会主义市场经济，怎样才能从贫困走向富裕，这是一个非常重大的历史性课题，需要我们哲学、社会科学来探索规律，来寻找、完善我们的发展思路。"临近中午的时刻，社科界的另一位召集人、中国社会科学院原副院长江蓝生对我说："今天与会的领导同志对你的发言评价很高。"当天下午，全国政协原常务副主席王忠禹给我们小组秘书打电话，通知我在3月10日下午以构建和谐社会为主题在人民大会堂作大会发言。

3月8日，《人民日报》刊登了一篇报道，题为《厉以宁、陈漱渝谈调节收入分配构建和谐社会》。厉以宁是我国著名的经济学家、全国政协常委，时任北京大学光华管理学院院长，我从来没有就经济发展问题跟他进行对谈。一打听，原来是记者从我们的文章中摘引了一些不尽相同的观点，进行了以下对比：

正确看待贫富差距

陈漱渝：社会收入分配不公是困扰我国经济社会发展的现实问题。去年我国农民的人均纯收入增长6.8%，增速达近几年的最高点，但城乡居民收入差距仍在扩大，城镇居民高收入组的收入增长显著快于低收入组，高低收入差距已从改革初期的4.5∶1扩大到12.66∶1。

厉以宁：发展中国家在发展初期，同时存在两种差距——本国与国际先进水平的差距和国内各地区之间的差距。同时解决上述两种差距是困难的。对我国来说，首先要缩小与世界发达国家的差距。这个过程中，国内地区之间差距的扩大是不可避免的。我们只有正确认识和分析这种分配不均的现实，才能找准对策，缩小贫富差距。

调节并非"劫富济贫"

陈漱渝：社会财富增长的最大化与社会财富分配的公平化相统一，是实现社会公正、保持社会稳定的基本要求。而实现社会公正的重要手段，就是主动调节分配制度，切实提高中等收入阶层在全社会人口结构中的比重，使收入分配的金字塔形变为橄榄形。提高中等阶层的经济利益有多种途径，比如通过提高银行利率调整金融市场的分配机制；建立并完善财富统计制度，在此基础上正确进行财产征税，充分发挥税收调节收入过程中的杠杆作用，等等。

厉以宁：我国社会的发展，需要中等收入阶层的壮大。应该引起注意的是，中等收入阶层的壮大，主要应该依靠较低收入者逐步提高他们的收入，而不是靠有些人提出的实行高税收，把富人降为中产者。"劫"富"济"不了贫，"劫"富的结果，只会使刚刚步入中产者行列的人群感到惊慌，使本来可能成为中产者的人们感到心灰意冷，不愿继续致富。

反哺农业回报农民

陈漱渝：今年中央1号文件提出了"工业反哺农业，城市支持农村"的问题，这是缩小社会收入分配差距的重要手段。可以在提高粮食生产能力的前提下发展劳动密集型中小企业，大量吸纳农村剩余劳动力，增加农民的非农业性收入。此外，提高农业产业化水平，推进农业标准化、信息化建设，也是一个有效的办法。

厉以宁：工业之所以要反哺农业，这是因为农业是一个天生弱质的产业。按照恩格尔定律，经济越发达，农产品消费比重越低，在完全市场条件下，它不可能达到平均利润率。因此，经济发展到一定水平后，其他产业必须反哺农业。从历史上讲，我国的农民为我国的工业化做出了贡献。今天采取反哺的方式，是对农民的一种回报，也是坚持走中国特色社会主义道路、保持城乡协调发展的重要举措。

今天，当我在回忆这次发言的时候，城乡之间、地区之间、行业之间、阶层之间、群众之间的收入分配差距仍在持续扩大。这种状况构成了我国改革开放"高风险期"各种社会问题与社会矛盾的深刻根源。我期待在"十二五"规划期间，利益格局失衡与收入分配秩序失范的状况能进一步得到扭转。

在担任全国政协委员期间，我对民生问题的关注并没有仅仅停留在纸面上，也想尽自己的微薄之力为那些需要帮助的"弱势群体"多少解决一些实际问题。10年来，我通过不同途径反映过城市医疗改革中的问题，改善出租车司机工作条件和待遇问题，北京海淀区四季青乡农民养老金过低的问题，安徽阜阳地区某农民的冤案问题，辽宁昌图县中医院退休人员退休金不能全额发放问题，北京市西城区居民郑树林、谢沙浮落实私房政策问题，农民工祝尚坤等被开发商派人殴打致伤问题，落实北京原玉渊潭棉纺厂99名退休职工医保待遇问题，等等。这些问题，有些反映之后渺无下文，如泥牛入海；有的则得到了不同程度的解决。2006年4月10日，《人民政协报》刊登了一篇报道，介绍了我反映社情民意的情况：

"现在我们敢去看病了"
——陈漱渝委员一份社情民意让近百位退休职工有了医保

本报记者　毛立军

今年58岁的卢慧英女士是原北京玉渊潭棉纺厂的一名干部。她对记者说："请写一下全国政协委员陈漱渝的故事吧，因为他的帮助，我们厂90多位退休职工的医保问题得到了落实，我们从心里感谢他。"

原北京玉渊潭棉纺厂是北京市纺织局下属的一家全民所有制企业，属工农联营企业。该厂于1979年成立之初，从国棉一、二、三厂抽调出了99名干部和职工去承担管理干部、工程技术人员和生产技术骨干的任务。卢慧英就是其中的一员。但是，到了20世纪90年代末，因形势需要，棉纺厂下马了。北京市纺织局将该厂转入玉渊潭乡，并与玉渊潭乡签订了一份协议，双方在协议中约定，有全民所有制职工身份的仍保留原身份，享有全民所有制待遇。然而，让卢女士他们想不到的是，玉渊潭乡接收这个企业后，只为职工们办理了乡大病统筹，没有入北京市医保。随着年龄的增长，这些人当中生病的人越来越多，但因为农村大病统筹报销额度低，那些癌症或糖尿病、脑血栓、高血压、高血脂及心脏病的患者差不多都是在自费治疗。很多人负担不起高昂的医疗费用，都不敢去看病了，患了重病的人感到很绝望。为了落实应有的医保待遇，从2001年开始，该厂老党委书记、原副厂长和卢慧英等人开始为大家奔走呼号。

"没想到这一跑就是四年，如果没有陈漱渝委员向政协反映这个问题，还不知拖到什么时候呢。"

卢女士说，这四年中，他们先后走访了海淀区政府、玉渊潭乡、北京市纺织局、北京市劳动和社会保障局、信访局等各级相关部门，但问题迟迟得不到解决。

全国政协委员、鲁迅博物馆原副馆长陈漱渝曾是卢慧英的中学老师。"陈老师待人诚恳，平易近人，作为他的学生，虽然过去很多年了，但我们很多人都和他保持密切的联系，大家有什么苦恼的事儿也愿意和他说说。"在一次聊天中，卢慧英向陈漱渝委员讲述了他们厂90多位退休职工面临的生活困境。

陈漱渝委员自从担任全国政协委员以来，一直把反映社情民意、帮助群众解决生活难题当作一名政协委员应尽的职责，他多次通过社情民意将关乎百姓切身利益的问题向政协反映。为此，陈漱渝委员还被全国政协聘为特邀信息员。这次，听了卢慧英的介绍后，陈委员感到十分震惊，他认为这不是个人的事，而是关乎一个群体生存状况的大事。如果解决不好，不仅影响社会稳定，还会影响党和政府的形象。陈漱渝委员决定通过政协组织来帮助这90多位退休的纺织职工。

在接下来的日子，陈漱渝委员对卢慧英反映的问题进行了全面深入的了解，结合卢女士他们写的相关材料，陈漱渝委员于2005年3月中旬向全国政协信息局提交了一份《尽快改变原玉渊潭棉纺厂退休职工医疗保障待遇》的社情民意。全国政协很快将这份社情民意转到了北京市相关部门，责成有关部门尽快解决。

2005年3月底的一天，对卢慧英和他们厂90多位退休人员来说，是一个令人高兴的好日子。这天，他们每个人都接到了玉渊潭乡打来的电话，让他们带着照片去办理医保手续……

"有了医疗保险做保障，现在我们敢去医院看病了。大家都说，陈漱渝委员真是为我们办了一件大好事，解决了我们的后顾之忧。老百姓就需要这样的政协委员。"卢慧英深有感触地对记者说。

我在实际生活中感受到，民生问题绝不是孤立的。目前发生的很多民生问题，实际上都跟体制有关，而体制的完善又有赖于不断推进民主化的进程。"民主是个好东西"，这已经成为人们普遍能够接受的观念。但究竟什么是民主的真谛，特别是如何确立和完善符合中国国情的民主制度，人们在理解上又存在着相当明显的分歧。

我没有专门研究过民主问题，但我的民主理念却受到了以下几个方面的影响：一、我是一个文史工作者。纵览一部世界近代史，就能看到一些实行民主制的西方国家做了不少践踏其他国家民主的事情。这种印象，我至今没有改变。回顾一部中国现代史，我发现北洋时期中国曾出现过多党制，但走马灯似的政局只支撑了17年；1928年国民党实行一党专政，全国政权也只维持了20年。二、我是一个鲁迅研究者。鲁迅对西方代议制的批判对我影响尤深。鲁迅在《文化偏至论》中指出，立宪国会是借众欺寡，利用众治的名义，实则压制别人，这比暴君还要厉害（"必借众以凌寡，托言众治，压制乃尤烈于暴君"）。鲁迅的上述早期思想虽然不无偏颇，但在强调"少数服从多数"这一民主原则时，的确容易导致平高填低，让"凡庸"压抑"先觉"。我对此深信不疑，因为真理的确是经常掌握在少数人手里。三、台湾的民主实践。我曾六赴台湾。台湾在"解严"之前实行一党专政，至1990年正式登记的政党则多达53个。在台湾的电视节目中经常可以看到"立法院"里的乱象，有些对殴的场景令人触目惊心。台湾目前只有2000多万人口，要做到"乱中有序"仍如此艰难；

而中国大陆的人口已超过13亿，如果照搬西方模式，引发社会动乱，那最吃苦头的恐怕还是广大老百姓。我并不是反对中国的政治改革，而是希望这种改革要在稳中求快，有序推进。

在全国政协的一次内部征求意见会上，我就扩大社会主义民主、加快政治改革步伐的问题发表了四点意见：一、逐步扩大国家机关配备党外干部的比例。党的干部要真正做到尊重走上领导岗位的党外干部和党外人士，使他们有职有权。二、加强政协民主监督的职能，制定民主监督的程序，建立民主监督的有效机制。对于贪赃枉法，失职渎职，滥用权力，侵犯群众切身利益的现象尤其需要加强监督。三、广开言路，首先从政协做起。不要轻易将不同意见政治化、意识形态化。这是执政党充满自信心的表现，也是对多党合作原则的考验。四、改善民主党派的办公条件，适当增加民主党派的行政编制，不断提高民主党派干部的福利待遇。

2007年3月，全国政协十届五次会议在京召开。这是十届政协的最后一次会议。我事前提交了两篇书面发言，一篇谈协商民主，另一篇谈我对社会主义核心价值体系的理解，真实动机是以此履行职责，在小组会或联组会上就可以少讲话了。我绝没想过再作大会发言，所以报到时都没带正装。全国政协当时有2238名委员，而大会发言只能安排三四场，每场发言者最多也只有十来位，必须要照顾到部门、界别、党派，更何况我在2005年已经作过大会发言。出乎意料的是，大会发言组对我的两篇书面发言都很肯定，最后选定了《关于协商民主的几点认识》这一篇作大会发言。

2007年3月12日下午，我在十届政协五次会议最后的一次大会发言中谈了《关于协商民主的几点认识》：

> 民主是一种保障多数人利益、推动人类社会可持续发展的制度安排，其基本价值业已得到普遍认同，以至当今几乎没有一个国家不声称自己是民主国家，很多国内或国际纷争也往往因民主问题引发。这又使得民主一词成了一个富有争议性的政治概念，很难对它进行明了而简单化的表述。
>
> 西方民主经历了由古代、近代直至当代的历史发展过程，形成了参与、竞争、制衡、法治四大机制。民主与社会主义并不是对立的概

念。不断发展和扩大中国的社会主义民主，需要充分吸收、借鉴西方经验，但又要对西方民主进行历史性超越。邓小平同志是中国改革开放的总设计师，也是中国政治体制改革强有力的推动者，但他同时又反对宣传抽象民主，反对把民主跟党的领导对立起来，尤其反对搬用资产阶级民主，搞三权鼎立那一套。在中国照搬西方政治模式必然出现乱哄哄各行其是的局面，而改革开放必须在安定团结的环境中有领导有秩序地进行。这就说明实现民主的终极目标不能不顾具体国情，不能脱离特定的经济结构、社会结构和历史条件。

民主的形式不等于民主的内容，但形式可以体现民主的内容。西方民主的基石是选举制。从17世纪末至今，西方选举制经历了三个多世纪的形成和逐步完善过程，把人类的政治生活向文明时代推进了一大步。但选举民主的弊端也是十分明显的。首先选民必须受到财产资格、居住资格、教育资格乃至性别资格的限制，竞选费用十分巨大，致使选举过程散发出浓浓的铜臭味。大多数选举投票率不高，低收入者更缺乏参选热情。比如在英国，几乎没有一届政府单纯以多数票当选，政府支持率一般在40%上下起伏。在美国，自1824年以来，总统都是由四分之一至五分之二的选民选出来的"少数总统"。投票选举程序的公正性累遭质疑，选举所得票数与议会所获席位的比例有时失调，经常引发选举争讼，酿成政治危机和政局动荡。此外，真理有时为少数人所掌握，简单奉行少数服从多数的原则，无异于用平高填低的手段压抑出类拔萃的少数，客观上造成庸众的专制，这一点鲁迅在100年前就指出过。

为了消弭选举民主的种种弊端，自20世纪80年代以来，西方理论界提出了一种协商民主（deliberative democracy）理论，把民主视为各种政治力量友好协商的公共论坛，而不是权力争夺的角斗场。协商民主关注重点在决策的形成过程，力图使权力行使更为充分地反映公民意志。这种理论虽然90年代后期在西方引起了广泛关注，但在很大程度上局限于理论研究层面，基本上与真正的政治实践脱节。然而在中国，却早已有了协商民主的理念与成功实践。1948年5月1日，中国共产党就向全国人民发出了关于召开新的政治协商会议的提议。

1949年9月下旬，中国政治协商会议第一届全体会议召开，标志着中国共产党与民主党派的合作关系在组织上正式确立。1954年12月19日，毛泽东又将跟党和政府协商并协调各民族各党派之间的关系作为政协的任务之一。2006年2月8日，中共中央颁布的《关于加强人民政协工作的意见》，更明确提出了选举和协商是我国社会主义民主的两种重要形式。加强协商民主，是中国共产党创新执政方略、执政方式的重大举措，有利于消除各种不健康、不稳定、不和谐的因素，为构建社会主义和谐社会提供了广泛的力量支持和有力的制度保证。

新时期以来，随着计划经济向社会主义市场经济的转型，中国社会出现了具有不同利益诉求的群体。不但不同民族、不同宗教、不同地区、不同行业或产业有着不尽相同的政策主张和价值目标，不同的道德团体、福利团体（如扶贫、环保、保护野生动物的相关组织）和学术团体（如自然科学、社会科学领域的各种学会）也有着不同的呼声。因此，包容各党派团体、各族各界人士的人民政协就具有了协调不同利益集团、不同利益群体关系的独特优势，为广大民众通过协商民主维护自身权利提供了有效途径。当然，协商民主涵盖的范围并不限于人民政协，但人民政协却是实行协商民主的主渠道。

实行协商民主，应该把握四个核心概念：一是"参与"，二是"倾听"，三是"讨论"，四是"妥协"。"参与"是协商民主的核心。人民政协是协商民主的主要形式，而政协委员是人民政协的主体。政协委员必须充分履行参政议政、民主监督的权利和义务，积极参加政协的各种会议和视察、参观和调查活动，不断提高提案质量，积极向有关部门提出建议和批评。政协委员"参与"的政治前提是坚持和维护我国"执政党"与"参政党"的法定地位和合作关系，而不是以"反对党"成员的姿态出现。即使在西方，"反对党"也不是敌对性、破坏性政党，它只是在宪法和法律允许范围内对执政党的某些政策和措施提出异议，进行制衡，而不是要颠覆国家的根本政治制度。"倾听"主要是对执政党的要求，这是协商民主成为有效协商而不流于形式的根本保证。"倾听"就是要以更加开明的姿态接纳公众观点，特别是要正确对待不同意见，乃至过激言论。异议主要有合理、不合理和虽有合理因素但暂不可行三种。对正确的意见要吸纳，对错误的意见要宽容，对有合理因素但暂不可行的意见要解释。"讨论"是协商民主的关键环节。所谓讨论就是平等交流，理性讨论，互相说服，集思广益，而不是单纯的通报或表态。"妥协"是协商民主能否实现的必要条件。在现代政治生活中，不同利益集团或群体要达到绝对意义上的共识几乎是不可能的，也不应该仅仅通过简单多数规则而形成决策，因此持不同意见的双方就必须根据人民群众的根本利益所在进行妥协，局部要服从全局，地方要服从中央，眼前利益要服从长远利益，从而使协商后的决策更具有包容性和可行性。

协商民主是非国家权力对国家权力的一种制约。要使它不流于一般的对话、讨论和交流，必须要有必要的程序和制度予以保证。人民政协已经创造了政协全会、常委会、专门委员会、提案、视察等协商民主的有效形式，今后还应该不断创新协商议政的新形式，如跟各级党和政府建立恳谈会、通报会、听证会、双向交流会等制度，使人民政协成为党和政府密切联系群众的"连心桥"。政协还应该积极参与对各级干部的民主评议，将政协意见作为选用干部的一种参考。这样做，可以有效加强人民政协民主监督的力度。

总之，选举民主与协商民主已成为我国一种具有互补性的双轨民主模式，一种促进社会公平、保障人民利益，使政治决策更理性、更权威的民主模式。在中国，协商民主既是一种需要发扬光大的传统，又是拥有巨大潜能的政治创新。我们要进一步通过协商民主丰富我国的民主实践，加快政治体制改革的进程，强有力地推动社会主义和谐社会建设。

发言结束后，我在发言席上等待参加会议的党和国家领导人先退场。很多领导人都主动跟我握手，对我的发言表示肯定。跟我在同一会上发言的王蒙委员对我提出的协商民主四个核心概念尤为肯定，他当场说："妥协，不是消极行为，一个家庭要保持和谐不也需要妥协吗？"

在第九、第十届全国政协，我除开被聘为信息特邀员之外，还有一个身份，是"文史资料委员会（十届改名为'文史和学习委员会'）委员"。提起全国政协的"文史委",人们立即就会想起溥仪、溥杰、杜聿明、宋希濂、沈醉、文强这些人的名字,因为这个机构最早安排了一批特赦的战犯,让他们出狱之后撰写回忆录,以解决工作和生活问题。但我成为文史委委员的时候,这个机构的性质完全变了,被聘为文史委成员的大多是文化界、社科界的知名人士,如王蒙、金开诚、刘庆柱、李致忠、李燕、王晓秋、张文彬、郑欣淼、舒乙、聂震宁、梁晓声、弥松颐、王兴东等;但也有一些其他方面的人士,如设计"神舟五号"的戚发轫,周恩来总理的侄女周秉德,前国家副主席董必武的女儿董良翚,民国总统冯国璋的孙女冯友等。

文史委的活动很多,我参加的有2003年11月赴广东考察名人故居保护工作,2004年8月赴云南考察历史文化名城保护工作,2005年对京杭大运河进行全程考察,2007年5月赴福建进行非物质文化遗产的保护与传承调研,2007年6月赴河北、山西调研非物质文化遗产保护与传承情况……我把考察工作视为读"有字之书"和读"无字之书"相结合的宝贵机会,所以边看、边听、边思索,写出了一批散文和文化随笔,如《流失的丽江四方街》《千里桅樯一信风——福建湄州妈祖庙考察》《准备腾飞的腾冲》《彭德怀故乡行》《这美丽的香格里拉》《从虞舜文化谈到非物质文化传承》《京杭大运河保护和申遗工作中的文化问题》……用文字在我生命的轨迹上留下了道道清晰的屐痕。

全国政协文史委之所以使我倍感温馨,除了委员之间能够和睦相处、亲切交流之外,还因为它有一个团结奋进、求真务实、律己严格、待人谦和的工作班子——全国政协第九局。他们当中的成员有些本人就是司局级干部,但在委员面前从来都是以"服务人员"自居,如李松晨、王合忠、陈爱菲、霍明光、齐立兰、段敏、王文运、张华明……虽然如今我们见面的机会日渐稀少,但他们的音容笑貌在我的心中却清晰如昨。值得提及的,是文史委还为我提供了两次宝贵的学习机会:一次是2006年11月28日,让我在第三期全国政协文史干部培训班作《文史资料的辨伪及其作用》讲座;另一次是2007年8月4日,推荐我在全国政协机关公文写作培训班上讲《我对撰写政协大会发言的看法和体会》。为了不辜负九局同志的信任,我都作了认真准备,取得了较好的效果。十届全国政协完成历史使命的前夕,九局领导提议编一本《十届全国政协文史和学习委员会工作剪影》,要求文史委的每位委员都写一段话,印入这本纪念册。我留下的肺腑之言是:

忘不了那些翻滚着时代风云的名人故居，忘不了那些保存着历史记忆的文化名城，忘不了沿着大运河古道，从北京驱车直达杭州的漫漫旅途。

　　忘不了绕梁三日的南音，忘不了栩栩如生的木偶，忘不了高亢入云的晋冀梆子，忘不了震撼山岳的威风锣鼓。

　　忘不了在这里读到的"无字之书"，忘不了这里的智慧，这里的温馨，这里的一张张笑脸……

2008年1月22日，政协第十届全国委员会常务委员会第二十次会议召开。这次会议的议程之一，就是要通过政协第十一届全国委员会名单。当天上午11时，我正在办公室清点书籍，突然接到全国政协办公厅的电话，说贾庆林主席下午3点要约见我。我按时来到贾主席的办公室。他跟我亲切晤谈了半个小时。他说，上午看到新一届政协2237人的名单，上面没有我的名字，对此表示遗憾，并代表政协党组对我在十届政协期间的工作给予充分肯定。他还当场拿出一张中南海的贺年卡，写上"祝愿漱渝同志：新春快乐，阖家幸福　贾庆林"。至此，我的10年政协生涯可以说是画上了一个句号。

第八章

我的杂学

引 言

　　这一组文章的总标题是从周作人那里"窃"来的,"窃"不算"偷"。《知堂回想录》第197节《拾遗（辛）》有个标题,就叫《我的杂学》。这是一种"关于读书的回忆"。《儒林外史》中的举人卫体善批评马二先生："他终日讲的是杂学。"这里的"杂学",指的是相对于"八股文"的"普通诗文",也就是那些与科举考证无关的闲书。周作人回忆他的杂学,既有中外小说,也有神话学,文化人类学、生物学、性心理学、医学史、妖术史、宗教学……浩瀚无涯,令人叹为观止。

　　我所谓"杂学"其实很简单,是指我在鲁迅研究之外涉猎的学问。我在专门研究鲁迅的工作单位工作了整整32年,被人讥为"吃鲁迅饭",所以鲁迅研究对我个人而言是一种"正业",其他研究在本职工作之外进行,是所谓副业,也是我的杂学。其中包括宋庆龄研究、胡适研究、巴金研究、丁玲研究、冰心研究、林语堂研究、许广平研究、高长虹研究、许寿裳研究……也包括我的创作活动,如撰写怀人散文。我将这些方面的研究体会汇集在一起,给自己留个纪念,也供有关同好参考。

第一节

皎如白雪的宋庆龄
——我与宋庆龄研究

宋庆龄被誉为20世纪中国最伟大的女性。她不仅作为孙中山的夫人，跟这位中国革命的先行者共同度过了"精诚无间同忧乐，笃爱有缘共死生"的峥嵘岁月，而且作为一位独立的政治家、妇女运动的领袖，她本人也为中国革命做出了独特贡献，建立了伟大功勋。为此，她荣任了中华人民共和国名誉主席。女作家丁玲在散文诗《诗人应该歌颂您——献给病中的宋庆龄同志》中说，白雪虽然清白飘洒，但也比不上宋庆龄皎洁晶莹。这就不仅肯定了宋庆龄辉煌的功绩，而且讴歌了这位女革命家完美的人格。

回首往事，我感到骄傲的是我不仅研究了宋庆龄，而且还得到了学术界的认可。2012年3月，中国宋庆龄基金会成立了一个"研究委员会"，由唐闻生出任主任，中外委员共24人，我也忝列其中。

一个以鲁迅研究为职业的人，为什么也会涉足宋庆龄研究界呢？这应该归功于历史学家吴晗提出的"滚雪球"的研究方法。"滚雪球"是一个比喻，指研究一个人物或事件，由此可以产生新的学术生长点，就像雪球可以越滚越大一样。我研究鲁迅，必然会涉及鲁迅后期参加的一些政治团体，如以营救中外革命者为主要宗旨的中华民权保障同盟，而这个同盟的负责人就是宋庆龄。于是我就自然而然从研究鲁迅与宋庆龄的战斗情谊，扩展到研究宋庆龄的光辉一生。这既开阔了我的学术视野，也拓宽了我的学术园地。

1979年，友人杨天石任职的中国社会科学院近代史研究所主编一套史料——《中华民国史资料丛稿》，其时他们正在编写中国民国史。出一套"资料丛稿",正是为完成这一浩大学术工程夯实基础。蒙天石兄推荐,我也编了一本名为《中国民权保障同盟》的纯史料读物,被收进了这套"资料丛稿"当中。今天重读,当然会发现书中缺失了一些档案资料,不过这毕竟是研究这一政治团体的第一本读物,38年前搜集资料的条件也远不如今天便捷。1984年,我在这批资料的基础上,又写成了一本同名的政治历史读物,由北京出版社出版。有幸的是,在写作过程中,我得到了陈翰笙、丁玲、楼适夷、刘尊棋、谢树英、魏璐诗等当事人的帮助,为本书增添了一些第一手资料。民权保障盟同盟的执行委员胡愈之为本书题写了书名。同盟总干事杨杏佛烈士之子杨小佛为本书撰写了序言:"陈漱渝同志经过六年搜集、考证和核实了大量资料后写出的研究成果——《中国民权保障同盟》一书即将问世。我能够先读原稿而感到荣幸和欣慰……研究中国民权保障同盟的斗争活动必然要涉及许多近代人物。陈漱渝同志力图从历史唯物主义的立场出发,实事求是地阐述他们的活动和态度,然后,在较大的时空范围内,对他们作了比较全面的分析和评价。这部著作对历史人物和事件的论述是客观的、严谨的。同一切历史论著一样,它也将经受时间的考验。"

在研究与民权保障同盟相关的历史人物中,涉及得最多的自然是宋庆龄。但一开始我并没有为宋庆龄立传的条件和勇气,因为宋庆龄是国家领导人,她身边的工作人员都对她以"首长"相称,很多并不机密的事情当时都会视为"涉密",轻易碰不得。比如她晚年收养的那两个女孩,当时就不便公开提及。而撰写人物传记,这正是展现一位女性丰富人性的生动素材。其次,宋庆龄一生活动过的地方很多,如要实地考察,也需要一笔费用,非工资微薄的我所能承担。所以,我一直把撰写宋庆龄的传记视为畏途。

然而机遇竟然主动送上了门。那是1986年初,经《人物》杂志主编苑兴华推荐,北方妇女儿童出版社副总编周航主动来到寒舍,约我写一部《宋庆龄传》。我陈述了完成这个任务的困难。周航当即豪爽地表示,写作这部书所需的差旅费该社可以实报实销。她看到我们家太寒碜,还当即预支稿费,拽着我到附近的商场买了一套黑色的猪皮沙发。这位北方大姐豪爽的举止当中隐含了对我的完全信任,我无法三番五次推脱,便底气不足地答应了下来。

那年夏天,我乘机飞到了海口,到宋庆龄的祖籍地进行考察。那时的海南还叫"行政公署",正值改革开放的初期,勃勃生机中也有乱象。记忆深刻的有两项：一是出现了"三陪"现象，被舆论讥为"黄色娘子军"下海南；二是破获了一个特大汽车走私案，很多进口小汽车被冻结在停车场，任日晒雨淋，成为一道特殊景观。没想到的是，我飞抵海口当天，《海南日报》头版右下端发了一则消息，题为《为了崇高的使命》，报道我此行的目的，是替祖籍海南的宋庆龄立传。政府部门还提供了一辆丰田牌的小汽车，送我到文昌去参观宋庆龄的祖居。可惜一路坎坷，那丰田轿车跑不动，只好临时换了一辆底座较高的军用吉普。

文昌现在相当现代化了，宋庆龄祖居也早已"旧貌换新颜"，但我去的时候还非常落后。县政府招待所当时只有一间房安装了空调，特意提供给了我这个"为了崇高的使命"的贵宾使用。但半夜时我浑身淌汗，从梦中热醒，原来是当晚停电，那安装空调的房间门窗紧闭，反成了蒸桑拿的小木屋。招待所的负责人为了表达歉意，第二天上午10点特意派人爬上椰树，摘下几个椰子，让我品尝到了新鲜椰汁的清醇甘美。

宋庆龄的祖居在文昌县的牛路园林，周边都是"拉屎都长不出草"的暗红色的沙地。破败的祖居只有两间正屋，一间厢房，四根房梁，让我切身感受到了宋庆龄的长辈冒着生命危险漂洋过海的真实原因：贫穷。幸运的是，这次考察时我遇到了宋庆龄的堂弟韩裕丰老人，还有一位研究宋庆龄家史的当地学者，名字似乎叫韩拱丰。他们都给我提供了一些新鲜的家史材料。所以我写的《宋庆龄传》第一章就叫《韩家故里》，考证了"宋庆龄原姓韩不姓宋"的史实，使这部传记一开头就让读者感到颇有新意。这次海南之行，我没有借机旅游，的确全身心投入工作，真正做到了"为了崇尚的使命"。

继海南之行后我又去了上海，到上海档案馆查阅资料，虽然那里的工作人员极其热情负责，但收获不多。听说上海宋庆龄故居、中国福利会和中共一大会址也有宋庆龄的资料，但怕碰钉子，没有敢去，上海之行的主要收获是采访了宋庆龄身边的一些工作人员，如中国福利会的陈维博，担任过宋庆龄秘书的张珏和刘一庸。他们都根据自己的亲闻亲历讲述了一些情况。印象最深的是刘秘书说，宋庆龄曾跟她谈到跟孙中山恋爱的细节：并不是她主动追求孙中山，而是有一次她陪孙中山散步时，孙中山先跪下了半条腿。我认为刘秘书讲的比较符合常理：因为世间只有藤缠树，少有树缠藤。张珏还提到她有一本担任宋庆龄秘书期间的工作日记，保存在北京宋庆龄故居，建议我请示领导后去查阅。结果我如愿以偿，查到了1970年10月2日宋庆龄宴请美国记者埃德加·斯诺的一份菜单：除有北京烤鸭之外，还有糖醋鳜鱼、青椒核桃炒鸡丁等，后来我写进传里，增添了一些生活气息。

经过一年多的写作，1988年12月，我的《宋庆龄传》终于由北方妇女儿童出版社出版，以当年的印刷水平，质量属中等，印数是一万零一百。周航大约给我寄了十几册样书，我很快就送完了，想再买一些。答复是一出版就卖完了，已经断了货。后来周航发生家庭变故，侨居国外，至今未取得联系，但我一直感念着这位大气的女出版家。

我不知道迄今为止有关宋庆龄的传记出了多少种。我不会妄自尊大，也不必妄自菲薄。我自认为在宋庆龄的众多传记中，拙著出版较早，有些特色。除开比较系统地介绍了宋庆龄的家史之外，还提供了其他一些新鲜史料，比如孙中山在日本避难时期日本警视厅的监视记录，宋庆龄侨居德国期间跟邓演达的交往……关于民权保障同盟和保卫中国同盟的资料，我提供的也相对完整准确，是独立研究的成果。特别是宋庆龄在"文化大革命"中的真实处境，我综合披露了很多有关知情人的口述史料，这在当时的确让也读者耳目一新。由于我是学中文出身，书中的文字也比一般搞史学的人写得活泼。不过也有个别细节引起了异议。比如1975年纪念长征胜利40周年时，宋庆龄曾带领身边的警卫连战士观看话剧《万水千山》，我把这件事说成是宋庆龄支持邓小平复出整顿军队。有人认为这种说法过于牵强，其实内情极其简单，就是因为她收养的一位女孩当时在戏里扮演了一个跑龙套的角色。总的来说，我这本《宋庆龄传》在史学界口碑颇佳。日本宋庆龄研究专家久保田博子还主动写了书评予以推荐。

没想到的是，2011年，也就是时隔23年之后，我的《宋庆龄传》又有了在人民日报出版社再版的机会。我趁机订正了一些错讹，增写了若干条注释，删去了一些自认为时过境迁的内容。特别重要的是，增收了新写的八篇文章，作为全书的附录。这批文章展示了我在《宋庆龄传》出版之后取得的一些新成果，涉及宋庆龄的政治生活、家庭生活和人际关系的方方面面，材料多采自近期陆续披露的宋庆龄信函，内容既真实又生动。

这些附录中，有两篇是为宋庆龄辩诬的文字，值得读者重视。在中国，有一个毁人声誉的捣鬼妙招，那就是泼洒脏水，制造绯闻。皎如白雪的宋庆龄一生中就多次受到过这类流言的伤害。制造绯闻，成了半个多世纪以来政敌迫害宋庆龄的一种惯用伎俩。在制造绯闻的背后，往往包含一种不可告人的政治动机。比如孙中山去世之后，就传出了宋庆龄与苏联顾问鲍罗廷的绯闻。为此，国民党中央政治委员会特给宋庆龄致函表示慰问。信中说："彼反革命者，见同志能坚决履行总理遗志，以促国民革命之进步，彼于畏惧之余，计无所出，遂不恤为此人头畜鸣之伎俩。"蒋介石发动"四一二"政变之后，宋庆龄一度流亡苏联和德国。跟她同时流亡海外的还有武汉国民政府军事委员会总政治部主任邓演达、武汉国民政府外交部长陈友仁。于是中外右翼政客又制造她跟邓演达和陈友仁的绯闻，力图冲淡宋庆龄跟蒋介石决裂的政治意义。这种绯闻使宋庆龄身心受到严重伤害，以致带状疱疹发作，缠绵于病榻三个星期。1947年10月9日，美国记者德鲁·皮尔逊又制造了宋庆龄跟美国上尉杰拉德·谭宁邦的绯闻。其实谭宁邦只不过是宋庆龄领导的中国福利会的工作人员，他的妻子是中国人陈元琪。宋庆龄看到这则八卦新闻，即于1947年10月10日通过美联社发表声明："德鲁·皮尔逊关于我的说法是一种恶意的诽谤，毫无事实根据，他的荒谬同他的恶意可以等量齐观。我相信，皮尔逊先生将有足够的公允之心，全面地公开撤销这一不实之辞。"事实证明，这条绯闻出笼的背景，是宋庆龄当时响应中国共产党关于建立联合政府的政治主张，反对国民党发动内战以及美国政府在军事上援助蒋介石政权。

建国之后，作为中国共产党的忠实朋友，宋庆龄受到的人身攻击仍时有出现。直到"文化大革命"期间，"四人帮"为了迫害陈毅元帅，居然说陈毅担任上海市长期间常常一个人到宋庆龄的上海寓所来。1977年4月25日，宋庆龄在致爱泼斯坦的信中写道："我从来没有在家里接见过陈毅，只有一次他同柯老（指：柯庆施）一同来我家，因为有一位新四军军官曾来要求我把我的房子腾空，他们要用，如下午四时前不腾，他会派兵士来搬走我的东西——他们是来为这事向我道歉的。那时我听了那个军官的话，就请一个朋友向柯老申诉，柯老同陈毅商量后就一道来道歉。陈毅第二次来看望我是同他的夫人一道来饮茶。"宋庆龄在这封信中还解释了陈毅对她怀有感激之情的原因，是抗日战争时期她曾捐赠新四军现款和药品。

宋庆龄给老友爱泼斯坦写这封信时，已是84岁的老人。她回忆陈毅和柯庆施到她的上海寓所拜访，也是28年前的旧事。我重读这封宋庆龄信函，禁不住感到一阵阵心酸。中国有句古语，叫"清者自清，浊者自浊"。宋庆龄虽然受过完整的西方教育，但对中国的传统伦理道德依然十分看重，对于女性名节依然十分看重，所以才会在信中不厌其烦地解释她跟陈毅的关系，而没有对这种无稽之谈一笑置之。可见，人们常看到宋庆龄光辉耀眼的一面，而看不到她生活和事业背后的曲折艰辛。

流传得最广的是宋庆龄跟她的警卫秘书隋学芳之间的绯闻，主要原因是宋庆龄一度担任了隋秘书两个女儿的监护人：大的叫隋永清，英文名叫优兰达；妹妹叫隋永洁，英文名叫珍妮特。领养的原因，一是隋秘书患中风症，子女又多，宋庆龄这样做是为了减轻他的经济负担；另一个重要原因是宋庆龄在1922年6月的陈炯明兵变中不幸流产，从此再无子嗣。为了聊慰晚年的寂寞，收养两个小女孩也是生活中的一种快事。不料，台湾女作家平路竟根据道听途说，写出了一部以宋庆龄生平为素材的小说《行道天涯》，用大量笔墨渲染已经步入老境的宋庆龄的性心理。对于这种做法，我不能表示沉默，便写了一篇《触犯禁忌与亵渎崇高》，对平路的小说提出了质疑，进行了批评。这篇文章跟《质本洁来还洁去——澄清关于宋庆龄的种种绯闻》一起，作为附录收入了《宋庆龄传》再版当中。

近些年来，宋庆龄研究取得了长足的进展。如出版了爱泼斯坦的《宋庆龄传》，盛永华的《宋庆龄年谱》，还公开了一批宋庆龄的私人信札，如《宋庆龄来往书信选集》等。宋庆龄秘书张珏曾斩钉截铁地告诉我，宋庆龄临终前还留下了一些日记。我期待着宋庆龄研究资料的日趋丰富，期待着更新的宋庆龄研究成果源源问世。

第二节

"泥上偶然留指爪"

——我与胡适研究

我对胡适作品既谈不上有阅读兴趣,更谈不上有研究心得,但如今居然出版了三本谈胡适的书。人生有许多机缘巧合,不知冥冥之中是否真有一种什么力量在掌控着。

那是在1989年秋天,我第一次到台湾探亲访学。几乎在同一时间,台湾陈宏正先生在社科院近代史研究所耿云志先生陪同下到北京鲁迅博物馆探访我,结果失之交臂。陈先生后来见到我谈及此事。我问他找我有何见教,他说:"你出过一本《中国民权保障同盟》的历史读物,书中提到胡适是买办文人。胡先生一生从未经商,怎么能称他作买办呢?"当时海峡两岸存在的这种隔膜使我不禁发笑。我耐心解释说:"买办文人是胡适在大陆的通行头衔,并不是真指他做生意,而是说他一生执着于引进西方文化,尤其想移植西方的政治体制模式,是一个政治文化方面的掮客。1955年中国大陆批判胡适思想,对胡适都是这样称呼的。"陈先生似乎也苦笑了一下,不知他对我的话理解了多少?也就是在这次会见时,陈先生说,1990年冬台北将举办一次学术讨论会,纪念胡适诞生100周年(按虚岁计算),将由著名艺人凌峰先生主持的民族文化交流基金会出面邀请我参加。我答复说可以,但并不入心,很快就把这件事忘了。我有一个为人处世的原则,就是凡对别人承诺的事情一定要认真去兑现,而别人对自己的承诺千万不能当真;因为别人的想法和态度可能变化,别人的处境也可能发生变化。如果认真,自己很容易受伤。

然而,1990年秋天,我真的接到了在台北举行的胡适诞生100周年学术研讨会的邀请：东道主负责提供往返机票，安排一周的食宿；要求与会学者提交一篇学术论文。我当时正以鲁迅研究为职业，便赶鸭子上架似的写了一篇文章《同途殊归两巨人——胡适与鲁迅》，权当参会的入场券。

我记得开会时间是当年12月15日至16日，地点在台北政治大学的"公企中心"中心，议题是"胡适与近代中国"。境外学者的食宿安排在台北火车站附近的"ymca"，大概是青年会的一家宾馆。在这里，我初识了来自美国的华裔学者周策纵先生和唐德刚先生。此前我读过周先生的《五四运动史》，他也是我的老乡——湖南人，所以在餐桌上聊得很亲近。唐先生是安徽人，我读过他的《胡适杂忆》和他整理的《胡适口述自传》，获益良多；因此老作家苏雪林把他比喻为背叛耶稣的犹大，骂他背叛了老师胡适，我极为反感。唐先生学识渊博，会上会下侃侃而谈，幽默风趣，丝毫也不摆大学者的架子。

这次会议给我留下了以下记忆：一、有一位美国学者发言，好像是Jerome B·Grieder，中文译名叫贾祖麟，我记得读过他的《胡适与中国的文艺复兴》。他当时用英语发言，主持人问是否需要翻译，除我之外的与会者几乎同声表示：不用！这令我对台湾学者的英语水平十分叹服。不懂外语能不能当大学者？我觉得研究民族特色十分鲜明的学科也许可以，如文物鉴定之类，但研究像胡适这种脚踏中西文化的双语作家，不懂英语，不了解西方文化，学问的格局是无论如何也做不大的。二、我在大会上作了发言，反响颇佳，全文发表在台湾的《中国时报》。会后从100多个与会者的论文和讲演中遴选出14篇编为一书，其中就有我的论文。这着实超过了我的预想。三、我发言后有一位听众提问："请问陈先生，如果鲁迅活到今天，来到经济繁荣的中华中国，将作何感想？"我的回答是："这是个伪命题。回答者的政治文化背景各不相同，借题发挥，可以有不同答案。比如，胡适的假设是，鲁迅今天若不死，天安门前等杀头；而毛泽东的假设是，鲁迅假如活到今天，不会用他那支犀利的笔讽刺新社会，攻击共产党。"万没想到十余年后，有人请我作一场以"假如鲁迅活到今天"为主题的讲演，竟招来一场横祸。有些人只许我按照他们的政治理念来进行"假设"，而不允许我按自己的立场来进行"假设"，可见"文化专制主义"有形形色色的表现方式。如果胡适活到今天，仍然会主张容纳异议吧。四、我发言之后，有一位中年学者主动跟我打招呼，夸奖我的文笔不错。他同时签名送我一本书，书名是"延安的"什么什么。因当时我觉得书名罕见，所以留下了非同一般的印象。这位先生叫陈永发，如今是台湾"中央研究院"的院士，台湾史学界的领军人物。五、会上还有一位胖胖的老人讲演，他就是胡适的朋友傅安明。他说，胡先生的人格学识极具魅力，既有男性崇拜者，也有诸多女性崇拜者。但胡先生是谦谦君子，也可以说是一位中性人。"中性人"这个提法，我当时听来颇觉新鲜。但越来越多的史料证明，胡先生并不是什么"中性人"，而是一个同样具有七情六欲的男子汉，只不过他的学术魅力非一般人可以比拟。

会议休息时的情况也颇为有趣。那次会议由于得到台湾时报文教基金会的资助，经费颇为充足，每位论文提交者得到了1000美金的稿费——这在当时的台湾也是一笔不小的数目。领到这笔稿费，大家就聚在一起喝酒。酒友中有一位刘绍唐先生，他创办的《传记文学》刊登了不少珍贵史料，因而在史学界赢得美誉，被戏称为台湾"国史馆"兼"野史馆"的"馆长"。刘先生的海量无人能敌。他未尽兴，提出要到希尔顿酒店去喝二遍酒，无人响应。为免他扫兴，我于是奋不顾身，单独作陪。到希尔顿之后，刘先生以酒兴助谈兴，话变得更多，主动跟我讲了一些他在美国的艳遇。由于我当时也有些"醉眼陶然"，所以他说的那些细节听完就付诸东流，至今没有作为"野史"流传。

要而言之，回忆起来，这次胡适研讨会的内容相当广泛，涉及胡适对中国文化的批判与贡献，与"五四"新文化运动的关系，与政党、政治家以及其他同时代人的关系，等等。当时中国大陆和台湾学者的主要分歧是：大陆的主流意识形态认为，对胡适的看法应该一分为二，他在学术上还有进步意义，但在政治上则是反动的。这种观点的代表人物是曾经担任中国社科院院长的胡乔木。以余英时为代表的海外学者则认为，"胡适在学术上早已被抛在后面了，倒是他的政治观念对于今天的中国还是有意义的"。（余英时：《序〈胡适与近代中国〉》，时报社出版企业有限公司1991年5月版，第6页）。如今，我看到大陆的胡适研究日渐摆脱了单一的政治模式，而在学术上日趋多元化，无论在政治上还是在学术上，都能对胡适进行具体分析，倍感欣慰。

这次赴台湾，我除开发表了以《胡适与鲁迅》为题的论文之外，还在《中国时报》发表了《胡适与毛泽东》。因为同时在同一报纸的同一版面发表两篇文章，所以后文换了一个笔名"沉鱼"，取"陈""渝"的谐音。我又在台湾《联合报》发表了整版的有关胡适的史料，在台湾《历史月刊》发表了《胡适与周作人》的长篇文章。这些文章今天看来真知灼见并不多，却具有一定的开拓性。这增添了我研究胡适的自信。从台湾返京后，我在《新文学史料》发表了《飘零的落叶——胡适晚年在海外》等文，也受到了广泛好评。由于两岸的长期隔绝，大陆学人对胡适在海外的情况并不清楚。1992年1月26日，《新文学史料》的顾问楼适夷特别写信给王元化先生推荐我的文章，说这些文章的内容"皆前所未闻"。多年后看到楼老的遗札，我因这位老作家提携后辈的拳拳之心而深受感动！1991年，我又有幸参加了在胡适故乡举办的学术研讨会，我在会上说的话都忘记了，只留下了一篇游记——《胡适故乡行》。

在去参观胡适故居的途中，我在路边发现了一处极小的坟茔，拨开杂草，露出了一个矮小的石碑，上面镌刻着"曹诚英之墓"几个漶漫的字。这引起了我研究胡适女友的兴趣，后来出版了一本小册子《胡适心头的人影》。当时自认为多少有些新资料，有助于用"以史解诗"的方法解读胡适的诗歌。近年读到江勇振先生的大著《星星·月亮·太阳》，才感到拙作资料的欠缺；同时也印证了我上文提及的一个观点：不懂英文，就不能在胡适研究领域有大的作为。也就是在参加境内外有关胡适的研讨会的过程中，我有幸结识了一批新朋友，他们是欧阳哲生、胡明、沈卫威、闻黎明等。他们的共同点是博学而宽厚，对我此后的学术生涯起了积极作用。这也是我人生的一大幸事！

时光飞驶，从1990年至今不觉已有23年，而我在胡适研究界还只取得了一个"票友"的身份，距离胡适研究的殿堂十分遥远。即使天假我年，能再活上23个春秋，我也不可能在胡适研究方面卓有建树。这是实话，并非故作谦虚。

第三节

扑火的飞蛾

——我与丁玲研究

不是故作谦虚，我对丁玲确无研究，但缘分不浅。

初次接触丁玲作品是在20世纪50年代初，我刚上中学，家里不知怎么冒出一本旧平装书，书名似乎是《解放区作品选》，纸张发黄，装帧简陋，但有一篇叫《三日杂记》的散文扑入了我的眼帘，让我一口气读了下去：

"也许你会以为我在扯谎，我告诉你我是在一条九曲十八弯的寂静的山沟里行走。遍开的丁香，成团成片地挂在两边陡峻的山崖上，把崖石染成了淡淡的紫色。狼牙刺该是使刨梢的人感到头痛的吧，但它刚吐出嫩绿的叶，毫无拘束地伸着它的有刺的枝条，泰然地盘踞在路的两边，虽不高大，却充满了守护这山林的气概。我听到有不知名的小鸟在林子里叫唤，我看见有野兔跳跃，我猜想在那看不到边的、黑洞洞的、深邃的林子里，该不知藏有多少种会使我吃惊的野兽，但我们的行程是神奇而愉快的。"

我当年为什么会对《三日杂记》情有独钟呢？那原因就是作者用新的语言把读者带进了一个新的世界，让他们结识了在《子夜》"激流三部曲"等现代文学名著中未曾出现过的新人物。这些人身板结实，眉眼开朗，浑身泥土气，在五月之夜唱着《顺天游》《走西口》《五更调》《戏莺莺》。时至今日，他们那响彻云霄的歌声，似乎还萦绕在我的耳畔，去麻塔村途中那遍山开放的丁香似乎仍旧芳芳扑鼻……直到前年，丁玲1943年日记首次披露，我才知道那年延安中央党校审干，丁玲成为重点审查对象，她如惊弓之鸟，在被逼无奈的情况下居然承认自己是复兴社的特务。直到1944年2月纠偏，丁玲所谓"特务"问题才得以澄清。了解到这一特殊背景，读者才会理解1944年6月丁玲到麻塔村采风时的心情为什么会如此欢快，步履为什么会如此矫健。丁玲曾向我抱怨，说研究中国现代文学的人只把她视为小说家，不把她当散文家。然而，在中国现代散文史上，像《三日杂记》这样的散文其实并不多见。

后来上了大学中文系，我才知道丁玲的成名之作是《莎菲女士的日记》，获奖之作是《太阳照在桑干河上》，晚年重返文坛的亮相之作是《杜晚香》。但是，《莎菲女士的日记》虽然表现了主人公心理的矛盾，灵魂的裂变，对灵与肉的融合统一的追求，从而为中国现代女性文学奠基，但以我当时的年龄和阅历，对于那个时代叛逆女性的苦闷与诉求实在隔膜得很，至今也缺乏共鸣。

《太阳照在桑干河上》使丁玲赢得了国际声誉，也提升了她在中国现代文坛的地位，不幸的是"木秀于林，风必摧之；堆出于岸，流必湍之；行高于众，人必非之"。这部长篇虽然给丁玲带来了光环，但随之也给她带来了厄运。由于这是一部政治性、政策性极强的小说，在价值观多元乃至撕裂的当下自然会评价不一，但其历史文献价值和认识意义应该是无法否认的。不过我并没有通读丁玲的这部巅峰之作，只接触过曾经选入中学教材的一章：《果树园闹腾起来了》。作家观察的细微，描写的逼真，人物形象的鲜活，使我懂得了什么叫作"文学"。由此书引发的回忆还有一件事，那就是陈明曾带我去张家口市涿鹿县温泉屯捐过一批书。那里在桑干河畔，是丁玲当年体验生活的地方，有一个小图书馆。最近才听说，"桑干"二字既与桑葚无关，也跟桑弘羊和干宝之死无关，而是译自鲜卑语和与之同源的满语，意思是"白色"。桑干河原是一条白色的河。

丁玲新时期复出的亮相之作是《杜晚香》。那是一个拨乱反正的时代，也是一个乍暖还寒的时代。长期搁笔的丁玲当时可写的题材其实很多。她之所以选择北大荒垦区的劳模邓婉荣作为人物原型，除开她熟稔北大荒的生活，而且这篇小说又酝酿了12年之外，我以为还有一个不可忽视的原因，就是她觉得写生产模范和先进人物既接地气而又比较稳妥。须知，当时的丁玲尚未完全落实政策，她在文坛的宿敌仍然死抓住她的所谓历史问题不放，如果此时在政治上出任何纰漏，必然导致始料不及的后果。我以为，在"战战兢兢，如临深渊，如履薄冰"的心态下，是写不出天马行空式的作品的。所以，在我看来，丁玲晚年那些反思历史的文字（如《风雪人间》），其历史价值肯定会超过《杜晚香》。

我对丁玲的作品接触如此之少，而且又的确缺乏研究，那为什么会参加丁玲研究会的活动，并且还任了中国丁玲研究会的副会长呢？坦诚地说，这完全是由于丁玲夫妇的偏爱。丁玲是1979年1月12日从山西长治市的农村返回北京的，其实已经75岁，但仅仅摘去了"右派"的帽子，而所谓历史问题的平反尚存很大阻力，周扬一直坚持丁玲历史上"无疑点有污点"的观点。当时北京有三个跟鲁迅研究和鲁迅著作出版关系密切的机构。一个是我所在的鲁迅博物馆鲁迅研究室，李何林担任馆长兼主任。由于位于北京西城阜成门，被圈内人士称为"西鲁"。另一个是随后成立的中国社会科学院文学所鲁迅研究室，所长是陈荒煤。位于北京东城的建国门，被称为"东鲁"。还有位于朝阳门内的人民文学出版社鲁迅著作编辑室，位置适中，被称为"中鲁"。李何林是坚持维护鲁迅和冯雪峰的，重新评价20世纪30年代发生的"两个口号"论争时，认为鲁迅提出的"民族革命战争的大众文学"完全正确，而周扬率先提出的"国防文学"口号忽左忽右，有路线性错误。陈荒煤则站在周扬一方，在文学所的刊物《文学评论》上发表夏衍的长文，重申1957年"反右"运动中批判冯雪峰的那些观点，双方论争激烈，乃至惊动了中宣部和陈云同志。当我第一次拜访丁玲时，她问我在哪个单位工作。我说是在"西鲁"，双方立即拉近了距离。后来陈明同志在一次文艺座谈会上听了我的发言，更增加了对我的好感，希望我协助他做延安文艺学会的工作。我说参加这个学会的有很多老同志，甚至是文艺界的领导，我不熟悉那段历史，又是非中共人士，不适合参加。大约是1996年，严家炎教授因年事已高，坚辞丁玲研究会会长之职。经严教授和陈明联袂推荐，我出席了当年7月在山西长治召开的第七次丁玲国际学术研讨会，并被选为副会长；直至2014年10月，改任名誉副会长。所以，我参加中国丁玲研究会的活动，至今已有20多年。

我那次到长治市开会，记得是先跟陈明同坐飞机去太原，山西省作协党组书记焦祖尧提供了一辆奥迪小轿车，送我们去长治市。那时奥迪在山西尚属稀罕物件，仅省委省政府有几辆，所以行驶在长途公路上风光无限。因为车上挂的是省政府的车牌，所以每到一收费站只见有人行礼，从未有人收费。由于缺乏学术准备，我未能提交像样的论文。会上听到上海林伟民教授发言，他是从女性文学角度评价丁玲的，我便即兴发表了一些异议，认为丁玲虽有女性意识、自主自强意识，但不宜沿袭西方的概念，径称丁玲为女性主义者，因为女性主义是男权中心的对立物，容易导致性偏执的倾向。记得丁玲本人说过，她卖文，不卖"女"字。后来严家炎先生作总结，说我讲的有一定道理，林教授讲的也有他的道理。

第八次丁玲国际研讨会是在延安召开的，那时我尚未退休，估计是跟其他活动时间冲突，未能参加。但2004年、2007年、2009年、2014年的丁玲国际学术研讨会我都参加了，而且每次都写了发言稿。其后还参加了常德丁玲纪念馆陈列方案的审定和丁玲公园雕像的审定，这也算是我为弘扬丁玲业绩所尽的绵薄之力。

我在这些会上的发言反响都还好。日本有四位女汉学家，从1993年开始就坚持参加丁玲国际研讨会，她们是日本早稻田大学的教授田畑佐和子、东京学艺大学教授前山加奈子、菲利斯女子大学教授江上幸子，还有一位已故教授秋山洋子，是神奈川大学教授。她们戏称为"四人帮"，每次参会之后都会对论文进行讨论评议。田畑教授在《丁玲学术研讨会参加记》一文中写道："第11次学会于2009年12月在福建省厦门举行……在这次会上给我们以很大影响的是陈漱渝先生所介绍的《萧军日记》，我们原以为丁玲一直在批判萧军，可这次我们才知道她在延安的一个时期曾与萧军有亲密交往，并向他吐露过心中的苦闷。读了萧军日记觉得有趣之处不仅是与丁玲有关的部分。于是我们四个人开始轮流边做笔记边进行阅读，实际上至今还没有读完。第12次学会于2014年10月在湖南常德举行。此次学会上所发表的论文中最突出的长篇力作是陈漱渝先生的《有关丁玲的苦难叙事——1957年批判丁玲反党集团纪实》。正如这一副标题所示，文中回顾了丁玲被打成"右派"的苦难经历，对那场斗争的前前后后作了详尽的叙述。陈漱渝先生之所以将半个世纪以前所发生的那场可怕的冤案的经历详细地作了叙述，是因为想提醒人们不要忘记这一事件的经过，使历史不再重演。"国内外丁玲研究专家对我研究丁玲习作的肯定，使我倍受鼓舞。于是，我将这些有关丁玲的文字集成《扑火的飞蛾》一书，交给香港中华书局出繁体字版，北方文艺出版社出简体字版。书内还收有我谈丁玲跟沈从文的关系的文章，虽未在会议上宣读，但都披露了一些第一手史料，可供参考。

2017年3月下旬，我从北京直飞常德，出席了第13次丁玲国际研讨会。这次会上选出了丁玲研究会第七届理事会的领导机构，我任总监票人，并继续被推选为学会名誉副会长。我在学术研讨会上作了主题发言，题为《飞蛾扑火：丁玲的情感生活——以丁玲和冯雪峰为中心》。

　　我在会上说，在丁玲的情感生活中，应该提及的男性有五位，即瞿秋白、胡也频、冯雪峰、冯达、陈明。她的表哥余伯强不能算，因为那是包办婚姻，后来解除了。彭德怀也不能算，因为双方并无有实质性的交往，只不过相互敬重，又有人想从中撮合而已。

　　瞿秋白是第一个进入丁玲心扉的男性。他的出现对于丁玲的主要意义在文学启蒙，因为瞿秋白除发现了丁玲的创作禀赋之外，还给她灌输了新的文学观念。了解到瞿秋白跟王剑虹、丁玲之间的情感纠葛之后，再重读丁玲早期作品《韦护》就会有一种新的理解。长期以来，中国现代文学研究界都认定韦护的原型是瞿秋白，而作品中的丽嘉原型是秋白的亡妻王剑虹。而现在可以断定，丽嘉这个人物的创作素材其实有的是取自丁玲本人，比如小酒窝，大眼睛，投考电影公司……至于恋爱中的若干细节，有的也很难择清。我的结论是：丽嘉这个人物是杂取种种人再加以典型化的，这些人中既有王剑虹，也有丁玲，还有那个时代在苦闷中挣扎徘徊而仍追求光明的进步女性。

　　丁玲心目中的理想爱人是那种无论在政治上抑或在创作上都能引领自己的人。胡也频虽然纯洁而真实，但并不符合丁玲的择偶理想，他们更像是两小无猜的朋友，所以冯雪峰这匹黑马一旦杀出，丁玲爱情的岩浆就火山般地喷发出来，无法自已，以致写出了《不算情书》这种惊世骇俗的文字。冯雪峰是泥腿子出身，没有瞿秋白浪漫，也没有胡也频热烈。他不会跟女性聊天（用当今网络语言说，叫"撩妹"），甚至当着丁玲的面说莎菲的那种情感"要不得"。丁玲在南京被软禁三年脱险之后见到雪峰，本想号啕大哭，尽情倾诉，没想到反被雪峰打断。雪峰冷峻地告诫她："你怎么感到只有你一个人在那里受罪？你应该想到，有许多许多人都同你一样在受罪；整个革命在这几年里也同你一道，一样受着罪咧。"然而，正是冯雪峰这种政治上的原则性和坚定性，不但促进了丁玲精神境界的提升，使她在创作上摆脱了"革命加恋爱"的模式，而且也促使了胡也频创作上的转向。雪峰毕生信奉共产主义，丁玲此后也成了为追求理想非死不止的扑火飞蛾。

冯雪峰在爱情生活中拘谨而自律。他不愿意在妻子何爱玉面前成为一个感情出轨的人。在胡也频牺牲之后，雪峰介绍冯达照顾丁玲的生活，然而好心办了坏事。1933年5月，冯达被国民党特务秘密绑架，他原以为丁玲会按预先约定的时间转移，便供出了住址（这是他跟丁玲一年多的同居处，也是党的秘密联络点），结果导致了丁玲、潘梓年的相继被捕和应修人的牺牲。冯达认为已经犯下无可饶恕的错误，便破罐破摔。他不仅暴露了自己的身份，而且答应给当局做翻译工作。冯达变节后，国民党当局仍将这一对原已同居的夫妇单独关押在大雪封山的莫干山，又导致丁玲生下了一个女儿。尽管丁玲被捕后并没有暴露身份，也没有出卖组织，而且历尽千辛万苦逃出虎口，奔向陕北，但这件事仍旧成了她日后长期遭受羞辱和迫害的口实，是她身上一个永远也无法愈合的伤口。丁玲在人间受到非人间的折磨，成就了她作为一个殉道者的圣洁形象。如果她出任"左联"党团书记之后直奔延安，被安排在领导岗位，会不会跟周扬一样也一度成为"文艺沙皇"呢？这当然是一个伪命题，无法深究。

丁玲到陕北之后，主动追求比她小13岁的陈明，第三次走进婚姻殿堂。这不仅是因为陈明多才，洋溢着青春活力，更重要的是陈明也是一位革命者，"一二·九运动"期间的学生领袖，至今已有80年党龄的党员。丁玲跟陈明结合之后相濡以沫44年，苦难岁月远远多于温馨日子。我有一种直感，那就是在丁玲被打成反党分子的日子里，在被流放到北大荒的日子里，在被关押到秦城监狱的日子里，在被发配到山西长治嶂头村的日子里，如果没有陈明的存在和呵护，丁玲能否活到云开雾散、彻底平反的一天，还的的确确是一个问题。

我这次发言的结语是：丁玲不仅在政治上是一只追求真理的扑火飞蛾，在情感生活中也是一只追求真爱的扑火飞蛾。丁玲的情爱史充满了丰富的人性，也充满了鲜明的政治性，并且始终保持了女性的独立性与主动性。丁玲说过，每个女人的命运写出来都是一本最动人的书。如实把丁玲的情感生活书写出来，也会成为一本最动人的书。台湾彰化师范大学副教授徐秀慧听了我的发言之后说："你对丁玲的情感生活梳理得很细致。"原来她提交的论文也与之相关，叫《丁玲忆故人——追忆、反思与成长》。还有一些与会学者，读了我文章的开头，就有一种欲罢不能的感觉。我知道这些话都是一种鼓励。在丁玲研究领域，我其实尚未登堂入室。还要不要继续开拓呢？按道理是应该继续努力，不过按年龄看恐怕是来不及了。到第14次丁玲国际研讨会召开之时，我应该80岁了。能不能捱到那一天呢？捱到那一天东道主还敢不敢邀请我呢？因为有"八十不留餐"的古训啊。即使有人敢邀请我，自己还敢不敢去呢？这些都是问题。所以我趁眼下还有残年余力的时候，匆忙把我与丁玲研究的情况作一下简单回顾。此生我以鲁迅研究为主业，丁玲研究只是我的"杂学"。但丁玲研究给我带来的温暖和快乐，绝不在鲁迅研究之下。

第四节

燃烧自己的心，点燃读者的心
——我与巴金研究

如果说我对丁玲缺乏研究，那我对巴金的作品就更缺乏研究；如果说我跟丁玲作品缘分不浅，那我跟巴金作品的缘分更深。

巴金创作"激流三部曲"(《家》《春》《秋》)是在27岁前后，我阅读这些作品是在17岁前后。我不仅读过这些小说，而且看过香港和内地根据同名小说改编的电影。时隔半个多世纪，吴楚帆和孙道临扮演的大哥觉新，张瑞芳扮演的大嫂瑞珏，王丹凤扮演的丫头鸣凤，张辉扮演的三弟觉慧……仍然形象逼真地浮现在我的眼前，拂之不去。后来有学者告诉我，在中国现代出版史上，像《家》这样版次多、印数大的小说，可以说是凤毛麟角。这是一本控诉旧社会的书，一本控诉旧的家族制度的书。巴金是在用自己的血和泪写作，燃烧自己的心，点燃读者的心。所以，前些年有人刻意渲染"黄金民国"的时候，我始终保持了清醒的头脑，用巴金的作品提醒自己：当下社会矛盾固然错综复杂，但旧中国就真的那么美好吗？

像巴金这样的作家，我能不能有机会亲炙其教诲，一睹其风采呢？在我的青少年时期，这是连想都不敢想的事情。然而，1977年初夏，36岁的我终于美梦成真了。

机缘是那时我已调进了鲁迅博物馆增设的鲁迅研究室，参与《鲁迅研究资料》的编辑工作。通过黄源先生的介绍，我跟同事荣太之一起，到上海武康路拜访了巴金，交谈的主要内容是询问在"两个口号论争"的过程中，他是如何起草《中国文艺工作者宣言》的。因为鲁迅、巴金等人拒绝加入"国防文学"

倡导者组织的"文艺家协会",但又要表明救亡图存、争取民族解放的鲜明立场,便由巴金、黎烈文分头起草,鲁迅审定,发表了这份《中国文艺工作者宣言》。巴金当时的态度是,要听鲁迅的话,鲁迅赞成什么,自己就赞成什么。与此同时,鲁迅也公开赞扬"巴金是一个有热情的有进步思想的作家,在屈指可数的好作家之列的作家","虽然还不能称为至交,但已可以说是朋友。"由于我们来自新成立的全国唯一的鲁迅研究机构,又有黄源先生作为中介,巴金接待我们是很热情的。记得他除了在客厅请我们喝茶之外,还特邀我们去参观二楼的书房,这书房被"四人帮"查封了10年,1977年4月22日下午才启封。在巴金看来,启封这间书房,就是搬走了压在他头上的那块大石头,欣喜之情自然溢于言表。不过谈起发生于1935年至1936年的"两个口号论争",巴金仍然十分拘谨。当年他并没有撰写论争文章,直到徐懋庸给鲁迅写信,以"中国的安那其"为罪名攻击他"卑劣"之后,巴金才被迫写出了《一篇真实的小说》和《答徐懋庸并谈西班牙的联合战线》两文进行反驳。他说:"徐懋庸要攻击我,尽可以用我的许多弱点来打击,我决不敢维护自己的短处。但像他现在这样把'法西两国安那其'的行动要我来负责,并且要我来代表'中国的安那其',就未免使人疑心,他的脑筋是否健全的了。"

那年从上海回到北京后,我立即把巴金的谈话整理成文,但还没有来得及请巴金审阅,七八月间他就给我们写了一封信,重复那天谈话的要点。他之所以这么做,显然是担心我们记录得不够准确全面。为了慎重,我又将谈话记录和这封来函合并为一篇短文,题为《〈中国文艺工作者宣言〉及其他》,再次请他审定,并询问他是否同意发表。巴老欣然同意。不料1978年6月中旬,巴金又来一函,要求在此文发表之前再度审改。6月底,我们又将第二次的整理稿寄给巴金。可能是他尚未收到此信,有点着急,便在同年6月30日给黄源致信,请黄源从中催促。信中写道:"我半月前给鲁迅研究室陈漱渝写过一封信,要他把去年七八月我给他和荣太之两个写的一封回信(后来他们得到我的同意改成一篇短文)在发表之前寄回给我看看,至今未得答复。说实话,我不愿给拖进'30年代口号之争'里面。"黄源立即来函转达了巴金的意思,但隐去了巴金信中最关键的一句:"我不愿意给拖进'30年代口号之争'里面。"同年7月17日,巴金对此文作了最终审订,几经周折,直到1981年5月才发表在《鲁迅研究资料》第8期。

像巴金这种下笔不能自休的大作家，一篇一两千字的短文，为什么会三翻四覆地斟酌呢？我最初的想法是，那个年代刚粉碎"四人帮"，政治气候乍暖还寒，刚落实政策不久的巴金心有余悸，故行文谨小慎微。如今才彻底悟到，其根本原因是巴金不愿意被拖进"30年代口号之争"里面！

所谓"30年代口号之争"，即周扬率先提出的"国防文学"口号和胡风最先提出的"民族革命战争的大众文学"口号之争。周扬一方开始并不知道，胡风发布新口号是事前跟冯雪峰、鲁迅商议过并征求过茅盾的意见的。现在看得很清楚，这两个口号都是呼吁文艺界团结抗日的口号，只不过一个先提，一个后提。在十年浩劫中，当年革命文坛内部的这一论争被定性为两条路线之争，"国防文学"的倡导者和追随者都被视为犯了路线错误而遭到迫害；而提出"正确"口号的胡风仍以"反革命罪"在四川坐牢，冯雪峰仍被开除党籍在湖北干校放鸭子。在一个历史大转折关头，"左联"内部对如何建立抗日民族统一战线有些不同看法，这是再正常不过的事情。如果当年没有"周扬派"与"胡风派"的纷争，如果"国防文学"倡导者对鲁迅持尊重的态度，事态也决不会发展到剑拔弩张的程度。当年左翼文艺营垒的宗派主义，一直延续到建国之后。所以对巴金不愿被拖进"30年代口号之争"的正确解读，是巴金一直想保持作家的独立性，不愿卷进文艺界的宗派之争！

我见到巴金的32年之后，居然又有了参加巴金学术研讨会的机遇。记得是2008年8月，我在烟台参加第三届冰心国际学术研讨会，初见上海巴金纪念馆的常务副馆长周立民，他表示欢迎我也参加巴金的学术研讨活动。我为人处事有一条原则：自己的承诺一定要兑现，别人的许诺则姑妄听之，切勿认真。然而周馆长也跟我一样认真，言而有信，于是2009年11月23日下午，我就住进了上海淮海中路的南鹰酒店，参加当年11月24日至12月2日召开的"纪念巴金诞辰105年暨第九届巴金国际学术研讨会"，提交的论文就是《我不愿被拖进"30年代口号论争"里面——对巴金一封信的阐释》。

我在论文中谈到，"国防文学"口号提出之初，倡导者们就在口头上强调"一定要除去一切狭隘的宗派思想和意气"。然而，既然"民族革命战争的大众文学"也是一个抗日救亡的口号，那为什么却不允许这个口号的提出者"标新立异"呢？为什么连巴金、黄源这样的进步作家都不能包容呢？为什么参加抗日民族统一战线必须以创作国防题材的作品作为入场券呢？这难道不就是"左联"内部宗派主义作风的延续吗？最为可怕的是，这种宗派主义还沿袭到建国以后，酿成了胡风、冯雪峰、丁玲等人的冤假错案。无怪乎胡乔木同志指出："文艺界一些人之间的关系好像不可调和，一说起来就充满仇恨。"（胡乔木：《回忆毛泽东》）所以，我这篇文章的结语是："宗派主义是一种罪恶。"我以为，巴金不愿被拖进口号论争中去，体现的是不搞宗派的博大胸襟。这正是巴金人格的闪光之处。

2011年11月30日至12月2日，上海巴金故居正式对外开放，第十届巴金国际学术研讨会同时召开。我应邀参加并发言，题为《读巴金〈随想录〉的随想》。我首先对巴金作品中"神""兽""人"的概念作了界定，接着论述了巴金《随想录》跟卢梭、赫尔岑和鲁迅之间的精神联系。最后根据我在"文革"期间的生命体验来谈巴金《随想录》的现实意义，并引用了鲁迅的名言："多有不自满的人的种族，永远前进，永远有希望。多有只知责人而不知反省的人的种族，祸哉祸哉！"（《热风·随感录·六十一》）。

巴金的《随想录》自发表以来，评论界的看法一直见仁见智：有些人认为这本书缺乏正能量；另一些人则认为这本书敢讲真话，是中国现代散文的高峰，其成就逾越了鲁迅后期杂文。对此，我发表了一些浅见。

我认为，巴金《随想录》跟鲁迅杂文的相似之处，一是反对一切形式的封建主义流毒；二是对民众的"集体平庸"进行了揭露与批判。巴金明确指出，"四人帮"贩卖的全是封建主义的土产，而"集体平庸"则是封建主义土壤上开出的曼陀罗花。不过，《随想录》中缺少鲁迅后期杂文中那一类深挖旧文化积弊的文章，而呈现出更多的自省精神。《随想录》是时过境迁、余痛尚存情况下的"反思"型作品，而鲁迅后期杂文则是直面刀丛剑树的"外攻"型作品，不能用同一标尺衡量不同历史境遇中的作品。

2014年10月，正值巴金诞生110周年，巴金研究会举办第十一届巴金国际研讨会，我也收到了东道主的请柬。我正为写什么论文而犯愁时，一本书突然出现在我眼前，书名叫《巴金书简——致王仰晨》，而且是王仰晨的签名赠书，题有"漱渝兄存念 王仰晨 九九·九·北京"的字样。王仰晨是一位老同志，人民文学出版社鲁迅著作编辑室主任。他在20世纪40年代即跟巴金相识，是巴金极其信任的人，1961年曾接管《巴金全集》10卷书的编辑工作，新时期又主持《巴金全集》26卷本的编辑工作。这本书的珍贵之处，就是所收的

392通书信，除29篇"代跋"之外，其他均未收入新编《巴金全集》，是研究巴金的第一手资料。于是我据此撰写了一篇论文提交会议，题为《展露巴金心灵的一扇窗——谈〈巴金书简·致王仰晨〉》。

在这篇文章中，我提供了一些一般读者和研究者不熟悉的情况，比如，巴金说，18岁时他在成都《半月》刊上发表的三篇文章都是东拼西凑之作。此外，《利娜》和《哑了的三弦琴》都是改写之作，不能等同于创作。其实，鲁迅早期作品中也有类似状况。另外，巴金出于对自己的严格要求，认为自己的失败之作多于成功之作。但这些不算成功的作品（如"爱情三部曲"《死去的太阳》《雪》），乃至于建国后那些充满豪言壮语的文章，也都不缺乏真诚。

谈到编辑全集，学者、编辑和作家往往有各不相同的看法，作家之间可能也有不同看法。史料学者往往注重作品初刊的原始形态，力图保持原有的历史痕迹。但巴金出于对读者负责，习惯于不断修饰润色自己的文字，一本《家》他就先后修改了八次。他认为这是作家的权利，也是义务，所以不赞成所谓"初版本原则"。史料研究者特别重视钩稽作家佚文，每发现一篇佚文就像发现一颗行星似的欢喜，但巴金认为不少佚文其实是"垃圾"，即使是"全集"也不必求"全"。至于装帧，巴金主张典雅朴素；对于注释，巴金主张力求简明，尤其不应注释那些揭人伤疤的事情。巴金的这些想法，王仰晨都尽量贯彻在新版《巴金全集》的编辑工作当中。

我除开提供了上述新的资料，还通过这部书简阐释了巴金的"理想主义"——这也是此次会议的总主题。我的体会是：巴金心目中的"理想"跟我们惯常所说的"革命"不是一个概念。巴金说，他的一生充满矛盾。他的政治理想比较朦胧，而道德理想则十分明晰。他并不空谈理想，既不用理想装扮自己，也不用理想强加别人。他的道德特征就是为国家、为民族、为社会，而从不为个人。他早年从政府主义思潮中摄取的也就是道德伦理：一、人们应该休戚相关，互相帮助；二、社会应该公平正义，这同时也是人际关系的准则；三、个人应该自我牺牲，自我奉献。这种理想，应该就是一种超越时代的"理想主义"。

在这次会议上，我动情地朗读了1993年7月25日巴金致王仰晨的信中的一段话："我不是文学家，但几十年来陷身文坛，我也并不后悔。当初发表文章，我不曾想过自己身上有什么可以出卖的东西，要用它们来换取青云之路。

回顾几十年的创作生活，可以说我并没有拿作品做过什么生意，也不曾靠写作发财，现在走到了生命的尽头，我可以挺起胸膛把心掏给读者。我的心从来不是可以讨价还价的商品。我奉献的是感情。对我的国家和人民我有无限的爱，我的笔表达了这种感情。我的感情是有生命的，它要长期存在。我引以为骄傲的正是我未写出一件商品，因此也未出卖过自己。"我想，巴金的心，也就是当代中国的良心。

  2016年夏，第十二届巴金国际学术研讨会在石家庄举行。由于当年正值鲁迅逝世八十周年，学术活动频繁，时间发生冲突，我未能参加。何时能再与巴金研究结缘呢？我期待着！

第五节

母爱的博大与脆弱

——我与冰心研究

按常理，进入研究中国现代文学的学术圈之后，我首先应该研究的是冰心。但环境使然，我变成了"吃鲁迅饭"的人，而对冰心却基本上没有研究。

为什么按理我应该研究冰心呢？因为在新文学作品中，我最早接触的是冰心的《繁星》《春水》《寄小读者》《关于女人》。她那篇悼念母亲的散文《南归》，也曾赚了我青少年时代的不少眼泪。冰心作品充满了爱：母爱之爱、童真之爱、自然之爱。这三者成为支撑她"爱的哲学"的三根支柱。即使在日本发动侵华战争期间，她仍写了一篇《致日本女性》，认为世界上最大的威力不是来自旋风般的飞机、巨雷般的大炮、鲨鱼般的战舰，而是来自慈蔼、温柔、最具有抵御力的母爱。《繁星》中的一首格言诗，我曾经背得滚瓜烂熟：

母亲呵！
天上的风雨来了，
鸟儿躲到它的巢里；
心中的风雨来了，
我只躲到你的怀里。

20世纪80年代之后，我有了多次拜访冰心的机会，原因是当时两岸关系破冰，冰心在台湾有很多粉丝，特别是文化人，他们到了北京都想看看冰心这位国宝级的"熊猫"。我被戏称为"台湾驻京办事处"的负责人，当然义不容辞充当向导。冰心住在中央民族学院的教职工宿舍楼，打电话预约，她几乎有求必应，反正我从来没有碰过钉子。这跟当年到东城拜访叶圣陶的情况相类似。叶老说："我小院的大门整天都是敞开的。"

冰心的客厅其实也是她的工作室。我们去时几乎没见过她家的其他人，只有一只孤单的猫跟这位孤单的老人相伴。客厅中央挂着一副对联，是梁启超于1924年题赠的，上书"世事沧桑心事定，胸中海岳梦中飞"。后来我到福州三坊七巷参观冰心故居，那里有一副楹联同样给我留下了深刻印象：林则徐题写的"海纳百川有容乃大，壁立千仞无欲则刚"。我想，这就是冰心置身其境并受其熏染的文化氛围。

让我追悔莫及的是，每次会见冰心，我们都只扯些闲天，从来没有涉及过她的作品和心路历程。只有一次，是我陪同台湾的文学史料专家秦贤次和台湾业强出版社的总编辑陈信元造访。当时台湾"业强"刚出版了卓如撰写的《冰心传》（繁体字版），卓如和陈信元已在扉页签名钤印，去冰心家时她又在上面补了名章，于是我就有了一本由传记作者、传主和责任编辑三合一的签名赠书。像这样的奇书，世上恐无几本，于是我视为珍品，再配上其他一些签名本，携带到新加坡南洋理工大学举办了一次签名本书展。我如今回想，当时我如果能跟冰心聊聊她的生平和创作，那不都是很珍贵的第一手资料吗！遗憾的是，人生从无后悔药。

从20世纪末开始，我跟福建教育出版社建立了亲密的合作关系，经常坐飞机到福州，降落在长乐机场。冰心出生七个月之后就离开了福州，但是她说："福建福州永远是我的故乡，虽然我不在那里生长，但它是我的父母之乡。"长乐有郑振铎故居，也有冰心纪念馆，到冰心纪念馆参观的人较多。记不清是哪一年，我利用参加学术会议之便，跟师姐李岫（李广田之女）和茅盾的前儿媳陈小曼同去参观，受到了馆长王炳根的热情接待。印象中，王馆长曾经有过军旅生涯，浑身有一股英武之气，但谈不上儒雅。结识多年后才逐渐发现，他不仅行政能力极强，而且是学者兼散文家，也是一位很具鼓动性的演说家。一个基层单位能有这样的全才领导，实属幸运。

出于炳根兄的好意，2008年8月我应邀出席了在烟台召开的第三届冰心文学国际研讨会。由于我的职业是鲁迅研究，所以炳根兄就命题作文，让我将鲁迅与冰心作一番比较。这着实是一个难题，因为冰心跟鲁迅的性格气质、文化背景都大相径庭。冰心悼念过郭沫若、茅盾、叶圣陶、郑振铎、闻一多、老舍、巴金，但很少谈及鲁迅。鲁迅在《两地书》中对冰心的印象也不佳，不但把她划入了现代评论派的圈子，而且传播过她的八卦。然而，从平行研究的角度，这两位作家的异同还是可以谈的。于是我写了一篇论文，题为《复仇剑与红玫瑰》。"复仇剑"取自鲁迅的新编历史小说《铸剑》，通篇主题是以暴易暴，以恶抗恶，以命偿命，报仇雪耻。"红玫瑰"是一种象征爱的花卉。冰心一生喜欢红玫瑰，去世后灵堂里摆满了红玫瑰，川流不息的悼念者每人手持一朵红玫瑰。

我在论文中指出，鲁迅与冰心的最大区别是一个奉行"斗争哲学"，另一个奉行"爱的哲学"。鲁迅的名言是"人被压迫了，为什么不斗争？"冰心的名言是"有了爱就有了一切！"然而，并不是说冰心的情感中只有爱没有憎。她不能忍受人类欺压人类的一切事情，直至晚年仍谴责社会不公，为教师、儿童和知识分子请命。奉行"斗争哲学"的鲁迅心中也有大爱存焉。他指出中国国民性中最缺乏的就是"诚"与"爱"。他有一句名言："创作总根于爱，杨朱无书。"（《而已集·小杂感》）不过，鲁迅式的爱，强调要分清是非，看清对手。这是基于他对中国国情的深刻洞察和对人性的科学分析。冰心承认她的"爱的哲学"受基督教影响至深，同时也融入了中国传统文化和其他宗教（如佛教）中的慈爱思想，以及印度泰戈尔作品中的爱的哲理。在《冰心小说散文选集·自序》中，她作了这样的自我评论："我只暴露黑暗，并没有找到光明，原因是我没有去找光明的勇气！结果我就退缩逃避到狭窄的家庭圈子里，去描写歌颂那些在阶级社会里不可能实行的'人类之爱'。"2009年，我还以同一题目在中国现代文学馆搞了一次讲座，受到听众的好评。

2012年10月，第四届冰心文学国际学术研讨会在重庆召开。重庆歌乐山是我的出生地，借开会之机寻根忆旧，更是一件乐事。由于这次会议的中心议题是冰心在抗日战争时期的作品，我提交的论文题为《我接触的第一本新文学读物：〈关于女人〉》。

我自认为这是一篇独具风格的论文，不但论述了冰心创作《关于女人》时的心境，她的女性观，重点分析了这本书中几个重点人物（如冰心的学生），还结合我的亲身经历剖析冰心作品的基本主题——"母爱"。在冰心的笔下，母爱十分博大。母亲是春光，是心灵的故乡，生命的绿洲。她的膝上和怀里，是孩子避风的港湾。而我却有别一番滋味的生命体验。我的母亲是一位被生父抛弃的薄命女人，但由于生父毕业于黄埔军校，抗日战争后驻守在台湾基隆港，因而在1955年她被视为反动军官家属，蒙冤受屈，开除公职，求生不得，求死不能，直到1981年11月27日才彻底平反。不巧的是，1957年夏天我高中毕业，全国高考作文的统一命题就是《我的母亲》。我无法如实描写自己的母亲，既不能像歌颂圣母般地歌颂她，也不敢为她鸣冤叫屈。我只好在考场上即兴发挥，把她虚构为一位为掩护八路军而壮烈牺牲的烈士。母亲在自身难保的境遇中，哪有什么抵御能力，怎能为我遮风挡雨？我由此感到了在那种特殊年代母爱的脆弱，更不愿再经历那种不能如实描写自己母亲的时代。我的这一经历，应该是冰心作品阅读史上的一个例证。

　　冰心是1999年去世的，不觉间距今已经近20年了。每次到冰心纪念馆参观，看到她生前使用的家具，那张熟识的书桌，那只已经被制作成标本的老猫，都有无尽的怀念。据说，冰心临终前住院，那只老猫就开始绝食，最后抑郁而终。宠物如此，更令我更加感慨丛生。

第六节
"两脚踏中西文化"的林语堂
——我与林语堂研究

我无意于研究林语堂。他虽然以"幽默大师"闻名于世，但读起他的文章，我觉得反不如梁实秋的散文幽默。林语堂是语言文字学家，他编撰的《当代汉英词典》是一部权威性的工具书，可惜我天生愚钝，对这门学问全无兴趣。林语堂之所以闻名海内外，因为他"脚踏中西文化"，是中国现代珍稀的双语作家。他出版的英文论著近30种，其中仅《生活的艺术》一书就在美国出了40多版，还有英、德、法、意、丹麦、瑞典、西班牙、葡萄牙、荷兰的版本，畅销三四十年而不衰。遗憾的是我不懂英文，因而难于分享他的成就。

然而我还是关注并研究了林语堂，因为在中国现代文化史上他是个绕不开的存在。我是以鲁迅研究为职业的人，仅在《鲁迅日记》中林语堂就出现了127次。研究鲁迅，怎能不研究他的同时代人呢？更何况林语堂还是一个独立的存在，除了跟鲁迅的恩恩怨怨，他本人值得研究的地方还有很多。

我开始研究林语堂是在20世纪90年代初，原因是我应邀到台湾举办了一次以《幽默杂谈》为题的讲演。邀请者是已故台湾空中大学教授沈谦。沈先生是研究修辞学的学者，能言善侃，号称台湾的"名嘴"。台湾空中大学相当于中国大陆的广播电视大学，相当多的学员是在职人员，他们利用业余时间深造，所以讲座安排在晚上进行。

那次我讲的是，"幽默"是英文humour（诙摹）的音译，源于拉丁文，含义为体液。直到文艺复兴时期，幽默的含义才逐渐由医学领域向社会领域和艺术领域转移，成为一个喜剧美学的概念。1924年5月，林语堂率先将"幽默"

的概念引进到中国。接着，我重点介绍了幽默最基本的功能——引笑机制，以及制造幽默的常用技巧。在讲演中，我还粗略谈及了幽默跟机智、滑稽和讽刺的异同。会场的气氛是活跃的，但讲完也有两位听众有不同反应。一位是中年公务员。他天真地说："您从北京来，我还以为您是来说相声呢！"原来他把幽默跟搞笑完全混为一谈了，所以有些失望。还有一位是大学青年教师，他神情凝重地问："陈先生，台湾正在竞选'立法委员'，听说下个月就要投票了，此刻气氛相当紧张，您看我们台湾老百姓能幽默得起来吗？"我一时语塞。这个问题，促使我对幽默的社会功能产生了进一步思考。

从台湾回北京后，我写了一篇《"相得"与"疏离"——林语堂与鲁迅的交往史实》，除了梳理他们交往的过程之外，还论述了他们在"幽默"问题上的分歧。林语堂认为，幽默有广义和狭义之分。广义的幽默常包括一切使人发笑的文字；而狭义的幽默则区别于浅薄的滑稽和辛辣的冷嘲。因为幽默固然能收到谐谑的效果，但对所谑的对象却充满了同情悲悯，所有林语堂指出，幽默的真谛在于"悲天悯人"。对于作为一种语言风格和文字表现手法的幽默，鲁迅从来未持否定的态度。他还亲自翻译过日本鹤见佑辅的文章《说幽默》。鲁迅跟林语堂在幽默问题上的主要分歧在于：一、在20世纪30年代的中国是否适合于大力提倡幽默？二、幽默与履行社会批评使命的讽刺是否互不相容？三、对幽默的社会功能与艺术功能如何估计才恰如其分。

林语堂的读者都知道，创办《语丝》初期，林语堂在跟北洋军阀斗争的过程中意气风发，写有《祝土匪》《说文妖》《悼刘和珍、杨德群女士》，因此跟鲁迅一样被列入了通缉的黑名单。1927年"四一二"事变之后，林语堂由办《论语》到办《人间世》，从臭虫跳蚤、吸烟打牌、饮酒中风、抽水马桶，乃至男子精虫、女子月经……统统都成了他幽默的题材。一时间，似乎天下无不谈"幽默"和"性灵"。林语堂本人也由"讽刺的幽默"转变为"闲适的幽默"，由"斗士"转变为"名士""隐士"。

然而，在一个风沙扑面、虎狼成群、炸弹凌空、饿殍遍地的时代，在一个阶级矛盾和民族矛盾空前尖锐的时代，林语堂提倡"性灵"，强调"自我"，想当"隐士"，这是完全做不到的。在国共两党的生死搏斗中，林语堂无法始终保持超然的立场。他选边站队的结果，是在40年代一头栽向了国民党蒋介石一边。这在他漂泊海外30年和晚年回台湾定居10年期间表现得十分明显。胡适虽然跟林语堂同样反共，但对于台湾的权力中心始终保持了独立立场和批判态度，而在这点上林语堂远不如胡适。

2013年，台北阳明山林语堂故居整理出了一批林语堂书信，包括林语堂致蒋介石、宋美龄的信函，这些信函使我对林语堂的政治态度有了进一步认识。从这批信函中得知，早在抗日战争时期，林语堂就决然选择了拥蒋反共的立场。他认为中共在海外的宣传取得了成功，而国民党则败在宣传，所以他愿意写文章介绍蒋介石"防共之苦衷"。1945年11月26日，林语堂给宋美龄致信，说有一位兰德尔·古尔德先生在《剖析林语堂》一文中攻击他"每一个道德细胞都已败坏"，所以他恳求蒋介石给他题写"文章报国"四个字，如能遂愿，死而无憾。1966年，在海外漂泊了30年的林语堂回台湾定居。蒋介石不仅为他在阳明山麓建造了一栋漂亮的别墅，而且有意请他出山，担任"考试院"副院长。70多岁的林语堂认为他处于在野地位，更能为蒋介石尽力，而"一旦居职，反失效力"。"以道辅政"，就是林语堂晚年给自己的定位。蒋介石80岁寿辰时，林语堂歌颂蒋"睿智天纵""北斗居其所，高山景行止"。这种肉麻的祝寿文字，使林语堂当年提倡的"性灵文学"完全破灭，他的"名士""隐士"身份也随之破灭。

除了对林语堂与鲁迅进行了比较研究，我对林语堂研究的另一微薄贡献，是在国内首次披露了一批林语堂与南洋大学冲突的史料。2008年4月，我应邀到新加坡南洋理工大学文学院访学，接触了一些当地人，发现林语堂在新马地区的口碑并不好。我在新加坡国立图书馆还读到一本小说，书名叫《美是大"阿Q正传》，就是用主人公美是大影射林语堂。小说作者吐虹之所以给林语堂取了一个"美是大"的绰号，就是因为林语堂在新加坡到处演讲，颂扬了美国的文明、女人、脱衣舞……林语堂还当场质问听众："美国的女孩子多数在结婚以前便有了孩子，这里有没有？美国的娘儿们坦胸露肩，下半身赤裸，上身几乎全部暴露，敢公然在街上跑，这里谁有胆量？她们敢公然和不认识的男人调情，这里谁敢这样做？"

不过，林语堂之所以在新加坡被人诟病，并不是这类媚外贬中的言论，根本原因是发生于1955年的"南洋大学事件"。那一年4月，被南洋大学执委会聘为校长的林语堂宣布辞职，领取了一大笔遣散费。林语堂斥责执委会一方背信弃义，是被共产党操纵利用；执委会一方则认为林语堂是"小丑扮青衣"，是吮吸华侨血的"臭虫"。时隔半个多世纪,这场纠纷的是非如何才能断定呢?

有幸的是,我在新加坡国立图书馆查到了林语堂跟南洋大学执委会负责人陈六使、连瀛洲的一批通信。这批私人函件是林语堂主动公布的,刊登于1955年3月21日的《星洲日报》,总题为《林语堂与连瀛洲备忘录》,由于历经半个多世纪,原报早已漫漶破损,我看到的是缩微胶卷。

这一事件的主人公之一陈六使是南洋大学的创办人。为了保存和弘扬中华民族的优秀文化,重点培养新马地区的华裔高中毕业生,他捐献了167万美金作为南大开办基金。连瀛洲也是新加坡的一位侨商领袖,1953年年底作为陈六使的代表,自费到美国纽约动员林语堂出任南洋大学的第一任校长。当时南洋大学急需聘请一位有一定国际影响而又能为英国殖民当局所接受的校长,曾经想请胡适或梅贻琦出山,均未获允,于是林语堂就成为他们当时力争的人选。为此,南大执委会不仅为林语堂提供了极其优厚的待遇,而且在书信中承诺"校长负大学行政全责","校董不得干涉大学行政"。孰料林语堂1954年10月上任之后,竟要根据他心目当中西方第一流大学的水准,一口气就要把南洋大学办成"亚洲东南第一学府"。这自然会牵涉到办学经费问题。南洋大学的办学启动费都是南洋华侨的血汗钱,不仅来自少数侨商的捐助,而且新加坡的小贩、三轮车夫、割胶工人乃至舞女都举办了义卖、义演、献薪等活动,每一分钱都浸透了华侨的血汗。经费原本支绌且又勤俭节约的执委会,焉能对这种好大喜功的做法坐视不管?1955年2月17日至同年4月6日,林语堂跟南大执委会进行了50天剑拔弩张的谈判,以南洋大学执委会给林语堂一方支付了10多万美金的遣散费宣告结束。按照当时的标准,林语堂在新加坡短时间的薪酬,相当于当时中国高校教师86年的总收入。所以,林语堂与南大执委会之间的这场冲突,是一场双输的冲突:南大执委会输了巨资,林语堂输了名声。事后林语堂把南大执委会解聘他的原因归结为共产党幕后的煽动,完全是一种不尊重事实的说法。从新加坡访学归来后,我写了一篇《折戟狮城——林语堂与南洋大学》的长文,刊登在《新文学史料》2008年第4期;又将这批原始信函刊登在《湖南人文科技学院学报》2008年第5期,作为我给林语堂研究提供的一点新史料。

2016年5月,经友人安排,我到福建漳州平和县林语堂纪念馆举办了一次讲座，题为《林语堂其人及其文化思想》，讲稿后来刊登在《中华读书报》的《国际文化》专栏。我的讲演是普及性的，卑之无甚高论，但借这次难得的机会，我切身感受了林语堂故乡的地理和人文景观。

根据林语堂的《八十自叙》，他出生在福建南部沿海山区的龙溪县板仔村。板仔村四周皆山，极目遥望，但见绵亘，无论晴雨，皆掩映于山雾之间。林语堂说，这些层峦叠嶂的青山形成了他健全的观念和简朴的思想。板仔的水同样让林语堂魂牵梦萦，因为板仔村亦被称为东湖，"虽有急流激湍，但浅而不深，不能行船，有之，即仅浅底小舟而已。船夫及其女儿，在航行此急流之时，必须跳入水中，裸露至腿际，真个是将小舟扛于肩上"。这种生动的民俗画卷，如今已经见不到了。

1907年，林语堂12岁，他的故乡发生了一件大事，那就是修建了一座新教堂。这应该是林语堂第一次跟西方文明接触。同样遗憾的是，这座教堂在20世纪70年代已被拆除，人们已无法体验儿时的林语堂从教堂屋顶滑下来的情景。目前，只留下了林语堂父亲在河边荒地上修盖的五间小平房，作为林语堂故居供人参观。故居内悬挂着林语堂不同时期的照片，摆放着木制餐桌、照明灯等老物件，把观众带回到这位幽默大师流连眷恋的青少年时代，与故居相连的还有铭新小学一间十来平方米的教室。林语堂6岁至10岁在这里上学。家长每周给他一个铜板，当时可以买一碗面吃，也可以买一个芝麻饼及四块糖果。我举办讲座的林语堂文学馆，就在林语堂故居旁边。文学馆门外有一株大树，树下有一个当年的石桌。讲演之前，我特意坐在石桌边品茶，让思绪穿越到那悠远的年代。

这次平和之行的最大收获，是结识了两位当地作家：一位是林语堂文学馆馆长黄荣才，另一位是平和县作协秘书长林丽红。从他们那里，我了解到一些饶有趣味的史料。比如，林语堂在《八十自叙》中说，他跟板仔村的一个女孩赖柏英十分相爱，小时候常在一起捉鱼虾。林语堂上圣约翰大学之后返乡，乡亲们都认为他们是理想的一对。但未能遂愿，林语堂到了北平，赖柏英就嫁了本地一位商人。1963年，林语堂出版了一部自传体的英文小说，书名就叫《赖柏英》（*Juniper Loa*）

然而，黄荣才和林丽红告诉我，经过调查，赖柏英生于1913年，而林语堂生于1895年；也就是说，林语堂要比赖柏英大18岁。林语堂在上海读大学时，赖柏英刚3岁，两人怎么可能会产生恋情呢？故乡人又怎么可能认为他们两人般配呢？再说，赖柏英于1931年结婚，丈夫蔡文明在中学任职，也不是什么商人。据他们推断，林语堂的初恋对象应该是赖柏英的姐姐赖桂英。她跟林语堂年龄接近，而且丈夫林英杰的确经商。不过，令人费解的是，如果初恋真的刻骨铭心，那怎么会连恋人的名字都记错呢？由于这一段恋情跟林语堂的创作直接相关，进一步考证也许并不是一件毫无意义的事情。

当我撰写这篇回忆文章的时候，离开平和这个南国的柚子之乡已经整整一年了。以我目前的年龄，此生应该会跟林语堂研究告别了吧。但有幸的是，我跟林语堂故乡人的友情是割不断的。我们在智能手机上建了一个朋友圈，这个"群"的名字就叫"语堂说"。

第七节

帮助鲁迅改变命运的人
——我与许寿裳研究

鲁迅曾经感叹自己人际关系复杂。我把鲁迅跟同时代人的关系粗略分为五类：一、同气相求，生死不渝；二、冰炭各异，水火不容；三、始于相得，终于疏离；四、先有误会，冰释成友；五、同中有异，异中求同。许寿裳跟鲁迅的关系即属于第一类。

许寿裳，传记学家、文字音韵学家，鲁迅的同乡同窗，出生于1883年，比鲁迅小两岁。1902年初秋，他们在日本东京弘文学院相识，共同探讨中国国民性问题，致力于以创办《新生》杂志为目的的文学运动。后来鲁迅选学医科，许寿裳选学师范。虽然学科不同，但他们保持了34年的友谊。许寿裳是国民党人，鲁迅后10年则同情被国民党当局镇压围剿的中共；鲁迅后期有社会主义倾向，许寿裳则认同先师章太炎的主张，提倡"以佛法救中国"（指精神救国）。但这些分歧无损于他们的友谊。1933年6月20日下午，鲁迅甘冒被暗杀的风险出席民权保障同盟总干事杨杏佛的入殓式，许寿裳毅然表示："那么我们同去。"1948年2月18日，许寿裳在台湾台北青田街寓所惨遭杀害。据当年在台北的进步文化人推断，这一血案跟许寿裳在台湾弘扬鲁迅精神不无关联。

许寿裳不是达官贵人，没有显赫的名气；虽属章门弟子，但毕竟又不是大师级的学者，因此社会影响远远小于鲁迅。只是因为他的《亡友鲁迅印象记》《我所认识的鲁迅》《鲁迅的思想与和生活》等回忆录是鲁迅研究的入门书，他由此为鲁迅研究界的学人所重视和尊重。至于鲁迅研究界或中国现代文学研究界之外的人，熟悉许寿裳的恐怕为数不多。

这20多年来，我通过接触一些资料，对许寿裳有了两点新的认识：一、不能单把他视为鲁迅的一般友人，他的确是一个改变了鲁迅命运的人；二、在二战之后台湾光复时期，许寿裳做出了历史性的贡献。

辛亥革命之后，鲁迅困居故乡绍兴，收入甚微，不足自养，又加之人际关系险恶，文化环境闭塞，鲁迅驰书恳请许寿裳帮他离开这个地方，"虽远无害"（1911年7月31日致许寿裳的信中说）。经许寿裳向教育总长蔡元培鼎力推荐，鲁迅才得以成为南京临时政府教育部的部员；后随教育部迁至北京，得以来到后来成为新文化运动策源地的中心——北京。如果鲁迅一直僻处绍兴，何能成为新文化运动的主将？1922年夏，许寿裳出任国立北京女子高等师范学校校长，立即延聘鲁迅兼任该校国文系教授。学生中有一位才华出众的广东女青年许广平，后来就成了鲁迅的夫人。所以许寿裳无意之中成了鲁迅的月下老人，这件事情对鲁迅后期生活和创作的影响不容低估。许广平在《我所敬的许寿裳先生》一文中说："许先生不单当我是他的学生，更兼待我像他的子侄。鲁迅先生逝世之后，十年间人世沧桑，家庭琐屑，始终给我安慰，鼓励，排难，解纷；知我，教我，谅我，助我的只有他一位长者。"（1948年3月《人世间》第2卷第4期）许广平这番话，当是肺腑之言。

鲁迅与许广平于1927年10月在上海定居，成为"专业作家"，除有限的版税之外无其他收入，面临着生活的压力。又是经许寿裳向当时大学院院长蔡元培推荐，鲁迅被聘为大学院"特约撰述员"。这是一种闲差，鲁迅在该院也绝无"撰述"，却得到了每月300大洋的俸禄。这项收入超过了鲁迅的版税、稿酬，使鲁迅得以在"居不易"的大都会上海潜心从事写作。鲁迅后10年的创作总量超过了此前的20年，其中肯定也有许寿裳的功劳。任何人的成功，除了取决于自身先天的禀赋和后天的奋斗之外，还必须有良好的机遇。在鲁迅人生的重大转折关头，许寿裳就成了给他提供机遇的人，也就是我说的改变鲁迅命运的人。

第二点新认识，是对许寿裳在台湾光复之后文化重建工作的贡献不可低估。这种感受在1992年之后愈来愈强烈。因为当年夏秋之季，台湾地区的领导人已开始跟台独势力暗中勾结，逐步进行"去中国化"的分裂活动。台湾自1895年被清政府割让给日本，至1945年抗战胜利之后光复，被日本殖民统治长达50年。日本殖民者强迫台湾同胞使用日本语言，采用日本姓氏，或加入日本国籍，谓之"皇民化"运动，致使台湾光复之初台湾人不了解中国文化，甚至不识汉字，不会使用母语。1946年6月25日，许寿裳应老友、台湾省行政长官陈仪之邀飞赴台北，主持筹建台湾省编译馆。许寿裳为这一机构确定了两项宗旨：一、普及国文、国语和中国史地方面的知识；二、发扬台湾文化的优势，开创我国学术文化研究的新局面。为此，许寿裳做了不少有筚路蓝缕的工作，如编写中小学教材，宣传民主观念、爱国意识，反对复古倒退，编撰台湾文献目录，出版省藏善本书，关注本土文化建设。许寿裳还亲自编著了《怎样学习国语国文》，兼顾了国语和国文两个方面。当时在台湾从事国语教育和推广工作的还有鲁迅的友人魏建功教授。如今台湾同胞都能说一口流利的国语，有些字的发音甚至比大陆同胞纯正，传统文化也得到了传承，应该感谢许寿裳、魏建功等人的文化重建之功。

基于对许寿裳的重新认识，我在1998年3月26日主持了"纪念鲁迅挚友许寿裳殉难50周年"的活动。此项活动由鲁迅博物馆和台湾同胞联谊会合办，出席会议的有时任全国政协副主席的钱伟长，时任中共中央统战部副部长的张廷翰，时任全国台湾同胞联谊会会长的陈贵州，时任北京市副市长的林文漪，许寿裳之女许世玮，以及来自中国台湾和日本的学者160多人。为了配合此项活动，我还主编了一本《现代贤儒——鲁迅的挚友许寿裳》，由台海出版社出版发行。该书共40万字，收录了许寿裳回忆鲁迅的文字，许寿裳生平行状，以及亲友回忆许寿裳的文章，是迄今为止收录最为齐备的许寿裳纪念集。特别需要提及的，此书收录的许寿裳的有关回忆鲁迅的文字，均按初载报刊校勘，比人民文学出版社的版本更加符合历史原貌。我为该书撰写了一篇序言《薪尽火传，教泽永怀——许寿裳先生殉难五十年祭》，应该是新时期介绍许寿裳生平业绩最为全面的文章。

2013年2月18日，我又跟台湾同胞联谊会合作，在台湾会馆举办了"许寿裳先生追思会暨学术报告会"。会议由时任台湾同胞联谊会会长的汪毅夫主持，副会长杨毅周具体负责筹划工作。我还为此次会议联系了一个"许寿裳与台湾"图片展，负责配制图文的是时任鲁迅博物馆陈列部主任的萧振鸣。我在学术报告会上作了发言，题目就是《帮助鲁迅改变命运的人——鲁迅挚友许寿裳》。在会上发言的还有台湾著名学者陈鼓应、王晓波，以及中国社科院近代史研究所的一位研究台湾问题的专家。汪会长请我们在会馆吃了一顿台湾菜，至今仍然唇齿留香。

　　在这篇文章中，我还必须提及许寿裳遗稿的保存和出版过程，其中有我许多温馨的回忆。"文化大革命"时期，我在北京第158中学（现名鲁迅中学）教语文，学生中有一人叫彭颐，胖胖乎乎，成绩不错。她有一个小学时代的闺蜜，姓罗，名字记不清了。罗的父亲叫罗慧生；母亲叫许世玮，就是许寿裳的六女儿，1928年12月30日生。当年许世玮夫妇在电影发行总公司工作。罗慧生负责为外国影片译制中文字幕。许大姐身材魁梧，嗓门大，说话时常伴笑声，是性情开朗之人，跟我谈得很投机。1989年我到台湾探亲，她特意写了介绍信，让我去拜见她的大嫂、许世瑛之妻华珊，以及她的二哥许世瑮及二嫂徐梅丽。许世瑛是许寿裳的长子，1910年出生，5岁那年鲁迅曾为他开蒙，书写了"天"和"人"这两个字，泛指自然和人文，天道和人道。后来许世瑛考入清华大学，鲁迅又为他开列了一个书单，推荐了12种入门的典籍。1946年12月许世瑛从北平来台北，任职于台湾省立师范学院，后升格为台湾师范大学。他培养的学生中，就有后来出任台湾"中央研究院"文哲所所长的戴琏璋，台湾东海大学教授杨承祖等。许世瑛退休时领的是一次性退休金，又早逝，所以他的夫人华珊女士生活十分清苦，寂寞中成了居士。20世纪90年代初，华珊生病，大小便失禁，她有洁癖，结果自缢而亡。我专程去过她的骨灰堂致哀。

　　许世瑮，1916年生，似乎曾在美国康奈尔大学学农科，还听说他跟李登辉同窗，李写论文时他还当过"枪手"。许世瑮夫人徐梅丽在台湾进口产品的质检部门工作。这种单位靠高薪养廉，所以经济状况远比许世瑛家好。许世瑛去世之后，许寿裳的所有遗稿都交给许世瑮保管。

　　记得也就是1989年我初次赴台湾探亲时，许世瑮先生交给我一大包许寿裳日记（1940年至1948年）的复印件。许寿裳1928年至1933年的日记现存鲁迅博物馆，但不完整，其中有关鲁迅的内容，我曾在《友谊的记录——许寿裳日记中的鲁迅》一文中介绍，收入湖南文艺出版社1987年出版的《鲁迅史实求真录》。许世瑮先生交给我的这部分日记，时间跨度更长，涉及抗战时期和台湾光复初期许寿裳的个人经历和社会百态，内容更为丰富。后来由我组织人整理，1993年由东京大学东洋文化研究所附属东洋文献中心刊行委员会内部印行。同年在东京大学举行了一个首发酒会，许世瑮夫妇专程从台北赶来参加，席间手捧此书激动得掉下热泪。现在，这本书已经在台湾和国内公开出版。

也就是在此前后，有位留学日本的台湾学生找我。他叫黄英哲，1956年出生，台湾嘉义人，是个孤儿。他从台湾师范大学历史系毕业之后，到日本的立命馆大学和关西大学攻读双学位，选择的博士论文题目是《战后初期台湾文化的重建——以许寿裳为中心》。黄英哲手持日本著名汉学家北冈正子教授和台湾著名文史学者秦贤次的介绍信，专程到北京找我。北冈正子教授的代表作《〈摩罗诗力说〉材源考》在鲁迅研究界有口皆碑。秦贤次是台湾收藏中国现代文学版本的第一人，也是我最早结交的台湾朋友。鲁迅说，"荐头的面子大"。黄英哲手持这两封介绍信，我岂敢怠慢，便在鲁迅博物馆对面的一家烤鸭店为他接风，特意约请了许世玮作陪。后来黄英哲去台北拜访许世瑛，就是经由许世玮介绍的。

黄英哲再度拜访许世瑛时，他已经去世。徐梅丽女士不研究文史，就把许寿裳的遗稿用报纸包成一捆一捆，交给了黄英哲，委托他来处置，并说："你来得正好，要不我就把这些东西处理掉了。"黄取走展读，发现内容十分丰富，就妥善分类保存，有的手稿还一度存入了日本银行的保险柜。1996年，黄英哲的博士论文顺利通过，后来又出版了《战后台湾文化重建》《漂泊与越境》等专著，被聘为名古屋爱知大学现代中国学部教授，如今又出任了该校国际问题研究所的所长。不觉间，我当年结交的这位青年文友已经62岁了。

可能是2007年前后，黄英哲带学生到北京旅游，约我在宾馆喝咖啡。他主动征询我的意见，问许寿裳的这批遗稿应如此处置，因为他会一天天变老，又无子嗣。我当即建议他捐给国内的有关机构收藏：一个是上海鲁迅纪念馆，另一个是福建泉州的闽台缘博物馆。时任上海鲁迅纪念馆的馆长王锡荣是个事业型的学者。我跟他相识于1980年注释人民文学出版社出版的《鲁迅日记》期间。其时他还是从上海宝山钢铁公司被借调来的一位工人，自学成才，后来在复旦大学带职读研，如今是鲁迅学术基金会的高级顾问、中国鲁迅研究会副会长、上海交通大学特聘教授。王锡荣认为研究鲁迅有两位通人，一位是冯雪峰，另一位就是许寿裳。上海鲁迅纪念馆已经专辟了"冯雪峰文库"，收藏冯雪峰的遗稿，再开辟一个"许寿裳文库"，收藏许的遗稿，这就堪称双璧了。闽台缘博物馆是我担任全国政协委员期间到泉州调研时参观过的，该馆有很好的硬件设施，短缺的是馆藏文物，而文物却是博物馆的镇馆之宝。闽台缘博物馆当时的馆长叫杨彦杰，也是一位从福建省社会科学院调来的学者型领导。于是黄英哲决定把许寿裳保存的台湾编译馆档案捐赠闽台缘博物馆，将许寿裳的其他遗稿全部捐赠上海鲁迅纪念馆。黄英哲的捐赠方式是裸捐，唯一的要求是将这批文稿档案全部影印出版，以进一步推动许寿裳研究。

2008年5月3日，由黄英哲、秦贤次、陈漱渝、萧振鸣编校的《许寿裳日记》由上海鲁迅纪念馆和福建教育出版社合作出版，首发仪式在闽台缘博物馆举行，同时还召开了"纪念许寿裳遇难60周年学术座谈会"。日本北冈正子夫妇专程赶来参加，并作了学术报告。2010年10月，《台湾编译馆档案》由福建教育出版社出版。我之所以选择这家出版社出版此书，是因为该社当时的社长黄旭是一位有学术眼光的出版家。这部书共收309件档案，按"人事""财务""行政""书信"四类编排，由黄英哲、许雪姬、杨彦杰主编。这本书的历史价值和现实意义，必将随着时光推移日益显现。

2011年9月，黄英哲、陈漱渝、王锡荣主编的《许寿裳遗稿（1—4卷）》由福建教育出版社公开出版。第1卷收录了《章（太炎）先生传稿》《小说史》《声韵学》《诗稿》。第2卷收录了《传记研究》《中国传记发展史》。第3卷收录了《诗文笔记》等。第4卷收录了回忆、研究鲁迅的文稿。2016年3月，上海鲁迅纪念馆编的《许寿裳家藏书信（上、下卷）》由福建出版社出版，共收许寿裳亲笔信553件，收信91件，同样具有不可低估的学术价值。现在这八巨册许寿裳遗稿遗物就摆在我的案头，其间经过了很多人（特别是上海鲁迅纪念馆研究人员）20多年的努力，耗资逾百万。我觉得这是对许寿裳先生的一种很切实的纪念，也为今后的许寿裳研究奠定了坚实的基础。

文末再提供一个花絮。2011年9月21日，《许寿裳遗稿》的发行式在上海鲁迅纪念馆举行。许世玮女士及其儿媳专程从新西兰飞来参加。20日晚，时任上海市委书记的俞正声设宴款待了许世玮一行，王锡荣作陪。许世玮告诉我，这纯粹是一次家宴。俞正声的母亲范瑾原名许勉文，爷爷许铭伯是长子，许寿裳是四弟，所以俞正声的母亲称许寿裳为"四爷爷"。席间俞书记对许世玮说，他决不是六亲不认之人，只是因为工作关系，与亲戚疏于联系，望能体谅。9月21日下午，俞正声以普通观众身份参观了上海鲁迅纪念馆，接着俞正声的夫人也不惊动任何人地参观了该馆。

第八节

鲁迅的同行者
——我与许广平研究

1925年12月12日,有一位署名平林的作者在《国民新报副刊(乙刊)》发表了一篇散文《同行者》。可以断言,当时能够真正读懂这篇文章的恐怕只有鲁迅和许广平两个人。这并不是因为文中有什么艰难的字词或深奥的哲理,而是一般读者不会了解文章的写作背景和真实内涵。平林就是许广平的笔名,《国民新报副刊(乙刊)》就是鲁迅编辑的副刊。文章的发表传递了一个重要信息:许广平跟鲁迅当时正"沐浴游泳于爱之波",已经从师生发展成为恋人——人生征途中的同行者。

这篇文章采用了性别代词倒错的独特写法:文中的"他"是许广平的自称,"她"反过来是指鲁迅。文章道明了她跟鲁迅产生恋情的原因——"由同情的互相怜惜而亲近起来";也就是说,他们都深受包办婚姻之苦,故能惺惺相惜。文章还披露了他们恋爱过程中的一个重要细节:鲁迅纵酒和许广平禁酒。

鲁迅患有肺病,在北京时期曾因兄弟失和以及被章士钊免职而两次吐血。医生告诉鲁迅:"如果再喝酒,那么药亦无效了。"但是,由于愤世嫉俗而产生的一种反抗心理,鲁迅仍不时沉湎于杯中之物。在许广平心目中,鲁迅是一个给人类以"光、力、血",能够使"世界璀璨而辉煌"的人物,所以力劝鲁迅戒酒。有时鲁迅偷偷喝酒,她发现后就责备说:"不诚实是叫人难过的,你知道吗?"但许广平同时又深感自责,因为喝酒是鲁迅面临压迫、排遣抑郁的一种方式,如果让他彻底戒酒,反使他不能容受巨大的苦痛,这岂不是有悖初衷吗?

许广平在这篇文章中还明确表示,她将不顾那些假道学家的冷眼和专唱高调者的责难，不顾世俗的利害、是非、善恶，跟鲁迅一心一意向着爱的方向奔驰。

像这种研究鲁迅生平的生动史料，除开许广平之外谁还能写得出来呢？不管许广平的回忆录中有多少失误，但她的《欣慰的纪念》《关于鲁迅的生活》《鲁迅回忆录》，特别是《两地书》中她致鲁迅的书信，都是所有鲁迅研究者的必读书、入门书。

鲁迅说过，他跟许广平共同生活的10年当中，创作的成果超出了此前的20年。鲁迅去世之后，许广平为保护鲁迅遗物，出版鲁迅著作，弘扬鲁迅业绩，更是付出了巨大的心血。还应该看到，许广平也有其独立的事业、独特的贡献。抗战时期她表现出的民族气节，解放战争时期她在妇女运动中的杰出表现，都是有口皆碑的。

基于以上认识，我觉得研究许广平其实就是研究鲁迅的一个有机组成部分，也是研究中国现代妇女运动史的一个侧面。所以，大约在1978年，我就撰写了一篇长文《"携手共艰危"——纪念鲁迅的亲密战友许广平同志》，发表于《南开大学学报》，后收入《鲁迅史实新探》一书。1979年4月，友人马蹄疾在广东人民出版社出版《许广平忆鲁迅》，将此文作为附录收入。可以说，在当时，这是唯一一篇系统介绍许广平生平的文章。

研究许广平，当然离不开她的亲属的帮助。我决不会忘记周海婴先生及其夫人马新云老师，是他们提供了许广平的未刊稿《我的斗争史》以及当时尚未结集的一些剪报，我才能够写出研究许广平的第一篇长文。后来我在这篇长文的基础上扩写成《许广平的一生》，计15万字，1981年5月由天津人民出版社出版，这就是关于许广平的第一部传记。此书出版前，我特请海婴先生写篇序言，他爽快地答应了。于是，他先口授，我笔录整理，他再作修订，于1980年9月25日完成了置于《许广平的一生》卷首的那篇《写在前面》。今天重读，仍感到海婴的很多看法是坦诚的、中肯的，只有两个地方后来横生枝节，惹出一些小麻烦和不痛快。

海婴在《写在前面》中提道："为了使鲁迅著作能以较低售价供读者购置，母亲又断然将鲁迅著作的出版权和全部版税上交国家出版部门。"不料1986年至1988年，海婴因鲁迅著作的版税问题跟人民文学出版社发生诉讼。人民文学出版社用海婴为我写的这篇序言作为证据之一，在一审和二审中获得了胜诉。其实，我对海婴的想法和做法都是理解的，并不认为他这一次败诉是什么

"臭名远扬"。在我的印象当中，刚粉碎"四人帮"时，海婴夫妇的总收入跟我们夫妇的总收入差不多，因为人们印象当中鲁迅的家属不会缺钱，所以他的单位多年没给海婴涨工资。当时我们家五口人，他们家六口人，而且交往广、应酬多。每年的圣诞或春节，海婴寄贺卡也成了一笔不小的开销。李何林先生曾给有关方面写过一封建议免收海婴房租、水电费的信，记得就是由我起草的，更何况80年代海婴的两个孩子都想出国深造，更需要一笔不小的费用。海婴家当时不会有什么积蓄，指望鲁迅的外国友人资助也有失尊严，因此想动用寄存在人民文学出版社的鲁迅版税也很自然。我是个法盲，不懂得诉讼中决定胜败的原因。海婴希望有关部门"既讲法也讲情"，我也不知道这种"法外情"应该如何去讲。我认为最根本的原因是时代变了，人们的观念自然随之发生变化。建国初期党和政府对许广平的生活和工作都给予了妥善安排，当时的社会风气又是以有钱为羞耻，甚至以有钱为罪恶，所以许广平对鲁迅的遗物和版税都采取了裸捐的态度。但到了80年代，中国人开始懂得"钱虽然并非万能，但没有钱却真是万万不能"这个道理。所以海婴维权，无论成败，都不是什么丢人的事情。他为我写的那篇序言，对于官司的胜负也起不了决定性的作用。

另一处后来节外生枝的文字，是海婴谈到许广平的死因"是江青指使戚本禹盗取鲁迅手稿"。许广平的确是因为鲁迅书信手稿一时下落不明而诱发了心脏病，以致猝死。戚本禹从文化部"盗走"鲁迅书信手稿也是当时的普遍说法。在《许广平的一生》第125页，我同样采用了这种说法。2005年9月28日，我在一次学术讨论会上对上述提法进行了反思。原因是五天之前我在《文汇读书周报》上看到了闫长贵的文章《鲁迅手稿遗失真相》。文中说，当年文化部从鲁迅博物馆调走这批手稿是担心基层单位打派仗，导致毁损文物；"中央文革"把这批手稿从文化部调走也是基于同样的目的，因为文化部当时也在打派仗。戚本禹到文化部接收这批手稿完全是奉命行事。他履行了手续，也当场发表了讲话，并不是暗箱操作，因此跟"盗窃"的性质有所不同。事实证明，这批手稿后来保存完好，并无损失。中国有句古语，叫"纣之不善，不如是之甚也"，所以无论戚本禹其人问题有多么严重，但单就到文化部接收鲁迅手稿这件事而言，定性为"盗走"恐怕有些不妥。基于以上认识，我在发言中提出，学者应该追求客观性的阐释学，对复杂的历史进行还原性研究。不料我这番自省性质的发言传到了海婴耳中，他勃然大怒，竟然在2005年版《鲁迅全集》

的发行式上不点名地指责我在国际会议上美化"四人帮",事后也不听我解释。对此,我至今仍然感到非常遗憾。

在写作《许广平的一生》的过程中,我还得益于友人马蹄疾的帮助。马蹄疾编了一本资料性读物《许广平忆鲁迅》,厚达798页,1979年4月由广东人民出版社出版,书中不仅收录了许广平的集外文,而且提供了一份相对齐备的《景宋著述编目》,为我写传提供了很多方便。马蹄疾编这本书时,复印机还未在国内普遍使用,许广平的很多佚文,他都是一字一句从报刊上抄录下来的。这种精神让我特别感动。马蹄疾兄写得一手好字,如果这部书稿能够保存下来,应该有学术和书法的双重价值。

我跟海婴先生在某些观点上产生分歧之后,他来信希望我能回到当年撰写《许广平的一生》时的立场上。2011年《许广平的一生》改名为《许广平传》,由人民日报出版社再版,我终于有机会证明30年来我在对许广平的评价问题上基本立场并无改变。除此之外,还有其他证据:比如1998年1月16日,鲁迅博物馆与全国妇联、民进中央共同举办了"许广平诞生100周年纪念大会",雷洁琼、许嘉璐、朱光亚、罗琼等120多人出席,贵宾把主席台上的座位坐得满满的,这次活动就是由我一手操办。在此前后,我还跟同事、朋友合作,出版了《许广平的故事》《许广平纪念集》。2018年是许广平诞生120周年,逝世50周年。我也在上海鲁迅纪念馆和上海交通大学文学院发表了题为《鲁迅夫人许广平》的讲演。凡此种种,都表达了我几十年如一日地对许广平的敬意。

但我在新版《许广平传》的后面增加了两篇附录:一篇题为《都是〈魔祟〉惹的祸——由一出独幕剧引发的文坛风波》,另一篇是《我读许广平〈鲁迅回忆录〉(手稿本)》。前一篇跟海婴先生多少有点关系,后一篇则直接跟海婴先生有关。

《魔祟》是20世纪80年代中期我发现的一篇许广平佚文,原文是用铅笔书写在一张纸上,未署名,未注明写作时间,也未曾公开发表。因为我对许广平字迹极熟,又了解她的文风,所以一眼就能断定是许广平写给自己看的作品。《魔祟》的主要内容是许广平回忆夜间跟鲁迅共同生活的情景:她先睡,鲁迅陪陪她,再继续写作。鲁迅睡前关窗户,虽小心翼翼,动静并不大,但惊醒了许广平。被睡魔控制的许广平不禁抱怨:"你那么大声音关窗子,把我弄醒了。"鲁迅去世之后,许广平也养成了夜间工作的习惯,才因当年对鲁迅理解不够、体贴不够而深深自责。这篇作品虽然采用了独幕剧的形式和象征的手法，但基本含义还是明白的。许广平在《鲁迅先生的日常生活》《鲁迅先生的写作生活》《我怕》等文中也有类似的描写。

让我万万没有想到的是，2001年上海世纪出版集团出版了一本《鲁迅与许广平》。作者是资深编辑、藏书家倪墨炎。书中居然以《魔祟》为依据，断言1925年8月许广平和鲁迅的爱情快速地进入了"新的更高的阶段"，建立了同居关系。有一位知名学者为该书作序，说这是运用心理分析方法得出的新论。我是一个感情用事的人，读到这些文字非常非常生气。因为1925年8月，北洋政府武装接收女师大，一度想把许广平等六名学生领袖押解遣送原籍。许广平被迫到鲁迅家避难，跟同学许羡苏同住在南屋客房，躲过了风声最紧的几天。如果倪墨炎的结论能够成立，那鲁迅的正义之举岂不变成了乘人之危、金屋藏娇了？更何况依据权威史料，鲁迅跟许广平定情是在1925年10月，同居是在1927年10月。

如实地说，此前我跟倪墨炎一直有学术交流。他每有新作问世总会主动寄我，其中不乏新鲜史料，使我获益。我们之间即使说不上是朋友，但起码没有个人恩怨。但这次我的确憋不住了，便写了一篇短文批驳，题为《着了魔的心理分析》。今天重读，感到我讲的虽然并非没有道理，但使用了一些有刺激性的词语，如"令读者目瞪口呆，满头雾水"，这就有些伤人了。特别不厚道的是，我在文末还提到《鲁迅与许广平》在《文汇读书周报》连载时，署的只是倪墨炎一个人的名字，但结集出书时，作者中却增添了他夫人的名字，变成了两人合著。明眼人一看便知，我当时的意思是批评倪墨炎在"合理避税"。现在反思，感到这就叫"文人互戕"。目前稿酬扣税原本过高，不尽合理，作家的背后又总会有配偶不同方式的支持。人非圣贤，何必苛责于人？

我说倪墨炎谈《魔祟》的文章多少跟海婴先生有点关系，是因为他说海婴某日给他打电话，提供了一个"绝密信息"，可以印证鲁迅跟许广平"第一次性爱生活"的时间。2001年7月，海婴先生在《鲁迅研究月刊》发表《关于〈魔祟〉答倪墨炎先生》，严词谴责倪墨炎不顾他的反对，不惜失信，不惜伤害他，公然侵犯他父母的隐私权，并重申鲁迅跟许广平同居的时间，应以许广平认定的时间为准，作为儿子他没有依据变更目前认定的事实。

倪墨炎也是性情中人。我的这篇短文一发表，我们不仅断绝了正常交往，而且从此他"逢陈必反""逢陈必骂",不仅内容真真假假,虚虚实实,还株连了我的其他几位朋友,如王锡荣、陈福康。新版《许广平传》的附录中有一篇《都是〈魔祟〉惹的祸》,就是当时我进行的答辩。如今倪墨炎先生已经作古,我仅就我当年的批评态度进行自省。至于学术上的是非,今后的读者自有明断。

另一篇附录是《我读许广平〈鲁迅回忆录〉(手稿本)》,原刊登于《中国现代文学研究丛刊》,谈的是2010年3月湖北长江集团推出的《〈鲁迅回忆录〉手稿本》。我认为,为学术界提供许广平著作的原稿,以便跟正式出版本的文字对照,从中了解许广平的构思修订过程,是一种正常做法;但把这种史料性读物包装成畅销书,听说印数高达20余万册,这就不正常了。为了促销,自然要向读者宣传其卖点,于是有一些权威学者就出面站台了,说什么许广平1961年出版的《鲁迅回忆录》是由"上级拍板"的"集体创作","有很多地方违背作者原意,有被要求改动的'左'的痕迹。""手稿本能够在50年后完整面世,意味着被极左思潮遮蔽和诠释近60年的鲁迅及其代表的文化精神的那些事,将得到还原和解放。"还有些报刊宣称,以出版《鲁迅回忆录》(手稿本)为标志,"新世纪鲁迅研究将重新启动"。

上述提法肯定不是经过认真研究之后所得出的正确学术结论。即使将其视为广告词,这也是一种夸大的带虚假色彩的广告。

我在文章中指出,许广平写作《鲁迅回忆录》的时代,是一个张扬集体主义精神的时代,所以许广平在《前言》中强调这本书采用的是"个人执笔,集体讨论、修改的写作方法",这也含有作者自谦的意思。事实上,这本回忆录是许广平每天写几千字这样陆续写出来的,写作过程中对她帮助最大的应该是秘书王永昌和那些不知名的责任编辑——他们起码在文字加工方面发挥了作用。对内容的把关,主要是在1960年2月13日于北京文化俱乐部召开的一次座谈会上,中国作协党组书记邵荃麟主持,参加者有陈笑雨、郭小川、刘白羽、阳翰笙、唐弢等。有人谈得多,有人基本上没发言,基本上是各抒己见。重读会议记录,仍感到有些意见很好,很中肯,并没有"左"得乌烟瘴气。

事后许广平对《鲁迅回忆录》作了加工润饰,使文字更加清通,也删掉了一些"左"得出奇的提法。我列了一张校勘表,收录在我写的《本色鲁迅》一书第210页至212页,漓江出版社2015年3月出版,想深究此事的读者可以参看。总的印象,我认为正式出版时书的整体水平比手稿本有明显提高,而不是修订本阉割了手稿本中的什么精华。让一部错字、病句和其他问题成堆的手稿本大量印行，我认为反而有损于许广平先生的形象。这恐怕是这部手稿本的推手始料不及的。事与愿违，此之谓也。

许广平的《鲁迅回忆录（手稿本）》中之所以出现一些"左"得离谱的文字，我认为主要是因为时代的局限，而不应该苛责于许广平个人。中国共产党历届领导人一如既往地弘扬鲁迅精神，鲁迅在中国现代文学史、文化史上又居于一个十分显赫的位置。在一个政治斗争频繁、政治气候瞬息多变的时代，作为鲁迅夫人的许广平自然会生活得十分谨慎小心，唯恐自己的言行有损于居于文坛高位的鲁迅。周海婴的《鲁迅与我七十年》中有惊心动魄的一章，题为《必需（按：似应为"必须"）说明的真相》，主要回忆1966年5月下旬江青在上海召见许广平母子的情况，从中即可见某些政治人物试图操控许广平的用心，以及许广平在"文革"时期所处的政治环境的险恶。换位思考，定能对许广平多一点理解，少一些"酷评"。

最后，我想谈谈《许广平传》的优点和不足。我自认为我这本书除开史料比较准确扎实之外，还挖掘出一些新的史料；即使重写，恐怕在史料上也难于有大的突破。我特别感到得意的是，我发现并首次披露了许广平初恋的史实。1940年1月10日，许广平在《上海妇女》第4卷第2期发表了一篇散文《新年》。这篇文章是回忆主人公霞18年前生活中发生的一幕悲剧。

我知道，许广平幼名霞，家中亦称她霞姑。她后来也使用过许遐的笔名，因"霞"与"遐"谐音，文中所说的"十八年前"即1922年，那时许广平刚从天津女师毕业，考进了北京女子高等师范学校。她在天津女师读书时有一位闺密叫常瑞麟，文章中称其为玉兰，她比许广平小两岁。毕业后常瑞麟考入北京医学专门学校，许广平却学了文科，虽专业不同，但同在北京，每周周末她们都要相聚。那年新年前夕，常瑞麟的三妹毓麟、四妹应麟从天津到北京度年假，许广平兴冲冲跑到常家，不巧毓麟、应麟都染了喉疾，许广平不知道这是什么病，便亲姐妹般地前去照顾，结果她自己也被传染上了，以为是一般的扁桃腺炎。后来疾病加剧，经西医确诊，才知道得的是可怕的猩红热病，经过开刀，引出一盘脓液，才逐渐康复。

许广平重病时曾处于昏迷状态，几近弥留状态。在此期间，文章中提到的辉曾来探视她，并送来了自己治疗喉疾的藏青果。许广平初愈时，曾想去看望这位辉，但都被常瑞麟姐妹劝阻，因为她还很虚弱，需要静养。直到过了农历正月十九，许广平才从常瑞麟的三妹毓麟那里听到了辉的噩耗，原来辉探望许广平时也被传染上了，终成不治，英年早逝。在《新年》一文的结尾，许广平动情地写道："到了第十八年纪念的今天，也许辉的家里都早已忘记了他罢，然而每到此时此际，霞的怆痛，就像那患骨节酸痛者的遭到了节气一样，自然会敏感到记忆。因为它曾经摧毁了一个处女纯净的心，永没有苏醒。"

幸运的是，常瑞麟当时还健在，1980年刚80岁，头脑十分清晰，是北京第二实验小学的退休校医。我专程拜访了她，她又于当年6月20日给我写了长信，才确知《新年》中提到的这位辉全名李小辉，是许广平的表弟，也是许广平的初恋情人。"五四"运动之后他跟他姐姐李小庄一起从广东来到北京，准备赴法勤工俭学。因为误了考期，只好在北京大学当旁听生。在许广平笔下，李小辉是一位十分开朗活泼的青年："他似乎正在走入人生第一步的幻境，像小孩东奔西走地去扑蝴蝶，连自己将要跌倒也没有留意……"谁能想到，这样一个生气勃勃的青年，几天之中就会被病魔吞噬呢？

如果说我的《许广平传》有什么不足，那主要是只突出了许广平跟鲁迅有关联的生活内容，对于鲁迅去世之后许广平的生活和事业却展示得很不充分。这一方面是因为我掌握的史料并不充分，二是因为对于建国后许广平的生活和工作写起来感到力不从心。为了弥补这一缺陷，我附录了一份《许广平活动简表（1948年10月至1968年3月）》。"简表"与传记之间存在的差别是不言而喻的，但看来我今生已无法弥补了，只能让这种遗憾成为我终生的遗憾。

2010年之后，在许广平研究方面似乎没有什么大的进展。据说许广平生前写下了一些日记，个别文字海婴在《我与鲁迅七十年》一书中曾经引用，如1961年6月6日许广平入党当天的日记。若能公开出版，当然是了解许广平思想和生活的珍稀史料。又听说许广平学生时代听鲁迅讲《中国小说史略》时也留下了听课笔记，这对研究鲁迅的教学活动也是一种珍稀资料。所以，许广平研究的学术水平还有进一步提升的空间，这是应该热切期待的。

第九节

"怪人""狂人""疯子"

——我与高长虹研究

凡是阅读和研究鲁迅作品的人,都熟悉一个名字:高长虹。仅《鲁迅日记》中,关于高长虹的记载就有85处,鲁迅书信和杂文中也有不少地方涉及高长虹。

高长虹是一位"怪人":早年带有"尼采气",常以"超人"自居;晚年郁郁寡欢,自我封闭。抗战时期他在重庆生活困难,当时二战区驻重庆办事处主任奉命送他五万元。他即刻把钱扔在地上扬长而去,斥责说:"谁要你们这些刮地皮的臭钱。"在东北解放区,他几乎不跟人说话,低着头,不看任何人。

他写出来的诗文也怪,随便从他的诗集《闪光》中抄录几首:

之九

"a, b, c, d……
打字机在活动了。
之二十六
手?!
手?!
……?!
之132
……

那边有人来了！
之138
完了，
完了
闭幕！"

高长虹又是一位"狂人"。所谓"狂"，是指他既有反叛传统思想和黑暗势力的一面，也有自以为是、目空一切的一面。他扬言只佩服两个人的文字：一个是鲁迅，另一个是吴稚晖。但他在鲁迅面前也桀骜不驯。他自己肯定过鲁迅是"思想界的先驱者"，但未名社的韦素园称鲁迅为"中国思想界之权威者"时，他浑身不舒服，觉得"瘟臭""痛惋""而且呕吐"。

把高长虹说成"疯子"，原是延安时期中宣部部长凯丰的说法。高长虹是提着一个布包，从重庆徒步走到延安的。1942年，毛泽东召开文艺座谈会，100多个被邀请的作家全部出席，高长虹是唯一没有参加这次座谈的文艺界人士。1945年秋天，毛泽东找高长虹谈话，征求他对工作安排的意见：是准备继续留在延安，还是奔赴新开辟的解放区？不料高长虹却要求派他去美国考察经济，结果谈得不欢而散。

据高长虹研究专家廖久明说，在20世纪80年代之前，研究这位作家以及他组建的狂飙社的文章只有两篇：一篇是"左联"成员韩起写的《狂飙社论》，发表于1931年5月15日《流露月刊》第2卷第1期；另一篇是鲁迅研究前辈林辰写的《鲁迅与狂飙社》，发表在1948年4月《文艺春秋》第6卷第4期。刚刚进入80年代后最全面介绍高长虹的一篇文字，是1981年我在《新文学史料》第3期发表的《鲁迅与狂飙社》。廖久明写道："陈漱渝的《鲁迅与狂飙社》发表后，高长虹研究受到重视……甚至日本也有人研究高长虹。"（《一群被惊醒的人——狂飙社研究》，武汉出版社2011年1月版，第13页）。

像我这样一个对高长虹作品原本不感兴趣的人，怎么会在粉碎"四人帮"之后率先研究高长虹，并产生了始料不及的影响呢？这其中有偶然性。

早在"文革"后期，我就开始着手研究鲁迅在北京时期跟文艺社团和报刊的关系，自然会涉及狂飙社与《狂飙周刊》。这些文章曾刊登于《南开大学学报》，并结集为《鲁迅在北京》一书出版。每次重读这些文章，我都会因文字的粗糙、史料的单薄、看法的肤浅而汗颜。这当然跟我学识的浅陋和当时治学条件的恶劣都有关联。不过，同时如实地说，这些文章也拓宽了中国现代文学研究的一些思路；用时髦的话来说，就叫作提供了若干中国现代文学研究的学术生长点。

直接诱发我撰写有关高长虹的文章的是山西太原出版社的《汾水》杂志。估计是该刊编辑董大中对高长虹这个人物颇感兴趣，该刊1980年第2期上发表了一篇曹平安的文章《狂飙社及其他——访老作家高沐鸿同志》。我经常说，凡回忆录必须鉴别，因为记忆不可能完全准确，其中往往有误、伪、隐的成分。记不清我从高沐鸿的回忆中挑出了什么毛病，便写了一篇《关于〈狂飙社及其他〉的几点补正》。大中兄宽容大度，又在《汾水》1981年第7期刊登了这篇文章。我觉得兴犹未尽，又写了一篇长文《鲁迅与狂飙社》，通过诗人牛汉发表在《新文学史料》1981年第3期。印象中，牛汉当时正在编辑《新文学史料》。他的工作单位人民文学出版社在北京东城，家住西城二七剧场附近，上下班都要经过我上班的鲁迅博物馆，所以他有事没事都会到我办公室坐坐，聊聊天，歇歇脚。他身材魁梧，骑着一辆旧自行车，我常担心车上那个坐垫会被他压塌。1981年是鲁迅诞生100周年，我的这篇文章就成了《新文学史料》发表的纪念文章之一。文章主要分为四个部分：一、狂飙社及其刊物；二、高长虹的家世及其与鲁迅交往的始末；三、狂飙社解体之后的高长虹；四、关于《弦上》周刊。廖久明说这篇文章内容比较全面即指此而言。我写这篇文章当然具有得天独厚的优势，比如《狂飙周刊》共17期，我记得只有鲁迅博物馆保存得最为完整，在其他地方是看不到的，所以给人以耳目一新的感觉。但是高长虹研究毕竟处于起步阶段，所以我对狂飙社解体之后高长虹的情况虽然勾勒出了一个相对完整的轮廓，但不可在细节上做到完全准确。关于《弦上》的情况，我也是通过其他报刊间接了解的，而不知藏书家姜德明就收藏了完整的《弦上》周刊。由于《新文学史料》的权威性，拙文刊出之后产生了广泛影响，引出了一些重要的研究文章，如尚钺的《"狂飙"琐记》，姜德明的《关于〈弦上〉周刊》，张稼夫的《我和"狂飙社"》，高曙的《高长虹的家世和青年时代》，高戈武的《忆长虹同志》等。这就为高长虹研究增添了许多第一手资料。

谈起高长虹研究，我认为必须提及五个人：董大中、闫继经、廖久明、高曙、高淑萍。

董大中是山西的一位老作家，1935年出生，长期致力于山西近现代地域文化研究，除了在赵树理研究方面卓有成绩之外，在高长虹研究方面也应该位居首功。我在董大中所著的《鲁迅与高长虹》一书的序言中写下了初见他的印象："我已经记不起跟大中兄会面的准确时间，也许是在太原召开的一次文艺理论研讨会上，也许是他到北京来专程拜访我。总之，他最初留给我的印象是未老先衰，头发黑白相间，耳朵聋得厉害，走路时略显佝偻。他的穿着特别平民化——说得好听叫朴素，说得难听就叫不入时。如果以貌取人，人们也许很难把他的打扮跟他作为一位有影响的评论家的身份联系起来。"

的确如此，老董不仅没有什么可以炫耀于人的学历，而且貌不惊人，一般人很难想象他的知识会如此丰富，观点会如此新潮。他不仅对现当代文学有兴趣，而且对传统文化、民俗文化也有兴趣；不仅对诗歌创作感兴趣，而且对国际政治也感兴趣。他的著作至少在千万字之上，至今未能全部出版。他的夫人看上去同样像是一位普通的家庭妇女，其实也是一位内秀于中的诗人。可见，人的确不可貌相。

在2010年中央编译出版社出版的《高长虹全集》的扉页上，我被列名为顾问，老董被列名为主编。但我挂的是虚名，既无"顾"，也无"问"，只是出面请原文化部部长贺敬之题写了一个书名而已。董大中的贡献则不可同日而语。老作家贾植芳教授说："记得他（按：指董大中）为搜求高长虹的作品，专程来上海图书馆查阅资料，并于1989年在作家家乡山西盂县政协大力资助下出版了三卷本的《高长虹文集》。这套书基本上收入了高长虹这个传奇性的作家的各种文体的全部作品，以及未刊手稿。接着，他又编辑了《高长虹研究文选》，收入了各个历史时期各作家对高长虹其人其作的评价和议论文章。更难能可贵的是，作为该书的附录，还收入了未见于《文集》的若干则高长虹的佚文和书信。这一浩大的工程，为多年来历史风雨中遭到埋没，在二三十年代崛起的这一文学社团——狂飙社及其有关作家作品的研究，提供了翔实的史料，为我国现代文学史的研究填补了一个重要的缺门。"（《鲁迅与高长虹》，河北人民出版社1999年9月版，第2页）由此可见，把董大中称为高长虹研究的奠基人，的确是实至名归。

下面要谈闫继经，笔名言行，1933年生，是一位离休干部。他还有一个特殊身份：高长虹的外甥。俗话说"外甥多似舅"。这位闫先生身上也有他舅舅身上那种顽强而偏执的劲头。他的夫人邢维清说，老闫脾气倔，倔了一辈子，宁折不弯，要不然"文化大革命"中就不会从政工干部被贬为一线工人，一当就是13年。他1988年开始研究高长虹，那时已55岁，不算年轻，治学条件也不能算好，但接连出版了《春柳集》《一生落寞，一生辉煌——高长虹评传》《历史的沉重》《造神的祭品——高长虹冤案探秘》这四本著作，还在报刊发表过一些文章。他就是因为常给《鲁迅研究月刊》和《鲁迅研究资料》投稿而结识我的。从他撰写的《高长虹到延安的前前后后》一文中，我也了解到一些前所未闻的情况，颇有获益。

然而，他的偏执也是十分明显的。这集中体现在《造神的祭品——高长虹冤案探秘》一书（中国文史出版社2003年9月版）中。这本书由四个人分别撰写序言：第一位是我，第二位是高长虹的独子高曙，第三位是他的夫人邢维清，第四位是年龄比他小但在学术界辈分比他高的董大中。

高曙的序言大体上说出了他们心目中的"高长虹冤案"："我的父亲高长虹全心全意为国为民奋斗一生，但却被鲁迅研究家骂了一辈子。屈原式的一个好人，被贬成了一个逢蒙式的小人。我们全家都跟着受了很大的委屈。1957年我被打成'右派'，'文化大革命'中我和我的侄子高林珠都被打成了'反革命'。全家人都抬不起头来。我们心里委屈，嘴里说不出来，闹不清我父亲在外头闯了什么大祸，犯下了什么弥天大罪。"（该书第5页）

闫继经声明，应该为高长虹冤案承担罪责的并不是"一大批鲁迅研究者"，而只有两人：一个是1956年版《鲁迅全集》中《奔月》这篇小说的注释者，另一个是1981年版《鲁迅全集》1926年12月29日鲁迅致韦素园信的注释者。小说《奔月》的注释8中，注释者说高长虹是"当时一个非常狂妄的青年作家，一个在思想上带有虚无主义和无政府主义色彩的极端个人主义者"，鲁迅1926年12月29日致韦素园信的注释者在注文中指明高长虹短诗《给——》当中，"自比太阳，以月亮喻许广平，以暗夜影射鲁迅。"

今天看来，这两条注文的确有缺点。对经典作品的注释，只需提供有助于解读作品的准确史料，以疏通文义，而不宜脱离文本发表注释者本人的价值判断，尤其不应在注文中使用带情绪化的文字。对于并非影射文学的诗歌作品，从来都会有不同的诠释，即所谓"诗无达诂"，因此更不宜把诗歌中的意象跟现实生活中的人物直接画上等号。1981年版《鲁迅全集》对高长虹诗作《给——》的注释，来自当时北京文学界的传言，带有八卦性质，即使鲁迅误信这种传言，也不宜正式写进注文。不过，所谓"高长虹冤案"的造成，有其复杂的政治背景和社会原因，不能把高长虹后人在"反右"运动和"文化大革命"中的不公待遇全部归罪于这两条注释的执笔者。建国之后，《鲁迅全集》的编注从来就是一种国家行为，也可以被视为一种集体科研成果，其成绩从来未归功于参加此项工作的一两个人，因此局部失误也不能归咎于参加编注的一两个人。目前，新版《鲁迅全集》的文字和注释一直处于不断完善的过程中，因此像闫继经那样对基本上属于学术范畴的问题进行政治性的声讨是不妥当的。在为《造神的祭品》一书所写的序言中，我坦诚表达了自己的上述态度。

高长虹研究领域的后起之秀，无疑是任职于四川乐山师范学院的廖久明教授。我的案头，摆着他的三种厚重的著作：《高长虹与鲁迅及许广平》（东方出版社2005年版）、《一群被惊醒的人——狂飙社研究》（武汉出版社2011年版）、《高长虹年谱》（人民出版社2011年版）。四卷本的《高长虹全集》，他也列名于三位副主编之首。廖久明研究高长虹10余年，付出了巨大心血；不过也有回报，那就是从硕士研究生变成了教授。

廖久明的《高长虹年谱》出版之后，他给我寄赠了签名本，还附了一张小条，希望我能写一篇书评。我知道他这是表达对我的尊重和友谊。但是我至今也没有动笔。因为他研究高长虹这十年，我的时间都花费在别的方面，对他的新作贡献不出有价值的意见。这次仓促翻阅了廖久明的几部专著，也只能谈点肤浅的感受。

首先，我觉得，廖久明的贡献之一是他对高长虹为首的狂飙社进行了系统的研究。狂飙社是中国现代文学史上较早成立的文学社团。它虽只存在了5年多，但编辑出版了近20种期刊，六七种丛书，作者队伍发展到70人左右。我的《鲁迅与狂飙社》一文只有15000字，而廖久明的《一群被惊醒的人——狂飙社研究》多达24万字，除提供了大量史料之外，还阐述了狂飙社研究的意义，的确是功不可没。

廖久明的第二个贡献，是他出任了《高长虹全集》的副主编和编委会委员。我不知道编委会的具体分工，但我知道高长虹在重庆时期的187篇文章，很多都是廖久明在他的学生李丽娟协助下发现的，这在我看来近乎一种奇迹，因为研究者长期以来对高长虹后期的创作几乎处于一种无知状态。离开重庆到延安之后，高长虹仅发表了十几篇诗文。所以，高长虹在重庆时期的作品，对于研究他后期的文学活动具有至关重要的意义。

廖久明的贡献之三是他在史料研究方法上进行了一些新的探索，体现出一种存真求实的谨严学风。比如，对高长虹《给——》（"月亮诗"）的研究，他就从网络上收集整理了大量资料，并作为附录收入了《高长虹与鲁迅及许广平》一书。这对于传统的文学研究方法无疑是一种突破，也有利于把中国现代文学的研究成果普及到更广泛的受众之中。在编撰《高长虹年谱》一书时，廖久明使用了高长虹小说中的一些材料。其实我在撰写《鲁迅与狂飙社》一文时也尝试过这种做法，我认为是可取的。高长虹的小说中虽有虚构，但含有大量的自传成分。只要选择精当，就能够丰富和开拓高长虹的研究资料。在《高长江年谱》的附录部分，收入了廖久明跟董大中的有关通信，内容是辨析《抗战文艺》第3卷第1期和1939年2月16日、3月24日在《新蜀报》上署名虹的四篇作品。这个署名虹的作者究竟是高长虹呢，还是另一位戏剧家、翻译家葛一虹？董大中认为"应是高长虹所作无疑"，判断标准是文章的思想、特殊用语、修辞手法，以及整篇文章的构思和句式。廖久明则认为其中《论历史剧》一文的作者是葛一虹，至多不过是"疑似高长虹作品"。虽然双方最终都未能说服对方，但保存下来的近两万字的通信，却提供了一个关于佚文考证和收录问题的生动案例，字里行间表现出来的那种书生气，尤值得人们尊重。

在行将结束此文时，还必须提及两位学界之外的人物。他们就是高长虹的独子高曙和高曙的养女高淑萍。

高长虹在1927年写了一部书信体散文，书名叫《曙》，1928年4月由上海泰东图书局印行，"曙"是高长虹独子的名字，他于1921年2月17日（正月初十）出生；但作品中的"曙"也是作为"未来时代的象征"。高长虹写这本书时高曙刚7岁，但在父亲身边的日子不过一年零两个月。高长虹挚爱他的儿子，但又不忍心从他那个不懂教育的妻子身边把孩子牵走，只能让孩子生活在他的思念当中。高曙童年天分颇高，由于生活环境的限制，他没有走出盂县这个偏远县城，一直担任乡村教师。我已经没有会见高曙的印象，但他的确拜访过我。那证据就是他在1988年9月3日写给我的一封信——

陈漱渝同志：

　　您好！

　　在京时前去拜访，获益颇多，非常感激！

　　前次提到的《高长虹家史》，因原来的打算有变动，我写了个《高长虹生平》，家史的一部分也写了进去。这些文字是我几年来所了解到的一些东西，也包括您提供的资料。但由于自己水平低，写得很不成熟，也由于我知道的不多，有些地方还是空白或者有出入，或者为"流言"所误，希望能得到您的帮助。

　　关于我父亲和鲁迅的关系问题，我以为有深入研究的必要，在这些文字中是遵循革命前辈张稼夫的《我和狂飙社》（《山西文学》1982年第12期）一文中的看法，不知妥否？我以为这是作为一个历史问题来看，是对一个历史人物的评价问题，应取慎重态度，作客观的有根有据的分析。在这方面您知道的是要比我多的，我也将在这方面多做努力。

　　盂县政协不知给您去信了没有，我们总的想法是想得到您的支持和帮助。

　　上次您提到让萧军的女儿萧滨写篇文章，这是我们很欢迎的，可于九月中旬或稍后寄盂县政协办公室张海慧同志收，稿子写明工作岗位和职务，我们现在对有关高长虹的回忆文章和评论文章都是欢迎的。

　　您有什么看法请来信。

　　并致

敬礼

高曙
八八年九月三日

　　重读这封信，可知高曙跟我见面之前已有通信联系。他撰写的《高长虹的家世和青少年时代》一文，经我之手刊登于《鲁迅研究月刊》1988年第11期。在他写此信之前，政协盂县委员会也已经跟我联系上了。他们在同年8月10日的来函中写道："前些日子，我们委派高长虹之子高曙同志前往拜访，受到了您的热情接待，对您给予我们的关怀和支持，我们谨致衷心的谢意。"可见高曙来京找我属于出公差的性质。政协盂县委员会希望我多提供一些高长虹研究资料的影印件，并撰写有关评价文章，我还是尽了一些力的。至于请萧军之女萧滨写文章一事则完全忘了。"萧滨"可能是"萧耘"之误。萧军在延安跟高长虹相识，萧耘当时担任萧军的秘书，可能会有这种想法和建议，究竟写了没有也全无印象。

从那次之后，我跟高曙再无联系。2001年8月，突然传来他的噩耗，说他8月8日外出看戏，猝死于郊外，时年80岁。法医开具的证明是："2001年8月13日，河底镇山底村牛腰湾半山坡上发现高曙的尸体，尸体衣着整齐，高度腐烂，双小腿少量摔伤，特此证明。"人死在山坡上，五天后就会"高度腐烂"吗？我缺乏这方面的医学知识。无论如何，高曙跟他的父亲一样，也是一个悲剧人物。

对于高曙的婚姻状况，我一无所知，只知道他收养了一个女儿叫高淑萍，高中毕业生，后来嫁到了太原小站区北格镇梁家庄。我之所以关注这位女性，是因为2005年7月，58岁的她自费来到沈阳，经过种种曲折，终于找到了高长虹临终前的三位见证人，确认了这位狂飙社的创始人1954年暮春死于沈阳的东北旅社，时年56岁。他比鲁迅小17岁，但终年跟鲁迅一样。这就解决了《鲁迅全集》注释上的一个大问题，也是我苦苦调查了25年但悬而未决的问题。2008年秋，我正式退休，应友人之邀到太原散心。高淑萍和她的丈夫一起到宾馆看我，还买了一些水果糕点作为礼物。她跟他的丈夫都是朴实的农民，皮肤黝黑，身材微胖，性格憨厚。高淑萍的特异之处是跟他的爷爷和养父一样，性格顽强而执拗。她虽然文化程度不高，但密切关注高长虹研究的进展，四处奔走，想筹建高长虹的纪念设施，弘扬高长虹的业绩。虽然实现她的愿望的可能性十分渺茫，但她仍然在不断呼吁，四处求援。

从上可知，近30多年来，高长虹研究可谓取得了长足进展。但目前又遇到了一个瓶颈。在高长虹研究资料大体齐备的情况下，高长虹研究的学术水平应该如何提升？看来只有期待廖久明这一代学者和他的弟子们。

第十节

呼唤温情

——我写怀人散文

儿时做过作家梦，成人之后才知自己与创作无缘：一是因为生活土壤贫瘠，二是因为艺术感受能力太差。所谓创造需要天才，就是说，摘取文学桂冠的只能是那种既阅历丰富又感觉敏锐的人。后来走上了学术研究之路，兴趣又偏向于考证，整日在故纸堆里讨生活，原有的那一点点写作禀赋也逐渐被磨蚀了。

然而积习终究难以涤除殆尽，所以有时技痒，也想写点学术之外的文章。诗歌是绝对不敢去碰的，这是文学殿堂里那块最神圣的地方，亵渎不得。写小说也难，因为皓首书斋，自己掘坑自己埋，与外部世界几乎处于隔绝状态，哪里来的素材？唯一能写的就是散文。我也不懂深奥的文艺理论，只知道凡韵文之外的文字均可被视为散文；凡从心底流淌出的文字，跟口语接近的文字，均可被视为散文。写散文就是跟朋友摆龙门阵，而跟朋友聊天必须坦诚相见，不必穿盔披甲，所以讲真话就成了写散文的极境。真话说得漂亮，有点含蓄美、朦胧美和形式美，于是就成了美文。

散文中我最爱读的是怀人散文。屈原《九歌·湘夫人》中有"沅有芷兮醴有兰，思公子兮未敢言"之句，可见怀人是一种人之常情，也是一种文学传统。山水游记可以写得意境深远，字字珠玑，但让人激情难遏，血脉偾张，或拍案，或唏嘘，或喷饭者并不多见；而怀人散文则可以产生以上效应。中学时代上语文课，读过鲁迅的《记念刘和珍君》《为了忘却的记念》，后来又读过鲁迅的《忆韦素园君》《忆刘半农君》《关于太炎先生二三事》……前辈和英烈那一张张和蔼亲切的面孔就传神写意地镌刻在心版上了，始终陪伴和激励我不畏艰难，不惧坎坷，奋然前行。朱自清的《背影》，巴金的《怀念萧珊》，丁玲的《我所认识的瞿秋白同志》我也爱读。我想，这一类饱蘸深情缅怀故人的文章，统统都可以被称为"怀人散文"吧。

我在学术意义上跟"怀人散文"接触，是在20世纪90年代中期。那时，友人马蹄疾兄为知识出版社（大百科全书出版社的分支）编了一套怀人散文，选收了茅盾、冰心、丁玲、唐弢、谢冰莹、曹聚仁、周作人等中国现代作家的怀人散文。这项工程刚刚启动，马兄就患上了不治之症，于是后续的工作就只好由我来勉力完成。这套丛书当然不能说毫无欠缺，但在编撰过程中也增进了我对怀人散文的感受。

我感到，撰写怀人散文有其特殊的难度。这也就是俗语所说的"画鬼容易画人难"。描神画鬼，可以驰骋想象，无所依傍，创作空间相对辽阔。而人物是客观存在，虽可浓缩，也可扩大，但绝不能胡编乱造。而且人物既有其本质所在，又有其复杂一面，取舍失当，即会变形。更何况不同人对同一人物有着不同的理解、评价和描写角度，所以写出来也就难于取得共识。我还有一个感受，就是对一个并不熟识的人，如果只需突出其某一侧面，行文并不困难，有如记者笔下的"人物专访"；但如想描写一个熟识的人物，立体化地展现其风采，下笔就难免踌躇再三。我曾出版一部30万字的自传，其中写得最为单薄的就是妻子。其原因就是了解太多、太深，反而觉得分寸难以把握，笔下难以驾驭。

尽管创作怀人散文有相当难度，我还是勉力写了几十篇，如今将其中的21篇遴选出来，交北方文艺出版社出版。因为缅怀的人物大多是我的师友，又大多已经作古，很多往事已成追忆，所以便从唐人李商隐的七律《无题》中取出"昨夜星辰昨夜风"七个字作为书名。我原想为自己的枯涩文字增添些许诗意，待书印成之后才知道撞书名的不同读物竟有几十种。为脱俗反而媚俗，这实在是始料不及，让我十分尴尬。

这本小书出版之后得到了一些友人的鼓励。作家张抗抗说："《昨夜星辰昨夜风》是一本感情真挚、内容丰富、制作精良的怀人散文。在书中我们见到了一位又一位令人尊敬的文化大师及他们的故地，由于该书所记述的人物、场景，大多来自作者的第一手材料，所以格外珍贵。大师们生动、可亲、可信、可爱的形象，在作者陈漱渝先生笔下复活，栩栩如生，娓娓道来，与我们亲切对视、对话。他们曾经生活工作的岁月虽已远逝，但书中所描述、所赞颂、所弘扬的大师们承载的文化精神、人文情怀，对真理的执着追求，对自由独立人格的坚守，对真善美、生命、友谊的尊重和热爱，通过陈漱渝先生的记述抒发，清晰地呈现在我们面前，走进我们心里，并将长久地留在读者记忆中。"巴金研究专家周立民说："这本书裸线装，拿在手里很舒服。所怀之人，从胡适开始，都是现代文学大家、大学者。怀人之文，是现在被写得很滥的一种文体，很多人抹着眼泪说了很多废话。这本书却不是这样，而是篇篇有'料'，这'料'还不仅是交往中的难忘细节，而是史料的发掘、辩证、澄清，不少都关于文学史实。"著名民国史专家杨天石、原中国出版集团总裁聂震宁、中国人民大学文学院院长孙郁、中国文艺评论基地执行主任李林荣教授等也出席了这本书的发布会，热情洋溢地讲了不少鼓励的话。

　　文友们的褒扬，其中自然包含有偏私和谬奖的成分，不过其中有一点倒是正确的，就是我写的怀人散文虽然难以在文采方面跟当下的那些散文大家比肩，但拙作中的史料性却是相当多的怀人散文所欠缺的。《昨夜星辰昨夜风》中抒写的对象有胡愈之、胡适、萧三、李霁野、戈宝权、章川岛、李何林、林辰、台静农、苏雪林、柏杨、李敖、林海音等文坛耆宿和知名学者，他们本人即是现当代文学史上的研究对象，而我提供的又大多是亲历、亲闻、亲见的资料，所以这本怀人散文集除开可以从文学角度阅读赏析之外，还可以供现当代文学的研究者参考收藏。

　　我在前面记过，这本书中的缅怀对象，大多数是我的师友。人贵知恩，贵在感恩：既感天地呵护之恩、父母养育之恩，也感师友提携相知之恩。在我的漫漫人生路上，他们曾给予我无私而切实的帮助。我有一个做人的原则：如果我做了些许有益于他人的事情，一定要提醒自己赶快忘掉；如果他人曾经给过我或大或小的帮助，那一定要铭记不忘，常怀感恩之心。所以对于我自己，《昨夜星辰昨夜风》也是一本感恩的书。对于在纸质书籍出版维艰的当下，仍乐意出版这本书的出版社和精益求精的责任编辑，我同样怀着感恩之心。当今社会竞争激烈，人际关系中功利色彩愈益浓厚，所以我想用这本感恩的书来呼唤人间的温情。如果多少能在这方面取得一些效果，那这本书的意义就会超越于文学和学术。这是我十分企盼的！

第十一节

居然跟"性博士"沾上了边

——我与张竞生研究

2018年9月，从遥远的广东汕头发来一封邀请信，内容是2018年12月14日至17日，韩山师范学院、广东省文史研究馆和广东省档案局将联合召开"张竞生与现代中国学术研讨会"。联系人李彬老师来电话说，这次会议邀请了一些学界大腕；此外也邀请了我，原因是在新时期我研究张竞生起步较早。大约在27年之前，我在《人物》杂志和台湾《联合文学》先后发表了一篇长文《"性博士"传奇——平心论张竞生》。这篇文章在当时产生了一定影响。

对我而言，"研究张竞生"是一种夸大之辞，准确地说我只是关注过而已。起因是鲁迅和许广平之间的一次调侃。1926年9月30日，鲁迅在致许广平的一封信中，讲到厦门大学选修他的课程的学生多起来了，其中有五位女士。因为当时鲁迅跟许广平正在热恋之中，所以他对远在广州的恋人承诺："我决定目不邪视，而且将来永远如此。"许广平读到这封孩子气十足的情书，想起了张竞生在《美的社会组织法》中的观点。张竞生把女子比喻为花："艺术之花""慈善之花""新社会之花""点缀之花"……认为人应该破除"私有之念"，可以像欣赏一切鲜花那样去欣赏一切女人。同年10月4日，许广平在回复鲁迅的信中俏皮地建议鲁迅对女生不必"邪视"，而可以"冷不提防地一瞪"。鲁迅于同年10月20日再复许广平："张先生的伟论，我也很佩服，我若作文，也许这样说的，但事实怕很难。""以己之心，度人之心，知道私有之念的消除，大约当在二十五世纪，所以决计不瞪了。"可见鲁迅并非从根本上反对张竞生的上述观点，而是认为他的想法和说法不切实际，带有乌托邦色彩，至少在500年之后才可望实现。

后来在鲁迅的《三闲集》里读到《书籍和财色》一文，我对张竞生的印象就不免复杂起来了。这篇杂文是揭露有些书店用不正当的手段促销，除先定高价后再打折之外，还有买书赠丝袜、送画片、请吃冰淇淋等方式。最露骨的是情色促销，例子就是张竞生开了一家"美的书店"，"曾经对面呆站着两个年青脸白的女店员，给买主可以问她《第三种水》出了没有？"张竞生提倡"美的人生观"和"美的社会组织法"，所以也以"美的"作为书店店名。鲁迅未必去过"美的书店"，他的评论肯定是根据当时报刊上的报道写的，而这种报道又肯定带有夸张和漫画化的成分。事实是张竞生把1927年他在《新文化》月刊发表的五篇文章，以"性育丛谈"为丛书名在美的书店出售，其中第一篇题为《第三种水与卵珠及生机的电和优生的关系》（又名《美的性欲》），曾刊登在《新文化月刊》第1卷第2期。张竞生的所谓"第三种水"即"巴多林液"。他认为女性在性生活中如果能分泌出这种水，其孕育的胎儿必定壮健优良。张竞生是从性学、优生学和胚胎学的角度研究这种生理现象的，但一般人却把"第三种水"简称为"淫水"，从而也就简单化地把张竞生的学术研究视为"诲淫诲盗"。其实，女性的这种生理现象在古希腊哲学家的著作中已有记载，中国古代的野史小说中对此亦有描绘。从20世纪50年代到80年代，西方的性学专家更有一批新的研究成果问世。至于雇佣女店员的做法，打破了上海商店只雇佣男店员的传统，在当时似乎是一件惊世骇俗的事情。今天人们不仅对此习以为常，而且还有人认为张竞生开辟了女性就业的新途径。对张竞生看法的见仁见智，引发了我对这位传奇人物的兴趣，因此收集了一些资料，写成了一篇《"性博士"传奇——平心论张竞生》。我从他的学生时代，辛亥革命期间的革命活动，留学法国的经历，《性史》风波，婚姻恋爱，晚年境遇诸方面介绍了他的一生。文中有两个章节，专门介绍"美的书店"和关于《第三种水》的论争。

大约是20世纪90年代初，我把此文交给人民出版社的《人物》杂志发表。当时这份杂志颇具权威性，责编是我的朋友李京华女士。1991年我到台湾访学，又将此文交给台湾《联合报》系统的《历史月刊》发表。该刊负责人林载爵是位学者，他欣然同意，但临近付排时却被他的上峰撤稿，他们认为谈论张竞生颇为无聊。这件事传到《联合报》系统的另一份刊物《联合文学》主编初安民的耳中，他大为不平，说："这么好的文章，他们不登我们登！"这样一来，这篇文章又在《联合文学》第7卷第4期刊出了。《联合文学》是当时台湾文学刊物中的顶级刊物,稿酬一字一元台币,使我名利双收。张竞生在广东汕头和在台湾台北的亲属对此文均表示认可。张竞生的嫡子、广东省潮州市饶平县政协副主席张超还多次到北京看我,这些都使我感到十分欣慰。

应该是在撰写《"性博士"传奇》之前,我在《团结报》还发表过一篇跟张竞生有关的文章,题目是《谭陈联姻与爱情定则——六十年前关于爱情的大讨论》。当时友人杨天石在《团结报》主持一个《民国史谈》专栏,责编全灵又是我的同乡和朋友,所以我写了一系列短文擂鼓助阵。后来《民国史谈》的文章经筛选结集之后曾两次出版,我也将有关文章收进了我的自编文集。我不知道这组文章产生了什么影响,但在百度上检索,此后类似这一标题的文章很多,2011年还有人将当时的讨论文章结集为《爱情定则》一书,由三联书店出版。

"爱情定则"讨论的历史背景,我在文章中已经介绍,故不赘述。在此仅仅重提张竞生给爱情下的四个定则:

一、爱情是有条件的,这些条件包括感情、人格、状貌、才能、名誉、财产等项。条件愈完全,爱情愈深厚。

二、爱情是可比较的。爱情既是有条件的,就是可比较的东西。以组合爱情条件的多少和浓薄作为择偶标准,是人类心理中的必然定则。

三、爱情是可以变迁的。有比较,自然就有选择;有选择,自然就希望善益求善,所以爱情是变迁的,不是凝固不变的。由订婚至解约,成夫妻至离异,用可变迁的原则衡量,实在是很正当的事情。

四、夫妻为朋友的一种。夫妻的关系与朋友的交好有相似的性质,不同之处是夫妻比密切的朋友更加密切,所以夫妻的爱情应比深厚的友情更加深厚。夫妻若无深厚的爱情,就不免离散。

何谓"爱情"?张竞生的"爱情定则"是否正确?这应该是一个古老的世界性的问题,见仁见智,一直在哲学、社会学、心理学等领域长期争论不休。在中国现代,较早提出爱情是何物的人应该是鲁迅。早在1919年,鲁迅就在《热风·随感录四十一》中借一位"不相识的少年"之口发出了这样的声音:"我是一个可怜的中国人。爱情!我不知道你是什么。"鲁迅的回答是:"爱情是什么东西?我也不知道。"在这篇杂文中,鲁迅反对无爱情的婚姻,反对一男多女、一夫多妻的婚姻制度;叫出了"没有爱的悲哀""无所可爱的悲哀"。

那么当代人对"爱情"又作何解释？查阅《辞海》，没有关于"爱情"的条目，估计是因为这个词的含义并非三言两语所能道明。查百度百科，对爱情的解释是："爱情，简单的理解为，因对某些物的喜爱所产生的情愫。爱情有爱情情感、愿望、欲望等，爱情伦理关系，爱情承诺关系。"（原文如此）又说，"爱情"指两个人之间相爱的感情、情谊。还有专家把爱情分为形而上层面和形而下层面，越说越玄虚，让我不想深究下去。比较起来，我还是认为张竞生的理解表述得比较直白，相对切合实际，虽然当年《晨报副刊》刊登的60多篇讨论文章当中，以反对张竞生的意见居多。

直言不讳地宣称"爱情是有条件的"，这很容易给人以功利主义的印象，被认为玷污了爱情的纯洁性。比如许广平曾以维心为笔名参加讨论。她首先强调的就是爱情的高尚性和理智性，有别于动物的生理冲动。在其他文章中，许广平更强调自己是"真爱"的追求者。这种"真爱"可以使她毅然向旧传统、旧礼教宣战，"宁可丢弃名誉、地位、家庭、财富，忍受责骂，或委曲自己"，"不自量也罢，不相当也罢；合法也罢，不合法也罢"，"一心一意的向着爱的方向奔驰"。

但不能因此就认为许广平的爱情是无条件的。她十二三岁桀骜不驯地公开反对包办婚姻，就是因为对方家长是个劣绅，民愤极大。她的初恋对象是表弟李小辉，爱他的原因是他"热情、任侠、豪爽、廉洁"，这些其实就是许广平的择偶条件。李小辉因猩红热病去世之后，许广平毅然选择了鲁迅，首先是因为鲁迅是她的人生导师，双方有着反叛包办婚姻的共同思想基础，又在女师大风潮中携手偕行，跟教育界的保守势力进行了艰苦卓绝的斗争。没有这些条件，许广平绝不可能无缘无故地爱上一个比自己年长18岁的异性。所以，说"爱情是有条件的"并没有错，否则就成了鲁迅所反对的"盲目"的爱。只不过不同的人择偶的条件不同：有的高尚，有的世俗，有的低下。前些年有些拜金女宣称"宁可坐在宝马车里哭，也不愿坐在自行车上笑"，在我看来就是一种低下的择偶观。

"爱情是可以比较的"，这更是一个事实。既然择偶观有高下之分，不同的人爱情的美满幸福度当然就可以区分。有人认为婚前可以比较，婚后就不应该比较，以免出现"吃着碗里的，瞧着锅里"的情况，破坏家庭的稳定秩序。这其实是不同范畴的问题。所谓"比较"并非限定当事人进行比较，旁观者也会有意无意地比较。因为不同的个体都是相对独立的存在，而有差别就有比较。俗话说："金无足赤，人无完人。""山外有山，天外有天。"人是既有情感又有理智的动物。正常生活中的男女在结婚之后都会用道德进行自律，自我主宰，不可能有"阅尽人间春色"的奢望。那种包含性冲动的激情自然不能持久，但爱情再添加上亲情之后就像沙石遇到水泥，会凝结得更加牢固。除开道德、法律意识之外，子女、财产和其他亲友关系也都能成为维系家庭稳定的重要因素。

　　说爱情是可以变迁的，更不是提倡见异思迁，而只是在陈述一种现实。中国传统道德一直提倡"执子之手，与子偕老"，夫妻不但要共同凝视太阳初升，而且要共同凝视夕阳西下。然而对于一般人而言，初恋的成功率大约不高，因此有人甚至做出了"初恋大多是悲剧"的判断。其原因就是初恋的男女情窦初开，重视的是眼缘或其他瞬间感受，而对构建家庭的复杂性缺乏充分的认识。一旦到了谈婚论嫁的阶段，现实生活中的种种矛盾就产生了，初恋双方就会因为分歧不可调和而导致感情破裂。在当下社会，离婚率升高也是一个不争的事实。据统计，2016年依法办理离婚手续的夫妻有437.4万对，比2015年增长5.2%。我们虽然不能把离婚一律视为"爱情保鲜"，但离婚的社会原因确实存在，应该深入研究，妥善解决。真正做到"爱时珍惜，不爱时放手"，绝非一件容易的事情。因此，一定要把家庭稳定视为社会稳定的一个重要因素。许广平当年参加"爱情定则"的讨论时，曾反对爱情可以比较、可以变迁的观点，她反驳说："我个人理想，以为爱情是最真挚，不屈于一切的。彼此如果有深厚爱情……忘我忘他，舍生忘死，心目中只有一人，那时尚容得着比较吗？尚有可以变迁吗？"许广平的肺腑之言，反映的是爱情的一种崇高境界、理想境界，但不能因此认为凡变迁之后的爱情就不是爱情，就一定贬值。许广平初恋李小辉时的爱情是崇高的；许广平在李小辉病故之后对鲁迅的爱情更是崇高的。在漫长的人生旅途中只有一次情感经历并从一而终的人毕竟是少数，这应该是一个不争的事实。

　　张竞生认为"夫妻为朋友的一种"，在当时也遭到了大多数人的反对，认为夫妻在家庭、子女、经济等方面关系密切，并且互受性生理驱动力的作用，跟一般朋友并不一样。问题是张竞生并没有将"夫妻"跟"朋友"之间画上一个等号，而只说是"朋友的一种"，我不认为这有什么不妥。有人把朋友比喻为暗夜的灯、雨中的伞，没有年龄、性别、地域、种族之分，关键是要情谊深笃，心灵契合，困难时能够相濡以沫。因此，从广义而言，将夫妻视为朋友关系的一种是可以的。夫妻和异性普通朋友两者之间的实质性差别，仅仅取决于是否有性生活。

最后我还想谈谈张竞生关于"情人制"的构想。张竞生认为，"夫妇之道苦多而乐少"，所以他既反对多夫多妻的群婚制，也反对一夫多妻、一妻多夫和现在世界上最为通行的一夫一妻制。张竞生断言这些婚姻制度背逆人性，最终将被"情人制"取代。需要说明的是，张竞生的"情人制"并非提倡滥交胡搞，而是"以情爱为男女结合的根本条件"，因为"爱的真义不是占有，也不是给与，乃是欣赏的。惟有行情人制的男女才能彼此互相欣赏"，"利多而害少"（《美的社会组织法·情人制》）。

"情人制"的"利"在何处？张竞生开列了四点："第一，使男女了解情爱的意义；第二，他们知两性的结合全在情爱；第三，使人知情爱可以变迁与进化，孜孜努力创造新情爱者才能保全；第四，使人知爱有差等，即在一时，可以专爱一人而又能泛爱他人。"张竞生主张婚姻应以情爱为基础，而情爱只有不断创造才能保鲜，这种看法无疑是可取的。鲁迅小说《伤逝》中男女主人公婚姻的破裂，就是因为爱情未能更新、生长。但张竞生忘记了根本的一点，就是男女之间的性爱是有排他性的。如果允许"泛爱"，那又如何能谈及"专爱"？所以，他所说的"人尽夫也，而实无夫之名；人尽妻也，但又无妻之实"，恐怕会导致恋爱中的"杯水主义"，在现阶段更容易造成对妇女儿童权益的损害。

需要声明的是，我对伦理学、社会学毫无研究，更没有考察过婚姻制度的问题。但我毕竟是社会的一员，多少有些阅历，所以还想对"情人制"发表一点浅见。在中国古代，"情人"可以指情感深厚的友人；但在当下，"情人"恐怕是多指有同居生活而无法律名分的男女。青春期正当恋爱的双方，一般都被称为"恋人"，或互称"男友""女友"。我们无论对情人现象做出何种道德评价，这种现象的存在恐怕也是一个不争的事实，而且甚至有发展的势头。我所说的情人现象，绝不包括贪官或大款包养二奶，因为那是一种性贿赂或性交易，是对男女爱情的玷污和亵渎。据我观察，当下的情人现象不仅产生在中青年人群当中，老年人队伍中同样存在。如果中青年男女同居，只要双方未婚，社会上已经采取了默认态度，没有单位和他人会去追究。不过如双方或其中一方婚姻关系未能解除，那仍然会受到道德和舆论的谴责。当下社会之所以对同居现象采取了越来越宽容的态度，跟改革开放过程中人口的流动不无关联。大量农村青年到城市打工就业，他们有了结婚的需求而没有正式结婚的条件，同居现象于是应运而生，只是同居时间长短不同，分手的状况也有所不同。老年人队伍之所以也出现同居状况，多半是因为丧偶之后感到孤单，如果正式结婚又可能遭到儿女反对或遇到财产分割之类的麻烦。总之，情人现象业已成为当下婚姻制度的一种补充形式，在法律面前处于一种尴尬状况，也有人称之为"事实婚姻"。从原始社会的群婚制到当代社会的一夫一妻制，显然是一种历史的进步，也适应于当下的社会经济条件。张竞生提倡"情人制"，动机是反叛当时的包办婚姻制，但他的理论既不符合中国国情，本身又十分片面偏执，因而没有可行性。未来的婚姻制度究竟如何，那恐怕会像鲁迅预言的那样，只有500年后才能见到分晓。

　　张竞生在他的传奇人生中，自然有多方面的活动和贡献。但他的毁和誉都与性学研究相关。所谓性学，是指以性生理、性心理和社会中性现象为研究对象的一门学问，也是人类认识自身性行为及其发展规律的科学。虽然原始初民即有生殖器崇拜，广义的性学也有约2000年的历史，但现代的性科学直到18世纪80年代至20世纪初才初具规模。在中国，一方面有色情文化的存在，直至当下，在网络空间还可以轻易看到色情视频，卖淫或变相卖淫的情况还客观存在，性骚扰的事件也时有曝光；但另一方面，在全社会，特别是在青少年人群中还缺失应有的性教育。不少人仍旧谈性色变，把性学视为神秘而又肮脏的领域。据统计，从2014年至2015年，到公立医院流产的有900多万人，而到2017年竟增加到了1300万人，其中65%都是未婚女性。由此可见，作为中国现代性学研究的前驱，张竞生的研究还是有开拓意义的。虽然他的理论有种种偏执和局限，但他绝不是提倡"禽兽般地滥交"。20世纪50年代，张竞生在新加坡出版了一本《十年情场》，对他的性学研究进行了回顾反思和自我批判，我认为态度诚恳，实事求是。

结　语

　　写完这组杂七杂八的短文，我的体会是：虽说这些都算是我的"杂学"，但其实仍然跟鲁迅研究这门"主学"相关联。因为我涉猎的这些人物都是鲁迅的同时代人，而且都跟鲁迅有所交集：或为"友"，或为"仇"，或先为"友"后为"仇"。鲁迅并不是一个孤立的存在，不对鲁迅的同时代人进行独立的研究，也就不可能对鲁迅做出客观公正的科学评价。我的怀人散文当中写的那些人物，也大多是鲁迅的友人或研究者。从这个意义上说，这些"杂学"也不杂。知识总是触类旁通的。俗语说："生有涯，知无涯。"在向80岁进军的征途中，我最深的体会就是我的知识面太狭窄，所以仍需秉烛读书，给此生少留些遗憾。

第九章

退休,人生掀开新一页

第一节

告别鲁迅博物馆

北京阜成门鲁迅故居的南面,有一座灰砖小楼,地面两层,地底一层。1980年10月22日,我随成立了四年的鲁迅研究室从西黄城根北街2号搬到这里办公,在此一待就是28年。只要不出差或放假,我每天都到这里办公。故居墙外的那两株著名的枣树早已被砍伐,取代它们的是两株落叶乔木——栾树。每当夏秋之际,那硕大的树叶随风发出簌簌的声音,真有金锵玉振之感。一位来访的香港友人说:"这是天籁之声啊!"

但即使真是"神仙境界",也不适合凡人久留。2001年7月,我已满60岁,到了退休的年龄。因为我是第九届全国政协委员,任内不退休,但按人事制度的规定,副馆长的行政职务是应该免去的。中国想当"官"的人虽多,但物色一个文化单位的业务领导也并非易事。当时单位的主要领导多次对我说:"你是旗帜性人物(这是对方原话,不是我的自评),希望你再帮帮我,不考虑其他的事。"我听后非常感动,但同时也在积极物色接替人选。后来担任鲁迅博物馆馆长的孙郁先生就是我鼎力推荐的。

2002年3月19日,国家文物局党组决定免去我的行政职务。同年4月4日,时任国家文物局副局长的郑欣淼率局人事司的干部来馆宣布这一决定,同时宣布了由孙郁接替我的职务。郑局长代表局党组给予我的工作以肯定性评价。我也讲了以下一番话:

> 谢谢郑局长代表局党组讲的鼓励的话。我将把这些话当成一种鞭策,走好今后的人生道路。

今天是我一生当中值得纪念的一个日子。5年前，承蒙组织信任，我被任命为鲁迅博物馆副馆长。我感到非常突然。当天正准备去外地讲学，小汽车已经停在我楼下。我临时改变了行程，直奔文物局。跟我谈话的是办公室主任王良学。我提出三点请局党组考虑：一、我是无党派人士；二、我不可能得全票；三、我快55岁，年龄没有优势。局党委可能考虑到当时的需要，仍然起用了我。对此，我非常感谢。5年后，又承蒙组织爱护，我被及时免去了我的行政职务。我虽然也感到有几分突然，但立即表示服从，没有二话。现在大家都对不正之风表示反感。我以个人的微力改变不了社会风气，但我完全有能力要求自己不搞不正之风。鲁博同志都可以证明，我任职之前没有搞过任何非组织活动，没有凭借任何关系、任何背景。现在我被免职，也并非有什么劣迹，是干干净净、体体面面因年龄限制下台。"质本洁来还洁去"，我对此非常满意。想起来时间过得真快，不知不觉我已满了40年工龄，馆龄也到了26年。去年我带中国作家代表团访问南斯拉夫的时候，曾经冒雨凭吊一位女诗人的墓地，并在她的墓前朗诵了她的一首诗，题目是《我留下的时间不多了》。大意是：我在人世的时间不多了，没有精力去应付那些无尽无休的人事纠葛，没有体力去蹚那些世俗社会的污泥浊水。我应该集中有限的精力去考虑那些我能够做而又于人类有益的事情。现在，我终于能够利用剩余不多的时间，随心所欲地做我愿意做的工作。这真是进入了一个无比美妙的人生境界。

感到惭愧的是，5年多来，虽然鲁博的干部职工一直支持我、爱护我、鼓励我，但我却没有为鲁博做出什么贡献，没有留下什么政绩工程。好在大家都能体谅我，从不对我有什么苛求奢望。这种友情一直温暖着我的心。古代关于友情的佳话，莫过于春秋时期管仲、鲍叔的故事：在日常生活中，鲍叔很吝啬；打起仗来，鲍叔又经常临阵脱逃。但管仲一直体谅他。管仲知道，鲍叔吝啬，因为他家里的确太穷；打仗临阵脱逃，是因为他家里有老母需要奉养，所以管仲既不认为鲍叔贪心，也不认为鲍叔胆怯。我联想到每年考评的时候，有的同志给我评优，有的同志给我评合格，就是抱着管仲体谅鲍叔这样一种宽大的胸怀。我上任抓的第一件事,就是陈列厅序幕厅的设计改建。这是我分管的工作。但为了使这区区5万元启动费到位,我耗费了整整半个月的时间。这件事真正使我感到了自己的渺小,感到了一个非党干部担任行政职务的艰难。

当然,我也不是一无是处。如果说我还有什么值得肯定的地方,我想至少有两点:一、在工作中团结协作,顾全大局,从不拉帮结伙,投机钻营。对于法人,我非常尊重。虽然我喝的墨水比他多,年龄比他大,但因为他代表了一级党组织,所以我非常尊重他,极力维护他,没有做过台上握手台下踢脚的事。二、光明正大,敢于直言。无论支持什么,反对什么,我都力图从鲁博的利益出发,不去考虑个人的得失。鲁博虽然是小单位,但规格较高,馆内外都有人希望得到鲁博馆长、副馆长的位置。古人说:"举贤内不避亲,外不避仇。"我要求自己学习这种高风亮节。这样做的结果,是我得罪了一些人,但我"虽九死其犹未悔"。路遥知马力,日久见人心,出水才看两腿泥,一切是非曲直终究都会由事实来做出回答。

4月5日中午,一块乌云飘上了我卸任后原本轻快的心空。我之所以对这个日子记得特别清楚,是因为第二天我将最后一次在鲁博主持学术研讨会。那天午饭时,一位平时接送我上下班的司机好意告诉我:"陈馆长,刚才给司机开了会,明天我就不再接送你了,你要有思想准备。"我有些不相信,便直接打电话问那位一直热情称我是"旗帜性人物"的领导,得到的是冷冷的答复:"是的,你被免了职,还来上班做什么?"然而,在宣布我被免职的会上,文物局党组明明白白有三项决定:一、鉴于我尚在全国政协委员任内,免职而不退休,工资随在职人员浮动;二、保证因公用车;三、仍可阅读司局级干部阅读的文件。事隔一天,音犹在耳,怎么就会风云突变呢?一个并未退休的"旗帜性人物",多上几天班对原单位有什么大碍呢?当时,我除了承担修订《鲁迅全集》的任务,并出任《鲁迅全集》编辑修订委员会副主任之外,还承担了国家文物局的一个课题:《论鲁迅的当代意义》。让我立即打道回府,于查阅资料和对外联系均有不便。国家文物局领导得知这一情况,跟我馆领导进行沟通,才改变了这一决定。出于赌气,也为了给自己再增添一个上班的理由,我迟至2003年1月4日才坚辞《鲁迅研究月刊》主编的任务。我当时认为，月刊在鲁迅博物馆并非任何一级行政建制，自创刊以来，我又是刊物的实际负责人之一，晚辞几个月也构不成"恋栈"的劣迹，不料竟成了被人攻击的一个重要口实。2003年1月23日，我连任第十届全国政协委员；2004年4月16日，我又被全国政协办公厅特聘为信息特邀员，列席全国政协常委会。这样，我在职的时间又延续了5年。

2007年底，有人跟我交心，劝我"见好就收"，并说如果再干，退休人员中有人会"搞"我。我不知道我有什么可"搞"的地方：贪污？腐败？反党？但我知道我陷入了鲁迅所说的"无物之阵"，应验了足球运动中那条"大热必死"的定律。

2008年，我不再连任全国政协委员，国家文物局通知我正式退休。退休之前，根据劳动人事部的有关规定，经国家文物局专家组评审，我被评为"二级研究员"。由于社会科学界没有"一级研究员"的设置，"二级研究员"就成了最高的职称。我感激各级组织的关爱。我深知这只是我的一种机遇，并不意味着我的学识在其他比我早退休的业务人员之上。不过，获此殊荣也是我人生中的一种安慰。

离开鲁迅博物馆之前，我委托孙郁馆长在中层干部会上宣读了一份书面发言——《告别鲁博》：

> 真是岁月不饶人，我终于到了办理退休手续，要告别鲁迅博物馆工作岗位的时候。不知不觉，我从北京一所中学调到鲁博，已经整整32年了。退休是人生的必经阶段，由于我担任过两届全国政协委员，受到组织特殊照顾，比一般男同志晚退了7年，即使将来退休年龄延长至65岁，我也晚退了2年。我太知足了，并因此而深感惭愧。
>
> 更使我惭愧的是，这32年当中，我为鲁博所做的贡献太少。当然也不是光吃"鲁迅饭"，一点正事也没干，如果这样说，会显得过于虚假。不过，留在记忆中的，也只有为数不多的几件事，比如把一份原来内部少量印行的《鲁迅研究动态》变成了一份公开发行的核心期刊——《鲁迅研究月刊》；为1997年获全国十大文物精品展之一的鲁迅生平陈列撰写、修订了说明文字；启动了鲁迅藏书数字化管理工程，

并征集了许寿裳、林辰的文物藏品；把鲁迅阜成门旧居由北京市文物保护单位升格为全国文物保护单位；在鲁迅研究室主持了20多年的学术研究和学术活动，其中有些活动在国内外产生了一定的影响。当然，这些工作也都是在领导的支持和同人的参与配合之下完成的，绝不是单凭我个人的绵薄之力。对于这一点，我有自知之明。

不过，鲁博给予我的要多得多。它不但为我搭建了一个广阔的学术活动平台，而且我长期得到了各个部门很多同人具体而切实的帮助，包括借阅图书，报销药费、收发邮件、打印文稿、因公用车、复印资料，乃至于打扫卫生、代领盒饭，真的是长期享受了"老爷"的待遇。古语说："知恩图报。"我退休之后，已经无力对帮助过我的人一一回报，但"知恩"这两个字，我还是能够做到的。我只好把大家对我的种种帮助变为温馨的回忆，让它化为春雨滋润我的心田，使我临终之前对这个人世多增添几分依恋。

在临别之际，我特别想说的是，我这个人身上的确有很多毛病，虽然年龄不小，但处事智商不高，所以在有意和无意之中肯定会做错一些事，说错一些话，伤害一些人的感情。现在正号召构建和谐社会，希望大家看在我还算耿直，还算正派，还算清廉的分上，多多原谅我的过失。退休之后，我一定会对这些人生的败笔一一加以反思，并以此教育我的后代。

孙馆长对我说，准备开一个中层干部会欢送我，同时请我吃餐饭。孙馆长是我的同事，我也以朋友视之，我谢谢他的好意，但是我对这种场合特别胆怯。如果感动得一塌糊涂，我一定会失态，破坏气氛，更何况当前经济形势并不完全乐观，馆里的经费也有缺口，所以我对一切心领了。来日方长，时间能说明一切，我们还是以其他方式表达彼此的感情吧。

今天，我最后一次清理了办公室，从墙上摘下了已故友人马蹄疾留赠我的条幅，上面写的是："宠辱不惊，笑看庭前花开花落；去留无意，漫随天外云卷云飞。"我现在才感到，真正做到这一点有多么艰难。但这是每个人在人生中迟早都必须面对的事情，我愿与大家共勉。

第二节

家，避风的港湾

写自传不能不涉及家庭，因为家是生之源、死之所；它可以成为风暴的源头，也可以成为避风的港湾。

我长期没有一个稳定的家。幼时随母亲寄居在外公家，在故乡这并不是一件光彩的事情，俗话叫"吃伴甑饭"。"甑"是一种蒸饭的器皿，"吃伴甑饭"就是混吃混喝、寄人篱下之意。后来读书、工作，长期住集体宿舍，与母亲南北暌离，与妻子分住在学校两个小院的单身宿舍，也谈不上有家庭生活。直到20世纪60年代后期，经一位在房管局工作的学生帮忙，才在北京宣武区校场口裘家街租得一处平房，先为一间8平方米，后为两间11.5平方米，这才陆续把母亲和两个儿子分别从长沙和成都接来，拥有了一个祖孙三代共处的五口之家。

家庭生活中固然有和煦的阳光，但也经常被贫困的阴云笼罩。那时我母亲尚未平反，无分文收入；两个儿子幼小，小儿子又体弱多病。我们夫妇都是中学教师，工资合计124元。成家时欠人家一些钱，给孩子看病也要花不少钱，所以经常入不敷出。记得京津唐大地震时，居民纷纷将财物搬出户外，但搜索我家四壁，发现没有什么东西值得一搬。当时家中唯一的贵重财产就是一辆借钱购置的自行车和我手抄的三小箱卡片。妻子后来身患一些慢性病，显然跟当时的贫困劳累有关。直到1978年春，我们家才还清了外债，因为我出版了一本小册子《鲁迅与女师大学生运动》，共87000字，得到了609元稿酬。妻子当时点钞票时手都似乎有些颤抖，那种难以言状的眼神使我至今难忘。正因为是患难与共的贫贱夫妻，所以能够包容对方的缺点，在人生的任何阶段都不会出现什么"感情危机"。虽然磕磕碰碰的事情在所难免，但终归是会"生看两不厌（按：原诗出自李白《独坐敬亭山》：'相看两不厌，只有敬亭山。'为了与后句对仗，我有意将'相'改为'生'），死当长相思"。还是唐代诗人元稹有人生体验，所以能写出"曾经沧海难为水，除却巫山不是云"这样的千古绝唱。

妻子比我早退休多年。因为目睹了人类社会的种种弊端，并经历过生活的坎坷磨难，现在已潜心学佛，所以如今我在书房读书写作，都有袅袅梵音相伴。对于我的学术活动，她本着"恒顺众生"的原则予以理解支持，甚至认为只要文章写得好、讲课讲得好，这也是一种"法布施"，即传播智慧、聪明、才艺。不过在"恒顺"之时对我也常加诱导，劝我断恶修善，泯灭嗔恨之心，即使无端受到伤害也要学会"忍辱"。她相信《金刚经》中的一句话："一切法得成于忍。"我原来不能理解"甘受人欺，常思退步"的哲理，后来通过正反两方面的经验教训，切身体会到"忍辱"的确反能成为一种"福报"。恰如净空法师所言："感激伤害你的人，因为他磨炼了你的心志。""感激绊倒你的人，因为他强化你的能力。"一人学佛，全家受益。妻子闻到了佛法，使我们家更成了一个安全的避风港湾。只是由于我目前还是一个俗人，虽无恶念但有俗念，特别是未能斩断名缰利锁，所以无论对于佛陀的教诲，还是对于基督的教诲、穆罕默德的教诲，我都还做不到知行一致。唯愿今生虽做不到功德圆满，但也尽可能多消除一点业障。我决不会先发制人，去做那种害人害己的事情。我有时寻思：别人暗中猛击我一拳，难道他的拳头就连一点疼痛之感都没有吗？

家中的两个儿子均逾不惑之年：老大学的是机械制造，目前在一政府部门做行政工作；老二跟他妻子是同行，学的是戏剧文学，目前在一家电视台做导演。他们跟我一样，生活中也有各自的坎坷；但又跟我一样，都有一定的抗压能力。鲁迅对柔石说，人应该学一只象，皮要厚，流点血，刺激一下，也不要紧。不要神经末梢太灵动，像一条金鱼。鲁迅对陈学昭说，要坚韧，能够忍受一切打击，像一个有弹力的橡皮垫子，坐下去会压扁一些，但一放松它又能弹起来，恢复原状。鲁迅对周建人说，不管压力多大，要顶得住；不管冤屈多深，要受得了，千万不要自暴自弃。我经常用这些名言自励，也用来教育自己的后代。当然，"抗压"的前提是自己行得正，否则就会成为执迷不悟。两个儿子还有一点跟我相似，就是都有自立的观念，决不"啃老"。至今为止，他们没有向父母提出过任何经济上的要求；即使成家，主要也是靠自力更生筹办。记得1926年11月22日，许广平在致鲁迅的一封信中写道："听说有志气的人是不要遗产的，所以粤谚有云——好子不受爷田地。"（《两地书·原信》）人有了自立的观念，消除了依赖心理，就会在生活中立于不败之地。

家庭成员中还有一个给我们带来了不少欢乐的可爱的孙女，曾在北京一个区重点中学的重点班读书，如今是首都师范大学公共事业管理学院二年级学生。她课余热爱旅游，练习武术，已拿到"合气道"的四级证书。

猴年春节，我们全家在成都过年。原因是妻子原籍成都，今年八十整，回老家探亲扫墓。年三十那天大聚会，共有36人。我在餐前致辞，建议把"认认真真做事，本本分分做人"这12个字作为家训，并说，每过年都希望来年好运，但想转运要先转心："心宽才能纳福，心善才能聚财，心慈才能助人，心正才能立业。我愿与家人共勉。"

第三节

难离不弃的书房

10年前,"书房"二字在我心目中无异于不敢问津的奢侈品。当时全家三代五口人挤在一起。住房面积由最初的十几平方米到20多平方米,再到60多平方米。居住条件虽然不断改善,但毕竟腾不出一间独立的房间做我的书房。熟识我的读者会知道,我的《民族魂》一书就是在楼房过道一台缝纫机的台面上写完的。我每当看到文人雅士坐拥书城,摆弄着文房四宝,悬挂着名人字画,难免生羡慕之心,却从来不妒忌和怨恨。盲目攀比徒增心理垃圾,我懂得这个生活哲理。

进入21世纪以来,我的住房更宽绰了,但其中有喜有悲。因为含辛茹苦养我成人的老母已魂归净土,我们夫妇含辛茹苦养大的儿孙又先后独立成家。在老伴的鼎力支持下,将家中一间20多平方米的卧室改成了书房——不过还得兼做餐厅和会客室。夜阑人静,老伴入睡,我独坐书房,舞文弄墨,也常有冷清之感袭上心头。

我不是收藏家,从来舍不得花大钱去购买孤本秘籍,只不过毕竟在学术圈混了三四十年,总会有一些靠它吃饭的专业书、工具书以及一些师友赠书。师友中又不乏知名人士,所以我还携带着冰心、萧乾、萧军、台静农等人的签名本在新加坡南洋理工大学搞了一次书展。我没估算过现有多少藏书,反正这些书已经挤满了书房的四壁。书架有六七层,每一层又摆着双排书,但还是不够用。眼下摆不下的书已堆在书架的边缘和书房的地面,还有一些只好装箱存放到儿子家的凉台和杂物间。书一旦装箱,就与废品无异。

老伴颇以这些书为苦,因为它强占了太多的空间,影响了其他家庭成员的生活品质；但又万分无奈，因为"书到用时方恨少"。我是"科盲"，不会在网上收集资料；又腰痛腿乏，无力到图书馆看书。因此家里这些书就成了我唯一的资料来源。这些书帮助我释疑解惑，读起来是一件快事，但查找起来却异常艰难，甚至有时要付出"血的代价"。

我跟其他人一样，书籍上架时当然会有一个大体的分类，但久而久之，界限就越来越模糊起来。书脊上的字原本不大，再摆到高处，辨认起来更加吃力。这就迫使我有时不得不站在凳子上或梯子上找书，稍一不慎，书架上的书就会像山体滑坡似的轰然坍塌，不仅吓自己一跳，还免不了惊动跟我只有一墙之隔或一板之隔的邻居。说付出"血的代价"也不是危言耸听。因为图省钱，我的书架是"私人订制"的，所镶玻璃全部没有磨边。打开书架门时，稍一着急，手就会被锋利的玻璃边划开一个口子。我眼神不济，加上笨拙，被划得血流如注的事情数次发生，有一次夜间还不得不去复兴医院看急诊。

书房虽然常使我受些无妄之灾，但我仍然离不开它，就好像一对欢喜冤家，常常争吵斗气，但仍然难离不弃，厮守终生。我住的楼房老旧简易，既无电梯，又无物业。老伴每次上楼都得紧拽楼梯扶手，以资助力。如果发生了水管堵漏，或门窗受损一类生活细事，常常求助无门。优点是地段适中，位处首善之区的核心地段，离著名的钓鱼台国宾馆只隔一条马路，所以楼房虽有近40年寿命，仍能卖出一个高价。因此，只要卖掉老窝，我完全有经济实力到僻远地区买一套高档住所。令人纠结的就是这间书房，挪动一下太麻烦，难以让搬家公司越俎代庖。老人因装修搬迁发生意外的不乏其例，所以看来我此生只好跟这间简陋的书房不离不弃了。记得当年老作家萧乾住在复兴门外一处楼房里。他是文史馆馆长，属高干层，完全有条件搬进新居。但他斩钉截铁地跟我说："我的书房搬起来太费劲，这辈子无论分给我什么高档房子，我都不搬了。"不觉间萧老已过世多年，如今他的老伴文洁若老师还守着那个旧楼，那间萧老的书房……

第四节

学术上的新开拓

记不清是"文化大革命"之前的哪一年，友人杨天石曾赠我一本他跟校友刘彦成合写的书《南社》。扉页上题写了两句诗："泥上偶然留指爪，鸿飞那复计东西。"原诗出自苏轼的《和子由渑池怀旧》。当时我读后不禁心头一震，真切感到引用者抱负的非凡和远大。后来天石兄果然在学术上不断开拓，由一位热衷于写诗并研究近代诗歌的北大中文系毕业生成了今天蜚声中外的民国史专家，他研究蒋介石的专著多次跻身于学术著作发行排行榜的前列。

准确说来，我认识天石是通过毕业于复旦大学中文系的周思源。他是天石的中学同学。思源当年利用业余时间一边搞小说创作，一边搞文艺批评。记得有一个周末，他竟请人把自己反锁在宿舍赶写一篇评论《雷雨》的文章，以避外界干扰。如今，思源的学术事业不断开拓，不但在中华书局连续出版了研究《红楼梦》《水浒传》《三国演义》的专著，而且还出版了长篇小说《文明太后》《吴大帝孙权》等。他在《百家讲坛》的讲演和谈文化史的论文，也引起了较大的社会反响。

说来真是缘分，20世纪60年代，我跟思源同在北京西城区的中学教书：他在三十一中，我在女八中，两校只隔一条东西向的马路。天石虽在宣武区的一所中学任教，但该校宿舍却在西城绒线胡同内的西栓马桩胡同，正好位处我跟思源单位的中间，因此他家常成为我们的聚会地点。"文化大革命"后期，因为没有做其他学问的条件，我们三人曾约定共同研究鲁迅。1976年秋，天石在我参与编辑的《鲁迅研究资料》创刊号上发表了《〈中国地质略论〉的写作与中国近代史上的护矿斗争》，接着又在同刊第二辑发表了《释"挤加纳于清风，责三矢于牛入"》，在同刊第三辑发表了《鲁迅早期的几篇作品和〈天义报〉上署名"独应"的文章》。这些论文，都以新颖的史料填补了鲁迅研究的空白。思源也在《鲁迅研究月刊》发表了四五篇文章。其中研究哈姆莱特、贾宝玉和阿Q这三个著名文学典型的论文在鲁迅研究界获得好评。他提供的殷夫研究资料更为珍贵，因为他的母亲就是《孩儿塔》中青春诗人的抒情对象——F女士。

因为对南社和泰州学派颇有研究，粉碎"四人帮"之后天石就调到了中国社科院近代史研究所；思源是三十一中的骨干教师，直到1982年才调到北京语言文化大学。我们三个人当中，我最早调离中学进入了研究机构，但就研究成果而言，他们的成就的确令我难以望其项背。不过他们的学术生涯给我一个很大的启示，那就是只要不断探索、不断进取，在文史哲领域是可以触类旁通的。

退休之前，我写过一则读书札记《"我总算得到自由了"——读兰姆的〈退休杂感〉》。文中说："刚退休时兰姆的心情是'快乐的'。'快乐'，是因为拥有了好像多得无法支配的时间，每天都成了礼拜天，就像一个时间上的赤贫者突然间发了时间的大财的富翁。从此他能够以轻松的表情，随意的手势，不慌不忙的步履，漫无目的地走动。他借用维吉尔的话高呼：'我总算得到自由了！'兰姆在《退休杂感》中抒发了他的快乐之情：'表面上说，诚然我已度过五十寒暑，但是，从中扣除那些不属于我本人或者说为别人而活的时间后，你就知道我仍是个年轻的家伙。因为只有那些完全属于自己的时间才能真正地称作时间……我退休后的余年，或长或短，但皆三倍于退休前同样的时间。假如我能奢望自己还有10年好活，那么这未来10年，就等于退休前的任何30年。这是以一当三的计算法。'"

不知道退休之后我还能工作多少年，但积习难改，能够工作的时间，我恐怕还会用于工作。

首先是研究胡适。1990年12月15日，台湾友人邀我飞赴台北参加"胡适与近代中国研讨会"。我赶写了一篇论文《同途殊归两巨人——胡适与鲁迅》，在会上获得好评。会议期间，台湾两家主要报纸——台湾《中国时报》和《联合报》都以很大的篇幅刊登了我研究胡适的论文和提供的胡适研究资料，增加了我研究胡适的自信。退休之后，我独立写了一本《胡适心头的人影》，又与学生宋娜合写了一本《胡适与蒋介石》。我认为胡适和鲁迅的文化业绩和文化性格有很大的互补性，胡适研究界的气氛也远比鲁迅研究界宽松。所以今后如有机会，我仍将在胡适研究方面下一点功夫。

1996年7月，第七次全国丁玲学术研讨会在丁玲曾经生活过的山西长治召开。我在会上被推选为中国丁玲研究会副会长。围绕丁玲冤案和她跟沈从文的关系，我先后写过4篇长文，每篇都提供了新的史料。2009年12月26日，我又在第十一届丁玲国际研讨会上就丁玲与萧军的关系发表了长篇论文，与会者也感到颇有新意。

我对中国现代文学的兴趣并非起始于鲁迅作品，而是起始于巴金和冰心的作品，但长期以来我对这两位大师却缺乏研究。2009年2月至3月，为纪念冰心去世10周年，中国现代文学馆、福建省文联、中共长乐市委市政府、冰心研究会和冰心文学馆在北京举办了以"永远的冰心"为主题的系列纪念活动。3月29日上午，我应邀在中国现代文学馆发表了题为《鲁迅与冰心》的讲演。主持人在总结时说："陈先生把鲁迅、冰心这文化个性明显不同的两路人归于学术一路来讲，在不长的时间里如数家珍般地说鲁迅、说冰心，带给我们深沉凝重的思考。对作家，对知识分子，的确不能简单地作价值判断，也没有什么意义。我想说，像今天陈先生这样的演讲，会撞击我们的灵魂。"

2009年11月23日，我应邀赴上海参加在复旦大学复宣宾馆召开的巴金国际研讨会。24日下午，我在会上发言，题为《我不愿给拖进三十年代口号之争里面——对巴金一封信的阐释》。在这篇长达两万多字的论文中，我对"左联"后期发生的"两个口号"之争进行了全面的历史回顾，否定了把"两个口号"之争视为路线之争的传统说法。这是巴金研究领域一个新的学术生长点，也是对我此前观点的反思和修正。发言之后，与会的旅美作家张辛欣立即热情予以肯定。《书屋》杂志主编胡长明同意发表此文，但感到篇幅太长，他亲自动手进行压缩，压来压去，最后仍决定一字不改地全文刊出。

2009年是"五四"运动90周年。我先后应邀到华东交通大学、西南大学新诗研究所和国家图书馆"学津清谈"讲座进行了有关讲演，并在《人民日报》和《人民日报（海外版）》《人民政协报》《人物杂志》《鲁迅研究月刊》发表了多篇纪念文章。长篇论文《"五四"新文化运动新议》已收入"五四"新文化运动纪念馆选编的《纪念"五四"运动90周年学术研讨会论文集》。一位读者说，这是他涉猎的有关论文中最持异议的一篇。

2010年，是中国左翼作家联盟成立80周年。3月2日，我应上海"左联"纪念馆和上海鲁迅纪念馆之邀，在纪念会上作了主题发言——发言稿被《中国社科院院报》《文学报》摘登，全文由《鲁迅研究月刊》刊登。6月10日，我应邀出席了在浙江省象山县举行的殷夫烈士100周年诞辰学术研讨会，并为《殷夫年谱》撰写了序言。这篇序言刊登于6月8日的《人民日报》。6月22日，我应邀赴广东汕尾市海丰县，参加另一"左联"作家丘东平烈士100周年诞辰学术研讨会，作了专题发言和大会发言讲评。《汕尾日报》发表了我的专访。7月11日，我到长沙参加了中国鲁迅研究会和湖南师大联合召开的"鲁迅与'左联'"学术研讨会，作了《我对"左联"的几点基本理解》的发言，发言要点刊登于7月19日的《人民政协报》。有朋友开玩笑说："你快要成为半个'左联'研究专家了。"

　　退休之后我还做了一件颇有意义的事情，那就是参与整理许寿裳遗稿。许寿裳是我国现代著名教育家、文学家，也是鲁迅的挚友。1998年3月26日，我曾在鲁迅博物馆主持召开"纪念鲁迅挚友许寿裳殉难50周年"国际学术讨论会，出席会议的有时任全国政协副主席的钱伟长、时任中共中央统战部副部长的张廷翰、时任北京市副市长的林文漪等160多人。早在"文化大革命"期间，我跟许寿裳的女儿许世玮即有交往。经我和其他同人努力，许世玮将许寿裳的一批遗物捐赠鲁迅博物馆收藏，其中有字画12幅，藏书65种，手迹75件，照片269张，明信片71张，名片134张，以及各国邮票近万枚，丰富了鲁迅博物馆的馆藏。目前我参与整理的许寿裳遗稿，原由我的挚友、日本爱知大学教授黄英哲保存。英哲是台湾嘉义人，旅居日本25年，1996年以《战后初期台湾文化重建之研究——以台湾省行政长官公署时期1945—1947为中心》获日本立命馆大学文学博士学位。他的导师北冈正子是我的朋友，他的朋友秦贤次先生也是我的朋友。大约是1995年，许寿裳在台湾的遗属将许寿裳遗稿2000多页交黄英哲保存，并委托他处置。鲁迅说："一个人如果还有友情，那么，收存亡友的遗文真如捏着一团火，常要觉得寝食不安，给它企图流布。"（《白莽作〈孩儿塔〉序》）英哲捧着许寿裳遗稿也有同样的心情。为防意外，他甚至还自费将其中的重要部分寄存在银行的保险柜里。英哲跟我商量这批文稿的处置办法，前提是他不从中谋利。我建议他捐赠上海鲁迅纪念馆，由上海鲁迅纪念馆负责出版其中的重要部分，以达到保存和流布的双重目的。

上海鲁迅纪念馆的法人王锡荣是懂行之人、做事之人。他认为了解鲁迅的通人有两位：一位是冯雪峰，另一位就是许寿裳。该馆已征集到了冯雪峰的部分文稿，如果再能征集到许寿裳的文稿，那就更能丰富该馆的镇馆之宝。目前，这批文稿正在整理之中，即将影印出版的有许寿裳的《章太炎先生传稿》（166页），《中国小说史》（204页），《旧体诗》（23页），《声韵学》（73页）……遗稿中最为珍贵的，我以为是《我所认识的鲁迅》一书的部分手稿，以及许寿裳研读鲁迅著作的笔记。在现存鲁迅回忆录中，我以为最生动的是萧红的《回忆鲁迅先生》，而最可靠的是许寿裳的《亡友鲁迅印象记》和《我所认识的鲁迅》。2009年，许世玮从新西兰回国，11月30日下午到寒舍探访。我向她汇报了此事，她表示支持，并同意担任顾问。整理许寿裳遗稿十分不易，因为很多系草稿，而且采用了多种字体，极难辨识。确实是出于对鲁迅和许寿裳的尊崇，参与其事的人都在勉力以赴，特别是这一项目的牵头人王锡荣。

在中国现代文学研究领域之外，我还对中国当代文化建设问题和公务员的心理建设问题稍有涉猎，并在广东和山西的一些市级单位举办讲座，反响也还不错。平心而论，对于作为科学的心理学，我还未登堂入室；读一些书，学一点皮毛，其实也是为了自己心灵的救赎。

这样一来，我目前的生活节奏有时就变得比退休之前还要快。我明白自然规律是不可抗拒的，老年人最大的财富是身体健康。我希望争取在健康条件允许的情况下多做一点有益的事情。友人给我发来一条短信："人生如赛场，上半场按学历、职位、业绩、财富，比上升；下半场按血压、血脂、血糖、尿酸、胆固醇，比下降。两场都赢的法则是，没病也要体检，不渴也要喝水，再烦也要想通，有理也要让人，有权也要低调，不累也要休息，不富也要知足，再忙也要锻炼。"我知道友人的好意，今后尽量照此去躬行吧。

2010年7月25日，是我69岁生日。根据习俗，男人生日做九不做十；也就是说，我已是名副其实的古稀之人。记得明代唐伯虎有一首《七十词》，写的是："人生七十古稀，我年七十为奇。前十年幼小，后十年衰老。中间止有五十年，一半又在夜里过了。算来止有二十五年在世，受尽多少奔波烦恼。"既然"人因垂老渐知秋"，那今后的日子该怎么过呢？我想起了鲁迅的一句名言："要赶快做！"

第五节

我的这五年

我70岁之后的生活，减少了上班这一主要内容，也减少了许多社会活动，但有时仍然显得忙碌，自己也觉得可笑：这岂不成了《红楼梦》中的"无事忙"贾宝玉？

说"无事"，其实也有正事和非正事。正事就是写作和讲演，非正事就是休闲。

这五年来，我完成的著作主要有两本：一本是文章结集《本色鲁迅》，近30万字，2015年3月由漓江出版社出版，收入我主编的"鲁迅研究新前沿"丛书。这本书除序跋之外，共收文章27篇。原拟的书名是《鲁迅的红色、灰色和本色》，取自我在浙江省图书馆讲演的题目。我明确解释道："我在这里使用的'红色'二字，并不是象征鲁迅身上固有的革命性，而是专指对鲁迅的神化和拔高。这种情况在'文革'期间和'文革'之前屡见不鲜，其表现就是把鲁迅的一言一行都摆在绝对正确的位置，让鲁迅为某种狭隘的功利目的或现行政策服务。"所谓"灰色"，是指拨乱反正过程中产生的另一种倾向，即"通过对鲁迅作品的娱乐阅读、浅表化阅读，将鲁迅世俗化乃至庸俗化"，用"好玩"二字对鲁迅进行整体概括。而在我看来，离开了鲁迅的独异性谈他的平凡性，离开了鲁迅的卓越性谈他的人间性，离开了鲁迅的超越性谈他的局限性，那是没有什么积极意义的，反而会扭曲了鲁迅的形象。我认为，要准确把握那个历史上客观存在的鲁迅的"本色"或"本相"，就必须反对以上两种倾向。然而料想不到的是，"灰色"二字在一些人眼中是一个有禁忌的字眼。出版社为慎重起见，坚持上报送审。这一审查当然就折腾了大半年，最后将书名改为《本色鲁迅》了结。所以在这套丛书中，我的书稿交得较早，出得最迟。根据现行的出版审查规定，鲁迅研究这类学术性著作是无须送审的，不料我的这本书竟因"灰色"二字，开了鲁迅著作送审的先河。

"鲁迅研究新前沿"丛书的出版还遇到另一个大曲折，那就是经费问题。在不少出版社追求"印数决定一切"的当下，学术著作的出版举步维艰。出版方原以为这套丛书符合主流意识形态，充满了正能量，多半会获得国家出版资金的贴补。不料申请未获批准。出版社退而求其次，继续申请省一级的出版补贴，结果同样是碰壁而返。编辑的积极性锐减，于是要求丛书缩小规模，要求作者压缩字数，拖了两年多才勉强出齐。丛书中的有些著作只印了2000册，按3000册支付7%的印数稿酬，而且稿费一拖再拖，有些作者是在著作出版的一年零三个月之后才收到那几千元的酬劳。其实，这套丛书的作者还是幸运儿，因为稿酬虽然微薄，但毕竟用不着自掏腰包。据我所知，当下如果要在一些名牌出版社出版一部学术著作，10万字恐怕要付3万至5万元补贴，名曰"合作出书"。这就是当下的出版生态。

另一本书是2016年在作家出版社出版的《搏击暗夜：鲁迅传》。应该说，撰写一部史料可靠而又能让一般读者读得下去的鲁迅传记是我的夙愿。这个愿望萌生于35年之前。1981年，为纪念鲁迅诞生100周年，我曾在《中国青年报》连载过供青少年阅读的《民族魂——鲁迅传》。因系连载，所以编辑部有十分明确的规定：一、要有可读性；二、每篇要有一个小故事；三、限定每篇在2500字左右。从当年的7月中旬到8月上旬，我利用一个多月的业余时间，完成了这篇5万多字的连载文章。由于时间过于仓促，种种未尽人意之处均属难免。后经修订增删，扩充到119000字，由浙江文艺出版社于1983年7月出版，初印11000余册，很快售罄。后又有不同出版社用《鲁迅简传》《鲁迅评传》《鲁迅正传》等不同书名四五次再版。在我的著作中，这本书的发行量就算是相当可观的了。

2012年3月16日，《文艺报》刊登了一则消息，说中国作家协会启动了创作出版"中国历史文化名人传"大型丛书的工程。我觉得这是弥补《民族魂》种种不足的好机会，于是递交了一份万余言的创作提纲，很快获得通过。重新撰写一部鲁迅传的工作就这样摆上了我退休之后的工作日程。这份提纲名为《真实的鲁迅，真实的传记》，现已收入《本色鲁迅》一书。关心此事的读者可以参看。应该说，这份提纲提出的种种设想还是有可取之处的，然而刚一开笔，身体就出现了状况。

俗话说："人过七十，一年不如一年；人过八十，一月不如一月；人过九十，一天不如一天。"我有多种慢性病，如糖尿病、高血压、高血脂、高胆固醇、高尿酸、前列腺增生……但服药后大多可控，并不感到十分痛苦。最折磨我的就是腰疾：既患腰椎间盘突出，又长骨刺，右腿主动脉还全部堵塞，所以坐立难安，只宜平躺。但四脚朝天，又如何阅读，如何写作？这就不能不在一定程度上影响了这部传记的进程和质量。

因为我阅读鲁迅作品的时间长达半个世纪，又在专门研究鲁迅的研究室吃过32年俸禄，因此被一些好心人称为"资深鲁迅研究家"。一旦"资深"，自然就有人寄予厚望，希望我的鲁迅传能在当今已出版的鲁迅传中脱颖而出，给读者以一种全新的惊喜。对于这种期待，我既理解、感激，又惶恐不安。我最近新添了一个毛病，就是边写文章边听歌。刚巧从手机里听到了一首 *La Paloma*（《鸽子》）。这是西班牙民间作曲家依拉蒂尔于1862年在古巴谱写的曲子，因而被古巴人视为本国民歌。据说，100多年以来，这首歌已有1000多个演唱版本。但我想，这首歌虽然版本众多，风格各异，但主旋律终归还是一个，否则就不叫《鸽子》，而成了《麻雀》或《凤凰》。已出版的鲁迅传当然没有《鸽子》的版本这样多，但国内外加起来大约也有近50部。据我所知，早在1909年，东京出版的《日本和日本人》杂志就已经介绍周氏兄弟的文学活动，距今已有100多年。在近一个世纪的漫长研究过程中，有关鲁迅的基本史料已经大体收集齐备，如果不是有意神化或颠覆，要塑造出一个让人耳目一新的"鲁迅"是一件不可思议的事情。生物的变异都是在遗传的基础上进行的。正如同孩子的长相终归跟父母有相似之处，如果既不像爹，也不像妈，那就肯定出了什么别的状况。有人希望我写鲁迅传能跳出革命家、思想家、文学家的老套路，但是我认同对鲁迅的这种评价，只是认为鲁迅对革命有独特的理解和独特的配合方式。简而言之，鲁迅理解的革命就是变革。

2015年10月中旬，这部25万字的鲁迅传终于写完，将书名定为《搏击暗夜》。因为鲁迅生活在中国黎明前最黑暗的年代。他一方面跟社会的黑暗面抗争，搏击暗夜，争取光明；另一方面又跟人类灵魂的黑暗面抗争，不仅无情地解剖他人，而且无情地解剖自己。写完后重新翻阅一遍，觉得虽然没有处处标新出彩，但每章每节都有一些新资料、新看法，素材的择取既遵循了存真求实的原则，又有鲜明的现实针对性。写法虽然中规中矩，没有运用什么魔幻手法、心理分析、星座预测，但读起来还不至于令人昏昏欲睡，也不会让人感到云山雾罩，不知所云。

第一章《梦魂常向故乡驰》，描写鲁迅18岁之前在绍兴的经历，或繁或简，均着眼于越文化及其亲朋对鲁迅的具体影响，而没有分散笔力，面面俱到。对于鲁迅"缺失母爱"，跟周作人有同性恋倾向，以及衍太太兼具"母亲"和"情人"的双重身份等谬说，在传记中也逐一予以了澄清。

第二章《戎马书生》，描写鲁迅在南京时期的读书生涯。文中突出了《天演论》在当时的传播情况及对青年鲁迅的强烈震撼。鲁迅回忆他在水师学堂的学习情况时说，当时"几乎整四天是英文"。我长期以来望文生义，以为鲁迅当时一周有四天都在学英语，这次写传才弄明白，这里的"英文"其实是指西学，包括数、理、化等基础课及其他专业课程。而"中文"则专指中国传统文化。此事虽小，但属历史细节，理解错了也会贻笑大方。

第三章《扶桑正是秋光好》，写的是鲁迅在日本的7年留学生涯。我根据中外鲁迅研究者最新发现的史料，说明鲁迅等编撰的《中国矿产志》，取材包括了宏文学院佐藤传藏编撰的教材《矿物学及地质学》，而鲁迅的译文《造人术》则源自美国作家露易丝·斯特朗的小说《一个不科学的故事》。日本抱一庵主人在节译过程中改变了作品的主题，使一部充满种族歧视的作品成了一篇单纯的科学幻想小说。在介绍《藤野先生》一文时，我首次比较全面地介绍了作品中"史"（史实）的成分和"诗"（虚构）的成分，帮助读者了解鲁迅怀人散文的艺术特征。在介绍周氏兄弟合译的《域外小说集》时，我具体指明了安特莱夫的《谩》《默》和迦尔洵的《四日》对鲁迅的具体影响。

第四章《木瓜之役》介绍鲁迅在杭州的教学生活。我在为人民文学出版社编选《鲁迅科学论著集》时，曾把鲁迅在杭州两级师范使用的生理学讲义视为原创著作。2014年武汉大学文学院的宋声泉先生发现，鲁迅的这部讲义基本上是根据日本宫岛满治的《生理学讲义》编译的，同时还参考了斯泰纳所著的《生理学讲本》。我吸收了这一新资料，矫正了以前的误判。

第五章《迎接光复》新意不多，但把鲁迅的文言游记《辛亥游录》改写为白话，以充实传记的若干细节，也算是一种新尝试。

鲁迅北京时期的生活一共用了12节文字来展现。我曾经出过一本《鲁迅在北京》的小册子，又曾负责编撰《鲁迅年谱（四卷本）》中的北京部分，因此对这方面的史料相对熟悉。这次写作当然增补了不少新内容。比如《教育部公务》一节增加了南京政府教育部的筹建细节，对于蔡元培的"美育"主张及鲁迅的支持配合也作了详细介绍。《〈新青年〉同人》一节对沈尹默的回忆进行了辨析，明确了鲁迅在《新青年》编辑部的"客师"地位。《为先驱者呐喊》一文虽没有对鲁迅《狂人日记》的文本进行解析，但较全面地梳理了"狂人"这一典型人物的构思过程。

《阿Q诞生》一节原是我为外文局新世界出版社《插图本〈阿Q正传〉（汉英对照）》撰写的代序。这本书开本虽小，但蕴含了一些出版历史上的故事。《阿Q正传》的英文译者是著名的翻译家杨宪益、戴乃迭夫妇，责任编辑原为诗人、翻译家李荒芜。1953年，荒芜建议将漫画家丁聪1943年为《阿Q正传》所绘的24幅插图收入此书，以收图文并茂之效，却遇到了阻力。原因是丁聪来自"国统区"，而不是"解放区"。1998年春节，新世纪出版社的编辑陈有升跟丁聪夫人沈骏（原名沈崇）等人到杨宪益、戴乃迭家拜年，贺戴乃迭八十寿诞。丁夫人沈骏又提议出版半个世纪前拟议出版的这本书，得到了陈有升的支持。这位资深编辑足足花了两年工夫，终于推出了这本书，由中国国际图书贸易总公司、新华书店和外文书店经销。84岁的丁聪实现了47年前的夙愿，很是高兴，特意为本书撰写了一篇《后记》，其中两次提到我这篇代序。他还说："新世界出版社把《插图本〈阿Q正传〉》汉英对照本作为世纪之交极具象征意义的文学图书经典精品出版物，奉献给海内外读者，我感到是一项很有意义和甚可欣慰的事。"我的代序综述了阿Q这一精神典型的酝酿过程，也有一定的参考价值。

《东有启明，而有长庚》一节，应该是这本传记颇有创意的一节。因为它取材于80年代我写的一篇考据文章。这篇文章对周氏兄弟失和的原因进行了比较准确的分析，因而被周作人研究者频频引用。鲁迅和周作人原本对他们绝交的原因都未做出正面回答，而周建人当时又未置身现场，所以成为一个千古之谜。但香港赵聪在《"五四"文坛点滴》一书认为这件事"坏在周作人那位日本太太身上"，周作人在1964年10月17日致鲍耀明的信中对赵聪的上述说法表示首肯，认为"大体可以说是公平翔实""去事实不远"，这就为判断周氏兄弟失和的原因提供了最具权威性的论据。这是我的一个发现，即用周作人的话来证周作人日本妻子之过。周氏兄弟失和之后周作人以"丙丁"为笔名翻译了《伤逝》一诗，这也是我的发现。

《鲁迅在北京》这一章中，我对未名社停办的原因，鲁迅跟高长虹的决裂，跟陈西滢的论争……也作了比较全面的分析。关于鲁迅与许广平的恋情，是以我撰写的《许广平传》为基础缩写的；关于许广平的初恋，她在散文《新年》中仅隐晦地作过暗示，我以此为线索，采访了许广平的闺密常瑞麟，才了解到全部真相。关于鲁迅与朱安有无夫妻之实，这也是近些年来不少读者提出的问题。对此，鲁迅曾告诉荆有麟："Wife(本义妻子，此处泛指性生活)，多年中，也仅仅一两次。"(《鲁迅回忆断片》)我认为荆有麟的上述回忆可靠，故在这本鲁迅传中予以采用。

支持女师大学生运动，沉痛悼念"三一八"惨案中牺牲的民众，是鲁迅前期生活中的重要内容，也是《华盖集》《华盖集续编》中不少杂文的创作源泉。近年来有个别权威研究机构的"学术带头人"带头对此进行颠覆。这些人的直接矛头似乎仅仅指向国民党派系中的某些人，如易培基、李石曾，实际上是颠覆第一次国内战争时期国共两党领导下的革命群众运动，为此竟不惜为西方列强的侵略行径和北洋政府的倒行逆施巧言开脱。这本传记虽然没有正面批驳这种错误观点，但忠实还原这些事件的历史情境，对于明是非而正视听是有一定作用的。

第七章《鹭岛的鼓浪者》，跟过去写鲁迅在厦门时期的文字有很大不同。刚研究鲁迅时，我跟一些同人习惯性地走过一段"以鲁迅的是非为是非"的老路，对历史人物的评骘往往不敢僭越鲁迅作品的雷池一步。鲁迅虽然有知人之明，对不少人物的评价一语中的，但对有些人士（特别是私人信件中涉及的人士）的评价往往只限于一时一事，这绝不能被视为对他们的全面评价乃至盖棺定论，而且对这一时一事的评价也不见得全部正确，不能排除其中有个人局限和情绪化的成分。鲁迅在厦门大学任教期间，跟爱人暌离，又加上水土不服，情绪难免失控。在跟许广平的私人通信中，经常将种种不满宣泄出来，事隔90年之后，我们站在比较客观的立场，就会发现鲁迅当年对林文庆、顾颉刚、陈万里等人的批评不无片面之处。我在介绍鲁迅在厦门135天的经历时，对鲁迅跟厦大同人间的人事纠葛作了比较全面的评析，从而显示了这部传记真实客观的特色。

第八章《别有追踪》介绍在广州时期的鲁迅。广东是中国鲁迅研究的重镇，鲁迅在广州时期的基本史料已被挖掘殆尽。这本传记以鲁迅在广州时期的思想转变为中心，对这一时期的代表作进行了重点分析，提出了一些新的看法。对于《魏晋风度及文章与药及酒之关系》这篇讲词，我并没有拘泥于"借司马懿篡位，影射蒋介石背叛新三民主义"的传统说法，而是强调当时的鲁迅是在思考如果能够在党派纷争、杀机四伏的生存环境中"师心""使气"，获得心灵的最大自由。这一时期鲁迅曾到香港发表两次讲演，刘随、赵今声等当事人对此发表了回忆文章，但尚存疑点，有待进一步考证。

在上海时期是鲁迅一生当中最为辉煌的时期，也是各种矛盾纵横交织、错综复杂的时期。对这一时期鲁迅的创作实践和心路历程，都很难准确把握和再现。这本传记描写了鲁迅在上海时期的家庭生活，饮食起居、邻里关系、疾病死亡，力图从中挖掘传主丰富的人性。但决定鲁迅特质的毕竟不是这些生活细事，而是中国黎明前最黑暗岁月中他在文化战线的战斗。有人认为介绍鲁迅后期的章节中论辩味浓，希望我减少论争性的文字，这是我不能理解也无法接受的。燧石的碰击能够迸发出火花，使人类通过火和工具的运用完成了从猿到人的质变。鲁迅也正是通过跟创造社、太阳社、新月社、"自由人""第三种人""民族主义文学"的论争中，发展了具有中国特色的左翼文化，并成为中国文化革命的主将。我无法用文学性的描述去取代这些论争性的文字，也无法在缺失可靠史实的情况下对鲁迅进行所谓心理探寻。不过我介绍鲁迅亲历的论争都是以大量的原始资料为依据，脉络清晰，介绍客观，并加以点评，以帮助读者了解这些论争的性质和是非。对于围绕建立抗日民族统一战线的"两个口号论争"历来评价不一，在"反右"时期和"文革"时期还有人利用这一论争制造冤假错案，酿成了令人发指的悲剧。我在鲁迅传中不仅提供了新的史料（周扬以"企"为笔名发表的第一篇提倡"国防文学"的文章，最早就是我跟我的助手在上海《大晚报》上发现的，遗忘此事的周扬为此感到十分惊喜），而且提供了论争双方的不同说法，为读者和研究者提供了独立判断的空间。对于左翼营垒本身的不成熟之处，我也没有着意遮掩。比如，这本传记就明确指出了瞿秋白以鲁迅名义发表的《王道诗话》存在失实之处，指出了鲁迅呕心沥血培养的青年作家叶紫有少不更事的一面，还指出鲁迅说胡秋原从"列宁主义"里找到了杀尽"共匪"说并没有事实依据……这些看法大概在其他鲁迅传记中并没有出现过。

传记中还特别安排了两节,专门批驳鲁迅是"汉奸"、鲁迅的日本友人内山完造是"间谍"的说法。有些好心的朋友认为我做这种事情太无必要:也许是认为这种谣言可以不攻自破,也许是觉得我写这种文章是自掉身价。然而我只看到这类谣言在网上疯传,除上海鲁迅纪念馆的原馆长王锡荣外,尚未看到鲁迅研究界有人出面澄清。《韩非子》中有一则故事,大意是说,有一个人说街上出现了老虎,魏王不信;两个人说,魏王仍然不信;但有三个人持同样说法,魏王就信了。这就说明谣言的蛊惑力会在传播过程中增强。成语中的"众口铄金"(舆论的力量可熔化金属)、"积毁销骨"(毁谤积累多了可以置人于死地),讲的就是这个道理。鲁迅是相信这个道理的,所以他的七绝《题〈呐喊〉》中发出了"积毁可销骨,空留纸上声"的感叹。作家的写作都会自觉或不自觉地具有当下性。我刻意写下这些文字,也就是为了留下一些历史的痕迹,给人以一种21世纪初的在场感。

我想,任何作家都会希望读者群中能有他的知音。这种知音并不是当下那种"发烧友"和"粉丝",而是真正懂得他的人,包括他的优长和不足,然而这种"知音"真的难觅,故《庄子》中说"逃空谷者……闻人足音,跫然而喜"。瞿秋白在《〈鲁迅杂感选集〉序言》中曾肯定鲁迅杂文的价值,并指出鲁迅笔下的陈西滢和章士钊并不是孤立的个人,而是社会上的某种典型,鲁迅读到此处兴奋异常,抽烟时居然忘掉了烟头烧到自己的手指,这就是"空谷足音"之感。不知不觉,我为自己撰写的鲁迅撰写了以上这许多自卖自夸的话,大概也就是抱着"天涯海角觅知音"的期待吧。

这五年来我也编选了一些书,如跟姜异新合编的《胡适论教育》,跟宋娜合编的《梁启超论教育》等,也修订重版了一些资料性读物,如两次重印了我主编的《一个都不宽恕》。但我比较看重的是《鲁迅同时代人(上、下)》和《教材中的鲁迅》这两种书。

有人说,研究中国现代文学史必须以鲁迅为坐标和参照系。那么,研究鲁迅,也必须以他的同时代人为参照系。我曾经把跟鲁迅发生联系的同时代人分为四种类型:一、感情至笃,终生不渝,如鲁迅与许寿裳;二、冰炭不同炉,如陈西滢、梁实秋,鲁迅认为跟他们的交锋是"实为公仇,决非私怨";三、始于相亲，终于疏离，如跟周作人、钱玄同、林语堂、高长虹的交往均如此；四、始于误解，双方交恶，终于谅解，尽释前嫌，如鲁迅跟魏建功、魏猛克的交往。鲁迅跟同时代人错综复杂的关系，构成了一部色彩纷呈的中国现代文学史。

早在1985年7月，友人彭定安、马蹄疾就编写了《鲁迅和他的同时代人》一书，分上、下两卷，由春风文艺出版社出版，筚路蓝缕，功不可没。但由于当时资料有限，对有些人物的介绍过于简单。我跟姜异新合编的这本书，尽可能选用了鲁迅同时代人及其家属撰写的回忆录；如有缺漏则选用相关研究专家的文章，使本书的内容更加客观、详尽、厚实。不足之处是有个别鲁迅的同时代人，一时未找到合适的介绍文章；又由于篇幅多达100余万字，只能分为上、下两册出版，定价近百元，不能不影响到销售量。还有一个失误，是出版社将上册定名为《民国那些人（1881—1927）》，将下册定名为《民国那些事（1927—1936）》，但又忽略了在封面印上上册和下册的字样，致使一些读者觉得这是互不相干的两本书。为了省钱，有人只买了上册，又有人只买了下册，一读方知内容不完整。我不知道何时才能弥补这一失误。

编选《教材中的鲁迅》一书源自福建教育出版社社长黄旭的倡议。2011年春秋之交，鲁迅作品是否应该从教材中撤退一事，正被媒体宣传得沸沸扬扬。虽然有人表示所谓"大撤退"纯系炒作，但教材中鲁迅作品逐年减少却是一个不争的事实；从必修教材调整到自学教材，也反映出教材编者对鲁迅作品现实功能的一种认识。所以我跟黄旭都认为把近一个世纪以来鲁迅作品在教材中潮汐般涌进和退出的情况辑成一本资料读物，对研究鲁迅经典的传播史和接受史很有意义。于是我痛快地把这个选题应承下来。

待这项工作启动之后，我才知道比预想的要繁难很多。首先是收集资料的困难。在一般图书馆中，教材都不作为藏书典藏，而我们这本书要介绍的不仅有中华人民共和国成立前后的语文教材，还有抗日战争时期沦陷区的教材和三年解放战争时期解放区的教材，以及十年"文革"时期的教材。在附录部分，我们还介绍了日本、新马泰及中国台湾地区的教材。国内教材中又分统编教材和地方教材，查阅难度可想而知。其次是授权问题。现在知识产权保护越来越受到全社会的重视，这是一件好事，但也给编书增加了难度。本书原想多选教材中的导读和插图，但都涉及授权问题；选收海外作者的文章，也要首先解决授权问题。

这本书能顺利编成,首先应该归功于两位副主编王涧和李斌。王涧是人民教育出版社的主任编辑,长期编选语文教材,又承担了相应国家课题,所以可以说是轻车熟路。李斌是北京大学中文系的博士生,其毕业论文的内容就是语文教材研究,所以在资料上有长期积累,单靠一时突击绝不可能取得如此丰硕的成果。还有不少友人鼎力相助,顺利解决了本书的相关版权问题。2013年9月,《教材中的鲁迅》一书顺利出版,被评价为"一个经典文化符号的教材传播史和接受史,现代语文教材发展研究的一个经典范本"。日本《朝日新闻》记者山中季广专程来北京对我进行了专访。日本东京大学藤井省三教授把这本书作为他的研究生的教材。

值得一叙的还有我新近出版的两本学术随笔:一本是2015年11月北方文艺出版社出版的《往事并不纷纭:民国文坛钩沉》;另一本是2016年1月福建教育出版社出版的《炉边絮语话文坛》。第一本书2008年已由上海远东出版社出版,原名《剪影话沧桑:中国现代文坛珍闻趣事》。但这次再版时内容调整了一半,增补了约20篇新作,又改进了装帧,给人的感觉是面貌一新。北方文艺出版社并不是一家实力强大的出版社,能够出版我这本有赔钱风险的书,要感谢该社一位我原不相识的编辑王爽。这位20来岁的青年人居然爱读我这种几近迂腐的书,而且向领导鼎力推荐;在编辑过程中,她又一丝不苟,精益求精,使我十分感动。第二本书收录了14篇文章,有的是我在一些学术研讨会上的发言,虽说也属于随想、随笔,但都下过一点功夫,并不是随意写出来的。我在2016年1月20日《中华读书报》的国际文化版发表了一篇自评。

有个成语叫"敝帚自珍"。我丝毫不把这两本书视为"敝帚",不但自珍,而且比起我写的其他书,我更加珍爱它们。前人说:"考据家不可与之论诗。"意思是说搞史料的人不懂文学,跟他们谈文学相当于跟夏虫语冰。又有人据此进一步发挥,说"考据家也不可以与之论史",意思是搞史料考证的人没有史识,不懂理论,没有独特的学术眼光。我认为这是一种绝对化的说法。史料、史识与文采的有机统一,应该成为文史工作者的共同追求。

我承认自己艺术感受能力比较差。有一位作家看到一个虫子执着地从墙根往上爬,掉下来又接着爬,于是写出了一篇颇有哲理性的散文。我没有把一个小虫子写得惟妙惟肖的才能,所以年轻时的"作家梦"终成泡影。我也承认自己缺乏思辨能力和抽象思维的能力，再加上学生时代政治运动多，没有真正掌握一门外语，因而对西方文论（如精神分析学、女权主义批评、后殖民批评、结构主义和后结构主义批评等）十分隔膜。然而中国真正懂西方文论并且能够加以辨析的学者并不多，我也没有看到运用这些理论研究鲁迅所获得的重大成果。再说，不懂西方文论也不等于完全不懂理论。跟有些文史工作者一样，我在学术上的追求也是史料、史实和文采的有机统一，而文史随笔就是能够发挥我学术个性的最佳体裁。我在撰写这类文章时完全挣脱了世俗的偏见，获得了心灵的最大自由。至于这种文章跟那种峨冠博带的西式论文相比，哪种的学术寿命会更为悠长，那只能拭目以待，让时间来作回答。

四处讲学，也是我近五年生活中的一个重要内容。讲演的内容大体有三个方面：一、有关文化建设及全民读书问题。这类活动大多由国家图书馆推荐，在国家图书馆和有些省市图书馆进行，如福建省图书馆、山东省图书馆、包头市图书馆等。二、有关公务员队伍建设问题。如应佛山市委党校、山西长治市农业局之邀讲《公务员队伍的心理建设》。三、文学和历史专题。邀请我讲演的有厦门大学、苏州大学、福建师大、上海大学、江西大学、河北师大、西北大学、陕西师大、山东师大等，还有一批农、林、理工科大学，如湖南农业大学、陕西农林科技大学、江西理工大学、大连理工大学、常熟理工大学等，讲题有孙中山与辛亥革命、"五四"新文化运动、鲁迅研究、胡适研究、现代文学史料研究等方面的内容。2015年6月20日和10月31日，我还应邀在北京国际茶文化博览会和湖北天门"茶圣节高端论坛"作了两次演讲，题为《喝茶何以能成为文化》和《茶文化与软实力》。

2015年5月，在上海鲁迅纪念馆举办的《新青年》创刊100周年学术研讨会上，陈子善教授在讲评时戏称我为"演说家"，事后师兄施建伟教授也借此调侃我。我当然不是"演说家"，而且从小讷于言。母亲为了培养我基本的人际交往能力，小学三年级时就让我硬着头皮去参加讲演比赛，以训练我的口才。我记得我讲的是一个小故事：南京临时政府成立前夕，孙中山从海外归来，随身携带了一口皮箱。欢迎者问他带回了多少从外国募集的捐款。孙中山的回答是："我没有募集到一分钱，带回来的只有革命精神。"这样简单的演讲当然不可能获奖，但以后我在人面前讲话时胆子居然大了许多。高二那年暑假，我还参加了湖南省中学生夏令营的活动，被编在话剧班。回想起来，我们当年的演出只能被视为自娱自乐,但借此练习了一个月的普通话。参加朗诵比赛时,我还在全省中学生中得了一个第三名,朗诵的篇目就是诗人未央的抒情诗《车过鸭绿江》。完全未曾想到的是,58年之后,我在纪念丁玲诞生110周年的国际学术研讨会上竟见到了这位诗人,谈起了这件温馨往事。诗人因为也读过我的书,当即在纸上给我写了一段鼓励的话。朗诵他的诗那年,我刚15岁,而与诗人聚首时,我已七十有三。日月如梭,的确言之不虚。

对我提高口头表达能力帮助最大的是号称14年的教学生涯,虽然中间经过10年"文革",但我上讲台的时间至少也有六七年。我教的是中学,讲课的基本要求是深入浅出,不能使用那种似懂非懂甚至连自己也搞不懂的"神"与"兽"的语言。为了让学生听讲不打瞌睡,讲话也尽可能要有些趣味,正如鲁迅所言,删除枝叶,绝得不到花果。这影响到我后来的讲演。我虽然没有完全脱稿滔滔不绝讲两小时的才能,但在大多场合能受到听众的欢迎,这就是教中学练就的基本功。不过,更重要的是,每次讲演,无论听众人数多少,层次高低,有无报酬,我事先都一定备好课。如果有人要我提供讲演的经验,那我首先介绍的一条就是"认真准备"。

讲演给我留下了一些难忘的记忆,有的让我欣慰,有的也让我尴尬。有一次到北京工业大学讲演,正值周六,当晚除我的讲座之外,学生会还组织了一台京剧晚会,以及另一台服装表演。我估计观众都会被这两台演出吸引过去,便做好了只要还有一名听众仍然要坚守阵地的思想准备。料想不到的是,安排我讲演的那个小礼堂很快坐满了人,晚到的听众只好一排排站在边上,坚持听了一个半小时。另一次去湖南农业大学讲演,出面邀请我的是学生会,课酬虽低,但学生热情很高,作宣传,贴海报,印入场券,接送讲演人,全由他们亲力亲为。休息时他们还准备了茶点,讲完后又送上了鲜花。让我难过的是,因为听众太多,散场时拥挤,一位学生头撞在玻璃上,划开了一个大口子。我立即让那辆准备送我回宾馆的车送那同学到医院去急诊,缝了好几针才止血。在湖南工业大学讲《当前文化建设的若干热点问题》,学生反应十分热烈。讲毕,很多学生在朋友圈内讨论,觉得享受了一场"精神盛宴"。在国家图书馆讲《扑朔迷离的历史》,因为涉及一些普遍关注的问题,所以我讲毕离场之后,听众仍然在报告厅自发地长时间讨论。当然也有尴尬的时候,我在国内外都碰到过。有一次国外某大学邀我讲演,我认真准备好了讲稿,但后来邀请者说,他们那里的学生对听讲演兴趣不浓，组织听众有困难，课酬照付，活动取消。还有一次是在国内某重点中学讲课，大礼堂挤满了穿校服的学生。校方还特意请来了电视台和纸媒的记者作现场报道，说是"大师进课堂"。但开讲之后，很多学生都在沙沙地写作业，或哼哼唧唧地背书。记者好奇地问："学校请专家讲课，机会难得，为什么不好好听？"学生坦然回答："鲁迅离我们很远，考试离我们很近。"第二天，学生的这句回答就成为报纸报道的标题。将来有机会的时候，我希望能够出版一本比较完整的讲演集，现在仅出了一本《陈漱渝讲鲁迅》，其他讲演因为内容庞杂，还没有物色到合适的出版社。

谈完工作再谈休闲。画家绘画讲究"留白"，只有"留白"才能画出意境，这就相当于生活中的休闲。工作与休闲看似是相对的概念，其实并不对立。记得鲁迅有一篇妙文，叫《杂论管闲事·做学问·灰色等》，先生的意思是"世上是仿佛没有所谓闲事的"。休闲亦如此。即使是一个体壮如牛的工作狂，也不可能24小时不停顿地劳作，恰如老虎也有打盹的时候，而打盹是为了更好地发威。记得林语堂说过："看到秋天的云彩，原来生命别太拥挤，得空点。"

我不但不是工作狂人，反而嗜睡成癖。长期晚上11时入睡，早上7点起床，这就睡足了8小时。从中学时代开始又有午睡的习惯，这样每天"梦周公"的时间就将近10小时。这固然因为我是"瞌睡虫"，上了年纪之后又肯定跟血管硬化、脑供血不足有关。跟普通中国人一样，我的主要休闲方式是看电视，除非出差，每天7点半至9点半几乎雷打不动。这两个小时，是一天当中我跟老伴静坐厮守的时刻。既然以厮守为前提，对电视节目也就没有什么苛求：好的点个赞，差的吐个槽，并不入心。

老了添了一个嗜好，就是听歌。西洋古典音乐我基本不懂，听的多为民歌和流行歌曲。流传至今的民歌多为经典，无可挑剔，如《兰花花》《信天游》一类。我高中毕业时曾想选修民间文学，原因之一就是被民歌陶醉。流行歌曲良莠不齐。在内容上，我厌恶那些无病呻吟的爱情歌曲；在形式上，我讨厌那种掺杂洋文的中文歌。外文歌不乏金曲，如《斯卡保罗集市》《布列瑟农》，我都听得如痴如醉，更不要说我年轻时代所欣赏的那些外国民歌，如《鸽子》《西波涅》《红河谷》等。但中文掺杂英文，的确像钱钟书形容的那样，像牙缝里夹了鸡丝，不剔出来就浑身难受。

我喜欢听歌一不是因为懂音乐，二不是为了附庸风雅，主要原因是歌曲能唤起我的许多回忆，有温馨的，也有苦涩的。比如《白毛女》的插曲《北风吹》，那是建国初期才学会的。我跟母亲当时住在长沙郊区唐家巷的一间茅草屋内。母亲从事新式接生工作，经常晚归甚至彻夜不归。冬天茅屋四面透风，9岁的我独守一个小煤炉，哼着"我盼爹爹早回家，欢欢喜喜过个年"。我至今听到这首歌，还会想起当年耳边北风的呼啸声。《冬季到台北来看雨》是我在80年代末在台北听到的。我生父虽在台北有房，但我有家归不得，常寄居在朋友家。有一年圣诞之夜，台北下着纷飞细雨，我撑一把布伞在街边踟蹰，心里有说不出的酸楚，这时就想起了这首歌的歌词："冬季到台北来看雨，别在异乡哭泣……"想让自己内心变得强大。最让我励志的还是1992年在大陆走红的《水手》这首歌。残疾人歌手郑智化唱出："他说风雨中，这点痛算什么；擦干泪，不要怕，至少我们还有梦……"使我在人生的谷底仍然仰望星空，让自己不趴下，不停步，拼搏至今。如果说，作为一个凡人，我也多少做出了一些成绩，其中少不了各路朋友长期以来多方面给予的帮助，所以我每当唱周华健的《朋友》这首歌，唱到"朋友一生一起走，那些日子不再有……"我的心中除开升腾起一股暖意，还会感到涩涩的酸楚，因为这些朋友有的已经作古，有的天各一方，再见也难。

作为唱歌的副产品，还有我的两篇短文：一篇叫《踏歌行》，另一篇叫《〈康定情歌〉解读》，我觉得都有点意思。前一篇讲我为了看"白浪逐沙滩"如何特意飞往澎湖，为了体验《小城故事》中那座小城的"真善美"，特意在台湾坐莒光号火车去了一趟该片的外景地三义。后一篇文章是写我为了解读《康定情歌》中的歌词，如何到康地进行实地考察，了解到什么叫"溜溜调"，当地为什么有希望女性"会当家"的择偶标准，以及当地为什么会有"任你爱""任你求"的择偶观。前文刊登于《人民日报（海外版）》和《人民政协报》，后文发表于中国艺术院出版的《艺术评论》，在谈音乐的文章中应属于另类。

我还有一种休闲方式就是旅游。70岁之前几乎走遍了全国，70岁之后由于腰疾、腿疾，行走不便，更不能爬山，去的地方就少了。这五年来印象深刻的只有两次，一次是2015年1月11日游雁荡山，另一次是同年2月17日至24日游泰国。雁荡山峰峦叠起，奇而不险，昼看成岭，夜看成峰。我下午上山，晚饭后归，可写之处不多，下面主要记叙泰国游的经历。

我虽然多次出境，但多属学术交流，尚无全家出国旅游的经历。2015年春节,在我退休7年之后,这一机会终于来临。

安排这一活动的是二儿子,参与策划的是小孙女,我跟妻子坐享其成。大儿子是中层干部,来不及办好私人护照,未能成行。

出发的时间是2月17日,即除夕的前一天。凌晨3点起床,赶6点50分的泰航班机,中午抵达泰国首都曼谷。在曼谷机场转机,下午抵达了泰国的旅游胜地普吉岛。因系家庭组团,配有专车和导游。导游是一位新近毕业的泰国女大学生,学的是中文。她说,这是她刚找到的一份工作,感到十分幸运。入住宾馆之前,我们专门去超市买了沙滩服和沙滩鞋。北京正值隆冬,这里却是盛夏,不少外国男游客光着上身,骑着租来的摩托车在马路上横冲直撞,很少见到红绿灯和交警。入住的宾馆叫鲍曼公寓(Bauman Resident)。儿子说,选择这里是因为离海滨近,又便于餐饮购物。但这家宾馆设施一般,只有一楼的大泳池十分壮观,可以在池边的躺椅上休憩,给我留下了良好的印象。外出乘坐的是"嘟嘟车",即摩托三轮,干净而镶有彩灯,每次大约需200泰铢,约40元人民币。四人乘坐,十分合算。

除夕那天的活动是"攀牙湾一日游"。攀牙湾是普吉岛最美的地方,有"小桂林"之称,这里有数以百计的嶙峋怪异的小岛,还有许多数不清的钟乳石岩穴和怪石:有的岩穴状如象鼻,有的小岛形如圆柱。岩壁上生长着红树林和说不上名称的胎生植物。略感遗憾的是我们乘坐快艇在海湾内穿行,船身颠簸,水花四溅,因年迈,心不禁怦怦直跳。忆及10余年前乘摩托快艇游千岛湖,船身像砸夯机似的,咚咚地砸到湖面上,心脏并没觉难受,反倒是因为刺激而颇为快慰。毕竟是岁月不饶人,年过古稀之后,原先这类刺激带来的快乐已完全被紧张取代。如果能像划小舟游漓江那样悠闲自在,即使不在船上熬鱼汤品白酒,那也会平添几分诗情画意。晚上旅行社优待我们这几位中国贵宾,提供了一顿"免费"年夜饭。

大年初一去皇帝岛。因我跟妻子都年逾古稀,在码头上船之前必须立一份"生死状",承诺身体发生意外,旅行社概不负责。我们义无反顾,两人都庄重地签了名。不料这一天虽未发生心梗或脑梗,皮肤却被沙滩的阳光灼伤。这成了我们游泰国旅程中的一件窘事。

那天上船时,我们发现导游把一块大浴巾严严实实裹在头上,只露出两条眼缝,觉得搞怪搞笑,而不知其真实用意。岛上有西式宾馆,一些中外佳侣在此旅行结婚。他们盛装携手在沙滩上穿行，给这个旅游胜地增添了许多浪漫气息。孙女参加潜水活动去了。我们老两口跟儿子租了一顶帐篷，在沙滩上观海景，晒太阳，我还在近海游了一阵子，开始颇觉水凉，但是几分钟也就适应了。极目海天一色，顿生"今日得宽余"的闲情和豪情。回程途中，还在神仙半岛拍了几帧照片。

然而乐极生悲。第二天早起洗脸，鼻尖有疼痛感，一照镜子，才发现红肿如樱桃。擦上身时又发现一块块蜕皮。再看小腿，隆起了几个大水泡。妻子跟儿子出现同一状况，没想到短短几小时，我们三个全都被晒伤了。只有孙女幸免于难，因为她涂抹了防晒霜。我们平日从不擦油，旅行须知上似乎有提示，但并没有强调，导游也没有特意交代。我们这才知道导游把自己裹得严严实实的意图，但为时已晚。

对于老人来说，一天行程，两天旅游，十分劳顿。初二上午就在宾馆休息，把腿上的水泡挑开，上了一点随身带的消炎药。下午的节目是看"人妖秀"，这是到泰国旅游的保留节目。据导游介绍，人妖就是男人变性后的艺人，大体分三类：一类是上、下身彻底变性，一类是变上不变下，还有一类是身体不变打扮变。当下泰国男人当人妖大多并非生计所迫，而主要是一种性取向。比如泰国有名的人妖宝儿（poy），从小就很想成为女人，感觉身上的男性器官很恶心，难以忍受，所以17岁时便忍受剧痛做了变性手术，像换了一个人似的，感觉舒服多了。人妖的收入甚丰，但很多人婚姻生活却十分不幸，甚至中年自杀。

我们看的那场"人妖秀"内容健康，有古典歌舞，也有现代歌舞，还有中国的流行歌曲《小苹果》。演出大约有一个半小时。演出前后，剧场反复播放的是《发财歌》，"老板发财"的歌词不断重复，觉得喧嚣而俗气。退场后人妖在一块空地上列队，等着跟观众合影，照一张付100泰铢，大约合20元人民币。这是一次新奇的人生体验，直接感受到了泰国的特色文化。

初三从普吉岛飞曼谷。这回的导游姓黄，是一位40来岁的华裔中年妇女。她儿子上大学，家庭负担不轻，也是刚找到导游这份工作。她说泰国近些年经济状况不太好，贫富悬殊，导致了社会不安定。我们入住的是万豪酒店，位于市中心，设施和服务都远胜于鲍曼公寓。黄导游提醒我们每天早起都要在床头柜上付小费，因为清洁工的工资太低。我们深表理解。

下午拜"四面佛"。这是曼谷香火最盛的地方。"四面佛"是印度婆罗门教的神祇，所以准确地说应为"四面神"。这四尊佛像分别朝向东西南北，代表了爱情、事业、健康和财运，据说是"有求必应"。朝拜者可以献上鲜花、香烛、木象，也可以放生麻雀。如果作一些供养，还可以请出八位盛装的少女跳舞祈福。据说2006年有一位精神病患者要砸佛像的头部，结果被信徒围殴致死。2015年夏天，又听说在"四面佛"附近发生了一起爆炸事件，令人感到后怕。愿"四面佛"不断显灵，给这个纷扰的世界带来安宁。

初四上午参观大皇宫。大皇宫是曼谷的标志性建筑，始建于1782年，包括了一所为国王举行宗教仪式的玉佛寺，总面积有21.84万平方米。游人比肩继踵，鱼贯而行，无法欣赏玉佛寺走廊那些精美的古代壁画，也没有赶上每天只有两场的传统泰国舞蹈表演。现在留下的印象，只有"雕梁画栋，金碧辉煌"这八个字，还有皇宫前那右手执枪站岗的卫兵，白色头盔，白色上衣，深色长裤，似乎连睫毛也不眨一下，这也成了大皇宫的一道景观。

初四夜游湄公河。这是我们此次泰国之行的最后一个节目。游船顶部镶满了五光十色的彩灯，像美女的细脖上佩戴了一条令人眼眩的夜明珠。夜风吹进两层船舱，像一双温柔的手在轻抚着肌肤。河面鳞光闪闪，恰似一条飘逸的丝带，看不到这头，也看不到那头。岸边是鳞次栉比的现代建筑，一幢幢都闪耀着霓虹灯的媚眼，跟夜色中的湄公河相映成趣。河面是宁静的，而甲板上却充满着欢乐。演员跟游客互动，边唱边扭，顿时消失了年龄、性别和种族的界限。我不禁想起了一部叫《湄公河大案》的电视剧，揭露国际贩毒集团在这条美丽的河上制造的血腥暴行，深感只有战胜邪恶才能赢得眼下的和平。

初五上午去逛了曼谷最大的时尚购物广场，觉得价格不菲，便又去了几家大众化的批发市场。那里有很多华裔的业主，跟他们沟通并无障碍。我还看到一个老板娘穿着不俗，正在吃饭，她的铅饭盒里装的全是菠萝，这就是她的正餐。我由此感受到他们在这里打拼生根的不易。

下午休息，晚上乘机回国，抵达北京已是初六的凌晨。因为回家后心情轻松，更感到阳光灼伤的疼痛。第二天去医院看病，说伤口已感染，我又有糖尿病，合并成了"糖尿病足"。我拒绝住院，坚持在家疗伤，待痊愈时，已是4月末。因缺乏旅游常识而被折磨了48天，是高兴之余的教训，也是旅游中乐极生悲的一件窘事。

第六节

从丁酉到戊戌

　　2018年3月14日（农历戊戌正月二十七），老伴跟往常一样，洗漱完毕，到客厅去吃早餐。突然保姆大呼一声："叔叔，快来！"我从隔壁卧室直奔过去，发现老伴站在靠椅前面，身子直往下滑，脸色煞白，浑身出虚汗，似无知觉。保姆信基督教，又在养老院受过一点护理培训，便一面大喊上帝保佑，一面掐老伴的人中。老伴微胖，我跟保姆想合力把她拽到椅子上，但她仍然铅块一般地往下沉。我只好让她顺势躺在地上，在她脑后放了一个垫子，马上打"120"急救电话。"120"顿时就打通了，可是要根据我的住址接分机，而分机却久久无回音。保姆乘我打电话时跑出房门，想找几个邻居中的中青年人帮忙抬人，但跑了几层楼，只有三个自身难保的留守老人，中青年人大概都上班了。无奈中，我剥了几块巧克力，塞进老伴嘴中，几分钟后她慢慢苏醒了。我跟保姆便合力把她拽到了靠椅上。我立即给儿孙发微信，仓促中只写了三个字："快回家！"大儿子和孙女住得较近，40分钟就赶回来了。二儿子住在五环之外，到家时已经上午10点整。

　　大家问老伴发病的原因。我说，她头天晚上腰椎、颈椎剧痛，自己提出要吃一片治疗中、重度疼痛的"泰勒宁"。吃止痛片前，她还服过两种活血止痛的中药冲剂，结果胃不舒服，临睡前呕吐，把药都吐光了，没想到早上出现了休克。是低血糖？低血压？还是其他原因？我们无法判定。老伴已恢复过来，头脑清醒，去医院急诊似无意义，更何况她下楼又极其艰难。

　　老伴年轻时即体弱，中年时得过青光眼和神经官能症，退休之后这两种病都好了，让她经常困扰的是另外三种病：一是口腔溃疡，常用药是维生素B2

和同仁堂出品的溃疡散，但都不能根治，发作起来难于进食；第二种病是血压的压差太小，特别是低压太低，医生说这是血管硬化所致，但并无有效治疗手段；三是膝盖内有剥离物，一旦卡住即不能行走。医生说可用膝关节镜取出，属微创小手术。然而老伴年逾八旬，骨质严重疏松，她担心手术时会影响到膝盖的其他部位，一直下不了决心，以致拖延至今。

导致她生活不能自理的病是2017年（农历丁酉年）6月25日突发的。那天下午，她坐在沙发上跟一位老朋友"煲电话粥"，因为久未联络，又交流彼此看病的体验，不知不觉打了一个多小时，待一站立，顿时就迈不动腿了。

病来如山倒，猝不及防。6月28日做了X光透视，7月5日又做了核磁共振，结论是骨质疏松，退行性病变，腰椎间盘轻度膨出，腰椎三至四节间有磨损，周边出现轻度水肿。有一处信号失常，原因不明。医生问我老伴的病史，我如实介绍，大夫说我说的那些病都不算病。

北京有一家积水潭医院，据排行榜是全国骨科第一名，老伴想托医院的熟人挂号，但医院整顿院风，无人能够帮忙，只能电脑抢号。二儿子花500元抢到7月18日下午5点的一个专家号。专家看了两分钟，断言我老伴骨头没病，建议第二天上午8点去看血液科。血液科的大夫也是专家，刚从住院部赶来，建议马上验血，下午5点再做一个CT。化验共92项，有些30分钟即可看结果，有的要等14天，最终结论是有炎症，以致白细胞和血沉高，但不知何处发炎。CT检查也没有什么新结论，建议再做核磁共振。因为老伴疼痛不已，医生便开了几盒止痛片。2017年10月10日，老伴又感到颈椎不适，按摩了几下，适得其反，以致不能坐（腰痛），不能站（腿痛），不能躺（脖子痛）。10月11日和12日晚，是我后半生最黑暗的两个晚上。老伴疼痛难熬，半夜只能勉强坐在椅子上，让我站着轻柔地按她的背，才稍微舒畅一点。北京深秋的后半夜很冷，又没到供应暖气的日子，幸亏二儿子买了两个"小太阳"电暖气，在寒夜给我和老伴带来些许暖意。10月14日早上，记得是个星期天，老伴主动要求去住院，既是由于她想减轻痛苦，也是因为她担心我的身体会被拖垮。

在儿子、儿媳的护送下，老伴当天上午就顺利住进了复兴医院。这是老伴的公费医疗医院，离我家只有四站地，乘电车十分方便。这家医院没有规定探视时间，我跟儿子每天随时都可以去轮流照顾她；还花6000元请了一个护工，主要任务是扶她去厕所。护工姓周，甘肃人，网名叫"旺财妹"。她同时还照顾同室的另一位病友———一位陕西籍的离休干部,费用更高一些。这位病友80多岁,已有70年党龄,因坐轮椅外出,颠簸时腰部骨折,入院趴着做微创手术,肋骨又断了,大小便都要在床上进行。老伴的主治医生是一位被评为"患者最为满意"的大夫,治疗措施主要是让患者吃止痛片,外加输液扩张血管。又做了两个部位的核磁共振,医生的结论是老伴的腰椎病是次要的,主要是颈椎病。但也没有什么特别有效的治疗措施,无法深究。老伴在医院住了18天,11月1日出院。出院时开了一点补钙、止痛的药,但核磁共振的底片却在医院弄丢了,导致出院之后再看病只能凭口述。

老伴出院至今已有七个月,病情时有反复;从犯病到写此文则将近一年。如今的状况仍是腰椎、颈椎轮番疼痛,不能正常行走,只能扶着一把折叠椅的椅背在室内缓缓挪动。她把这张折叠椅戏称为"宝马"。此外还有两种折磨她的疾病:一种是反复发作的口腔溃疡,另一种是牙根神经外露。牙病并非不治之症,正常情况下可以去看牙医,但老伴行走困难,更下不了三楼,看牙又远比看其他病麻烦,所以就只好拖着。这几种病虽然一时均不会带来性命之虞,但共同点是让人疼痛不已。一般性的止痛片难以控制,而止痛效果好的药物又有种种副作用,如使人神志混乱、产生幻觉,甚至导致自杀倾向,等等,使患者看到说明书就浑身觳觫。

这一年来老伴因病生活不能自理,使我切身感到了"无奈"与"无助"。"无奈"是指没有针对她的有效治疗措施。眼下科技虽有迅猛发展,但人类对自身的认识仍有许多盲区。骨科的治疗手段有手术、推拿、按摩、膏药、理疗,乃至蜂疗……但并非对每个患者都能适合。老伴年逾八旬,手术已不在考虑范围。她又不适应其他治疗方法。广告上宣传的那些一吃就灵的神奇药物,对她疗效甚微,就连贴膏药也会导致皮肤过敏。世上苦人多。别人的呻吟我虽能看到,听到,生同情心,但并无切肤之痛,而老伴是跟我相依相伴长达半个多世纪的亲人,所以她的疼痛每时每刻都在牵动我的神经,而我又爱莫能助,不能分担她的痛苦。在无奈中我也陷入了深深的苦痛,晚上吃了安眠药仍噩梦连连,或者是梦中找不着家,或者是想起床而手脚动弹不得。

"无助"不是说没有任何人帮助,而是难以得到最有效的帮助。医生护士都是直接帮助老伴减缓痛苦的人,来自亲朋好友的电话也给她带来了精神上的慰藉,但这些毕竟都代替不了对疾病的根治。全家人对老伴都是关爱的,甚至可以说，老伴一病，证实了我们彼此之间的亲人关系。但大儿子是机关干部，不能懒政，除必须按时上班之外，还有隔三岔五的学习培训。二儿子在北京电视台当导演，蒙领导信任，出任戊戌年春节晚会总导演。一台好的"春晚"节目既是观众的期待，又众口难调，这是公认的事情。自古"忠孝不能两全"，二儿子为了表达孝心，坚持从网上替家里购物，从燕窝到手纸，只要需要，无不尽快送到。但他不得不因工作减少了回家的次数，直到戊戌年大年初二，我们全家才算是吃上了一顿团圆饭。孙女戊戌年大学毕业，准备到英国曼彻斯特大学去读硕士。她爱奶奶，坚持每天打一个电话请安，但她有属于自己的世界，无法要求成长期的年轻人对久病的老人贴身陪伴。老伴出院后，我们请了一位全天候的住家保姆，因此，很多生活细事就偏劳保姆了。

如今保姆市场的行情看涨，这取决于供求关系，不足为怪。中国陡然步入了老龄社会，合格家政人员的稀缺就成了不难理解的事情。常言道，凡是能用钱解决的问题都不是问题，问题是要找到一个能融入家庭的保姆是一件特别困难的事情。这里并不存在什么是非对错。来自不同地域有着不同文化背景的人要在一起生活，当然需要磨合。夫妻之间共同生活了几十年，仍有磕磕碰碰的时候，更何况从天而降的一个保姆？目前我跟老伴不但对保姆平等相待，而且常怀感恩之心，几乎她每做一件事，我们都必言谢。但究竟能相处多久，那就只能看缘分。10多年前有一部电视连续剧叫《田教授家的二十八个保姆》，很接地气，反映了当前普遍存在的一种社会问题。

老伴生病，暴露出我们家的一个深层矛盾，那就是我没有把握好家庭与事业的平衡点。我跟老伴曾经是同事，因在同一学校教同一学科、同一年级而长期相处，在一种非常岁月中相濡以沫，产生了恋情。结婚时我们都出奇地单纯，完全没有考虑婚后将会面临的种种具体问题。屡经坎坷而能坚持走到今天，主要是因为都能看到对方的长处而包容那些不够完美的地方。我们常常回想起那些同甘共苦的日子。有人说，前生500次的回眸，才能换得今生的一次擦肩而过，那结为夫妇三生三世要修炼多久？到了晚年能不倍加珍惜吗？遗憾的是日子越来越好，而身体却越来越差。老伴生病脆弱之时也不无抱怨，说我不懂得她真正需要的是什么。其实我何尝不知道，只是一时难于达到她的期望值而已。

老伴的需求在她看来十分简单，无非是希望我在退休之后能放下手头的学术工作，全身心跟她相依相伴。而我虽然乐意尽自己的努力去履行一个丈夫的责任，但仍难以彻底放下读书写作这些跟学术事业相关的事情。我生来爱好单调，对于有益于老年人身心健康的很多事情（如栽花、遛鸟、搓麻将、养宠物、跳广场舞）全无兴趣，因此，看书写作就成了我的一种活法。这种活法虽然给我带来了一些光环，但争名逐利的确不是我追求的目标。我目前还没有选择跟老伴搬到北京的五环之外去住电梯房，或斥巨资住进一家条件较好的养老院，主要是离不开我这间难以搬迁的书房。离开了这间书房，我感觉自己就像涸辙之鱼，会因对知识的饥渴而窒息。"莲实有心应不死，人生易老梦偏痴。"书房就是我的痴迷所在。我知道终究有一天我什么都将放下，我也不会有"把人生的秋天染上春天色彩"的浪漫想法，只是想趁还有残年余力之时，抓紧做一点想做而尚未完成的事情，包括修订增补这本学术自传。丁酉年那些特别痛苦的寒夜里，我仍坚持写了一些文章，比如《犹恋风流纸墨香——关于丁景唐先生的琐忆》《寂寞的世界，寂寞的人——〈朱安传〉序》《把本国作品带入世界视野——夏目漱石与鲁迅》。这些文章都是苦中作乐写出来的，权当心理疗伤。老伴断言我会有后悔的一天。我想，她的预测应该很准。生活本来就是一个教训接一个教训。目前我在不断的追悔中反思人生，将来必然也会有将来的追悔。人都渴望被理解，我目前的想法和做法能被人理解吗？

戊戌年七月，我已经77周岁了，离太公遇文王之日已不遥远。目前我患有糖尿病、血压高、血脂高、尿酸高、颈椎病、腰椎病、慢性胃炎、前列腺肥大等多种疾病，还因颅内渗血开过颅……医生早已把我列入"极高危人群"。不过服药之后大多数指标仍能控制，腰部、腿部的疼痛在服用止痛片后也能缓解。所以，我尚能维持正常状态，生活可以自理。现在有一个时髦的新词，叫作"无龄感"，意思是上岁数之后要忘掉自己的年龄，始终保持一颗童心。我的心理年龄一直偏低，但一上公交车就会有人给我让座，外出开会与会者也习惯于称我"老爷子"，可见我的"老"不是用穿着和心态所能掩盖的。其实现在的老年人大多数并不忌讳"老"字，也不畏死，只是希望活得有尊严，死时少痛苦。这个要求看似很简单，其实很奢侈，因为很少人能够真正做到"一吃了之，一睡了之，一走了之，一埋了之"。

记得丁酉年满76周岁那天，我教中学时的学生租借我家旁边的华文学院食堂为我举行了一次聚会，主题是"和陈漱渝老师一起追忆鲁迅中学的青春岁月"。那天吃得十分简单,但内容丰富,气氛热烈。学生要我发言,我即席致了一篇答谢词,题为《珍惜眼前人,过好每一天》。我说:"谁是眼前人?你的亲朋好友就是眼前人。今天聚会的各位都是眼前人。我的中学同窗也搞过聚会,临别赠言是'五年后再见''一个都不能少'。但不到五年,原班人马就凑不齐了。这不是悲观,而是现实。眼前人都不珍惜,那还有什么是可珍惜的呢?过好每一天,就是希望每一天都健康、快乐,活出人生的真性情、真境界、真意义。从来就没有完美的人生,只有看得开的生活,要想活得快乐。就只能不断调整心态,不断在生活中发现幸福和快乐。有些看来很平淡的事其实是很快乐很幸福的,比如我今天能从家里走到这里来参加聚会,看似普通,但一旦有一天要坐轮椅了,就会发现今天能够走路是何等快乐和幸福。再比如我今天能吃能喝,并不觉得是一种特别的幸福,而有一天虽能买得起花生米但老得没牙了,什么都咬不动,才会感到今天能够享受粗茶淡饭是何等快乐和幸福。一个人能感到生活中幸福满满,就会比那些怨天尤人的更健康更长寿,活得更加滋润。"这些话,虽然句句普通,但是我在老伴生活不能自理之后感悟出来的。

结　语

"看天空，飘着云，还有梦……"这是韩国电视连续剧《大长今》主题歌的歌词，10年前在中国几乎家喻户晓。

我今年整整七十有五，但"还有梦"……

梦有多长，要看寿有多长。

有人说，中国人目前的平均年龄是80岁。我如果活到平均年龄，还有人生的最后一个"五年计划"可以实施。

又有人说，人的寿命是父母年龄的平均数。我母亲1915年诞生，1993年去世，享年78岁。父亲活到85岁。那么我的享年应该是82岁，还可以苟延7年。

不过，这种推算都不科学。据科学家说，还有96%的物质存在形式尚属未知，被称为"暗物质"或"暗能量"。俗话说，黄泉路上无老少，就是因为现代医学还没有发达到能够预测生死的水平。2015年重阳节，我到中国艺术研究院参加文艺理论家陈涌的追思会，碰到一位中年评论家熊元义。他在会上侃侃而谈，超过规定时间，被主持人打断，说明他精力相当充沛。11月到同一单位同一个会议室参加另一个会议，未见熊元义，一打听，方知他也因脑出血撒手人寰，听后着实吓了一跳。

又忆起10年前，即2006年，我回故乡长沙参加母校雅礼中学百年庆典，跟初中同窗会餐，分手时约定五年后再聚，"一个都不能少"。餐后好友李惠黎邀我茶叙。我因为还有应酬，到茶艺馆后凳子尚未坐热即匆匆离去，不料竟成永诀。他的死因是心脏肌瘤，去世前一天尚无征兆。也是这次聚会时，好友史庭坚要送我两只板鸭带回北京。我因忙，在他家门前拿到板鸭即刻告辞，居然没进他的客厅小坐片刻，此次见面也成永诀。因为事后他外出讲学，不慎摔了一跤，引发多种疾病，终成不治。鉴于生死无常，我铭记两句话：一是珍惜眼前人，二是"要赶快做"——凡今天应完成之事，不要留到明天。

"要赶快做"，我究竟还要做些什么？究竟还能做些什么？我也讲不明白。

记得马里奥·普佐在《教父》一书中说，一个人在人生道路上要走五步：第一步要努力实现自我价值；第二步要全力照顾好家人；第三步要尽可能帮助善良的人；第四步为族群发声；第五步为国家争荣誉。这就是他心目中的人生追求。回首我75年的生涯，甚感愧疚，因为严格说来这五步我都没有走好。特别是第五步，则是完全没有做到。如果降低要求则可以说，自我价值还是多少实现了一点点，因为我是一个渺小的自我，本来的价值就极其有限。如果让沙粒创造钻石的价值，那是一种奢求；但沙粒掺进了混凝土，融入了建筑物，这就实现了它的最大价值。从这个意义上说，愚钝的我在客观条件允许的情况下做出了不懈的努力，就可以说是实现了自我价值。对于家人，我当然怀有照顾不周、关爱不够的愧疚。虽然我是一个负责任的丈夫，为晚辈也做了一些力所能及的事情，但在今后的日子里应该少说一些，多做一些，以补偿以前的种种不足。不过，年龄毕竟不饶人，所以在未来的岁月里要不断调整和降低对自己的期望值，直面现实，顺其自然。

"要赶快做"，并不是违背正常的生活规律和身体承受能力，而是要在有限的时间里发挥尽可能明显的效能。这的确是一门科学，一门艺术，或者可以称之为"时间管理学"。要学会"整段时间做要事，见缝插针做小事"。以我家状况来说，早上最费时间的事情是烧一大壶开水，这大约需要一刻钟。那么我起床之后第一件事就是烧开水，与此同时洗茶杯、换茶叶、热牛奶、削水果……待水一沸腾，其他琐屑的事情也全部做好了。这就叫事半功倍。

要想时间增值，最有效的方式就是坚持不懈。古希腊传说中有一位跑得快的英雄，名叫阿基里斯；地球上又有一种行动迟钝的动物，叫作乌龟。按常理，乌龟当然跑不过阿基里斯。但有一位叫芝诺的雄辩家却提出另一种假设：如果乌龟位于阿基里斯前方100米，而阿基里斯的速度又仅仅是乌龟的10倍，那他就永远追不上乌龟。因为阿基里斯跑完100米，乌龟在他前方10米；阿基里斯再跑完10米，乌龟还在他前方1米；阿基里斯再跑1米，乌龟仍在他前方10厘米。乌龟要保持领先地位的前提，是需要不断向前爬行。我无法效法阿基里斯，只能拜乌龟为师，学会坚持不懈。

有人夸我文章写得很多，书也出了不少，那秘诀就在于除开有特殊情况，我每天都笔耕不辍。一个人如果每天坚持写1000字，那积累下来，每年就能写出36.5万字的作品。坚持30年，作品的总量就会相当于鲁迅一生创作和翻译文字的总和，这是一个多么鼓舞人心的数字！

自古以来，人们多有追求长寿的愿望。其实比寿命更重要的是生命的质量。从今以后，我要学会过一种无龄感的生活，即不为年龄所累，忘掉"七十三，八十四，阎王不请自己去"一类古谚，以乐观的心态去感悟不同年龄段的生活。健康地多活一天，就能多争取到一次创造价值的机会。待到走到生命尽头之时，希望能像意大利画家达·芬奇所说的那样："就像安排得满满的一天会让你睡个香甜觉一样，得到充分利用的一生同样会使你死得甜蜜。"（法国伊莎贝尔·布利卡编著：《名人死亡词典》，漓江出版社2001年版，第565页）

这就是我在朝80岁迈进途中的梦……

2016年7月25日

初版后记

今天是个特殊的日子：举国哀悼甘肃省舟曲县在泥石流灾难中的遇难同胞。今天还是另一个特殊的日子：65年前的今天，日本天皇裕仁向日本全国宣读了"终战诏书"，标志着日本政府已正式宣告无条件投降。我诞生于太平洋战争爆发那年，在抗战逃难时险些被日本兵打死，因此对这种日子自然会刻骨铭心。正是在这个特殊的日子里，我写完了这部自传最后一章的最后一行。跟今天的历史氛围和现实氛围相吻合的是，我的这部自传中也多少保存了一些个人和民族的灾难性记忆。对于生活在太平盛世的人们来说，这种"伤痛性记忆"也许能成为纷乱中的一帖清醒剂、迷途中的一杆指路标，能成为疗治当今精神匮乏症的一种滋养品。

我撰写这部自传的起因，是源于中国出版集团东方出版中心张大鸣先生的热情约稿——他曾经编过我的一本讲演集。他说该社又推出了一套"东方学人自述"丛书，要我也来入伙。我正巧看到一本书，说退休之后就进入了人生的收获总结期。有出版社能提供这样一个让我总结人生的机会，那何乐而不为呢？

接着思考的是我配不配写自传的问题。在中国的正史中，传主的身份大多是帝王将相、英雄豪杰，不过也有为平民百姓撰写的传记，如唐代柳宗元的《种树郭橐驼传》《梓人传》，明代宋濂的《浦阳人物记》等。现代平民的传记更多。中国现代传记文学的倡导者胡适就为他的同乡、同学许怡荪写过传，为北京女子高等师范的一位学生李超写过传……我不是"学者"，更不是"大师"，虽无大成就，但称为"学人"我认为还是可以滥竽充数的。"学人"者，"读书人"也；"学人"者，"做学问的人"也。鉴于当今传记"草根化"的趋势，我来凑凑热闹应无大碍。

写这本自传有什么用？坦白讲，当然首先是为自己和家人留一份人生记录。从这个意义上来说，这是一种私人性质的写作。然而对于一般读者，也可以从一个小人物的经历中看到一个大时代的投影；对于其他学人而言，又能多少从中获取中国当代学术转型期的一些历史资料——特别是当代鲁迅研究史的第一手资料。

所以，只要不怀偏见阅读本书，不同人应该多少会有不同的获益。

　　给这本自传取个什么书名，这也让我费了一番心思。最早起名为《苦舟》，取意于"书山有路勤为径，学海无涯苦作舟"。有人认为意境平平："俗。"为吸引读者眼球，后易名为《我的"风光"，我的痛》。有人认为这样一改，就把品位降低到了通俗读物水平；而且自诩"风光"，尽管加了引号，也会给人以小人得志之感："狂。"最终易名为《沙滩上的足迹》。意思是：时光有如沙滩，任何人走过都会留下他的足迹。倘徉在沙滩上，也许能拾到形状各异、色彩不同的贝壳，虽然没有黄金、钻石昂贵，但对于拾贝者而言，却能领略到为局外人所难以体会的乐趣。当然，赤足在沙滩行走，有时也会被不知道是什么的东西扎得鲜血淋漓，然而这就叫作生命的本真状态，那伤疤就是曾经存活过的一种见证。不同人的足迹当然有深有浅，但无论深浅，都将被海风吹尽，被浪涛冲没，最终了无痕迹。记得鲁迅题写过《金刚经》中的一句话赠日本僧人眉山："如露复如电。"古稀之年重温这一至理名言，不禁感慨系之。

　　这些年来，围绕回忆录的鉴别问题我写过一些文章，并说了一句惹得有些人极不高兴的话："尽信回忆录不如无回忆。"现在我要公开出版自己的回忆录，会不会重蹈商鞅"作法自毙"的命运，掉到自己挖的坑里去呢？说老实话，我倒没有这方面的顾虑。写自传要讲"传记道德"。我在写作过程中一直秉承"实录"的原则，老老实实、原原本本地重现历史的记忆。卢梭说得好："只有本人，没有人能写出他的一生。他的内心活动，他的真实生活只有他本人才知道。"（卢梭：《忏悔录》第二部，北京商务印书馆1997年版，第824页）正是在这个意义上，自传非他人的评论或回忆文字所能取代，具有其独立价值。

　　那么，我的自传中就没有传记和回忆录中经常出现的"误""伪""隐"的情况吗？首先，我以为"伪"的情况可以排除。我虽然没有新凤霞一天能写一万字的才华，但由于既不刻意雕琢文字，也不刻意提出新论，所以这本自传的写作进度也还算快；耗费的时间主要花在寻找当年的文字记录（包括报刊、书信），也花在重游故地和寻访故人。作为"学人自传"，不需要追求情节的曲折奇离，所以没有必要用想象去补充事实。"宁可枯燥些，也要真实些"，这就是我写作的最高追求。但在记忆的筛选过程中，有意无意的主观性和自辩性恐怕不能绝对避免，但这跟有意违背事实和凭空杜撰事实的作伪行为还是有本质区别的。

　　"误"的问题则难以绝对排除。任何人的记忆都不可能做到绝对准确。比如我将宣布免去我行政职务的时间写为2002年4月4日，年是不会错的，月大概也不会错，但具体日子则有点含糊，不知是否会是3日或2日？因为我没有记日记的好习惯，而鲁迅博物馆的人事档案中又只能查出国家文物局党组做出免职决定的时间，一时查不出宣布决定的时间，好在我不是什么大人物，自传中也绝对不涉及影响历史进程的大事件。万一出现此类瑕疵，经人指正立即修正就是了。

"隐"的情况当然也会有——不是专"隐"所谓对自己不利的事情，也包括相关人士的一些事情。这主要是由这本书的性质和出版社的要求决定的，因为我写的不是《文人腻事》或《学林外史》。更何况出版社还专门来函，叮嘱我尽量跳出人事纠葛的旋涡，所以书中除了不能不略微涉及与我相关的学术论争之外，大多章节都是围绕我的学术生涯和学术活动展开。这种"隐"，跟贪官隐瞒赃物和嫌疑人隐瞒案情也是有本质区别的。

我感到不足的主要有以下两点。一、对友人和同人的相关学术贡献表现得很不充分。我非常清醒，我在学术上的任何一点小成绩，都离不开家人、单位和同人的支持和协作。在很多方面，其他人的贡献远比我大，比如鲁迅博物馆的业务工作，又如编辑注释《鲁迅全集》，我付出的劳动都比不上很多参与其事的同人。我绝对没有贪天之功以为己有的念头，只是由于我写的是作为"私人叙事"的自传，只能主要从我个人参与的那一部分着墨。将来如果有机会修鲁博的馆史，或撰写《鲁迅全集》出版史，我自然会极力提供和挖掘其他人的先进事迹。二、缺少对个人生平的深刻总结。自传中有一类叫精神自传，如 J.G. 哈曼 1758 年所写的《关于我生活经历的思考》。我并不是不想"思考"，更不会拒绝"忏悔"，只是因为当前置身于一个价值标准相对混乱的历史转折时期，很多事情又刚发生不久，要进行深刻的总结，做出经得起历史检验的是非判断，的确非我目前的能力所能达到。倘能生存，我仍当思考；待事实经过时光的沉淀，我对自己的精神轨迹能够略为勾勒得清晰一些，这本自传还是会争取再作必要的增补修订。

我写作这本自传的 2010 年，真是人类历史上一个灾难频仍的年头：坠机、翻车、沉船、水灾、旱灾、地震、泥石流、森林大火、火山爆发、恐怖事件、踩踏事件、超级细菌、受污染鸡蛋……夏天又有一股股热浪袭击北半球，整个 7 月份北京都出现了历史上罕见的桑拿天气。这本自传快要煞尾时，经友人安排，我到一条沟壑迂回、峰峦叠起的大峡谷附近去清凉了几天。这是一个土地瘠薄、水源枯竭、缺乏人类必要生存条件的贫困地区。在这里，我目睹了那些农民在这里种植粮食和榨油用的小向日葵，又看到那些皮肤黝黑、肌肉隆起的工人在烈日下开凿隧道，修筑公路，深感推动历史前进的其实是这些不会写自传，也不可能出版自传的人们。跟他们相比，所谓名声、成就、地位……其实都不过是灵魂的赘物。

2010 年 8 月 15 日

再版后记

中国文史出版社策划出版一套"政协委员文库"丛书,因为我担任过十年全国政协委员,2011年又在东方出版中心出过一本自传——《沙滩上的足迹》,便建议将此书修订再版。鉴于原书排印有若干错讹,距今又逾五年,内容可作增补,我便欣然应诺下来。

记得1933年12月15日,瞿秋白以鲁迅的名义发表了《儿时》一文。他认为生命没有寄托的人,才会觉得童年时期和青年时期的经历格外宝贵,这种罗曼蒂克的回忆并不是他发现了童年时期的特别价值,而是感觉到了人过中年之后的衰退。言外之意是,回忆往昔反映出的是一种精神上的萎靡。

我今年七十有五,各种器官的衰退成了生活中的一种新常态,但精神并未萎靡,所以并未整天沉湎于回忆,也做一点带开拓性的事情。

又有一篇短文,名为《年轻》,作者是德裔美籍人塞缪尔厄尔曼,文章说:"没有人仅仅因为时光的流逝而变得衰老,只是随着理想的毁灭,人类才出现了老人。"我认为这是为励志而采用的一种文艺性表述,并不完全属实。如果把人分为精神和躯体两个部分,那人躯体的衰老是一种不可逆转的自然现象,而人的精神则可以因理想支撑而永葆青春。我之所以在古稀之年鼓起勇气撰写自传,既不是想从往昔的经历中寻找些微的慰藉,更不是缺乏自知之明,觉得自己的生平有什么可以炫耀于人之处。在中国古代,除开司马迁、柳宗元等少数人外,历代史家大多为帝王将相作传,商到五四新文化运动发生,中国的"人之子"开始觉醒,普通人才名正言顺地步入了传记创作的殿堂。比如中国现代传记文学的倡导者胡适就亲自为北京女子高等师范学校的学生李超立过传,因为在胡适看来,"小我"不是独立的存在,而是和无量数小我有直接或间接的交互关系的,是和社会世界的过去和未来都有因果关系的(《不朽——我的宗教》)。我是一个普通的"小我",一个普通的"学人",还是一个社会转折时期的"知识人"。所以,我的这本自传既可以作为一滴小水珠，多少折射出一点时代的光辉，对于研究鲁迅学的学科史和跨世纪知识人的心灵史也许多少会有些裨益。

人类学的知识告诉我们，人类演进经历了200万年的漫长历程。人之所以能够区别于动物，是因为他们懂得了协作，然而充满悖论的是，从原始社会到现代社会，人类之间又一直充满了竞争，其中有些竞争是正当的、积极的、良性的，成了社会发展的一种动力，而另一种竞争却是卑劣而残酷的，就像鲁迅所言，一只猴子想直立行走，其他匍匐着的猴子就想群起将它咬死，这就是所谓恶性竞争。这类竞争反映了人性的丑陋面，损人而不利己。我自传中的个别章节，就是通过平心静气的事实陈述来彰善瘅恶。这是细心的读者可以看出来的。

若干年前，台湾《中国时报》约我写过一篇短文，叫《挺直你的脊梁》，因书籍文稿杂乱无章，一时找不到了。记得写的大意是：我的脊梁和腰椎受过三次挫伤。第一次是"文化大革命"前带学生下乡秋收，那时叫作"抢收"。在"抢"的过程中垛麦垛，用木叉不停地把多捆麦秆垛到比我高出两个头的麦垛上，扭伤了腰，好几天趴着，动弹不得，下炕只能直身滚下来。后来卧床加治疗得到缓解。第二次在"文化大革命"中，一位15岁的红卫兵女将拿着军用皮带狠狠抽我，那皮带特别宽，大铜扣，铜扣准确无误地落在我的尾脊骨上，让我受了内伤。一个原本温婉腼腆的小女孩，一夜之间人性完全被兽性淹没，这应该是她自己和未经历过那种特殊岁月的人所难以相信的。第三次是在"文化大革命"结束后，为了把失去的那些黄金岁月夺回来，我常去当时位于北京西黄城根北街的北京图书馆报库查阅资料，我走在人行道上，边走边低头看卡片，不料整个人都掉进了一口井里。那井盖被撬开摆在路边，井口跟我的腰一般粗，正好把我卡住。原来园林工人打开井盖取水浇树，浇完在附近的草地上抽烟喝茶，没有及时盖上井盖。他们见我直通通地卡在井口，既未幸灾乐祸，也未伸以援手，任我狼狈地从井口爬出，连半句道歉的话也没有。那次之后，我的腰伤就发展到了相当严重的程度。退休后到医院做核磁共振，发现腰椎间盘突出，腰椎管狭窄，又长了骨刺。理疗无效，缓解方法只有手术。我不愿承担哪怕只有百分之五的风险，采用了保守治疗，而所谓保守就是卧床平躺，外加吃止痛药。

然而，已划入"极高危人群"的我并不甘心从此趴下，也不愿整天猫着腰过日子，我还要尽最大努力挺直我的腰板。这不仅是为了尽晚年余力继续写作，也是为了在各种现实的压力和诱惑下堂堂正正地做人，不屈服于金钱，不屈服于邪恶，不屈服于病痛，直到生命的最后一息。中国古人崇尚"但立直标，终无曲影""磊磊落落，日月皎然"的"直道"，认为人无论在什么样的环境中都应该正直如矢，像箭一样挺立；又如琴上的朱弦，玉壶中的冰块："直如朱丝绳，清如玉壶冰"（鲍照：《代白头吟》），即使不容于时也不改变初衷，直到临终仍像《离骚》所说的那样，"伏清白以死直"。我想，即使我最终仍未能攀登上这种境界，但向往之心则是永恒不变的。

2016 年 8 月

三版后记

一个普通学人的自传，从2011年至今，不到八年，居然有了三版的机会，在出版艰难的当下，不能不说是一件幸运的事情。

坦诚地说，我写这本自传的冲动，完全不是因为急于为自己树碑，而只是想借此自辩。用世俗的眼光来看，退休前的10年，对我个人而言，也许可以算得上事业的巅峰吧。但"木秀于林，风必摧之"，我也未能逃出这种宿命。那时候有人为我挖的坑，使的绊，散播的那些不实之词，我直到去年春节才知道得比较具体，听后不禁有些后怕。不过我终于挺过来了，因祸得福，不仅没有从此趴下，反而留下了更多的"纸上声"。细心的读者应该能够看出，我在自传中并没有对任何人进行人身攻击，谈到产生分歧的那些事情，也只是提供了我所了解的情况和秉持的看法。好在大家都懂得"兼听则明"的道理，我的自述或自辩至少应该被视为一面之词吧。

第二版跟第一版的区别，主要是订正了一些错字，增补了2011年至2016年的一些生活内容，但也被删掉了一些细节，因为不删就会影响出版，我不愿因小失大。将来有好事者可以校勘，那校读记可能会写得比较有意思。

第三版跟前两版有较大变化，特别是增加了第八章《我的杂学》，介绍了除鲁迅研究之外，我在其他10个领域的研究工作和写作活动。当然并不是为了显示我在诸多方面都有成就，而只是因为这些毕竟是我学术生涯的一个部分，记载下来，也算是自己为自己留一个纪念。附录部分增加了程桂婷夫妇和范桂贞编撰的《陈漱渝学术年谱》。这部年谱从我出生一直写到了2018年5月，提供了不少已经忘却的往事的记录，让我感到十分惊喜。我其实是不必这样被人关注的。但既然有人关注，我还是十分感恩！经过这番增补，我的这本自传又向名副其实的"学术自传"靠近了一大步。

读到学术，首先需要正名。根据通常的理解，学术工作泛指比较系统的研究工作，其中包含了学说、学识、学风等方面的内容。我自知肤浅，所以经常讳言

"学术"二字；但我毕竟涉足这个领域几十年，所以跟学术又有摆不脱的关系。如果有人问，在你的学术生涯中，有什么可以聊以自慰的事情呢？你写的和编的书多而杂，概括起来有什么特点呢？

我可以聊以自慰的是，从1985年至2001年，接替李何林先生担任了26年鲁迅研究室主任。这个研究室是全国唯一的鲁迅研究专门机构，其成立背景我在自传中已有详述。我并不认为自己有什么政绩。当年曾被我招进鲁迅研究室的孙郁先生说："很怀念您做研究室主任时给我们带来的自由宽松的环境，我们没有一点今天的青年的压力。而当年您主持的各种学术活动都影响了我后来的写作，这要深谢于您。"这就是我"无为而治"的成果。有了这种评价，我也就心满意足了。

先后参加1981年版、2005年版《鲁迅全集》的编注工作，是我在学术生涯的另一种荣幸。特别是第二次修订时，我还出任了该书编辑修订委员会的副主任。这项工作虽然带有尽社会义务的性质，但毕竟反映了学术界对我的一种认可，对此我既惭愧而又感激。我对于编注《鲁迅全集》的意见和建议，在这本自传里已经表达得非常充分，不必重复。虽然2005年版《鲁迅全集》一经问世，就有人在《文汇报》公开发表署名文章，煽动《这样的〈鲁迅全集〉我不买》，但据我所知，从那时至今，这套书至少加印了七次，成了在社会科学研究领域引用率最高的典籍之一。最近听说人民文学出版社又要重新修订这套全集，这当然是好事。事实上这套书一直都在修订之中。不过以我的妄断，这套全集得以不断完善是可以肯定的，但要想在总体上面貌改观，恐怕是任何人都做不到的；如果真发生了总体改观的状况，那就是不知在哪方面出了问题。

谈到我个人的学术研究，有人评价是"史料丰富而多持俗见"；而我之所以能掌握较多的史料，则是凭借着鲁迅博物馆得天独厚的馆藏。说实话，虽然这种评价是出于善意，但跟我的自我认知之间仍存在隔膜。我研究鲁迅起步于"文化大革命"期间，那时不能也不敢研究什么理论，只能当文抄公抄些卡片。我在中国现代文学的矿山中披沙淘金，靠的是北京图书馆（现称国家图书馆）和首都图书馆这两座富藏。鲁迅博物馆资料部确有特藏，比如大量的鲁迅藏书，但因为我外文程度极差，完全看不懂外文书；又身为工作人员，甚至一度还分管过资料部，所以有避嫌的心理，很少去利用馆藏资料。我的另一个资料来源是不少鲁迅同时代人的口述，比如李霁野、冯至、冯乃超、廖沫沙、魏建功、川岛、丁玲、胡愈之、唐弢、萧三等。他们本有提携后学的精神，"文化大革命"后期又相对空闲，所以能抽出时间接受访谈或回复来信。如果是在当下，想得到他们的一通手书，那估计是难上加难的事情了。

我在鲁迅研究界的亮相之作，应该是1976年初开始在《南开大学学报》的《鲁迅研究资料》专栏连载的那组文章，后来被收入《鲁迅在北京》一书，1978年由天津人民出版社出版。收录在本书的九篇文章确实都是资料性的。早在大学时代，我就偏爱阅读蒋瑞藻的《小说考证》、孙楷第的《小说旁证》、钱南扬的《宋元戏文辑佚》一类书籍。我觉得这类读物跟同时期的理论著作比较起来只有性质的区分，并不能据此判断出不同作者之间学术水平的高下。1987年，我又在湖南文艺出版社先后出版了《鲁迅史实新探》和《鲁迅史实求真录》。这两本书和《鲁迅在北京》一样都保持了资料性，但应该说已经不是纯资料性读物了。

我现在撰写这篇后记的时候，特意从书柜深处找出这三本书，重新翻阅一遍。拙作内容的肤浅，装帧的粗陋，都令我汗颜。但为什么我的这些"少作"当时还能产生一定影响，至今也仍然会有人参考呢？我想，原因之一是我提供了一些人从未提供过的新鲜史料，另外是开拓了一些新的研究领域。例如，早在43年之前，我就粗略介绍了鲁迅在北京时期跟文艺团和报刊的关系，虽然只是蜻蜓点水，但为日后研究中国现代社团流派史做了一点筚路蓝缕的工作。现在有学者写出了《作为公务员的鲁迅》这样厚重的专著，但也是在40多年前，我跟时任鲁迅博物馆副馆长的孙瑛就最先提供了鲁迅跟北洋政府教育部的关系的原始档案。目前关于鲁迅作品域外传播的情况，受到了普遍的重视，而且已经看到了好几种这方面的专著，但最早比较系统介绍国外和中国港台地区鲁迅著作出版研究状况的，恐怕就是我在《鲁迅史实求真录》中收录的那几篇文章。我对鲁迅跟狂飙社和民权保障同盟的研究，也为中国现代文学和中国现代史的研究提供了学术生长点，这已经得到同行们的首肯。谈到理论研究，的确是我学术工作中的一个软肋。我承认自己缺乏抽象思维的能力，但我绝不低估理论功底的重要性，因为史料固然是研究的基础，但没有史识，史料的价值就无法显现。不过置身于中国社会的转型期，我也时时感到困惑。青年时代被灌输的那些唯物史观似乎不合时宜了，而西方那些走马灯似的新潮理论我又不愿去追逐，所以经常感到无所皈依的尴尬。但我的文章并非没有一己之见，特别是那种论争性的文章，我的观点其实都是十分鲜明的。我不知道这些观点是否可以被纳入理论范畴？至于我的"俗见"，最为人诟病的就是我至今也没有颠覆鲁迅是"革命家"的说法。因为我按照鲁迅的观点，把革命理解为一种"变革"；也跟鲁迅一样，不认为真正的革命是一种不让人活只让人死的事情。革命有文武这两条战线，这也是我这个从旧中国到新中国的人所切身感受到的。所以，这种颇让人视为"奇葩"的看法，我自己倒认为正反映了我学术立场的一贯性；不以为耻，反以为荣。

总而言之，我认为自己的文章，比一般的史料文章还是增添了一点理论色彩，而又比一般的理论著作多了一点史料和文采。就我某一篇具体文章而言，很难说有什么长远价值，但就我文章的总体而言，不仅留下了个人在人生道路上的一点履痕，而且也可以折射出一个特定时期中国现代文学研究界的历史面貌。

在这篇后记的最后，我还想谈谈我跟媒体和出版社的关系。早在20世纪70年代末期，我就听说过某男编辑替女作者出书时要求"潜规则"的传闻，后来也看过某女作者揭发某名刊男编辑想对她进行"潜规则"的文章。更有意思的是，这两位我还都认识。前些年，一些高校老师向某权威刊物编辑变相行贿的事也时有耳闻，手段包括买版面、请讲学、送厚礼、陪旅游等等。感到庆幸的是，我此生还没有碰到过这类差劲的编辑。我遇到的编辑不论年龄大小，实际上都是我写作上的老师，生活中的文友。我可以按时间顺序开列出一大串亲切的名字。他们是：盛祖宏、章正续、罗宗强、邓清佑、杨钟贤、姜德明、朱正、黄仁沛、张兆汪、刘梦岚、何孔周、顾志成、铁流、周航、黄旭、王平、刘仰东、王小宁、张映勤、高芳、王瑛、王文运等等。我跟这些人都是君子之交，丝毫没有受到当下权钱交易的污染。我这本自传的责任编辑有三人：第一位是上海东方出版中心的张大鸣。这是一位敏于行而讷于言的编辑，没有他的主动约稿，我完全没有撰写这本书的勇气。第二位是中国文史出版社的赵娇娇。她朴实而敬业，是她的反复校对，才使这本书的错字率达到了相对低的水准。第三位责编是北方文艺出版社的王爽。该社社长宋玉成带她来寒舍约稿之前，她已经做了功课，主动提出要再版我的《剪影话沧桑：中国现代文坛珍闻趣事》。这是一本销行颇为寥落的书，听说上海远东出版社曾因接受这一选题而后悔不迭。现在居然有一位年轻的编辑主动提出重新包装这本并不被市场看好的书，我对她顿时有一种空谷足音之感，从此结下文缘。在这本拙著再版之后不到三年，她又一连编辑了我的三本书，并产生了一定的社会影响，这是我晚年的一大慰藉。

当我撰写这篇后记的时候，正赶上崔永元曝光明星天价片酬，成了舆论热点，我不禁由此联想到当代文人的生存环境。我不愿意将眼下的稿酬跟建国之前或建国之初进行比较，因为不同时代有不同的历史条件。我只想说，目前能够靠稿酬和版税致富的作家大多局限于儿童文学创作、通俗文学创作或网络写作，人数极其有限。由于学术报刊跟学人的比例严重失调，形成了僧多粥少的局面，发表和出版学术文章特别艰难，大多靠合作出书，说得直白一点就叫作卖书号。一个书号一般要卖三万元左右，有名气的出版社要价更高，出十万字的书就可能要三至五万元的出版补贴。我在这里丝毫没有责难出版社的意思，因为在市场经济条件下，出版社是企业单位，一个编辑一年有几十万元的利润指标，怎能要求人家去做赔本买卖？好在现在不少科研单位和高校都有专项课题经费，能够从中贴补出版，减轻了学者的负担，又有利于学术成果的交流，这不能不说是一种进步。

可以颇为自豪地说，我虽然编写出版了100多本书，但没有一本是自掏腰包出版的。这对于一个游离于权力和市场之外的文人，并不是容易做到的。不过因为稿酬标准极低，征税的起点也极低，因此所得报酬跟所付出的劳动不成正比例，更不好意思去跟艺人们的收入进行比较。据说现在的稿酬标准已经多元化了，某些大型的文学刊物可以达到千字千元的水准，但一般学术刊物恐怕还达不到平均千字百元的标准。《新华文摘》是顶尖级的学术刊物，转载一篇文章，千字能有50元稿酬。人民大学出版的复印资料也被高等学校视为重要出版物，但转载费千字只有10元，而且只见通知不见款项。我曾撰文发过"文章如土，文人似丐"的牢骚。希望今后随着"尊重知识，尊重人才"的社会风气逐渐形成，这种状况能发生根本性转变。

现在到了应该结束这篇后记的时候。王爽编辑鼓励我把想说的话一口气说完，所以我放言无忌，斗胆说了以上这些在一般场合不想说的话，权当我学术生涯的一篇谢幕词吧。记得清代女词人吴藻曾填过一阕《浣溪沙》，其中有"一卷离骚一卷经，十年心事十年灯"之句。回想起来，我独对孤灯，铺陈文字，不觉已近半个世纪。得与失，是与非，优与劣，荣与辱，都只能留待后人去裁决了。本书前两版书名为《沙滩上的足迹》，含义已在《初版后记》中说明。三版改名为《我活在人间：陈漱渝的八十年》，同时在封面说明本书是《沙滩上的足迹》的增订版。

"我活在人间"这五个字取自鲁迅的《华盖集·题记》："这病痛的根柢就在我活在人间，又是一个常人，能够交着'华盖运'。"我理解的"人间"是一个中性词，区别于"天堂"与"地狱"。在佛家看来，人生有"生、老、病、死、怨憎会、爱别离、求不得"这七种苦（"怨憎会"是指冤家路窄，低头不见抬头见。"爱别离"是指爱而不得，无力相守余生。"求不得"是指你欢喜的东西难以得到），不过人生中也会有事业的成就，爱情的甜蜜，友情的温馨，衣食住行的享受……总之，以我的经历，五味杂陈才是真实的人生。近八十年来，我经历过抗日战争，三年解放战争，建国后的十七年，"文革"十年，改革开放四十三年。预支两年阳寿，恰好八十年。我的确是一个"常人"，但常人的生活轨迹也能留下大时代的投影。我的确是一个文人，所以我的经历也保存了一些文坛是非恩怨的记录。我从1961年就开始发表有关鲁迅研究的文章，又在鲁迅研究的专门机构供职三十二年，所以我的生平也提供了中国鲁迅研究界的一些第一手资料。根据传记学理论，传记其实是"自传"与"他传"的结合，所以，在我的传记中，也呈现了不少著名现当代学者亲切的面影。以上这些话，越看越像自己为自己写的广告词。就此打住吧，不再唠叨了。

2019年4月20日夜

陈漱渝学术年谱

陈漱渝,男,1941年7月25日(闰六月初二)生于重庆歌乐山中央产院,祖籍湖南长沙。抗战时期随母王希孟流离至湖南省凤凰县,投奔外祖父王时泽,先后在凤凰县、长沙市、天津市求学,从南开大学毕业后一直定居在北京。先是在北京西城第八女子中学任教14年,后又在北京鲁迅博物馆鲁迅研究室工作32年,于2008年告别鲁迅博物馆,现一直从事文学研究,笔耕不辍。

1943年,2岁。

长沙失守前,随外祖母王蔼慈回长沙,途遇日本兵清乡,险些丧命。

1945年,4岁。

年初,进入凤凰沱江镇中心小学。

1946年,5岁。

年初,随外祖父一家迁回长沙,随后转入长沙北区北正街的三一小学。

1949年,8岁。

在解放战争时期,感受国民党的炮火轰炸和机枪扫射,后来他写道:"那时母亲抱着我躲在书桌下,浑身觳觫……但我直接感受到的是母亲的护佑。在关键时刻,她一定会毫不犹豫牺牲自己,把宝贵的生命留给我。"

1951年，10岁。

年初，进入长沙解放中学（即雅礼中学）读书。

1955年，14岁。

2月，解放中学由长沙麻园岭搬到了侯家堂，校名再度改为长沙第五中学，他对校迁中徒步十余里的印象深刻："这次迁校的场面极为壮观，全体同学或扛着课桌，或背着课椅，徒步十余里走到新校区……像这样的搬迁方式，在中国教育史上大约可以列入《无双谱》。"

1957年，16岁。

夏，从雅礼中学毕业。毕业前夕，和两位初中同学李惠黎、陈赫合办了墙报，取名《鸿雁》，出版者署"南柯社"。

秋，考入南开大学中文系。中文系的系主任李何林、语言学教授邢公畹、古汉语教授马汉麟、民间文学教授华粹深、负责学生图书借阅的赵琳老师，都给陈潄渝留下了深刻的印象。而在五年的大学生涯中，对陈潄渝影响最大的是青年讲师宁宗一："在他的影响下，我对考证中国古代白话小说的源流变迁产生了浓厚的兴趣。"

1958年，17岁。

8月13日上午，作为学生的陈潄渝有幸和毛泽东握手，这一幕被校广播站报道。学校安排突击编写教材，他被分配编写《苏联文学史》，"具体任务是介绍第二次世界大战期间的苏联诗歌，以及柯切托夫的小说（如《茹尔宾一家》）"。

1959年，18岁。

在天津《青年报》首次发表习作，作品是一首顺口溜。在洛阳《牡丹》杂志发表五篇文章，分别在本年度第4期、第8期、第9期、第11期、第12期。

1961年，20岁。

6月4日，在《天津日报》发表文章。
7月23日，在《天津日报》发表文章。

1962年,21岁。

2月16日,在《天津日报》发表了一篇散文。

8月6日夜,《再见,马蹄湖——一个毕业生的心声》写于南开园,后发表于南开大学当时的校刊《人民南开》。

9月20日,在《天津晚报》发表了一篇评论鲁迅旧诗《莲蓬人》的短评,后收录于张恩和的《鲁迅旧诗集解》。

秋冬,从南开大学毕业后在北京等待分配工作期间,在文津街北京图书馆(现为国家图书馆古籍馆)自学半年。

11月25日,在《天津日报》发表了一篇散文。

年底,北京市人事局约谈,随后被分配到西城区第八女子中学任教。

1963年,22岁。

2月2日早晨,外祖父去世,享年76岁。

在北京市第八女子中学教授语文课,在校期间全身心投入教学工作:"我不仅白天将全部精力投入教学,而且学生上晚自习时我也主动坐在教室旁的走廊上,随时为学生答疑解惑。"30多年后,学生朱婉华写了一篇回忆短文《初三的语言老师陈漱渝》,反映了陈漱渝在任教期间的一些真实情况。在陈漱渝69岁时,他在女八中教过的第一批学生为他贺寿,浓浓的师生情也是对他的教师生涯的高度认可。在女八中教学期间,陈漱渝为王季青校长的人格魅力和治学态度所感染,这对他一生的为人处世都有着深刻影响,他在回忆时称王校长是"一个改变我命运的人"。

1965年,24岁。

5月29日和6月7日,在《光明日报》发表了两篇批评文章,分别批评夏衍根据茅盾原著改编的电影《林家铺子》和柯灵的《不夜城》。

7月18日,短论《〈杜十娘怒沉百宝箱〉评论中的两个问题》发表在《光明日报·文学遗产》上。

1966年,25岁。

8月下旬,不堪忍受即将到来的批斗和侮辱,有了轻生的举动,"文革"期间经历的波动和其母11年前所受的诬陷,大都与"海外关系"有关联。

1973年,32岁。

7月15日和8月28日,在《光明日报》发表影评和剧评。

1975年,34岁。

7月9日,在《光明日报》发表影评。

8月3日,收到戈宝权先生长达四页的复信,信中主要解答了对俄国盲诗人爱罗先珂的评价、世界语在中国的传播等问题。后期也多次收到戈宝权先生的来信。

8月7日,李霁野先生致信问候陈漱渝患肝炎一事。

陈漱渝将鲁迅佚简和所存账目清单抄寄给李霁野先生,由此证明了未名社所欠版税已经陆续还清,理清了这一事关李霁野先生声誉的问题。

同年11月7日,李先生发来信函,以示感谢。

11月,在鲁迅博物馆副馆长孙瑛的提名下调至鲁迅研究室工作,陈漱渝起先担心此事会受到海外关系的困扰,后在孙瑛、李霁野、李何林先生的援助下,消除了这一忧虑。本月24日,收到罗宗强征求一些鲁迅研究方面的文章的来信,不久,寄出《鲁迅与"三一八惨案"》一文。

1976年,35岁。

1月22日,《视个人名利如粪土》发表于《人民日报》。

2月,《鲁迅与"三一八惨案"》发表在罗宗强主编的《南开大学学报》,获得广泛好评,得到了学者如李霁野的高度评价。随后,罗宗强在学报开辟了《鲁迅研究资料》专栏,陈漱渝陆续投递了《鲁迅与女师大学生运动》《鲁迅在北京的教学活动》《对鲁迅伟大生平的卑劣篡改——评石一歌〈鲁迅的故事〉》等文章。

4月5日上午,到北京鲁迅博物馆鲁迅研究室正式报到,从此开始了长达32年的鲁迅研究工作。在研究室主任李何林的领导下,参与了《鲁迅年谱》的编辑,是主要撰稿人之一;编纂《鲁迅大辞典》,是办公室负责人之一。在研究室期间,广泛接触了唐弢、林辰、戈宝权、李霁野诸先生,并与他们结下了良好的友谊。

8月11日,收到罗宗强的慰问信,对方表示"学报如期出,地震后第三天即二校,现(第四期)在印中,二十号当可寄上"。

10月,《鲁迅研究资料》创刊,至1991年12月终刊,共出24辑,参与编辑了1—4辑后被调到"年谱"组,跟李允经一起为鲁迅在北京时期的年谱定稿。后期在担任研究室主任期间,也参与了《鲁迅研究资料》的终审。

11月,为了调查"四人帮"的历史罪行,于11日下午,与李何林先生访问了聂绀弩；12日下午，与孙瑛、荣太之、左瑾到西城学院胡同39号拜访了张执一。

秋冬，给唐弢致信倾诉了自身的苦境，唐先生的现身说法使陈漱渝领悟到了一个人生真谛："真正的人生只有在经过艰苦奋斗之后才能实现。"此后两人书信往来频繁，中国社会科学文献出版社出版的《唐弢文集·书信卷》中，唐弢给全国133人的667封信中，给陈漱渝的信共20封。

1977年，36岁。

4月，《鲁迅与外国语》发表于《外语教学与研究》第2期。此文后又发表于《锦州师范学院学报（哲学社会科学版）》1981年第3期。

10月，《鲁迅与通俗教育研究会——介绍〈通俗教育研究会第一、二、三次报告书〉》发表于《山东师院学报（社会科学版）》第5期。

11月11日，收到李霁野先生的一封长信，信中内容是为台静农先生辩诬。

12月，《〈女师大周刊〉上有关鲁迅的资料》发表于《天津师院学报》第6期。《读者来信》发表于《破与立》第6期。《鬼蜮的伎俩——"四人帮"为篡党夺权歪曲鲁迅语句的一个罪证》发表于本月5日的《人民日报》。

本年，邀请林辰、戈宝权先生为《南开大学学报》的《鲁迅研究资料》专栏写稿。戈先生首先在《南开大学学报》第4期发表了《谈〈阿Q正传〉的英文译本》，后又陆续发表了关于《阿Q正传》的多种译本的文章，最后集结成《〈阿Q正传〉在国外》一书出版。

1978年，37岁。

1月，《鲁迅与报刊》发表于《新闻战线》第1期。16日，散文《柳树的联想》发表于《北京日报》。

2月，《鲁迅与女师大学生运动》由北京人民出版社出版。

5月，《鲁迅在北京住过的地方》发表于《破与立》第2期。

6月，《所谓〈鲁迅为偕行社同人撰悼刘和珍君〈祭文〉质疑〉》发表于《山东师院学报（社会科学版）》第3期。《鲁迅与"一·二八"战争》发表于《天津师院学报》第3期。

12月，《读者来信》发表于《辽宁大学学报（哲学社会科学版）》第6期。

本年，《鲁迅在北京》由天津人民出版社出版。《"携手共艰危"——纪念鲁迅的亲密战友许广平同志》先发表于《南开大学学报（哲学社会科学版）》第1期，后被收入《鲁迅史实新探》一书。

1979年,38岁。

1月,《闻一多的佚诗》发表于《读书》第2期,文中提到了当时还未收入《闻一多诗选》的《七子之歌》,受到闻一多夫人高孝贞(高真)的称赞说:"陈漱渝如果研究闻一多,那就好了。"《鲁迅与党刊》发表于《新闻战线》第2期。

3月,《全国苏维埃区域代表大会和柔石的〈一个伟大的印象〉》发表于《山东师院学报(社会科学版)》第1期。

4月,《谁是杀害秋瑾的谋主?——〈论"费厄泼赖"应该缓行〉中的一个问题》发表于《语文学习》第4期。《鲁迅与茅盾早年交往的几件事》发表于《锦州师范学院学报(哲学社会科学版)》第1期。

7月,《从孙伏园的编辑工作谈起》发表于《出版工作》第10期。

主编书籍《中国民权保障同盟》(史料),由中国社会科学出版社出版。

1980年,39岁。

1月,《〈记念刘和珍君〉学习札记》发表于《语文教学通讯》第1期。

2月,《关于〈前哨〉的出版日期》发表于《新文学史料》第1期。

4月,《关于日文〈北京周报〉》发表于《中国现代文学研究丛刊》第1期。

5月,《鲁迅研究动态》第1期印成,出至1984年7月中断。在担任鲁迅研究室主任后,《鲁迅研究动态》于1985年5月重新出版,并于1990年1月更名为《鲁迅研究月刊》,陈漱渝长期担任主编。李福田在《百期话旧》中认为陈漱渝"把刊物作为重要的工作来抓,投入了大量的心血和精力",对其工作进行了肯定。

6月2日,胡风复信,回答了陈漱渝在来信中提出的两个问题。

7月29日,《广告,这也是武器!——介绍新发现的〈三闲书屋印行文艺书籍〉》发表于《人民日报》。

8月,带着外祖父的照片拜访舒群,促发舒群的记忆和激情,舒群写出了一篇长长的回忆录《早年的影——忆天飞,念抗联烈士》,文中提到了陈漱渝和其外祖父。《再谈〈天义报〉上署名"独应"的文章》发表于《新文学史料》第3期。

9月,《关于"现代评论派"的一些情况》发表于《中国现代文学研究丛刊》第3期。

10月22日,随成立4年的鲁迅研究室从北京西皇城根北街搬到阜成门故居南面办公,在此待了28年。

本年,加入中国作家协会,介绍人是林辰、萧三、唐弢。专著《鲁迅史实新探》由湖南人民出版社出版,李霁野先生为此书写了《小引》,驳斥了"资料无足轻重，资料搜集整理轻而易举"的偏见。此书于1982年出增订本。

1981年，40岁。

1月，与孙瑛等合编的《鲁迅与世界》由中国展望出版社出版。

4月，《七十年代初香港围绕鲁迅的一场论争》发表于《鲁迅研究动态》第3期。《她活在鲁迅的事业中》发表于《锦州师范学院学报（哲学社会科学版）》第1期。

5月，专著《许广平的一生》由天津人民出版社出版。

6月，《台湾省、香港地区中国现代文学作品及研究著作要目》发表于《齐齐哈尔师范学院学报（哲学社会科学版）》第3期。

7月，与周海婴、周令飞等合编的《鲁迅画传》由人民美术出版社出版。

8月，《鲁迅与狂飙社》发表于《新文学史料》第3期。《读〈一件小事〉札记》发表于《北京师范大学学报》第4期。

11月27日，经过多番努力，母亲得以平反。

本年，受邀参加了纪念鲁迅诞生100周年学术讨论会，并作了题为《关于近年来新发现的鲁迅佚文》（发表于《文学评论》第5期）的发言。从8月27日至9月24日，《中国青年报》为陈漱渝的《民族魂——鲁迅的一生》开辟专栏。《"革心"的召唤——关于周恩来同志的小说〈有什么分别?〉》发表于《雨花》第7期，此文也发表在《活页文史资料》，《淮安报》曾复刊。

1982年，41岁。

2月10日，陈漱渝、李允经合著的《有益的探索——读林志浩的〈鲁迅传〉》发表于(《人民日报》。

3月，《一篇蹩脚的创作——〈毛泽东到八道湾会见鲁迅〉辟谬》发表于《鲁迅研究动态》第2期。此文后发表于《晋阳学刊》同年第4期。

5月，《〈鲁迅与狂飙社〉补正》发表于《新文学史料》第2期。《回忆录要存真求实——〈关于〈毛泽东到八道湾会见鲁迅〉一文的两封来信〉质疑》发表于《鲁迅研究动态》第4期。

7月25日至8月21日，参加鲁迅研究会与烟台师专在烟台举办的鲁迅讲习班，并与李何林、唐弢、陈瘦竹、戈宝权等众多鲁迅研究专家担任此次讲习班的主讲。

8月，《〈民族魂〉选载》发表于《齐齐哈尔师范学院学报（哲学社会科学版）》第4期。

10月，《〈民族魂——鲁迅的一生〉（选载）》发表于《辽宁师院学报》第5期。

本月,到杭州参加鲁迅研究学术讨论会。

本年,沈鹏年发表文章《周作人生前回忆录:毛泽东到八道湾会见鲁迅》,陈漱渝对此文的真实性有怀疑,遂发表质疑文章《一篇蹩脚的"创作"——〈毛泽东到八道湾会见鲁迅〉辞谬》(见《鲁迅研究动态》1982年第2期)。同年10月23日,沈鹏年发表了《再谈毛泽东会见鲁迅》,陈漱渝以《一场应该结束的辩论》再次进行反驳。此后陈漱渝也对《筹拍历史巨片〈鲁迅传〉始末》、周作人附逆等问题逐一进行了反驳、查证,最终证明了沈鹏年在这些问题上的作伪。

1983年,42岁。

1月,18日至22日,参加李何林先生在成都主持的第二次《鲁迅大辞典》编撰工作会议,会议决定成立编委会,并下设《鲁迅大辞典》编辑办公室,陈漱渝参加了编辑办公室的工作。

2月,《许寿裳〈哭鲁迅墓诗〉》发表于本月18日的《人民日报》。

5月,《精神犹在海天张——悼萧三同志》发表于《鲁迅研究动态》第4期。

7月,《鲁迅与陈赓会见的时间》发表于《鲁迅研究动态》第7期。专著《民族魂——鲁迅的一生》由浙江文艺出版社出版,后多次修订,根据出版社的要求更名为《鲁迅简传》《鲁迅评传》(中国社会出版社2006年)、《鲁迅正传》(江苏文艺出版社2010年)出版。此书于1997年4月被收入华侨出版社的名家简传书系;2012年8月,《民族魂:鲁迅传》由漓江出版社出版;2018年2月,由北方文艺出版社印成精装本发行。

8月,《冯乃超同志谈后期创造社、"左联"和鲁迅》发表于《鲁迅研究动态》第8期。《萧三在苏联的文学活动点滴》发表于《新文学史料》第3期。

10月,《偶感两则》发表于《鲁迅研究动态》第10期。

11月,《〈鲁迅大辞典〉释文撰写体例(初稿)》发表于《鲁迅研究动态》总第29期。

1984年,43岁。

3月,《鲁迅丧仪与救国会》发表于《鲁迅研究动态》第2期。

4月,《中国民权保障同盟的主要活动》发表于《齐齐哈尔师范学院学报(哲学社会科学版)》第2、3、4期,以及1985年的第1期。

5月,《史料,不容掺半点假——三驳"毛泽东会观鲁迅"说》发表于《鲁迅研究动态》第5期。主编的《鲁迅序跋》由百花文艺出版社出版。

7月，《杨杏佛其人及其殉难经过》发表于《辽宁师范大学学报（社会科学版）》第4期。《写出真实——朱正〈鲁迅传略〉修订版读后》发表于《中国现代文学研究丛刊》第2期。与西北大学鲁迅研究室合编的《当代作家谈鲁迅》，由西北大学出版社出版。

9月，20日至26日，参加了在大连棒棰岛召开的中国鲁迅研究会第三届会员代表大会，被选为副秘书长，介绍了中国港台地区的鲁迅研究现状。这次会议期间，经电影评论家钟惦棐介绍，参加中国电影评论学会的成立会。

1985年，44岁。

1月，《血的蒸气，真的声音——许广平三篇遗稿读后》发表于《鲁迅研究动态》第1期。

4月，《钱玄同日记中的鲁迅》发表于《鲁迅研究动态》第3期。

5月，《东有启明，西有长庚——鲁迅与周作人失和前后》发表于《鲁迅研究动态》第5期，后又发表于《齐齐哈尔师范学院学报（哲学社会科学版）》1986年第1期。

8月，《国外鲁迅研究状况》发表于《鲁迅研究动态》第8期。专著《中国民权保障同盟》由北京出版社出版。

1986年，45岁。

年初，经《人物》杂志主编苑兴华推荐，北方妇女儿童出版社副主编周航到陈漱渝住处，约他写一部《宋庆龄传》。

1月，《潘汉年杂文选》由百花文艺出版社出版。

2月，《不要恣意贬损鲁迅》发表于本月1日的《文艺报》；15日，此文由中央人民广播电台《新闻联播》播出，当天《人民日报》等各省市党报在头版版面转载此文，反响很大。

3月，《序跋二则》发表于《鲁迅研究动态》第2期。

4月，《〈大众电影〉刊登的一篇不实之文》发表于《鲁迅研究动态》第3期。

5月，《数通书简，一席交谈——悼胡愈老》发表于《鲁迅研究动态》第4期。

6月，《一个真实人的真实片断——悼丁玲》发表于《鲁迅研究动态》第6期，此文于2004年8月1日被收入《丁玲纪念集》。

夏，乘机至海口，到宋庆龄的祖籍地进行考察，当天的《海南日报》头版发了一则消息，题为《为了崇高的使命》，报道陈漱渝此行的目的，是替祖籍海南的宋庆龄立传。

7月6日至20日,第一次访问日本,《扶桑日记——赴日本考察记实》(发表于《鲁迅研究动态》第10期、第12期)一文记录了此次学术之旅的详情。

9月,《鲁迅——"人类明灯"——国外鲁迅研究状况概述》发表于《瞭望新闻周刊》第43期。

10月,《苏联的鲁迅研究》发表于12日的《鲁迅研究动态》;《漫谈近年来鲁迅研究状况》发表于18日的《人民日报》。

11月12日,在北京鲁迅博物馆、鲁迅研究室主持召开的首届"敌伪时期周作人思想、创作研讨会"上作了讲话。

12月,《毛鲁"会见"的奇闻,引人深思》发表于《电影新作》第6期。

本年,《美国的鲁迅研究》发表于《批评家》。

1987年,46岁。

1月,《从周作人说到民族气节》发表于2日的《人民日报》;《艰难的起步》发表于《学习与研究》第2期。

3月,《新发现的宋庆龄书简》发表于15日的《人民日报》。

4月,《创刊寄语"纪念与研究"》发表于《鲁迅研究动态》第3期。

5月,《论作伪》发表于7日的《人民日报》;《办出特色——在本刊作者座谈会上的发言》发表于《鲁迅研究动态》第5期。

6月,《宋庆龄的最后岁月》发表于《齐齐哈尔师范学院学报(哲学社会科学版)》第3期,以及1988年第1期;《"中国的圣女贞德"——宋庆龄大革命时期在武汉》发表于《辽宁师范大学学报》第3期。

9月,《在"鲁迅赴上海六十周年学术讨论会"闭幕式上的讲话》发表于《鲁迅研究动态》第12期;专著《鲁迅史实求真录》由湖南文艺出版社出版。

11月12日,主持召开"敌伪时期周作人思想创作研讨会",特邀蒋锡金参加,蒋因意外失足,致使腿部骨折,陈漱渝深感歉疚。

12月,《"目的只是一个:向前"——学习鲁迅关于改革的论述》发表于《鲁迅研究动态》第9期,《红旗》本年第19期。

1988年,47岁。

1月,《"鲁迅、周作人比较研究学术讨论会"开幕词》发表于《鲁迅研究动态》第1期。

3月,《光荣的荆棘路——宋庆龄的历史贡献和思想发展》发表《天津师大学报(社会科学版)》第1期。《由香港到重庆——宋庆龄在抗日战争时期》发表于《上饶师专学报(哲学社会科学版)》第1期。

5月,《吐纳中外,别立新宗——鲁迅的中西文化观》发表于《鲁迅研究动态》第5期。

7月,《要好处说好,坏处说坏——在"鲁迅与中国现代文化名人学术座谈会"上的发言》发表于《鲁迅研究动态》第7期;《祝福你,孩子!》发表于《群言》第7期。

8月,《全国鲁迅研究教学研讨会开幕词》发表于《鲁迅研究动态》第8期;《杨荫榆是怎样的人?》发表于28日的《人民日报》;《从假消息谈起》发表于《群言》第8期。

9月,《"白云原自一身轻"——悼萧老》发表于《鲁迅研究动态》第9期;《〈上海鲁迅研究〉创刊寄语》发表于《上海鲁迅研究》第00期。

10月,《爱的思索——读许广平佚文〈结婚的筵宴〉》发表于《鲁迅研究动态》第10期,后发表于《湖南人文科技学院学报》2009年第3期,《人民政协报》2009年5月21日。"中华文学史料学首届研讨会"在上海召开,次年9月,"中华文学史料学学会"在北京正式成立,陈漱渝参与筹办并任副会长。

12月,与人合编的《刘心武代表作》由黄河文艺出版社出版;撰写的《宋庆龄传》由北方妇女儿童出版社出版(获1989年全国"希望杯"图书荣誉奖、吉林图书二等奖。2012年10月,主编的长篇传记《宋庆龄传:风华之后再无风华》由人民日报出版社修订再版)。

1989年,48岁。

3月,《关于杜衡先生的一篇回忆》发表于《鲁迅研究动态》第2期。

6月,《〈西行漫记〉的成就和疵点》发表于《齐齐哈尔师范学院学报(哲学社会科学版)》第3期,后又发表于《人民政协报》2001年4月3日;《杂谈"五四"时期的"思想自由"》发表于《鲁迅研究动态》第Z1期,后又发表于《百年潮》1999年第4期;《〈鲁迅年谱〉(四卷本)得失谈》发表于《辞书研究》第3期。

7月,《鲁迅藏书研究札记五则》发表于《曲靖师专学报》第2期。

8月,第一次赴台探亲,此后在1990年底至1991年、1992年11月、1995年底、1998年9月至10月、2008年10月奔赴台湾,多是参加学术活动,顺带看望父亲。这次赴台,"陈漱渝一连5次拜访台静农,叩询有关台静农先生及未名社的旧事"(台益燕:

《素幅寄深情》，见《瞭望新闻周刊》1995年第9期第47页。)

9月，《"现代评论派"史料拾零》发表于《鲁迅研究动态》第9期。

10月，《〈雅舍小品〉现象——我观梁实秋的散文》发表于《齐齐哈尔师范学院学报（哲学社会科学版）》第5期。

12月，《台湾版〈鲁迅语录·前言〉》发表于《鲁迅研究动态》第12期。

本年，主编的《鲁迅语录·四卷本》由台湾天元出版社出版。1992年，在四卷本（《文艺论艺》《人物评估》《华夏剖析》《世情漫议》）的基础上，由颜雄将繁体字转换为简体字，又请鲍庚桃将台湾删去的《创作自述》分册补齐，合为一册《鲁迅语录》，由湖南师范大学出版社出版，曾印成当时世界上最大开本，入吉尼斯世界纪录。

1990年,49岁。

2月29日，收到丸尾常喜先生的来信；同年11月5日，托人给丸尾常喜先生寄出他的四本作品，10日收到丸尾常喜先生的复信。

3月，《丹心白发一老翁——怀念台静农教授》发表于《鲁迅研究月刊》第2期。

5月，《关于"左联"的随想——在纪念"左联"成立六十周年学术研讨会上的发言》发表于《鲁迅研究月刊》第5期；《辨伪古今谈》发表于《齐齐哈尔师范学院学报（哲学社会科学版）》第2期。

8月，《坍塌的堤防——鲁迅著作在台湾》发表于《鲁迅研究月刊》第8期。

9月，《话说陈西滢》发表于《语文学习》第9期。20日，"鲁迅与台港作家暨台港鲁迅研究座谈会"在江西庐山举行，原本负责此次会议的袁良骏因临时接待旅美作家白先勇，将会议的主持工作托付给了陈漱渝。

12月，《两峰并峙，双水分流（上）——胡适与周作人》发表于《鲁迅研究月刊》第12期。15日、16日，受邀赴台北政治大学的"公企中心"，参加"胡适与近代中国研讨会"，作了题为《同途殊归两巨人——胡适与鲁迅》（发表于《河北学刊》1991年第2期，《中国现代文学研究丛刊》1991年第3期）的发言。他此行研究胡适的论文和提供的胡适研究资料，被刊登在台湾的《中国时报》和《联合报》上。除发表了以《胡适与鲁迅》为题的论文之外，还在《中国时报》发表了《胡适与毛泽东》（笔名"沉鱼"）；在台湾《历史月刊》发表了长篇文章《胡适与周作人》。

1991年,50岁。

1月，《两峰并峙，双水分流（下）——胡适与周作人》发表于《鲁迅研究月刊》

第1期。

4月16日至19日，在郑州召开的"鲁迅和鲁迅精神"研讨会，因一位农民企业家在出资问题上出了一点状况，险些造成会议计划的部分破产，陈漱渝一时陷入窘境，后来在朋友的帮助下才得以顺利进行。长期举办研讨会中遇到的困难，使陈漱渝切身体会到筹集经费的重要性，因为经费筹集问题也引起了诸如《中国鲁迅研究会副会长值多少钱？》这样的诘责。

5月，《他在争议中保持自我——台北三晤柏杨记》发表于《鲁迅研究月刊》第5期。

6月，《热爱鲁迅的异邦人》发表于18日的《人民日报》。

9月，《呈献给世界的艺术明珠——漫谈鲁迅的小说创作》发表于《语文学习》第9期。

10月，《作为文学大师的鲁迅——为海外读者而作》发表于《齐齐哈尔师范学院学报（哲学社会科学版）》第5期。

11月，《飘零的落叶——胡适晚年在海外》发表于《新文学史料》第4期，此文受到了广泛好评；1992年1月26日，《新文学史料》的顾问楼适夷特别写信给王元化推荐陈漱渝的文章，说这些研究文章的内容"皆前所未闻"。

12月，《鲁迅与胡适：从同一战阵到不同营垒》发表于《文学评论》第6期；24日，在台南访问苏雪林。

本年，为纪念鲁迅诞生110周年，中央电视台举办"青年学习鲁迅"演讲比赛，陈漱渝承担的任务是参与纪念大会的筹备、纪念大会文件的起草、学术研讨会的会务，并担任讲演比赛的评委。

《青少年鲁迅读本》由台北业强出版社出版。

1992年，51岁。

3月，《炎黄儿女情，中华文化心》获中央电视台举办的第四届"海峡情"征文活动一等奖，萧乾先生为其颁奖；《色彩缤纷的历史——二十年代毛泽东与胡适的关系》发表于《党史纵横》第3期；《褒贬自有春秋——读〈夏衍谈"左联"后期〉》发表于《鲁迅研究月刊》第2期。

5月，《重展遗简忆恩师——悼唐弢先生》发表于《鲁迅研究月刊》第5期。19日，操办"林辰从事学术活动五十周年座谈会"，以庆祝林辰八十大寿。29日，中国鲁迅研究会第五届会员代表大会在成都召开，被选举为副会长兼秘书长。这次会议之后，具体事务一般由陈漱渝操办，每年都召开了规模不等的学术活动，如

1993年召开的"鲁迅研究的新路向"学术研讨会；1994年召开的"世界文学中的鲁迅"国际学术研讨会；1995年召开的"鲁迅文艺思想与当代文艺运动"国际学术研讨会……陈漱渝在《风波迭起的中国鲁迅研究会》中谈到举办研讨会的指导思想：开会要谈学术，不能言不及义；对不同观点的学者一律欢迎；会议地点尽可能选择在风光秀丽的地方。

7月，《读鲁迅诗歌随想——〈鲁迅诗歌鉴赏〉序》发表于《鲁迅研究月刊》第7期。

11月15日下午，到台北延平南路实践堂参加一次"反独"动员大会，写了一篇报道《清除"台毒"，促进统一》（发表于《人民政协报》2000年5月29日）。19日，应邀在台湾"中央研究院"中国文哲研究所作题为《关于评价鲁迅的若干问题》（此文于1993年以《关于评价鲁迅的若干问题——在台湾"中央研究院"文哲所的讲演》为题发表于《鲁迅研究月刊》第6期）的演讲，就目前两岸鲁迅研究中的某些分歧，坦陈己见，表明了他的观点。

专著《风情·亲情·乡情——一个大陆人看台湾》由北京10月文艺出版社出版，1994年由台湾朝阳堂文化事业公司发行繁体字版。

1993年，52岁。

4月1日至6月29日，受日本学者丸尾常喜邀请，以研究课题"日本近代文化对中国现代文学的影响"为由，赴日本进行访学。此行的研究成果刊登在1992年12月台湾《汉学研究》第12卷第12期，后被收入《披沙简金》。

4月，《"今我来思，雨雪霏霏"——访梁实秋公子梁文骐》发表于《鲁迅研究月刊》第3期。

6月9日，在日本访问期间赶上日本皇太子成婚，写了一篇《小雨中的期待》，发表于26日的《团结报》。

7月，《鲁迅与同时代文化名人——在日本"三十年代文学研究会"上的报告》发表于《中国文化研究》第1期。

10月，《〈斯巴达之魂〉与梁启超》发表于《鲁迅研究月刊》第10期。

11月，《中国副刊的革新者孙伏园——〈孙伏园怀思录〉序》发表于《鲁迅研究月刊》第11期，后又发表于《绍兴师专学报》1994年第1期。

1994年，53岁。

1月11日晚，母亲去世，当年清明节，将母亲骨灰送回长沙，撒入湘江。

4月，主编的《鲁迅诗作鉴赏》由河北人民出版社出版；《友谊的呼吁——读宋庆龄、茅盾、蔡元培佚简》发表于29日的《人民日报》，《鲁迅研究月刊》第5期。

5月，到湖南吉首大学讲学，重返阔别了近半个世纪的凤凰县，写下了《湘江纪实——凤凰展翅》。

7月，《序文两篇》发表于《鲁迅研究月刊》第7期。

9月，《"世界文学中的鲁迅"国际学术研讨会开幕词》发表于《鲁迅研究月刊》第9期。

10月，《人物传记纵横谈》发表于《书城》第10期；《关于〈"左联"八一宣言〉》发表于《鲁迅研究月刊》第10期；《自由和爱情的歌者——裴多菲·山陀尔在中国》发表于31日的《人民日报》，此文于2010年6月10日以《同是自由和爱情的歌者：裴多菲与殷夫》为题刊载于《人民政协报》。

11月，《洪钟大吕与流水清音——序〈鲁迅的风月闲谈〉》，发表于《鲁迅研究月刊》第11期。

12月，《"相得"与"疏离"——林语堂与鲁迅的交往史实及其文化思考》发表于《鲁迅研究月刊》第12期，后刊载于《新文学史料》1995年第2期。《鲁迅的风月闲谈》由湖南文艺出版社出版。

1995年，54岁。

3月，《鲁迅·周作人·胡适》发表于《吉首大学学报（社会科学版）》第1期。

4月，《世纪之交的文化选择——〈鲁迅藏书研究〉前言》发表于《书屋》第2期。

5月，《日本近代文化对中国现代文学的影响》发表于《中国文化研究》第2期；《如此"儒学热"能解决现实问题吗？》发表于《哲学研究》第5期；《给"儒学热"降点温》发表于《鲁迅研究月刊》第5期。

6月，陈漱渝、刘丽华合著的《〈许广平纪念集〉编后记》发表于《鲁迅研究月刊》第6期。

8月，陈漱渝、丁言昭合著的《她们与世纪同行——许广平的故事》由河北少儿出版社出版。

9月8日，在"鲁迅著作出版现状座谈会"上论述了1981版《鲁迅全集》需要修订的理由，具体见《鲁迅著作出版现状之我见》，发表于《鲁迅研究月刊》1995年第10期。

11月，《顽主的"仿生学"》发表于《鲁迅研究月刊》第11期。

12月16日,在台中静宜大学参加"五十年来台湾文学"研讨会,有感于"文化台独"的政治煽动,写下了题为《认准航道,飞出美丽的线条——关于"台语文学"的对谈》(发表于《台声》杂志1997年第3期,《书屋》1998年第1期,后被收入散文集《冬季到台北来看雨》)。主编的《世纪之交的文化选择——鲁迅藏书研究》由湖南文艺出版社出版。

本年,主编的"中国现代著名作家情与爱"丛书(共6本)由四川文艺出版社出版;与人合编的"中国现代作家自述"丛书(共9本)由华侨出版社出版。

1996年,55岁。

3月,《甘于清贫的老人——记春节慰问鲁迅研究室顾问》发表于《鲁迅研究月刊》第3期。

5月,《"郁郁乎文哉!"——台北南山高中的人文教育》发表于《台声》第5期。

6月,在戈宝权先生去南京治病前去拜访他,感于对文坛卓有贡献而晚景欠佳的知识分子的处境,写了一篇题为《感伤之行》的短文,文章刊出时题目被改成了《安于清贫的老人》。《鲁迅小说全编》(主编笔名金隐铭)由漓江出版社出版。

7月,《"文才海内独称高"——参观彰化赖和纪念馆》发表于《台声》第7期。参加在山西长治举行的第7次全国丁玲学术研讨会(第8次丁玲国际研讨会是在延安召开的,陈漱渝未能参加,但2004年、2007年、2009年、2014年的丁玲国际学术研讨会都曾参加),在会上被推选为中国丁玲研究会副会长(直至2014年10月,改任名誉副会长),并作了题为《丁玲·女性文学·女权主义》的发言,围绕丁玲冤案和她与沈从文的关系,先后写了四篇长文。

8月初,受邀到日本参加福冈市综合图书馆"竹内实文库"的落成典礼;《鲁迅文艺思想与当代文艺运动》发表于《天津师大学报(社会科学版)》第4期。

9月,《"但见奔星劲有声"——喜读毛泽东〈七绝二首·纪念鲁迅八十寿辰〉》发表于《鲁迅研究月刊》第9期,本月20日的《人民日报》。

10月22日,中国鲁迅研究会第六届会员代表大会在上海召开,经不记名投票方式选举,仍被推选为副会长兼秘书长。《狼的伤吟——〈一个都不宽恕——鲁迅和他的论敌〉序》发表于《鲁迅研究月刊》第10期。《怀人以述志,记实以明史》发表于《书屋》第5期。《做一个有根的人——郝永勃〈鲁迅写照〉序》发表于《群言》第10期。

11月,主编的《一个都不宽恕——鲁迅和他的论敌》由中国文联出版社出版,2010年修订后由人民日报出版社再版,2016年由现代出版社再版。

12月16日至20日,中国作家协会第五次全国代表大会在北京召开,当选为第五届全国委员会委员,此后当选为第六届全国委员会委员,第七、八、九届全国委员会名誉委员。28日,出席中韩两国鲁迅研究团体的合作意向书的签字仪式。本月,《"世纪之交的鲁迅"学术座谈会开场白》发表于《鲁迅研究月刊》第12期。

1997年,56岁。

1月,《昔日的辉煌——波兹德涅耶娃著〈鲁迅评传〉中译本序》发表于《鲁迅研究月刊》第1期,《博览群书》第2期;《彰化一家人——〈古今艺文〉杂志社瞿毅社长和他的妻女》发表于《台声》第1期;《狼的伤吟——鲁迅的论争作品》发表于《群言》第1期;主编的《说不尽的阿Q:无处不在的魂灵》由中国文联出版公司出版。

4月,《鲁译与胡译》发表于《鲁迅研究月刊》第4期;《寓诗情于史笔——读〈郭沫若日记选〉》发表于《书屋》第2期;《触犯禁忌与亵渎崇高——平路著〈行道天涯〉的得失》发表于《台声》第4期;《鲁迅三过香港》发表于《百年潮》第4期;《骂亦有道——关于〈一个都不宽恕——鲁迅和他的论敌〉》发表于《全国新书目》第4期。

7月,《九份的"地下"与"窗口"》发表于《台声》第7期;《"高山安可仰,徒此揖清芬"——大型资料集〈回忆鲁迅先生〉序》发表于《鲁迅研究月刊》第7期。

8月,《可以击败的时光老人——悼霁野恩师》发表于《鲁迅研究月刊》第8期,后被收入2004年4月出版的《李霁野纪念集》。

9月,主编的《看,这个丑陋的中国人——柏杨其人其事》由中国电影出版社出版。

本年,与马蹄疾合编的《中国现代作家怀人散文》(共8本)由中国大百科全书出版社出版;"中国现代作家日记"丛书(共10本)由山西教育出版社出版;与马蹄疾合编的《鲁迅杂文集》由春风文艺出版社出版;《鲁迅》由中国华侨出版社出版;所编的《郭沫若日记》由山西教育出版社出版。

1998年,57岁。

1月,被选为第九届全国政协委员,并于2003年连任第十届全国政协委员,任期至2008年1月结束。在任职期间,除了被聘为信息特邀员外,还被被聘为"文史委员会"(第十届改名为"文史和学习委员会")委员,写出了一批散文和文化随笔，如《流失的丽江四方街》《千里桅樯一信风——福建湄州妈祖庙考察》《准备腾飞的腾冲》《彭德怀故乡行》《这美丽的香格里拉》《从虞舜文化谈到非物质文化传承》《京杭大运河保护和申遗工作中的文化问题》等。本月，《蓝明谷与鲁迅的〈故乡〉》发表于《鲁迅研究月刊》第1期，《台声》第2期。

2月，《薪尽火传，教泽永怀——许寿裳先生殉难五十年祭》发表于《鲁迅研究月刊》第2期；《周扬谈鲁迅和三十年代文艺问题》发表于《百年潮》第2期。

4月，《许寿裳在台湾》发表于《台声》第4期。

6月，《时代的剪影，生活的实录——读〈鲁迅日记〉》发表于《鲁迅研究月刊》第6期，《书屋》第5期。

8月，《人之子——鲁迅——"鲁迅的'人学'"学术研讨会开幕词》发表于《鲁迅研究月刊》第8期。

9月，《"五四"文坛鳞爪》由中国文史出版社出版。

深秋，趁参加"鲁迅赴宁求学100周年学术讨论会"之机，探访了在南京后半山园养病的戈宝权先生，送了插有百合的花篮，以示美好祝愿。

本年，编选的《鲁迅文选》由陕西人民出版社出版；《马蹄疾纪念集》由四川人民出版社出版；主编的《现代贤儒：鲁迅的挚友许寿裳》由台海出版社出版；主编的《鲁迅论争集》由中国社会科学出版社出版；编选的《鲁迅杂文精编》由漓江出版社出版。

1999年,58岁。

1月，《"毋求备于一夫"——读曹著〈鲁迅评传〉》发表于《保定师专学报》第1期，同年以《"毋求备于一夫"——读曹聚仁著〈鲁迅评传〉》为题发表于《学术月刊》第6期，于2000年6月收入《曹聚仁先生纪念集》；《鲁迅与21世纪的对话——在韩国汉城新罗饭店王朝厅发表的讲话》发表于《鲁迅研究月刊》第1期。

2月，《"毋求备于一夫"——曹著〈鲁迅评传〉重印序言》发表于《鲁迅研究月刊》第2期。

3月，《甘瓜苦蒂集》由百花文艺出版社出版。

4月，《一个伟大人物的伟大起点——纪念鲁迅到宁求学100周年》发表于《江苏教育学院学报（社会科学版）》第2期；《"五四"前驱国学健将——〈钱玄同文集〉序》发表于《鲁迅研究月刊》第4期。

5月，本月25日至7月25日，作为东京庆应大学的特聘教授，与竹内良雄教授一起讲授鲁迅生平和作品。课余还到七所大学客座讲演了《鲁迅在东京》（6月

5日)、《鲁迅与中国文学现代性的生成》(6月17日)、《人之子——鲁迅》(6月21日)、《鲁迅与中国国民性改造问题》(6月29日)、《鲁迅与"五四"新文化运动》(7月1日)、《"五四"运动80年祭》(7月3日)、《鲁迅与21世纪的对话》(7月23日)。《同声相应,同气相求——"五四"新文化运动在台湾》发表于《台声》第5期。《斩断纲伦,功不可没》发表于《百年潮》第5期。

10月,《"只留清气满乾坤"——建国后鲁迅研究断想》发表于《鲁迅研究月刊》第10期。

11月,《中国鲁迅研究五十年的历史回顾》发表于《学术探索》第6期。

2000年,59岁。

1月,《让人生充满"诚"与"爱"——〈现代人的呐喊〉序》发表于《鲁迅研究月刊》第1期;《台静农曾是中共地下党员》发表于《百年潮》第1期。

2月,《战斗的作者应该注重于"论争"——读〈中国现代文学论争史〉》发表于《鲁迅研究月刊》第2期,《娄底师专学报》第1期。

4月1日至7日,与周海婴、张全国赴日本,此行目的是授予国际创价学会会长、创价大学创办人池田大作以鲁迅博物馆名誉顾问称号。其间,陈漱渝代表鲁迅博物馆致贺词,并在座谈会上作了题为《鲁迅的人学与池田大作的人学》(发表于《上海鲁迅研究》2004年第00期)的专题发言。《倦眼朦胧集:陈漱渝学术随笔自选集》由福建教育出版社出版。

5月,《民主斗士闻一多》发表于《美术观察》第5期;《我在花篮里插上了百合——怀念戈宝权先生》发表于《书屋》第5期,《鲁迅研究月刊》第8期。

7月,《关于"左联"评价的几个问题》发表于《文艺理论与批评》第4期。

9月,《爱的教育和憎的教育》发表于本月5日的《团结报》;《〈鲁迅年谱〉(四卷本)再版后记》发表于《鲁迅研究月刊》第9期。

10月3日,《鲁迅研究领域的"建塔者"》发表于《团结报》。

本年,朱正、陈漱渝合著的《鲁迅史料考证》由河北教育出版社出版。

2001年,60岁。

1月,《由〈收获〉风波引发的思考——谈谈当前鲁迅研究的热点问题》发表于《鲁迅研究月刊》第1期。

2月,《寻求新的突破》发表于本月20日的《文艺报》;《忆当年,不学无术情可原——〈倦眼朦胧集〉自序》发表于《书屋》第2期。

3月13日,《文艺论争杂议》发表于《文艺报》。

4月27日,应邀参加江苏鲁迅研究会举办的"鲁迅诞生120周年学术讨论会",作了题为《中国现代先进文化的活性传统》的长篇发言。

6月12日至18日,参加了《鲁迅全集》修订工作座谈会,讨论组织工作由顾问(5人)、工作委员会(9人)、编辑委员会(21人)三大班子承担,陈漱渝是工作委员会成员之一,也是编辑委员会副主任之一,在新版《鲁迅全集》的编注工作中主要负责修订"书信卷"。在讨论会上,作了题为《群策群力,精益求精——对修订〈鲁迅全集〉的几点意见》(发表于《鲁迅研究月刊》第7期)的发言。

7月,《从一篇被"废弃"的遗稿谈起》发表于本月17日的《人民政协报》;《突然想起鲁迅之死》发表于《文艺理论与批评》第4期;《鲁迅研究断想》发表于《中学语文教学》第7期。

8月5日,在中国现代文学馆作了题为《新时期以来关于鲁迅的若干次论争》的演讲。

9月,《披沙简金》由中国工人出版社出版;《作为学者的鲁迅》发表于本月14日的《人民政协报》;《鲁迅永远是中国作家的一面旗帜》发表于本月18日的《文艺报》;《珍惜文化巨人吉光片羽》发表于本月24日的《人民日报(海外版)》;《挑战经典——新时期关于鲁迅的几次论争》发表于《文学评论》第5期;《自强不息天行健,厚德载物地势坤——在〈马蹄疾文集〉编辑出版座谈会上的发言》发表于《商洛师范专科学校学报》第3期;《中国现代先进文化的活性传统——在江苏鲁迅诞生120周年学术研讨会上的总结发言》发表于《上海鲁迅研究》第3期,《天津大学学报(社会科学版)》第3期;《鲁迅研究断想》发表于《学术研究》第9期;《中国现代先进文化的伟大旗帜——纪念鲁迅诞生120周年》发表于《求是》第18期;《挑战经典——新时期关于鲁迅的几次论争》发表于《文学评论》第5期;《吉光片羽皆足珍贵——〈鲁迅佚文全集〉序》发表于《群言》第9期。

10月4日至10日,与张培恒受山田敬三教授之邀参加日本中国学会的年会,陈漱渝在年会上作了题为《中国鲁迅研究的热点问题》的发言,同时受岸阳子教授之邀在早稻田大学作了讲演。本月下旬,作为中国作家代表团的团长,率团出访黑山共和国,目的是参加第38届贝尔格莱德国际作家笔会。19日上午,作家笔会在贝尔格莱德市立博物馆一楼报告厅举行开幕式,陈漱渝作了简短致辞,下午4时半,在原址举行论文宣读会,作了题为《我期待的21世纪文学》的发言,并在20日下午举行的第三次全体会议中朗诵诗歌《串门来了》。22和23日,参观了女诗人玛西摩维奇的故乡——娃里沃,并在当地学校报告厅举办的诗歌朗诵会上朗诵诗歌《枣树与椴树》。关于此行的详细内容,陈漱渝在《忆中国作家代表团访问南斯拉夫》(发表于2009年7月2日的《人民政协报》)中有详细记载。

11月,《和鲁迅精神对话》发表于本月20日的《人民政协报》。

本年,为纪念鲁迅诞生120周年,在各种会议上曾多次呼吁,并且在第九届全国政协委员会第四次会议上写了一个提案:《再次呼吁隆重纪念鲁迅诞生120周年》(即第298号提案),得到了文化部、中国文联、中国作协的支持。同年9月17日,这几个单位在中国现代文学馆召开了"纪念座谈会",陈漱渝作了题为《鲁迅的恒常价值》(发表于同年9月25日的《人民日报》)的发言。主编的《中国当代文化现象·观察丁玲》由大众文艺出版社出版。《鲁迅风波》由大众文艺出版社出版。与周常林合编的《鲁迅藏书》由大象出版社出版。

2002年,61岁。

1月,《我期待的21世纪文学》发表于本月15日的《人民政协报》;《留一部信史为国人——张学良文件揭秘》发表于《云南档案》第6期。

3月,《最自然最真实的记录》发表于本月5日、19日的《人民政协报》。

4月,《盛世修书——对于修订1981年版〈鲁迅全集〉的几点意见》发表于《兰州大学学报》第2期。

5月,与人合编的《谁挑战鲁迅——新时期关于鲁迅的论争》由四川文艺出版社出版;《"鲁迅改造中国国民性思想研讨会"开场白》发表于《鲁迅研究月刊》第5期。

6月17日至30日,应哥伦比亚大学东亚语言和文化系主任王德威教授和日本爱知大学黄英哲教授之邀,到纽约、华盛顿、波士顿作短期访问。此行除感受美国的文化氛围外,在张凤的组织下,还到哈佛大学哈佛燕京学社作了一次讲演,介绍国内鲁迅研究的现状,赵元任之女赵如兰女士参加。于本月27日下午拜访了美籍华裔学者夏志清,两人进行了近三个小时的谈话,夏先生将他的新作《耶鲁三年半》赠予陈漱渝。此外,在哥伦比亚大学图书馆阅读了部分张学良资料。

9月,《文艺报》主编让陈漱渝为一篇质疑《鲁迅与我七十年》的文章把关,此事被周海婴知道,再加上《〈鲁迅全集〉共有几种》《不可尽信的回忆录》(发表于《文学自由谈》2008年第3期)、《1944年:鲁迅藏书险遭出售》(发表于《纵横》2008年第4期,《贵阳日报》2008年5月6日)等文章,造成两人之间的隔阂加深。9日,《"鲁迅参评诺贝尔文学奖"真相》发表于《东方烟草报》。

10月,《当前挑战鲁迅三种手法》发表于本月10日的《社会科学报》;《学术的力量和道德的力量》发表于本月15日的《团结报》,以及本年12月11日的《中华读书报》。

11月,《大海无涯》发表于本月12日的《人民政协报》;《如此"私典探秘"——从鲁迅日记中的"羽太"和"H"君谈起》发表于《书屋》第11期。

12月,《鲁迅的人学思想》发表于《江苏行政学院学报》第4期;《学术的力量和道德的力量——〈鲁迅生平疑案〉序》发表于《上海鲁迅研究》第00期。

2003年,62岁。

3月,《当前鲁迅研究的热点问题》发表于《厦门大学学报(哲学社会科学版)》第2期。

5月,《简评〈宋庆龄年谱长编〉》发表于本月7日的《光明日报》;《究竟是谁的局限?——〈论鲁迅启蒙思想的历史局限〉献疑》发表于《鲁迅研究月刊》第5期,《书屋》第8期;《关于所谓"毛罗对话"的公开信——质疑黄修己教授的史实观》发表于《文艺争鸣》第3期。

8月,《绝学垂后世,德范昭替人——悼鲁迅研究家林辰》发表于《鲁迅研究月刊》第8期。

9月,《法国有大作家、好作品——鲁迅与中法文学交流》发表于《鲁迅研究月刊》第9期;《鲁迅与肢体文化》发表于《粤海风》第5期。

11月,《走进鲁迅:鲁迅作品高中生读本》由大象出版社出版。

12月18日,受傅光明之邀到中国现代文学馆进行讲座,讲题是《假如鲁迅活到今天——鲁迅的文化遗产与当代中国》。现代文学馆拟与中央电视台的《百家讲坛》合作,做一个关于鲁迅的系列节目(后合作流产),陈漱渝的演讲就是其中之一。陈漱渝在这次公开场合的讲演中,因有11行约300字的篇幅谈到当前社会的"辉煌业绩"而招致韩石山的发难,韩石山完全无视陈漱渝讲演中230行约6400字的针砭时弊的文字,写了《鲁迅活着会这样吗?》一文,把非中共党员的陈漱渝说成"无常识""昧良心",只会说"大话""空话"的不可救药的"御用文人"。做过县委副书记的韩石山,在仕途的升迁中也说过社会主义建设所取得的成就,却完全无视陈漱渝公开演说所需要把握的分寸。陈漱渝写了两篇答辩的文章《鲁迅活过来不会这样吗——教韩石山学"假设"》《我也来谈鲁研界——驳韩石山〈鲁迅界里无高手〉》,打算在《山西文学》刊登,但由于投稿失误,将两人的文字之争演变成文字官司。

本年,《毛泽东、杨开慧的感情风波》发表于《书屋》杂志,《今晚报》亦予转载。

2004年,63岁。

1月,《鲁迅版本书话》由北京图书馆出版社出版。

2月,《鲁迅的思想和艺术成就——2004年在中法文化交流年的讲稿》发表于《娄底师专学报》第1期;《鲁迅与胡适交往的物证——对一张收据的臆测》发表于《鲁迅研究月刊》第2期。

3月17日,到巴黎参加第24届法国图书沙龙活动,一同前往的中国代表团共109人,作家有铁凝、莫言、余华、韩少功等39人。22日,作了题为《鲁迅:中国的伏尔泰》的发言。《精神文明建设:提供群众喜欢的文化产品》发表于本月13日的《光明日报》。《鲁迅研究要坚持正确的学术方向——2004年5月11日在"越文化视野中的鲁迅"学术研讨会上的发言》发表于《绍兴文理学院学报(哲学社会科学)》第3期。

4月,《播撒鲁迅精神的种子》发表于本月16日的《中国图书商报》,《江苏师范大学(哲学社会科学版)》第1期;《鲁迅的文化遗产与当代中国》发表于《东岳论丛》第2期;《鲁迅与中法文学交流》发表于《江苏行政学院学报》第2期。

5月,《我也来谈谈鲁研界(外一篇)》发表于《文学自由谈》第3期;《我也来谈鲁研界——驳韩石山〈鲁研界里无高手〉》发表于《鲁迅研究月刊》第5期;《巴金起草〈中国文艺工作者宣言〉》发表于《世纪》第3期。

7月,《向阳无湖,干校无文——兼议"干校文化"》发表于《咸宁学院学报》第4期。

9月,《与巴金的一次晤谈——关于〈中国文艺工作者宣言〉及其他》发表于《鲁迅研究月刊》第9期;《关于"丁陈反党集团"的两次访谈》发表于《世纪》第5期。

12月,《张睿生前身后事》发表于《寻根》第6期。

本年,受邀参加"20世纪中国社会变革的多彩画卷——丁玲百年诞辰国际学术研讨会",并作了题为《周扬与丁玲冤案》的发言。

2005年,64岁。

2月,《"索尔维格"的祭奠》发表于本月2日的《中华读书报》;《鲁迅文化经典的当代阐释——在鲁迅研究二十年国际学术讨论会上的发言》发表于《江苏行政学院学报》第1期;《重释经典要警惕政治误读》发表于《江汉论坛》第2期;《未名社及其文学精神》发表于《新文学史料》第1期。

3月,《鲁迅的文化遗产与当代中国》发表于《文艺理论与批评》第2期;《鲁迅文化经典的当代命运——在"鲁迅研究二十年国际学术讨论会"上的发言》发表于《鲁迅研究月刊》第3期。

4月14日,《变金字塔形为橄榄形》发表于《社会科学报》。

3月,《关于构建和谐社会的几点认识》发表于本月18日的《中国文物报》,以及2009年7月28日的《中国社会科学报》。

5月,《文学史料工作的回顾与前瞻》发表于本月30日的《人民政协报》;《欣慰的期待——寄语〈上海鲁迅研究〉》发表于《上海鲁迅研究》第1期;《鲁迅的文化遗产与当代中国》发表于《上海鲁迅研究》第1期;《当代阐释:在政治与学术之间——答张弘先生》发表于《博览群书》第5期;《取人之长,扬人之善——关于楼老给我的信札》,被收入《楼适夷同志纪念集》。

6月25日,《文才海内独称高(台岛访古)——参观台湾彰化赖和纪念馆》发表于《人民日报(海外版)》。

8月,《丁玲冤案及其历史反思》发表于《粤海风》第4期。

9月,《无言的诉说(台岛访古·三十)——参观台北林语堂故居》发表于本月10日的《人民日报(海外版)》;《解读〈康定情歌〉——情歌之乡探情歌》发表于本月14日的《中华读书报》。

12月,《精明幽默林语堂》发表于本月28日的《文化艺术报》;《警惕阅读陷阱——读〈鲁迅会见休士及其诬事件〉》发表于(《湖南人文科技学院学报》第6期;林非、陈漱渝、朱正的《鲁迅七十年未曾远去的身影》发表于本月2日的《中国图书商报》。

本年,《鲁迅研究的危机及其生长点》发表于《上海鲁迅研究》第4期。

2006年,65岁。

1月,《自由,美丽而艰难的选择——鲁迅为自由而奋战的一生》发表于《江苏行政学院学报》第1期。

2月,《这个"同心朋友"是谁?》发表于本月22日的《中华读书报》。

3月,《必须对"黄金书"亮红灯》发表于本月17日的《中国艺术报》;《鲁迅的自由观及其与胡适的异同》发表于《鲁迅研究月刊》第3期。

4月,《葛岭有位黄河清》,被收入《黄源纪念集》;《关于北方"左联"的珍贵史料——略谈陈沂致我的一封书简》发表于《上海鲁迅研究》第4期。

5月,与肖振鸣合编的《编年体鲁迅著作全集(插图本)》(共8卷)由福建教育出版社出版。

6月,主编的《鲁迅自述》由河南人民出版社出版。

8月,《看谣言如何浮出水面——关于周作人出任伪职的史实之争》发表于《上海鲁迅研究》第1期;《"正人君子"陈西滢的后半生》发表于《新文学史料》第3期;《图文时代的鲁迅作品——〈编年体鲁迅著作全集(插图本)〉序》发表于《鲁迅研究月刊》第8期;《颠覆与传承:论鲁迅的当代意义》由福建教育出版社出版,于2010年7月再版。

9月30日,参加雅礼中学百年校庆。所写的文章《嗜好的读书,主动的学习——为雅礼中学百年校庆而作》发表于《中学生阅读(高中版)》第11期,此文在2010年1月31日以《嗜好的读书(图)》为题发表在《天津日报》。

10月,《忘不了的人是你(文采阁)——纪念鲁迅逝世七十周年》发表于本月18日的《人民日报(海外版)》;《寻求反抗和叫喊的呼声——鲁迅最早接触过哪些域外小说?》发表于《百年潮》第10期,《鲁迅研究月刊》第10期;《以圣徒般的虔诚修订〈鲁迅全集〉(上)——我参与修订"书信卷"的情况和感言》发表于《上海鲁迅研究》第2期。

11月,《让事实和档案说话——丁玲与沈从文的两次精神危机》发表于《新文学史料》第4期。

12月,《鲁迅骂语》和《鲁迅谈风月》由湖南教育出版社出版;与李致合编的《一对小兔子:胡适夫妇两地书》由湖南教育出版社出版。

2007年,66岁。

1月,《协商民主刍议》发表于本月30日的《人民政协报》;《抹不掉的红色记忆》发表于本月30日的《文艺报》;《试论多元化语境中史料作用的凸显》发表于《长江学术》第1期;《沈从文与丁玲的误解》发表于《世纪》第1期。

2月,《一封能证明一段历史的长信》发表于本月1日的《人民政协报》;《谈谈文学家的科学论著》发表于本月12日的《人民政协报》;《寻找高长虹》发表于《湖南人文科技学院学报》第1期。

3月,《国学热中的沉思》发表于本月12日的《人民政协报》,《群言》第4期;《国学热三思》发表于本月13日的《中国艺术报》;《对于丸山昇教授的追忆与略评》发表于本月26日的《人民政协报》,《上海鲁迅研究》本年第1期,《鲁迅研究月刊》2010年第1期;《也谈鲁迅遭段祺瑞政府通缉的真相》发表于本月29日的《人民政协报》,后以《提出新论要以充分的史实为据——也谈鲁迅遭段祺瑞政府通缉的真相》为题发表于《鲁迅研究月刊》本年第3期;《关于北方"左联"的一份珍贵史料——略谈陈沂回复我的一封信》发表于《百年潮》第3期;《和谐社会需要什么样的思想基石》发表于本月16日的《中国艺术报》;《加强协商民主,推动和谐社会建设》发表于本月13日的《人民政协报》。

4月,《以圣徒般的虔诚修订〈鲁迅全集〉(下)——我参与修订"书信卷"的情况和感言》发表于《上海鲁迅研究》第3期。

5月,《周建老忆鲁迅》发表于本月21日的《人民政协报》;《引起轩然大波的"月亮诗"》发表于本月31日的《人民政协报》;《社会主义核心价值体系是构建和谐社会的思想基石》发表于《北京观察》第5期,《群言》第7期。

6月,与宋娜合著的《胡适与周氏兄弟》由湖北人民出版社出版;《千里桅樯一信风》发表于本月21日的《人民政协报》;《平实的叙述,复杂的背景——解析沈从文给我的两封信》发表于《湖南人文科技学院学报》第3期,于本年8月16日收入《新气象,新开拓——第十次丁玲国际学术研讨会文集》。

7月,《要选准价值传承点——从虞舜文化谈到非物质文化传承》发表于本月9日的《人民政协报》;《让鲁迅替他修鞋的青年人》发表于本月12日的《人民政协报》;《"清洗"秽物的历程》发表于本月30日的《人民政协报》。

8月16日,《琐谈〈北斗〉忆颜雄》,被收入《新气象,新开拓——第十次丁玲国际学术研讨会文集》,并发表于《上海鲁迅研究》第3期。

9月,《经典的祛魅》发表于《文学自由谈》第5期。

10月,《鲁迅的"危险"与"好玩"》发表于本月18日的《人民政协报》,以及11月27日的《今晚报》。

11月,《〈屎的历史〉浅谈》发表于本月13日的《今晚报》。

12月,《鲁迅与上海城市文化的断想》发表于《上海鲁迅研究》第4期。

本年,受邀参加纪念鲁迅定居上海80周年大会暨学术研讨会,作了题为《鲁迅与上海城市文化断想》(发表于《鲁迅研究月刊》第12期,《上海鲁迅研究》第4期)的发言,他的《鲁迅的多重意义》一文被收入《纪念鲁迅定居上海80周年学术研讨会论文集》。

2008年,67岁。

1月,《浅议鲁迅精神》发表于本月28日的《人民政协报》;《渴望温情——痛悼颜雄》发表于《鲁迅研究月刊》第1期;《假如鲁迅活到今天——陈漱渝讲鲁迅》由东方出版中心出版。

2月,《剪影话沧桑:中国现代文坛珍闻趣事》由上海远东出版社出版;沈淑济、陈漱渝、伍绍祖合写的《育人为本,德育在先》发表于本月1日的《中国妇女报》;《感谢一个改变我命运的人》发表于本月1日的《今晚报》;《两岸文化交流的使者——许寿裳》发表于《两岸关系》第2期;《默涵的鲁迅情结》发表于本月25日的《今晚报》。

3月,《永远的温馨》发表于本月20日的《人民政协报》;《读者来信》发表于《鲁迅研究月刊》第3期;《鲁迅文本与鲁迅精神》发表于《文艺理论与批评》第2期;《一块辱华牌示的真伪》发表于本月27日的《今晚报》,以及4月3日的《人民政协报》,《群言》第4期;26日,在鲁迅博物馆主持召开"纪念鲁迅挚友徐寿裳殉难50周年国际学术讨论会"。

4月,应新加坡南洋理工大学文学院院长王志宏之邀,参加了"中国现代文学签名本书展",并作了题为《鲁迅藏书纵横谈》(发表于《湖南人文科技学院学报》2008年第3期)的发言。此行的三个收获是:根据在南洋理工大学图书馆和新加坡国立图书馆搜集的资料,撰写了长文《折戟狮城——林语堂与南洋大学》(发表于《新文学史料》2008年第4期);收集了1921年至1927年曾任厦门大学校长的林文庆的生平史料;无意中发现了《祖国前途与华侨出路》这本书,并据此写了《民盟史上的一篇珍贵文献——兼谈胡愈之在南洋的革命活动》(发表于《群言》2008年第10期)一文。还发表了《忆默涵》(《人民政协报》本月7日),《鲁迅一生的挚友——许寿裳》(《人民政协报》本月24日)。

5月,《不可尽信的回忆录——兼答周海婴先生》发表于《粤海风》第3期。

6月,《"那个奇怪的烧炉"——送柏老远行》发表于《群言》第6期;《假如鲁迅活到今天》发表于本月3日的《徐州日报》。

7月,《胡适与蒋介石》发表于本月24日的《今晚报》。

8月,应邀参加在烟台举办的第三届冰心国际学术研讨会,初见上海巴金纪念馆的常务副馆长周立民,周立民表示欢迎陈漱渝届时参加巴金的学术研讨活动;《鲁迅的"爱"与冰心的"爱"》发表于本月4日的《人民政协报》;《存真求实,去伪辟谬——试谈回忆录的鉴别》发表于《新文学史料》第3期,《江苏行政学院学报》第5期,本年9月20日以《试谈回忆录的鉴别》为题发表于《中共党史资料》第3期。

9月,《胡适的晚年生活》发表于本月16日的《南国早报》。

10月,和妻子秦世蓉一同前往台湾参加学术研讨会;《追回原初的真实》发表于本月6日的《人民政协报》;《胡适鲜为人知的晚年生活》发表于本月4日的《桂林日报》,以及11月16日的《徐州日报》;《关于脏话的若干文化随想》发表于本月27日的《人民政协报》;《宁鸣而死,不默而生——王志维谈晚年胡适》发表于《鲁迅研究月刊》第10期;《关于林语堂与"南洋大学事件"的有关信函》发表于《湖

473

南人文科技学院学报》第5期;《火焰般燃烧的木棉花——纪念许广平同志诞生110周年,逝世40周年》发表于《民主》第10期。

12月,《郑振铎的文博思想——纪念郑振铎先生诞生110周年》发表于本月8日的《人民政协报》;《长虹故乡行》发表于本月15日的《人民政协报》;《"我呼爱人,爱人不应"》发表于本月18日的《人民政协报》;《"敌乎,友乎?余惟自问"——徐懋庸临终前后琐忆》发表于《鲁迅研究月刊》第12期,《新文学史料》2009年第1期。

本年,与人合编的《许寿裳日记》由福建教育出版社出版;《复仇剑与红玫瑰——鲁迅与冰心》发表于《上海鲁迅研究》第4期。

2009年,68岁。

1月,《〈独立评论〉是怎样从"边缘"走向"中心"的》发表于本月15日的《人民政协报》;《文化史的记录者——读毛梦溪〈雨过琴书〉》发表于本月23日的《检察日报》;《情歌之乡探情歌——〈康定情歌〉解读》发表于《艺术评论》第1期;《在文化园圃,他紧曳着犁杖——评毛梦溪新著〈雨过琴书〉》发表于《人民公安》第1期;《出口成"脏"——关于脏话的若干文化随想》发表于《书屋》第1期;《鲁迅与林文庆的冲突》发表于《同舟共进》第1期;《林文庆:一位难勾脸谱的历史人物——兼谈鲁迅跟厦门大学一些人的分歧》发表于《鲁迅研究月刊》第1期,以及《上海鲁迅研究》2011年第1期。

2月,《"知"与"行"》发表于本月2日的《人民政协报》;《"误国如此,真不可恕"》发表于本月5日的《人民政协报》;《〈贵宾〉是影射江青的小说吗》发表于本月10日的《今晚报》;《鲁迅杂文中涉及的"剽窃门"》发表于本月12日的《今晚报》;《永不退却——〈总退却〉的作者葛琴》发表于本月12日、26日的《人民政协报》,《上海鲁迅研究》第3期;《被抛弃的"过河卒子"——胡适在美国的外交生涯》发表于《百年潮》第2期;《长虹故乡行——纪念"狂飙文人"高长虹诞生110周年》发表于《鲁迅研究月刊》第2期。

3月,《重新认识郑振铎——以文物保护为中心》发表于《上海鲁迅研究》第1期;《鲁迅听到的一个流言》发表于本月24日的《今晚报》;《萧军四题》发表于本月26日的《人民政协报》;《文中有画的女作家凌叔华》发表于本月30日的《人民政协报》;《"五四"运动名词溯源》发表于本月31日的《今晚报》。29日上午,应邀在中国现代文学馆发表了题为《鲁迅与冰心》的演讲。

4月,《摇动"五四"摇篮的蔡元培("五四"风云人物谱)》发表于本月3日的《人民日报（海外版）》，本月27日的《今晚报》；《陈独秀——"'五四'运动时期的总司令"（"五四"风云人物谱）》发表于本月10日的《人民日报（海外版）》；《诚实谦和的李大钊（"五四"风云人物谱）》发表于本月17日的《人民日报（海外版）》；《文学革命实绩的显示者——鲁迅》发表于本月24日的《人民日报（海外版）》，后发表于本月30日的《今晚报》，题为《文学革命实绩显示者：鲁迅》，以及5月21日的《白城日报》；《"五四"反传统精神之我见》发表于本月27日的《人民政协报》；《"我呼爱人，爱人不应"——高长虹与三位女作家》发表于《上海鲁迅研究》第2期；《"我这个人，可以当皇帝，但不能当宰相"——"行宪国大"上的胡适》发表于《百年潮》第4期；《民国时期关于胡适的假新闻——兼谈鲁迅一篇杂文的失实》发表于《同舟共进》第4期；《鲁迅的左邻右舍》发表于本月23日的《人民政协报》，以及6月21日的《太原晚报》。

5月，《首倡"文学革命"的胡适（"五四"风云人物谱）》发表于本月1日的《人民日报（海外版）》，以及当天的《今晚报》；《"很打了几次大仗"的刘半农》发表于本月2日的《今晚报》；《勇于直言的钱玄同》发表于本月3日的《今晚报》；陈漱渝、陈平原、李敬泽、高旭东合写的《青春中国》，发表于本月4日的《人民日报》；《"五四"运动名称的由来》发表于本月5日的《东昌时讯》；《自辩与他辩》发表于本月11日的《人民政协报》；《斯人寂寞》发表于《鲁迅研究月刊》第5期；《萧军的两则日记》发表于《政府法制》第15期，以及7月3日的《老年时报》；《廖沫沙误伤鲁迅》发表于《世纪》第3期；《胡适出使美国始末》发表于《湖南文理学院学报（社会科学版）》第3期。

6月，《胡适与蒋介石谋面之前的一场迂回战——上世纪20年代末30年代初中国的人权运动》发表于《鲁迅研究月刊》第6期。

7月，《从林娥谈到安娥》发表于本月9日的《人民政协报》；《女作家安娥潜伏国民党中统》发表于本月11日的《扬子晚报》；《"五四"无"民主"，"科学"失"精神"》发表于《群言》第7期；《"五四"新文化运动新议（上）》发表于《鲁迅研究月刊》第7期。

8月，《胡适心头的人影》由中国文史出版社出版；《我心目中的柏杨》发表于本月20日的《人民政协报》；《"五四"新文化运动新议（下）》发表于《鲁迅研究月刊》第8期；《鲁迅为什么写〈我的失恋〉?》发表于本月22日的《今晚报》，以及9月10日的《人民政协报》，10月18日的《湛江日报》；《柏杨谈鲁迅》发表于本月26日的《今晚报》。

9月，《鲁迅作品变成了"鸡肋"吗？》发表于本月15日的《中国艺术报》，以及2010年3月23日的《今晚报》；《回忆录还是不可尽信——聊答罗飞先生》发表于《书屋》第9期。

10月,《陈仪与鲁迅的友谊》发表于本月17日的《今晚报》;《〈呐喊〉琐谈》发表于本月29日以及11月5日的《人民政协报》;《布拉格学派的领军人普实克》发表于《湖南人文科技学院学报》第5期。

11月,《"事业平生悲剧多"(上)——策动汤恩伯起义的陈仪》发表于本月16日的《新民晚报》;《"事业平生悲剧多"(下)——策动汤恩伯起义的陈仪》发表于本月17日的《新民晚报》;《胡适反对蒋介石在台湾的三连任》发表于本月19日的《人民政协报》;《抓住机缘,创造机缘》发表于本月23日的《人民政协报》;《大师的瑕疵——以季羡林先生谈胡适为例》发表于《群言》第11期;《高长虹忆鲁迅》发表于本月30日的《今晚报》。23日下午,住进了上海淮海中路的南鹰酒店,参加本月24日至12月2日召开的"纪念巴金诞生105年暨第九届巴金国际学术研讨会",提交的论文是《我不愿给拖进"三十年代口号论争"里面——对巴金一封信的阐释》(发表于《书屋》2010年第5期)。

12月,《直面荒诞》发表于本月14日的《人民政协报》,以及2010年1月23日的《团结报》。26日,受邀参加了全国第11次(国际)丁玲学术研讨会,并作了题为《丁玲与萧军:丁玲研究的一个生长点》(发表于《武陵学刊》2010年第1期)的发言。

本年,先后应邀到华东交通大学、西南大学新诗研究所和国家图书馆"学津清谈"讲座发表演讲,并在《人民日报》《人民政协报》《人物杂志》《鲁迅研究月刊》发表了多篇纪念"五四"运动90周年的文章。受邀参加"中国现代文学新史料的发掘与研究国际学术研讨会",并作了题为《胡适与蒋介石:盖棺难以定论》(发表于《新文学史料》第3期)的发言。《义无反顾地跨进这门槛——漫谈文史工作者的识与德》发表于《现代中国文化与文学》第2期。

2010年,69岁。

1月,《中山陵和"奉安大典"的另类表达》发表于《书屋》第1期。

2月,《用淮河文化铸就淮滨》发表于本月1日的《人民政协报》;《普实克和他的东方传奇》发表于《上海鲁迅研究》第1期,《世纪》第2期。

3月2日,应上海"左联"纪念馆和上海鲁迅纪念馆之邀,在纪念会上作了主题发言《八十年了,我们为什么还要纪念"左联"》(发表于当日的《中国社会科学报》,《文学报》摘登,全文由《鲁迅研究月刊》第4期刊登);《友谊——永远的财富——臧恩钰〈蹉跎年华〉序》发表于《鲁迅研究月刊》第1期;《"五四"新文化运动和"五四"文学革命》发表于《江苏行政学院学报》第2期；《阅读鲁迅，尚有难乎？》发表于本月20日的《人民日报》；20日，为《鲁迅大辞典》写的书评发表于《人民日报·副刊》。校注的《鲁迅家书》由人民文学出版社出版。

4月，《丁玲身后的大丈夫》发表于本月1日的《人民政协报》；《在南开大学，我见到了毛主席和周总理》发表于本月15日的《人民政协报》。受邀参加湖南文理学院举办的白马湖讲坛，主讲《当前文化建设的若干问题》。《鲁迅大辞典曲折问世》发表于《侨报》。

6月，《共和国不会忘记》发表于本月8日的《人民日报》；10日，应邀出席在浙江省象山县举行的"殷夫烈士100周年诞辰学术研讨会"，并为《殷夫年谱》写了序言，发表于本月8日《人民日报》；22日，应邀赴广东汕尾市海丰县参加"'左联'作家丘东平烈士100周年诞辰学术研讨会"，并作了专题发言《丘东平烈士百年随想》（发表于2010年7月15日的《人民政协报》），并进行大会发言讲评。

7月，《鲁迅不计前嫌——写在丘东平百年诞辰》发表于本月8日的《今晚报》；10日，赴长沙参加中国鲁迅研究会和湖南师范大学联合召开的"鲁迅与左联学术研讨会"，并作了题为《我对"左联"的几点基本理解——左翼·左翼文本·鲁迅与"左联"》（发表于《上海鲁迅研究》第3期）的发言；《〈南开学报〉——我鲁迅研究的发祥地》发表于《上海鲁迅研究》第2期；《非常时期我的大学生活——陈漱渝学术自传〈苦舟〉中的一章》发表于《书屋》第7期；《我编的书进了吉尼斯世界纪录》发表于本月20日的《今晚报》，以及10月18日的《人民政协报》。

8月，《坐看晚霞的喜与乐》发表于本月24日的《人民日报》；《骗得〈孩儿塔〉序〉的史济行》发表于本月26日的《人民政协报》；《殷夫研究三题》发表于《鲁迅研究月刊》第7期；陈漱渝、黄英哲合写的《重新认识许寿裳》发表于《群言》第8期。

9月，《难以言说的鲁迅》发表于本月22日的《文艺报》，以及10月20日的《今晚报》；《罗飞先生的批评为何乏力——答〈关于"回忆录"的话题〉》发表于《粤海风》第5期。

11月，《台湾文化教育界的拓荒者》发表于本月25日的《社会科学报》；《踏歌行》发表于《共产党员（河北）》2017年第16期，《今晚报》2011年1月18日；《我的十年全国政协委员生涯》发表于《百年潮》第11期，《今晚报》2011月1月18日，《人民日报（海外版）》2011年2月22日，《烟台晚报》2013年7月9日；《梦魇般的十年——陈漱渝学术自传〈苦舟〉中的一章》发表于《书屋》第11期。

本年，与王锡荣合编的《许寿裳遗稿》（第1卷）由福建教育出版社出版。

2011年,70岁。

1月,专著《胡适与蒋介石》由湖北人民出版社出版;专著《沙滩上的足迹》由东方出版中心出版。8日,受邀参加"新中国人物博物馆60年学术研讨会",并作了题为《充分挖掘人物的价值资源:浅谈中国人物博物馆如何走向世界》的发言。《寻找面包,得到蛋糕》发表于本月22日的《人民政协报》。《"与君同调不同思"——古大勇著〈"解构"语境下的传承与对话〉序》发表于《鲁迅研究月刊》第1期。

2月24日,《在博物馆寻找人物的价值资源》发表于《社会科学报》。

3月18日,《人物博物馆何时走向世界(文博杂谭)》发表于《人民日报(海外版)》,后载于4月5日的《音乐生活报》。

4月,《"交谊至深,感情至洽"——鲁迅和郁达夫》发表于本月7日、14日的《人民政协报》;《在棘荆丛中跋涉》发表于本月25日的《人民政协报》。

5月,《追忆"五四"——在论辩中找寻真理》发表于本月4日的《家庭教育时报》;《季野先生谈茶》发表于本月17日的《中华合作时报》,本月20日的《今晚报》;《我读许广平〈鲁迅回忆录〉(手稿本)》发表于《上海鲁迅研究》第2期,《中国现代文学研究丛刊》第8期;《胡适与蒋介石:文化异同与思想纠葛》发表于《徐州师范大学学报(哲学社会科学版)》第3期。

6月,《读书:不盲从专家序言评语》发表于本月7日的《南国早报》,后载于8月1日的《甘肃日报》,题目为《不盲从专家序言评语》;《中学里的"丑小鸭"》发表于《今晚报》19日。

7月,与王信霞合写的《望之俨然,即之也温》发表于本月2日的《人民政协报》;《王冶秋的一封遗札》发表于本月7日的《人民政协报》,12月16日的《今晚报》;《消费主义·国学热·后现代主义——对当前几种文化现象的思考》发表于《武陵学刊》第4期;《孙中山与辛亥革命——兼谈鲁迅的有关论述》发表于《鲁迅研究月刊》第6期;《且把金针度与人》发表于《博览群书》第7期。

8月,《奋斗:辛亥革命给我们留下的丰厚精神遗产》发表于本月4日的《团结报》;《采撷异域文苑奇葩》发表于本月11日的《人民政协报》;《心灵的感应(图)——鲁迅与菲律宾作家黎刹》发表于本月29日的《天津日报》;《细读鲁迅》发表于本月30日的《人民日报》,9月1日的《今晚报》。

9月,主编的《鲁迅与中国现代女作家:匕首与玫瑰》由河北人民出版社出版;《鲁迅的他山之石》发表于本月7日的《中华读书报》;《谁参与编辑了〈热风〉?》发表于《鲁迅研究月刊》第8期,9月19日的《光明日报》;《具有天马行空精神的文化大师》发表于本月22日的《人民政协报》;《鲁迅本色是斗士》发表于本月27日的《今晚报》;《鲁迅与黎烈》发表于本月29日的《文学报》。

10月,《成果在"圈外"》发表于本月6日的《文汇报》;《我的外祖父王时泽(图)——缅怀一位辛亥老人》发表于本月10日的《天津日报》;《鲁迅的红色、灰色和本色》发表于《鲁迅研究月刊》第9期;《对于解构鲁迅"革命家"、"思想家"称号之我见》发表于《群言》第10期。

11月30日至12月2日,应邀参加在上海巴金故居举办的"第10届巴金国际学术研讨会",作了题为《读巴金〈随想录〉的随想》(发表于12月8日的《文学报》,《鲁迅研究月刊》第12期)的发言。

12月,专著《许广平传》由人民日报出版社出版。

本年,与王锡荣合编的《许寿裳遗稿》第2卷、第3卷、第4卷由福建教育出版社出版;《〈许寿裳遗稿〉出版前言》发表于《上海鲁迅研究》第1期;《在专业化与社会化相结合的道路上——庆祝上海鲁迅纪念馆建馆60周年》发表于《上海鲁迅研究》第1期。

2012年,71岁。

1月19日,《这本书抓住了文化之"魂"——读〈大国崛起的文化准备〉》发表于《光明日报》。

3月,中国宋庆龄基金会成立了一个"研究委员会",由唐闻生出任主任,中外委员共24人,陈漱渝是其中一员;《龚育之支持我"学术打假"》发表于本月11日的《中国政协报》,本月19日的《中国剪报》。

4月,《澄清史实》发表于本月6日的《今晚报》;《都是〈魔祟〉惹的祸——由一出独幕剧引发的文坛风波》发表于《上海鲁迅研究》第1期;《因〈王道诗话〉而引起的话旧——以瞿秋白和胡适为中心》发表于《鲁迅研究月刊》第3期。

5月,《多元化语境下的史料和新文学史料》发表于本月7日的《人民政协报》;《〈鲁迅文物〉的无声诉说》发表于本月11日的《中国艺术报》;《鲁迅文物的无声诉说》发表于本月11日的《中国艺术报》。

6月,《一篇爱国主义的誓词》发表于本月30日的《今晚报》;《民族的良知——鲁迅与柏杨》发表于《鲁迅研究月刊》第6期。

7月,《文章如土》发表于本月21日的《今晚报》;《过眼滔滔云共雾》发表于本月23日的《人民政协报》,《上海鲁迅研究》第2期;与朱毅农合写的《为胡适发疯至死的女子》发表于《世纪》第4期。

8月，与姜异新合编的《民国那些人：鲁迅同时代人》由漓江出版社出版，此书和《民国那些事：鲁迅同时代人》是上下册；《风景如画的台湾九份》发表于本月18日的《人民政协报》；《从〈收获〉"拒载"谈到当下稿酬》发表于《群言》第8期。

9月，《胡适诗词的障眼法》发表于本月14日的《中国艺术报》，本月27日的《人民政协报》。《倪墨炎谈鲁迅、茅盾致红军信》发表于《粤海风》第5期，《中国文化研究》第4期，《上海鲁迅研究》第4期。

10月，"第4届冰心文学国际学术研讨会"在重庆召开。会议的中心议题是冰心抗日战争时期的作品，提交的论文题为《我接触的第一本新文学读物：〈关于女人〉》（发表于《博览群书》第12期，《民主》2013年第1期）。《冰心笔下的母亲》发表于本月29日的《中国艺术报》；《他第一个应该感谢的人是胡适——纪念汪静之诞生110周年》发表于《上海鲁迅研究》第3期。

11月，《"不再犯错"》发表于本月5日的《人民政协报》，2013年7月4日的《今晚报》；《冰心与母爱》发表于本月10日的《今晚报》；《重读鲁迅经典的断想》发表于《鲁迅研究月刊》第10期。

12月，《对胡风的追忆和随想》发表于本月6日的《人民政协报》；《行走于鲁迅与柏杨之间》发表于本月8日的《人民政协报》；《雨打芭蕉》发表于本月17日的《人民政协报》，2013年1月18日的《今晚报》。

本年，《民国那些事：鲁迅同时代人》由漓江出版社出版。

2013年，72岁。

1月，《短信寄深情》发表于本月5日的《今晚报》，本月11日的《人民政协报》；《学术文风真该改改了》发表于本月14日的《人民政协报》，本月17日的《文学报》，3月20日的《今晚报》，《鲁迅研究月刊》第1期。

2月，《对胡风的点滴追忆》发表于本月1日的《今晚报》；《"争自由的波浪"》发表于本月6日的《中华读书报》；《许寿裳与鲁迅》发表于本月25日的《中国艺术报》，5月11日的《今晚报》；《许寿裳与台湾光复后的"去日本化"》发表于本月25日的《人民政协报》。

3月，《"本事诗"趣谈》发表于本月10日的《人民政协报》，本月21日的《今晚报》，《财会月刊》第23期；《胡适的诗词序跋和"本事诗"》发表于本月18日的《人民政协报》，本月25日的《天津日报》；《读书说雅俗》发表于本月25日的《人民政协报》。

4月，《圈外谈雅俗》发表于本月15日的《中国艺术报》，《民主》第10期；《"泥上偶然留指爪"》发表于本月22日的《人民政协报》。

5月，《鲁迅读书的辩证法》发表于本月13日的《人民政协报》；《从日本的"文化殖民"谈到许寿裳的"去日本化"》发表于《上海鲁迅研究》第1期；《胡适特别爱写"本事诗"》发表于《民主》第5期。

6月，《用美文谈学术——姜异新〈走读胡适〉读后》发表于《书屋》第6期。

7月，《鲁迅散文中的"衍太太"是何许人？》发表于本月24日的《中国艺术报》，2014年4月27日的《今晚报》；《"铜臭"与"书香"》发表于本月29日的《人民政协报》。

8月，《鲁迅缺失母爱吗？》发表于本月14日的《中国艺术报》，2014年4月25日的《今晚报》；《鲁迅笔下的试管婴儿》发表于本月28日的《中华读书报》，9月26日的《团结报》，2014年9月20日的《今晚报》；《文艺家应担当起应尽的责任》发表于本月26日的《人民政协报》，本月28日的《中华读书报》；《鲁迅别名"方老五"》发表于本月31日的《今晚报》；《鲁迅又陷"同性恋门"？》发表于《鲁迅研究月刊》第7期。

9月，主编的《教材中的鲁迅》由福建教育出版社出版；《我在台湾宣传鲁迅》发表于本月11日的《文艺报》，7月8日的《人民政协报》，《上海鲁迅研究》第2期；《鲁迅文学活动的序幕》发表于本月11日的《中国艺术报》，2014年4月10日的《今晚报》；《再谈鲁迅与周作人失和》发表于本月11日的《中华读书报》；《我为什么会讲〈假如鲁迅活到今天〉——兼答艾亚先生》发表于《文艺理论与批评》第5期，《上海鲁迅研究》第3期；《鲁迅研究新论五则》发表于《文史精华》第9期。

10月，《谈谈读好书的问题》发表于本月14日的《中华读书报》；《〈台湾省编译馆档案〉与台湾光复后的"去日本化"》发表于本月16日的《中华读书报》；《鲁迅在厦门大学（上）》发表于《文史精华》第10期，2016年8月11日的《今晚报》。

11月，《鲁迅考秀才》发表于本月6日的《中国艺术报》，2014年4月26日的《今晚报》；《"断了线"的〈风筝〉》发表于本月25日的《人民政协报》。

12月，《茶缘》发表于本月1日的《今晚报》；《茶缘·茶忆·茶梦》发表于本月13日的《人民政协报》；《鲁迅在厦门大学（下）》发表于《文史精华》第12期。

本年，《我对胡风的点滴追忆及随想——纪念胡风110周年诞辰》发表于《上海鲁迅研究》第4期。

481

2014年,73岁。

1月,《鲁迅科学论著集》由人民文学出版社出版,收录鲁迅早期编著的《中国矿产志》(与顾琅合编)和生理课程讲义《人生象斅》,有助于读者了解鲁迅在文学之外的学识;《说说人生》发表于本月16日的《人民政协报》;《一面缘——忆夏志清先生》发表于本月13日的《人民政协报》;《"教材中的鲁迅"》发表于本月29日的《中华读书报》;《愈艰难愈要做!》发表于本月30日的《人民政协报》。

2月13日,《春节的发现》发表于《人民政协报》。

3月,《鲁门弟子李霁野》发表于本月2日的《人民政协报》,《民主》第3期;《春风化雨忆恩师——纪念李霁野先生诞生110周年》发表于本月5日的《中华读书报》;《高考英语改革随想》发表于本月11日的《今晚报》;《〈藤野先生〉中的"史"与"诗"》发表于本月24日的《人民政协报》,11月7日的《今晚报》。

4月,主编的《鲁迅经典作品读本》(共3本,包括小说卷、杂文卷、散文诗歌卷)由大象出版社出版;《缅怀恩师李霁野》发表于本月2日的《中国艺术报》,本月17日的《文学报》;《鲁迅的继祖母》发表于本月21日的《今晚报》;《鲁迅陷"同性恋门"?》发表于本月22日的《今晚报》;《毛泽东教许志行学鲁迅》发表于本月23日的《今晚报》;《鲁迅缘何拜和尚为师》发表于本月24日的《今晚报》;《毛泽东时隔五十年屡次修改当年情诗之谜》发表于《兰台内外》第2期。

5月,《黎烈文今年一百一十》发表于本月9日的《中国艺术报》,9月6日的《今晚报》;《鲁迅的追随者黎烈文》发表于本月12日的《人民政协报》;《从"青皮"说开去》发表于本月19日的《人民政协报》,7月5日的《今晚报》;《写在今年高考前夕》发表于本月22日的《人民政协报》。

6月,《出水才看两腿泥》发表于本月6日的《今晚报》;《不以新旧断是非》发表于本月13日的《中国艺术报》;《从"母爱"谈到黎烈文往事》发表于本月16日的《人民政协报》。

7月,《也谈老规矩》发表于本月21日的《今晚报》;《贫病交加,不失其节》发表于本月24日的《人民政协报》,8月6日的《湖南工人报》;《在上海纪念李霁野先生诞生110周年座谈会上的发言》发表于《上海鲁迅研究》第2期;《鲁迅在广州的"别有追踪"》发表于《粤海风》第4期。

8月,《陈鸣树:一个活得真实的人》发表于本月11日的《人民政协报》;《涉鲁十一题》发表于《新文学史料》第3期;14日,参加"中国现代作家手稿及文献国际学术研讨会",《鲁迅手稿,研究些什么?》入选《中国现代作家手稿及文献国际学术研讨会论文集》,随后发表于11月27日的《人民政协报》,《上海鲁迅研究》第3期。

9月,《宽厚的人是美丽的》发表于本月12日的《中国艺术报》,10月20日的《人民政协报》;《难,但还是要读》发表于本月18日的《人民政协报》;《"采三山之神药,乞医国之金丹"——〈胡适论教育〉序》发表于《鲁迅研究月刊》第8期。

10月,正值巴金诞生110周年,巴金研究会举办"第11届巴金国际研讨会",在这次会议上,陈漱渝动情地朗读了1993年7月25日巴金致王仰晨的信中的一段话:"我不是文学家,但几十年来陷身文坛我也并不后悔。当初发表文章,我不曾想过自己身上有什么可以出卖的东西,要用它们来换取青云之路。回顾几十年的创作生活,可以说我并没有拿作品做过什么生意,也不曾靠写作发财,现在走到了生命的尽头,我可以挺起胸膛把心掏给读者。我的心从来不是可以讨价还价的商品。我奉献的是感情。对我的国家和人民,我有无限的爱,我的笔表达了这种感情。我的感情是有生命的,它要长期存在。我引以为骄傲的正是我未写出一件商品,因此也未出卖过自己。"

11月,《巴金的"理想主义"》发表于本月21日的《中国艺术报》;《有关丁玲的苦难叙事——1957年批判"丁、陈反党集团"纪实》发表于《新文学史料》第4期;《一个活得真实的人——忆陈鸣树》发表于《上海鲁迅研究》第3期。

12月,《展露巴金心灵的一扇窗》发表于本月15日的《人民政协报》;《学术有规范,文章无模式》发表于本月17日的《中国艺术报》,2015年9月10日的《今晚报》。

2015年,74岁。

1月,《重提治学之道——从陆建德先生的两篇文章谈起》发表于《中国现代文学研究丛刊》第1期;《"子之遭兮不自由,子之遇兮多烦忧"》发表于本月15日、22日的《团结报》。

2月,《一个天方夜谭式的话题》发表于本月4日的《中华读书报》,《上海鲁迅研究》第1期;《鲁迅的希望与失望》发表于本月9日的《今晚报》。

3月,专著《本色鲁迅》由漓江出版社出版;《鲁迅为什么要进入教材》发表于本月16日的《今晚报》;《无心插柳未成荫——忆丁玲》发表于本月30日的《中国艺术报》;《"自托闲云一笑还"——朱镜宙其人及其精神》发表于《两岸关系》第3期。

4月,《一篇沙上建塔的文章》发表于本月15日的《中华读书报》;《说丁玲》发表于本月20日的《今晚报》。

5月,《出书与荐书》发表于本月4日的《人民政协报》,6月15日的《今晚报》;《断了线的风筝》发表于本月7日的《今晚报》;《从田汉谈到左翼文化运动》发表于本月14日的《文学报》,《上海鲁迅研究》第2期。本月,受邀参加"纪念《新青年》(《青年杂志》)创刊100周年学术研讨会",作了题为《瘠土上的播种者——〈新青年〉创刊100年》的发言,此文被收入《纪念〈新青年〉创刊100周年学术研讨会论文集》(上海鲁迅纪念馆编,上海社会科学院出版社2016年4月出版)。

6月,《女师大师生缘何反对杨荫榆?——对陆建德先生"回应"的回应》发表于《鲁迅研究月刊》第6期,7月8日的《中华读书报》;《盟主和他的战友——纪念"左联"成立八十五周年》发表于《文化学刊》第6期;《"五四"文学星空的三颗星——鲁迅·胡适·周作人》发表于《博览群书》第6期;20日,应邀在北京国际茶文化博览会作了题为《喝茶何以能成为文化?》(发表于本月26日的《人民政协报》)的演讲。

7月,《以史为鉴,勿蹈覆辙》发表于本月8日的《中华读书报》;《"一个男人"和"一张字条"》发表于本月13日的《人民政协报》;《田汉与鲁迅》发表于本月13日《今晚报》;《愚人节广告》发表于本月24日的《中国艺术报》;《汝南周》发表于本月27日的《今晚报》。

8月,与梁雁合著的《宋庆龄的青少年时代》由河北人民出版社出版;《说茶》发表于本月14日的《今晚报》;《书香四溢的"六场绝缘斋"》发表于本月27日的《文学报》。

9月,《死亡·鬼魂及其它》发表于本月2日的《中华读书报》;《〈新青年〉的基本价值观》发表于《群言》第9期。

10月,《从胡适婚宴菜谱谈起》发表于本月19日的《今晚报》,12月12日的《人民政协报》;《我所了解的台静农》发表于本月28日的《中华读书报》,本月31日的《人民政协报》,《两岸关系》第11期,《中国书法》第23期,2016年1月17日《江南晚报》,《语文世界(中学生之窗)》2017年第Z1期;《鲁迅与三十年代的木刻运动》发表于《书屋》第10期;31日,应邀在湖北天门"茶圣节高端论坛"作了题为《谈茶文化与软实力》(发表于2016年1月15日的《人民政协报》)的演讲。

11月,《田汉的命运》发表于本月14日的《今晚报》;《一位被视为"间谍"的日本朋友——鲁迅与内山完造》发表于本月18日的《中华读书报》;《谁是撰写〈鲁迅传〉的合适人选?》发表于本月19日的《文学报》;《鲁迅的老师俞明震》发表于本月25日的《今晚报》;《"学做现代人"——梁启超的教育思想》发表于《鲁迅研究月刊》第11期;《往事并不纷纭:民国文坛钩沉》由北方文艺出版社出版。

12月11日至13日,在北京工业大学附中参加了由中国鲁迅研究会基础教育专业委员会、四川鲁迅研究会基础教育专业委员会联合主办的"中国鲁迅研究会基础教育专业委员会2015年年会暨鲁迅作品教学的理念与实践学术研讨会",并作精彩点评;《鲁迅与〈广州民国日报〉》发表于本月16日的《今晚报》;《鲁迅参评诺贝尔文学奖"由来》发表于本月17日的《人民政协报》;《刘半农受高本汉之托》发表于本月22日的《今日永城》;《因〈王道诗话〉而引起的话旧——以瞿秋白和胡适为中心(片段摘录)》发表于《瞿秋白研究文丛》第00期,被收入《江苏省瞿秋白研究会专题资料汇编》。

2016年,75岁。

1月,专著《搏击暗夜:鲁迅传》由作家出版社出版;专著《炉边絮语话文坛》由福建教育出版社出版;《史料·史识·文采》发表于本月20日的《中华读书报》;《两个口号·三份宣言·四条汉子——鲁迅临终前的"愤懑"》发表于《山东师范大学学报(人文社会科学版)》第1期。

2月18日,《我的外祖父与秋瑾的姐弟缘》发表于《人民政协报》。

3月,《孙中山的文化择取精神》发表于《群言》第3期。

4月,《门外看花》发表于本月8日的《人民政协报》,本月19日的《今晚报》;《不平则鸣》发表于本月27日的《中国艺术报》;《血性文章此中看:房向东的鲁迅研究》发表于《粤海风》第2期。

5月,经友人安排,到福建漳州平和县林语堂纪念馆举办了一次讲座,题为《林语堂其人及其文化思想》,讲稿后来刊登在《中华读书报》的《国际文化》专栏;《司马文森:他的一生是传奇》发表于本月12日的《团结报》,《民主》第6期;《我的泰国窘游》发表于本月20日的《人民政协报》;《本色鲁迅》和《真实传记》发表于本月23日的《中国艺术报》;《看天空,飘着云,还有梦……》发表于本月28日的《人民政协报》;《鲁迅是谁?该如何为他立传?》发表于本月23日的《中国艺术报》;《搏击暗夜:鲁迅传》发表于《全国新书目》第5期。

6月,与姜异新选编的《胡适论教育》、与宋娜选编的《梁启超论教育》由福建教育出版社出版;《"两脚踏中西文化"》发表于本月1日的《中华读书报》,11月30日的《中国石化报》;《被遗忘的画家孙之俊》发表于本月22日的《中国艺术报》;《我写鲁迅传》发表于本月30日的《南方日报》。

7月，《外祖父与两位烈士的情缘》发表于本月1日的《今晚报》；《今天为什么读鲁迅？》发表于本月7日的《人民日报（海外版）》，本月10日的《开州日报》；《鲁迅对绍兴的复杂情感》发表于本月14日的《今晚报》；《鲁迅译文中的列宁》发表于本月21日的《今晚报》；《祖父对鲁迅的影响》发表于本月28日的《今晚报》；《本色的鲁迅，真实的传记——我如何写〈搏击暗夜——鲁迅传〉（上）》发表于《名作欣赏》第19期。

8月，《本色的鲁迅，真实的传记——我如何写〈搏击暗夜——鲁迅传〉（下）》发表于《名作欣赏》第22期；《收藏家鲁迅》发表于本月4日的《今晚报》；《他的一生是传奇》发表于本月13日的《今晚报》；《鲁迅在厦门的日子》发表于本月15日的《人民政协报》；《亦师亦友〈团结报〉》发表于本月18日的《团结报》；《鲁迅西安讲学成效不宜高估》发表于本月24日的《中华读书报》；《梁启超：趣味主义的信仰者》发表于本月29日的《中国教育报》，9月11日的《开州日报》；《"采三山之神药，乞医国之金丹"》发表于本月31日的《中华读书报》。

9月，《他在巴黎讲鲁迅》发表于本月5日的《人民政协报》；《书展巧遇"刘百昭"》发表于本月7日的《中华读书报》；《我们今天何以要阅读鲁迅？》发表于本月23日的《文艺报》；《不该被遗忘的画家》发表于本月30日的《今晚报》；《鲁迅诞辰谈革命》发表于《群言》第9期。

10月，《鲁迅笔下人物的多重属性》发表于本月17日的《人民政协报》；《未死精神待后人》发表于本月21日的《人民日报》；《鲁迅研究中的立场、观点和方法》发表于《鲁迅研究月刊》第10期；《我所了解的鲁迅手稿》发表于《中国书法》第19期；《由纪念鲁迅想到的……》和《塑像·丰碑·镜子：鲁迅——兼谈纪念鲁迅的一些问题》被收入《纪念鲁迅诞辰一百三十五周年、逝世八十周年学术研讨会论文集》。

11月，《人的全貌》发表于本月2日的《今晚报》；《心目中的孙中山》发表于本月13日的《人民政协报》；《他的裸足与大地亲吻》发表于本月16日的《中华读书报》；《辛亥革命丰厚的精神遗产》发表于本月28日的《人民政协报》；《从鲁迅来看为当代人立传的难处》发表于《世纪》第6期。

12月，《血性文章此处看——读房向东著〈鲁迅研究文集〉》发表于《上海鲁迅研究》第3期；《看人要看全人全貌》发表于《书屋》第12期。

本年，《许寿裳家藏书信集·上卷·手稿》《许寿裳家藏书信集·下卷·整理稿》（上海鲁迅纪念馆编，黄英哲、陈漱渝、王锡荣主编）由福建教育出版社出版。

2017年,76岁。

1月6日至8日,应邀参加江苏大学文学院主办的"多学科视阈下的鲁迅文化遗产与精神传承学术研讨会",致辞并作专题发言《我如何为鲁迅立传》;专著《宁鸣而死,不默而生:陈漱渝讲胡适》由中国文史出版社出版;《荃》究竟指什么发表于本月9日的《人民政协报》。

2月,《昨夜星辰昨夜风:陈漱渝怀人散文》由北方文艺出版社出版;《难离不弃的书房》发表于本月27日的《人民政协报》;《万山不许一溪奔——以蒋经国1956年清算胡适为中心》发表于《新文学史料》第1期。

3月,《"朋友,以义合者也"》发表于发表于本月27日的《人民政协报》;本月下旬,从北京直飞常德,出席了"第13届丁玲国际研讨会"。这次会议选出了丁玲研究会第7届理事会的领导机构,陈漱渝任总监票人,并继续被推选为学会名誉副会长,在学术研讨会上作了主题发言,题为《飞蛾扑火:丁玲的情感生活——以丁玲和冯雪峰为中心》(发表于《名作欣赏》第16、19期)。

4月,《呼唤温情》发表于本月12日的《中国艺术报》。

5月,《燃烧自己的心,点燃读者的心》发表于本月11日的《文学报》;《民国史视域中的虞廷恺》发表于本月25日的《团结报》;

6月,《血性文章——鲁迅研究序跋集》由南开大学出版社出版。

7月,《扑火的灯蛾》发表于本月3日的《人民政协报》;《难舍难离的书房》发表于本月4日的《今晚报》;《毁誉参半的双语大师:我与林语堂研究》发表于本月5日的《中华读书报》;《鲁迅的结交》发表于本月7日的《今晚报》;《盛世修书》发表于本月31日的(《人民政协报》;《"锦鸡"指谁?——对一篇雪峰寓言的解读》发表于《鲁迅研究月刊》第7期);《鲁迅研究中的史料问题》发表于《济南大学学报(社会科学版)》第4期。

8月,《前辈好人王士菁》发表于《新文学史料》第3期;《母爱的博大与脆弱——我与冰心研究》发表于《民主》第8期;《"怪人""狂人""疯子"——我与高长虹研究》发表于《名作欣赏》第22期。

7月,《扑火的飞蛾——丁玲传奇》由香港中华书局出版。

9月,《把本国作品带入世界视野》发表于本月20日的《中华读书报》,《鲁迅研究月刊》第10期。

10月,《扑火的飞蛾:丁玲情感往事》由北方文艺出版社出版;《读书,常说常新的话题》发表于本月23日的《人民政协报》。

11月20日至21日,应邀赴复旦大学参加"纪念《野草》出版90周年国际学术研讨会",并作了题为《一往无前：鲁迅反抗虚无的独特方式——兼谈〈野草〉研究中的新索隐派》的报告;《寂寞的世界,寂寞的人》发表于本月20日的《文汇报》。

12月18日,《文学史料的鉴别与考证》发表于《人民政协报》。

2018年,77岁。

1月,《文学研究的基石是文本》发表于本月1日的《文汇报》;《沙滩上的足迹》在2011年版的基础上再版,由中国文史出版社出版。

（程桂婷、范桂真编）